한국행정연구원 비교 및 지역연구총서 | ❸

프랑스의 행정과 공공정책

오시영 편저

法 文 社

A Comparative Study on Public Administration and Public Policy of France

edited by
Oh, Si Young

The Korea Institute of Public Administration

Pajubookcity: Bobmusa, 2008

발 간 사

비교 및 지역 연구는 고대 그리스의 아리스토텔레스에서 근대 유럽의 홉스와 마르크스에 이르기까지 그들의 이론화 작업에 유용하게 쓰인 접근방법입니다. 미국에서 현대 행정학 연구를 촉발시킨 윌슨 또한 미국 행정의 특성을 규명하고 개혁안을 제시하기 위해 유럽 국가들의 행정(학)에 대해 연구했습니다. 19세기 말에 윌슨이 독일과는 상이한 미국식 행정 모형을 제시한 것은 당시 독일과 미국의 국가성(stateness)에 차이가 있었기 때문이기도 하지만, 그의 독일어 능력이 다소 미흡하여 슈타인의 저서를 잘못 이해했기 때문이라는 후학들의 지적이 있을 정도입니다. 비교 · 지역연구가 좀 더 본격적으로 각광을 받게 된 것은 제2차 세계대전 직후 '냉전'의 시대가 전개되면서부터이었습니다. 행정 연구와 제도화의 대상이 될 독립 국가들이 다수 탄생했거니와 이들을 대상으로 한 동서 양 진영 간의 체제경쟁이 불붙었기 때문이기도 합니다.

이렇듯 오랜 전통을 지닌 비교 · 지역연구는 행정의 실무와 이론화를 위해 여전히 요긴한 접근방법입니다. 한 나라 혹은 그 나라에 소속된 행위자들이 다른 나라 혹은 그 나라의 행위자들을 상대로 유리한 지위에서 '거래'를 하기 위해서는 그 나라 사정에 대해 정확하고 상세한 지식을 갖출 필요가 있음은 더 말할 나위가 없습니다. '임진왜란'이나 '한일합방' 이전에 이미 일본인들은 한국에 대해 한국인들보다 더 양질의 각종 정책정보를 수집해 가지고 있었다는 소름끼치는 이야기가 있습니다. 다른 나라를 유리한 고지에서 상대하기 위해서뿐만 아니라, 자기 나라의 행정을 개혁하고 제도화하기 위해서도 다른 나라 행정에 대한 학습이 필요합니다. 더 나아가 행정이론의 외적 타당성을 높이려면 비교연구가 필수적입니다. 그래서 "행정에 대한 비교연구 없이 행정의 과학화란 공허한 주장"에 불과하다고 했던 다알(Dahl)의 견해는 60여년이 지난 오늘날에도 여전히 유효하다고 하겠습니다.

이렇듯 행정이론의 보편성 확립을 위해서뿐만 아니라 각 국가별 행정의 특수성을 가려내기 위해서도 비교 · 지역연구는 필요합니다. 개별 국가행정의 특수성에 대한 규명은 우리가 현재 살고 있는 '전 지구화'의 시대에 더욱 의미 있어 보입니다. 개별 국민국가의 제도적 경계가 해체되고 지구표준(global standard)에의 동형화 압력이 거센 요즈음입니다. 이 추세대로라면 결국 언젠가는 '지구촌'의 모든 나라들의 제도와 삶의 양식이 유사한 형태로 (모방, 억압 혹은 규범적인 기제에 의해) 동형화될지도 모르겠습니다. 그렇다고는 해도 그 변화의 폭, 속도, 형태, 내용에는 (적어도 상당기간 동안) 나라마다 의미 있는 차이가 있을 것입니다. 각 나라별로 배태되어 있는 국가제도의 서로 다른 특성이 이른바 '경로의존성'을 발휘할 것이기 때문입니다. 지역연구와 비교연구는 불가분의 관계에 있습니다.

지역연구 없이 비교연구가 가능하지 않으며, 비교연구로 이어지지 않는 지역연구란 그 유용성에 한계가 있습니다. 그런 의미에서 한국행정연구원은 2008년에 우선 프랑스와 그 밖에 스웨덴, 일본, 중국의 행정과 공공정책에 대한 심도 있는 연구를 수행했습니다. 우선 지역연구의 성격이지만, 가능한 비교적 시각에서 분석이 이루어지도록 했습니다. 하나하나의 지역연구 결과들은 그 자체로서도 행정 연구와 실무에 많은 유용성을 지니는 것이지만, 앞으로 보다 체계적인 비교연구를 위한 토대로 자리매김할 수 있기를 기대합니다. 책임연구자로서 수고하신 김윤권, 오시영 연구위원, 원내외 공동연구자들, 세미나 토론자와 익명의 보고서 평가자들, 그리고 연구지원을 성실히 이행해준 오경아 연구원에게 모두 감사의 마음을 전하고자 합니다.

2008년 12월

한국행정연구원 원장 **정 용 덕**

머리말

비교를 통해서 상대방을 이해하고 나를 발전시키고 상대방과 나의 관계를 정립할 수 있듯이, 비교 및 지역 연구를 통해 해당 국가의 행정과 공공정책을 보다 깊이 이해할 수 있고, 상호간의 교류와 연구를 통해 행정학의 이론과 실무 발전에 매우 유익한 함의를 얻을 수 있다.

프랑스의 사르코지 대통령은 집권 이후 경제침체와 심각한 재정적자 해소를 위해 합법성 중심에서 성과 중심으로 국정방향을 전환하고 신공공관리와 신자유주의를 부분적으로 가미한 국가개혁을 단행하고 있다. 이에 따라 규제 완화, 시장 중시, 작은 정부, 교육 개혁, 공공부문에 대한 수술, 세제 개편 등이 이루어지고 있다. 개혁 과정에서 프랑스 정부는 공무원을 개혁의 동반자로 인식하고 있으며 이에 따라 공무원의 권익보호와 근무조건 개선을 통해 자발적 동참을 유도하고 공직사회의 경쟁력 향상을 도모하고 있다. 한편 세계화, 지방분권화, 유럽연합의 출범 등으로 국가의 역할이 축소되고 정책참여자의 증대로 정책결정 과정의 복잡성이 증가함에 따라 공공정책 과정에서 프랑스 중앙정부의 역할은 점차 약화되고 있는 상황이다.

본 연구는 그동안 단편적이고 산발적으로 연구해 온 프랑스의 행정 및 공공정책을 보다 체계적 · 분석적으로 접근하여 프랑스의 행정과 공공정책에 대한 발견의 맥락과 타당성의 맥락을 도출하고 이해하는 것을 목적으로 한다. 특히, 프랑스의 행정환경, 행정체계와 과정, 공공정책에 대한 보편성과 특수성을 이해하고 행정이론과 실무에 유용한 제도적 · 정책적 시사점을 도출하고자 한다.

이 책의 내용은 다음과 같이 크게 세 부분으로 구성되어 있다.

첫째, 프랑스정부를 둘러싼 행정환경에 대한 연구이다. 여기서 프랑스의 역사적 배경, 지리적 환경, 사회문화적 환경, 경제적 환경 등 인문 · 사회적 환경을 이해한다. 이어서 프랑스의 헌법, 행정법, 정부조직법 등을 통해 프랑스의 법률적 기반을 이해한다. 그리고 프랑스의 정부형태, 정치제도, 정치과정 및 거버넌스에 관한 연구를 통해 프랑스정부의 조직 내외의 맥락을 이해할 수 있다.

둘째, 프랑스의 행정체계와 과정을 연구한다. 다양하고 복잡한 행정수요를 해결하기 위해 프랑스정부는 행정자원이나 행정수단을 동원하며, 이는 행정체계와 과정을 통해 이루어진다. 보다 구체적으로 프랑스의 행정체계와 과정은 행정조직 및 행정문화, 인적자원관리, 예산과 재정, 정부간 관계와 지방행정, 전자정부, 행정통제를 통해서 운영되고 관리되며, 이에 관한 내용이 체계적으로 담겨질 것이다.

셋째, 프랑스의 행정환경의 변화와 이에 따른 프랑스 국민과 사회의 복잡하고 다양한 행정수요를 해결하기 위한 프랑스정부의 핵심 정책을 연구한다. 우선 프랑스의 공공정책과정을 통해 프랑스 공공정책의 특수성을 이해하며, 이어서 분야별로 프랑스정부가 추진하는 외교 · 안보정책, 경제 · 산업 · 과학기술정책, 보건 · 복지 · 환경정책, 그리고 교육 · 문화정책을 심도 있게 다룰 것이다.

과거에도 그랬고 앞으로도 우리나라와 긴밀한 관계를 유지할 수밖에 없는 프랑스, 이러한 프랑스를 실질적으로 운영하고 관리하는 프랑스정부의 행정과 공공정책에 대한 체계적이고 분석적인 연구를 수행함으로써 우리는 프랑스정부가 지향하는 목표, 내용, 방향 등 프랑스 국정전반에 관한 인식의 폭을 넓힐 수 있을 것이다. 그 어느 때보다 프랑스의 행정과 정책에 관한 세밀한 관찰, 깊이 있는 탐색, 지속적인 관심이 요청된다고 할 수 있다.

이 책은 각 분야별로 학문적 전문성과 열정을 가지고 성실히 집필해주신 참여 연구진의 노력의 열매이며, 아울러 한국행정연구원의 적극적인 후원의 산물이다. 특히, 한국행정연구원 정용덕 원장님은 평소 비교 · 지역연구에 대한 남다른 열정으로 적극적인 격려를 해주셨으며, 이 책의 소중한 결실에 결정적인 기여를 하여 주셨다. 진심으로 감사를 표한다.

2008년 12월 31일

저자들을 대신하여 **오 시 영**

연구 책임자

오 시 영(한국행정연구원 연구위원)

참여 연구진

윤광재(영남대학교 행정학과 교수)
전학선(한국외국어대학교 법학과 교수)
은재호(한국행정연구원 수석연구위원)
임도빈(서울대학교 행정대학원 교수)
김영우(서울시립대학교 행정학과 교수)
최진혁(충남대학교 자치행정학과 교수)
안영훈(한국지방행정연구원 연구위원)
류현숙(한국행정연구원 연구위원)
정진우(인제대학교 행정학과 교수)
배준구(경성대학교 행정학과 교수)
김응운(한국외국어대학교 프랑스어학과 교수)
박명호(한국외국어대학교 경제학부 교수)
심창학(경상대학교 사회복지학과 교수)
한승준(서울여자대학교 행정학과 교수)

차례

표 목차

그림 목차

제 1 편
총 론

제 1 장 연구의 필요성과 목적

▨ 오 시 영(한국행정연구원)

1 연구의 필요성

우리는 비교를 통해서 상대방을 이해할 수 있을 뿐만 아니라 나 자신의 본질을 더 잘 알 수 있다. 또한 다른 사람이 보는 나를 알 수 있고, 또한 상대방을 이해하고 나서 상대방과 나와의 관계를 재설정할 수 있다. 그리고 더 나아가 나 자신과 상대방과의 바람직한 미래 관계를 설정하고 이를 실현할 지향점을 도출할 수 있다. 같은 맥락에서 학문의 시작도 비교에서 시작된다고 할 수 있다. 비교 및 지역연구는 학문에서 사실 매우 중요한 의의를 지니며 우리 행정학에서도 매우 중요한 학문 영역이라 할 수 있다.

이러한 인식하에 프랑스의 행정과 공공정책을 연구하는 필요성은 첫째, 프랑스의 행정환경과 행정수요의 변화를 보다 심층적으로 이해하기 위한 것이다. 현재 세계화, 지방화, 정보화, 시장화, 민주화, 복지화에 따른 각국의 행정환경의 변화는 다양하고 복잡한 행정수요를 촉발하고 있다. 프랑스정부 역시 글로벌 행정환경의 변화에 따라 표출되는 다양하고 복잡한 행정수요에 대응하기 위해 행정기능과 행정제도를 끊임없이 설계, 조정, 재설계 등의 노력을 기울이고 있다.

둘째, 프랑스 행정에 대한 거시-중범위-미시적인 차원에 대한 체계적이고 지속적인 선행연구가 미흡한 우리나라 행정연구의 현실에 있어 프랑스의 행정과 공공정책에 대한 체계적 · 지속적인 비교연구가 필요하다는 점이다. 그동안 행정이나 공공정책의 시각에서 프랑스에 대한 연구가 충분히 이루어지지 않았다. 이러한 선행연구의 한계를 인식하고, 또한 새롭게 부각되고 있는 비교발전행정 연구의 중요성을 고려할 때, 프랑스의 행정과 공공정책에 대한 체계적이고 분석적인 연구는 매우 큰 의의를 가질 것이다.

셋째, 프랑스 행정 및 공공정책 연구와 같은 비교 연구는 행정이론의 일반화와 행정과학을 지향하는 데 매우 유용하며 또한 행정문제의 해결이라는 현실적인 측면에서도 그 필요성이 부각되고 있다. 급변하는 글로벌 행정환경에서 프랑스의 제도와 행위에 대한 비교 행정 및 공공정책의 연구는 행정이론 및 행정실무에 유용성을 제고할 수 있을 것이다. 프랑스의 행정현상을 비교 분석하여 행정이론을 정교화 · 엄밀화 하는 동시에 행정실무의 문제개선에 필요한 지식기반을 구축하는 데 매우 중요한 가교 역할을 할 것이다.

2 연구의 목적

프랑스의 행정과 공공정책을 연구하는 목적은 첫째, 프랑스 행정의 특수성과 보편성을 비교 연구하여 우리나라의 행정이론과 실무에 대한 또 다른 차원의 문제인식과 문제해결 접근방법을 모색하기 위한 것이다. 프랑스의 행정 및 정책에 대한 체계적 · 종합적 · 지속적인 연구를 지속적으로 확대한다면, 보다 객관적이고 적실성이 있는 행정이론과 실무의 발전을 가져올 가능성이 높아질 것이다.

둘째, 프랑스의 행정체계와 과정에 관한 비교연구를 통해 우리나라 행정제도의 설계나 행정관리 등에 대한 유용한 함의를 얻기 위한 것이다. 프랑스 행정환경의 변화→행정수요의 복잡화 · 다양화→행정기능의 재조정, 행정조직의 재설계, 인적자원의 재구성, 예산과 재정의 재편, 정부간 관계 및 지방행정의 변화, 전자정부, 행정통제 등 다양한 행정 메커니즘을 이해할 수 있다. 우리와 서로 다른 프랑스의 행정환경, 행정제도, 행정기능, 행정개혁 등을 체계적이고 지속적으로 연구함으로써 우리 정부가 추진하는 제도설계, 조직개편, 행정개혁, 행정관리 등에 활용 가능한 대안이나 전략을 얻을 수 있을 것이다.

셋째, 프랑스 정부가 펼치는 다양한 정책에 관한 내용, 과정, 절차, 수단, 행위자 등에 관한 연구를 통해서 우리나라의 정책과정에 대한 개선방향을 얻기 위함이다. 우리 사회도 점차 저출산 · 고령화 사회, 다인종다문화 사회, FTA시대에 진입함에 따라 다양한 갈등과 사회문제 등이 드러나고 있다. 이러한 복잡한 현실에서 프랑스정부의 정책과정에 관한 연구는 우리 정부의 문제해법에 또 다른 차원의 유의미한 함의를 제공할 것이다.

제 2 장 연구의 범위와 방법

오 시 영(한국행정연구원)

1 연구범위

프랑스의 행정과 공공정책의 주요 연구내용의 범위는 크게 세 부분으로 구성되어 있다.

첫째, 프랑스정부를 둘러싼 행정환경을 연구한다. 여기서 프랑스의 역사적 배경, 지리적 환경, 사회문화적 환경, 경제적 환경 등 인문 · 사회적 환경을 이해한다. 이어서 프랑스의 헌법, 행정법, 정부조직법 등을 통해 프랑스의 법률적 기반을 이해한다. 그리고 프랑스의 정부형태, 정치제도, 정치과정 및 거버넌스에 관한 연구를 통해 프랑스정부의 조직 내외의 맥락을 이해할 수 있다.

둘째, 프랑스의 행정체계와 과정을 연구한다. 다양하고 복잡한 행정수요를 해결하기 위해 프랑스정부는 행정자원이나 행정수단을 동원하며, 이는 행정체계와 과정을 통해 이루어진다. 보다 구체적으로 프랑스의 행정체계와 과정은 행정조직 및 행정문화, 인적자원관리, 예산과 재정, 정부간 관계와 지방행정, 전자정부, 행정통제를 통해서 운영되고 관리되며, 이에 관한 주요 제도, 내용, 절차, 과정, 특징, 개혁, 함의 등을 체계적으로 연구하여 담을 것이다.

셋째, 프랑스의 행정환경의 변화와 이에 따른 프랑스 국민과 사회의 복잡하고 다양한 행정수요를 해결하기 위한 프랑스정부의 핵심 정책을 연구한다. 우선 프랑스의 공공정책과정의 연구를 통해 프랑스 공공정책의 특수성을 이해하며, 이어서 분야별로 프랑스정부가 추진하는 외교 · 안보정책, 경제 · 산업 · 과학기술정책, 보건 · 복지 · 환경정책, 그리고 교육 · 문화정책에 관한 주요 정책기조, 과정, 행위자, 내용, 성과 등을 심도 있게 다룰 것이다.

프랑스의 행정과 공공정책을 연구하기 위한 분석수준은 기본적으로 거시(macro) – 중범위(meso) – 미시(micro) 차원의 접근을 시도할 것이다. 프랑스 행정 및 공공정책에 대한 거시 – 중범위 – 미시 수준의 체계적이고 지속적인 연구를 통해 행정이론의 객관화와 적실성을 확보할 수 있다. 프랑스의 행정과 공공정책을 연구하기 위한 거시 수준의 접근은 프랑스정부를 둘러싼 행정환경을 연구한다. 프랑스의 행정체계와 과정은 중범위 및 미시 수준의 접근을 내용에 따라 선별적으로 적용할 것이다. 다음 거시, 중범위, 미시가 모두 포괄된 프랑스의 공공정책을 영역별로 선정하여 입체적으로 접근할 것이다.

분석대상과 분석수준을 연구하기 위한 시간적 범주(time span)는 현재에 초점을 두되 현재의 현상에 영향을 준 과거의 현상에 대한 연구, 그리고 가능하다면 과거와 현재를 바탕으로 추계할 수 있는 미래의 전망까지도 제시하려 한다.

2 연구방법

분석대상과 분석수준을 정립한 다음 이제는 프랑스의 행정현상의 존재양식을 체계적으로 재현하는 연구방법이 필요하다. 이러한 연구방법은 분석의 초점, 이론적 입장, 방법론적 시각 등에 따라 다양할 수 있다. 프랑스의 행정과 공공정책의 소개와 설명 그리고 이보다 더 나아간 분석과 해석이 어느 정도 가미되어야 할 필요성이 있다. 이를 위해서는 다음과 같은 연구방법을 취하려 한다.

프랑스의 행정과 공공정책을 연구하는 방법은 첫째, 기술적 연구(descriptive study)에 초점을 둔다. 프랑스의 행정과 공공정책에 대한 현상 및 객관적 사실에 기초한 기술적 연구를 주로 적용하여 정확성과 신뢰성을 제고시킨다. 이처럼 프랑스의 행정에 대한 현상을 정확하게 체계적으로 서술하되 또한 부분적으로 실증적 연구(empirical research)를 가미하여 보다 정확성을 높이려 한다. 그리고 여기에 부분적으로 분석과 평가를 가미하여 프랑스의 행정과 공공정책에 대한 이해를 높이려 할 것이다.

둘째, 연구는 가치중립적 접근을 취할 것이다. 비교행정 연구에서 환경적 요인으로서 문화적 배경이 중시되는 것은 당연한 귀결이지만 연구자가 다른 문화를 비교분석하는 과정에서 주관이나 선입관, 편견 등이 있기 때문에 가치중립적 입장을 견지할 필요가 있다. 프랑스 행정 및 공공정책에 대한 연구도 서구시각이나 우리가 바라보는 시각에서 벗어나 보다 객관적 시각으로 접근하려 한다.

셋째, 본 연구는 문헌연구에 초점을 둘 것이다. 우선 문헌연구는 본 연구주제와 관련 있는 프랑스의 기존 연구문헌을 조사하여 검토한다. 자료는 프랑스의 행정관련 주요 문헌, 1차자료(인터뷰, 이메일, 인터넷 등), 2차자료(학술지, 신문 등) 등을 포괄적으로 접근할 것이다. 또한 사실 연구의 질적 수준을 높이기 위해 심층면접을 실시하는 것이 바람직하다. 왜냐하면, 연구주제에 대하여 학식과 경험을 가지고 있는 프랑스의 주요 행정학자 및 접근 가능한 공무원을 대상으로 1 대 1 면접을 통하여 주요 정보, 인식, 지식 등을 파악하는 것은 비교 연구에서 매우 중요한 방법의 하나이기 때문이다. 그러나 이러한 연구방법은 프랑스 연구의 현실적 다양한 제약을 고려하여 향후 연구에서 계속 검토하도록 한다.

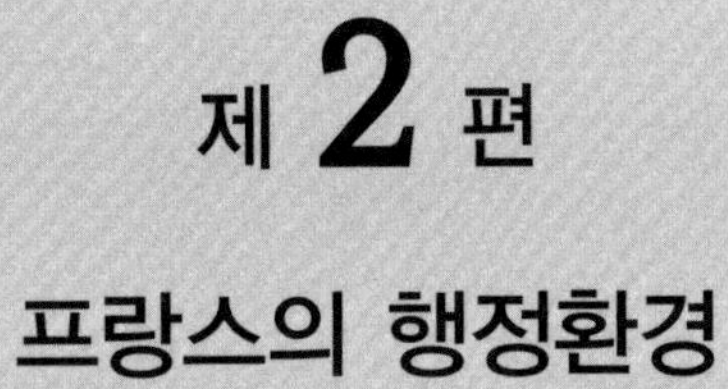

제 2 편

프랑스의 행정환경

제 1 장 프랑스의 인문 · 사회적 환경

윤 광 재(영남대)

Ⅰ. 서 론

1 연구목적

한 국가에 대한 연구에 있어 가장 중요한 사항은 그 국가에 대한 기본적 이해가 선행되어야 한다는 것이다. 다시 말해, 한 국가의 각 분야에 대한 본격적 연구에 앞서 그 국가의 인문 · 사회적 환경을 반드시 이해해야 다음 단계에 해당하는 각 분야별 연구를 심도 있게 진행할 수 있다.

이러한 사전지식에 대한 연구가 존재하지 않는다면 각 분야별 연구를 이해하는 데 어려움을 겪을 수밖에 없으며 설령 이해한다 하더라도 그 폭이 좁을 수밖에 없다. 그리고 사전지식이 존재해야 각 분야별 연구의 의의가 높아질 수 있다.

인문 · 사회적 환경연구는 프랑스의 행정과 공공정책에 대한 전체연구에 있어 제1장에 해당하는 내용으로 향후 진행될 각 분야의 연구에 대한 기본적인 연구에 해당된다. 따라서 인문 · 사회적 환경연구는 프랑스의 행정과 공공정책에 대한 내용을 이해하는 데 아무런 문제가 없도록 분석되어야 한다.

2 연구범위

이처럼 인문 · 사회적 연구는 기초단계에 해당되는 만큼 가급적 다양한 지식을 담고 있는 것이 필요하지만 각 분야별 연구의 내용과 가능한 연계되어야 한다. 본 연구에서는 역사적 배경이나 지리적 환경뿐만 아니라 사회문화적 환경을 비롯한 경제적 환경까지를 포함시킨다. 또한, 프랑스와 우리나라의 과거 및 현재관계를 이해하기 위하여 외교적인 측면과 경제적인 측면도 분석한다.

역사적 배경에서는 시기별로 중요한 변화에 초점을 맞추는 동시에 행정적인 제도변화를 분석한다. 특히, 현대사를 중심으로 오늘날의 각 분야별 상황을 이해시킬 수 있는 기본사항을 분석한다.

지리적 배경의 경우에는 프랑스의 지리적 환경을 중심으로 위치상의 특성, 면적 및 지형의 내용, 자연기후 등에 대해 연구한다.

사회문화적 환경에서는 프랑스 민족의 기원과 오늘날의 민족구성, 인구상의 특성, 언어적인 환경, 사회 내의 갈등구조 및 현황, 사회문화적 특성 등에 대해 연구한다.

경제적 환경에서는 프랑스의 GNP 및 국민소득 수준, 산업구조 및 고용, 이에 따르는 국가경쟁력 등을 검토한다.

그리고 역사적 맥락과 현재의 관계를 이해하기 위해 외교적인 측면이나 교역량과 같은 경제적 교류에 대해서도 검토한다.

〈그림 2-1-1〉 연구의 과정 및 범위

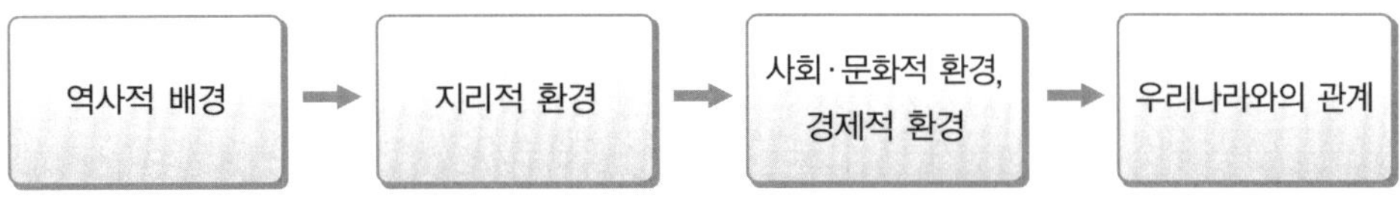

II. 역사적 환경

1 혁명 이전의 역사

프랑스에는 기원전 8세기경부터 인도유럽어족(Indo-Européen)계의 일파인 켈트(Celte) 족이 원주민들을 지배하여 정착하고 있었다. 로마 인들은 이 지역을 갈리아(Gallia)라 지칭하고 이 지역에 정착한 켈트 족을 갈리아 족이라 불렀다. 후에 갈리아는 프랑스 어로 골(Gaule)로 변화되었다.[1]

프랑스는 기원전 121년 남쪽지방이 로마의 속령이 되었고 나머지 골지역은 기원전 58년부터 51년에 걸쳐 세자르가 로마에 복속시켰다. 로마복속 이후, 골 족의 라틴화가 추진되었고 골 족의 고유문화에 로마문화가 전파되었다. 골 족의 고유문화에 로마문화가 이식된 갈로로망(Gallo-Romain)문화가 형성되었으며 이 시기에 골 족에 변형된 라틴 어가 프랑스 어의 기원이 되었다.

4-5세기에 걸쳐 진행된 게르만 민족의 대이동시 프랑스 동북부는 프랑크(Franc) 족이, 서남부는 서고트(Wisigoth) 족이 동남부는 부르군드(Burgonde) 족이 점령하였다.

481년, 프랑크부족 중의 하나인 메로빙(Mérovingien)의 클로비스(Clovis)가 프랑크왕조를 건설한 이후 서고트 족과 부르군드 족을 제압, 세를 확장하였고 골지

1) 프랑스 혁명이전의 역사는 인터넷 검색을 통해 프랑스역사정리라는 사이트를 기초로 작성되었다 (http://kin.naver.com/knowhow/entry.php?d1id=10&dir_id=10&eid=cBTihcMwH2/jGPekBOxtBIBgZqkEhpCg&qb=x8G2+726v6q75w==&pid=f5a8Ploi5UdsssB9dFRsss--260421&sid=SJF8eh5VkUg-AAAj9PtU).

방의 대부분을 차지하게 되었다. 그 이후에는 소수 지배민족인 프랑크 족과 다수 피지배 민족인 골 족 간에 서서히 동화가 진행되었다.

751년, 카롤링(Carolingien)의 페펭 르 브레프(Pépin le Bref)가 프랑크왕국의 왕으로 추대되어 카롤링왕조가 수립되었으며 교회국가(Etat d'Eglises)의 기틀을 마련하였다(http://fr.wikipedia.org/wiki/Portail:Cliop%C3%A9dia). 800년에는 샤를마뉴(Charlemagne) 대제가 골지방 전체, 이탈리아 북부, 라인 강 유역일대에 걸치는 대제국을 건설하는 한편, 회교도의 유럽침입을 막아내어 로마교황 레오3세(Léon III)로부터 서로마황제의 칭호를 받았다.

843년, 샤를마뉴대제의 손자 3형제간에 체결된 베르덩조약(Partage de Verdun)에 의해 프랑크왕국이 3분되었다. 이 중에서 샤를2세(Charles II)가 차지한 서부프랑크가 프랑스의 모체가 되었다. 9세기 말 노르만 족(바이킹)이 프랑스 북부지역과 세느(Seine) 강 유역에 침입하여 정착하였다.

987년, 위그 카페(Hugues Capet)가 왕으로 추대되어 카페(Capet)왕조가 성립되었고, 전형적인 중세 봉건제도가 정립되었으며 골 족과 프랑크 족 간의 동화가 가속화되었다. 프랑크 족이 게르만 어를 버리고 피지배민족의 언어인 프랑스 어를 사용하게 되었으나 프랑스 어도 게르만 어의 영향을 받아 변형되었다.

1328년, 필립6세(Philippe VI)에 의하여 카페왕조의 방계인 발루와(Valois)왕조가 수립되었고, 발루와왕조는 영국의 침입을 받고 1337년-1453년에 걸친 오랜 투쟁(백년전쟁) 끝에 영국인들을 축출하는 데 성공하였다. 또한, 영국과의 투쟁중인 1348년-1360년간 흑사병의 창궐로 인구가 격감하고 국토가 황폐화되었다. 그러나 15세기말부터 이탈리아로부터 르네상스문화가 도입되어 16세기에 르와르(Loire) 강 유역을 중심으로 프랑스 르네상스의 전성기를 이루었다. 1560년-1598년에 걸쳐 신교도와 구교도간 8차에 걸친 종교전쟁을 겪었다.

1589년, 카페왕조의 또 다른 방계인 부르봉(Bourbon) 가의 앙리4세(Henri IV)에 의하여 수립된 부르봉왕조 초기에는 왕권이 미약하였으나, 앙리4세가 제후들과의 오랜 투쟁을 통하여 지배권을 확보하였다. 루이13세(Louis XIII), 루이14세(Louis XIV) 시대에는 절대주의 왕권의 절정을 이루어 루이14세는 태양왕(roi de soleille)이라 불렸다.

루이13세와 루이14세에 걸친 1618년-1648년의 30년 전쟁을 통하여 부르봉왕가는 신성로마제국의 합스부르크(Habsburg)왕가와 대륙패권에 대한 경쟁을 하였고 특히, 루이14세는 수차례의 전쟁을 통하여 유럽대륙에서 영토를 확장하고 해외식민지 개척에도 힘을 기울여 신대륙에 루이지애나, 퀘벡을 비롯하여 서인도제도 등 해외영토를 확보하고 인도에도 식민지개척의 거점을 확보하였다.

17세기 후반에는 라틴문화와 이탈리아 르네상스의 영향에서 탈피, 독자적인 프랑스 고전주의 문화를 꽃피웠다. 몰리에르(Molière), 코르네이유(Corneille), 라신(Racine) 등의 문호와 파스칼(Pascal), 데카르트(Decartes) 등을 비롯한 철학자들이 배출되었고, 프랑스문법과 프랑스 고유의 법체계가 정비되기 시작하였다.

부르봉왕조는 루이13세, 루이14세, 루이15세 거치면서 전성기를 맞이하였으나 루이16세(Louis XVI) 때인 1789년에 이르러 프랑스혁명(Révolution française)으로 인해 폐지되었다.

1798년 프랑스혁명 당시 프랑스 인의 대부분은 농민이었고 그들은 군주제(Monarchie)의 테두리 속에서 살고 있었다. 당시 프랑스 사회는 세 계층 — 특권계급인 성직자(clergé)와 귀족(noblesse) 그리고 제3신분(tiers état) — 으로 구분되어 있었다. 그 당시 프랑스는 구조적으로 불평등하고 폐쇄적이었지만 경제적으로는 다른 국가에 비해 윤택한 편이었다.

비록 진정한 계몽사상은 아주 좁은 범위의 프랑스 인에게만 인식되어 있었지만 많은 프랑스 인이 개혁의 필요성을 느끼고 있었다. 개혁이 필요한 부분이나 개혁주체에 대한 생각은 달랐지만 이 시대의 지배적인 생각은 당시의 군주제가 위로부터의 개혁을 해야 한다는 것이었다.

군주제는 그러한 인식과 능력이 부족했고 개혁적인 시도는 특권계급의 반대에 직면했다. 그러나 역설적으로 혁명의 기폭제 구실을 한 것이 바로 특권계급이 가한 비판이었고 이러한 비판이 군주제를 동요시켰다. 여기에 급박한 재정위기[2]가

2) 당시 군주제의 지출(미국의 독립전쟁에 참가한 데 따른 비용부담과 악화된 부채부담)은 증가하고 적자 등은 더욱 더 악화되었다(고봉만 역, 1999: 25).

체제의 빗장을 열었고 혁명운동은 계몽사상이 거의 예측하지 못한 급진적인 방향으로 흘러갔다(고봉만 역, 1999: 9-10). 1798년 7월 14일, 파리시민이 바스티유감옥을 습격(Prise de la Bastille)함으로써 이를 매개로 전국적으로 혁명이 펴져나가게 되었다.

프랑스혁명은 앙시앙 레짐(Ancien Régime)과 반대되는 단어로 혁명을 선호한다면 앙시앙 레짐을 반대하고 앙시앙 레짐을 선호한다면 혁명을 반대하는 것이다. 앙시앙 레짐은 오래된 군주제를 의미하고 혁명은 새로운 민주주의를 의미한다(Furet · Ozouf, 1988: 627).

〈표 2-1-1〉 혁명이전의 연대표

시기	체제	연도	중요사건
고대	골 족, 프랑크 족	기원전 8세기 -481년	로마의 지배 게르만 족의 대이동
중세	메로빙왕조	481-751	프랑크왕조의 건국
	카롤링왕조	751-987	샤를마뉴의 대제국 건설
	카페왕조	987-1328	봉건제도의 정립, 십자군 전쟁시작
	발루와왕조 I	1328-1498	영국과의 백년전쟁
근대	발루와왕조 II	1498-1589	신교와 구교간의 종교전쟁
	부르봉왕조	1589-1789	루이14세의 등장, 앙시앙레짐

출처: http://fr.encarta.msn.com/encyclopedia_941505465_3/France.html을 기초로 작성함.

2 혁명 이후의 역사

프랑스는 정치적으로 1789년의 프랑스혁명 이후, 1792년의 제1공화국(1ère République), 1804년의 제1제정(Premier Empire), 1848년의 제2공화국(2ème République), 1853년의 제2제정(Seconde Empire), 1870년의 제3공화국(3ème République), 1946년의 제4공화국(4ème République)을 거쳐 1958년 제5공화국

〈표 2-1-2〉 혁명이후의 연대기

시기	체제	연도	중요사건
현대	프랑스혁명기	1789-1792	입법의회 및 국민총회 성립
	제1공화국	1792-1804	로베스피에르의 공안위원회
	제1제정	1804-1814	나폴레옹의 황제취임
	제1차 및 제2차 왕정복고	1814-1830	루이18세의 즉위, 나폴레옹의 백일천하
	7월 왕정	1830-1848	루이 필립의 즉위
	제2공화국	1848-1852	루이 나폴레옹의 대통령 당선
	제2제정	1852-1870	나폴레옹3세의 황제즉위, 보불전쟁
	제3공화국	1870-1940	파리꼬뮌, 세계 제1차대전
	비시정부, 임시정부	1940-1946	세계 제2차대전
	제4공화국	1946-1958	알제리의 독립전쟁
	제5공화국	1958-현재	샤를 드골의 대통령 취임

출처: http://fr.encarta.msn.com/encyclopedia_941505465_3/France.html을 기초로 작성함.

(5ème République)이 성립되어 오늘날까지 지속되어 오고 있다.

프랑스의 행정적 역사에 있어 가장 중요한 것은 프랑스혁명과 그로 인한 공화국(République)의 탄생과 나폴레옹 보나파르트(Napoléon Bonaparte)의 등장이라 할 수 있다. 프랑스혁명은 구체제라 일컫는 앙시앙 레짐의 종말을 고하게 되고 나폴레옹의 등장으로 행정적인 중앙집권체제 구축 및 이를 위한 법 · 제도적 장치의 정비가 시작되었다.

1791년 4월 27일과 5월 25일의 법(loi des 27 avril-25 mai 1791)이 처음으로 장관들의 기능과 중앙부처의 행정조직을 규정하였다. 이 당시의 부처는 총 여섯 개로 법무(justice), 내무(intérieur), 공공세무 · 세입(contributions et revenus publics), 전쟁(guerre), 해양(maritime), 외무(affaires étrangères)이다. 이러한 부처의 형태는 1830년의 7월 왕정(Monarchie de Juillet)까지 지속되었다.

당시 법무부는 재판소관리와 사법기능을 수행하였고 전쟁부, 해양부, 외무부는 프랑스와 다른 국가와의 관계에 집중하여 행정적인 기능은 부차적인 것이 되었다.

실질적으로 행정적인 기능은 내무부가 담당하였고 부분적으로 공공세무 · 세입부(재무부)가 담당하였다(Drago, 1985: 125-126).

프랑스에서는 1800년대에 이르러 내무부의 기능이 세분화되면서 다양한 부처가 지속적으로 신설되었다. 1824년 공공교육(Instruction publique), 1830년 공공건설(Travaux Publics), 1834년 예술(Beaux-Arts), 1879년 우편 · 전신 · 전화(Postes, Télégraphes et Téléphones), 1881년 농업(Agriculture)과 무역(Commerce), 1906년 노동(Travail), 1920년 위생 · 공공부조(Hygiène et Assistance)관련 부가 설치되었다.

이와 같은 현상을 업무의 전문화(spécialisation)라 하는데 이러한 전문화는 행정적인 변화뿐만이 아니라 정치적인 측면에서도 기인하고 있다. 다시 말해, 1880년대의 연립내각 유지를 위한 필요한 조치의 하나로 인식되고 있었다. 1880년대의 업무전문화와 1900년대의 행정부처 개편하에서도 내무부의 치안기능과 (지방)공공기관에 대한 관리권은 지속적으로 유지되고 있다(윤광재, 2005: 982-983).

그리고 19세기 초에는 나폴레옹법전이 만들어졌는데, 이전까지 프랑스는 다른 유럽국가와 마찬가지로 통일되고 체계적인 법전을 갖추지 못한 채, 로마법과 게르만의 관습법을 혼용하고 있었다. 또한, 결혼과 가족관련 문제는 주로 교회법을 적용했다.

16세기 이래로 이처럼 혼란스러운 관습법들을 통합하기 위한 지속적인 노력이 있기는 했다. 그러나 프랑스가 나폴레옹법전이라는 체계적이고 일관된 근대법전을 만들어낼 수 있었던 것은 자유와 평등을 인간의 기본권리로 선언한 혁명을 거치면서였다.

혁명정부는 앙시앙 레짐하의 혼란을 바로잡고 단일한 불가분의 공화국을 건설하기 위해 혁명 초부터 많은 분야에서 단일화 정책을 펼쳤다. 그 일환으로 혁명이전부터 당시까지 사법권을 담당하고 있던 법복귀족의 권한을 축소하기 위한 일련의 조치들이 취해졌다. 법 앞의 평등 이념을 구현하기 위한 제도적 장치도 마련되었다(이혜은, 2004: 325-326).

프랑스혁명과 통령정치를 거쳐 공공행정 조직의 단순화, 재조직 등은 행정조직의 단절이라기보다는 영속성을 유지하기 위한 조치들이었다. 특히, 경찰분야, 사법분야, 재정분야의 국가감독관제(intendant)와 프레페(préfet)라고 불리는 임명도지사제도라고 할 수 있다. 특히, 제2제정 시기에 있어 프레페는 각 지방에서 황제의 존재와 같았으며 중앙정부의 권력을 행사하는 하나의 집단(corps)이었다. 또한, 위로는 중앙정부와 아래로는 주민들을 연결하는 효율적인 역할을 수행하였다(Duby, 1987: 88).

나폴레옹은 행정을 국가의 권력과 정당성을 구현할 수 있는 세력으로 보았다. 즉, 행정은 국민의 일반적 이익인 공익(intérêt public)에 기반을 두고 개별적 이익집단과 민주적 대표기관을 통하여 제시된 이익을 점검하고 제한하는 것으로 보았다(이도형 · 김정렬, 2005: 173).

18세기 후반부터 실질적인 행정개혁이 진행되었고 각 지방마다 행정기구들이 통일적으로 설치되어 행정적 분권(déconcentration)의 모습이 나타나게 되었다. 이러한 모습이 오늘날의 중앙정부 조직과 지방자치단체의 행정조직으로 이분되었다(안영훈, 1998: 4).

특히, 프랑스에서 행정이 제공한 공공서비스(service public)는 그동안 프랑스가 최고의 지위를 구축 · 유지하는 데 지대한 공헌을 하였다. 구체적으로 18세기 이후의 창조적인 건설공무원의 전문성에 기초한 국토계획 및 건설, 혁명기와 제정기의 사회하부구조 구축, 군대, 행정 및 사법체계의 현대화된 네트워크 유지, 제3공화국하의 교육공무원의 역할, 세계2차 대전이후 공공의료기관 의사의 서비스 제공, 핵발전시설, TGV(고속전철)의 구상자 및 건설업자의 전문성 유지, 부가가치세와 같은 현대조세시스템의 구축 등이다.

이러한 행정의 공공서비스가 프랑스의 경제 · 사회적 성장을 가능하게 하였다는 것이다(윤광재, 2008: 7).

3 제5공화국의 역사

프랑스의 제5공화국은 1958년 10월 4일의 헌법(Constitution de la 5éme

République)에 기초하여 국내적으로는 하원(Assemblée Nationale)과 상원(Sénat)이라는 양원제에 기초한 정치체제를 구축하였고 국제적으로는 북대서양 조약기구(Organisation du Traité de l'Atlantique Nord) 창설 및 가입, 유럽경제공동체(Communaué Economique Européenne) 창설 및 가입을 주도하였다.

제5공화국의 탄생은 제4공화국의 정치적 혼란과 샤를 드골(Charles de Gaulle)이라는 강력한 리더십을 가진 인물을 중심으로 한 국민의 변화기대에 기인하고 있다. 제5공화국에서는 이전 특히, 제4공화국하의 내각책임제 불안정에 따른 정치적 혼란을 방지하기 위해 대통령을 중심으로 한 강력한 대통령중심제를 도입하였다.

대통령의 임기는 제5공화국이 수립된 이후 7년의 연임을 보장하고 있었지만 2000년 9월의 개헌으로 인해 5년의 중임으로 제한되었다. 행정부의 수반인 수상은 하원에서 다수를 차지하는 정당이나 정당간의 연합에 의해 배출된다. 현재까지 대통령은 6명이 배출되었고 수상은 18명(중복 배제)이 배출되었다.

이 중에서 우파대통령은 샤를 드골, 조지 퐁피두(Georges Pompidou), 발레리 지스가르데스탱(Valéy Giscard d'Estaing), 자크 시락(Jacques Chirac), 니콜라 사르코지(Nocholas Sarkozy)이고 좌파대통령은 프랑스와 미테랑(Françis Mitterand)이다. 프랑스와 미테랑이 14년간, 자크 시락이 12년간, 샤를 드골이 11년간 국정을 책임지고 있었다. 발레리 지스가르데스탱은 재선에 실패하여 7년간, 조지 퐁피두는 재임 중 사망으로 5년간 대통령직을 유지하였다. 현재는 니콜라 사르코지가 2007년 5월 대선에서 승리하여 대통령 임무를 수행하고 있다.

프랑스에서는 경우에 따라 국민에 의해 선출된 대통령과 하원선거에서 승리한 다수당 수상 간의 보이지 않은 갈등이 존재하는 정치 · 행정체제를 가지고 있다. 이러한 상황을 동거내각(cohabitation)이라 지칭하고 있으며 따라서 제5공화국의 정치체제를 혼합(hybride)체제라 한다. 이는 여러 민주체제에서 채택하고 있는 정치체제와는 거리가 있다는 평가이다(Arkwright, Edward, 2007: 41-42).

국가의 수반인 대통령과 수상의 임무는 헌법[3]에서 상징적으로 언급하고 있으며

3) 1958년 10월 4일의 제5공화국헌법에 있어 대통령에 대한 규정은 제2장이며 정부에 대한 규정은 제3장이다. 구체적으로 대통령에 대한 규정은 제5조에서 제19조까지이며 정부에 대한 규정은 제20조에서 제

기타 법률이 구체적으로 규정하고 있다. 반면에 동거내각에 대한 헌법규정이나 구체적인 법률규정은 없으며 다만, 당시의 정치적 상황과 기타 경제 · 사회적 상황이 복잡하게 작용된 국민투표의 결과로 받아들여지고 있다. 따라서 일반적으로 시대의 변화에 따른 정치 · 사회적 부산물로 인식하고 있다.

1986년 프랑스와 미테랑의 좌파인 사회당 정부가 하원의원 선거에서 다수당이 되는데 실패함으로써 우파인 공화국연합의 자크 시락이 수상으로 임명되었다. 이를 제1차 동거내각이라 한다. 이어서 제2차 동거내각은 1993년 미테랑의 사회당 정부가 다시 하원의원 선거에서 패배함으로써 공화국연합의 에드와르 발라뒤르(Edouard Balladur)가 수상에 지명되었다. 제3차 동거내각은 1997년 자크 시락의 우파인 공화국연합정부가 하원의원 선거에서 과반수이상을 확보하는 데 실패하여 좌파인 사회당의 리오넬 조스팽(Lionel Jospin)이 수상으로 임명되었다.[4)]

위의 수상 중에서 가장 오랫동안 수상직을 유지한 사람은 조지 퐁피두로 6년 2개월, 이어서 리오넬 조스팽은 4년 11개월, 레이몽 바르는 4년 8개월, 자크 시락은 2번의 임기를 통해 4년 4개월이다. 반면에 에디트 크레쏭은 10개월, 모리스 쿠브 드 뮈르빌은 11개월 6일, 피에르 베레고브와는 11개월 26일로 최단기간을 보이고 있다.

에디트 크레쏭은 제5공화국하의 최초의 여성수상이었고 자크 시락은 6번째와 10번째 수상을 역임하여 2번의 수상직을 담당하였다. 자크 시락, 에드와르 발라뒤르, 리오넬 조스팽은 동거내각시 수상의 역할을 수행하였다.

수상을 역임한 이후, 역으로 정부의 장관으로 재활동한 사람도 다수가 존재하고

23조까지이다. 정부에 대한 규정 내에서 수상의 역할과 활동에 대해 제21조와 제22조가 규정하고 있다(http://www.legifrance.gouv.fr/html/constitution/constitution2.htm#titre2).

4) 1986년부터 1988년에 걸쳐 구성된 제1차 동거내각은 프랑스와 미테랑 대통령과 좌파인 사회당정부의 정치 및 경제정책에 대한 국민의 실망감이 하원의원 선거결과로 표출된 것이다(황윤원 외, 2003: 420-422). 1988년의 하원해산과 이로 인한 하원의원 선거로 사회당이 다수당이 됨으로써 제1차 동거내각은 사라지게 되었다. 제2차 동거내각은 1993년부터 1995년의 시기로 사회당의 장기집권과 경기침체에 대한 국민의 불만이 하원의원 선거결과에 반영된 것이다. 1995년 대통령 선거에서 공화국연합의 자크 시락이 당선됨으로써 일단락되었다. 제3차 동거내각은 1997년부터 2002년까지이며 우파인 공화국연합의 자크 시락 대통령에 대한 지도력 부재와 유럽전반에 불고 있던 좌파의 물결이 하원의원 선거결과에 표현된 것이라 볼 수 있다. 2002년 대선에서 자크 시락이 재선되고 하원의원 선거에서 승리함으로써 제3차 동거내각이 막을 내리게 되었다.

〈표 2-1-3〉 제5공화국하의 대통령과 수상

기간	대통령	수상	정당
1958년-1959년-	샤를 드골 (Charles De Gaulle)	1959년-1962년: 미셸 드브레(Michel Debré)	신공화국연합
		1962년-1968년: 조지 퐁피두 (Georges Pompidou)	신공화국연합 공화국지지연합
		1968년-1969년: 모리스 쿠브 드 뮈르빌 (Maurice Couve de Murville)	공화국지지연합
1969년-1974년	조지 퐁피두 (Georges Pompidou)	1969년-1972년: 자크 샤방-델마스 (Jacques Chaban-Delmas)	공화국지지연합, 공화국민주연합
		1972년-1974년: 피에르 메스메르 (Pierre Messmer)	공화국민주연합
1974년-1981년	발레리 지스가르 데스탱(Valéry Giscard d'Estaing)	1974년-1976년: 자크 시락(Jacques Chirac)	공화국민주연합
		1976년-1981년: 레이몽 바르 (Raymond Barre)	무소속, 프랑스민주연합
1981년-1995년	프랑스와 미테랑 (François Mitterand)	1981년-1984년: 피에르 모르와(Pierre Mauroy)	사회당
		1984년-1986년: 로랑 파비우스 (Laurent Fabius)	사회당
		1986년-1988년: 자크 시락(Jacques Chirac)	공화국연합
		1988년-1991년: 미셸 로카르드 (Michel Rocard)	사회당
		1991년-1992년: 에디트 크레쏭 (Edith Cresson)	사회당
		1992년-1993년: 피에르 베레고브와 (Pierre Bérégovoy)	사회당
		1993년-1995년: 에드와르 발라뒤르 (Edouard Balladur)	공화국연합
1995년-2007년	자크 시락 (Jacques Chirac)	1995년-1997년: 알랭 쥐페(Alain Juppé)	공화국연합
		1997년-2002년: 리오넬 조스팽 (Lionel Jospin)	사회당
		2002년-2005년: 장-피에르 라파랭 (Jean-Pierre Raffarin)	대중운동연합
		2005년-2007년: 도미니크 드 빌팽 (Dominique de Villepin)	대중운동연합
2007년-현재	니콜라 사르코지 (Nocholas Sarkozy)	2007년-현재: 프랑스와 피옹 (François Fillon)	대중운동연합

있다. 미셸 드브레는 조지 퐁피두 수상하에 경제 · 재경부장관, 조지 퐁피두와 모리스 쿠브 드 뮈르빌 수상하에 외무부장관, 자크 샤방-델마스 수상과 피에르 메스메르 수상하에 국방부장관을 역임하였다. 로랑 파비우스는 리오넬 조스팽 수상하에서 경제 · 재정 · 산업부장관, 알랭 쥐페는 프랑스와 피옹 수상하에 생태 · 발전 · 국토계획부장관을 역임하였다.

이 밖에 수상이후 하원의장을 역임한 사람은 자크 샤방-델마스와 로랑 파비우스로 샤방-델마스는 1958년-1969년, 1978년-1981년, 1986년-1988년 3차례, 파비우스는 1988년-1992년, 1997년-2000년 2차례였다.

또한, 미셸 드브레와 피에르 메스메르는 1988년과 1999년 프랑스학술원(Académie Française)의 회원으로 임명되었다. 에디트 크레쏭은 유럽연합의 상임위원(Commissaire Européen)으로 활동하였다.

수상직에 임명되기 이전과 이후에 대통령선거에 진출하여 대통령으로 당선되거나 당선되지 못한 경우도 있다. 샤를 드골은 제4공화국의 수상에 해당되는 국가위원회장(President du Conseil)으로서 1958년 선거에 당선되었고 1965년 선거에서 재선되었다. 조지 퐁피두는 1969년 선거에 당선되었으나 미셸 로카르드는 수상직에 임명되기 19년 전인 1969년 선거에서 5위를 하였다. 자크 샤방-델마스는 1974년 선거에서 3위를 하였다. 자크 시락은 수상직을 떠난 5년 후인 1981년 선거에서 3위를 하였고 미셸 드브레는 수상직을 떠난 19년 후인 1981년 선거에서 8위를 하였다. 자크 시락은 수상이던 1988년 선거에서 2차 투표에서 패배하였고 레이몽 바르는 수상직을 떠난 7년 후인 1988년 선거에서 3위를 하였다. 자크 시락은 수상직을 떠난 7년 후인 1995년 선거에서 당선되었고 리오넬 조스팽은 수상직에 임명되기 2년 전인 1995년 선거의 2차 투표에서 패배하였다. 에드와르 발라뒤르는 수상이던 1995년 선거에서 3위를 하였다. 자크 시락은 2002년 선거에서 재선하였고 리오넬 조스팽은 수상이던 2002년 선거에서 3위를 하였다. 2007년 선거에서는 수상직을 역임한 후보가 없었다.

Ⅲ. 지리적 환경

1 지리적 위치

프랑스는 위도상으로 북위 42°-51° 사이에 위치하고 있는데, 이는 적도와 북극 사이의 중간지점에 해당되고 있다. 경도상으로는 서경 5°-동경 8°에 위치하여 동반구와 서반구를 구분하는 본초자오선상에 걸쳐 있다. 그러나 프랑스의 표준시는 중부유럽의 표준시를 따르기 때문에 영국의 본초자오선(G.M.T.)보다 1시간 빠르고 우리나라와 일본의 표준시보다 8시간 늦다(프랑스문화연구회, 1998: 13).

프랑스는 스페인과 포르투갈이 속해있는 이베리아 반도를 제외하면 유라시아 대륙의 가장 서쪽에 위치하고 있다. 북서쪽으로는 벨기에, 서쪽으로는 독일, 스위스, 이탈리아, 남쪽으로는 스페인과 국경을 마주하고 있으며 남쪽으로는 지중해, 동쪽으로는 대서양과 면해있다. 프랑스의 중북부지역에는 넓은 평야지역이 펼쳐져 있고 서남부지역에는 쥐라(Jura)산맥과 알프스(Alpes)산맥이, 동남부지역에는 피레네(Pyrenées)산맥이 있다. 따라서 바다, 평야, 산맥이 골고루 분포하고 있는 특성을 보여주고 있다.

프랑스는 북동부를 제외하면 국토가 대서양과 지중해라는 해양과 라인 강, 쥐라산맥, 알프스산맥, 피레네산맥으로 다른 국가들과 자연스럽게 경계가 구분되고 있다.

프랑스는 유럽의 남과 북, 동과 서를 연결하는 중요한 지리적 이점도 가지고 있다. 프랑스의 파리를 중심으로 영국의 런던에는 고속철로 2시간, 벨기에의 브뤼셀에는 고속철로 1시간 내에 도착할 수 있다. 또한, 북유럽인이나 서부유럽인이 자동차를 이용하여 남유럽에 가고자 하는 경우, 프랑스의 고속도로를 반드시 이용해야 한다.

2 국토의 면적과 지형

프랑스의 국토면적은 643,427km^2(본토와 해외지역)로 해외지역을 제외하더라도

551,500km²로 유럽연합 내에서 가장 넓은 영토를 소유하고 있다. 그 다음으로는 스페인(504,782km²)과 독일(357,021km²)이 차지하고 있다. OECD내에서는 캐나다, 미국, 멕시코, 터키에 이어 다섯 번째로 넓은 국토면적을 보유하고 있다(http://www.cia.gov.factbook).

유럽대륙에 있어 본토만을 대상으로 한다면 러시아와 우크라이나에 이어 3번째이고 해외지역을 포함하면 우크라이나에 앞선 2위에 해당된다. 프랑스의 국토는 직경 1,000km에 이르는 육각형(hexagone)구조를 가지고 있으며 해안선의 길이는 3,427km에 이르고 있다.

〈그림 2-1-2〉 프랑스 국토의 규모와 형태

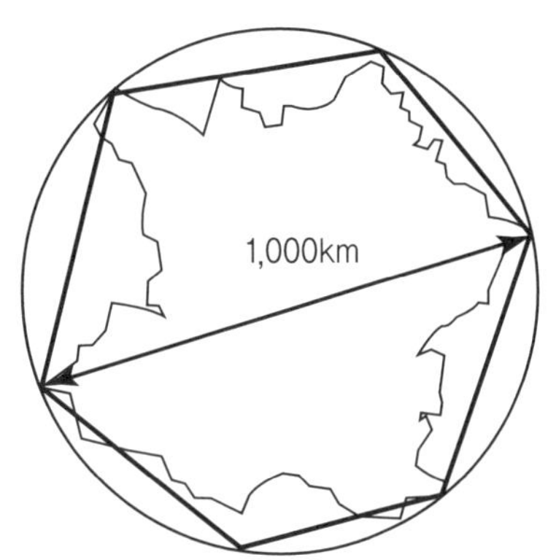

출처: 프랑스문화연구회, 1998: 14.

프랑스의 경우, 500m 이상의 고지대는 전 국토의 17.8%에 불과하고 250m 이하의 저지대는 61.8%로 유럽의 최고봉인 4,807m의 몽블랑(Mont Blanc)이 있음에도 불구하고 평균고도는 342m에 지나지 않는다. 남서부의 바스크(Basque) 지방과 북동부의 알자스(Alsace) 지방을 잇는 선을 경계로 하여 전체적으로 북쪽과 서쪽이 낮고 남쪽과 동쪽이 높다. 이러한 배치로 인하여 프랑스는 대서양 기후의 영향을 강력하게 받는다.

북쪽과 서쪽이 낮은 프랑스의 지형적 특성으로 인하여 프랑스의 하천들 중 대부분은 북서쪽의 완만한 사면을 따라 느리게 흐른다. 센(Seine) 강, 루아르(Loire) 강, 가론(Garonne) 강이 이에 속한다. 한편 남쪽의 지중해로 유입되는 큰 하천은 계절에 따른 유수량의 변동이 매우 작고 겨울에도 얼지 않아 수운에 유리한 점이 많아서 예부터 중요한 내륙교통로로 이용되어 왔으며 대부분 운하를 통하여 서로 연계되어 있다.

그러나 이 하천들은 그 유역의 규모나 기복, 강수량 등의 요인에 의하여 유출량은 물론 이용하는 방식에서도 큰 차이가 난다(김현권 외, 2002: 165, 167-168).

3 자연기후

프랑스는 지리적으로 온대지방(zone tempérée)에 위치하고 있어 온화한 기후를 보이고 있으나 각 지역에 따라 약간의 차이를 보이고 있다. 즉, 서부지역은 서안해양성 기후, 동부지역은 대륙성기후, 남동지역은 지중해성 기후를 보이고 있다. 여기에다 알프스지역, 피레네지역, 중앙산악지대(massif central), 보즈산악지대(massif des Vosges), 쥐라산악지역(massif du Jura)은 산악성 기후를 보이고 있다.

4 행정구역

프랑스에는 권역자치단체인 레지옹(région), 광역자치단체인 데파르트멍(département), 기초자치단체인 꼬뮌(commune)이 존재하고 있다. 이 밖에 행정적으로 국고(trésorerie)나 정치적으로 선거구의 기본단위가 되고 있는 껑통(canton)이 존재하고 있다.

지방자치단체는 본토(métropole)를 중심으로 해외영토인 해외자치단체(Département d'outre-mer: DOM), 해외지역(Territoire d'outre-mer: TOM), 특별자치단체(Collectivité à statut particulier)를 포함하고 있다(Direction générale des collectivités locales, 2008: 9). 즉, 해외영토 및 해외지역은 1950년대 중반까지 프

랑스의 식민지이었는데, 완전한 독립 대신 프랑스에 편입시켜 자치권을 인정하는 형태로 관리되고 있다. 결국, 해외영토 및 해외지역의 주민은 프랑스 본토의 국민과 동일한 헌법적 권리사항과 의무사항을 준수하여야 한다.

현재, 프랑스 본토(해외영토 제외)를 중심으로 권역자치단체는 21개, 광역자치단체는 96개, 기초자치단체는 36,569개가 존재하고 있다.[5] 이 밖에 특별자치단체는 4개, 해외지역자치단체는 2개가 있다.

도시지역의 꼉통은 하나의 기초자치단체인 꼬뮌이 경우에 따라 여러 개의 꼉통

〈표 2-1-4〉 지방자치단체의 종류 및 수

종류	1999	2007
기초자치단체	36,779	36,783
- 본토	36,565	36,569
- 해외영토	114	114
- 기타	100	100
광역자치단체	100	100
- 본토	96	96
- 해외영토	4	4
권역자치단체	26	26
- 본토	21	21
- 코르시카 특별자치단체	1	1
해외지역[6]	2	2
특별자치단체[7]	4	4

출처: Ministére de la Santé, 2008: 9.

5) 프랑스에서는 기초자치단체인 꼬뮌의 많은 수로 인하여 자치단체간 협력을 강조한다. 특히, 4개의 기초자치단체 중에서 1개가 인구 200명 이하이며 2개의 기초자치단체 중에서 1개가 인구 400명 이하이다. 이와 같은 문제점하에 중앙정부는 자치단체간 통합을 추진하고 있지만 프랑스인의 작은 규모 자치단체에 대한 정서적 애착과 지방의회 의원의 저항으로 통합이 잘 이루어지지 못하고 있다(Gristi, 2007: 269).

6) 해외지역자치단체에는 왈리스-에-푸투나(Wallis-et-Futuna), 테르 오스트랄 에 안타르크티크 프랑쎄즈(Terres australes et antarctiques français)가 있다.

7) 특별자치단체에는 폴리네지-프랑쎄즈(Polynésie française), 누벨-깔레도니(Nouvelle-Calaidonie), 마요트(Mayotte), 생-피에르-에-미크롱(Saint-Pierre-et-Miquelon)가 있다.

으로 분할되지만 비도시지역의 꼼뮨은 하나의 꼬뮌이 여러 개의 꼼뮨을 포함한다. 파리에는 꼼뮨이 존재하지 않으며 대신 20개의 구(arrondissement)가 꼼뮨의 역할을 대신하고 있다.

꼼뮨과 관련해서 본토에는 3,883개, 해외영토인 해외자치단체에 156개가 존재하고 있다. 또한, 해외의 특별자치단체인 마요트(Mayotte)에 19개가 존재하고 있다.

〈표 2-1-5〉 꼼뮨의 수

종류	2000	2007
본토	3,856	3,883
해외지역	156	156
마요트	19	19

출처: Direction Générale des Collectivités Locales, 2008: 9.

Ⅳ. 사회 · 문화적 환경

1 민족적인 측면

프랑스는 기원전부터 골이라 불리는 켈트 족이 다수를 구성하고 있었지만 로마의 속령과 게르만 족의 대이동을 거치면서 다양한 인종으로 사회를 구성하게 되었다. 또한, 19세기와 20세기에 상대적으로 인구가 많지 않았던 프랑스는 유럽의 거대한 융합처, 즉 이 대륙의 가장 중요한 이민 대상국이었다(김지은 외, 2004: 46-47).

최초의 이민물결은 19세기 후반기부터 시작되며 프랑스의 산업화 단계와 일치한다. 즉, 산업화로 인해 북부와 동부의 공장에 노동력이 부족했다. 당시, 이민은 자유로웠으며 수적으로 그다지 많지도 않았으나 시간이 지남에 따라 그 리듬이 점차적으로 가속화되었다.

제1차 세계대전 때 두 번째 이민의 물결이 일어났다. 전쟁 동안에는 무기제작을 위해서, 전후에는 전쟁으로 인한 대량학살 후에 농장과 공장의 폐허를 일으켜 세우기 위한 인력수요가 증가했기 때문이다.

세 번째 이민의 물결은 제2차 세계대전 후에 이루어진 것이다. 이것은 중앙정부가 원하던 사항이었는데, 국가를 재건하는 데 있어 인력이 부족할 것을 염려하여 이탈리아, 독일 그리고 피난민을 위한 국제기구와 몇 가지 협정을 체결한다. 1945년-1954년 말까지 약 30만명이 프랑스에 입국한다(이 중에서 5만명은 밀입국자이다). 그 이후로 정착을 목적으로 프랑스에 오는 외국인의 실제수는 감소한다.

네 번째 이민의 물결은 제5공화국하에서 일어난 세계의 정치 · 경제적 변화와 연결된다. 정치적 변화는 한때에 프랑스 제국의 일부분을 이루고 있던 국가들의 독립획득과 그들 중 몇몇 국가들이 겪은 정치투쟁으로 나타났다. 그리고 경제적 상황은 급속하게 증가하는 국민들에게 식량을 제공하기 위해서 몇몇 국가들이 직면하는 어려움이었다. 이 시기 동안 이탈리아 인들은 새로운 국적을 가진 이들로 변화한다.

1962년-1982년 사이에는 그 수가 15배나 증가한 포르투갈 인, (북)아프리카 인, 동남아시아의 피난민들이 그들이다. 이민은 또한 중요한 사회 · 정치적 문제가 된다. 프랑스에서 이민을 연구하고 있는 누아리엘(G. Noiriel)에 따르면 증조부까지만 거슬러 올라가기만 하면 국민 3명 중 최소한 1명은 조상이 외국인이라고 한다.

그리고 오늘날에도 지속적으로 동부유럽이나 북아프리카로부터 불법이민자의 수가 증가하고 있다.

2005년 1월 기준으로 프랑스에 살고 있는 전체인구 중에서 90%가 프랑스 인, 4.3%는 국적취득자, 5.7%는 외국인이다.

2003년을 기준으로 총 9,790명의 정치적 이민자가 있으며 유럽 인이 2,388명, 아프리카 인이 4,314명, 아시아 인이 2,669명, 아메리카 인이 366명, 기타 국민이 53명에 이르고 있다.

프랑스는 사회의 각 분야에서 다양한 인종이 활발한 활동을 수행하고 있으며 이를 기초로 한 다양한 문화적 발전을 도모하고 있다. 현재, 중앙부처 내의 법무부와 외무 · 인권전담부에는 이민자의 2-3세대에 해당되는 인물이 장관직을 수행하고 있다.

2 인구적인 측면

프랑스는 2005년 기준으로 총 6,087만명의 인구규모를 유지하고 있어 유럽연합(European Union) 내에서 독일(8,246만명)에 이어 두 번째로 많은 인구를 가지고 있다. 프랑스의 인구는 영국의 5,998만명과 이탈리아의 5,813만명과 비슷한 수준이지만 스페인의 4,339만명에 비해서는 큰 규모를 가지고 있다(OECD, 2007:

〈표 2-1-6〉 광역단위의 인구수

광역단위	인구수	광역단위	인구수
알자스	1,734,145	페이 드 라 르와르	3,222,061
아키텐	2,908,359	피카르디	1,857,481
오베뉴	1,308,878	푸와투-샤렁트	1,640,068
부르고뉴	1,610,067	프로방스-알프-꼬뜨-다쥐르	4,506,151
브르타뉴	2,906,197	론-알프	5,645,407
썽트르	2,440,329	구아텔르푸	422,496
쌍파뉴-아르덴	1,342,363	마르티니크	381,427
코르시카	260,196	귀이안	157,213
프렁쉬-꽁테	1,117,059	레이니옹	706,300
일-드-프랑스	10,952,011	총인구수	60,185,831
렁그독-로씨옹	2,295,648	본토	58,518,395
리무쟁	710,939	해외자치단체	1,667,436
로렌	2,310,376	셍-피에르-에-미크롱	6,316
미디-피레네	2,551,687	마요트(2002)	160,265
노르-파-드-깔레	3,996,588	누벨-깔레도니(1996)	196,836
바스-노르망디	1,422,193	폴리네지-프랑쎄즈(2002)	245,516
오트-노르망디	1,780,192	왈리스-에-푸투나(2003)	14,944

* 인구수는 1999년 기준이고 기준연도가 다른 지역은 ( )에 해당되는 연도임.
** 구아텔르푸, 마르티니크, 귀이안, 레이니옹은 해외지역자치단체임.
*** 셍-피에르-에-미크롱, 마요트, 누벨-깔레도니, 폴리네지-프랑쎄즈, 왈리스-에-푸투나는 해외의 특별자치단체임.
출처: Direction Générale des Collectivités Locales, 2008: 10-11.

13). OECD 30개 국가와 비교하면 미국, 일본, 멕시코, 독일, 터키에 이어 여섯 번째의 위치를 차지하고 있다.

프랑스 인의 출생률은 지속적으로 증가하고 있으며 2007년 기준으로 한 가족당 2명에 이르고 있다. 이러한 수치는 유럽연합 내에서도 매우 높은 수치로 미국의 2.1명보다는 낮지만 영국의 1.8명, 독일의 1.3명, 스페인의 1.4명에 비해서는 높은 것으로 나타나고 있다. 2006년, 총 신생아수는 830,288명이고 이 중에서 남아는 405,358명, 여아는 424,930명이다.

프랑스인의 평균수명은 2006년을 기준으로 세계에서 가장 높은 그룹에 속하고 있는데, 남자는 77.2세, 여자는 84.1세에 이르고 있다. 이는 1994년의 남자의 73.6세, 여자의 81.8세에 비해 남자는 3.6세, 여자는 2.3세가 증가한 것이다.

프랑스는 본토를 중심으로 22개의 광역단위로 구분되고 있는데 파리를 중심으로 한 일드프랑스의 인구가 약 1,090만명으로 가장 많고 코르시카 섬이 약 26만명으로 가장 적다. 따라서 그 격차는 무려 41배에 이르고 있어 지역간 인구격차가 매우 크다는 것을 알 수 있다.

구체적으로 파리가 200만명으로 유일하게 100만 이상의 인구를 가지고 있다. 제2도시라 할 수 있는 마르세이유(Marseille)가 80만명, 제3의 도시인 리용(Lyon)이 45만명의 인구를 가지고 있다. 위의 3개 도시를 포함하여 인구의 20만명 이상의 도시가 10개, 인구 10만명 이상의 도시가 27개이다. 따라서 나머지 도시는 인구 10만명 이하를 가지고 있다.

3 언어적인 측면

프랑스 어는 라틴 어에서 스페인 어, 포르투갈 어, 이탈리아 어, 루마니아 어 등과 함께 분화되어온 로망스 어(langue romane)의 한 갈래이다. 여기서 로망스 어는 고대 로마 인이 쓰던 라틴 어에서 또는 이의 방언에서 발생한 언어군을 의미한다.

프랑스 어는 18세기 독일의 궁정생활어였고, 18세기에서 19세기 초엽까지는 러시아에서 인텔리겐치아(intelligentsia)의 통용어이기도 하였다. 17세기에서 20세기 초엽에 이르는 동안 프랑스 어가 이렇듯 유럽전역에서 국제어로 사용하게 된 까닭을 단순히 정치적인 이유에서만 찾아보려 할 것이 아니라 이 언어 자체가 지니는 어떤 매력이나 장점에서 찾아보는 것이 타당하다고 여기는 사람도 적지 않다 (http://100.naver.com/100.nhn?docid=129801).

프랑스 어는 프랑스를 비롯한 지역뿐만 아니라 스위스, 벨기에, 룩셈부르크, 캐나다 퀘벡의 일부 지역에서 사용되고 있다. 또한, 옛 프랑스 식민지 국가였던 아프리카의 서부지역 국가에서도 사용되고 있다. 즉, 가봉, 세네갈, 코트디브와르, 콩고공화국, 카메룬, 중앙아프리카공화국, 모리타니 등의 국가에서 사용되고 있다.

프랑스는 1970년부터 프랑스 어의 국제적 연대를 강화하기 위해 노력하였고 1995년 기존의 문화 · 기술협력기구(Agence de Coopération Culturelle et Technique), 프랑스어기구(Agence de la Francophonie)를 현재의 프랑스어국제기구(Organisation Internationale de la Francophonie)로 재편하였다.

프랑스어국제기구는 프랑스 어라는 유산을 가지고 있는 회원국이 국제평화, 민주주의, 인권 그리고 상호간의 협력을 위해 노력하도록 하고 있다. 이 기구에는 55개의 회원국가와 13개의 옵서버국가가 참여하고 있으며 이 중에서 32개 국가는 프랑스 어 또는 프랑스 어를 포함한 다른 언어를 공식언어로 채택하고 있다.

오늘날 프랑스 어는 유엔을 비롯한 국제기구에서 영어 다음으로 많이 활용되고 있는 국제어이기도 하면서 동시에 스포츠언어로서의 역할을 수행하고 있다. 스포츠언어로서의 역할은 현대올림픽 창시자 피에르 드 쿠베르탕(Pierre de Coubertin) 남작의 노력이 크다. 따라서 올림픽과 관련해서는 프랑스 어를 영어와 함께 병기해야 한다.

4 사회계층 및 갈등

프랑스의 국기는 청색, 백색, 적색의 3색기인데, 프랑스혁명 때 파리의 시민군이 사용한 3색기에서 비롯되었다. 이 기는 프랑스혁명의 이상인 자유, 평등, 박애를 나타내고 있다. 프랑스는 근대국가로 발전하는 과정에서 수많은 요소들을 통합하여 다양성 있는 하나의 국가를 만들어냈다.[8)]

이처럼 프랑스는 다양성(diversité)을 존중하는 사회이며 이를 기반으로 다인종 · 다문화사회를 지향하고 있다. 이러한 다양성은 프랑스 인의 사회생활에서 자연스럽게 나타나고 있다.

다양성의 근원은 프랑스 인이 두 번 혹은 세 번의 구분으로 이루어진 여러 가지 구별을 통합하기를 좋아한다는 것과 관련되어 있다는 것이다. 즉, 이러한 구분들은 항상 인위적이지 않으며 뿐만 아니라 여러 부류가 이원적 혹은 삼원적 구분에 따라 인식될 수 있고 분석될 수 있다는 느낌이 상황에 따라 현실에 미친다는 것이다. 이러한 다양성 속에는 이원적 구별과 삼원적 구별이 존재한다(김지은 외, 2004: 72-73).

또한, 프랑스는 사회적으로 관용으로 번역되는 톨레랑스(tolérance)[9)]의 이념을 중시하고 있는데, 사전적인 의미의 톨레랑스는 "인간이 무엇을 할 수 있을 때, 금지하거나 강제하지 않는다(Ne pas interdire ou exiger alors alors qu'on le pourrait)"라는 것을 의미한다.

18세기 말 이후, 톨레랑스는 개인의 자유를 보장하고 사회질서를 유지하기 위해 국가가 취해야 할 처신을 지시하는 데서 한걸음 더 나아가 오늘날 통용되는 것같이 인간관계의 바람직한 방식으로서 개인의 심리태도를 지시하는 데까지 그 의미가 확장되었다.

오늘날 프랑스가 누리고 있는 성숙한 민주주의는 오랜 세월 톨레랑스의 미덕을 훈련하고 실천하면서 터득한 타자존중의 정신을 바탕으로 성립할 수 있었다. 인간의 이성이 진정으로 가치를 발휘하기 위해서는 그것의 보편적 효율성을 뒷받침하

---

8) http://www.petitfrance.com/history-1.htm

9) 톨레랑스는 유럽의 처참한 종교전쟁이 낳은 산물로서 18세기 장 칼라스(Jean Calas)가 신교도라는 이유 하나로 살인누명을 쓰게 되자 이에 격노한 볼테르(Voltaire)는 톨레랑스론(Traité sur la tolérance, 1763)이라는 소책자를 발간하였다. 몽테스키외(Montesquieu), 장-자크 루소(Jean-Jacques Rousseau) 등 다른 계몽철학자들도 이 개념을 발전시켰다. 이처럼 볼테르는 이교도에 대하여, 몽테스키외는 이민족에 대하여, 루소는 반대편 정치이념에 대한 톨레랑스를 강조하였다. 그 이후부터 프랑스 정신은 톨레랑스의 이름으로 극단주의, 이를테면 광신이라든가 극우주의에 대해서 항상 앙티(反)톨레랑스라 부르며 대항하는 용기를 표명해오고 있다(김현권 외, 2002: 9).

는 톨레랑스의 정신이 필수다. 톨레랑스는 프랑스가 서구사상의 골자인 개인주의와 자유주의, 그것에 기초한 사회의 합리적 운용을 위해 치열한 역사경험을 치르면서 얻어낸 소중한 정신유산이다(문경자, 2004: 50).

그러나 경제적 침체와 함께 불법이민자의 증가로 인해 톨레랑스의 이념도 점차적으로 합법적 테두리 내에서 용인되고 있는 실정이다. 따라서 이러한 사회분위기하에서 2005년 10월 27일 이주민 2 · 3세 청년들의 소요사태가 발생하였다. 이는 프랑스 파리의 한 교외지역에서 경찰의 검문을 피해 달아나던 아랍계 청년들이 감전사한 사건을 계기로 시작되었으며 제5공화국 사상 처음으로 프랑스 본토에서 국가비상사태를 선포해야 할 정도로 전국적으로 확대되었다. 거의 한 달 동안 프랑스 274개 도시에서 방화와 파괴가 진행되었으며, 차량 10,000여대가 소실되고 3,000여명이 경찰에 체포되었다(한승준, 2008: 11-12).

5 사회문화적인 특성

프랑스는 사회문화적으로 개인적이고 개방적이지만 사회시스템적으로는 다른 국가에 비해 권위주의적이고 중앙집권적으로 운영되고 있는 특성을 보이고 있다.

이러한 측면은 프랑스가 권력소지자(상위직 또는 우월적 존재)의 강력한 권력을 용납하는 성향과 관료들의 권위의식과 특권의식의 성향과 관련이 있는 것으로 나타나고 있다. 그리고 정부조직이나 기업조직에 있어서 수직적인 체계에 기초하고 있으며 위아래가 분명한 계급조직으로서의 성격이 강하게 나타나고 있다. 그리고 프랑스의 기업조직이 엄격한 위계질서와 명령체계를 바탕으로 하고 있기 때문에 다른 국가에서 볼 수 있는 매트릭스 관리(matrix management)가 정착되지 못하고 있다는 것이다(김만기, 2002: 298).

이러한 권위주의적 및 중앙집권적 분위기가 행정 및 정치적으로도 보수적으로 이어지고 있다. 다시 말해, 중앙정부와 하원의 구성에서 여성의 비율이 아직도 낮게 나타나고 있다. 프랑스에서 최초의 여성총리는 1991년이 처음이었으며 현재를 기준으로 수상을 포함한 중요장관직의 경우, 총 16명 중에서 여성장관이 7명으로 약 43%에 머물고 있다. 또한, 하원의원의 구성에 있어 총 577명 중에서 여성의원이 107명으로 약 18%에 그치고 있다. 특히, 하원의 여성의원비율은 유럽국가 중에 가장 낮은 국가군에 속하고 있다.

V. 경제적 환경

1 GNP

프랑스의 국내총생산(Gross Domestic Product: GDP)은 2005년을 기준으로 18억 7백만 달러이다. 이러한 수치는 유럽연합 내에서 이탈리아의 16억 44백만 달러나 스페인의 11억 89백만 달러에 비해서 앞서 있지만 경쟁국인 독일의 25억 38백만 달러와 영국의 19억 78백만 달러에 비해서는 뒤처져 있다.

OECD내에서는 프랑스의 국민총생산은 미국, 일본, 독일, 영국에 이어 다섯 번째의 규모를 차지하고 있다. 즉, 전체적인 GDP의 규모하에서 미국의 규모가 가장 크며 미국의 뒤를 이어 일본 그리고 비교적 인구규모가 큰 4개의 유럽연합 회원국(European Union Members)인 독일, 영국, 프랑스, 이탈리아가 존재하고 있다(OECD, 2007: 25).

2 소득수준

프랑스의 일인당 GDP는 30,266달러로 미국의 41,789달러에는 미치지 못하지만 영국의 32,850달러, 독일의 30,777달러와 거의 유사하다. 반면에 이탈리아의

28,094달러나 스페인의 27,400달러에 비해서는 높은 편이다. 전체 OECD국가 중에서는 덴마크, 스웨덴, 아일랜드 등과 같은 경제력 규모가 약한 국가를 제외하면 일본과 유사한 수준이다.[10)]

3 산업구조

프랑스의 산업은 다양한 업종이 균형있게 발전하고 있기는 하지만 산업발전을 위해 농업을 희생하는 것과 같은 극단적인 방법은 아닐지라도 제2차 세계대전의 복구과정에서부터 몇 가지 경쟁력 우위의 산업을 전략적으로 집중육성하는 방향으로 발전하여 왔다.

이러한 맥락 속에서 초기에는 섬유, 조선, 철강, 자동차, 전자, 항공 등의 산업이 전략적으로 채택되었으며 프랑스 경제의 황금기인 1962년에서 1973년에 이르는 사이에 비약적인 성장을 기록하였다.

그러나 이 중에서 섬유, 조선, 철강 등이 개발도상국들과의 경쟁에서 밀려나면서 이후에는 첨단분야, 의약품, 자동차, 철도, 자동차, 생명공학, 유통, 정보통신 산업이 프랑스의 주력산업이 되었다. 문화의 나라답게 그들 자신의 문화자체를 상품화하는 한편 관광, 패션, 음식산업 등도 여전히 강세를 유지하고 있다(김현권 외, 2002: 372).

프랑스의 산업구조상 특이한 것은 제1차 산업의 비중이다. 즉, 제1차 산업종사자의 비율이 약 3%로 다른 서구 선진국가에 비해 아직까지 농림수산업의 비중이 상대적으로 높은 편이다. 프랑스의 농업생산액은 유럽연합 농업생산액의 25%를 점하고 있으며 미국에 다음가는 농식료품 수출국으로 농산물 수출액이 전체 수출액의 6% 이상을 차지하고 있다.

또한, 축산부문이 프랑스 농업의 60%이상을 차지하고 있는데 프랑스는 소고기 및 가금류 수출에서 세계 2위로 각각 세계 수출량의 11%와 18%를 차지하고 있다.

10) 대상국가의 GDP는 구매력평가지수(Purchasing power parity)를 고려한 수치이다.

프랑스는 세계 제1위의 포도주 생산국이다. 포도주의 생산량은 포도작황에 따라 다르지만 해마다 6,500만 hL(1hl는 100L)가 생산된다(김현권 외, 2002: 368).

4 고용

프랑스에서 고용은 프랑스 국민이 인간다운 삶을 유지할 수 있는 가장 중요한 수단 중의 하나로 인식하고 있다. 2007년을 기준으로 제1차 산업(농업 등), 제2차 산업(제조 등), 제3차 산업(서비스 등)에 있어 고용의 비중을 살펴보면, 3.3%, 20.3%, 76.4%이고 총 고용인구수는 약 2,559만명이다.

이러한 수치는 독일의 2.1%, 25.4%, 72.4%, 약 3,973만명에 비해서는 1차 산업과 3차 산업의 비중이 높지만 2차 산업과 총 고용인구수는 작다. 영국의 1.4%, 17.7%, 80.8%, 3,154만명에 비해서는 1차 산업과 2차 산업의 비중이 높지만 3차 산업과 총 고용인구수는 작다. 이탈리아와 스페인에 비해서는 1차 산업과 2차 산업의 비중이 낮고 3차 산업의 비중은 높다. 그리고 총 고용인구수에 있어서는 이탈리아와 비슷하고 스페인에 비해서는 높다.

그러나 1980년 이후의 경기침체로 인해서 실업이 심각한 사회문제로 등장하게

〈그림 2-1-3〉 프랑스의 국가경쟁력 변화

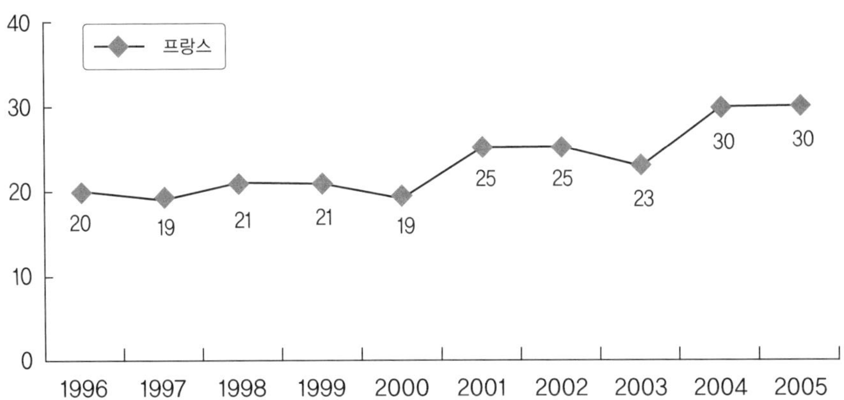

되었으며 각 정부는 실업의 문제를 해결하기 위한 다양한 정책을 수립하고 있다. 2000년대에 진입하면서 전체 실업률이 낮아지기는 했지만 아직도 높은 수준이다.

2007년을 기준으로 총 실업률은 8.3%로 총 237만명에 해당되고 있으며 남성은 7.8%, 여성은 8.9%로 여성이 높은 것으로 나타나고 있다. 이러한 수치는 독일의 8.4%와 유사하지만 영국의 5.3%에 비해서는 높은 편이다. 또한, 이탈리아의 6.1%에 비해서는 높고 스페인의 8.3%와 동일하다.

5 국가경쟁력

프랑스의 국가경쟁력은 2008년을 기준으로 25위로 2007년의 28위에 비해 3단계 상승하였다. 독일과 영국의 16과 21위에 비해서는 낮지만 이탈리아의 46위 스페인의 36위에 비해서 높은 편이다(IMD, 2008: 13).

2007년을 기준으로 국가경쟁력에 있어 프랑스는 비교적 낮은 순위에 위치해 있으며 구체적으로 경제성과는 9위, 정부효율성은 45위, 기업효율성은 45위, 인프라는 17위이다. 국가경쟁력 평가요소 중에서 경제성과와 인프라의 순위는 정부효율성과 기업효율성에 비해 높은 것으로 분석되고 있다.

Ⅵ. 한국과의 관계

1 외교관계의 수립[11)]

프랑스와 우리나라간의 민간차원 교류는 19세기 초 프랑스가 가톨릭 선교사를

11) 외교관계는 인터넷 사이트(http://fra.mofat.go.kr/kor/eu/fra/affair/relation/index.jsp)를 중심으로 작

우리나라에 파견하여 활발한 선교활동을 전개함에 따라 수교 훨씬이전부터 이루어져 왔다. 당시, 모방(Maubant), 샤스땅(Chastan), 엥베르(Embert) 등 파리 외방전교회(外邦傳敎會, Mission étrangère) 소속신부가 각각 1835년, 1836년, 1837년에 조선에 입국하였고, 1839년 기해사옥(己亥邪獄) 때 순교하였다.

1866년(고종3년) 대원군의 천주교 탄압정책으로 프랑스 선교사 12명 중 9명이 처형당하자, 그 중 살아남은 리델(Ridel) 신부는 중국으로 피신하여 천진에 있던 프랑스 극동함대 사령관 로즈(Roze)제독을 방문하여 이 사실을 알리고 도움을 청하였다.

프랑스 해군은 자국인의 인명손실에 대한 항의와 보복을 명분으로 강화도를 침공하였고 사고(외규장각) 및 은괴 등을 약탈해 갔다. 이를 계기로 프랑스와 우리나라는 1886년 6월 4일 우호통상조약을 체결함으로써 외교관계를 수립하였다.

그 이후, 을사조약 체결로 우리나라가 일본에 외교권을 박탈당함에 따라 1906년 양국의 외교관계는 중단되었으나 상해 임시정부가 프랑스조계에서 활동하면서 프랑스의 비호를 받는 등 양국간 우호관계가 지속되었다.

우리나라가 일본에 완전히 합병되고 난 후 양국간 교류상황은 분명치 않으나, 1919년 제1차 세계대전 종전 후 베르사유(Versailles) 강화조약 협상이 개시되었을 때 다시 양국간 접촉이 이루어졌다. 1919년 4월, 김규식 박사 등 독립운동사절단이 파리에 파견되어, 곧 한국임시정부 대표부로 추천받고, 임정 파리위원부의 이름으로 1921년까지 파리에서 활동하였다. 1919년 5월, 클레망소 프랑스 수상에게 공한을 발송, 파리강화회의의 조선독립 인정을 호소하는 등 독립운동에 힘썼다.

김규식 박사의 미국행 등 2년 후의 상황변화로 대표부의 공식활동이 1921년 이후에는 그대로 활성화되지는 못했다. 그러나 파리대표부는 당시 유럽을 향한 대한독립운동의 중심거점으로 기능하였고, 그 당시 사용했던 대표부 청사건물인 파리 9구의 샤또덩(Rue Châteaudun) 가(街) 38번지에는 대표부의 활동을 기념하는 현판을 2006년 3월 1일 설치하였다.

2006년, 양국간 수교 120년을 기념하는 해로 문화, 예술, 학술, 경제, 과학기술

성하였다.

12) 교역량은 인터넷 사이트(http://www.ambafrance-kr.org/spip.php?article414)를 중심으로 작성하였다.

부문 등 한국과 프랑스 양국에서 기념행사를 개최, 양국민간 관계가 한 단계 더 깊어졌다.

2 교역량[12)]

프랑스에 있어 우리나라는 주요 아시아 경제협력국 중 하나이며, 우리나라는 프랑스의 수출성장 잠재력이 가장 큰 국가 중 하나이다. 프랑스와 우리나라간의 교류는 2006년 70억 유로로 증가하였으며 2006년 대(對)한국 프랑스 수출은 29억 유로로 21.3%의 놀라운 증가세를 나타났다.

이러한 수치는 양국 교류사상 이래 최대의 증가세라 할 수 있으며, 프랑스의 전세계 수출 증가세(8.4%)의 2배 가량 된다. 프랑스에서 우리나라는 2006년 41억 유로의 수출을 기록하며 14% 성장을 이루어 높은 경쟁력을 보여주고 있다.

2006년 6월 프랑스의 대(對)한국 투자금액은 50억 달러로 제4위의 투자국인데 이는 우리나라의 외국인 투자액의 5%에 해당하는 금액이다. 총 205개의 프랑스 기업이 우리나라에 진출해 있으며 2년 사이에 25%가 증가하였다. 이들 기업은 총 36,000여명을 고용하고 있으며, 이 중 350명만이 프랑스인이다. 주한 프랑스 기업의 2006년 매출액은 102억 유로로 대(對)한국 프랑스 수출액의 3배 이상이 되고 있다.

프랑스와 우리나라간의 관계는 단순교역에서 시작하여 대형계약이 주종을 이루는 진정한 교역파트너로 발전했다. 수많은 우리나라의 전문업체들이 참여한 TGV 사업과 그에 이은 최근 몇 년간의 대형계약 체결은 양국간 항공, 대중교통, 에너지, 환경, 건설분야에서 사업비전을 제시하고 있다.

프랑스와 우리나라 간의 교역은 높은 성장 가능성을 보이고 있으며 우리나라의 총 국제교역 중에서 프랑스 시장은 2006년 1%에서 2007년 새로이 1.1% 성장을 기록하였다. 양국간의 교역은 산업재, 소비재 또는 농식품에 걸친 모든 분야에서 이루어진다. 향후, 예상되는 한-EU 자유무역협정 체결을 맞이하여 프랑스 기업은 또 다른 새로운 기회를 갖게 될 것으로 예상하고 있다.

제 2 장 프랑스의 헌법 및 법률적 기반

전 학 선(한국외대)

Ⅰ. 서 론

프랑스는 1789년 혁명을 통하여 절대왕정을 무너트리고 근대국가를 이룩하여 국민주권을 실현한 국가로서 유럽에서 최초로 근대적 성문헌법을 가진 국가(권영성, 2008: 32)라 할 수 있다. 따라서 프랑스는 국민들의 권리의식이 다른 어느 나라보다도 고양되어 있고 이를 통하여 법치국가를 구현하고 있다고 할 수 있다.

과거 프랑스는 절대왕정 시대에 루이 14세가 '짐이 곧 국가다(L'Etat c'est moi)' 라고 이야기 한 것처럼 국왕의 권력은 절대적이었고 국왕이 살아있는 법률과도 같은 존재였으나 시민혁명을 통하여 근대국가로 새롭게 탄생하여 법치주의를 구현하고 있다. 국가의 주인은 주권자인 국민으로서, 대의제 원리에 따라 국민이 국가

의사를 직접 결정하기보다는 대표자를 선출하여 대표자들로 하여금 국가의사를 결정하게 하고 통치권을 위임하여 통치를 하게 한다.

근대 국가 이후 권력분립을 통하여 국가권력을 통제하고 이를 통하여 국민들의 기본권 보장을 하고 있는데, 특히 '법률에 의한 행정'이 강하게 요구되고 있다. 근대 국가 이전에는 군주에 의한 지배로 '人의 지배'로 표현된다면, 근대 국가 이후에는 '법에 의한 지배'로 하는 법치국가원리가 확립되었다고 할 수 있다. 법을 통하여 지배함으로써 자의적인 집행을 배제하고 법에 근거를 둔 행정이 행하여지게 되는 것이다.

프랑스에서도 행정의 개념은 하나로 정의내리기는 어렵다고 한다. 즉 '할 수 없는 것과 해서는 안 되는 것'으로부터 출발하여(Jacques Caillosse, 1996: 69) 소극적으로 추론하여 입법도 통치도 그리고 사법도 아닌 행위를 말한다고 하고 있다(Martine Lombard et Gilles Dumont, 2007, 8). 따라서 행정의 개념이 불분명하다고 할 수 있으나, 이러한 행정을 하는 데 있어서는 법에 근거가 있어야 한다.

II. 프랑스의 규범체계

1 헌법(Constitution)

최고규범으로서 헌법이 가장 상위의 규범이다. 현행 프랑스 헌법은 1958년 제정되어 2008년 7월 말까지 24차례에 걸쳐서 개정되었다.[1] 프랑스 헌법은 전문과

---

1) 2008년 7월 21일 제5공화국 들어서 가장 큰 헌법개정안이 상원과 국민의회 합동의회에 상정되어 896 유효투표 가운데 539표의 찬성을 얻어 유효투표의 5분의 3보다 1표 많은 찬성을 얻어 가까스로 국회를 통과하여 24번째 헌법개정이 이루어졌다.

100여개의 조문으로 구성되어 있는데, 프랑스 헌법재판소(Conseil constitutionnel)는 합헌성 블록이라 하여 헌법적 가치를 가지는 규범을 확대하였다. 합헌성 블록이란 위헌심사를 함에 있어서 헌법이 조문으로 된 성문법전만에 한정되는 것이 아니라 헌법전문이 존중하고 있는 규범, 예를 들면 1789년 인권선언이라든가 혹은 1946년 헌법전문 또는 공화국법률에 의하여 인정된 근본규범 등도 헌법에 포함된다는 것이다. 성문헌법뿐만이 아니라 성문헌법전이 내포하고 있는 내용들도 위헌심사의 판단기준 규범이 된다는 것이다. 합헌성 블록이란 표현은 1970년대에 나타나기 시작한 개념으로 법률용어는 아니고 강학상의 개념이다. 합헌성 블록이란 용어는 맨 처음에 Emeri와 Seurin이 사용한 용어인데(Claude Emeri et Jean-Louis Seurin, 1970: 678 et s), 그 후 Favoreu가 발전시켜서 일반화시켰다(Louis Favoreu, 1974: 33).

1) 헌법 前文

프랑스 헌법은 헌법 前文(préambule)을 가지고 있는데, 그 내용을 보면 "프랑스 국민은 1789년 인권선언에서 정의되고 1946년 헌법의 前文에서 확인 · 보완된 인권과 국민주권의 원리와 2004년 환경헌장에서 정의된 권리와 의무에 대한 애착을 엄숙히 선언하다. 공화국은 이러한 원리 및 국민들의 자유로운 결정의 원리에 의거하여 공화국에 결합하는 의사를 표명하는 해외영토에 대하여 자유 · 평등 및 박애라는 공동이념에 기초를 두고 그 민주적 발전을 위하여 구상된 새로운 제도를 제공한다"이다.

프랑스는 헌법 前文에 의거하여 국민들의 일반적인 기본권을 인정하고 있다고 볼 수가 있는데, 즉 1789년 인권선언의 17개 조항과 1946년 헌법 前文에 대하여 현행 헌법 前文에서 인정하고 있는 것이다. 1946년 헌법의 전문은 남녀의 평등과 근로의 권리, 망명권, 파업권, 아동 · 모성 및 노약자의 보호, 교육을 받을 권리 등 다양한 권리들을 선언하고 있다.

프랑스에서 헌법 前文의 효력에 대하여, 과거에는 헌법 前文이 단지 선언적인 의미만을 가지며 구체적인 헌법적 효력을 가지지 않는다는 주장이 있었으나

(Raymond Carre de Malberg, 1928: 580) 현재는 헌법 前文의 법적 효력을 인정하고 있는 상태이다.[2)]

프랑스 헌법재판소는 1970년 6월 19일 결정(C.C. 70-39 DC 19 juin 1970, R., 15)에서 처음으로 헌법 前文에 대하여 언급을 하고 있다. 즉 "헌법과 특히 전문 그리고 제53조와 제54조, 제60조에 근거하여"라고 하면서 판단의 근거가 되는 규범을 설정하면서 헌법 前文을 언급을 하고 있으나, 결정문의 이유나 주문에는 이에 대한 설명이 없었다. 따라서 프랑스 헌법재판소가 실질적으로 헌법 前文에 대하여 법적 효력을 인정하기 시작한 것은 1971년 7월 16일 결정(C.C. 71-44 DC 16 juillet 1971, R., 29)인 것이다. 이 결정에서 처음으로 이유에서 헌법 前文의 헌법적 효력을 인정하였던 것이다. 즉 결사의 자유(liberté d'association)에 관한 결정인 이 결정문 이유에서 프랑스 헌법재판소는 "공화국 법률에 의하여 인정되고 헌법 前文에서 엄숙히 재확인된 기본 원리들 하에서 결사의 자유의 원리들을 정리해야 한다"라고 하고 있는 것이다. 결사의 자유는 헌법적 가치를 가지는 원리로서 존재하는 것이며 단체결성의 유효성에 관한 어떠한 사전통제도 인정될 수 없다고 하면서 위헌을 선언하였다. 이 결정은 많은 판례 평석(Léo Hamon, 1974: 83-90; Jean Rivero, 1971: 537-542: Jacques Robert, 1971: 1171-1204)과 반향을 불러왔는데, 이 판결을 계기로 프랑스 헌법재판소가 기본권 보장기구로서의 역할을 충실히 하는 계기가 되었다고 하고 있다.

그 후에 프랑스 헌법재판소는 여러 번에 걸쳐서 헌법 전문의 법적 효력을 인정하였는데(예를 들면, C.C. 73-80 DC, 28 novembre 1973, R., 45; C.C. 73-51 DC, 27 décembre 1973, R., 25; C.C. 77-87 DC, 23 novembre 1977, R., 42; C.C. 81-

2) 그러나 현재에도 헌법 前文의 법적 효력을 인정하면서도 신중한 태도를 보이는 학자도 있다. 즉 너무 헌법 前文의 이념이나 정신에 과도한 집착을 한다면 판사정부(gouvernement des juges)에 빠질 수 있다고 하면서 이러한 경우에는 판사가 헌법 본문의 규정 내용보다는 헌법 前文의 이념 등에 집착하여 헌법적 효력을 가지는 규범을 스스로 창출할 수도 있게 된다고 경고하고 있다. Loés Philip, La valeur juridique du préambule de la Constitution du 27 octobre 1946 selon la jurisprudence du Conseil constitutionnel, in Mélanges dédiés à Robert PELLOUX, Editions L'HERMES, Lyon, 1980, 280; Loés Philip, Le développement du contréle de constitutionnalité et l'accroissement des pouvoirs du juge constitutionnel, R.D.P., 1983, 401 et s.

132 DC, 16 janvier 1982, R., 18 등), 이러한 과정에서 기본권을 보장하기 위한 여러 원칙들을 형성하였던 것이다. 헌법 前文의 법적 효력을 인정하던 초기에는 "헌법 前文에 의하여 인정되는 …… 원칙(또는 규정)에 의하여"라는 표현을 사용함으로서 헌법 前文에 의하여 인정되는 규정이나 원칙들임을 명확하게 하였으나 현재에는 이러한 표현을 사용하지 아니하고 직접 헌법적 가치가 인정되는 원칙이나 조문들을 인용하고 있다. 그러나 처음 사용되는 헌법적 가치를 가지는 원칙이나 전문의 내용에 대해서는 위와 같은 표현을 사용하기도 한다(C.C. 87-226 DC, 2 juin 1987, R., 34).

2) 1789년 인권선언

1789년 인권선언도 현행 프랑스 헌법 前文에서 나타나고 있는데, 1789년 인권선언도 헌법적 가치를 가지는 규범이라고 프랑스 헌법재판소는 인정을 하고 있다. 사실 1789년 프랑스 인권선언의 법적 효력에 대해서 이를 인정하는 견해와 부인하는 견해가 있었던 것은 사실이다. 프랑스 제3공화국 당시에 에스멩(Esmein)과 까레 드 말베르그(Carré de Malberg)는 헌법에 명시되지도 않고 또한 1789년 인권선언은 단지 원칙들을 선언하는 것이 불과하다고 하면서 그 법적 효력을 부인하였었다. 이에 반하여 오리우(Hauriou)라든가 뒤기(Duguit) 같은 학자들은 1789년 인권선언이 개인의 권리들을 선언하고 있으며 이러한 규범들은 헌법적 가치를 가진다고 하였던 것이다(Jean Morange 1993, - 변해철 역, 1999).

프랑스 헌법재판소는 1973년 12월 27일 인정과세(Taxation d'office)에 대한 위헌법률심판사건에서 처음으로 1789년 인권선언에 대하여 언급을 하였던 것이다. 이 결정에서 헌법재판소는 "위 조항은 1789년 인권선언과 헌법 前文에서 엄숙하게 확인된 법 앞의 평등원칙에 위반된다"라고 하여 1789년 인권선언이 헌법적 가치를 가지는 규범임을 명확히 하였다(C.C. 73-51 DC, 27 décembre 1973, R., 25).

1789년 인권선언은 17개 조항으로 구성이 되어있는데, 그 내용을 보면, 제1조에서 인간의 자유와 권리 그리고 평등에 대해서 규정하고 있으며, 제2조에서 재산권, 결사의 자유, 신체의 자유, 저항권을 규정하고 있고, 제3조는 국민주권, 제4조는 자유와 이러한 자유를 향유하는 데에 있어서의 한계를, 제5조는 법률에 의한 유해한 행위 금지를, 제6조는 평등의 원칙을, 제7조는 신체의 자유를, 제8조는 죄형법정주의를, 제9조는 무죄추정의 원칙을, 제10조는 종교와 사상의 자유를, 제11조는 언론 · 출판의 자유를, 제12조는 공권력의 공익을 위한 행사를, 제13조는 납세의 의무를, 제14조는 조세법률주의를, 제15조는 공무원에 대해서, 제16조는 권력분립에 대해서, 그리고 제17조는 재산권 보장에 대해서 각각 언급을 하고 있다.

이들 1789년 인권선언의 각각의 조문들에 대하여 프랑스 헌법재판소는 헌법적 가치를 인정하면서 결정을 하는 데에 있어서 근거가 되는 규범이라고 하고 있다(LoUïc Philip, 1979: 317 et s).

3) 法의 一般原則들

프랑스 헌법재판소가 인정하고 있는 기본권규범으로서 불문법원인 법의 일반원칙(les principes généraux du droit)이 있다. 법의 일반 원칙들은 성문규범이 아닌 불문규범들을 기본권 보장을 위해서 프랑스 헌법재판소가 규범적 가치를 인정하고 있는 것인데, 프랑스 헌법재판소는 이러한 불문규범들에 의하여 기본권규범의 영역을 확대시켜 나갔던 것이다.

법의 일반원칙에 대해서 프랑스 헌법재판소가 처음으로 결정문에서 사용하기 시작한 것은 1969년 6월 26일 '천연기념물 및 자연경관에 관한 법률'에 대한 결정(C.C. 69-55 L, 26 juin 1969, R., 27)에서이다. 이 결정에서 프랑스 헌법재판소는 법의 일반원칙이라는 표현을 사용하면서 "법의 일반원칙에 의하여 행정청의 침묵은 거절을 나타내는 것이고, 그 예외는 입법자가 정하여야 할 사항이다"라고 하였던 것이다.

프랑스 헌법재판소는 또한 공화국 법률에 의하여 인정되는 기본원칙들(les principes fondamentaux reconnus par les lois de la République)에 의하여 기본적인 권리들이 인정된다고 하면서 위와 같은 원칙들을 위헌심사의 근거규범으로 인용하기 시작하였는데, 그 시작은 위에서도 언급한 바와 같이 1971년 7월 16일 결사의 자유에 관한 결정에서였다. 이러한 원칙은 헌법적 가치를 가지는 것으로 인정이 되었고 이러한 원칙에서 많은 기본권을 프랑스 헌법재판소는 도출하였다. 그 구체적인 권리들을 보면, 결사의 자유, 반론권, 개인적 자유, 교육의 자유, 양심의 자유, 행정법원의 독립, 대학교수의 자유, 부동산 소유권의 사법적 보호 등이다. 그러나 이러한 원칙에 대해서는 명확하지 못하다는 비판이 있다. 즉 공화국 법률에 의하여 인정되는 기본 원칙들이 인정되기 위해서는 어떤 공화국을 의미하는 것이고 또한 어떤 법률들을 말하는 것이며 구체적으로 어떠한 원칙들이 인정되는 것인가(Jean Rivero, 1972: 265) 하는 것이다. 또한 공화국 법률적인 가치를 가지는 것이 아닌가 하는 비판도 있으며(François Luchaire, 1997: 168-171: Dominique Rousseau, 2006: 106 et s), 또한 공화국 법률에 의하여 인정되는 기본 원칙들에 의하여 보호되었던 대부분의 기본권들이 헌법 본문이나 헌법 전문 혹은 1789년 인권선언에 의하여 인정이 되고 있다(Louis Favoreu et Loéc Philip, 2007: 249)는 것이다. 따라서 이러한 원칙들은 위헌심사에 있어서 판단 기준이 되는 규범으로서 제한된 역할밖에 할 수 없다는 주장이 있는 것이다(Lois Favoreu et André Renoux, 1992).

2 법률(Loi)

프랑스에서 loi는 구체적인 법률을 의미한다. 프랑스에서는 의회를 통과한 규범만이 법률(loi)이 되고 나머지는 법률이라는 용어를 사용할 수 없다. 프랑스는 과거 의회주권주의에 대한 반동으로 헌법에서 법률로 정할 수 있는 것을 제한해 놓고 있다. 따라서 헌법에서 정한 것만 법률로 규정할 수 있고 나머지는 명령으로 규정해야 한다. 법률로 규정해야 하는 것은 시민의 권리 및 공적 자유의 행사를 위하여 시민에게 부여된 기본적 보장 · 국방을 위하여 시민에게 과하여진 시민의 신체상 및 재산상의 의무, 개인의 국적 · 신분 및 능력 · 부부재산제 · 상속 및 증여, 중죄 및 경죄의 결정과 이에 과하는 형벌 · 형사소송절차 · 일반사면 · 새로운 재판기관의 창설 및 사법관의 신분, 모든 성질의 조세의 기준 · 세율 · 징수의 태양 및 통화

발행제도, 국회 및 지방의회의 선거제도, 각종의 공공단체의 창설, 국가의 공무원 및 군인에게 인정되는 기본적 보장, 기업의 국유화 및 공기업에서 사기업에로의 기업소유권의 이전, 국방의 일반조직, 지방공공단체의 자유로운 행정 · 그 권한 및 재원, 교육, 소유권, 물권과 민사상 및 상사상의 채무에 관한 제도, 노동법, 노동조합법 및 사회보장법, 예산법이다.

1) 조직법률(Loi organique)

의회가 제정하는 규범으로서 법률 가운데 헌법에서 특히 조직법률로 규정하도록 요구하는 사항에 대해서는 반드시 조직법률로 정하여야 한다. 헌법상 조직법률로 규정하도록 열거한 사항만을 조직법률로 규정하는 대개의 경우 공권력의 조직이라든가 기능에 관한 사항이다. 조직법률은 보통법률과는 다른 특별한 입법절차를 거치도록 되어 있다. 조직법률은 법률안의 심의 전에 최소한 15일의 숙고기간을 정해놓고 있다. 또한 상원에 관계되는 조직법률의 경우를 제외하고는 최종적으로 조직법률안을 국민의회가 최종적으로 조직법률안을 채택할 수 있으되 재적의원 과반수의 찬성을 얻도록 하고 있다. 또한 위헌법률심판을 담당하는 헌법재판소의 위헌심사를 의무적으로 받도록 되어 있다. 조직법률안이 의회를 통과하면 공포되기 전에 필수적으로 헌법재판소의 위헌심사를 받아야 하는 것이다. 보통법률의 경우에는 청구인들의 청구가 있는 경우에 한하여 위헌심사를 하나 조직법률의 경우에는 의무적인 것이다. 이는 조직법률 자체가 공권력의 조직 또는 권한에 관계되는 것이기 때문에 사전적 위헌심사를 하는 프랑스 위헌법률심판에서 청구인들의 청구가 없는 경우 통제가 안 되고 권력분립원칙이 깨질 수 있기 때문인 것이다. 조직법률은 그 특성상 헌법과 보통법률의 사이에 위치하는 규범력을 가진다고 본다. 헌법재판소도 일반법률에 대한 위헌심사를 하는 경우 조직법률도 그 심사 기준이 되는 규범이 된다고 하였다.

2) 보통법률(Loi ordinaire)

의회가 제정하는 법률로서 조직법률(loi organique)에 대한 의미로 사용된다. 헌법에서는 loi organique(조직법률)란 용어를 사용하고 있지만, loi ordinaire란 용어를 사용하고 있지는 않다. 그러나 헌법에서 법률(loi)이라는 용어를 사용하면 이는 조직법률인 경우를 제외하고는 모두 보통법률을 의미한다고 할 수 있다.

3 오르도낭스 또는 법률명령(Ordonnance)

법률명령은 법률과 행정입법의 중간에 위치하는 법규범을 의미하며, 헌법 제38조 제1항에서는 “정부는 그 강령을 실시하기 위하여 일정기간에 대해 통상 법률의 소관사항에 속하는 조치를 법률명령으로서 정하는 승인을 국회에 요구할 수 있다”라고 하여 법률명령제도를 규정하고 있다. 즉, 그것은 헌법에 의한 수권, 의회에 의한 수권 또는 국민에 의한 수권에 의거하여 법률사항에 개입하여 법률을 개폐할 수 있는 행위이며 국가원수의 정치적 의견을 실제에 반영하는 조치라고 할 수 있다.

법률명령은 의회의 입법영역에 속하는 사항을 정부가 의회의 위임에 의거하여 제정하는 명령이라는 점에서 그러한 위임입법이 행해지기 위해서는 다양한 요건이 헌법상 요청되고 있다. 즉, ① 의회의 수권이 정부에 부여되어야 한다. ② 제안권은 정부에 속하며 의회 스스로 법률사항에 관한 권한을 위임하는 수권법률(loi d'habilitation)을 발의할 수 없다. ③ 수권기간은 무한정일 수 없으며 반드시 일정기간을 수권법률에 명시하여야 한다. ④ 위임의 대상사항을 규정하여야 한다. ⑤ 법률명령의 제정에서는 정부는 사전에 행정최고재판소의 의견을 청취할 의무가 있다. ⑥ 법률명령의 국무회에서 제정되어야 한다. ⑦ 수권법률에서는 수권기간과 아울러 추인의 정부제출 법률안을 의회에 제출하는 기간을 규정할 필요가 있다. 만약 이 기간 내에 추인의 정부제출 법률안의 제출이 없으면 법률명령은 무효가 된다. ⑧ 수권기간 만료에 즈음하여 법률의 영역에 속하는 사항을 대상으로 하는 법률명령은 이후 법률 이외의 형식으로는 개정할 수 없다. ⑨ 수권 기간 중 의회가 위임사항에 관하여 입법을 하는 것은 허용되지 않으며, 이러한 사태가 입법절차

중에 명확히 되지 않은 경우 정부는 불수리의 항변으로 대항할 수 있다.

4 데크레 또는 명령(Décret)

데크레는 대통령 또는 수상이 발동하는 명령이다. 데크레는 제정절차에 따라서 행정최고재판소의 심의를 거친 명령(décrets pris après avis du Conseil d'état), 국무회의의 심의를 거친 명령(décrets délibérés en Conseil des Ministres), 단순한 명령으로 나눌 수가 있다. 이러한 데크레는 개입 영역에 따라서 헌법 제37조의 독자명령과 헌법 제21조의 집행명령으로 구분할 수 있다. 프랑스 헌법은 헌법에서 법률로 규정하도록 하는 사항 이외의 사항은 (법규)명령으로 규정하도록 하고 있는데 이러한 것이 헌법 제37조에 의한 독자명령이고, 법률을 집행하기 위한 명령이 헌법 제21조에 의한 집행명령이다. 프랑스에서 법규명령권(pouvoir réglementaire)은 대통령과 수상에게 각각 귀속되어 있는데, 대통령의 법규명령권과 수상의 법규명령권의 권한배분문제는 프랑스 정부형태에서 대통령의 권한과 수상의 권한의 분배만큼이나 명확하지는 않다.

5 아레테(Arrêté)

집행기관(각부장관, 도지사, 시장)이 제정한 명령 혹은 규칙을 총칭하는 형식을 말한다. 형식적인 면에서 보면 아레떼는 그 기초가 되는 법률이나 시행령을 상기하는 서명(visas)과 문장들로 구성되고 필요한 경우에는 (복수의)조문으로 구성된다. 아레테는 내용과 관련해서 명령(règlement), 개별적 행위(acte individuel)나 비법규적인 결정(décision non réglementaire)을 포함할 수 있다. 한편 적극적 관할분쟁(충돌)(conflit positif)의 경우, 관할법원(Tribuanal conflits)은 프레페의 관할분쟁, 아레테(arrêté conflit)의 적법성으로 판단한다.

6 시큘래르 또는 훈령(Circulaire)

대외적 구속력이 없는 행정규칙이다. 실무상 지시(instruction) 혹은 업무지침(notes de service)이라 불린다. 시큘래르는 위계적 통제권(pouvoir hiérarchique)을 가진 행정조직 내의 발령권자(특히 각부의 장관, les ministres)가 하위기관의 행위를 지시하기 위해(pour guider) 발령한다. 소속 공무원에게는 구속적이나 행정의 상대방에 대해서는 법적인 효력을 가지지 않으므로 월권소송을 통해 다툴 수 없다. 그렇지만 일정한 경우 새로운 법적 규율을 하는 시큘래르도 가능한데, 이 경우에는 월권소송을 통한 취소소송의 대상이 된다.

행정최고재판소(Conseil d'état)는 대표적인 Notre-Dame du Kreisker(C.E. Ass. 29 janvier 1954, Rec. 64)판결을 통해 행정규칙(교육부장관의 시큘래르)이 법령의 내용과 다르게 상대방(원고)에게 새로운 추가적인 의무를 부과하는 규정을 두고 있다면 이는 법질서를 추가하는(qui ajouter à l'ordonnacement juridique) 새로운 경우(la circulaire innovatoire)에 해당한다고 하여 법규성을 인정하였다. 그런데 행정최고재판소는 2002년 12월 마담 뒤비네르(Duvignère)판결에서 주택보조금을 법률구조 수혜대상 판단을 위한 (신청인의)소득에 포함하고 있는 1991년 12월 19일의 법규명령인 행정최고재판소 데크레와 1997년 3월 26일 행정규칙(시큘래르)의 폐지요구에 대한 법무부장관의 거부결정을 취소하였다. 왜냐하면 동 시큘래르는(법규명령인)데크레의 규율내용을 반복하고 있고 일반적 성격의 구속적 규정(dispostion impératif à caractère général)으로서 (데크레의)위법한 내용을 (반복을 통해) 규정하고 있기 때문이라고 하였다. 상위법령규정을 해석하고 시행을 지시하는 시큘래르 규정이 실체적인 내용의 변화 없이 다시 상위법령(법률구조에 관한 법률과 그 시행을 위한 데크레)의 사항을 규정하는 것에 불과하더라도 이를 집행하는 공무원들로서는 그 규정에 주의를 요하고 신중할 수밖에 없다. 따라서 구속적 성격을 갖는 시큘래르는 비록 상위법령의 규정을 반복할 뿐이더라도 월권소송의 대상이 된다고 판단함으로써 기존의 입장을 변경하였다(C.E., Sect. 18 décembre

2002, Mme. Duvignère).

Ⅲ. 프랑스의 법치국가(État de droit)

1 법치국가의 개념

프랑스에서 법치국가라는 용어는 20세기 들어서 독일의 Rechtsstaat를 번역한 것이다. 독일의 법치주의 이론을 소개한 사람은 뒤기(Duguit)와 에스멩(Esmein) 교수로 1911년 그들의 헌법 교과서에서였다. 그 후 État de droit란 용어를 사용한 사람은 카레 드 말베르그(Carré de Malberg) 교수로 1920년 국가일반이론(Contribution à la théorie générale de l'?tat)에서였다. 독일의 법치주의 이론은 프랑스의 혁명 사상과 결합하여 발전되어 왔다(Jacques Chevallier, 1994: 22).

프랑스에서 법치국가원리는 1789년 프랑스 인권선언에서도 그 뿌리를 찾을 수 있다. 인권선언 제16조가 '권리가 보장되지 아니하고 권력분립이 정해지지 않은 사회는 헌법을 가진 것이 아니다'라고 하고 있으므로 근대 입헌주의 국가에서의 법치주의는 나타나고 있다고 할 수 있다. 그러나 엄격한 의미에서는 1958년 제5공화국 이전에는 법치국가 원리가 입법권에도 적용되었다고는 할 수 없다.

프랑스는 과거 루소(J-J Rousseau)가 법률은 일반의지의 표현(expression de la volonté générale)이라고 하여 법률을 절대화한 것에 영향을 받아서 법률이라는 것은 잘못 만들어질 수 없다는 사상이 지배적이었다. 특히 1789년 인권선언 제6조도 "법률은 일반의지의 표현이다. 모든 시민은 누구나 자신이 직접 혹은 그 대표자를 통하여 법률의 제정에 참여할 권리를 가진다…"라고 하여 이를 선언하고 있다. 따라서 과거 프랑스에서는 법률이 국민들의 기본권을 침해한다는 것을 생각하지 못하였다. 법률이란 국민들의 대표기관인 의회가 제정하는 규범이므로 국민들에게 해를 끼치는 내용, 즉 위헌적인 요소를 가지고 있다는 것은 생각할 수 없었던 것이었다. 특히 1789년 프랑스 시민혁명이 성공을 거두고 국민들의 대표기관인 의회를 구성하게 되자 의회는 그 전성기를 맞이하게 된다. 프랑스 혁명을 거친 후에 다시 혁명과 또 이에 대한 반동이 일어나면서 의회는 의회주권(souveraineté parlementaire)주의라고 불릴 만큼 의회의 전성시대를 구가하게 된다. 따라서 제5공화국 이전까지는 입법권의 작용은 곧 국민주권의 표현으로 인식되었고 이러한 법률은 어떠한 위헌심사도 받지 아니하였다. 제5공화국 들어와서 위헌법률심판제도를 도입하고 집행권의 자치입법권을 제도화하면서 의회주권은 제약되고 법치국가원리가 강화되었다.

2 법치국가의 현대적 적용

현대에 와서 프랑스의 법치국가 개념도 형식적 법치주의에서 실질적 법치주의까지 요구하는 단계로 발전하여 왔다. 특히 제5공화국 들어서 위헌법률심판을 채택하게 되어 법률이 헌법에 위반되는지 여부에 대하여 심판을 하게 되었고, 특히 2008년 7월 헌법개정을 통하여 기존의 사전적 규범통제와 더불어서 구체적 규범통제의 위헌법률심판제도를 도입함으로써 법치주의를 강화하고 있다. 특히 제5공화국 들어서 헌법재판소의 권한으로 도입된 위헌법률심판제도는 진정한 헌법국가(État constitutionnel)로 탄생하였다고 할 수 있다. 그리고 사법권의 독립을 보장하고 입법권과 행정권을 분리하여 권력분립을 통한 기본권 보장에 충실하고 있는데, 특히 공공질서의 우월적 지위를 인정하면서 법치국가원리를 적용하고 있다. 최근에는 신기술의 발전으로 새로운 법적 분쟁이 발생할 소지가 많은 분야가 생겨났는데, 이러한 분야에서의 입법도 중요하게 되었다.

따라서 프랑스 국회는 개인적 자료의 보호에 관한 많은 법률을 제정하였다. 이러한 법률들 가운데 하나가 1995년 1월 21일 안전에 관한 법률인데, 동 법률은 길

거리나 대중에게 공개되는 장소나 건물에 감시카메라 설치를 허용하고 있다. 이러한 것은 시민들에게 우호적으로 작용하고 있다. 2004년 8월 6일 개인적 특징에 따른 자연인의 보호에 관한 법률의 경우도 마찬가지이다.

복사, 팩스, 전화, 핸드폰, 감시카메라, 컴퓨터, 인터넷(C. Paul, 2001; P. Tabatoni, 2000) 등은 우리들의 일상생활의 필수적인 요소로 자리잡았다. 이러한 것들이 개인적 자유와 사생활 측면에서 덜 위험한 것은 아니다. 정보에 관한 소청은 개인의 정보자료측면에서 광범위한 가능성을 열어 놓았다. 이에 따라 국회는 개인적 자료의 이용을 규제하였다. 1978년 1월 6일 법률은 정보기술사용의 형태를 규정하였고, 개인정보 접근에 대한 보호를 규정하였다(Tiery Rambaud, 전학선 역, 2007: 120).

Ⅳ. 헌법의 내용 및 특성

1 프랑스 헌정사

프랑스는 1789년 시민혁명을 거치면서 봉건시대를 역사 속으로 하고 근대 입헌주의 국가를 구축하였다. 국민주권의 시대를 개막하였음에도 불구하고 왕정을 다시 겪는 등 다양한 형태의 권력구조 모습을 보여 왔다.

프랑스 혁명이후 공화국의 형태를 띠면서 대통령제와 의원내각제를 경험하였을 뿐만이 아니라 군주제도 경험하는 등 다양한 정부형태의 경험을 한 프랑스는 제5공화국까지 15번의 헌법(기본규범, texte fondamental)을 가졌다.

군주제
Constitution de 1791 – 3 et 4 septembre 1791

제1공화국
Constitution de l'An I - Première République - 24 juin 1793
Constitution de l'An III - Directoire - 5 fructidor An III, 22 aout 1795
Constitution de l'An VIII - Consulat - 22 frimaire An VIII, 13 décembre 1799
Constitution de l'An X - Consulat a vie - 16 thermidor An X, 4 ao?t 1802

제1제정시대
Constitution de l'An XII - Empire - 28 floreal An XII, 18 mai 1804
Acte additionnel aux Constitutions de l'Empire - Cent-jours - 23 avril 1815

군주제
Charte de 1814 - 1ere Restauration – 4 juin 1814
Charte de 1830, Restauration - 14 ao?t 1830

제2공화국
Constitution de 1848, IIe République – 4 novembre 1848

제2제정시대
Constitution de 1852, Second Empire - 14 janvier 1852

제3공화국
Constitution de 1875, IIIe République - 24, 25 février et 16 juillet 1875

임시정부
Loi constitutionnelle du 2 nov. 1945 - Gouvernement provisoire

제4공화국
Constitution de 1946, IVe République - 27 octobre 1946

제5공화국
Constitution de 1958, Ve République - 4 octobre 1958

1958년 10월 탄생한 제5공화국은 유럽통합에 대한 작업이 이미 시작된 후에 탄생하였는데, 프랑스 제5공화국 헌법은 1958년 이후 2008년 7월 말까지 총 24번의 헌법개정을 하였다.

(1) Loi constitutionnelle n° 60-525 du 4 juin 1960

프랑스 공동체에 관한 헌법개정

(2) Loi n° 62-1292 du 6 novembre 1962

대통령 직선제에 관한 헌법개정

(3) Loi constitutionnelle n° 63-1327 du 30 décembre 1963

의회의 회기에 관한 헌법개정

(4) Loi constitutionnelle n° 74-904 du 29 octobre 1974

헌법재판소 제소권의 확대(국회의원 60인 이상)에 관한 헌법개정

(5) Loi constitutionnelle n° 76-527 du 18 juin 1976

대통령 선거에서 후보자의 장애와 유고에 관한 헌법개정

(6) Loi constitutionnelle n° 92-554 du 25 juin 1992

마스트리치 조약 비준을 위한 헌법개정

(7) Loi constitutionnelle n° 93-952 du 27 juillet 1993

고등사법위원회와 공화국재판소 신설에 관한 헌법개정

(8) Loi constitutionnelle n° 93-1256 du 25 nov. 1993

망명권에 관한 헌법개정

(9) Loi constitutionnelle n° 95-880 du 4 août 1995

국민투표와 국회의 단일회기, 국회의원의 불체포특권에 관한 헌법개정

(10) Loi constitutionnelle n° 96-138 du 22 février 1996

사회보장에 관한 재정법제를 위한 헌법개정

(11) Loi constitutionnelle n° 98-610 du 20 juillet 1998

누벨 칼레도니에 관한 헌법개정

(12) Loi constitutionnelle n° 99-49 du 25 janvier 1999

암스텔담 조약에 관한 헌법개정

(13) Loi constitutionnelle n° 99-568 du 8 juillet 1999

국제형사재판소에 관한 헌법개정

(14) Loi constitutionnelle n° 99-569 du 8 juillet 1999

남녀동수법을 위한 헌법개정

(15) Loi constitutionnelle n° 2000-964 du 2 octobre 2000

대통령 임기 5년을 위한 헌법개정

(16) Loi constitutionnelle n° 2003-267 du 25 mars 2003

유럽체포영장에 관한 헌법개정

(17) Loi constitutionnelle n° 2003-276 du 28 mars 2003

공화국 분권화에 관한 헌법개정

(18) Loi constitutionnelle n° 2005-204 du 1er mars 2005

유럽연합에 관한 헌법개정

(19) Loi constitutionnelle n° 2005-205 du 1er mars 2005

환경헌장에 관한 헌법개정

(20) Loi constitutionnelle n° 2007-237 du 23 février 2007

누벨-칼레도니의 선거인단에 대한 헌법개정

(21) Loi constitutionnelle n° 2007-238 du 23 février 2007

대통령의 특권과 책임과 관련된 헌법개정

(22) Loi constitutionnelle n° 2007-239 du 23 février 2007

사형제 폐지에 관한 헌법개정

(23) Loi constitutionnelle n° 2008-103 du 4 février 2008

리스본 조약을 위한 헌법개정

(24) Loi constitutionnelle n° 2008-724 du 23 juillet 2008

제5공화국 제도의 대폭 개정

1980년대까지는 헌법개정이 자주 있었던 것은 아니지만 1990년대부터는 헌법개정이 자주 이루어지고 있다. 헌법개정이 1990년대부터 자주 이루어지고 있는 이유 가운데 하나가 유럽연합을 위하여 프랑스 국내법을 유럽연합의 기준에 맞추기 위한 것이었다(프랑스 헌법개정에 관하여 자세한 것은 정재황, 2000: 12; 전학선, 2006: 6).

2 헌법개정절차

1) 헌법 제89조에 의한 헌법개정

현행 헌법인 프랑스 제5공화국 헌법은 제16장에서 헌법개정절차에 대하여 규정하고 있다. 헌법 제89조에 의하면 헌법개정을 위한 발의권은 대통령과 국회의원들에게 이원화되어 있다. 대통령과 국회의원들이 경합적으로 헌법개정안에 대한 발의권이 있는데, 대통령이 발의하는 경우에는 반드시 수상의 제안이 있어야 한다. 수상의 제안에 의하여 대통령이 헌법개정안을 발의하는 경우 대통령은 수상의 제안이 있으면 반드시 발의를 해야 하는가 혹은 재량권을 가지는가에 대해서는 견해가 갈린다. 수상의 제안에 대하여 대통령은 구속되지 않고 헌법개정안을 발의할 수도 있고 발의하지 않을 수도 있다는 견해(Daniel Gaxie, 1987: 1327)로 대통령의 헌법개정안 발의는 수상의 제안에 구속되지 않는다는 것이다. 이에 대하여 프랑스 정부형태를 대통령제로 인정하느냐 혹은 의원내각제로 인정하느냐에 따라 달라진다는 견해가 있다(Jean Gicquel et Jean-Eric Gicquel, 2007: 500). 의원내각제로 이해하면 수상의 제안은 대통령을 구속하게 되고 또한 대통령의 개정안 승낙은 수상을 구속하는 것이라고 한다. 이에 비하여 대통령제로 이해하면 수상의 대통령의 의지를 집행하는 것에 불과하다고 보는 것이다. 프랑스에서 보통의 경우에는 대통령의 의사에 수상이 따르고 대통령도 수상의 의사에 따르지만 동거정부 하에서는 상황이 다르다. 실제로 1993년 동거정부 하에서 당시 수상이던 발라뒤르는 미테랑 대통령의 의회권한에 관한 헌법개정에 관한 제안을 거부하였다. 반면에 1999년 동거정부 하에서는 당시 수상이던 죠스팽의 지역언어와 소수자 언어에 대한 헌법개정 제안을 당시 대통령이던 시락 대통령이 거부하였다. 이처럼 대통령과 수상의 관계는 당시의 대통령과 수상의 관계가 어떠한가에 따라 달라지는 것이다.

수상의 제안에 따른 대통령의 발의가 있든 혹은 국회의원들의 발의가 있든 발의가 이루어지면 국민의회와 상원에서 각각 찬성을 얻은 후 국민투표를 통하여 확정된다.

프랑스 제5공화국 헌법에서는 2000년 10월 2일 대통령 임기 5년을 위한 헌법 개정에서 유일하게 헌법 제89조에서 국민의회와 상원에서 각각 찬성을 얻고 대통령이 국민투표에 회부하여 찬성을 얻어 헌법을 개정한 예이다.

대통령이 발의한 헌법개정안에 한해서는 국민의회와 상원 각각의 찬성과 국민투표를 거치지 않고 국민의회와 상원이 함께 모여서 유효투표의 5분의 3 이상의 찬성을 얻으면 승인을 얻을 수 있게 되어 있다. 즉 국민투표를 생략할 수 있는 것이다. 따라서 대통령이 발의한 헌법개정에서 국민투표를 거칠 것인지 아니면 국민투표를 생략할 것인지는 대통령의 재량이라 할 것이다. 프랑스 제5공화국에서 1962년 대통령 직선제를 위한 헌법개정과 2000년 10월 대통령 임기 5년을 위한 헌법개정을 제외하고는 모두 이 절차를 거쳐서 헌법이 개정되었다.

2) 헌법 제11조에 의한 헌법개정

프랑스 제11조는 국민투표에[3] 관하여 규정하고 있다. "대통령은 국회 회기중에 정부의 제안에 따라 혹은 양원의 공동제안에 따라 관보에 공고하는 방법으로 공권력의 조직에 관한 법률안 혹은 국가의 경제사회정책의 개혁에 관계되거나 혹은 이와 관련되는 공역무의 개혁에 관련되는 법률안 또는 헌법에 위반되지 않고 제도의 기능에 영향이 있을 조약의 비준동의를 목적으로 하는 법률안에 대하여 국민투표에 회부할 수 있다. 국민투표가 정부의 제안으로 조직되었을 때 정부는 각각의 국회에서 토론에 회부할 것을 선언한다. 국민투표가 법률안을 채택하였을 때에는, 대통령은 국민투표 결과가 공포된 날로부터 2주일 안에 법률을 공포한다."

헌법 제11조는 국민투표 제안자와 국민투표 회부 결정권자를 이원화하고 있다. 이를 견해에 따라서 달리 해석할 수 있다. 대통령제적 요소로 파악하는 입장에서는, 정부와 국회에 의하여 국민투표 제안이 있더라도 대통령은 이를 국민투표에 회부하지 않을 수 있다고 본다. 의원내각제적 요소로 파악하는 입장에서는 국민투표 제안이 있으면 대통령은 단지 이를 선언하는 것뿐이라는 것이다(Jean Gicquel

3) 프랑스에서 국민투표는 헌법 제11조에 근거한 국민투표가 있고, 헌법 개정절차에서 요구하는 국민투표가 있으며, 유럽연합과 관련하여 유럽헌법(Constitution européenne)비준과 관련된 국민투표가 있다.

et Jean-Eric Gicquel, 2007: 578).

국민투표는 국회 회기중에 정부의 제안이나 양원의 제안이 있어야만 법률안을 국민투표에 회부할 수 있지, 제안이 없으면 대통령이 이를 행사할 수가 없도록 되어 있다.

국민투표의 대상이 되는 사항은 공권력의 조직(organisation des pouvoirs publics)에 관한 법률안 혹은 국가의 경제사회정책의 개혁에 관계되거나 혹은 이와 관련되는 공역무의 개혁에 관련되는 법률안 또는 헌법에 위반되지 않고 제도의 기능에 영향이 있을 조약의 비준동의를 목적으로 하는 법률안이다. 따라서 프랑스에서는 법률안을 의회가 아닌 국민투표를 통하여 제정 · 개정할 수 있도록 되어 있다.

헌법 제11조에 근거한 국민투표제도는 1995년 헌법 제11조가 개정되면서 그 대상이라든가 절차가 약간 수정되었다. 1995년 헌법 개정을 보면, 국민투표의 적용범위를 공권력의 조직에 관하거나 헌법에 위반되지는 않으나 제도의 기능에 영향을 미치는 조약의 비준 · 동의에 관한 모든 법률안 이외에 국가의 경제적 혹은 사회적 정책 그리고 이에 관련된 공역무에 대한 개혁에 관한 법률안에 대해서까지 확대하였고, 국민투표에 있어서 정부의 의회에 대한 선언과 이에 대한 의회의 토의절차를 신설하였던 것이다. 이러한 헌법 개정은 제4공화국를 거치면서 의회에 대한 불신과 그로 인한 의회의 권한축소라는 면을 다시 한 번 반영한 것이라고 할 수 있다. 또한 국민투표에 회부할 수 있는 사유를 확대함으로써 대의제를 보완하고 직접민주주의를 반영한 결과이기도 한 것이다(변해철, 1997: 211).

헌법 제11조를 통하여 드골 대통령은 1962년 헌법을 개정하였다. 당시 드골 대통령은 대통령 선거를 직선제로 바꾸고 싶었으나 상원이 이를 반대하는 분위기이자 이를 헌법 제89조에 의한 헌법개정절차에 회부한 것이 아니고 헌법 제11조의 대통령의 국민투표부의권을 활용하여 개정하였던 것이다. 이에 대하여 헌법적 논의가 많이 있었는데, 헌법개정을 제89조가 아닌 제11조로 하는 것은 헌법에 위반되는 것으로 제89조와 병행하여 헌법개정을 인정하는 것은 헌법 체계상 옳지 않다는 주장 등 반대도 많았으며, 또한 주권자인 국민은 직접적으로 의사표시를 하는 것이므로 제11조를 통하여 헌법을 개정하는 것은 옳다고 하는 주장 등 찬성도 많았다. 그러나 프랑스 헌법재판소가 1962년 11월 6일 결정(C.C. n°62-20 DC, 6 novembre 1962)에서 국민투표로 확정된 대통령 직선제 헌법규정에 대한 위헌심사는 헌법재판소의 권한이 아니라고 하여 헌법개정이 인정되었다. 따라서 이러한 헌법 제11조를 통하여도 헌법을 개정할 수 있는데, 그 이후에도 1969년 4월 당시 드골 대통령이 상원개혁 등을 내세워 헌법 제11조를 통한 헌법개정을 하려고 하였으나 국민투표에서 부결되어 하야하였다. 그리고는 아직까지는 헌법 제11조를 통한 헌법개정이 시도되지는 않았다.[4)]

3 헌법의 내용과 특징

프랑스 헌법은 全文과 100여개의 조문으로 구성되어 있다. 제1장은 주권에 관하여 규정하고 있고, 제2장은 대통령, 제3장은 정부, 제4장은 의회, 제5장은 의회와 정부와의 관계, 제6장은 국제조약, 제7장은 헌법재판소, 제8장은 사법권, 제9장은 고등재판소, 제10장은 정부구성원의 형사책임, 제11장은 경제사회환경위원회, 제11-1장은 권리의 수호자, 제12장은 지방자치단체, 제13장은 누벨칼레도니(nouvelle-calédonie)에 관한 임시조항, 제14장은 프랑크폰과 단체협약, 제15장은 유럽공동체와 유럽연합, 제16장은 개정에 관한 조항이다.

프랑스 헌법은 주로 국회와 정부에 관하여 규정하고 있고, 그 외에 유럽연합에 관하여 많은 조항을 두고 있으며, 국제조약에 관하여 적극적인 자세를 취하고 있는 것이 특징이다. 그러면서도 현행 헌법에서는 기본권에 관한 체계적인 조항을 두고 있지 않고 있으며, 기본권을 1946년 헌법 전문이라든가 1789년 인권선언 등 다양한 규범에서 도출하여 인정하고 있다.

4) 1962년 대통령 직선제를 위한 헌법개정에 관해서는 전학선, 프랑스의 국민투표법률을 통한 헌법개정 – 1962년 11월 6일 국민투표에 의한 법률(Loi référendaire)에 관한 결정을 중심으로, 헌법학연구 제13권 제1호, 2007. 3, 511면 이하 참조.

1) 정부형태

현행 프랑스 제5공화국 헌법상의 정부형태는 이원정부제, 이원집정부제, 반대통령제, 준대통령제, 혼합정부 등으로 다양하게 불리웠다. 프랑스에서도 혼합정부형태(régime mixte), 반의회제(régime semi-parlementaire) 혹은 반대통령제(régime semi-présidentiel) 등으로 불리우고 있다. 그러나 그 명칭이야 어찌되었든 프랑스의 경우는 미국식의 대통령제와 영국식의 의원내각제가 혼합된 정부형태로서 프랑스 특유의 정부형태를 가지고 있는 것이다.[5)]

프랑스 제5공화국 헌법상의 정부형태는 의원내각제를 기초로 해서 만들어졌다는 점은 프랑스 학자들도 인정하고 있다. 즉 의원내각제를 기초로 대통령제를 가미한 형태라고 할 수 있다. 따라서 프랑스의 정부형태는 의원내각제적 요소와 대통령제적 요소를 모두 가지고 있는 정부형태가 된다. 의원내각제적 요소로서 국민들의 직접선거로 선출되는 국민의회 앞에서 행정부가 책임을 지게 되는 내각불신임제도를 두고 있으며, 대통령에 의한 의회해산제도를 두고 있다. 또한 대통령이 일정한 권한을 행사할 때에는 수상과 장관의 부서를 받도록 되어 있다.

대통령제적 요소라고 할 수 있는 것은 대통령이 국민들의 직접 · 보통선거로 선출이 된다는 것이다. 따라서 대통령이 국민들에 의하여 직접 선출됨으로 인하여 대통령은 의원내각제에서의 수상과는 다른 지위를 가지게 된다. 또한 대통령이 수상을 임명하며 군통수권을 가지고 있고 국무회의(conseil des ministres) 주재권 등을 가지고 있다는 점 등이 대통령제적 요소라고 할 수 있다.

프랑스의 정부형태를 이원집정부제라고 할 때, 이원집정부제의 핵심적인 요소를 다섯 가지로 살펴볼 수가 있는데(성낙인, 1999: 70), 첫째, 이원집정부제란 의원내각제적 요소와 대통령제적 요소가 결합되어 있다는 것이다. 물론 대통령제를 취

---

5) 프랑스의 정부형태 일반에 대해서는 다음을 참조. 성낙인, 프랑스 헌법학, 법문사, 1995; 성낙인, 프랑스 이원정부제(반대통령제)의 현실과 전망, 헌법학연구, 제4집 제2호, 1998. 10. 148면 이하; 정재황, 프랑스에서의 동거정부에 대한 헌법적 일고찰, 공법연구, 제27집 제1호, 1998. 12. 153면 이하; 정재황, 프랑스 혼합정부제의 원리와 실제에 대한 고찰, 공법연구, 제27집 제3호, 1999. 6. 49면 이하; 김재협, 프랑스의 동거정부에 관한 연구, 법조, 1999. 10. 58면 이하; 박선영, 프랑스의 혼합정부형태에 관한 소고, 법조, 1997. 12. 87면 이하; 이창훈 편, 한국과 프랑스의 권력구조, 아셈연구원 · 한국프랑스정치학회, 2004.

한다 하더라도 미국과 몇몇 국가들을 제외하고는 대부분의 대통령제를 취하고 있는 나라들이 의원내각제적 요소를 조금이라도 가미하고 있는 경우가 많고, 또한 대부분의 의원내각제를 취하고 있는 나라들도 영국과 몇몇 나라들을 제외하고는 대통령제적 요소를 가지고 있을 수 있겠지만, 이원집정부제에서는 의원내각제적 요소와 대통령제적 요소가 상당 부분 혼재되어 있다. 또한 프랑스의 경우는 의원내각제를 바탕으로 대통령제를 가미하였다. 둘째로 집행권이 이원적인 구조로 되어 있다는 점이다. 집행권이 대통령과 수상으로 나뉘어 있어서 양 기관이 권력을 나누어서 행사하는 것이 특징이다. 셋째로, 대통령은 국민들로부터 직접선거로 선출되며 의회로부터 정치적 책임을 지지 않는 것이다. 넷째로, 대통령은 의회해산권을 가지며 비상시에 국가긴급권을 발동할 수 있는 점이다. 다섯째로, 의회는 내각불신임권을 가진다는 점이다.

프랑스에서 정부형태가 이원정부제의 모습을 띠게 된 배경을 보면 제3공화국과 제4공화국의 의원내각제적 정부형태를 거치면서 의회에 대한 불신이 커지게 되고, 특히 제4공화국에서는 정국의 불안으로 정권의 수명이 몇 개월에 불과한 상황이 나타나면서 제5공화국이 탄생하게 되었다. 제5공화국 헌법은 의회의 권한을 약화하고 집행부의 권한을 강화하는 형태로 그 모습을 보이지만 대통령을 선거인단에 의하여 선출하도록 하는 간접선거 형태로 하여 의원내각제적 형태를 띠게 된다. 하지만 1962년 드골 대통령이 헌법 제11조 대통령의 국민투표부의권에 근거하여 대통령 직선제를 내용으로 하는 헌법개정을 하여 이원정부제의 형태로 나타나게 되었다(전학선, 2006: 40-41).

2) 유럽연합

프랑스 헌법은 제15장에서 '유럽공동체와 유럽연합'이라는 제목으로 제88-1조부터 제88-5조까지 규정을 두고 있는데, 유럽헌법이 발효되면 제15장이 다른 내용으로 바뀌도록 되어 있다. 그 내용을 보면 다음과 같다.

제15장 유럽공동체와 유럽연합

제88-1조

공화국은 유럽공동체와 유럽연합을 창설하는 조약에 근거하여 일정한 권한을 공동으로 행사할 것을 자유롭게 선택한 국가들로 구성된 유럽공동체 및 유럽연합에 참여한다.

공화국은 2004년 10월 29일에 서명된 유럽헌법조약에 의하여 규정된 조건 안에서 유럽연합에 참여할 수 있다.

제88-2조

상호주의의 유보하에, 그리고 1992년 2월 7일에 서명된 유럽연합에 관한 조약에 의하여 규정된 제 방식에 따라서 프랑스는 유럽 경제 및 화폐 연합 건설에 필요한 권한의 양도에 동의한다.

상호주의의 유보하에, 그리고 1997년 10월 2일 서명된 조약에 기초하여 유럽공동체 건설을 위한 조약에 규정된 제 방식에 따라서 사람의 자유로운 이동과 사람에 딸린 재화에 관한 규율의 결정에 필요한 권한의 이양에 동의한다.

법률은 유럽공동체에 관한 조약의 기초 위에 인정된 것을 적용하여 유럽체포영장에 관한 규정을 정한다.

제88-3조

상호주의의 유보하에, 그리고 1992년 2월 7일 서명된 유럽연합에 관한 조약에 규정된 제 방식에 따라서 지방선거에서의 선거권과 피선거권은 프랑스에 거주하는 유럽연합 회원국 시민에게 부여될 수 있다. 이러한 시민들은 시장이나 혹은 부시장의 직을 수행할 수 없으며 상원 선거인단 지명과 상원 의원 선거에 참여할 수 없다. 양원에서 동일한 조문으로 가결된 조직법률이 이 조항의 시행조건을 정한다.

제88-4조

정부는 입법적 성격의 규정을 내포하는 유럽공동체와 유럽연합 법령안을 유럽연합 이사회(Conseil de l'Union européenne)에 제출하는 즉시 국민의회와 상원에 제출한다. 정부는 유럽연합의 기구로부터 나오는 문서들과 마찬가지로 다른 법령들을 동등하게 국민의회와 상원에 제출할 수 있다. 각 의회의 규칙들이 정하는 제 방식에 따라서, 경우에 따라서는 회기 외에 결의안은 앞 항에서 설명된 법령안 혹은 문서에 관하여 투표될 수 있다.

제88-5조

유럽연합과 유럽공동체에 회원국 가입에 관한 조약을 승인하는 모든 정부제출 법률안은 공화국 대통령에 의하여 국민투표에 회부된다.

유럽연합 헌법 발효 후

제88-1조

2004년 10월 29일 서명된 유럽헌법조약에 의하여 규정된 조건에 근거하여, 프랑스 공화국은 일정한 권한을 공동으로 행사할 것을 자유롭게 선택한 국가들로 구성된 유럽연합에 참여한다.

제88-2조

법률은 유럽연합의 기구에 의한 조약의 기초 위에 인정된 것을 적용하여 유럽체포영장에 관한 규정을 정한다.

제88-3조

지방선거에서 투표권과 피선거권은 프랑스에 거주하는 유럽연합 시민들에게 부여할 수 있다. 이러한 시민들은 시장이나 혹은 부시장의 직을 수행할 수 없으며 상원 선거인단 지명과 상원 의원 선거에 참여할 수 없다. 양원에서 동일한 조문으로 가결된 조직법률이 이 조항의 시행조건을 정한다.

제88-4조

정부는 입법의 영역인 조항을 포함하는 다른 유럽연합안과 마찬가지로 이 법안을 유럽연합이사회(Conseil de l'Union européenne)에 제출하는 즉시 국민의회와 상원에 제출한다. 정부는 유럽연합의 기구로부터 나오는 문서들과 마찬가지로 다른 법령들을 동등하게 국민의회와 상원에 제출할 수 있다. 각 의회의 규칙들이 정하는 제 방식에 따라서, 경우에 따라서는 회기 외에 결의안은 앞 항에서 설명된 법령안 혹은 문서에 관하여 투표될 수 있다. 정부는 유럽연합의 기구에서 나오는 모든 문서들을 다른 안과 마찬가지로 양원에 제출할 수 있다.

양 원의 규칙이 정하는 제 방식에 따라서, 경우에 따라서는 회기 외에 이루어지는 결의안은 전 항에 규정된 문서나 법안에 대하여 투표된다.

제88-5조

국민의회와 상원은 유럽 법률안이 보충성의 원칙에 적합한가 하는 의견을 제시할 수 있다. 이러한 의견은 유럽 의회(Parlement européen)와 유럽연합 이사회(Conseil de l'Union européenne) 그리고 유럽연합 집행위원회(Commission de l'Union européenne)의 의장들과 관련된 의회의 의장에 의하여 제출된다. 이러한 사항은 정부에 통보된다.

각 의회는 유럽연합 사법재판소에 보충성원칙의 위반을 이유로 유럽 입법을 제소할 수 있다. 이러한 제소는 정부에 의하여 유럽연합 사법재판소에 회부된다.

마지막으로, 결의안은 경우에 따라서는 회기 외에 각 원의 규칙이 정하는 제안과 토론의 제 방식에 따라 채택될 수 있다.

제88-6조

국민의회와 상원에서 동일한 문구로 채택된 제안에 대한 투표에 의하여, 유럽헌법에서 정한 개정절차에 따라 의회는 유럽연합의 법안 채택규정의 수정에 반대할 수 있다.

제88-7조

유럽연합 가입에 관한 조약을 승인하는 정부제출 법률안은 공화국 대통령에 의하여 국민투표에 회부된다.

프랑스는 유럽연합을 위하여 여러 번의 헌법개정을 하였다. 프랑스는 유럽연합에서 주도적인 역할을 하고 있고, 이를 적극적으로 헌법에 반영하고 있다고 할 수 있다.[6)]

3) 국제조약

프랑스 헌법의 특징 가운데 하나가 국제법을 적극적으로 수용하고 있다는 점이다. 프랑스 헌법 제53조는 '평화조약, 통상협약, 국제조직에 관한 협약 또는 협정, 국가의 재정을 구속하는 협정, 법률의 성질을 가지는 규정을 수정하는 조약 또는 협정, 사람의 신분에 관한 조약 또는 협정, 영토의 할양 · 교환 또는 병합에 관한 조약 또는 협정은 법률에 의하지 아니하고는 이를 비준 또는 승인할 수 없다'고 규정하고 있고, 제54조는 '대통령 · 수상 · 양원의장 · 60명의 국민의회 의원 또는 60명의 상원의원으로부터 제소를 받은 헌법재판소가 국제협정이 헌법에 위반되는 조항을 포함하고 있다고 선언하는 경우에는 그 비준 또는 승인의 허가는 헌법개정이 있은 후에만 행하여질 수 있다'고 규정하고 있다.

따라서 이러한 조항에 근거하여 헌법재판소는 국제조약에 대한 위헌심사를 하였고 그에 따라 헌법에 위반되는 조항을 가지고 있다고 하여 헌법을 개정한 후에만 위 조약들을 비준할 수 있다고 하였던 것이다.

유럽연합과 관련하여 마스트리치 조약과 암스텔담조약 그리고 유럽헌법조약들을 헌법재판소가 헌법과 양립할 수 없다고 하면서 헌법을 개정한 후에만 조약들을 비준할 수 있다고 하여 헌법개정을 하였다. 또한 망명권에 관한 개정이라든가 아니면 국제형사재판소에 관한 개정에서도 헌법재판소가 위헌으로 선언하거나 헌법과 양립할 수 없는 조약이라고 하여 헌법개정을 하였다(전학선, 2007: 89).

따라서 1958년 탄생한 제5공화국은 헌법에서 국제법에 대하여 적극적으로 수

6) 프랑스 헌법과 유럽연합에 관해서는 전학선, 유럽헌법과 프랑스 헌법개정, 유럽헌법연구, 창간호, 2007. 6, 65 이하 참조.

용을 하려는 태도를 취하고 있고, 또한 이미 유럽이 하나로 통일하기 위한 시작을 한 이후로 유럽연합의 통일된 법질서를 위하여 여러 번에 걸쳐서 헌법개정을 하였다.

제5공화국 헌법은 2008년 2월 15일까지 총 23번에 걸쳐서 개정되었는데, 그 가운데 1960년 6월 4일의 헌법개정(프랑스 공동체에 관한 헌법개정)과 1992년 6월 25일의 헌법개정(마스트리치 조약 비준을 위한 헌법개정), 1993년 11월 25일의 헌법개정(망명권에 관한 헌법개정), 1999년 1월 25일 헌법개정(암스텔담 조약에 관한 헌법개정), 1999년 7월 8일 헌법개정(국제형사재판소에 관한 헌법개정), 2003년 3월 25일(유럽체포영장에 관한 헌법개정), 2005년 3월 1일 헌법개정(유럽연합에 관한 헌법개정) 등이 국제법질서에 부합하기 위하여 헌법을 개정한 것이다. 그리고 마지막으로 2008년 2월 4일 헌법개정은 유럽연합을 위한 2007년 12월 13일 서명된 리스본 조약을 이행하기 위한 헌법개정이었다. 이러한 헌법개정의 예는 프랑스가 국제법을 존중한다는 것을 보여주는 것이라 할 수 있다(전학선, 2008: 277).

V. 프랑스 행정법

프랑스 행정법은 프랑스가 가장 자랑스럽게 생각하는 학문분야 가운데 하나로서, 프랑스의 수출품 가운데 가장 뛰어난 작품이라고 할 정도로 자긍심이 높다. 프랑스의 행정법은 1789년 혁명 이후 근대국가로 변화하면서 그 기초가 나타나기 시작하였다. 1789년 인권선언은 행정과 집행권이 법률을 준수하여야 한다는 법률의 우위에서 시작되었다. 권력분립에 의하여 사법권과 행정권이 혼합되어 하나의 권력으로 나타나는 것을 금지하고 있고, 이에 근거하여 행정권이 법률에 근거하여 행사되게 되었고 통제를 받게 되었던 것이다. 또한 행정법의 발전은 소송과 관련하여 공화정 8년(l'An VIII)에 탄생한 행정최고재판소(Conseil d'Etat)가 중요한 역할을 하였다. 그러나 당시의 행정최고재판소는 자문기관으로서의 기능에 한정되어 있었고, 재판기능이 부여되어 진정한 행정재판소로서의 기능을 담당하기 시작한 것은 1872년부터이다.

1873년 2월 8일 관할법원(Tribunal des conflits)은 Blanco 판결에서 행정과 공권력의 관계는 개인 대 개인의 관계를 해결하는 민사법상의 원칙이 적용되는 것이 아니라 국가의 권한과 개인의 권리를 조정하기 위하여 필요한 규율이 적용된다고 하면서 사법법원이 아닌 행정법원이 국가배상에 관한 관할을 가진다고 하면서 행정소송이 발전하였다(T.C. 8 février 1873, Blanco, 61 concl. David, D 1873.3.17, concl. S 1873.3.153, concl.). 따라서 프랑스 행정은 영미의 사법제도와는 다른 사법법원이 아닌 행정법원의 관할이 되었던 것이다(René Chapus, 2001: 3).

근대국가 탄생 이후 프랑스에서 행정은 상당한 기간 동안 안정적으로 운영이 되었다. 그러다가 19세기 산업혁명을 계기로 국가의 개입이 증대되고 행정기관이 다양해지면서 공무원의 증가로 나타났고, 국가권력이 과도하게 집중되면서 입법자가 지방자치단체를 만들면서 변화를 보이기 시작하였다. 1871년에 도(département)를 창설하였고, 1884년에 시(commun)를 만들면서 중요한 변화가 나타났던 것이다. 1872년 행정최고재판소가 사법기능을 담당하면서부터 私法과 분리되어 순수한 행정에 관한 법을 다툴 수 있게 되었다(Georges Dupuis et Marie-José Guédon, 1993: 16).

당시 프랑스 행정법은 크게 세 사람의 학자들로부터 큰 발전이 있었다. 라페리에리(Edouard Laferrière)는 행정소송에 관하여 큰 업적을 낳았는데, 변호사로서 행정최고재판소 재판관으로 일하기도 하였다. 행정법 이론에 관하여 큰 업적을 남긴 사람은 오리우(Maurice Hauriou)와 뒤기(Léon Duguit)이다. 오리우와 뒤기는 교수로서 행정법의 근원에 관하여 상반되는 견해를 주장하였다. 오리우는 행정법의 근원은 행정권력의 우위에서 출발한다는 공권력(puissance publique) 이론을 주장한 반면, 뒤기는 행정법의 근원을 공역무 혹은 행정서비스(service public)에서 출발한다는 공역무 이론을 주장하여 서로 상반되는 입장을 견지하였다. 이러한 상반된 두 이론은 오늘날 프랑스 행정법을 발전시키는 데 중요한 역할을 하였던 것이다.

현행 프랑스 헌법은 제21조에서 수상이 법률의 집행을 보장하도록 되어 있고, 제20조는 정부가 행정을 관리하도록 되어 있다. 프랑스에서 법의 영역은 제한되어 있다. 헌법 제34조가 법률로 규정할 수 있는 사항에 대하여 한정하고 있고, 헌법 제37조가 그 이외의 사항에 대해서는 명령을 규정하도록 되어 있다.

따라서 정부는 입법자에게 유보되어 있는 영역을 제외하고는 순수한 권한을 행사할 수 있다. 따라서 정부는 단지 집행자로서의 역할만 하는 것은 아니다. 그럼에도 불구하고 행정은 규범에 종속될 수밖에 없다. 다만 과거의 전통적인 법률우위의 원칙은 보다 넓은 기초 위에 형성되고 있는 것이다(Marie-Christine Rouault, 2007: 9).

Ⅵ. 정부조직

1 정부조직의 비법정주의

정부조직에 관하여 기본적인 사항을 헌법과 법률에서 엄격히 규정하는 것을 정부조직 법정주의라고 한다면 정부조직에 관하여 대통령에게 폭 넓은 재량권을 부여하여 기본적인 사항을 명령으로 규율하도록 하는 것을 정부조직 비법정주의라고 할 수 있다. 프랑스의 경우에는 정부 각 부처의 명칭이라든가 숫자, 권한 등을 데크레로 정하도록 되어 있다. 법률의 영역에 관하여 규정하고 있는 헌법 제34조가 정부조직에 관하여 규정하고 있지 않기 때문에 헌법 제8조에 의하여 그 이외의 사항은 명령으로 규정할 수 있기 때문이다.

연혁적으로는 1789년 프랑스 혁명 직후인 1791년 4월 27일과 5월 25일자 입법적 성격을 가지는 데크레가 정부조직에 관하여 장관의 숫자를 6명으로 정하고 각부의 권한을 상세하게 확정하였다. 이러한 정부조직을 헌법이나 법률로 정하는 원칙은 혁명력 1년 헌법, 혁명력 3년 헌법(제150조), 집정관 시대, 1848년 헌법(제66조), 1940년 Vichy 체제하에서 제정된 1940년 7월 11일 법률 등에서 엄격한 법정주의를 채택하고 있었다. 특히 1848년 헌법 제66조는 '각료의 숫자 및 권한은 입법권이 정한다'라고 규정함으로써 법정주의를 명시하고 있었다. 그러나 실제로는 1849년 6월 8일 데크레에 의하여 정부조직이 행해졌다는 점에서 사실상 헌법에 규정된 법정주의는 지켜지지 않았다. 또한 제3공화국 하에서 1900년 4월 13일 재정법 제356조를 보충하는 1920년 6월 20일 법률 제8조에서는 '부처의 창설과 부처간의 권한 이양은 법률로 정해야 한다'라고 규정하고 있었다. 그러나 이 규정 또한 헌정의 실제에 있어서는 지켜지지 않았으며 해방과 더불어 1945년 11월 24일 법률로 폐지되었다. 결국 프랑스에서 정부조직에 관한 기본원칙은 1789년 혁명 이후 오늘날에 이르기까지 약 10여년의 기간을 제외하고는 정부조직 비법정주의를 고수하고 있다고 볼 수 있다(성낙인, 1995: 480).

2 대통령과 수상에 의한 정부구성

프랑스 정부형태 연구에 있어서 가장 흥미로운 점 가운데 하나가 대통령과 수상의 존재이다. 각자가 서로 일정한 권한을 가지고 존재하기 때문에 둘 사이에 협력과 혹은 긴장관계가 형성될 수 있기 때문이다.

프랑스에서 대통령이 수상을 임명하도록 되어 있다(헌법 제8조 제1항). 대통령이 수상을 임명할 때에는 국회의 동의를 얻어야 한다든가 하는 제한이 전혀 없으므로 대통령의 수상임명권은 재량권이라 할 수 있다. 따라서 대통령이 수상을 임명하는 경우 정치적인 역학관계를 고려하여 임명하게 된다. 또한 대통령이 수상을 임명할 때 반드시 국회 다수당의 수장을 임명할 의무도 없다. 대통령은 재량을 가지고 임의대로 수상을 임명할 수가 있는 것이다. 예를 들면 1962년도에 퐁피두가 수상에 임명될 때, 퐁피두는 국회의원도 아니었고 국회 다수당의 일원도 아니었다.

따라서 일반적인 경우에는 대통령이 국회의원 다수의 지지를 받고 있는 경우에는 수상을 임명하는 경우에 크게 제약을 받지 않는다. 대통령이 거의 재량적으로 수상을 임명할 수 있다. 이러한 경우에 수상은 대통령의 권한 행사에 최대한 협력을 하게 될 것이며 대통령은 강력한 권한을 행사하게 된다. 그렇다면 이러한 모습은 강력한 대통령제의 모습을 보이게 되는 것으로 이해할 수 있다.

그러나 동거정부 하에서는 사정이 다르다. 동거정부 하에서는 현실적으로 대통령이 의회 다수파의 수장을 수상에 임명하였다. 제1차 동거정부 시기인 1986년도에는 좌파인 미테랑이 우파인 자크 시락을 수상에 임명하였으며, 제2차 동거정부 시기인 1993년도에는 역시 미테랑 대통령이 우파인 발라뒤르를 수상에 임명하였고, 제3차 동거정부인 1997년도에도 쟈크 시락 대통령이 좌파인 리오넬 죠스팽을 수상에 임명하였다.

동거정부 하에서는 대통령이 명목상의 수상임명권을 가지고 있다고 보아도 과언이 아닌데, 이러한 경우에는 의원내각제에서 국가원수의 수상임명권과 유사하다고도 볼 수 있다(성낙인, 1998: 157).

프랑스 헌법 제8조에 따라 대통령이 수상을 임명하도록 되어 있으며, 헌법의 명문상 다른 제한이 없는 것으로 해석된다. 그러나 헌법 제49조 제1항이 "수상은 국무회의의 심의를 거친 후에 국민의회에 대하여 정부의 시정방침이나 또는 경우에 따라서는 일반정책의 선언에 관하여 책임을 진다"라고 규정을 하고 있어, 이러한 헌법 제49조 제1항을 근거로 수상을 임명하면 국민의회에 신임을 묻도록 되어 있는 것이 아닌가 하는 논의도 있다. 그러나 헌법조문의 해석상 반드시 국민의회의 신임을 얻어야 한다는 것으로 해석될 수 없으며, 헌법 제49조 제1항은 수상의 임명과 관련되는 것이 아니라 국민의회 앞에서의 책임에 관한 것으로 해석되며 (Pierre Pactet et Ferdinand Mélin-Soucramanien, 2005: 476), 헌법 제49조 제1항에 의한 국민의회에서의 신임은 의무가 아니라 수상의 재량이라고 보고 있다 (Francis Hamon et Michel Troper, 2007: 647). 실제로 국민의회에서의 신임여부를 묻는 것을 조각 후 며칠 후에 하는 경우가 있었으나 어떤 경우는 조각 후 몇 개월 후 혹은 몇 년 후에 하거나 아니면 아예 하지 아니하는 경우도 있었다. 예를 들면, 1997년 6월 4일의 죠스팽 정부는 며칠 후에 신임을 물었으며, 1988년 5월 10일의 미셸 로카르(Michel Rocard) 정부는 2년 8개월 후인 1991년 1월 16일 걸프전 사태 때 신임을 물었으며, 1991년 5월 15일의 에디트 크레송(Edith Cresson) 정부는 아예 국민의회의 신임을 묻지 아니하였다.

또한 대통령은 수상의 제청에 따라 국무위원을 임명하도록 되어 있다(헌법 제8조 제2항). 따라서 대통령이 순수하게 자신의 의지대로 내각을 구성할 수는 없고 반드시 수상의 제청에 의하여 장관을 임명하도록 되어 있는 것이다. 그러므로 의회 다수파와 대통령이 대립되는 동거정부 하에서는 내각이 결국 수상에 의하여 구성된다고 볼 수 있다. 대통령은 다수파의 대표자인 수상과 타협의 산물로서 나타난다고 볼 수 있다.

3 대통령과 수상간의 권한다툼

프랑스 정부형태의 특징 중에 하나가 대통령과 수상의 공존이라 할 수 있다. 대통령과 수상이 실질적으로 권한을 행사하기 때문에 대통령과 수상의 권한이 충돌하는 경우도 발생할 수 있다. 대통령이 의회의 다수파에 의하여 지지를 받고 있는 상황에서는 대통령과 수상의 권한분배문제가 그리 크게 부각되지 않을 것이다. 왜냐하면 대통령과 수상이 상호 협력과 조정을 통하여 국정운영을 하게 되기 때문이다. 그러나 대통령이 의회의 다수파에 의하여 지지를 받지 못하고 동거정부가 탄생하면 대통령과 수상의 권한문제가 크게 대두될 수 있는 것이다.

프랑스 헌법 제5조는 "대통령은 헌법준수를 감독한다. 대통령은 중재에 의하여 공권력의 정상적인 기능과 국가의 영속성을 보장한다. 대통령은 국가의 독립과 영토의 보존 그리고 조약 준수의 보장자이다"라고 규정하여 대통령이 국정 전반에 대하여 지휘를 하는 것과 같이 규정하고 있다. 그러나 또한 헌법 제20조 제1항은

"행정부는 국가의 정책을 결정하고 인도한다"라고 규정하고 있으며, 헌법 제21조 제1항에서는 "수상은 행정부의 활동을 지휘한다"라고 규정하고 있다. 따라서 헌법 제5조와 제20조, 제21조를 해석 · 적용하는 데 있어서 대통령과 수상의 권한이 어디까지인가가 명확하지가 않다.

동거정부 이전에는 대통령의 우월성으로 인해 대통령이 국정을 주도하여 행정부의 국가정책결정 · 수행권을 규정한 헌법 제20조가 실효성을 많이 가지지 못하였으나 동거정부의 출현으로 그 실효성을 찾게 되었다고 보았다. 또한 마찬가지로 동거정부가 아닌 상황에서는 대통령이 국민의회의 다수파의 지지를 확보하여 우월한 상황이므로 대통령은 중재자, 공권력의 정상적 기능의 보장자로서의 권한을 규정한 헌법 제5조를 원용할 필요가 적으나, 동거정부에서는 대통령의 권한을 방어하기 위하여 헌법 제5조에 의존할 필요가 생긴다. 또한 헌법 제5조와 제20조에 따라 그 분배를 모색하여 대통령은 국가의 독립성 등 중요한 국가이익에 관한 사항을 관할하고 행정부는 통상적인 국가사무를 관장한다고도 볼 수 있으나, 대통령은 상대적으로 중요하지 않은 사항에 대해서도 개입할 수 있을 것이다. 이는 헌법상의 이러한 조문들이 추상적이고 구체성을 띠고 있지 않기 때문에 발생하는 문제인 것이다(정재황, 1999: 60).

4 수상의 부서권

프랑스 헌법은 대통령이 일정한 행위를 할 때에는 반드시 수상의 부서를 필요로 하고 있다. 프랑스 헌법 제19조는 대통령의 수상임명권(헌법 제8조), 국민투표부의권(헌법 제11조), 국민의회해산권(헌법 제12조), 비상대권(헌법 제16조), 의회교서권(헌법 제18조), 조약에 대한 위헌심사제청권(헌법 제54조), 헌법재판관임명권(헌법 제56조), 위헌법률심사제청권(헌법 제61조) 이외의 권한을 행사할 때에는 수상의 부서를, 경우에 따라서는 관계 장관들의 부서를 필요로 하고 있다. 따라서 대통령이 위에서 열거한 권한 이외의 권한을 행사할 때에는 반드시 수상의 부서를 필요로 하기 때문에 수상의 동조 없이는 국정을 운영해 나아갈 수가 없다고 보아도 과언은 아니다.

수상의 부서가 없이도 권한 행사가 가능한 위의 권한들도 많은 제한이 따른다. 예를 들면 수상임명권도 의회 다수파의 지지를 받는 사람을 임명할 수밖에 없는 제한이 있고, 국민의회를 해산하고자 할 때와 비상대권을 행사할 때에는 반드시 수상의 자문을 거치도록 하고 있다.

프랑스에서 수상이라는 자리는 가장 어려운 자리이면서 살아있는 모순덩어리(contradiction vivante)이기도 하다(Jean Gicquel et Jean-Eric Gicquel, 2007: 622). 프랑스 헌법은 어떤 면에서는 수상에게 개인적인 특징을 부여하지 않고 있으며, 국민들로부터 선거로 선출되어 정당성을 가지는 대통령과 국회의원들 사이에서 정당성을 부여받지도 않은 수상의 역할에 대하여 명확하게 대통령과의 권한 분배를 규정하고 있지 않고 있기 때문이다.

5 내각

내각은 행정부의 구성단위로서 대통령의 데크레에 의하여 그 구성이 결정된다. 행정 각부의 장을 ministre라고 하는데, ministre는 ministre d'État, ministre, ministre délégue, secrétaire d'État로 구분할 수 있다. 그 지위와 역할에 따라 서열은 ministre d'État, ministre, ministre délégue, secrétaire d'État 순이라 할 수 있다. 2007년 사르코지 대통령의 경우 행정부를 1명의 국무장관과 14명의 장관 그리고 22명의 차관으로 구성하고 있다. 넓은 의미의 장관은 법적으로는 평등한 관계이다(Bernard Chantebout, 2007: 483). 그러나 그 내용을 보면 임명에 있어서 약간의 사실적 차이를 볼 수 있다.

1) 국무장관(Ministre d'État)

장관의 일종으로 특정 부처의 장이며, 우리나라의 부총리에 해당하는 폭 넓은 권한을 부여받는다. 국무장관의 직이 특정 부처의 장을 의미하는 것은 아니고 장관들 가운데 정치적 무게라든가 혹은 경력 등을 고려하여 명예직으로 붙이는 것이다.

2) 장관(Ministre)

국가 행정기관의 장으로 수상에 의하여 지명되고 대통령이 임명하는 국무위원이다. 국무장관(Ministre d'Éat)보다는 하위의 직이라 할 수 있다.

3) 담당장관(Ministre délégue)

대체로 국무회의에 구성원이 되는 장관으로 장관(ministre)보다 하위이다.

4) 차관(Secrétaire d'État)

secrétaire d'État는 우리의 차관급이라고도 할 수 있는 데, 독자적으로 행정 부처를 이끄는 경우도 있고, 아니면 장의 지휘를 받는 차관의 경우도 있다. secrétaire d'État는 원칙적으로 국무회의의 구성원은 아니나, 담당 업무에 관해서만 국무회의에 참석한다.

5) 내각사무처(Secrétariat général du gouvernement)

수상의 지시를 장관들에게 전달하고 정부제출 법률안이나 데크레의 적법성을 통제하고 입법분야에서 정부와 의회의 공조를 조화시키는 기구이다. 수상의 지휘하에 있는 기구로 새로운 행정부가 들어서면 각 부처 권한배분 데크레를 준비하고, 각 부처간 회의 일정을 잡고 입법절차와 명령제정절차에서 집행부의 집행을 관할한다. 내각사무처장(secrétaire général du gouvernement)은 전통적으로 행정최고재판소 재판관 가운데 선택된다. 보통의 경우 정권이 바뀌더라도 내각사무처장은 바뀌지 않는 경우가 많은데, 예를 들어 마르소 롱(Marceau Long)은 1975년부터 1982년까지 내각사무처장을 하였다. 이러한 안정성이 정부 정책의 지속성을 유지시켜주는 데 일조를 하고 있다.

6) 수상주재 내각회의(Conseil de cabinet)

수상이 주재하는 각료회의다. 제5공화국 하에서 대통령이 집행부를 장악하면서 내각회의는 사실상 그 기능을 상실하였으나, 1986년-1988년간 및 1993년-1995년 등의 동거정부 하에서는 내각회의가 다시 활성화되곤 하였다. 국무회의가 헌법상 기관으로서 정례화되어 있음에 비하여 내각회의는 헌법상 기관도 아닐 뿐만 아니라 정기적으로 회의가 개최되는 것도 아니다. 다만 동거정부라는 특수한 상황 하에서 정파를 달리하는 대통령 주재의 국무회의에 대한 사전 조율과 준비기관으로서의 기능을 하는 정도다.

7) 국무회의(Conseil des ministres)

정부의 중요정책을 심의하는 기관으로 대통령이 주재한다. 정부의 여러 심의기관 중에서 국무회의는 대통령을 비롯하여 수상과 각료가 참석하는 정부의 공식적인 집단적 성격의 기구로서 헌법상 지위를 부여받은 유일한 기관이다. 제3공화국의 헌법적 법률에서 채택된 이래 정착되어온 국무회의는 제4공화국과 제5공화국을 거치면서 현재에 이르고 있다. 프랑스 제5공화국 정부형태를 반대통령제, 이원정부제 혹은 혼합정부제라 하는 바, 국무회의도 미국식 대통령제 하에서의 국무회의처럼 비헌법기관이 아니며 의원내각제에서처럼 수상에 의하여 주재되는 것도 아닌 것이다. 국무회의는 법률명령(ordonnance)과 데크레(décret)에 대하여 심의를 하며, 정부제출법률안도 행정최고재판소(Conseil d'État)의 의견을 청취한 후 국무회의의 심의를 거친다. 또한 수상은 국무회의의 심의를 거친 후 국민의회 앞에 정부의 시정방침 또는 경우에 따라서는 일반정책의 선언에 관해 정부의 책임을 제기한다. 12일 이내의 계엄은 국무회의에서 채택된 데크레를 통해서 발동된다. 이외에 행정최고재판소 재판관이라든가 대사 등 헌법 제12조 제3항과 제4항에서 규정하고 있는 중요 공직자들은 국무회의에서 임명되도록 하고 있다.

Ⅶ. 결 론

행정에 대한 개념은 한마디로 정의내리기가 어렵기 때문에 다른 비교 대상을 통하여 개념정의하기도 한다. 행정은 그 목적이 공공질서의 유지와 일반적 이익의 충족이라 할 수 있는데, 프랑스에서도 행정을 단언적으로 이야기하기는 어렵다고 한다. 현재의 행정의 개념과 연결시킬 수 있는 개념은 근대 국가 탄생 이후라고 할 수 있는데, 프랑스에서는 1789년 시민혁명 이후 근대국가가 탄생하면서 규범의 체계도 확립이 되었고 법치주의도 구현이 되고 있다. 법치주의의 발달은 권력분립을 전제로 한 것이고 규범의 체계라든가 기본권 보장이 그 핵심을 이루고 있다.

프랑스에서 법치주의의 발달은 1789년 프랑스 혁명 이후 근대국가의 탄생과 더불어 시작되었다. 과거 앙시앙 레짐 체제하에서는 왕이 국가의 주인으로서 주권을 행사하였으나, 혁명 이후 국민주권이 뿌리내리게 되었다. 따라서 혁명 이후에는 권력분립원칙에 따라 입법권과 사법권 그리고 행정권으로 분리하여 권한을 위임하여 행사하게 하고 있다.

프랑스는 입법권과 행정권이 엄격히 분리되어 있으나 의회에 대한 불신으로 입법권이 법률을 제정하는 데 있어서 법률 영역이 헌법에 규정되어 있어 그 이외의 영역은 명령으로 규율할 수 있도록 되어 있다.

프랑스에서 행정재판의 발달은 다른 나라에도 많은 영향을 미쳤는데, 특히 행정소송제도는 많은 영향을 미쳤다. 프랑스 행정법원은 대법원격인 행정최고재판소(Conseil d’Etat)와 항소행정법원(Cours administratives d’appel)과 지방행정법원(Tribunaux administratifs)으로 구성되어 있다.

행정최고재판소는 하나의 소송부와 다섯 개의 행정부로 구성되는데, 행정최고재판소장은 수상이 맡게 되어 있는데, 이는 명목상의 소장이고 실질적인 것은 부소장이 지휘를 하고 있다.

정부조직의 경우 비법정주의로 법률이 아닌 데크레로 부처의 숫자와 이름, 권한 등을 정할 수 있도록 하여 유연하게 하고 있다.

프랑스는 전통적으로 의회와 행정권이 동반자로서 국정운영에 상호 협조하고 있다고 볼 수 있다. 의원내각제적 전통에다가 대통령제적 요소를 가미한 이원정부제의 정부형태를 가지고 행정권과 입법권이 융합하여 안정적인 국정운영을 하고 있다고 볼 수 있다.

제 3 장 프랑스의 정치체제 및 거버넌스

은 재 호(한국행정연구원)

Ⅰ. 서 론

1 연구의 대상

Rosenau & Czempiel(1992)은 세계질서의 양극화를 의미하는 베를린 장벽이 와해되며 현대 국가가 기업과 지방과의 관계, 그리고 국제관계 세 차원에서 위기에 봉착했다고 진단한 바 있다. 국가가 더 이상 공공행위와 행위자 간의 관계를 규제하는 데 있어 중심적 역할을 수행하지 못함에 주목하며 현대 국가의 '위기'를 진단한 것이다. 이는 곧 현대 사회의 이해를 목적으로 하는 분석틀에 행위자의 복수성, 다극화된 권력관계, 파트너십의 대두 등으로 특징지어지는 거버넌스 체제에 대한 고려를 반영하지 않는다면 분석의 적실성이 떨어질 것이라는 주장이기도 하다.

현대 프랑스 정치체제의 이해를 위해서도 거버넌스 관점의 수용이 불가결하다는 논의가 적지 않다. Gaudin(1998: 43)은 프랑스가 오랜 전통을 가진 강력한 중앙집권적 국가이지만 현대에 들어 경험한 수많은 사회변동으로 말미암아 수직적으로 계서화된 의사결정과정에 대한 분석보다 '복수의 행위자들이 조정과 경쟁을 통해 상호작용하는 네트워크 분석'이 프랑스라는 국가 체제를 이해하는 데 보다 적실성 있는 분석도구가 될 수 있다고 언명한다. Kazancigil(2002: 128)은 한걸음 더 나아가 Kooiman(1993)의 관점을 전폭적으로 수용하여, 국가와 사회가 맺는 관계 자체의 변화를 추적하고 그 변화된 관계의 성격을 거버넌스의 관점에서 재정립할 필요가 있다고 주장한다. 거버넌스는 국가와 사회의 상호작용을 활성화시키며 다양한 이해당사자 곧 정부, 기업, 압력단체, 전문가, 시민운동, 소비자 단체 등, 복수의 행위자들 간에 수평적인 조정을 용이하게 하여 공공행위의 효율성을 증진시킬 수 있기 때문이라는 것이다.

정치 · 행정 시스템을 거버넌스의 관점에서 재편할 필요성이 있다는 지적은 이미 1970년대에 OECD, IMF 등 초국가적 국제기구들이 신공공관리론(NPM)에 기반을 둔 '좋은 거버넌스'(good governance)를 미래 정치 · 행정의 대안으로 제시하며 확산되기 시작했음이 주지의 사실이다. '좋은 거버넌스'는 한편으로 복지국가 건설로 인해 비대해진 공공부문의 비효율성을 치유하는 수단이자 다른 한편으로 국가경영의 투명성을 높이고, 자본과 인력의 이동을 용이하게 함으로써 전 지구적 발전을 가속화할 수 있게 한다는 주장이다. 영국의 대처 정부와 미국의 클린턴 정부가 이 권고를 국제사회에 제안하고 그 스스로 충실히 이행했다면, 프랑스 역시 '거버넌스'의 이름으로, 혹은 '정부현대화 계획'이라는 이름으로 분권화 프로그램을 추진하며 복지국가의 위기를 벗어나기 위해 노력했다. 이 글은 지난 30여년 사이에 진행된 프랑스 정치 · 행정 시스템 곧, 프랑스 정치체제가 어떻게 변화했으며, 그 변화의 중심에서 프랑스가 거버넌스 개념을 어떻게 수용하고 전유하며, 구체적으로 어떤 거버넌스 구조를 정치 · 행정 시스템 안에 구축했는지, 거시적인 관점에서 이를 개관해 보고자 한다[1].

2 연구의 범위와 방법

거버넌스를 개념화하려는 시도는 다양하지만 일반적으로 거버넌스 역시 국가가 출현한 이래 다양한 형태로 존재했던 수많은 국정운영 패러다임 가운데 하나라는 사실에는 별다른 이견이 없는 듯하다. 거버넌스 패러다임의 대표적인 이론가 가운데 하나인 Rhodes(1997)는 거버넌스를 정의하여 '통치의 새로운 과정, 질서화된 규칙의 새로운 조건, 사회통치의 새로운 방법'이라고 하며, 20세기에서 21세기로 접어들며 전통적인 관료제 모형에 의존하는 거번먼트 패러다임(government

〈표 2-3-1〉 정부 패러다임과 거버넌스 패러다임의 비교

	정부 패러다임	거버넌스 패러다임
정치관(觀)	승패게임 또는 정합게임 (zero-sum game)	윈윈게임 또는 비정합게임 (non zero-sum game)
권력관(觀)	power over	power to
정부의 위상	핵심적 행위자	다수 행위자 가운데 하나
정부의 역할	rowing, providing	steering, enabling
문제해결양식	계층제	네트워크
조정기술	명령, 통제, 지시	협력, 협상, 유도
영향력 행사	일방적, 하향적	쌍방적, 상호의존적
관리(통제) 방식	과정적, 계층적	결과지향적, 원격
민 · 관의 경계	명확	불명확
민 · 관의 역할분담	명확(민: 통치의 객체, 관: 통치의 주체)	불명확(민 · 관 모두 통치의 주체이며 객체)

출처: 유재원 · 홍성만(2005: 171)의 수정.

1) 신제도주의(합리적 선택이론): Shepsle에 의하면, 제도란 개인 간 협력을 촉진하고 또한 합의를 지탱할 수 있도록 하는 행위자들 간의 사전적 약속이다. 즉, 각 개인의 계산에 기초한 집단 구성원 간 계약에 의해 집합적 행동의 딜레마를 해결하기 위한 방안으로서 개인의 행위를 구조화시킬 수 있는 제도를 창조하는 것이다. 따라서 신제도주의의 다른 분파와는 달리 합리적 선택제도주의에서는 "제도의 의도적 설계"가 핵심 개념으로 등장하게 된다.

paradign)이 거버넌스 패러다임(governance paradigm)으로 이동하고 있다고 관측했다(Rhodes, 1997; Kooiman, 2003; Richards & Smoth, 2002; Goss, 2001; Pierre, 2000 ; Peters, 2001). 유재원 · 홍성만(2005: 171)은 정부 패러다임과 거버넌스 패러다임의 차이를 다음과 같이 요약하여 설명한 바 있다(〈표 2-3-1〉 참조).

여기에서 거버넌스는 행위주체 간의 자발적 상호협력기제가 작동하는 공간이다. 명령과 권위를 바탕으로 일방적이고 하향적인 지시, 명령의 계층제가 아니라 신뢰와 협력, 협상에 입각한 행위(정책) 주체들 사이의 네트워크가 주된 문제해결 양식을 구성한다. 여기에서 정부는 전통적인 웨버적 국가관이 상정하는, 정당성과 강제력을 독점하는 지배적 행위자가 아니라 다수 행위자 가운데 하나일 뿐이며, 따라서 기존에 상정했던 민 · 관의 경계와 역할이 모호해지되, 상호의존성과 신뢰, 협력의 증가로 인하여 보다 효율적이고 효과적인 정책결과를 산출할 수 있다고 한다.

Canet(2004)는 이 같은 의미의 거버넌스도 그 강조점에 따라서 다양하게 분류될 수 있는데 크게 다음 두 가지로 분류할 수 있다고 한다. 첫째는 제도적 거버넌스이다. 제도적 거버넌스는 다양한 행위자들 사이의 조정을 용이하게 하고 협상을 통해 규범과 규제의 수단을 적절하게 선택하게 할 수 있게 한다는 점에서 새로운 형태의 조직원리라고 할 수 있다. 곧, 공 · 사의 다양한 파트너들이 중앙정부, 지방정부 또는 초국가적 국제기구(예 UN, IMF, WTO, EU ...) 등 다양한 권력의 층위에서 맺는 공식적, 비공식적 관계와 상호작용 양태에 분석의 초점을 두는 경우가 그것이다. 대표적으로 도시 거버넌스(urban governance), 지방 거버넌스(local governance)에 대한 담론이 그 대표적인 예이다. 둘째는 기업 거버넌스(corporate governance)이다. 기업 거버넌스는 자유로운 정보유통과 협력의 맥락에서 합리적인 선택을 통해 조직 또는 결사체의 생산성을 높일 수 있다는 post-fordism의 연장 위에서, 이를 정책조정과 국가 경영에 적용한다. 이러한 의미의 거버넌스는 국가의 기능과 역할을 최소화하며 시장과 시민사회의 다양한 주체를 네트워크를 통한 파트너십 형성으로 재조직함으로써 보다 효율적으로 공동의 목표를 추구할 수 있도록 한다는 전제 아래, 국가와 사회의 다양한 행위자들이 맺는 관계보다 관리방식의 분석에 초점을 둔다.

이 글은 거버넌스의 두 가지 범주 가운데 첫 번째, 제도적 거버넌스의 관점에서 프랑스 정치체제에 투영된 거버넌스 구조를 파악하기로 한다. 그러나 이같이 일반화된 거버넌스 개념으로는 일국의 정치체제 전체를 거버넌스의 관점에서 아우를 수 없다는 분석적 어려움이 있다. 그것이 제도적 거버넌스든 기업 거버넌스든, 대부분의 경우 주어진 특정 시점에 특정 영역에 참여하는 주요 행위자를 파악하고 그들 사이에 맺어지는 관계망(네트워크)의 분석에 초점을 맞추고 있기 때문이다. 따라서 프랑스라는 특정 국가의 거버넌스 구조를 파악한다 함은 단일의 특정 정책분야의 사례분석에 한정되지도 않을 뿐더러, 유럽연합-중앙정부-지방자치체-정책영역에 참여하는 행위자 집단으로 구성되는 기존의 정치 · 행정 시스템을 모두 포괄해야 한다는 분석단위의 특성으로 인해 일국의 정치 · 행정 시스템을 포섭할 수 있는 종합적 분석틀을 제시할 필요가 있다고 하겠다.

3 분석틀

이 같은 필요에서 이 글은 제도적 거버넌스 개념 가운데 비교적 최근에 대두하여 주로 국제관계의 동학 속에서 국민국가의 역할과 위상을 논의하는 데 사용되는 '다층 거버넌스'(multi-level governance: MLG) 개념을 차용하기로 한다. Richards & Smith(2002: 72)는 다층 거버넌스가 두 개 이상의 계층 수준에서 작동하는 거버넌스 과정이 교섭적인 형태로 상호연결된 것으로 규정한다. 이때 상위 거버넌스와 하위 거버넌스는 상호 밀접하게 연결되어 서로를 보완한다. 즉, 주어진 특정 사안에 있어 현장 행위자들을 중심으로 구성되는 하위 수준의 행위체계 곧, 하위 거버넌스(micro-level governance)의 효율적 운영은 상위 수준의 행위체계 곧, 상위 거버넌스(macro-level governance)의 형성과 발전적 운영에 기여하는 한편, 상위 결정자들을 중심으로 하는 상위 거버넌스의 성공적 운영은 하위 거버넌스의 추진력과 탄력을 더하는 요인으로 작용한다[2].

여기에서 상위 또는 하위는 상대적 개념으로서 사안이 형성되고 표면화되는 수준에 따라 거버넌스 체계가 구축되는 수준이 결정될 수 있다. 곧, 프랑스 행정시스템을 빌어 말하자면 기초자치단체인 시 · 읍 · 면(commune)이나 중간자치단체인 도(département)의 수준에서 문제가 발생하고 이 문제의 해결을 위한 1차 행위자들 사이에 형성되는 행위체계 역시 도 또는 광역도(région) 수준에서 구축된다면, 이의 해결을 위한 상위 거버넌스는 해당 문제에 대한 결정권을 가진 상위의 수준 곧, 광역도나 중앙정부 수준에서 구축된다는 것이다. 그리고 중요한 것은 문제 해결을 둘러싸고 구축되는 두 수준의 거버넌스는 상호 밀접하게 연관되어 서로를 보완하는 관계에 있다는 것이다(유재원 · 홍성만, 2005: 176).

이 같은 다층 거버넌스 개념은 다음과 같은 세 가지 수준에서 프랑스 정치체제의 거버넌스 구조를 파악하고자 하는 이 연구의 기획의도에 부합한다고 하겠다. 첫째, 구체적인 역사적 맥락 속에서 점차 발전해온 정치체제의 제도적 변화 과정을 추적함으로써 현재의 국가 시스템이 구축된 합리성을 이해할 수 있도록 한다. 둘째, 다층 거버넌스 개념은 국가 시스템을 구성하는 제도적 수준(level)을 추적할 수 있도록 함으로써 거시적 수준에서 일국의 정치 · 행정 시스템을 이해할 수 있도록 한다. 셋째, 국가 시스템을 구성하는 제도의 전 수준에서 공식적 행위자와 비공식적 행위자의 상호작용을 관찰할 수 있도록 하며, 한걸음 더 나아가 상위 결정기구와 하위 결정기구의 상호작용을 이해할 수 있도록 한다. 다만, 기존의 다층 거버넌스 논의가 유럽통합이 개별 국가 정책결정 시스템에 미친 영향을 파악하는 데 논의의 초점을 두고 있다면, 이 연구는 이와 달리 프랑스라는 일개 민족국가가 유럽통합이라는 초국가적 질서의 도래에 대응하여 추진한 거버넌스 체계의 구축에 초점을 맞춘다는 의미에서 기존의 논의와 차별성을 갖는다고 하겠다.

이 글은 프랑스 정치 · 행정 시스템의 다층 거버넌스적 구조를 이해하기 위하여 다음과 같은 세 단계의 관찰을 진행하기로 한다. 첫째, 정부구조에 대한 개괄적 이해를 바탕으로 강력한 중앙집권 국가를 이룬 프랑스의 정치체제의 특징을 간략히

---

2) Pierre & Peters(2000)의 이론틀을 빌려 말하자면 현장 행위자 중심으로 구성되는 하위 거버넌스는 공동체 거버넌스(community governance)라고 할 수 있겠다.

살펴본 다음(II. 정부형태 및 정치제도) 둘째, 이 같은 정치체제에서 구체적으로 작동되는 정치과정과 이 과정에 참여하는 주요 행위자들이 누구인지를 파악하는 한편, 이 과정에서 나타나는 상호작용의 양태가 어떠한지를 살펴본다(III. 정치과정). 셋째, 마지막으로 그 속에 투영된 국가 거버넌스의 구조를 기업과 시민사회 등 사회적 행위자(시민단체와 기업) 수준(사회적 거버넌스), 지방과 중앙의 행위자 수준(지방 거버넌스), 그리고 유럽연합이라는 국제적 행위자 수준(국제 거버넌스), 세 차원에서 파악하기로 한다(IV. 다층 거버넌스 구조). 그리고 이를 통하여 탐색적이고 시론적인 연구이지만, 다차원적 거버넌스의 관점에서 이 세 차원의 거버넌스가 어떻게 상호작용하는지를 종합적으로 살펴보고자 한다(V. 결론).

II. 정치체제

1 강력한 중앙집권 국가

프랑스는 정치, 경제와 사회 전 분야에서 일찍이 중앙집권적, 정부주도적 정치행정 시스템을 구축했다는 것이 일반적인 평가이다(Badie & Birbaum, 1982). 곧 다른 서유럽 국가들과 달리 프랑스는 정부가 정책과정에서 중요한 행위자로 기능하며 주도적 지위를 향유하는, 전형적인 기술관료 국가라는 것이다. 1789년 대혁명 이래 확고한 전통으로 굳어진 중앙집권적 정치체제는 나폴레옹의 보나파르트 체제와 왕정복고, 공화정으로의 회귀라는 일련의 역사적 과정 속에서 제도적 기반을 충실히 다진 결과였다.

1) 중앙정부조직

그리고 그 정점에는, Timsit(1987: 61-75)의 통치체제 유형분류에 따를 때 미국식의 순수한 대통령제도, 영국식의 순수한 의원내각제도 아닌, 프랑스 고유의 반대통령제(semi-présidentialisme) 혹은 이원집정부제(bi-cépahalisme) 곧, 대통령과 수상의 권력 분점이 있다.

〈그림 2-3-1〉 이원집정부제 정부 조직도

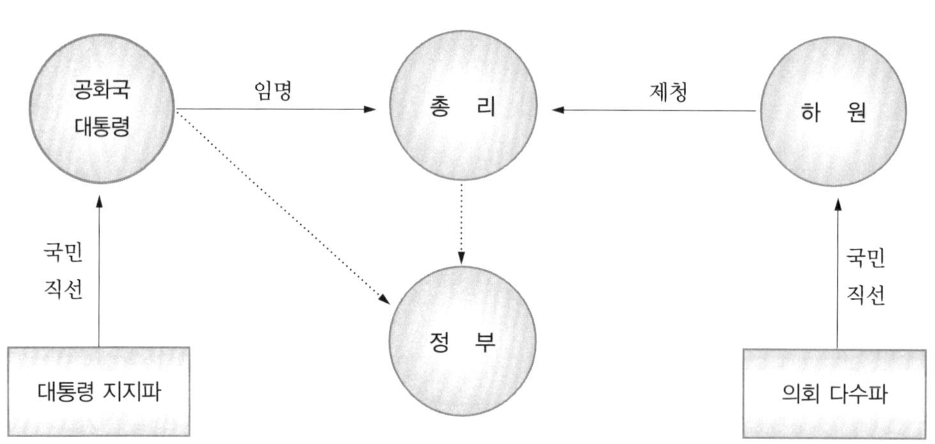

대통령은 국가원수로서 국민의 직접 · 보통선거에 의해 선출되며 임기는 5년이다. 국가의 계속성, 독립 및 영토보존의 보장자이며 헌법의 수호자로서 대통령은 총리임면권, 각료임면권, 법률공시권 및 법률안 재심의 요구권, 의회해산권, 국군통수권, 외교권, 사면권, 긴급조치권, 국민투표회부권과 같은 강력한 권한을 가진다. 총리는 행정부를 지휘하며 의회에 책임을 진다. 또한 하원에 법률안 제출권을 가진다. 각료는 총리의 제청에 따라 대통령이 임명한다. 총리는 대통령에 의해 임명되지만, 대부분의 경우 의회 다수당을 대표하는 당수가 총리에 내정된다. 따라서 대통령을 지지하는 정당이 의회 다수당을 이룰 경우 곧, 의회 다수파와 대통령 지지파가 일치할 때 대통령의 권한은 외교, 국방, 경제, 재정을 비롯해 국정 전반에 미치는 막강한 권한을 이룬다. 그러나 대통령을 지지하는 정당이 의회에서 소

수가 될 때, 대통령과 총리의 지지기반이 달라지는 '동거정부'(cohabitation)를 이루게 되며, 여기에서 대통령과 수상의 권력분점이 이루어진다. 권력분점의 경계는 대통령과 총리, 개인의 성격과 리더십, 정치적 역관계에 따라 결정되지만 미테랑 대통령과 시라크 총리의 좌 · 우 동거 정부(1986-1988) 이래 대통령은 외교 · 안보 · 국방으로 이어지는 대외 정책을, 총리는 경제 · 사회 · 문화의 대내 정책을 담당하는 것으로 정리되고 있다.

프랑스의 중앙 정부 조직은 한국의 정부조직법과 같은 성문화된 규정에 따라 이루어지는 것이 아니라, 영국이나 독일처럼 총리의 정치적 판단과 필요에 의해 수시로 바꿀 수 있는 연성조직이다(안영훈, 1998; 임도빈, 2001). 중앙정부 조직은 의회의 통제도 받지 않아 시대의 변화에 민감하게 반응하며 해당 정부의 정치적 성격과 지향을 웅변적으로 드러낸다. 예를 들어 사회당 조스팽 정부(1997-2001)는 상징적으로나마 '제3섹터부'를 신설, 신자유주의의 이념적 공세에 맞서 대안 경제체제를 모색하는 사회당 정부의 이념적 지향을 천명한 바 있다. 반면, 이어지는 라파랭 정부(2002-2007)는 이를 폐지하되 기존의 26개 부처를 38개로 세분화하며 우파 정부의 정책방향을 다각화했다. 최근의 피용 정부(2007-현재)는 작은 정부를 천명하며 이를 다시 15개 부처로 축소하는 한편 기존의 이민문제담당부를 '이민 · 통합 · 국민정체성부'(ministère de l'immigration, intégration et identité nationale)로 바꿔 부르며 보수 우파 정부의 정체성을 표면화했다.

2) 지방행정조직

어찌됐든 이처럼 유연한 중앙정부는 1789년 혁명 이래 확고하게 뿌리내린 지방조직을 통해 중앙의 정치적 의지를 국가조직 하부까지 전달하고 집행하는, 강력한 중앙집권 국가를 형성한다. 프랑스의 지방자치단체는 광역, 중간, 기초 3단계로 구성된다. 1982년 3월 2일에야 비로소 통과된 지방자치법의 결과, 프랑스 혁명 당시 국가 행정단위로 만들어졌던 도(Déartement)와 기초행정단위인 시 · 읍 · 면(Commune)이 자치분권에 의해서 그 지위가 지방자치단체로 바뀌었고, 행정단위상 3-5개도를 합쳐 국가의 영조물로 조직되었던 광역도(Régions) 역시 지방자치단체의 지위를 갖게 되었다.

40,000여개에 이르는 이들 전국지방자치단체는 자치분권 원리에 따라 독립적인 법인격을 부여받고 당해 지방자치단체 고유의 행정사무를 중심으로 지역주민을 위해 봉사하는 자치행정의 중심체가 되었다(안영훈, 1998: 10). 뿐만 아니라 19,000여개에 이르는 자치단체간 연합체(groupement)와 병원, 지방 공기업, 교육기관 등 40,000여개의 지방공공단체가 국민생활의 편익을 보장하는 공공서비스를 생산 · 전달하며, 국가 행정의 근간을 이룬다고 하겠다.

〈그림 2-3-2〉 지방행정구역 편제

광역자치단체 광역도: 레지옹(Régions)	중간자치단체 도: 데빠르뜨망(Déartements)	기초자치단체 시 · 읍 · 면: 꼬뮌(Commune)
26 (4개 해외 소재)	100 (4개 해외 소재)	36,778 (162개 해외 소재)
	조직시기	
1986년 편제	1790년 편제	1789년 혁명 직후 편제
	역할	
• 지역의 경제 · 투자활동 규제와 지역개발에 있어 주도적 역할을 수행 • 중등교육 가운데 고등학교 교육과정 규제 담당 • 지방조직 가운데 유럽통합과 함께 신설된 조직으로 유럽연합의 지방행정 파트너로 기능	• 지방행정 분야에서 보건 · 사회정책, 교통정책, 지역투자정책, 농촌지역개발정책을 담당 • 중등교육 가운데 중학교 교육과정 규제 담당	• 국가를 직접 대표하는 행정단위로서의 역할: 국민의 호적을 담당하고, 선거와 공공질서의 유지를 담당 • 지방행정단위로서의 역할: 지방행정 사무와 재정, 도시개발, 교통, 환경미화, 상하수도 관리, 기초복지, 투자유치, 초등교육 및 유아교육 담당
	행정기관장	
의회의장 (광역도의회 다수파)	의회의장(도의회 다수파)	시장(시의회 다수파)

봉건사회에서 상대적으로 일찍 민족국가를 형성한 프랑스는 서유럽 국가들 중 비교적 늦게까지 중앙집권적 단일 국가행정조직을 유지했던 나라이다. 이뿐만 아니라 프랑스의 지방자치 행정체계는 〈그림 2-3-3〉이 보여주는 바와 같이 국가의 행정구역(단위)과 지방자치단체의 행정구역이 거의 일치하는, 그래서 그를 통해 국가행정의 중앙집권적 효율성을 극대화하고자 노력하는 나라이다.

〈그림 2-3-3〉 프랑스 국가의 행정단위와 지방자치단체 계층구조

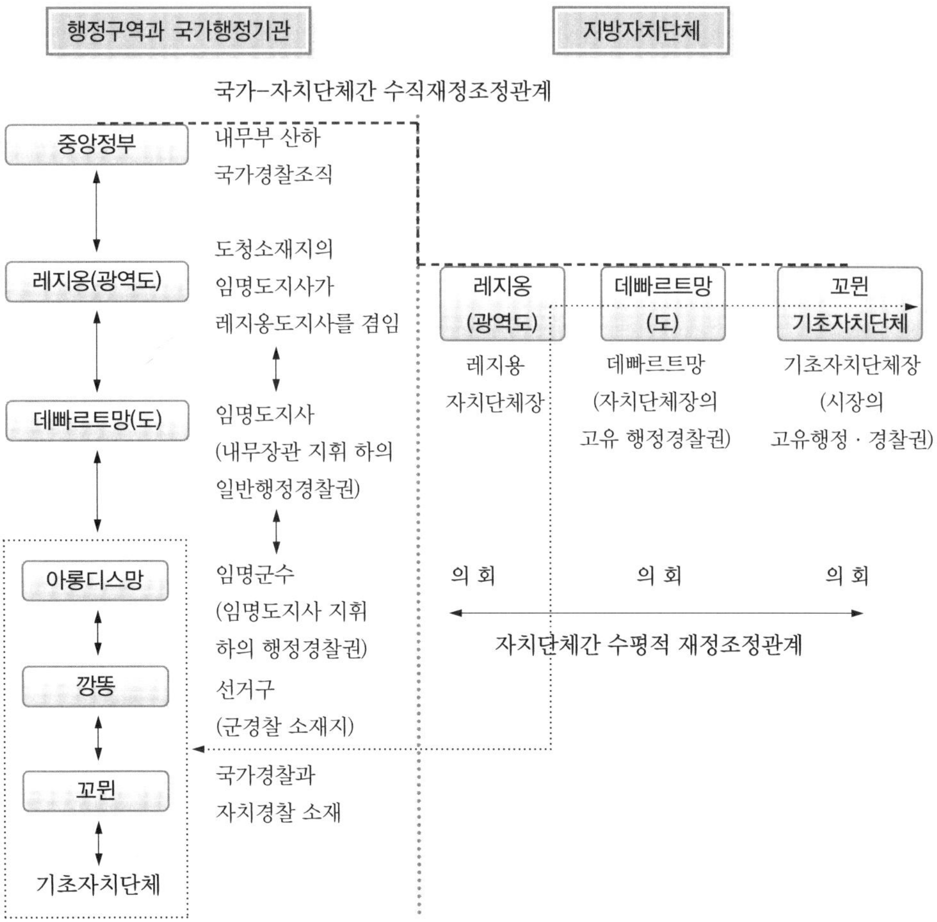

출처: 안영훈(1998: 11)의 수정.

2 행정국가

대혁명과 산업혁명을 경험하며 정치적으로 일찍이 중앙집권적 틀을 구축한 프랑스가 산업사회로 이행하며 근대화 과정에 필요한 자본과 자원의 조달 및 배분에서 국가주도적 발전전략을 채택한 것은 논리적 귀결이었다. 더욱이 강력한 행정력을 바탕으로 전국 구석구석까지 중앙정부의 정책의지를 전달하고 집행할 수 있었던 까닭에 다른 서유럽 국가들과 달리 정부가 정책형성과 집행에서 주도적 지위를 향유할 수 있었다(이재승, 2004). 이 같은 전통은 근대에 들어서 더욱 강력한 행정국가의 출현을 예고했으며, 실제로 프랑스만큼 강한 국가주도형 발전 전략을 구사한 나라가 드물었다.

2005년 현재 전체 GDP 가운데 국가지출 비율(사회이전지출과 이자비용 포함)이 50%를 상회하고 있거니와, 아래 그림은 독일, 일본, 미국과 비교했을 때 프랑스의 정부 지출 규모가 가장 높음을 알려준다. 〈그림 2-3-4〉는 독일, 일본, 미국과 비교할 때 GDP 대비 정부 지출 비율이 가장 높은 나라가 프랑스임을 시사하며, 〈그

〈그림 2-3-4〉 GDP 대비 생산적 지출 비율

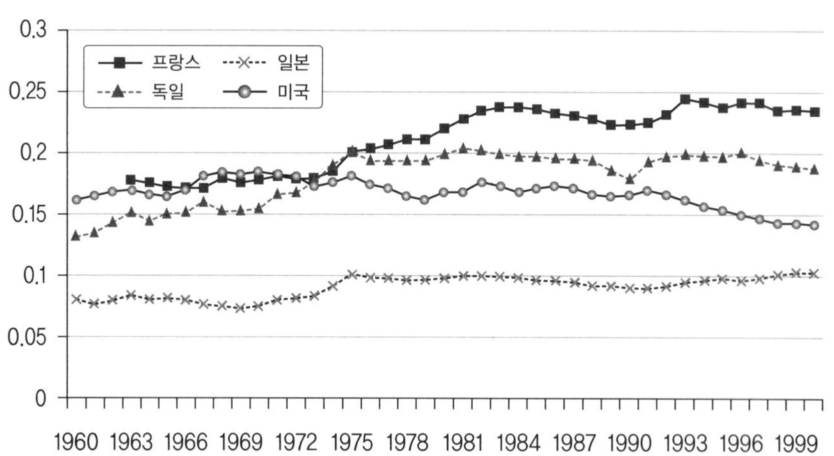

출처: INSEE 2005.

〈그림 2-3-5〉 GDP 대비 공공지출 비율

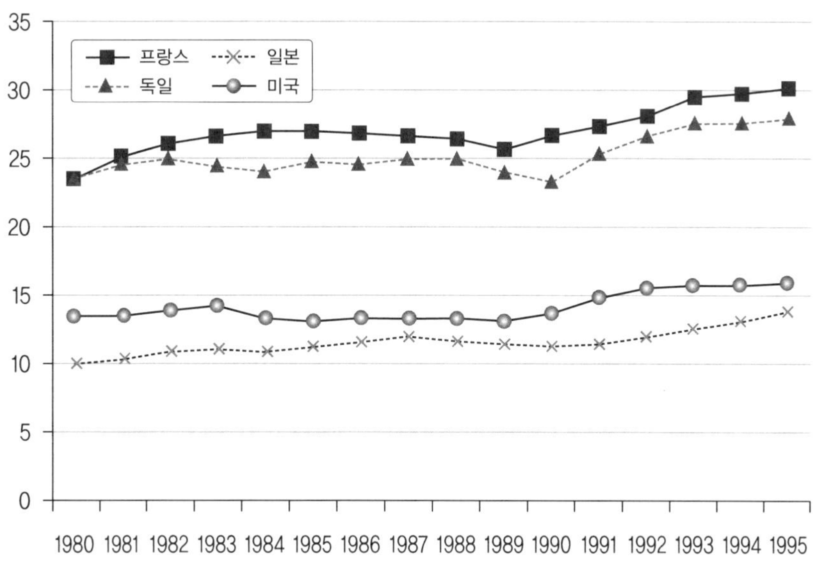

출처: INSEE 2005.

〈그림 2-3-6〉 공공 및 민간고용률 증감추세

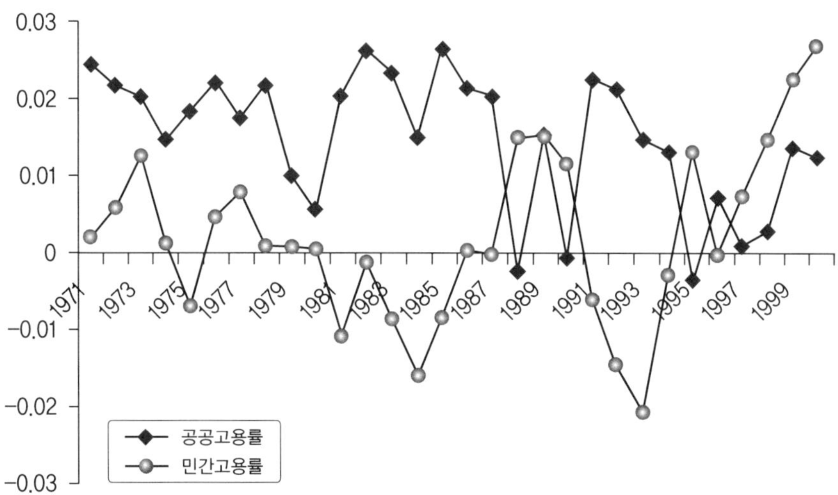

출처: INSEE 2005.

〈그림 2-3-7〉 실업률 · 공공소비율 증감추세(% GDP)

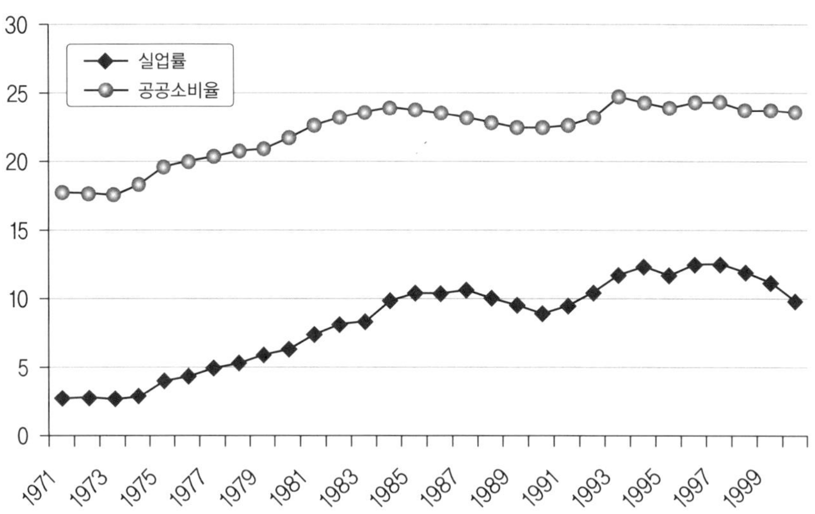

출처: INSEE 2005

림 2-3-5〉는 프랑스와 독일의 GDP 대비 공공지출 비율이 일본과 영국보다 높거니와, 독일보다 프랑스가 더 높음을 간명하게 보여준다.

외환시장과 통화시장에 개입하는 중앙은행의 개입 정도도 다른 나라보다 높아 예산을 통한 정책적 개입은 물론 단기적인 경기부양에도 국가의 개입 정도가 높은 편이라고 할 수 있다. 가격통제, 반독점 규제 등 경제와 사회 분야 규제 역시 영·미권 국가나 일본보다 높다는 것이 일반적인 관측이다. 공공부문 고용률과 민간부문 고용률의 변화추이를 나타내는 아래 〈그림 2-3-6〉은 민간부문 고용률이 정체하거나 떨어질 때 공공부문 고용률이 급상승하는 경향이 있음을 알게 해준다. 때문에 프랑스는 국가의 노동시장 개입 역시 상대적으로 강한 편이라고 할 수 있다. 〈그림 2-3-7〉은 경제위기가 도래할 때마다 국가가 공공소비를 확대함으로써 경기회복을 주도하기 위해 노력했음을 시사한다.

결과적으로 〈그림 2-3-6〉과 〈그림 2-3-7〉은 세수 확대 없이 공공지출을 늘림으로써 공공재정의 적자를 키우는 악순환을 반복했지만 경기가 침체되고 실업률이 높아질 때마다 공공지출을 늘려 경기회복을 진작하고 고용을 보장하고자 했던 프랑스의 개입주의적 정향을 웅변한다. 프랑스의 국가 개입주의적 정향은 왕정에서 공화정으로 이행하는 19세기 초 · 중반에 이념적 기반을 형성하지만 1929년 위기를 거치며 생성된 복지국가의 전통 위에서 더욱 강화되었다. 1930~1980년대에 이르는 긴 기간 동안 정치적 이념과 배경을 달리하는 좌 · 우파 정권은 이념적 배경과 무관하게 국민의 복리후생 증진을 위해 노력했으며, 경제위기 시에는 국유화를 통해 고용 안정과 국부 보존을 위해 노력했다. 1980~90년대 이후로는 세계화의 진전과 아시아 신흥경제부국의 대두라는 위기 상황 속에서 전통적인 복지국가 패러다임을 부분적으로 포기하며 자유주의적 유럽통합을 경제회복의 대안으로 제시한 것도 좌 · 우파 정권의 공통된 전략이었다(박재정 · 심창학, 2000).

3 관료적 엘리트주의

중앙집권적 국가의 효율적인 운영과 효과적인 정책집행 뒤에는 전문성을 인정받는 관료 엘리트들이 있다. 이미 19세기 중반부터 프랑스가 고등사범학교(ENS), 폴리테크닉(Ecole Polytechnique), 광산학교(Ecole des Mines), 토목학교(Ecole des Ponts et chausées) 등의 특수전문대학(Grandes Ecoles)을 통해 우수한 전문 분야 공무원들을 양성하기 시작했다면, 1945년 드 골 대통령의 집권과 함께 전문 일반행정 관료를 양성하기 위한 국립행정학교(ENA) 체제를 발족시키며, 엘리트 관료들을 '공화주의로 무장된 동질적인 집단'으로 재편하며 프랑스 행정의 근간을 형성하게 되었다(Thoenig, 1987).

이들은 다른 모든 공무원들과 마찬가지로 공무원 직종단(Corps)에 소속되게 되는데, 무엇보다도 3대 고위공무원단(국사원, 회계원, 회계감사원)과 이에 준하는 외교, 국방 등의 고위공무원단 그리고 광산, 토목, 삼림 등의 기술공무원단에 진출해 뛰어난 전문성을 바탕으로 국가가 담지하는 '일반이익의 수호자'로서 국정에 개입한다. 임도빈(2001: 252-253)은 프랑스 고위공무원들의 특징을 다음과 같은 세 가지로 요약, 정리하고 있다. 첫째, 고위공무원단은 특수한 신분집단을 형성하고, 그 구성원들 사이에 폐쇄적인 경력발전을 이루어간다. 이는 업무상 전문성을 발휘할 수 있도록 신분상의 안정을 보장해 준다. 둘째, 업무 성격을 보면 이들은 많은 경우 일반행정기관을 통제 · 조언 · 심판하는 일을 수행한다. 이들은 비교적 넓은 재량권을 가지고 기획 · 감독 · 집행 업무를 담당한다. 셋째, 공무원단 간 이동이 자유롭다. 소속 공무원단을 떠나 기관장이나 정무직으로 진출한 후 원 소속으로 비교적 자유롭게 복귀한다. 국가 인재가 고위공무원단에 집중되어 있는 프랑스식 개방형 임용제의 성격을 갖는다고 할 수 있다.

오늘날 과학과 프랑스 공무원들의 기술관료적 능력은 프랑스 여론뿐 아니라 국제적 관찰자들로부터도 인정을 받는다. 즉, 프랑스 현대화의 주역은 다름 아닌 우수한 공무원들이라는 것이다. 그런 만큼 프랑스의 엘리트 관료주의 모델은 공무원 충원과 훈련에 있어서 모범적인 모델로 제시되곤 한다(김정렬 · 이도형, 2005: 188). 그러나 바로 이같은 이유로 인해 국가의 거시적, 사회경제적 관리에 다른 사회적 파트너들이 개입할 수 있는 충분한 공간을 허용하지 않았다는 비판도 대두한다(Parsons, 2001: 121, 선학태, 2006: 310에서 재인용). 그리고 이는 프랑스에서 정책협의 시스템의 정상적 작동을 구조적으로 방해하는 요인이 되었던 것으로 보인다. 곧, 지나친 관료집단의 우월의식과 엘리트주의는 정책결정과정의 폐쇄성과 형식주의적 관리행태를 반복하며 다른 서유럽 국가들과 비교해 볼 때 상대적으로 더 많은 정치적 교환과 협약의 부재를 초래함으로써 다른 협상 파트너들을 무력화시켰던 것이다(김정렬 · 이도형, 2005: 183-184; 선학태, 2006: 306 참조).

Ⅲ. 정치과정

대통령과 수상을 정점으로 구성되는 강력한 중앙집권적 행정부가 정치체제의 중심을 이루지만, 프랑스 정치체제는 다양한 행위자 집단의 개입 곧, 상호작용을 통해 작동되는 다원주의적 자유 민주주의 체제이다. 때문에 다양한 이익과 가치를 대표하는 집단들이 협력과 경쟁을 반복하며 공적 의사결정과정에 참여하고 있다. 이 집단들은 공식적-제도적 집단과 비공식적-사회적 집단으로 분류될 수 있다. 전자의 경우로는 의회와 정당, 지방자치단체를 들 수 있다. 상 · 하원으로 구성되는 의회가 대의 민주주의 하에서 제도적으로 보장된 이익 대표 기구라면, 1982년에 도입된 지방분권화법에 의해 이전보다 훨씬 능동적인 기능과 역할을 수행하는 지방자치단체 역시 공식적-제도적 행위자로서 그 중요성이 더욱 커지고 있다. 후자의 경우로는 노동조합과 시민단체를 들 수 있다. 오랜 역사를 가지는 노동조합은 이제 국정운영의 공식적인 파트너로 선언되어 더 이상 비공식적 행위자로 보기 어렵지만 정부와 사회를 매개하는 중요한 역할을 수행하고 있으며, 시민단체 역시 자발적 결사를 바탕으로 소수의 이익을 대표하며 날로 그 중요성을 더해가고 있다. 이 밖에도 유럽통합과 함께 유럽연합이 초국가적 행위자로 등장하며 프랑스 정치과정의 중요한 변수로 작용하고 있다.

1 공식적-제도적 행위자

1) 의회와 정당

입법권을 향유하며 정부에 대해 감독권을 가지는 의회는 상원과 하원으로 구성된다. 상원의원은 331명으로, 6년 임기에 매 3년마다 1/3씩 간접선거로 선출된다. 하원의원은 577명으로 5년 임기에 직접보통선거로 선출되며, 상 · 하 양원의 의견이 일치하지 않을 경우 하원이 최종 결정권을 보유한다. 그러나 의회가 향유한 과도한 권력으로 인해 정정 불안을 겪었던 4공화국의 경험으로 인해, 현 5공화국은 입법부의 권한을 상대적으로 약화시키며 행정권의 범위를 확장시킨 특징이 있다. 의회입법사항을 최소화하고 명령(ordonnance), 규칙(réglement), 법률-명령(décret-loi)[3] 등 행정규범의 범위를 넓히는 한편, 대통령을 국민 직선에 의해 선출토록 함으로써 대통령의 정치적 위상을 증대시켰다. 그래서 의회의 반대가 예상되는 정책 결정의 경우엔, 법률-명령과 국민투표(référendum)를 통해 반대를 우회할 수 있다. 그러나 필요할 경우, 헌법위원회는 의회, 대통령, 정부가 그 직무와 관련하여 내리는 결정이 헌법에 합치되는지의 여부를 심판할 권리를 가짐으로써 헌정 유지의 견제자 역할을 수행하고 있다.

〈그림 2-3-8〉 의회 구성과 정부와의 권력관계

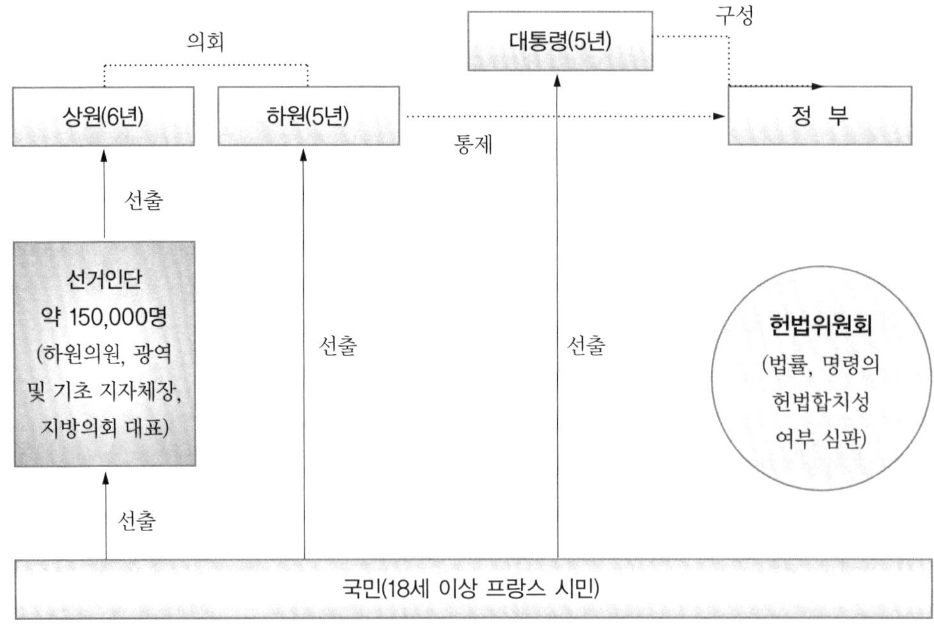

3) 특히 법률-명령(décret-loi)은 입법권에 대한 제약이 되었다. 1차 세계대전 중에 법원은 일반적인 법률 집행 임무를 대통령에게 위임하였다. 자동차 면허증 제도 등 명령제정권을 통하여 대통령이 입법부에 대하여 상대적으로 강화된 권한을 향유하였다면, 입법부는 2차 세계대전을 겪으며 대통령에게 법률-명령제정권을 줌으로써 의회를 경유하지 않고도 법률효과를 가지는 행정규제를 용인하는 결과를 낳았다.

의회는 정당에 기반하여 구성된다. 정당은 사회집단들의 요구와 이익을 대변하는 한편, 공론을 조직화하고 정권을 창출함으로써 특정한 방식으로 가치와 자원을 배분하는 데 참여한다. 현재 프랑스에는 오랜 전통을 가진 8개 정당이 중앙 정치무대에서 활동하고 있다. 이 밖에도 '사냥-낚시-자연 그리고 전통'(CPNT)이라는 정당이 1980년대 말에 창당되어 동남부 지역에서 두각을 나타내고 있다. 2002년도 대통령 선거에서는 CPNT당이 총 유효표의 4.3%를 획득하기도 했다.

〈표 2-3-2〉 주요 정당의 이념별 분류(8개)

극좌	• 노동자투쟁 – 혁명공산주의자 연합(LO-LCR)
	• 공산당(PCF)
좌	• 사회당(PS)
	• 녹색당(Les verts)
중도	• 민주연합(UDF)
우	• 인민운동연합(UMP)
극우	• 국민전선(FN)
	• 프랑스를 위한 운동(MPF)

8개 주요 정당을 이념적 스펙트럼에 따라 분류해 보면 다음 그림과 같다. 이 그림은 시장에 대한 신뢰를 바탕으로 국가 개입을 최소화할 것을 주장하는 자유주의와 그 대척점에 있는 국가 개입주의라는 이념적 지향을 분류의 한 축으로 하고, 유럽 통합과 관련하여 찬성과 반대, 곧 주권의 공유와 배타적 향유에 대한 입장을 다른 한 축으로 하고 있다. 이 기준에 따를 때, 전통적인 좌-우 스펙트럼 상에 놓인 이념적 분류가 유럽통합이라는 구체적인 정책 방안 앞에서 분열됨을 알 수 있다. 전통적으로 좌파의 영향력이 컸던 프랑스에서도 정당 간의 차이는 이제 이념보다는 실질 정책 면에서 차이를 보이게 되며(임도빈, 2002: 38), Kirchheimer(1966)가 지적했던 'catch-all party system'에 근접하고 있는 것으로 보인다.

〈그림 2-3-9〉 주요 정당의 정책대응별 분류

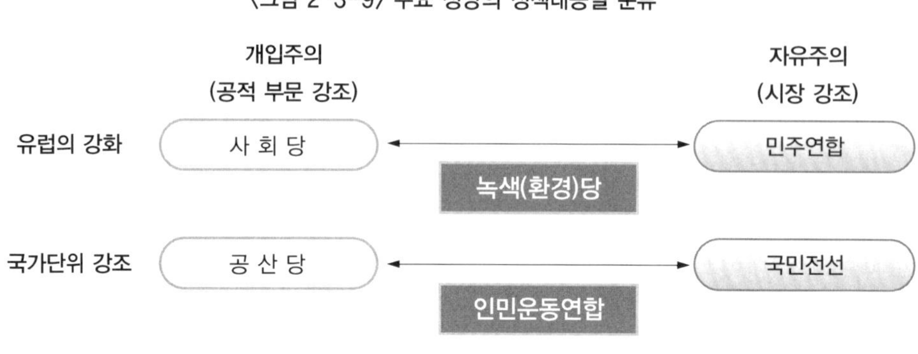

출처: 임도빈(2002: 48)의 수정.

2) 지방자치단체

프랑스 정치 · 행정 시스템의 공식적 행위자로서 지방자치단체의 역할과 기능은 날이 갈수록 증대되고 있다. 강한 국가의 전형으로서(Badie et Birbaum, 1982: 173), 강력한 관료제를 바탕으로 전국적인 단일 행정체제를 구축했던 프랑스의 국가체제는 1982년부터 시행된 지방분권화법과 함께 40여개의 후속 법률이 제정되며 36,915개의 새로운 행위자가 등장하게 된 셈이다.

지방분권화화법의 제정과 함께 강화된 지방자치단체의 권한과 기능을 요약하면 다음과 같다(임도빈, 2002: 292-295; 배준구, 2003: 276-279 참조).

첫째, 의회만 가질 뿐 사무를 담당할 독자적인 집행부가 없었던 지방자치단체에 집행부 선출을 허용하였다. 도 집행기구의 경우, 중앙에서 파견한 도지사가 관할하는 도청보다 규모나 업무 면에서 더 커지게 되어 명실상부한 지방정부로서의 기능을 담당하게 되었다.

둘째, 중앙정부와 지방정부간 권한배분 체계를 변경하며, 대폭적인 권한이양을 통해 지방재정을 확충하고 재정독립성을 강화하는 한편, 지역회계원(chambre réginal des comptes) 제도를 창설하고 회계감사 제도를 개편하는 등, 지방정부의 재정독립성을 획기적으로 높였다.

셋째, 중앙정부가 파견한 임명 도지사(préfet)와 지역청장(préfet de région)의 지방사무 관장 기능을 폐지함으로써 중앙정부의 지방정부에 대한 행정 및 재정 통

〈표 2-3-3〉 지방분권화 개혁 관련 주요 법률과 내용

연 도	법 률	내 용
1982. 3. 2	-꼬뮌(commune), 데파르트망(departement) 및 레지옹(region)의 권리와 자유에 관한 법	-국가의 자치단체 사전통제 폐지 -레지옹을 지방자치단체로 승격 -임명 지사(prefet)제도 개혁
1982. 7.10	-지역회계원(chambre regionale des comptes)에 관한 법	-지역회계원의 창설과 기능
1982. 7.29	-계획의 개혁에 관한 법	-국가, 지역 및 지방계획 체계의 정비와 계획계약제 도입
1982.12.31	-파리, 마르세유, 리용의 행정조직 및 선거에 관한 법	-3대 대도시의 특수 지위 부여와 구(區)의회 및 구청장 선거
1983. 1. 7 1983. 7.22 1983.12.29	-꼬뮌, 데파르트망, 레지옹, 국가간 권한배분에 관한 법(1.7)과 개정법(7.22) -권한배분과 재정관계에 관한법(12.29)	-권한배분 체계의 변경과 권한배분의 명확화 -권한이양과 재원이전 방법
1984. 1.26 1984. 7.23 1987. 7.13	-지방공무원의 지위에 관한 법 -지방공무원의 교육훈련에 관한 법 -지방공무원에 관한 규정의 개정법	-중앙과 지방공무원의 권리 및 의무동등 보장, -지방공무원 교육훈련의 개선
1988. 1. 5	-지방분권화의 개선에 관한 법	-재정통제, 교부금제의 일부수정 -꼬뮌간 협력 방식의 보완
1992. 2. 3	-지방의원 직무수행 조건에 관한 법	-지방의원의 직무수행 수당, 연수, 퇴직연금 규정
1992. 2. 6	-지방행정에 관한 기본법	-지방행정민주화(정보공개, 주민참여) -지자체간 협력 개선
1999.6.25	-꼬뮌의 예산절차 및 회계에 관한 법	-예산 및 회계 방식으로 〈M14〉지침 도입
1995. 2. 4	-국토계획 및 개발기본법	-국토계획 및 개발의 기본 방향 정립, 지방재정 균형 조정
1994. 6.22	-지속 가능한 국토계획 및 개발기본법	-사회발전, 경제적 능률성 및 환경보호를 결합한 국토의 균형개발
1999. 7.12	-꼬뮌간 협력의 간소화 및 강화에 관한 법	-기초자치단체간 협력방식 단순화, 절차 간소화, 재정협력 강화

출처: 유럽지역연구회, 2003: 277.

제를 폐지하고, 지방자치단체 사무의 통제방식을 사전통제에서 사후통제로 전환하여 자치권을 증대하였다.

현재 본토와 해외영토를 포함하여 프랑스에는 36,783개의 꼬뮌과 100개의 도, 26개의 광역도, 해외영토 2개와 특별지위 자치단체 4개가 있다. 이들은 중앙 정치무대의 크고 작은 사안에 대해서도 지역주민의 이름으로 독자적인 목소리를 내며, 종래에 보기 힘들었던 다원화된 모습을 보여주고 있다.

〈표 2-3-4〉 프랑스 지방자치단체 현황

	1999	2008
꼬뮌(Communes)	**36,779**	**36,783**
본토 소재	36,565	36,569
해외도(DOM) 소재	114	114
기타	100	100
도(Départements)	**100**	**100**
본토소재	96	96
해외도(DOM) 소재	4	4
광역도(Régions)	**26**	**26**
본토소재	21	21
코르시카자치도	1	1
해외도(DOM) 소재	4	4
해외영토 (Wallis-et-Futuna, Terres australes et antarctiques françaises)	2	2
특별지위 자치단체 (Polynésie française, Nouvelle-Calédonie, Mayotte, Saint-Pierre-et-Miquelon)	4	4

출처: Ministère de l'intérieur, de l'outre-mer et des collectivités territoriales/DGCL.

2 비공식적-사회적 행위자

1) 시민단체

강력한 관료제를 바탕으로 시민사회를 지배하며 조직화했던 프랑스도 시민사회의 성숙과 함께 시민단체가 등장하면서 국가가 더 이상 일반이익의 대표자로서 배타적 지위를 향유할 수 없게 되었다. 시민단체들이 그동안 공공서비스의 생산과 제공을 독점했던 정부에게 공공서비스 생산과 전달의 정당한 파트너가 될 수 있는 전문성이 있음을 주장하며 다양한 권리를 요구하기 시작한 것이다. 프랑스 국립통

〈표 2-3-5〉 이익단체 유형별 가입률

유형	가입률	남자	여자
스포츠	14	17	10
문화 · 예술	9	8	9
부동산조합(임대인, 임차인)	5	4	5
인도주의 운동	3	3	4
종교단체	3	2	4
동창회	2	3	2
재향군인회	2	5	1
환경보호	2	3	1
지역주민회	3	3	2
제3세대*	19	16	20
노동조합 또는 직능단체*	8	11	6
학부모회*	7	5	10
기업 은퇴자 모임*	6	8	4
기타	8	10	6
총계	45	49	40

출처: 국립통계청 2002년 10월 자료(Enquête Vie associative).

* 15세 이상(학부모회, 기업 은퇴자, 노동조합, 직능단체 제3세대 모임 회원 제외)

** 동일인이 2개 이상의 단체에 가입할 수 있으므로 전체 인구 대비 가입률이 각 유형별 가입률의 총합과 일치하지 않음

계청(INSEE)은 2002년 현재, 15세 이상의 프랑스 인들은 최소 1개 이상의 스포츠 클럽에 가입했으며, 60세 이상은 최소 1개 이상의 제3세대 클럽에 가입하여 두 명 가운데 한 명 꼴로 시민단체(associations)[4]에 가입한 것으로 집계하고 있다. 시민단체의 상근 직원 수도 2005년 현재, 공식적인 통계로 150만 명을 상회하고 있다. 이는 곧 결사의 자유에 바탕을 두고 1901년부터 국가가 보호하고 장려했던 시민단체들이 날이 갈수록 전문화되고 직업화되고 있음을 의미 한다(Hély, 2006: 12).

이들은 특히 국가의 이념적 정당성을 기초하는 일반이익 개념에 맞서, 사회적 유용성 개념을 제시하며 그동안 국가가 독점해왔던 공익의 수호자라는 배타적 지위를 위협하고 있다. 사회적 유용성 개념은 1960년대 초에 종교인들을 대상으로 병원을 운영하는 한 시민단체가 그 행위의 공익적 성격을 강조하며 국세청에 조세감면을 요청할 때 처음 등장한 것으로 기록된다. 이 요청 이후에 제정된 조세법의 한 조항이 '사회적 유용성이 있다고 주장하는 단체들의 활동 영역은(...) 적정한 지표에 따라 평가되어야 한다'고 규정함으로써 공식적으로 법체계 내에 편입되었다. 1995년 7월 15일자에 공시된 전국시민단체위원회(Conseil National de la Vie Associative)는[5] 시민단체의 조직과 활동에 몇 가지 기준을 제시함으로써 사회적 유용성 개념을 보다 더 명확히 규정하고자 했다. 곧, 활동과 목적의 적법성, 민주적 운영, 경제적 기여뿐 아니라 사회적 가치에 대한 기여를 포함하는 공동체에 대한 기여, 이윤추구의 포기, 재정 운영의 투명성과 경영의 합리성 기준 충족, 자원봉사와 기부를 통한 공익 추구, 개방성, 사적 서비스와 공공서비스의 사각지대

4) 프랑스의 시민단체는 1901년 법에 의해 법적 지위가 보장된다. 1901년 법은 법인과 자연인을 가리지 않고 2인 이상이 참여하되, 이윤 창출을 목적으로 하지 않는 결사체를 시민단체로 인정하고 있다. 시민단체는 사법(私法)상 계약에 의해 구성되지만, 정부로부터 보조금 지원을 받을 수 있다. 시민단체의 유형은 다양하며, 유형별로 법적 구성요건이 다르다. 예를 들어 일반이익단체(associations d'intérêt général)는 민주적 구성과 운영절차를 보장해야 하고, 이윤 추구를 포기해야 하는 등의 자격요건을 준수해야 한다. 사회적 유용성 공인단체(associations reconnues d'utilité publique)는 국사원의 의견에 따라 정부가 법인에게 부여하는 지위이다. 현재 전국적으로 2,000여개가 존재하며 이와 별도로 550개의 재단이 사회적 유용성 공인단체로 지정되어 있다. 이 밖에도 스포츠 단체, 환경보호단체, 소비자 단체 등 일반적인 시민단체들도 1901년 법의 적용을 받고 있다.

5) 전국시민단체위원회는 1983년에 수상 직할에 창설된 자문기구로서, 3년 임기 70명의 자문위원으로 구성된다. 위원회는 시민단체 활동과 관련하여 의견을 제시하고, 정부 규제안과 법안을 검토하며, 매 3년마다 보고서를 제출한다.

에 개입, 공공기관의 허가 또는 인증 등의 기준을 제시했다. 이들 기준은 사회적 유용성 개념을 포괄할 수 있는 완벽한 기준이 아니라 대강의 기준에 불과하지만, 이를 통하여 사회적 유용성 개념의 얼개를 제시했다는 데 의의가 있는 것으로 보인다.

이 기준에 따를 때 사회적 유용성이란 '모호해진 공 · 사(公 · 私)의 경계에 위치하며 사적 이익을 집적하고 매개하는 한편, 사적 이익간의 충돌을 조정하고 중재하는 기능을 수행하며 공익을 창출하고 증진하는 데 기여하는 것'이라고 정의할 수 있을 것이다. 더 나아가 이들은 종종 사적 이익과 일반이익의 모호한 경계지점에 버려져 시장도, 국가도 충족시키지 못하는 개인(사적 이익)의 요구와 필요를 충족시킨다는 점에서 사회통합의 기능을 수행하고 있음에 주목해야 한다. 여기에서 일반이익은 더 이상 사적 이익에 배치되는 개념이 아니며, 국가는 더 이상 일반이익의 유일한 구현자가 아님이 자명해진다. 점차 다원화되어 가는 프랑스 사회의 분화를 고려한다면 갈수록 모호해지는 공과 사의 경계에서, 그리고 국가와 시장 사이에서 시민단체는 가까운 미래에 또 한 차례 프랑스의 국가주도형 정치 · 행정 시스템을 변화시키는 기제가 될 것으로 보인다.

2) 노동조합

유럽에서 노동조합이 탄생한 시기는 1880년대이다. 프랑스에서는 1884년에 노조 설립이 허가되었고, 그 이후 노조가 국정운영의 주요한 파트너로 성장해 왔다. 예를 들어 1981년에 출범한 사회당 정권은 노조를 기업경영에 있어 공동경영(cogestion)의 동반자로 여길 뿐 아니라, 국가운영에 있어서도 직접 정책결정과정에 참여하는 사회적 동반자(partenaires sociaux)로 인식했다. 현재 프랑스 노동조합은 분화에 분화를 거듭해, 2008년 8월 20일 법에 의해 대표성을 인정받은 노동조합연맹만 CGT, CFDT, FO, CFTC, CFE-CGC 5개에 이른다. 이 밖에도 UNSA, FSU, SUD 3개 노동조합연맹이 활동하며 노동계의 의견을 다양하게 반영하고 있다. 이 가운데 가장 영향력 있는 3대 단체를 꼽으라면 CGT, CFDT, FO를 들 수 있다.

〈그림 2-3-10〉 노사분쟁조정위원회(Prud'homme) 노동조합별 득표율

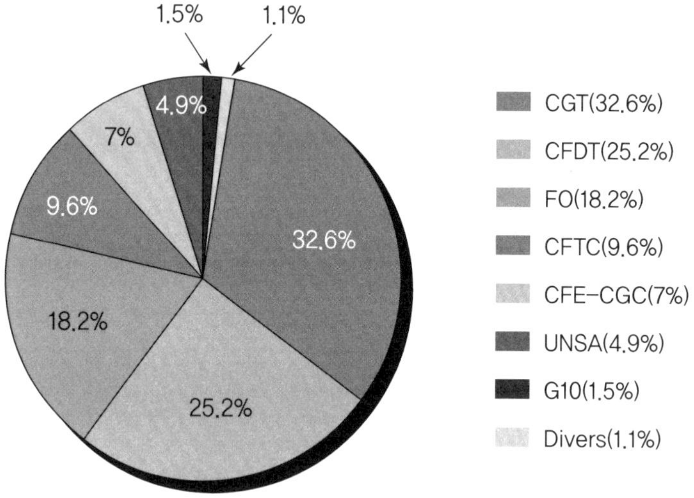
1.5%
1.1%
4.9%
7%
9.6%
32.6%
18.2%
25.2%
CGT(32.6%)
CFDT(25.2%)
FO(18.2%)
CFTC(9.6%)
CFE-CGC(7%)
UNSA(4.9%)
G10(1.5%)
Divers(1.1%)

출처: CGT, 2002.

그러나 2차 세계대전 이후에 노조 가입률이 지속적으로 하락하여, 1945년에 30%에 육박했던 노조 가입률이 50-60년대에는 16-17%까지 떨어졌고, 80년대에는 10% 미만으로 하락했다가, 2000년을 전후해서는 8%대를 유지하는 것으로 보인다. 이는 공공부문과 민간부문 노조 가입률을 모두 합했을 경우이고, 민간부문 노조 가입률만 따지면 불과 5%를 상회하고 있다. 이는 1980년대에 비해 절반 수준이며, 1950년대에 비하면 1/3 수준에 불과하고, OECD 국가군 가운데 가장 저조한 가입률이다. 30-50%에 이르는 다른 유럽 국가들의 민간부문 노조 가입률과 비교해봐도 아주 저조한 수치라고 할 것이다. 현 시기 독일의 노조 가입률이 전후에 비해 1/2로 줄었다면, 프랑스의 경우에는 1/4로 감소하여 큰 변동폭을 보인다. 다만, 프랑스 노동운동은 민간부문보다 공공부문에서 더욱 활성화되었다는 특징이 있다. 공공부문 종사자들의 약 15%가 노조에 가입되어 있다. 정부 통계국은 2003년 현재 봉급생활자 약 1,845,000명이 노조에 가입되어 있는데 그 가운데 공공부문 종사자가 1,050,000명에 이름을 밝힌 바 있다(DARES, 2004).

3 초국가적 행위자: 유럽연합

유럽연합은 국제기구도 연방국가도 아닌 독특한 정치 · 행정 공간이다. 다자간 협의를 통한 의사결정과정을 거치되 한 번 내려진 결정은 법적 구속력을 가진다는 점에서 여타 국제기구와 차별되며, 강제력을 배타적으로 향유하는 공권력(중앙정부)이 존재하지 않는다는 점에서 연방국가와도 차별된다.

그러나 유럽연합은 회원국의 위임에 따라 회원국의 주권을 상당부분 제한하는

〈표 2-3-6〉 유럽연합의 조직과 기능

기구	기능
입법부 • 유럽의회 • 유럽이사회 –Strasbourg 소재	• 유럽의회: 각 국 주민의 보통직접선거에 의해 의원 선출. 유럽 집행이사회가 제안하는 규정(directives)과 규제(réglements)를 수용, 거부 또는 수정할 권한을 향유 • 유럽이사회: 회원국 정부를 대표하는 정부수반들의 협의체로서 유럽연합의 최종 의사결정기구. 각료이사회의 협의를 거쳐 집행위원회가 제안하는 유럽연합의 '법률'(규정 directives, 결정 décisions, 규제 réglements)을 채택하며, 각료이사회가 해결할 수 없는 회원국간 교착상태가 발생할 때 그것을 해결하는 최종 기구
행정부 • 집행위원회 • 각료이사회 –Bruxelles, Luxembourg 소재	• 집행위원회: 유럽연합의 중심적 집행기구로서 유럽연합의 '법률'을 제안하고, 채택될 경우 그 집행을 감독. 각 회원국 정부들이 유럽연합의 공동법을 준수하고 있는지를 감독하고 위반 여부에 대해 유럽재판소에 세소. 각 회원국이 1인의 위원을 추천, 25명의 위원으로 구성 • 각료이사회: 회원국 장관들로 구성되며 정책결정기구로 기능. 입법안의 기초와 제출권은 없으나 집행위원회의 업무를 감독하며 회원국간 상호조정을 담당.
사법부 • 유럽재판소 • 회계감사원 –Luxembourg 소재	• 유럽재판소: 유럽연합 법률의 해석권을 향유하며 각 회원국에서의 적용실태를 감독하는 최고재판소로서 그 판결은 회원국 법률보다 우선. • 회계감사원: 유럽연합의 재정 감독을 수행

권한을 가지거니와 농업, 통상, 교통, 그리고 경제 및 화폐 분야에서는 공동정책(politique commune)을 수행하며 회원국 전체의 정책조정 권한을 가지고 있다. 따라서 회원국 정부는 유럽연합의 입법, 사법, 행정 각 부의 동향에 민감하게 반응하며 자국에 주어진 권한을 이용하여 최대한 자국의 이익을 대표하기 위해 노력하거니와, 프랑스 역시 이 점에서 예외가 아니다. 프랑스 정부 역시 유럽연합 담당 장관을 두어, 유럽연합과 프랑스의 공식적인 커뮤니케이션 채널을 구축하고 있다.

그뿐만 아니라, 유럽연합이 유럽 지역발전 파트너로 중앙정부가 아닌 광역자치단체를 선정한 이래 프랑스의 경우에는 광역도(Région) 정부가 직접 유럽연합과 정책조율에 나서기도 한다. 각 광역도 정부는 브뤼셀에 사무실을 개소하고 중앙정부를 우회해 직접 지역의 이해를 대표하고 대변하며, 먼저 유럽연합 정책에 영향력을 행사함으로써 중앙정부의 정책방향을 수정하려 시도하기도 한다. 이런 맥락에서 볼 때, 앞서 살펴본 공식적-제도적 행위자와 비공식적-사회적 행위자에 덧붙여 유럽연합이라는 초국가적 행위자의 부상으로 인해 프랑스에서 국가는 더 이상 단일한 실체(bloc monolithique)가 아니라 이질적인 요소로 구성된 집합체(bloc formé d'éléments hétérogènes)로 변화되고 있으며, 종래의 일원적 구조가 다원적 구조로 전환되고 있다고 보는 것이 타당할 것이다.

Ⅳ. 다층 거버넌스 구조

지금까지 우리는 프랑스 정치 · 행정시스템의 구조와 그 구조 내에서 활동하는 주요 행위자들을 살펴보았다. 이 같은 관찰이 시사하는 바, 공권력의 독점을 바탕으로 계서화된 소수 엘리트의 의사결정에 입각한 전통적인 행정양태가 더 이상 유효한 국정운영 방식으로 기능하지 못함을 의미한다. 프랑스 역시 시장과 시민사회, 그리고 유럽연합이라는 초국가적 행위자 등, 다양한 주체들 간의 네트워크를 활용하는 파트너십 형성이 지역발전과 국가발전에 불가피한 시점에 와있다는 것이다. 이 글은 이 같은 경향을 사회적 거버넌스, 지역 거버넌스, 국제 거버넌스의 3차원으로 나누어 살펴보고자 한다.

1 사회적 거버넌스

1) 시민사회와의 관계

프랑스에서 국가는 1789년 혁명 이후 일반이익의 담지자로서 배타적인 권력과 책임을 향유했다. 그러나 앞서 살펴본 바와 같이 일반이익의 개념을 점차 확장하여 사회적 유용성 개념을 포섭하며(Schnapper, 2002), '복지국가의 위기'(Rosanvallon, 1981)를 치유할 수 있는 대안으로 시민단체의 존재를 공식적으로 인정하기에 이르렀다. 1975년 1월 27일 훈령이 정부 문건 가운데 최초로 국정운영의 파트너로 시민단체의 정당성을 인정하였다면, 그 이후 문화행사, 지역개발, 실업자 교육, 사회복지 등의 많은 분야에서 민 · 관협력의 새로운 관리방안을 창출하고 수용하며, 전통적인 개입주의 국가의 정책방향을 수정했다. 나아가, 행정행위의 정당성뿐 아니라 효율성을 확보하는 방안으로 시민단체의 참여를 인정하고 수용하며 민간위탁과 공동 관리의 여러 가지 기법을 발전시켰다(Hély, 2006).

2) 기업과의 관계

기업과의 관계에 있어서도 프랑스는 일찍이 협력적인 역할분담을 통해 공공서비스를 생산하고 전달했다. 1980년대에 공공부문의 효율성을 제고하기 시작했던 영 · 미식 신공공관리론과 무관하게 이미 20세기 초에 민간부문과의 상호교류를 통하여 국가의 기능과 역할을 확장시켜 나갔다. 여기에는 물론 전쟁이라는 특수한 상황이 있었다. 1914년에서 1918년 사이에 제1차 세계대전이 발발하며, 모든 분야로 국가의 개입이 확장되었다. 국가 개입의 확장은 먼저 국가 조직을 변화시켰다.

공공서비스를 생산하고 제공해야 하는 정부 조직이 확장되고 분화되었으며, 공무원들의 수가 비약적으로 증가했다. 이와 함께 활동 방법에도 변화가 일어났다. 주로 위탁경영(concession) 방식으로 국가가 제공해야 할 공공서비스의 일부를 민간부문에 위탁하여 생산하고 제공하는 것이다[6]. 위탁경영은 공공서비스를 다양한 영역으로 확장시키며, 통상적으로 민간부문이 수행할 수 있는 일반적인 상 · 공업 서비스 분야에까지 진출하는 결과를 낳았다.

2 지방 거버넌스

프랑스 지방행정의 특징은 영 · 미식 거버넌스 논의가 대두하기 이전에 이미 지방자치단체 간 협력을 촉진하는 노력을 다각적으로 기울여 왔다는 것이다. 1789년 처음으로 기초자치단체인 꼬뮌이 설치된 이래 꼬뮌 자치를 기반으로 그 운영수단의 공유 등, 꼬뮌간 협력체제를 구축했다. 행정상 정식 계약이라고 볼 수 있는 협약(conevntion)에 의한 방법과 꼬뮌 간 협의체 구성, 꼬뮌 조합위원회, 공동체 구성 등 그 형태가 무척 다양하다(김정렬 · 이도형, 2005: 189-191). 자치권을 향유하는 꼬뮌들은 주민 수나 재정에 있어 현격한 차이를 갖기 때문에 일찍이 제도적 통합의 어려움을 겪었고, 이 같은 어려움이 오히려 기능적 통합을 발전시키는 계기가 되었던 것으로 보인다. 곧, 여러 형태의 꼬뮌을 있는 그대로 인정하면서 법적인

---

6) 국가가 민간인들에게 서비스의 공급과 서비스 시설운영 등의 계약을 근거로 양도절차를 밟아서 공공서비스의 경영을 위임했을 때 이를 '양도허가에 의한 위탁경영'(concession)이라고 한다. 위탁경영자는 스스로 사업의 위험을 감수하고 경영자로서 계약의무이행서에 정해진 조건대로 일정 기간 동안 공공서비스 이용료를 징수하여 보수를 대신하는 경영 방법이다(Bezancon et al., 1995: 139-140, Guglielmi, 1994: 119-125). 오늘날의 양도허가 방식은 공공서비스의 공급을 위한 인프라 분야(예: 대중교통, 상수도, 주차시설, 고속도로, 공항, 단체 구내식당 등)에서 많이 찾아볼 수 있다. 국가는 이러한 경영방법을 선택함으로써 몇 가지 이점을 갖게 된다.

1) 국가 스스로가 공공서비스의 내용을 정하게 된다.

2) 국가 스스로는 공공서비스의 공급과 확보를 직접 시행하지 않고 감독권 행사를 통하여 서비스의 품질과 가격을 통제한다.

3) 양도경영자가 공공서비스에 필요한 대부분의 재정을 부담하고 있기 때문에, 국가는 공공서비스의 공급활동에 필요한 투자를 직접적으로 하지 않을 수 있다(Bezancon et al., 1995: 140-142).

체계 속에서 통일성을 주기 위해 협력체를 구성하고, 이를 통하여 꼬뮌(자치단체)간 조정 · 협력체계를 발전시켰던 것이다. 그 결과, 중앙과의 수직적 조정 · 협력 체계는 물론 꼬뮌과 꼬뮌, 꼬뮌과 국가의 보통지방행정기관 및 특별지방행정기관, 그리고 상공회의소 등 각 분야의 직능대표기관과 경제 · 사회 · 문화 · 보건 등 각 분야의 이익을 대표하는 압력집단과도 원만하고 상시적인 조정 · 협력체계를 구축할 수 있었던 것으로 보인다.

그러나 궁극적으로 이처럼 다양한 협력 체계가 파편화되지 않고 조화를 이루는 광역 행정체제를 구축하는 데 성공했다는 점에서 프랑스 행정의 거버넌스적 특성이 엿보인다. 곧, 다양한 협력체의 구성을 위해 필요한 유효다수결의 원칙을 제도적 규정으로 확립하고 자발성의 원칙과 응집성의 원칙을 지방 행정의 원칙으로 천명하는 한편, 국가에 의한 협력기구의 창설, 지방자치단체에 적용되는 규정을 특수법인들에도 적용할 수 있도록 한 조치 등 제도적 기반을 충실히 했던 것이 광역행정체제 구축의 선행조건이었던 셈이다.

3 국제 거버넌스

유럽연합은 가장 대표적인 거버넌스의 공간이다. 거버넌스를 Roseneau(1992)의 견해에 따라 '행위자간 관계만큼이나 명시적인 법과 제재에 기초하는 규칙의 총체'라고 정의한다면 유럽연합은 로마협약에서 파생되는 일련의, 명시적인 법과 규칙을 가지며, 유럽연합 공무원들과 유럽의회 의원들, 그리고 브뤼셀에 상주하는 이익집단들과 회원국 정부 행위자들이 상호작용한다는 점에서 Roseneau의 정의에 부합하는 명실상부한 거버넌스 체제라고 할 수 있다. 실제로 유럽의회의 의사결정과정을 연구한 다수의 논문은 다양한 복수의 행위자들이 공식적 절차에 의존하여 비공식적 협상을 통해 주어진 특정 문제에 대한 의사를 집약하고 있음을 증언한다.

첫째, 유럽연합은 이질적인 행위자들이 다양하게 참여하는 공식적 절차와 비공

〈그림 2-3-11〉 행정분권과 자치분권의 조정 · 협력체계

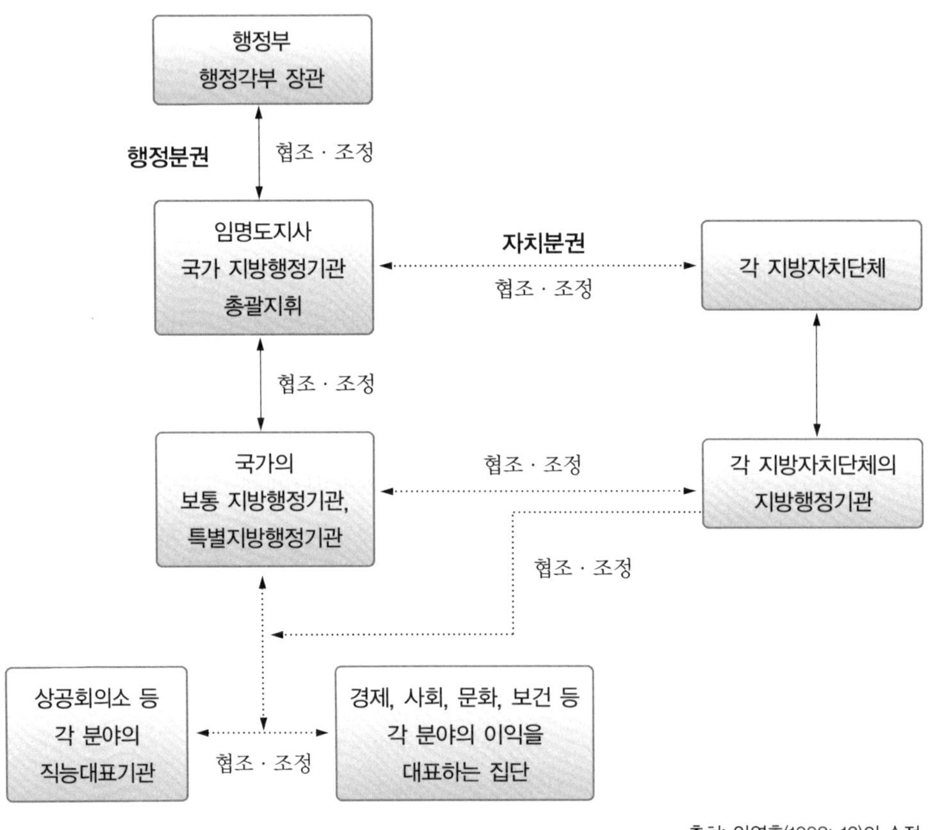

출처: 안영훈(1998: 12)의 수정.

식적 행위체계로 구성된다. 위 그림이 공식적인 행위자와 공식적인 의사결정 과정을 보여주는 그림이라면, 이 외에도 다양한 비공식적 행위자 집단이 비공식적 경로를 통하여 의사결정과정에 참여하고 있다. 이미 1960년대부터 대기업과 직능단체를 중심으로 하는 이익집단들이 브뤼셀에 사무실을 두고 로비에 임하고 있으며, 노조와 시민단체, 그리고 지방자치단체들까지 유럽연합의 공식적 의사결정과정에 영향을 미치기 위해 다각적으로 활동하고 있다. 유럽연합의 의사결정과정에 이들이 개입한다 함은 그만큼 유럽연합의 의사결정과정이 개방되어 있음을 의미한다. 유럽연합 역시 외부 전문가 집단의 자문을 필요로 하며, 이들과의 파트너십

〈그림 2-3-12〉 유럽연합의 기구와 기구들 간의 관계 및 회원국 기구들과의 관계

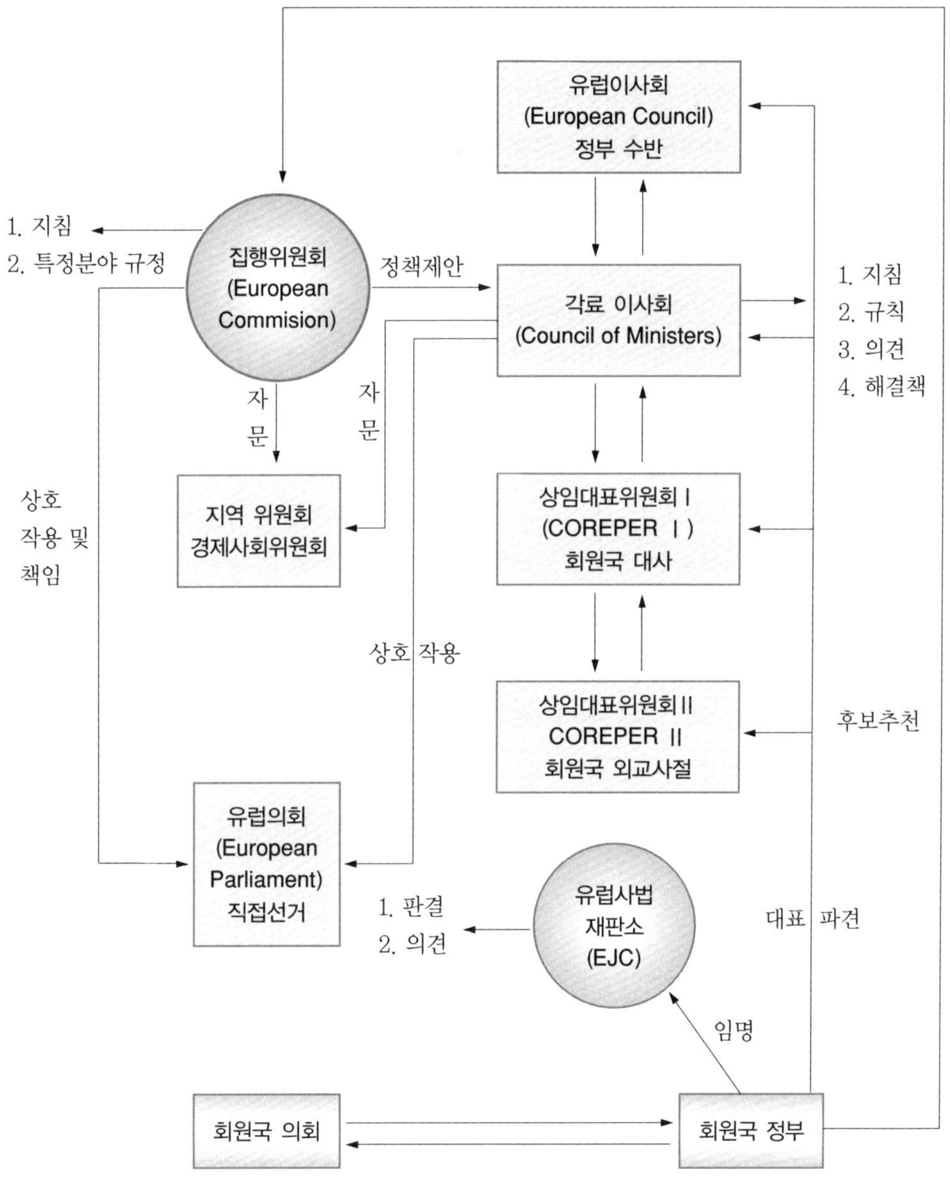

출처: 이안 버지 외, 2006: 75.

형성을 통한 협력적 관계를 모색하는 데 주저하지 않는다. 예를 들어 유럽연합이 결정한 지침(directive) 가운데 하나인 REACH(Registration, Evaluation and Authorization of Chemicals)는 인체에 해로운 화학물질 사용을 규제하는 유럽 차원의 '법'이다. 이 법을 제정하는 데 있어 유럽연합 집행부는 회원국 정부의 의사를 수렴했지만, 이 외에도 유수의 석유화학 기업들과 환경단체, 소비자 단체 등으로부터 의견을 청취했다. 현재 REACH는 25개국 모두에 적용되고 있다.

둘째, 유럽연합의 의사결정은 다차원적이다. 대부분의 중요한 결정이 브뤼셀에서 이루어지는 것이 사실이지만, 상당수의 유럽연합 프로젝트가 광역도와 지방 차원에서 수행되는 것 역시 현실이다. 사회통합정책과 지역개발정책이야말로 다차원적 의사결정과정을 보여주는 가장 대표적인 예라고 할 것이다. 유럽연합 집행부는 낙후된 지역의 경제 · 사회적 개발을 위해 중앙 정부를 경유하지 않고 지방 정부와 직접 의견을 조율하고 있다. FEDER, FSE, FEOGA 등의 기금을 활용하여 진행하는 개발 프로젝트들은 중앙정부보다 광역 자치단체를 통해 지방과 지방을 이어주고 있다. 때문에 유럽연합 집행부가 소재하는 브뤼셀에 광역자치단체들이 자치단체위원회를 구성하여 상주하고 있다. 다른 예로는 2000년의 리스본 회의에서 비롯한 '공개조정방식'의 도입이다. 이후로 지방자치단체 공무원들은 직접 EU에 출석하여 현재 진행중인 사업과 개발 프로젝트를 설명하고 EU의 직접 참여를 유인할 수 있는 제도적 정당성을 확보함으로써, 향후 EU 집행부와 자치단체의 협력관계는 지금보다 더욱 강화될 전망이다(Montagner, 2008).

V. 결 론

우리는 지금까지 대략적으로나마 프랑스 정치 · 행정 시스템에서 거버넌스적 요소가 어디에 위치하고 있으며, 어떻게 형성되었는지를 긴 역사적 관점에서 살펴보고자 했다. 그리고 이를 통하여 전통적인 엘리트 관료 중심의 단일하고 수직적인 의사결정 체계와 상호작용 체계가 조금씩 분권화되고 수평적인 조정 체계로 변화하고 있음을 살펴보았다. 국가의 일체성과 불가분성에 입각한 중앙정부 중심의 자코뱅주의(Jacobinisme)가 지방과 시민사회, 기업의 고유한 영역을 인정할 뿐 아니라 유럽연합의 출범과 함께 주권을 제약할 수 있는 초국가적 행위자를 국정운영의 정당한 파트너로 인정하며, 이들과 더불어 수평적인 의사결정체계를 구축하고 있다는 것이다.

그리고 서로 다른 층위에서 이들과 맺고 있는 각각의 관계가 전체로서 통일되어 프랑스라는 일국의 정치 · 행정시스템을 구성하고 있음도 살펴보았다. 다음 그림은 다층 거버넌스의 관점에서 이 같은 프랑스 정치 · 행정시스템을 중앙정부로부터 도(Département)의 수준까지 시각화한 것이다. 이 그림이 시사하는 바, 현대 프랑스의 국가 시스템은 기존의 관료제 국가 모형과 다르게 각각의 수준에서 자율적인 행위체계가 구축되어 있으며, 각각의 행위체계는 그 상위 또는 하위체계와 상호작용하되, 각각의 수준에서 민(시민, 이익, 직능단체)과 관(행정기구)이 일정한 제도적 배경을 바탕으로 수평적인, 혹은 보다 완화된 형태의 수직적인 의사결정체계가 구축되어 있다고 하겠다.

그러나 프랑스는 영 · 미 국가군과는 다른 의미의 거버넌스를 추구했다는 점에서 영미권의 거버넌스 개념과 프랑스의 거버넌스 개념은 일정한 편차를 드러내고 있음에 주의해야 할 것이다. 프랑스에서 거버넌스란 어떤 경우에도 국가의 중심적 역할을 포기하거나 위임하는 최소국가화(Etat minimal) 또는 국가 공동화(hollow State)를 의미하지 않으며, 기존의 적극적인 개입국가를 '중개자 국가'(Etat animateur ou Etat médiateur)로 재정립함을 의미할 뿐이기 때문이다. 곧, 프랑스는 오랜 중앙집권의 전통과 엘리트주의로 인해 거버넌스 모형에 있어서도 대표적인 국가주의적 거버넌스 형태를 유지하고 있다.

현대에 들어 상당한 변화를 겪고 있기는 하지만 프랑스 국가론의 근간을 이루는 '일반이익'(공공이익)의 개념은 아직도 도처에서 건재하며, 국가가 거버넌스의 실패

〈그림 2-3-13〉 프랑스 정치 · 행정 시스템의 다층 거버넌스 구조

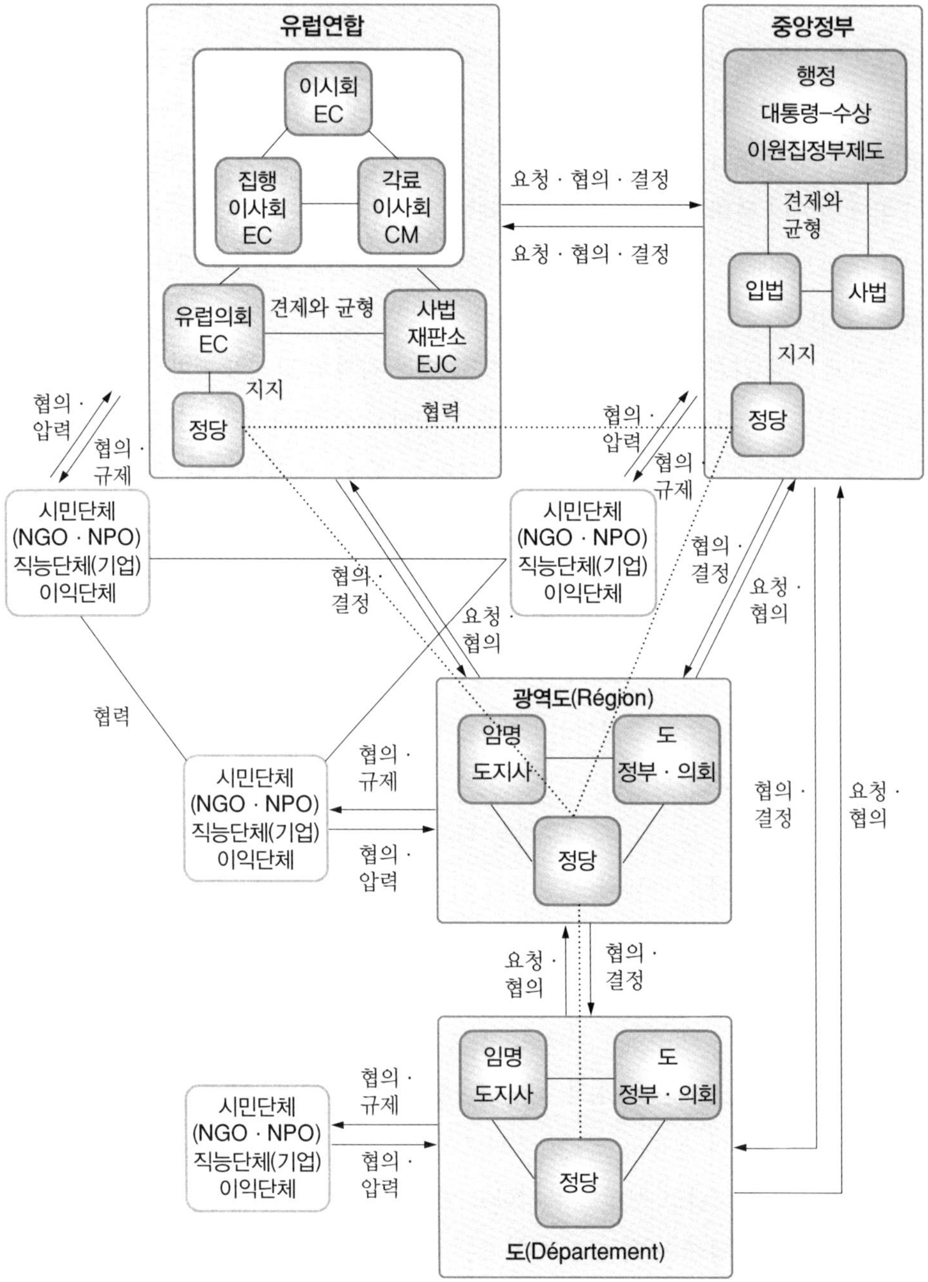

유럽연합
이사회
EC
집행
이사회
EC
각료
이사회
CM
유럽의회
EC
견제와 균형
사법
재판소
EJC
지지
정당
협력

중앙정부
행정
대통령-수상
이원집정부제도
견제와
균형
입법
사법
지지
정당

요청 · 협의 · 결정
요청 · 협의 · 결정

협의 ·
압력
협의 ·
규제
시민단체
(NGO · NPO)
직능단체(기업)
이익단체

협의 ·
압력
협의 ·
규제
시민단체
(NGO · NPO)
직능단체(기업)
이익단체

협의 ·
결정
요청 ·
협의
협의 ·
결정
요청 ·
협의
협력

광역도(Région)
임명
도지사
도
정부 · 의회
정당

협의 ·
규제
협의 ·
압력
시민단체
(NGO · NPO)
직능단체(기업)
이익단체

협의 ·
결정
요청 ·
협의

요청 ·
협의
협의 ·
결정

임명
도지사
도
정부 · 의회
정당
도(Département)

협의 ·
규제
협의 ·
압력
시민단체
(NGO · NPO)
직능단체(기업)
이익단체

출처: 이안 버지 외, 2006: 75.

에 대비하여 최종적인 책임자이자 관리자라는 인식 또한 널리 퍼져 있기 때문이다. 예를 들어 Calame & Talmant(1997)은 거버넌스의 정치적 차원을 강조하며, 국가를 거버넌스의 관리자(L'Etat au coeur, le mecano de la gouvernance)로 파악함으로써 거버넌스 체계의 최종적인 책임과 권한이 국가에 있음을 명확하게 하고 있다. 그에 따를 때 거버넌스란 국가의 운영체계일 뿐 아니라 사회가 스스로를 운영하는 방식 곧, 국가와 사회가 맺는 관계 그 자체로 의미가 확대되고, 이 지점에서 서론에서 살펴본 영 · 미식 거버넌스 개념이 가지는 엄격한 관리주의적 의미가 탈색된다[7].

7) 실제로 영어의 거버넌스(governance)에 해당하는 프랑스 어 구베르낭스(gouvernance)라는 단어는 오랜 역사를 가진 단어이다. 13세기에 처음 출현한 이후 사회변화와 함께 그 함의가 서서히 변화했다면 국경을 넘으며, 특히 대서양을 넘으면서 그 의미가 획기적으로 변화한 것으로 보인다. 13세기 프랑스 어 문헌은 구베르낭스(거버넌스)와 구베르느망(거번먼트)를 동의어로 사용하였다. 양자 모두 함선의 선장을 의미하는 말로 '무엇인가를 조정하는(piloter) 행위'를 지칭했다. 여러 가지 문헌은 거버넌스라는 단어가 관리의 개념과 결합되어 사용된 것이 고전주의 시대에 들어서서라고 증언한다. 곧, 근대국가의 탄생을 알리는 16세기에 이르러서는 두 단어가 의미에 있어 차별화되기 시작했다는 것이다. 16세기는 마키아벨리의 군주론과 쟝 보댕의 절대주권론 등에 힘입어 국가의 개념이 정초되는 시기이다. 주어진 영토 안에 거주하는 신민(臣民)들에 대해 절대적 권력을 독점적으로 행사하는 결사체로서의 국가 개념이 성립하는 것이다. 여기에서 계서화된 국가중심적 권력 개념이 거번먼트로 정립되며 거버넌스는 거번먼트의 과학 곧, 권력의 개념과 무관하게 '공적인 일'을 적절하게 관리하는 방법을 지칭하는 개념으로 분화했다. 권력보다 관리의 개념으로 정착된 고전주의 시대의 거버넌스 개념은 이어서 앵글로색슨 국가 특히 미국으로 수출되어 1990년대에 들어 '권력의 실용적 조종'(pilotage pragmatique des pouvoirs)을 의미하는 관리적 정향이 강한, 현대적 의미의 거버넌스 개념으로 정착되었다.

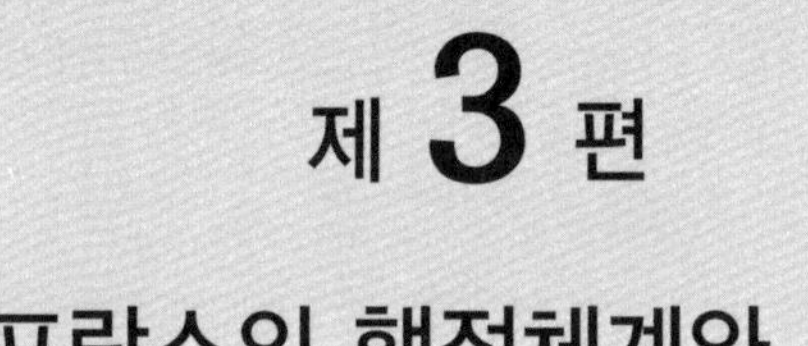

제 3 편

프랑스의 행정체계와 과정

제 1 장 프랑스의 행정조직 및 행정문화 *

임 도 빈(서울대)

I. 프랑스 행정조직의 규모 및 구조

2007년 5월에 시작된 니콜라 사르코지(Nicholas Sarkozy) 정부는 강력한 프랑스로의 복귀를 주장하면서 국가개혁(réforme de l'Etat)[1]을 단행하였다. 이러한 배

---

* 이 글의 작성은 이정윤 석사의 도움을 통해 이뤄졌다.

1) 프랑스에서 1989년 이후 행정개혁(réforme administrative)이라는 용어보다는 국가개혁(réforme de l'Etat)이라는 용어를 보편적으로 사용해 왔다. 이러한 배경에는 1980년대 행정개혁의 범위가 넓어지고 다양해짐으로써 새로운 접근방법이 요구되고 이에 따라 어의상의 변화가 이루어졌다. 새로운 접근방법이라 함은 책임이라는 중심개념에 관리의 개념을 연계시킨 것이다(Gristi, 2007: 191; 윤광재, 2008: 4 재인용).

경으로는 높은 청년 실업률[2], 낮은 경제성장률[3], 국가부채 증가[4], 국가경쟁력[5] 하락 등 프랑스의 국제적 위상을 보여주는 객관적 수치가 국민의 기대에 부응하지 못한 채 지속적으로 저하되고 있다는 점을 들 수 있다. 즉, 행정부가 더 이상 개혁의 주체이기보다는 개혁의 대상으로 논의되어야 한다는 신공공관리적 논리에서 프랑스도 예외적일 수 없는 상태가 되었다. 사르코지 정부는 이전 정부 하에서 이론적 기반으로 삼았던 신공공관리(gestion publique nouvelle)와 신자유주의라는 두 개의 축을 국가개혁의 기반으로 삼고 있다(윤광재, 2008: 4). 이를 두고 프랑스 언론들은 작은 정부를 지향하는 레이거노믹스를 따라 사르코믹스(Sarkomics)라는 표현을 사용하기도 한다. 이러한 맥락에서 사르코지 대통령은 정부부문의 개혁으로 취임하자마자 장관급 각료를 31명에서 15명으로 줄여 '작고 효율적인 정부' 라

2) 〈표 3-1-1〉 프랑스 청년실업률 변동

(단위: %)

년도 \ 분기	1사분기	2사분기	3사분기	4사분기
2008	17.2(추정치)	–	–	–
2007	21.1	20.2	18.3	17.8
2006	22.6	22.7	22.3	21.4

출처: http://www.indices.insee.fr/bsweb/servlet/bsweb?action=BS_SERIE&BS_IDBANK=001505094-&BS_IDARBO=02020200000000

3) 〈그림 3-1-1〉 프랑스 경제성장률 변화 – 국내총생산(GDP)

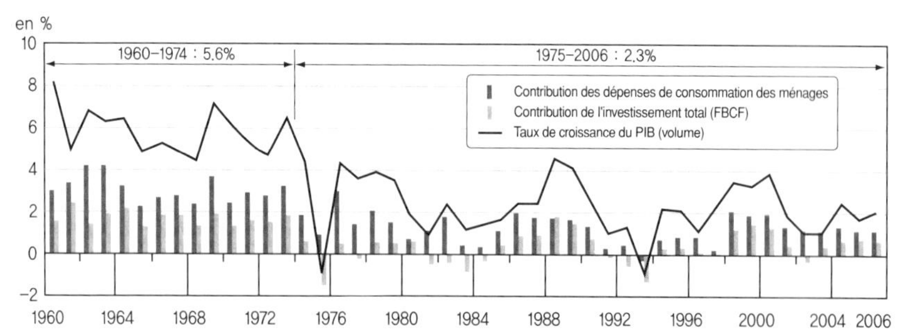

출처: http://www.insee.fr/fr/ffc/ipweb/ip1136/graphiques.htmlégraphique1

4) 〈표 3-1-2〉 프랑스 재정적자 및 국가 부채 비율 – 국내총생산

(단위: %)

	2004	2005	2006	2007
재정적자비율	−3.6	−2.9	−2.4	−2.7
국가부채비율	64.9	66.4	63.6	63.9

출처: Insee, Comptes nationaux - base 2000 ; Eurostat.

5) 스위스 국제경영개발대학원(IMD)에서 발표된 2007년도 프랑스 국가경쟁력 순위는 28위이다.

는 개혁 슬로건을 내걸고 있다.

프랑스에서 국가개혁에 대한 관심이 급증하면서 개혁을 위해 일차적인 과정으로 정부조직 규모를 어떻게 진단해야 하는가에 대한 논의가 다양하게 진행되고 있다. 일반적으로 행정조직규모는 조직을 운영하는 재정지출규모나 행정조직을 구성하는 국가공무원의 총수로 진단된다. 이러한 방식에 의해 정부규모를 산출해볼 경우, 지금까지 프랑스는 큰 정부를 대변하는 논리의 축으로 제시되고 있다. 먼저, 재정지출 규모로 요약되는 정부규모를 살펴보면, 2004년 기준 GDP 대비 프랑스 재정지출 규모는 OECD 국가 평균인 40.8%를 훨씬 웃도는 54.4% 수준을 기록하며 스웨덴(58.2%)에 이어 두 번째로 큰 공공재정규모를 보여주고 있다(Simon James and Michal Ben-Gera, 2004). 또한, 프랑스 통계청인 INSEE(Institut National de la Statistique et des Études Économiques)의 통계자료에 의하면, 2004년 공공영역에서 근무하고 있는 중앙직 프랑스 공무원의 수는 1,970,820 명이다(〈표 3-1-3〉 참조).

이를 각국의 총 고용인구 대비 공무원 인구로 규모를 비교했을 때, 프랑스의 공공부문은 독일, 미국, 캐나다 등의 나라에 비해 과대팽창되어 있다고도 할 수 있다(〈그림 3-1-2〉 참조). 이러한 수치는 사회보장제도가 발달한 북유럽 국가 가운데 하나인 핀란드보다는 낮은 순위이지만, 프랑스에서는 공공기관에 근무하는 모든 정규직원이 계약에 의해 채용되는 민간부문 근로자와는 다르게 임명이라는 공법상의 행정행위를 통해 공무원 자격이 부여되며 공무원법의 적용을 받게 된다는(김영우, 2002: 103)[6] 측면에서 훨씬 더 공공부문이 광범위하다고 할 수 있다. 또한, 2007년 자료에 따르면, 인구 6,300만명의 프랑스에서 공무원의 수는 군인과 경찰

6) 유럽연합 회원국들을 공공부문 인력규모를 기준으로 분류하면 대략 세 가지 그룹으로 나눌 수 있다. 총인구 중 공공부문 근로자가 차지하는 비중이 4~6%인 국가로 영국, 이탈리아, 스페인, 포르투갈, 네덜란드, 그리스, 아일랜드를 들 수 있다. 공공부문의 인력규모가 총인구의 7~8%인 국가로는 독일, 프랑스, 오스트리아, 벨기에, 룩셈부르크가 있다. 세 번째 그룹으로 사회보장제도가 발달한 북유럽의 국가들을 들을 수 있다. 스웨덴, 덴마크, 핀란드는 총인구 대비 공공부문 인력이 15~20%를 차지하고 있다(Claisse & Meninger, 1994: 13-14; OECD, 1998; Ziller, 1993: 350-351; 김영우, 2002: 102 재인용). 그러나 공공부문의 근로자들이 동일한 법적 지위를 지니고 있는 것은 아니다. 적용법의 종류에 따라 공무원법의 적용을 받는 사람과 민간부문의 근로자들과 마찬가지로 일반 노동법의 적용을 받는 사람들로 구분할 수 있다. 양자의 구분은 공무원 신분의 보유여부가 기준이 된다(김영우, 2002: 102).

〈표 3-1-3〉 부처별 · 계급별 프랑스 국가공무원 총원(2004)

부처(Ministère)	직업공무원 (명)	비직업공무원[1] (명)	총계 (명)
외무부(Affaires étrangères et coopération)	9,797	9,271	19,068
농업 및 어업부(Agriculture et pêche)	32,465	5,243	37,708
문화부(Culture)	12,101	1,814	13,915
국방부(Défense)	43,446	51,607	95,053
재정경제부(Économie et finances)	183, 427	10,758	194,185
교육부(Education nationale)	977,746	73,383	1,051,129
고용 및 유대부(Emploi et solidarité)	24,130	4,265	28,395
고등교육부(Enseignement supérieur)	124,308	17,817	142,125
건설, 주거 및 교통부(Equipement, logement, transports)	97,771	17,149	114,920
내무부(Intérieur)	168,230	8,809	177,039
법무부(Justice)	68,594	4,557	73,151
기타 부처[2]	8,812	15,320	24,132
총합[3]	**8,812**	**15,320**	**24,132**
계급별: A 계급	959,001	68,124	1,027,125
B 계급	263,053	54,815	317,868
C 계급	528,636	85,212	613,848
기타	137	11,842	11,979

1) 신분이 보장되는 직업공무원(titulaires)과는 대비되는 용어로 프랑스 어로는 Non-titulaires라고 함. 그리고 이에는 국가 고용직(ouvriers d'Etat)도 포함되어 계상됨.
2) 연구, 체육청소년, 해외영토 및 수상 직속 기관 등을 포함함.
3) 부처의 자체 보안인력을 포함함.

출처: Ministère de la Fonction publique, Dgafp, bureau des statistiques, des Études et de l'évaluation, exploitation des fichiers de paie Insee.

을 포함할 경우, 510만명으로 경제활동 인구의 27.3%에 해당한다. 봉급생활자로 치자면 다섯 명 가운데 한 명이 공무원이라 할 수 있다(은재호, 2008).

그러나 이처럼 과대 팽창된 프랑스의 행정규모를 이해하기 위해서는 프랑스에서 행정을 바라보는 시각이 영미권의 시각과는 다르다는 점을 고려할 필요가 있

〈그림 3-1-2〉 각국의 총 고용인구 대비 공무원 인구 비교(1985-1999)

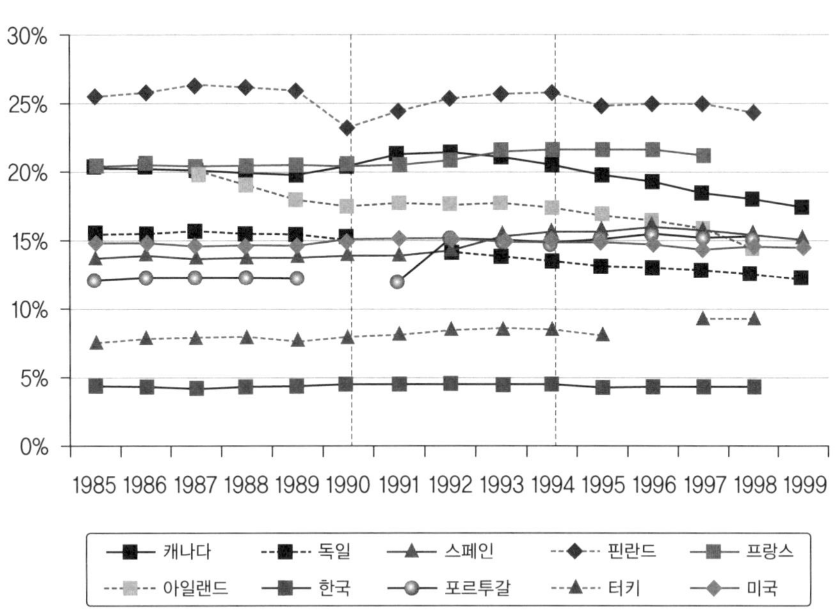

출처: OECD Rublic Management Service, 2001. Copyright OECD 2001. All rights reserved.

다. 프랑스에서 '정부(gouvernment)' 의 동사형인 gouverner란 '헌법의 준수와 주요 공권력의 행사를 감시하고, 정부와 의회와의 관계를 형성하며, 국가와 외국과의 관계를 설정하는 행위를 하는 것' 인데 비하여, '행정기구(administration)' 의 동사형인 administer란 '법률을 일상적으로 적용하며, 국민과 각종 행정기관과의 관계 혹은 이들 행정기관간의 관계를 감시하는 것' 을 의미한다(Chapus, 1994: 163). 즉, 프랑스의 '행정' 은 미국에서 사용되는 '관리' 에 국한되는 개념이라기보다는 거버넌스(governance) 개념의 일부까지 포함되는 넓은 개념이라고 할 수 있다(임도빈, 2002: 126). 또한, 프랑스의 행정은 프랑스가 국가경쟁력을 갖추고, 국제적인 지위를 구축하는 데 지대한 공헌을 하여 국민의 신뢰를 구축해온 역사적 배경을 가지고 있다.

구체적으로 18세기 이후의 창조적인 건설공무원의 전문성에 기초한 국토계획 및 건설, 혁명기와 제정기의 SOC 구축, 군대, 행정 및 사법체계의 현대화된 네트워크 유지, 제3공화국하의 교육공무원의 역할, 세계 2차 대전이후 공공의료기관 의사의 서비스 제공, 핵발전시설, TGV의 설계자 및 건설업자의 전문성 유지, 부가가치세와 같은 현대조세시스템의 구축 등을 예로 들 수 있다. 이러한 행정의 공공서비스가 프랑스의 경제 · 사회적 성장을 가능하게 하였다는 것이다(윤광재, 2008: 4). 그러나 이러한 역사에도 불구하고 프랑스 행정은 현재 국내 · 외적으로 변화의 요청에 직면해 있으며 특히 현재와 미래에 국민이라는 고객의 요구에 더 적극적으로 대응해야 한다는(Silicani, 2008b: 9-10; 윤광재, 2008: 4 재인용) 시대적 요청에 직면해 있다.

프랑스 정부규모는 큰 편이고 이에 대해 사르코지 정부는 수술을 단행하고 있다. 그러나 이것은 과거에 비하여 상대적으로 변화를 추구한다는 의미일 뿐, 프랑스 전통 행정모델에서 탈피하여 미국형으로 간다고 보지는 말아야 한다. 많은 국민들이 기존 프랑스의 국가행정의 존재에 대해 폭넓은 지지를 하고 있기 때문이다.

II. 프랑스 행정조직의 개편

1 행정개혁 추진기구

1) 공공정책검토위원회

신공공관리의 세계적인 추세에도 불구하고, 프랑스식 행정모델을 고수해왔던 프랑스는 2007년 7월 10일 공공정책검토위원회(RGPP: Révision générale des politiques publiques)를 설립하고 본격적으로 행정개혁을 시작하였다. 프랑스 행정개혁과 관련된 추진기관을 살펴보면, 대통령 직속으로 개괄적인 개혁방향을 논의하는 국가현대화위원회(CMPP)와 중앙추진기관으로서의 공공정책검토위원회(RGPP)가 존재한다. 그리고 공공정책검토위원회(RGPP) 산하에 부처간 업무들을 담당하는 실무위원회(Le comité de suivi)와 지원감사국(Les équipes d'appui)이 위치하며 각 부처(Les ministères) 내에서 개혁을 담당하는 부처별 공공정책검토위원회가 구성되어 있다.

〈그림 3-1-3〉 프랑스의 행정개혁 추진기관

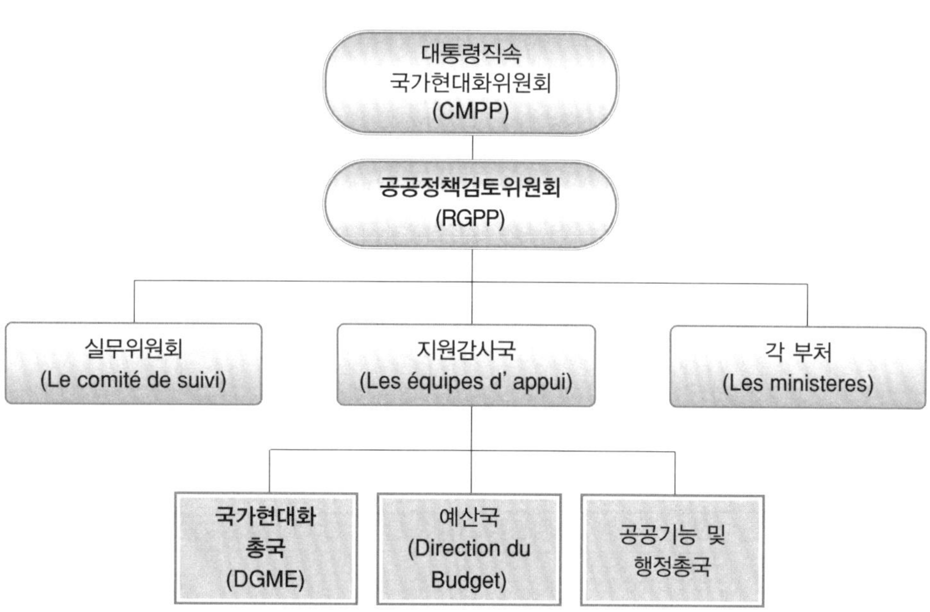

사르코지 대통령 직속기관으로 국가개혁 방향을 논의하는 공공정책현대화위원회(CMPP: Conseil de modernisation des politiques publiques)는 공공정책검토위원회(RGPP)의 실무위원회(comité de suivi)를 통해 이루어질 의사결정의 정당성을 살피고, 개혁의 총체적인 방향을 결정하는 기구라고 할 수 있다. 각 부처의 장관들과 실무위원회(comité de suivi) 멤버들로 구성되는 공공정책현대화위원회(CMPP)는 지금까지 국가개혁에 관한 중요한 결정을 세 번에 걸쳐 발표하였는데, 그 세부내용은 다음과 같다. 2007년 12월에는 그 첫 단계로 전반적인 프랑스 공공

현대화의 개혁 시나리오를 제시하고, 특별지방행정기관의 재조정, 국방업무의 집중화, 행정절차의 간소화 등의 내용을 다루었다. 두 번째 단계로 2008년 4월에는 지난 12월에 제시했던 방향을 수정 및 검토하여 보다 구체적인 방향을 제시하였다. 세 번째 단계로 2008년 6월에는 지방행정, 주택, 기업지원, 고용, 외교, 국방분야의 재정효율화 등을 다루면서 부처수준에서 세부개혁 내용을 실행에 옮길 것을 권고하였다[7].

행정개혁의 중추기관이라 할 수 있는 공공정책검토위원회(RGPP)는 사르코지 대통령 취임이후에 첫째, 고객의 요구에 더 잘 부합하는 행정을 발전시키고, 둘째, 2012년까지 공공재정 지출을 감축시키며, 셋째, 공공의 기능과 업무를 재평가하는 세 가지 목표를 달성하기 위한 행정개혁 총괄기구라고 할 수 있다. 따라서 이 위원회는 현재의 공공정책을 검토하여 개혁의 시나리오를 제시하고, 부처 수준과 부처간 수준에서 구체적으로 이루어지는 행정개혁의 내용을 점검하고 있다. 공공정책검토위원회(RGPP)는 정부 부처를 비롯한 공공 및 민간영역에서 선출된 200여명의 실무자들로 구성되며, 각 부처와 긴밀한 협조관계를 이루어 국가의 공공정책과 관련된 사항을 점검한다. 또한 2008년부터 2012년을 공공정책현대화의 실행시기로 결정하고, 각 부처 내에서 일반 공공정책검토위원회의 기능을 담당하고

7) 〈표 3-1-4〉 프랑스 공공정책개혁 추진사항 및 예정사항 일정

날짜	내용
2007년 7월 10일	-수상에 의한 공공정책 개혁추진
2007년 7월 19일	-공무원시험 자문시스템 설치
2007년 7월 26일	-중앙공무원의 인사교류 착수
2007년 7월 31일 2007년 7월-11월	-수상에 의한 예산(안) 설명 -부 · 처와 연계된 실무팀의 검토시작
2007년 9월 19일	-공공서비스와 관련된 공청회 시작
2007년 12월 12일	-공공정책현대화위원회 1차 회의 지방특별행정기관의 재조정, 국방업무의 집중화, 행정절차의 간소화 등
2007년 11월 - 2008년 3월	-실무팀의 검토 재시작
2008년 4월 4일	-공공정책현대화위원회 2차 회의 지방행정, 주택, 기업지원, 고용, 외교, 국방분야의 재정효율화 등
2008년 6월 말경	-공공정책현대화위원회 3차 회의 위원회의 결정사항은 2009년-2011년의 예산과 연계

출처: 윤광재, 2008: 8.

있는 추진기관에서 세부개혁을 실행하고 있다[8].

2) 예산 · 공공회계 및 총무부: 국가현대화총국

이번 정부에서 프랑스의 행정개혁의 문제는 전통적으로 가장 힘이 센 부처인, 예산 · 공공회계 · 총무부가 총괄하고 있는 형태를 취하고 있다. 부처조직형태가 자주 바뀌는 프랑스에서는 정부에 따라 독립부처의 형태로 하기도 하고 또는 다른 정부기능(예산 및 예산개혁, 국가개혁 등)과 연계되어 하기도 한다(임도빈, 1998: 74). 이번 사르코지 정부에서도 공공정책검토위원회(RGPP)에서 검토된 각 부처의 구체적인 행정개혁 추진사항을 점검하는 역할을 담당하고 있는 국가현대화총국(DGME), 예산국(Direction générale du budget), 행정 · 총무총국(Direction générale de l'administration et de la fonction publique)은 예산 · 공공회계 · 총무부 소속이다. 이 가운데, 조직 개편을 비롯한 국가 현대화작업을 전담하고 있는 국가현대화총국(DGME)은 자크 시락(Jacques Chirac) 정부 시기인 2005년 12월 30일에 예산 · 공공회계 · 총무부 산하에서 창설된 기구이다. 그리고 사르코지 정부에 들어와서는 공공정책검토위원회(RGPP)의 결정사항을 점검하면서 국가 현대화를 위한 작업을 함께 해나가고 있다. 국가현대화총국(DGME)은 혁신실, 서비스위원회실, 프로젝트실의 세 개의 실(service)과 국장의 지휘 하에 지원업무, 국제관계업무, 커뮤니케이션 업무 등 특수한 목적을 담당하는 세 개의 기관(mission) 그리고 임시 이전업무를 담당하는 기관으로 구성된다.

2 행정조직 개혁

1) 프랑스 행정조직 운영원리

프랑스의 행정이 어떠한 구조를 가지고 기능하고 있는지를 살펴보기 위해서는

8) http://www.rgpp.modernisation.gouv.fr/index.php?id=38ésection-124

〈그림 3-1-4〉 국가현대화총국(DGME) 조직도

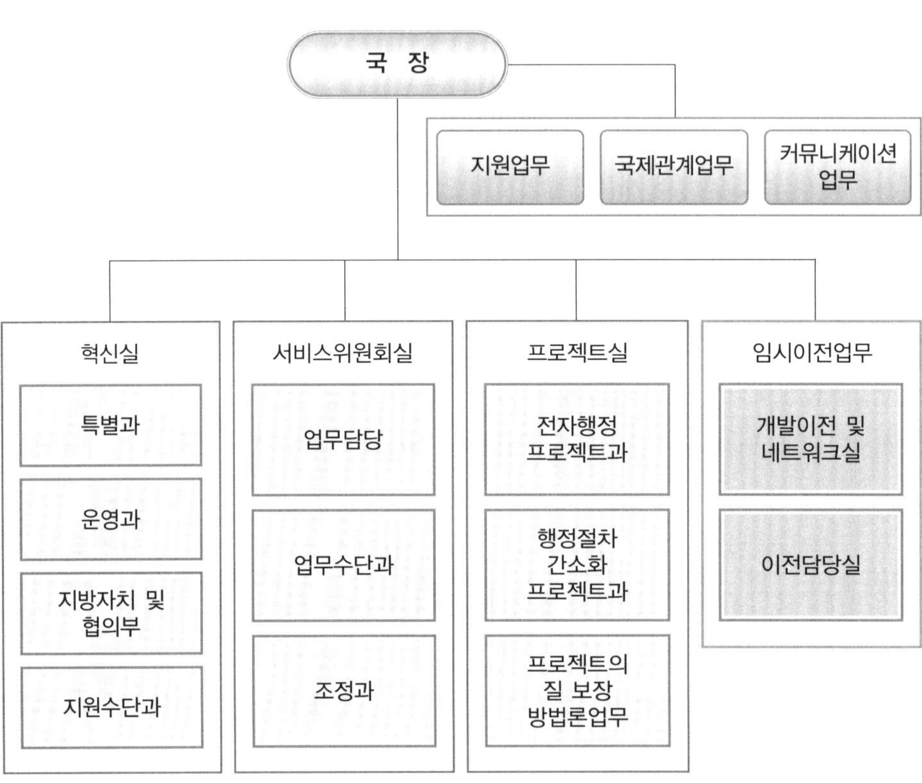

출처: http://www.thematiques.modernisation.gouv.fr/bib_res/932.pdf

프랑스의 정부조직과정을 살펴볼 필요가 있다. 프랑스에서는 한국의 정부조직법에 해당하는 법이 없다. 따라서 부처구조를 결정하면서 동시에 장관감을 고르는 인선을 한다. 결과적으로 부처의 수에는 일정한 규정이 존재하지 않으며 전적으로 수상의 판단하에 부처구조가 결정된다. 역사적으로 프랑스 중앙 정부조직을 살펴보면, 각 정부 하에서 국가장관(Ministre d'État), 장관(Ministre), 위임장관(Ministre délégué), 청장(Secrétaire d'État)[9]의 수가 동일하지 않다. 이는 정부부처에 대한 연

9) 프랑스에서 청장은 역사적으로 볼 때, 제3, 5공화국 때의 유물로서 대통령이 주재하는 국무회의(Conseil des Ministres)는 참석하지 않으나, 수상이 주재하는 각료회의(Cabinet des Ministres)는 참석하는 2차적인 중요성을 갖는 장관을 의미했다. 제5공화국에는 국무회의만 존재하고 각료회의는 없어졌

성조직 방법을 적용한 결과이다. 연성조직 방법은 수상에게 최대한의 조각권이 부여되고 동시에 부처의 할거주의를 완화하는 장점을 가지고 있다(윤광재, 2008: 15). 즉, 프랑스에는 정부조직을 공식화하는 문서가 별도로 존재하는 것이 아니라 장관 및 청장의 이름과 그 직함을 규정하는 정부령(décret)만 존재한다. 이후 임명된 장관들이 모이는 첫 국무회의 자리에서 각 부처장관들이 소관기능을 정한 후에 영(arreté)을 공포하는데, 이 영(arreté)의 내용은 이전의 정부령 내용을 수정하는 수준에 머무는 경우가 많다(임도빈, 2002: 38).

2) 프랑스 행정조직 개편의 개괄

2007년 5월에 출범한 니콜라 사르코지 정부는 6일의 2차 선거 이후에 11일간의 준비기간을 거쳐 앞서 살펴본 프랑스식 조직개편 원리에 따라 중앙정부에 대한 조직개편을 마쳤다. 2007년 5월 17일 프랑소와 피용(François Fillon)을 수상으로 임명하고 5월 18일 중앙정부 조직과 장관을 발표하였다(윤광재, 2008: 15). 중앙정부 차원의 조직개편은 새로운 정부의 출범에 따르는 통상적인 현상이라 할 수 있다. 그 결과 장관급(위임장관 및 청장 포함)의 중앙 정부만 살펴보면 15부 22청의 구조가 되었다. 핵심부처인 15부는 (1) 생태 · 에너지 · 지속개발 · 국토관리부, (2) 내무 · 해외영토 · 지방단체부, (3) 유럽 및 외교부, (4) 경제 · 산업 및 고용부, (5) 이민 · 통합 · 국가 정체성 및 공동발전부, (6) 법무부, (7) 농림수산부, (8) 노동 · 사회관계 및 연대부, (9) 국가교육부, (10) 대학교육 및 연구부, (11) 국방부, (12) 보건 · 청소년 및 체육부, (13) 주택 · 도시부, (14) 문화 · 통신부, (15) 예산 · 공공회계 및 총무부이다. 각 부처에 소속된 22청은 〈그림 3-1-5〉와 같다.

음에도 불구하고 드골 대통령이 사임한 시기인 1968년까지 청장들은 국무회의에 참석토록 하였다. 현재는 자기부처의 업무가 의제로 상정되었을 때에만 국무회의에 참석하는 것이 일반적이나 이는 수상이 누구냐에 따라 얼마든지 바뀔 수 있는 문제이다. 청장은 우리나라와는 달리 타 장관의 밑에 소속되어 있지 않고 독립된 위치에 있는 사람도 있고, 위임장관과 같이 수상이나 장관의 밑에 소속되어 있는 사람도 있다. 수상이 조각을 할 때 이미 장관들이 될 인물들의 정치적 비중 등을 고려하여 적절한 급을 부여하기 때문에 일반적으로 상급장관이 하급장관보다 정치적 권력면에서 우월한 위치에 있다는 것은 상상할 수 있다. 특히 국가장관 혹은 장관의 직속하에 있는 위임장관이나 청장의 경우 상관인 장관과는 위계서열이 분명하다고 할 수 있다. 그러나 실질적인 면에서 보면 예외의 경우가 있을 수 있다(임도빈, 2002: 152).

〈그림 3-1-5〉 프랑스와 피용정부 조직도

출처: Guide des réformes et des mesures 2007 2008.

3) 프랑스 중앙 행정조직

20세기 후반기 이후, 카우프먼(Kaufman)이 관료제를 '만연하고 있는 전염병(raging pandemic)' 에 비유하고 있을 정도이다. 그 이후 전통적 관료제는 본질적으로 비능률적이며 비민주적이라는 반관료제적 정서(antibureaucratic sentiment)가 보편화되고 있는 듯하다(이종수, 2005: 148). 이러한 세계적인 변화의 흐름은 20세기 초 막스 베버(Max Weber)가 가장 훌륭한 행정제도의 예시로 여겨져 왔던 프랑스의 '나폴레옹식 모델' 에 대한 오랜 전통적 신념을 위협하고 있다(Guy Baribant, 2000: 2). 지금까지 프랑스는 전 세계적으로 불어닥친 신공공관리론(New Public Management; gestion publique nouvelle)의 적극적인 행정개혁의 영향권에서 벗어나 있던 국가로 알려져 있었다. 1980년대부터 영미권에서 적극적으로 수용된 시장지향적 행정개혁과 달리, 1990년대 초반 사회당 정부의 수상이었던 미셸 로까르(Michel Rocard)에 의해 신공공관리론적 행정개혁이 부분적으로만 수용되는 데에 그쳤기 때문이다(김영우, 2002: 99). 그러나, 2007년 5월 니콜라스 사르코지(Nicholas Sarkozy) 정부가 들어서면서 프랑스도 신공공관리와 신자유주의의 시대적 요청에 적극적으로 동참하고 있다. 이미 사르코지 대통령은 선거공약으로 노동시장 유연화를 위한 주 35시간 근로제 개편, 감세정책, 이민자 통제 강화정책, 적극적인 미국식 자유 시장 경제체제 도입 등을 내세우면서 강력한 프랑스로의 복귀를 주창하였다. 그리고 이러한 개혁의 중심에 국가개혁(Réforme de l'État)을 두고 있다.

행정조직 개편과 관련하여 핵심부처를 중심으로 분석하면 사르코지 정부는 이전 자크 시락(Jacque Chirac) 정부 16부에 비해 1부처가 적은 15부로 구성되어 있다고 할 수 있다. 사르코지 정부 하에서 장관을 역임하고 있는 인사 및 이전 프랑스 중앙정부조직 부처의 개편을 비교하면 다음과 같다.

다음에서는 15부를 중심으로 각 부처의 기능 및 구체적인 조직 개편내용을 비롯한 프랑스 중앙행정조직에 대해 살펴보도록 하겠다.

〈표 3-1-5〉 프랑스 중앙정부부처의 조직 개편 비교 및 장관

Dominique de Villepin 수상 (2005년-2007년)	François Fillon 수상 (2008년 7월 현재)	
개편 전 부처	개편 후 부처	장관이름
생태 · 지속개발부	국가장관 겸 생태 · 에너지 · 지속개발 · 국토관리부	Jean-Louis BORLOO
내무 · 국내치안 · 지방단체부	내무 · 해외영토 · 지방자치부	Michèle ALLIOT-MARIE
해외영토 담당부	유럽 및 외교부	Bernard KOUCHNER
경제 · 재무 및 산업부	경제 · 산업 및 고용부	Christine LAGARDE
-	이민 · 통합 · 국가 정체성 및 공동발전부	Brice HORTEFEUX
법무부	법무부	Rachida DATI
농림 · 수산 · 전원부	농림수산부	Michel BARNIER
고용 · 노동 및 사회연대부	노동 · 사회관계 및 연대부	Xavier BERTAND
교육 · 고등교육 · 연구부	국가교육부	Xavier DARCOS
	대학교육 및 연구부	Valérie PECRESSE
국방부	국방부	Hervé MORIN
보건 · 사회보호부	보건 · 청소년 및 체육부	Roselyne BACHELOT-NARQUIN
청소년 · 체육부		
-	주택 · 도시부	Christine BOUTIN
문화 · 통신부	문화 · 통신부	Christine ALBANEL
공직 · 국가개혁부	예산 · 공공회계 및 총무부	Éric WOERTH
중소기업 · 상업 · 수공업부	-	
교통 · 건설 · 관광 · 해양부	-	
16 부	15 부	

(1) 생태 · 에너지 · 지속개발 · 국토관리부(Ministère de l'Écologie, de l'Énergie, du Développement durable et de l'Aménagement du territoire)

사르코지 정부는 행정조직 개편을 통해서 이 부의 장관을 국가장관(Ministre d'État)으로 격상시켰다. 국가장관은 상징적인 의미에서 보통장관(Ministre)과 다르다는 강조를 하기 위한 것일 뿐, 실제 권한은 장관과 다르지 않다(임도빈, 2002: 38). 그러나 이러한 조치는 사르코지 정부가 대내외적으로 생태 · 에너지 · 개발 · 지속관리에 대해 중심을 두고자 한다는 사실을 분명히 한 것으로 해석할 수 있다.

이 부는 자원난 시대라는 상황을 반영하여 지속가능한 개발을 도모하고자 다섯 가지 미션에 초점을 두고 공공정책을 효율적으로 추진하고 있다. 첫째, '자원, 영토 그리고 거주지(ressources, territoires et habitats)' 측면에서 자원의 효율적인 관리, 생물 다양성의 보존 그리고 효과적인 환경보호 정책을 제시한다. 둘째, '에너지와 기후(énergie et climat)' 측면에서 지구온난화를 초래하는 탄소배출 억제 정책을 지속적으로 펼치고, 동시에 지속가능한 개발을 위한 에너지 정책을 추진한다. 셋째, '지속가능한 발전(développement durable)' 측면에서 후대에게 빌려쓰고 있는 환경의 미래를 경제, 사회, 환경이라는 세 축이 함께 고민하며 책임져야 한다. 넷째, '재난 예방(prévention des risques)' 측면에서 최대한의 정보와 전문가 의견을 수렴하여 위기를 평가하고 규명하며, 위기발생을 줄이기 위한 정책을 펼치고, 안전문화를 확산시킨다. 다섯째, '인프라, 교통 및 해양(infrastructures, transports et mer)' 측면에서 보다 환경을 고려한 교통수단을 개발하고, 수단간의 연계성을 높이며, 자동차 함께 타기나 자전거 이용 등과 같이 개인 자동차 이용을 줄이는 방법 등을 고안한다. 또한, 효율적인 영토관리를 위해 교통수단간의 통합을 유도한다.

이러한 미션을 수행하고 있는 프랑스 생태 · 에너지 · 지속개발 · 국토관리부는 다음과 같은 조직구조를 갖추고 있다.

사르코지 정부하에서 프랑스 생태 · 에너지 · 지속개발 · 국토관리부의 조직개혁은 국가장관과 관련된 수준의 조직개혁, 중앙행정국 수준의 조직개혁 그리고 지방행정국 수준의 조직개혁의 세 가지 차원에서 살펴볼 수 있다.

〈그림 3-1-6〉 생태 · 에너지 · 지속개발 · 국토관리부 조직도

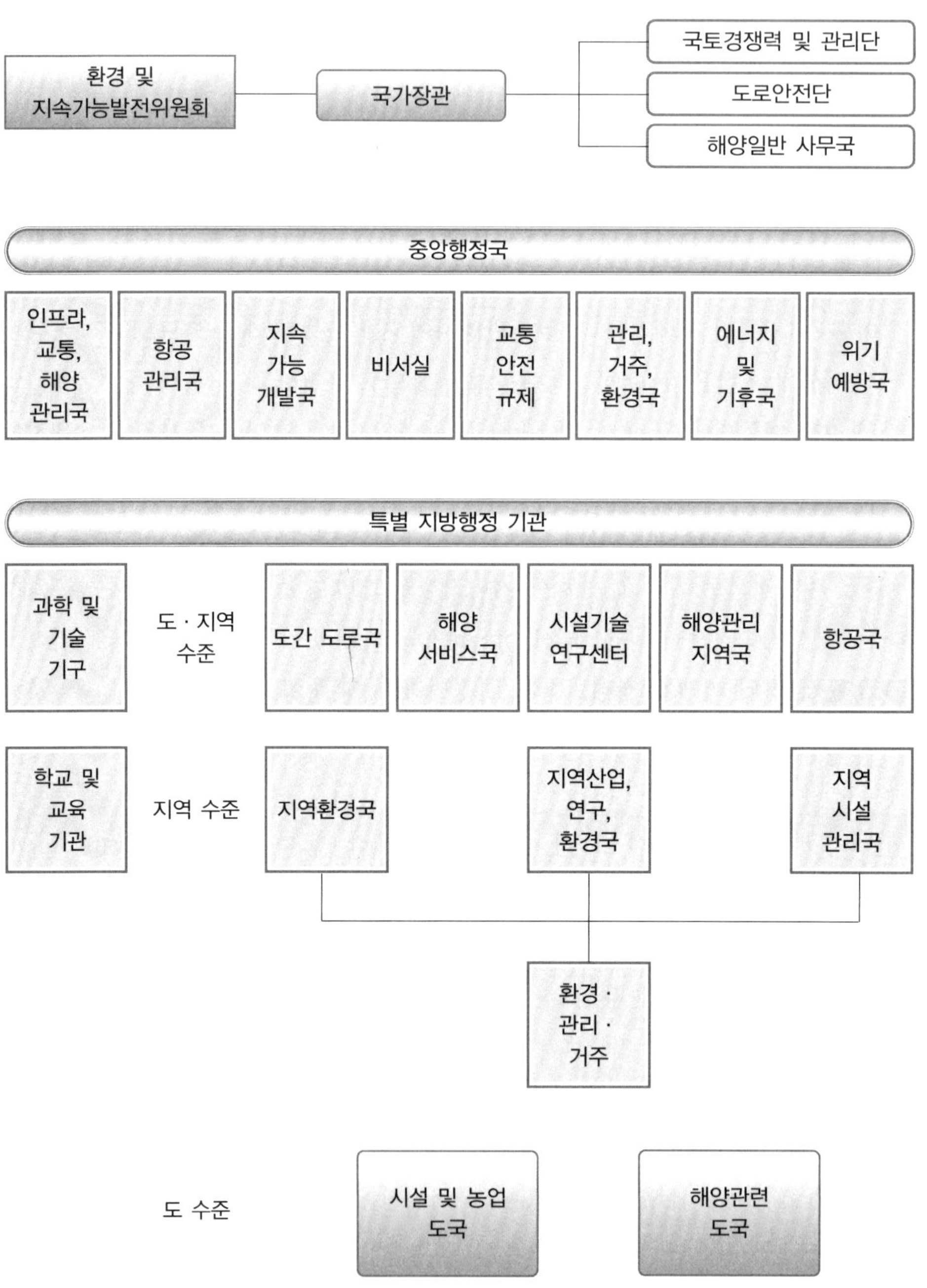

출처: http://www.developpement-durable.gouv.fr/

첫째, 국가장관과 관련된 조직개혁으로는 환경감시실(Service d'inspection générale de l'environne-ment)과 다리 및 도로 위원회(Conseil général des ponts et chaussées)를 통합하여 7월 11일부터 환경 및 지속발전가능위원회(Conseil général de l'environne-ment et du développement durable)가 창설된 것을 들 수 있다. 이는 교통, 환경, 에너지 등의 관련 업무와 전문적인 평가 및 감사 기능을 한데로 합쳐 프랑스 생태 · 에너지 · 지속개발 · 국토관리부의 중추적인 역할을 담당하고 있다. 또한, 국가장관의 지휘 하에 부처간의 환경관련업무를 조정하는 기능을 지닌 기관으로는 도로안전단(la délégation interministérielle à la sécurité routière), 국토경쟁력 및 관리단(la délégation interministérielle à l'aménagement et à la compétitivité des territoires), 그리고 국방부와 함께 공동관리되는 해양일반사무국(le secrétariat général de la mer)의 세 기관이 있다.

둘째, 중앙행정국의 조직개혁은 비서실(secrétariat général)과 지속가능개발부(un commissariat général au développement durable) 그리고 다섯 개의 영역별 총국을 중심으로 조직을 축소하는 방향으로 이루어졌다. 기능면에서는 에너지와 기후, 인프라, 관리, 위기, 항공 그리고 도로안전 등의 주요 활동기능을 중심으로 재편되었다.

셋째, 지방행정국차원에서는 2008년 5월 중순에 지역시설국(DRE: Directions régionales de l'équipement), 환경지역국(Diren: Directions régionales de l'environnement)과 산업, 연구 및 환경지역국(Drire: Directions régionales de l'industrie, de la recherche et de l'environnement)의 기능을 통합한 환경, 관리, 거주 지역국(les Dreal: Directions régionales de l'environnement, de l'aménagement et du logement)을 개설하였다. 지방의 도 수준에서는 생태 · 에너지 · 지속개발 · 국토관리부의 도 관리국(DDE: Directions départemen-tales de l'équipement)과 농림수산부의 농업 및 임업 도 관리국(DDAF: Directions départementales de l'agriculture et de la forêt)을 통합한 도 영토관리국(Directions départementales des territoires)이 2009년부터 도에 따라 시험기간을 거쳐 개설될 예정에 있다.

(2) 내무 · 해외영토 및 지방자치부(Ministère de l'Intérieur, de l'Outre-mer et des Collectivités territoriales)

2008년 현재 내무, 해외영토 및 지방자치부라는 개정된 공식명칭으로 불리는 내무부는 2세기 동안 프랑스 행정부에서 핵심적으로 활동하고 있는 부처이다. 2007년 5월 18일 내무부 장관에 임명된 아이요-마리(Alliot-Marie)는 근래까지 피용(Fillon)정부에서 활동하고 있다. 장관이 담당하는 국들을 통하여 부처의 업무를 파악할 수 있다.

프랑스 내무부 장관은 장관비서실(secretariat Général), 지방자치국(direction générale des collectivités), 국가경찰국(direction générale de la police nationale), 공공의 자유 및 사법국(direction des libertés publiqies et des affaires juridiques), 시민 안전 및 국방국(direction de la défense et de la sécurité civiles)와 행정감독국(l'inspection générale de l'administration)을 관장한다. 즉, 내무부는 프랑스 국토, 국내치안, 공공의 자유, 지방자치 등 국가기구 결속에 관련된 사항을 관리 · 운영 · 유지하는 기능을 담당한다고 할 수 있다.

한편, 프랑스에서 짧게 내무부라는 이름으로도 불리는 이 부처는 정권의 성격과 시대적 변화에 따라 명칭의 변화를 겪어왔다. 일례로, 내무부 업무의 계속성을 유지하면서 지방자치가 본격적으로 실시되던 1981-1986년 사이에는 '내무 및 지방자치부(Ministère de l'Intérieur et de la Décentralisation)' 라는 이름으로 변경되었다. 또한 치안질서에 대한 국민들의 불안이 증가하자 '내무 및 공안부(Ministère de l'Intérieur de la Sécurité Publique)' 라는 명칭으로 바뀌거나, 1995년에는 공공안녕문제를 전국적인 국토(재)개발의 기능과 연결시킨다는 차원에서 '내무 및 국토개발부(Ministère de l'Intérieur et de l'Aménagement du Territoire)' 로 바뀐 바 있다(임도빈, 2002: 41). 2002년에는 '내무 공안 및 지방자치부(Ministère de l'Intérieur, de la sécurité intérieure et des liberté locales)' 로 변경했으나, 현재 프랑스 대통령인 사르코지가 약 2년간 내무부 장관으로 재임할 당시인 2005년에는 '내무 및 국토개발부(Ministère de l'Intérieur et de l'Aménagement du Territoire)' 라는 명칭을 다시 사용하였다. 이후, 2007년 5월 새정부가 들어서면서

〈그림 3-1-7〉 내무 · 해외영토 및 지방자치부 조직도

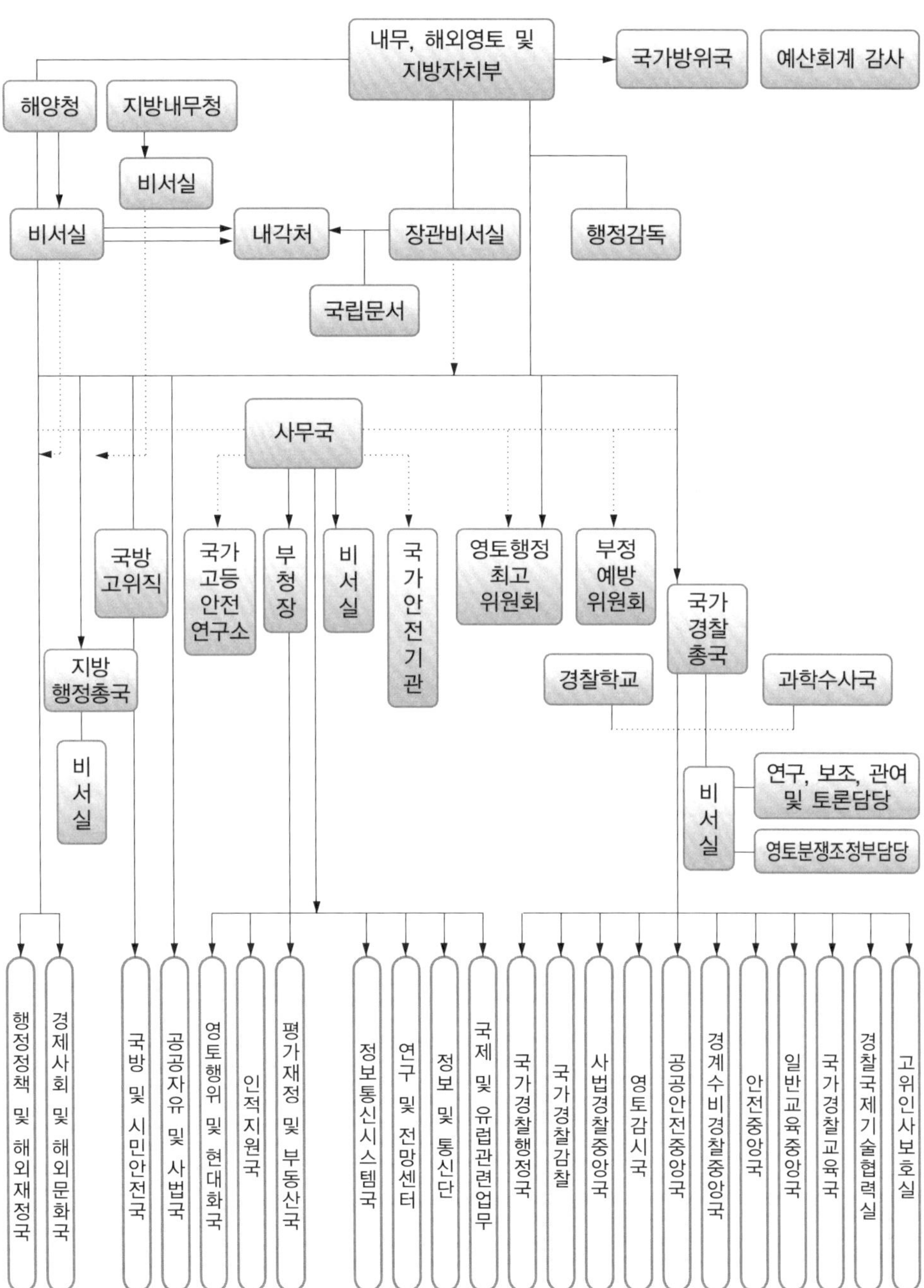

출처: http://www.interieur.gouv.fr/

'내무, 해외영토 및 지방자치부(Ministère de l'intérieur, de l'outre-mer et des collectivités territoriales)' 라는 명칭으로 변화되어 현재 공식적인 내무부의 명칭이 되었다. 이는 해외영토를 포함한 프랑스 국토와 관련된 행정(administrer)을 담당하고 시민의 안전과 안녕 보장이라는 '내무, 해외영토 및 지방자치부(Ministère de l'intérieur, de l'outre-mer et des collectivités territoriales)' 의 거시적 목표를 보여주는 것이라 할 수 있다. 이를 위해 내무, 해외영토 및 지방자치부는 국가영토의 영속성, 공공조직의 통합을 보장하고, 지나친 중앙집권을 막고 해외영토를 포함한 지방분산을 지지하는 테두리 안에서 지방분권을 감독하는 기능을 담당하고 있다. 또한, 국민의 자유를 보장하는 규칙을 제정하고 준수하며, 국민을 보호하는 역할을 하고 있다. 내부무는 다음과 같은 조직구성 형태를 띠고 있다.

(3) 유럽 및 외교부(Ministère des Affaires érangères et européennes)

프랑스의 유럽 및 외교부는 국제적으로 다른 나라에 프랑스의 위상과 국가존립을 알리는 부처로 계속성을 유지해오고 있으며, 다음과 같은 기능을 수행한다. 첫째, 국제정세의 변화와 국외 상황에 대한 프랑스 정부와 대통령의 입장을 전하는 역할을 담당한다. 둘째, 전 세계에 존재하는 프랑스 대사관을 통해 정보를 교환하고 외교정책에 관한 근본 방향을 수립한다. 셋째, 프랑스의 국제관계를 조율하고 조정한다. 유럽 및 외교부는 외국정부와 국제조직과의 관계에서 프랑스를 대표하고, 각국의 대사는 프랑스 대통령을 대신하여 외교문서를 협상하고 조인한다. 넷째, 프랑스 유럽 및 외교부는 외국에서 프랑스 국민의 이익을 보호한다.

2007년 8월에 발표된 백서를 통해 유럽 및 외교부는 새정부의 외교행위와 관련하여 다음의 다섯 가지 우선순위를 제시하였다. 첫째, 공공의 이익을 도모하고자 프랑스 국민과 국가의 안전을 확보하고, 둘째, 민주적이고, 효율적이고 강한 유럽의 파트너십을 구축하고, 셋째, 평화, 안전 그리고 인권을 위해 활동하고, 넷째, 지속적이고 균형있는 발전을 위해 국제 조직에 기여하고, 다섯째, 문화적 다양성을 보존하기 위해 프랑스 사상, 언어 및 문화를 널리 알리는 데 노력한다.

또한 백서는 유럽 및 외교부의 조직개혁에 관해서 다음과 같은 개혁 방향을 제시하고 있다. 외교 정책과 관련하여 부처간의 의사소통을 원활히 하고 결속을 강화하고자, 초부처적인 국가외교위원회(CAEE: le Conseil de l'action extérieure de l'Etat)를 신설하고, 총리 산하에 외국에 주재하는 국가수단의 부처간 위원회(CIMEE: le Conseil interministériel des moyens de l'Etat à l'étranger)를 개혁한다. 한편, 세계화의 증가 추세와 더불어 세계화와 경제문제를 다루는 국을 신설하고, 문화적 다양성을 위해 협력하는 실(services)의 연계성을 높이기 위해 관련 실들을 구조조정하는 등의 조직개편 의지를 보이고 있다.

(4) 경제 · 산업 및 고용부(Ministère de l'Économie, de l'industrie et de l'emploi)

프랑스 경제 · 산업 및 고용부의 기능은 부처 목표 업무(mission)를 통해 구체적으로 드러난다. 지난 정부개편을 통해 2008년 현재 경제 · 산업 및 고용부가 역점을 두고 있는 업무는 첫째, 경제 성장, 둘째, 노동과 고용간의 연계, 셋째, 국가 채무 및 재무상태 정비, 넷째, 사회발전을 위한 경제규제 정비, 다섯째, 과학 · 기술 분야의 고등교육연구 활성화, 여섯째, 국제적 빈곤 및 기아 퇴치이다. 특히, 프랑스 경제 · 산업 및 고용부는 오랜 재정 적자와 경제침체, 실업증가 등의 심각한 프랑스의 경제난을 타계하기 위해 경제성장에 우선순위를 두고 있다. 따라서 효율적인 경제 · 재무 정책을 통해 지속적인 경제성장을 꾀하는 동시에 완전고용을 지향하며 균형있는 프랑스 경제회복을 달성하고자 한다. 또한, 기업 경쟁력 강화와 고용정책 측면에서 시너지 효과를 유도하고, 통계치로 드러나는 경제성장 수치와 경제지표들을 증가시키고자 한다.

프랑스 경제 · 산업 및 고용부 조직은 장관이하에 고용담당청장(Secrétaire d'État chargé de l'emploi), 산업 및 소비청장(Secrétaire d'État chargé de l'idustrie et de la consommation), 상업, 중소기업 및 관광서비스 청장(Secrétaire d'État chargé du), 해외통상담당청장(Secrétaire d'État chargé du commerce extérieur)의 비교적 큰 규모의 4개 청을 두고 있다.

2004년에 프랑스 경제정책을 담당하고 있는 경제정책 및 재정총국(DGTPE)이 창설된 이후에, 2005년 1월에 프랑스 산업정책을 집행하고 준비하는 기업총국

〈그림 3-1-8〉 경제 · 산업 및 고용부 조직도

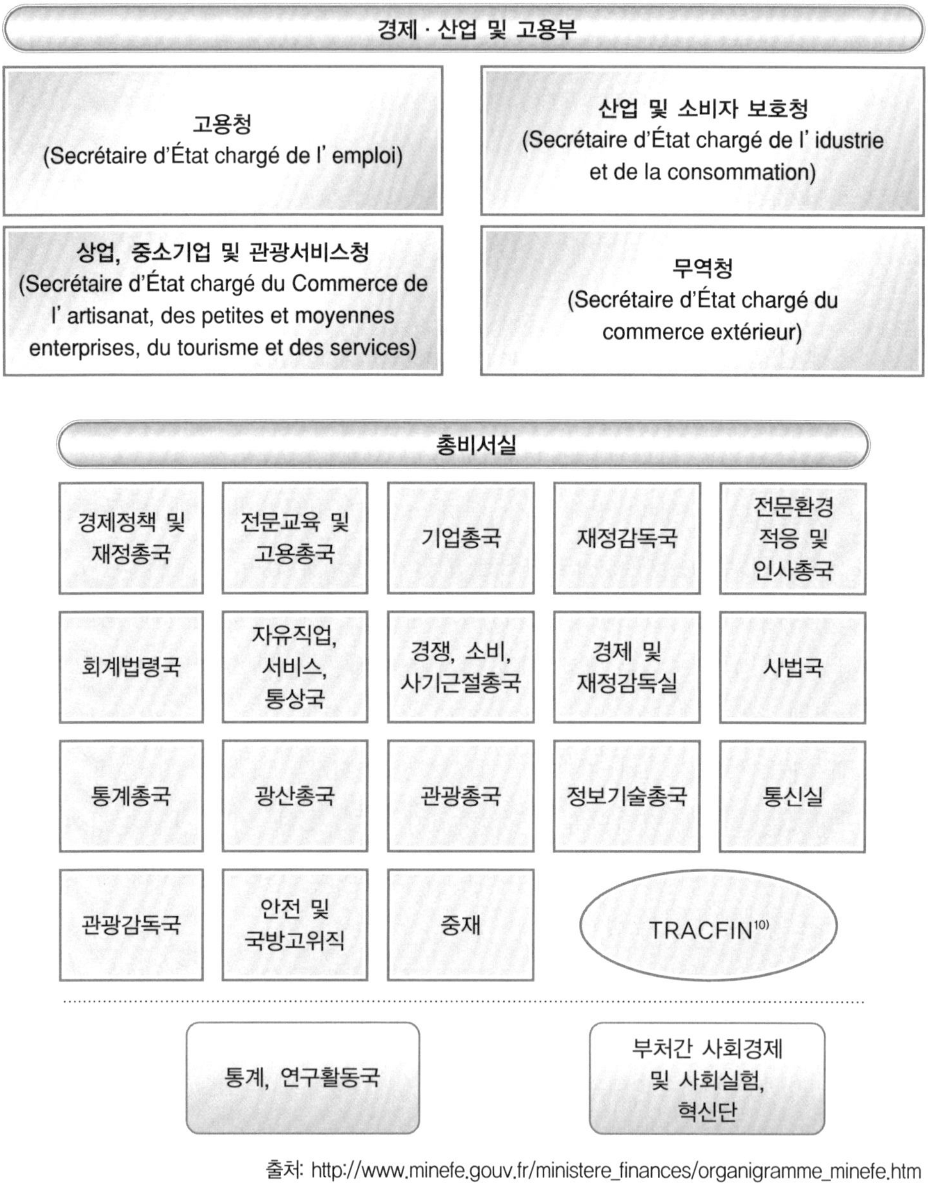

경제 · 산업 및 고용부

고용청
(Secrétaire d'État chargé de l' emploi)

산업 및 소비자 보호청
(Secrétaire d'État chargé de l' idustrie et de la consommation)

상업, 중소기업 및 관광서비스청
(Secrétaire d'État chargé du Commerce de l' artisanat, des petites et moyennes enterprises, du tourisme et des services)

무역청
(Secrétaire d'État chargé du commerce extérieur)

총비서실

경제정책 및 재정총국	전문교육 및 고용총국	기업총국	재정감독국	전문환경 적응 및 인사총국
회계법령국	자유직업, 서비스, 통상국	경쟁, 소비, 사기근절총국	경제 및 재정감독실	사법국
통계총국	광산총국	관광총국	정보기술총국	통신실
관광감독국	안전 및 국방고위직	중재	TRACFIN[10]	

통계, 연구활동국

부처간 사회경제 및 사회실험, 혁신단

출처: http://www.minefe.gouv.fr/ministere_finances/organigramme_minefe.htm

10) 예산, 회계 및 공공기능(le ministère du Budget, des comptes publics et de la Fonction publique)과 함께 하는 공동실.

(DGE)이 창설되고, 2005년에 공공행위의 성과를 감독하는 역할을 담당하는 재정 및 경제 총감독실(CGEFI)이 창설되면서, 경제 · 산업 및 고용부는 2006년부터 2008년 기간 동안 부처내부의 재편 기간을 가졌었다.

이후 정비된 조직을 가지고 2006년부터 지금까지 존속하는 총비서실에서는 첫째, 인력자원, 사회적 대화, 전문교육 및 고등교육분야 둘째, 성과 및 현대화, 셋째, 예산의 준비 및 총합, 부동산 정책분야, 넷째, 정보체계의 안전 및 종합 점검 분야 등의 특화된 업무를 담당해오고 있다. 또한 총비서실 산하에 전문환경 적응 및 인사총국(DPAEP)을 창설하여 관리 운영 업무 및 기능을 집중시키고 부처의 행정 기능을 지원하고 있다. 한편, 2007년에 들어와서 신재정법의 시행과 관련하여 재정국이 재편되었으며, 의회의 공공재정 투명성에 대한 요구가 높아지면서 공공지출 성과 부국이 설치되어 예산감독망과 부처회계 사항을 조정하고 부처들의 재정국과 연결고리 역할을 하게 될 것이다. 사법실 및 회계법령국(DLF)의 기능을 포함하고 있었던 통계총국(DGI)은 사법 및 회계와 통계로 그 기능이 분리되었다[11].

(5) 이민 · 통합 · 국가 정체성 및 공동발전부(Ministère de l'immigration, de l'intégration, de l'identité nationale et du développement solidaire)

20년 전부터 프랑스는 내무, 외무, 사회, 사법부 등으로 나뉘어 있던 이민과 관련된 정책을 하나의 조직구조 내로 통합하는 노력을 기울이고 있었다. 따라서 사르코지 정부에 들어서서 이민, 국가 통합, 국가 정체성 및 공동체의 유대감을 고조시키는 발전을 동시에 고려하는 통합 부처를 신설하기에 이르렀다. 이민 · 통합 · 국가 정체성 및 공동발전부는 이민유입과 관련된 모든 사항을 관리하고, 국가 통합을 촉진시키며, 프랑스 국가정체성을 고취시켜 국가의 공동발전을 실현하는 목표를 가지고 있다.

보다 구체적으로 살펴보면, 첫째, 이민유입을 관리하기 위해 불법이민의 근절을 최우선 과제로 삼고 국가경제 상태와 능력을 고려하여 이민자선별 과정을 강화한

11) http://alize.finances.gouv.fr/modernisation/feuilleroute/chantier8.htm

〈그림 3-1-9〉 이민 · 통합 · 국가 정체성 및 공동발전부 조직도

출처: http://www.immigration.gouv.fr/

다. 한편, 국제적 보호가 필요하다고 판단되는 정치적 망명에 대해서는 적극적인 보호조치를 취한다. 둘째, 이민자들의 출신국을 고려한 협동정책을 통해 공동발전을 도모한다. 셋째, 사회통합을 촉진시키기 위해 프랑스 이민자들이 프랑스 어를 제대로 구사하고 프랑스 공화국의 기본 원칙을 존중하도록 유도한다. 이를 위해 거주, 교육, 근로 등 사회통합을 위한 다양한 방안을 강구하고 이러한 사회혜택의 접근권에 대해 이민자들이 차별받지 않도록 한다. 넷째, 제5공화국 헌법이 명시하고 있듯이 이민자들 또한 프랑스 국민으로서의 정체성을 가지고 사회에 통합할 수 있도록 한다. 이러한 업무를 추진하는 이민 · 통합 · 국가 정체성 및 공동발전부의 조직도를 살펴보면 다음과 같다.

이 부처는 사르코지 정부에 들어서서 새롭게 신설된 부처로서 총 비서실과 그 산하에 부처의 중심기능을 담당하고 있는 이민국과 시민권 및 통합관리국이라는 두 개의 국이 계선에 위치하고 있다. 망명실을 비롯하여 각 국 아래 기능별로 실이 위치하고 있다. 또한, 이민 · 통합 · 국가 정체성 및 공동발전부는 유럽 및 외교부와 긴밀한 협조관계를 맺으면서 관련정책을 조율하고 발전시켜 나간다. 한편, 이민 · 통합 · 국가 정체성 및 공동발전부의 일선기관으로서 사회융합과 기회의 평등을 위한 기관(ACSE: Agence pour la cohésion sociale et l'égalité)과 외국인과 이민자를 위한 국가기관(ANAEM: Agence nationale d'accueil des étrangers et des migrants)을 창설하여 운영하고 있다.

(6) 법무부(Ministère de la Justice)

프랑스 법무부는 총체적으로 법적인 일과 관련된 인력, 기구, 정보 등을 관리하고 통합한다. 그리고 가족법, 국적법, 형법 등과 같은 특수한 분야의 법령 및 규칙 제정을 정비하고, 법관을 관리보호하며, 법과 관련된 정책의 향방을 결정하는 기능을 담당하고 있다. 법무부는 크게 비서실(Secrétariat de la Justice), 다섯 개의 국(Directions)으로 구성되는데, 이에는 법무국(Direction des services judiciaires), 민사국(Direction des affaires civiles et du Sceau), 형사국(Direction des affaires criminelles et des grâces), 교정국(Direction de l'administration pénitentiaire),

청소년 보호국(La direction de la protection judiciaire de la jeunesse)이 있다. 다음으로, 법무담당실(Inspection générale des services judiciaires), 거버넌스 위원회(Comité de gouvernance), 법무부 재무감사실(Contrôleur budgétaire et compatable ministériel), 부패방지 중앙실(SCPC: Service de prévention de la corruption), 법무부지를 위한 공공기관(Agence Publique pour l'Immobilier de la Justice), 법무부 산하학교(les Écoles du Ministère) 등이 법무부 하부 조직으로 구성된다. 이러한 프랑스 법무부 조직도는 다음과 같다.

이번 사르코지 정부에서는 법무부 내부적인 조직개혁은 그리 두드러지지 않으나, 현 법무부 장관인 하시다 다티(Rachida Dati)가 각 지역에 존재하고 있는 법원별 개혁을 추진하고 있다. 이번 프랑스 법무부 개혁은 사법의 질을 높이고, 프랑스 지역현실을 반영한 사법 균형을 추진하는 데 초점을 두고 있다.

〈그림 3-1-10〉 법무부 조직도

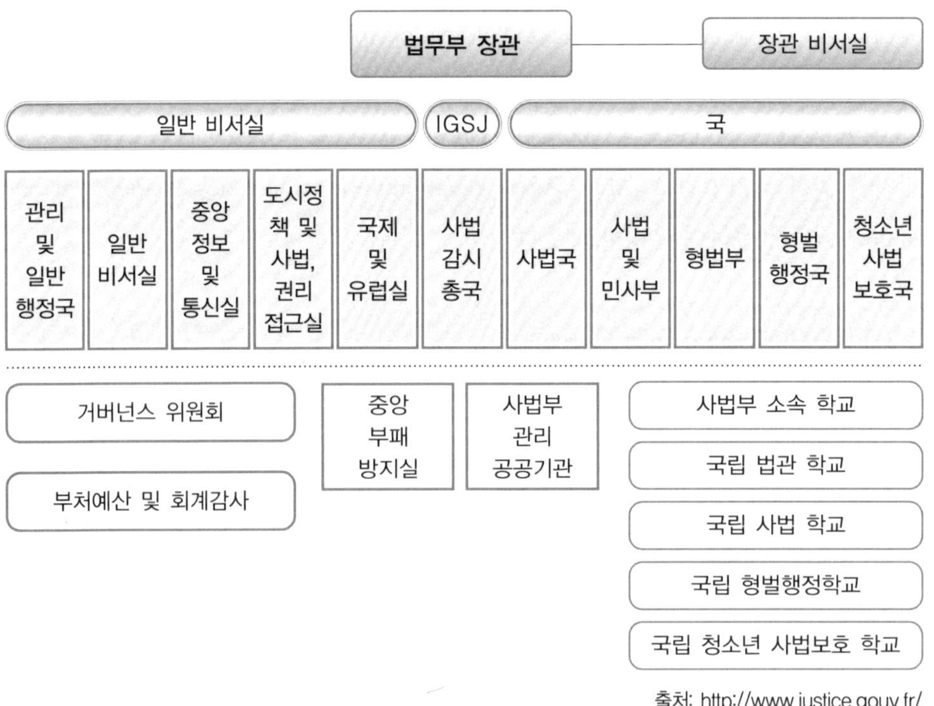

출처: http://www.justice.gouv.fr/

(7) 농림수산부(Ministère de l'Agriculture et de la Pêche)

농림수산부는 농업, 농촌, 해양수산 및 산림과 관계된 영역에서 정부의 정책을 책임지고 있는 부처이다. 대개의 행정이 공공농업정책(PAC: la politique agricole commune)과 공공수산정책(PCP: la politique commune des pêches)의 틀 안에서 이루어지고 있다. 또한 프랑스 농림수산부는 건강과 식품소비 기능을 담당하고 있는 부처들과 긴밀하게 연관관계를 유지하면서 식품정책을 대비하고 있다.

농림수산부는 전통적으로 농업국가인 프랑스에서 농림부로 그 틀을 계속 유지해온 부처의 예이다. 상황에 따라 산림행정기능이 추가되어 '농업 및 산림부(Le Ministère de l'Agriculture et de la Forêt)'로 되거나 어업과 식품관련 행정기능이 추가되어 '농업, 어업 및 식품부(Le Ministère de l'Agriculture et de la Pêche et de l'Alimentation)'로 바뀌는 경우가 자주 있다. 또한 1988년에는 '농업 및 농촌개발(Le Ministère de l'Agriculture et 여 Développement Rural)'로 농촌개발기능을 강조하는 조직유형을 택한 바 있다(임도빈, 2002: 41). 2008년 현재는 수산행정기능이 추가되어 농림수산부(Le Ministère de l'Agriculture et de la Pêche)로 공식명칭이 쓰이고 있다.

프랑스 농림수산부는 식품의 전 세계화, 환경문제, 환경오염으로 인한 지구온난화, 에너지 문제 등을 현 시점에서 새롭게 다루어야 할 주요 주제로 상정하고 부처의 방향을 정했다. 따라서 행정의 효율성을 높이고자 행정 조직 개편도 좀 덜 분화되고, 농업, 수산업, 소비자 정책 간의 긴밀한 협조가 이루어질 수 있도록 이루어졌다. 공공정책진단을 통해 지역수준의 추진 기관을 강화시키면서 중앙조직을 간소화하고, 도(départment) 수준의 기관 설립을 도모하여 좀 더 시민들에게 다가가고 부처간의 소통을 원활하게 하고자 하였다. 이에 따라 프랑스 농림수산부의 중앙행정부는 첫째, 4개의 기술적인 영역을 담당하고 있는 국(directions)과 이들을 조율하는 역할을 담당하고 있는 비서실(le secrétariat général)로 재편되었다. 이러한 중앙 행정 조직의 개혁은 2008년 7월 1일부터 시행되었으며, 대부처 기능중심으로 조직통폐합을 통해 이루어졌다. 이 가운데, 농림수산부 비서실은 총체적으로 인적지원관리, 재정, 실의 구성, 정보 및 커뮤니케이션, 농업 통계와 이에 따른 전망, 농림수산 분야의 사법적 업무와 부처의 현대화를 위한 정책작업 등의 기능을 담당한다. 이하 4개의 국은 식품국(La Direction Générale l'Alimentation), 농림수산 교육국(La Direction Générale de l'Enseigement de la Recherche), 농림, 식품 및 영토 정책국(La Direction Générale des Politiques Agricole, Alimen-taire et des territoires), 해양수산국(La Direction Générale des pêches maritimes et de l'aquaculture)이다. 프랑스 농림수산부의 중앙조직도는 〈그림 3-1-11〉과 같다.

둘째, 이전에 특별보조기관(AUP: l'Agence unique de paiement)과 농업발전과

〈그림 3-1-11〉 농림수산부 조직도

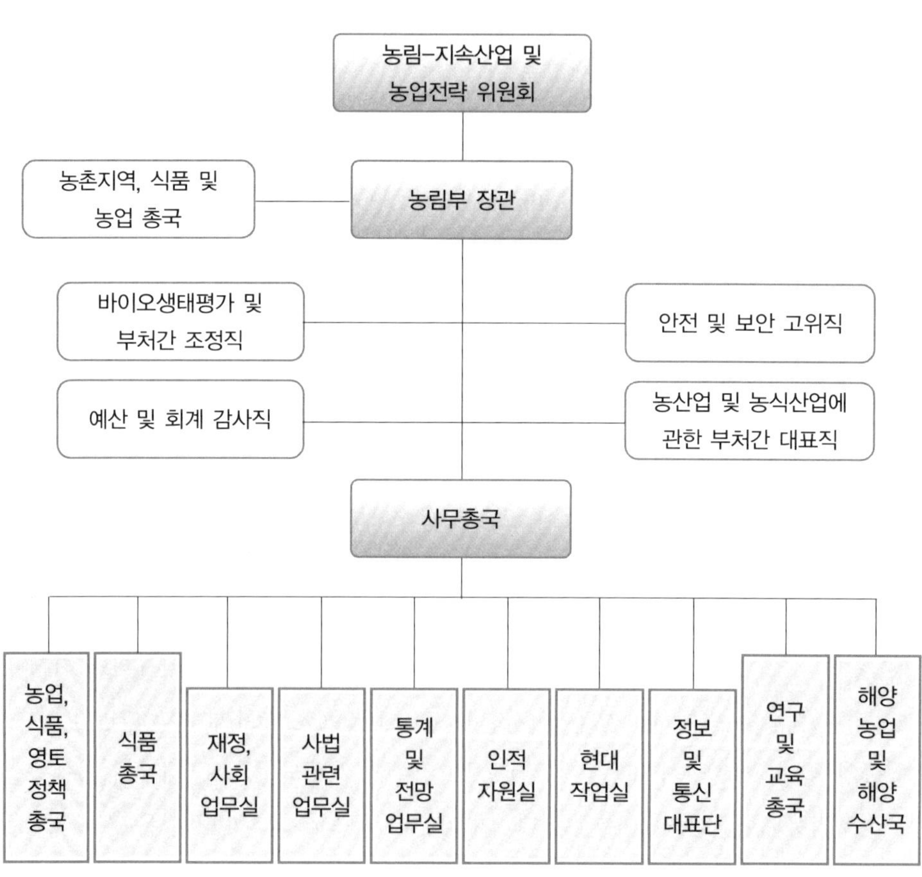

출처: http://agriculture.gouv.fr/

구조조정을 위한 국가기구(CNASEA: le Centre national pour l'aménagement de structures et de exploitations agricoles)의 두 기관을 하나로 합쳐서 특별 농업보조기구(un orgarnisme unique paiement des aides agricoles)를 설치할 계획을 발표하였다. 2009년 1월에 시행될 이 개편작업을 통해 프랑스 농림수산부는 농민을 위한 직접 보조, 대화창구 역할 및 농촌개발을 위한 조치 등을 효율적으로 수행하는 동시에 3년 동안 7천만 유로의 관리비용을 절감할 수 있는 효과를 기대하고 있다.

셋째, 프랑스 농림수산부는 농업진흥청(offices d'intervention agricoles)을 단일기구로 통합하기로 결정하였다. 이를 통해 프랑스 농림수산부는 연계작업이 요구되는 일들을 한 곳으로 모아 시너지 효과를 기대하고, 규모의 경제를 누리며, 서비스의 질을 향상시킬 수 있을 것이라고 예상하고 있다.

넷째, 지역수준에서 2008년 1월부터는 수산업 감독 기관을 단일화하며, 2009년 1월과 2010년 1월에는 지역에 흩어져 있던 농림수산부의 실(services)들을 현대화하는 작업을 시행하기로 결정하였다. 또한, 지역 정책 추진기관을 강화하면서도 수준의 농업 및 임업 국(directions départementales)을 융합하는 조직개편도 시행하고 있다.

(8) 노동 · 사회관계 및 연대부(Ministère du Travail, des Relations sociales, de la Famille et de la Solidarité)

프랑스 노동 · 사회관계 및 연대부의 기능을 장관의 소관업무를 통해 살펴보면 다음과 같다. 2007년 5월 31일 2007-1000 법령에 따르면, 장관은 첫째, 부처는 노동조건과 임금에 관한 권리 및 집단 협상 등에 관한 규칙을 제정하고, 둘째, 가족, 육아, 노인, 장애인 등과 관련된 정부정책과 사회전문직업에 관한 정책을 고안하며, 셋째, 사회안전기관의 행정관리와 관련된 연금, 직업병, 근로사고, 수당 등의 규정을 논의한다.

또한, 조직적인 측면에서 프랑스 노동 · 사회관계 및 연대부 장관은 노동총국(Direction générale du travail), 행정 및 서비스 현대화국(Direction de l'administration générale et de la modernisation des services), 부처간 불법노동퇴치 대표단(Délégation interministérielle à la lutte contre le travail illégal), 부처간 가족대표단(Délégation interministérielle à la famille), 부처간 장애인을 위한 대표단(Délégé interministériel aux personnes handicapées) 그리고 평등과 여성권실(le service des droits des femmes et de l'égalité) 등을 관리한다.

한편, 특이한 것은 부처간의 협력이 필요한 경우 노동 · 사회관계 및 연대부 장관이 관련 부처 장관의 업무소관을 밀접히 관할한다는 점이다. 첫째, 경제 · 재정 및 고용부 장관의 협력하에 통계연구활동국(Direction de l'adnimation de la recherche, des études et des statistiques)과 사회경제 및 사회실험을 위한 부처간 기획단(Délégation interministérielle à l'éxperimentation sociale et à l'écono-mie sociale)을 통솔하는 일 등이 있다. 둘째, 이민 · 통합 · 국가 정체성 및 공동발전부 장관과의 공동지휘하에는 이민 및 인구총국(Direction de la population et des migrations)을 관장하고 있다. 셋째, 보건 · 청소년 및 체육부 장관과의 협력 하에는 사회관련 일을 책임지는 부처들의 사무총장(Secrétaire général des ministères chargés des affaires sociales), 예산 · 인사 행정총국(Direction de l'administration générale, du personnel et du budget), 국제 및 유럽관계 대표단(Délégation aux affaires européennes et internationales), 정보 및 통신대표단(Délégation à l'informatino et à la communication) 등의 조직을 관장하고 있다. 셋째, 주택 · 도시부 장관과의 공동관리국으로는 사회행동총국(Direction générale de l'action sociale)이 있다. 넷째, 보건 · 청소년 및 체육부 장관과 예산 · 공공회계 및 총무부 장관과 공동으로 통계, 평가, 연구활동국(Direction de la rechereche, des études, de l'évaluation et des statistiques)과 사회안전국(Direction de la sécurité sociale)을 책임지고 있다. 또한, 전문교육 및 고용 대표단(Délégation générale à l'emploi et à la formation professionnelle)을 관장하고 필요한 경우에 건강관리 및 병원국(Direction de l'hospitalisation et de l'organisatino des soins)의 업무를 관리하기도 한다. 이를 도식화하면 〈그림 3-1-12〉와 같다.

〈그림 3-1-12〉 노동 · 사회관계 및 연대부 유관 조직도

노동 · 사회관계 및 연대부 장관

- 부처간 가족대표단
- 노동총국
- 부처간 불법노동퇴치 대표단
- 행정 및 서비스 현대화국
- 부처간 장애인을 위한 대표단
- 평등과 여성권실

경제 · 재정 및 고용부 장관 부서

- 통계연구활동국
- 사회경제 및 사회실험 부처간 기획단

이민 · 통합 · 국가 정체성 및 공동발전부 장관 부서

- 이민 및 인구총국

보건 · 청소년 및 체육부 장관 부서

- 사회관련 일을 책임지는 부처들의 사무총장
- 국제 및 유럽관계 대표단
- 정보 및 통신대표단
- 사회총감사국

주택 · 도시부 장관 부서

- 사회행동총국

예산 · 공공회계 및 총무부 장관 부서

- 통계, 평가, 연구활동국
- 사회안전국

필요한 경우

- 전문교육 및 고용 대표단
- 건강관리 및 병원국

출처: http://www.travail-solidarite.gouv.fr/

(9) 국가교육부(Ministère de l'Education Nationale)

프랑스 국가교육부는 다섯 가지 기본원칙 하에서 교육과 관련된 정책을 펼치고 있다. 교육의 자율성(La liberté de l'enseignement), 무상교육(La gratuité), 중립성(La neutralité), 무종교성(La laïcité), 의무교육(L'obligation scolaire) 등이 바로 다섯 가지 주 원칙이며, 이에 따라 교육부 조직이 기능하고 있다. 이러한 원칙 하에서 교육정책을 확립하고자, 각국과 실, 과의 형태로 세부조직이 구성되며, 교육감독기능을 하는 기관 및 교육정책에 관한 전문적인 사항을 자문하는 기관들로 중심기관이 조직되어 있다.

좀 더 구체적으로 중앙 행정기관의 조직을 살펴보면, 첫째, 국가교육부 장관을 중심으로 장관비서실과 부처 사무국이 있으며, 국가교육부 핵심 기능 조직으로 먼저 교육총국(direction générale de l'enseignement scolaire)과 비서실(Secrétariat général)이 있다. 교육총국은 교육조직과 교육기능에 관련된 규칙을 제정하는 일을 담당한다. 인적자원총국과 긴밀한 관계를 맺으면서, 교육인력의 모집과 제1, 2차 교육 및 평생교육정책의 방향에 대해 논의한다. 즉, 교육총국은 프랑스 국가 교육의 가장 기본적인 방향을 확립하는 업무을 전담한다고 할 수 있다. 비서실장은 행정현대화에 관한 정책을 결정하고, 부처 내에서 예산프로그램의 성과목표를 정한다. 둘째, 일반 교육 감독기능을 담당하는 기관으로는 국립교육감독(Inspection générale de l'éducation nationale)과 연구 및 국가교육행정감독(Inspection générale de l'édu-cation nationale et de la recherche)이 있다. 셋째, 교육분야의 전문적인 일을 자문하는 기관들로는 교육방법, 프로그램, 조직, 교육체계의 결과 등과 관련된 구체적인 법안을 논의하는 교육최고위원회(Le haut conseil de l'éducation), 국익과 관련된 교육 공공서비스 및 목표에 대해 의견을 교환하는 교육고등위원회(Conseil supérieur de l'éducation), 고등학교 교육 내에서 부모들의 역할, 사회, 문화, 운동 및 학업에 관한 문제를 논의하는 고등국가위원회(Conseil national de la vie lycénne) 등이 있다. 프랑스의 국가교육부 조직도는 다음과 같다.

〈그림 3-1-13〉 국가교육부 조직도

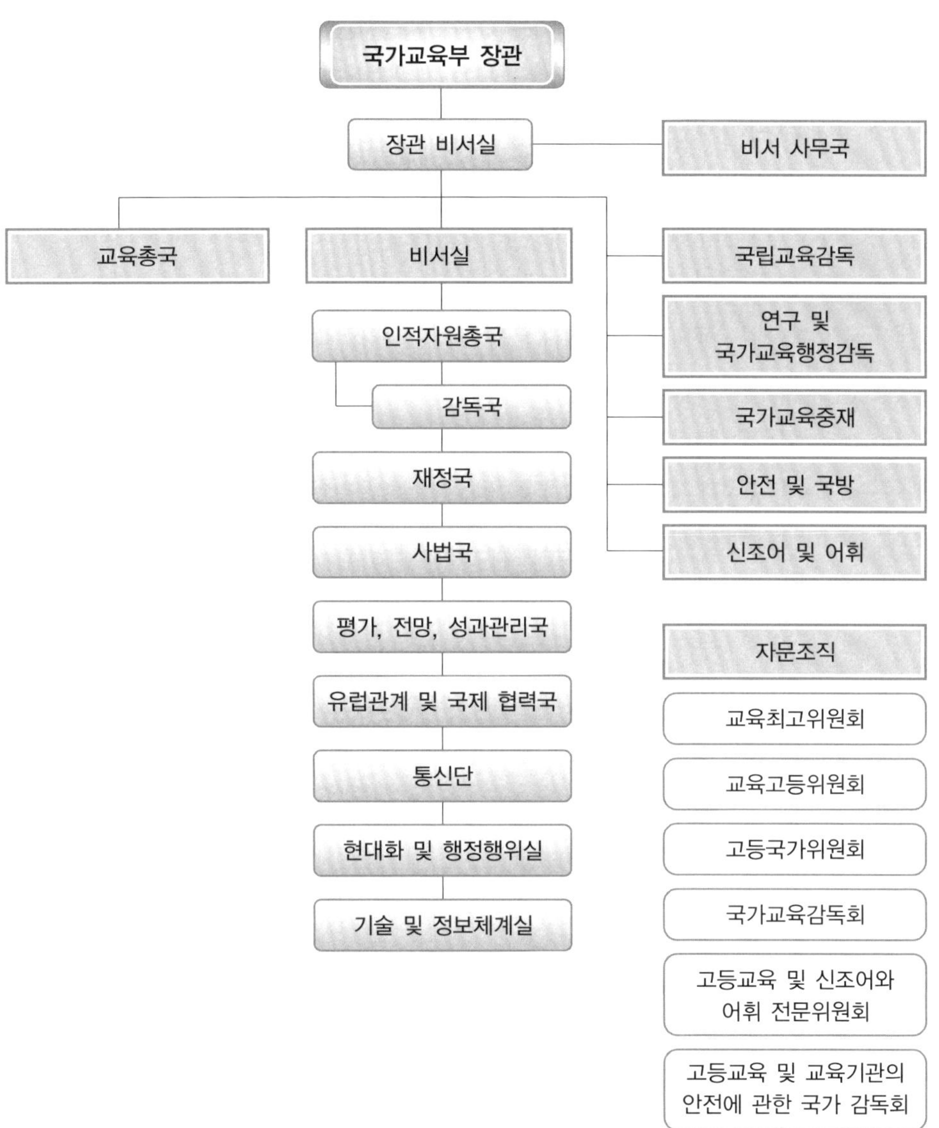

출처: http://www.education.gouv.fr/

(10) 대학교육 및 연구부(Ministère d'Enseignement supérieur et de la Recherche)

프랑스 대학교육 및 연구부는 각국과 실, 과로 조직된 중앙계선 조직, 일반감독 기능을 수행하는 기관 및 전문적인 사항을 자문하는 기관들의 세 부분으로 구성되며, 교육부와 매우 유사한 형태를 띠고 있다.

장관 직속에 위치한 장관 비서실은 고등교육일반총국(Direction générale de l'Enseignement supérieur)과 혁신 및 연구 총국(Direction de la Recherche et de l'Innovation)을 하부조직으로 가지고 있다. 고등교육일반총국은 대학입학자격시험이후의 대학일반교육 및 고용 재교육과 같은 평생교육 방향과 관련된 정책을 확립하는 역할을 담당하고 있다. 한편, 혁신 및 연구 총국은 이전에 고등교육 연구부(Ministère de l'éducation nationale, de l'enseignement supérieur et de la recherche)의 중심행정기능을 통합해 놓은 기관으로, 특히 과학분야의 고용 및 연구와 관련한 국가정책을 결정하고, 부처간 고등교육 및 연구 업무 프로그램을 추진하는 기능을 한다. 감독기능을 담당하는 조직은 교육부와 매우 유사한 형태이나, 인터넷 사용 대표단(La délégation aux usages de l'internet)이 조직화되어 있는 특징이 있다. 이 대표단은 정보사회의 이점을 전 국민이 누릴 수 있도록 하기 위한 정책을 마련하고 있다.

(11) 국방부(Ministère de la Défense)

프랑스 국방부는 국민의 안전과 대내외적으로 영토와 관련된 공공의 이익을 지키는 임무를 가지고 있다. 프랑스는 1959년의 영(ordonnance)에 명시된 총체화(Globalité), 영속화(Permanence), 단일화(Unité), 지방분산화(Déconcentration)를 국방부의 비전으로 설정하고 이를 지금까지 견지하고 있다. 즉, 프랑스 국방부는 전 국민과 전 국가영역의 군사 방위와 관련된 상황을 총체적으로 책임지고, 평화시기에도 국방 체제를 영속적으로 유지하고자 한다. 또한, 국방 통수권자로서 대통령의 지도 하에 단일계통의 지휘를 받으며 전략적인 차원에서 각 지방에 국방임무를 분산하고 있다. 2008년 현재, 프랑스 국방부 장관은 에르베 모랑(Hervé Morin)으로서 국방조직을 통솔하고 국방인력 및 국방 인프라를 관리하고 실현시

〈그림 3-1-14〉 대학교육 및 연구부 조직도

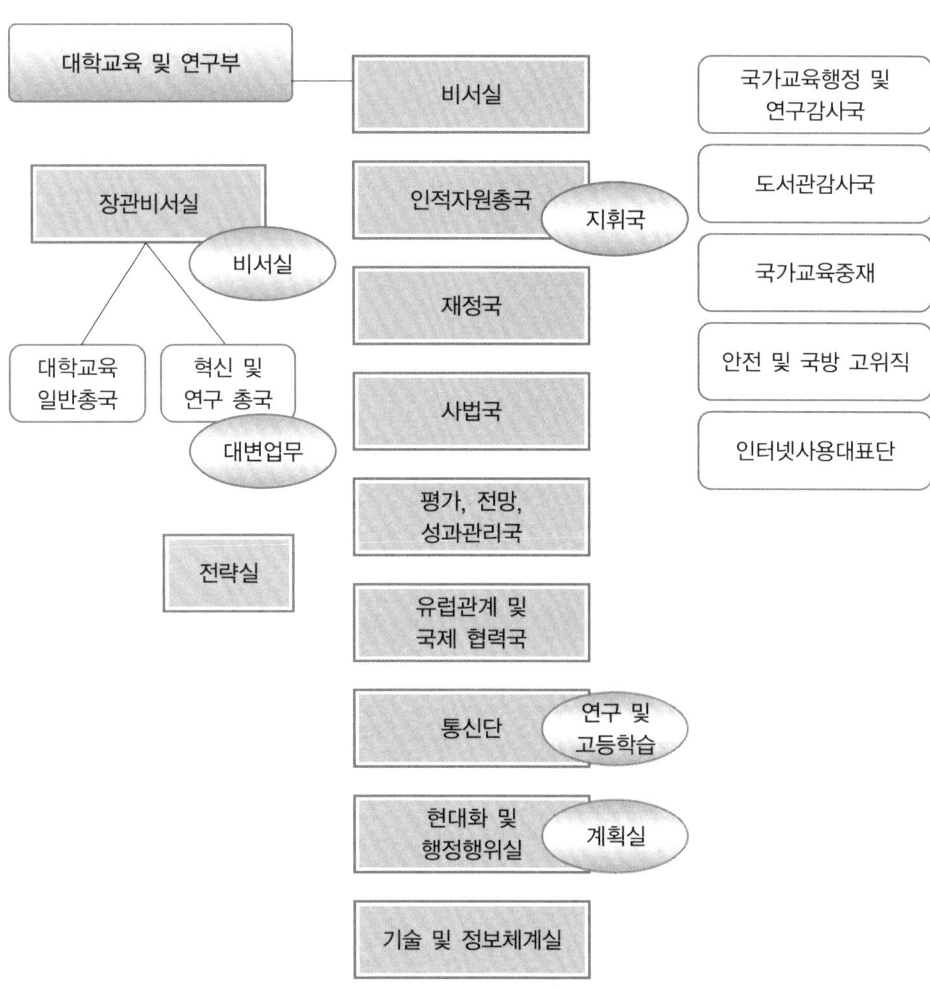

출처: http://www.enseignementsup-recherche.gouv.fr/

키는 역할을 담당하고 있다. 그리고 국방부 내의 국방참모부(CEMA: le chef d'état-major des armées), 군사력정비총괄부(DGA: le délégué général pour l'armement) 와 국방행정비서실(SGA: le secrétaire général pour l'administration)에서 국방장관을 보좌하고 있다. 프랑스 국방부의 간략한 조직도표는 다음과 같다.

〈그림 3-1-15〉 국방부 조직도

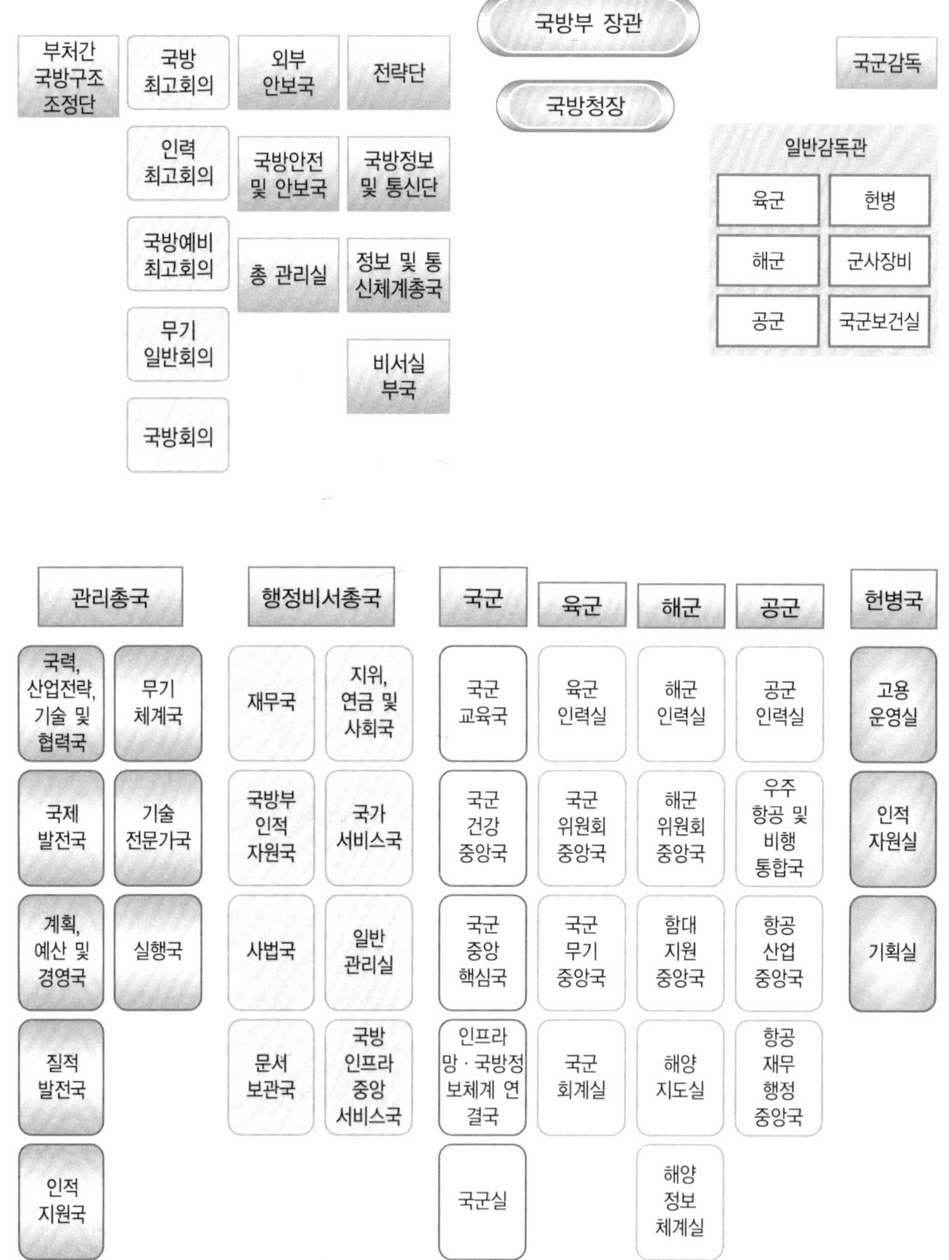

출처: http://www.defense.gouv.fr/

사르코지 정부는 행정 효율성, 서비스의 질 향상과 국가 재정 제고라는 행정개혁의 연장선상에서 국방부를 현대화하기 위한 작업을 본격적으로 시작하였다. 이에 따라 지난 3월에 대통령에게 제출하는 국방 백서를 통해 국방부 조직개혁에 대한 총체적인 그림을 제시하였다. 프랑스 국방 개혁을 구조적인 측면에서 살펴보면, 다음과 같은 특징이 새롭게 두드러진다.

첫째, 국가차원의 국가안전(Sécurité Nationale) 기능과 관련하여 새로운 정책추진기관인 국방안전보장위원회(Le Conseil de la défense et la sécurité nationale), 국가정보위원회(Le Conseil national du renseignement), 국방안전보장자문위원회(Le Conseil consultatif sur de la défense et la sécurité nationale)를 신설한 점이다.

이 가운데, 국방안전보장위원회는 대통령에 의해 주관되며, 국방 및 국가 안보에 관한 총체적인 책임을 관장하는 신설기구이다. 이 새로운 기구는 국방위원회, 국가정보위원회 및 핵무기, 정보, 국제위기 등과 같은 국가위기를 관장하는 위원회 등의 각기 전문화된 기능을 담당하는 위원회들을 통합하고 있다. 국방안전보장위원회는 대통령, 수상, 외무부 장관, 내무부 장관, 국방부 장관, 재정경제부 장관 등으로 구성되고, 논의되는 문제의 성격에 따라 관련 장관들이 위원회에 참석하는 형태를 띠게 된다. 국방안전보장위원회의 조직도는 다음과 같이 나타난다.

둘째, 국방부 내에 신설된 조직으로서 우주국방사령부(Le Commandement interarmées chargé de l'Espace), 국방투자에 관한 부처간 협의회(Le Comité ministériel des investissements de défense), 국방재정위원회(La Comité financier du ministère de la défense)를 들 수 있다. 우주국방사령부는 국군 사령관(chef d'état-major des armées)의 지휘 하에 통솔되며 특히 우주항공과 관련된 사항을 다룬다. 국방투자에 관한 부처간 협의회는 국방부장관에 의해 주관되며 정책추진 이전에 가장 중시되는 부처의 현안이 무엇인지 살펴보고 정책추진에 관한 재정경제 정보를 부처간에 함께 논의하는 협의체이다. 국방재정위원회는 행정사무총장(le secrétaire général pour l'administration)이나 재정감독관(le directeur des affaires financières)에 의해 주관되며, 국방부처와 국가재정을 담당하는 부처간의

〈그림 3-1-16〉 국방안전보장위원회 조직도

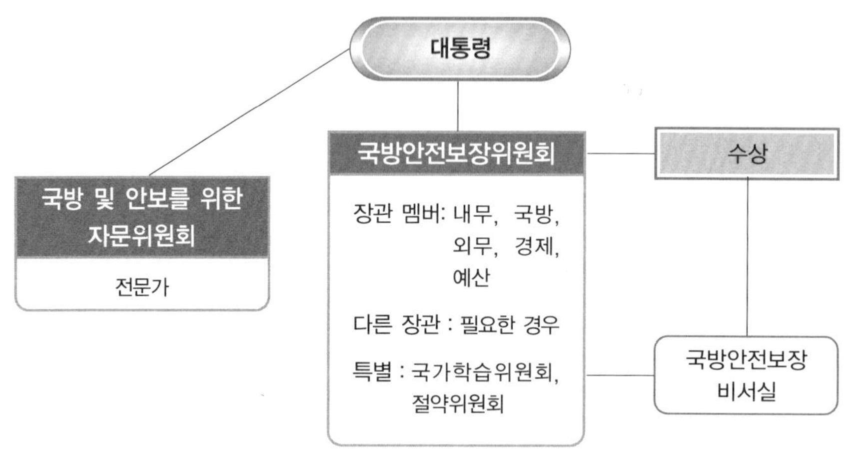

출처: Livre blanc sur la défense et la sécurité 2008(http://www.defense.gouv.fr/livre_blanc)

내부 의견을 조율하기 위한 목적으로 신설되었다.

한편, 조직 통폐합의 구체적인 모습으로는 발라르(Balard) 프로젝트가 시행될 예정이다. 프랑스 국방부는 파리 15구에 위치한 발라르에 2012년까지 육 · 해 · 공군 사령부를 하나로 통폐합하는 발라르 프로젝트를 실행할 계획이다. '프랑스판 펜타곤(미 국방부 청사)'을 짓는다고 할 수도 있는데, 이는 국방 관련 업무를 한데 모아 국방부처간의 거버넌스를 개선하고 국방조직을 집중화시킴으로써 인력업무 조건을 개선하고 효율성을 달성하는 데 그 목적을 두고 있다.

(12) 보건 · 청소년 및 체육부(Ministère de la Santé, de la Jeunesse, des Sports et de la Vie associative)

프랑스의 보건 · 청소년 및 체육부는 프랑스의 체육정책 방향을 선도하고, 스포츠 진흥을 위한 조직 및 규칙과 법 등의 정책을 확립한다. 중앙행정부서는 네 개의 국으로 구성되며, 각 지방행정의 집행을 관할하는 국의 구조를 지니고 있다. 구체적으로는 인적자원, 행정, 일반조정 총국(Direction des ressources humaines, de l'administration et de la coordination générale), 스포츠국(Direction des sports),

〈그림 3-1-17〉 보건 · 청소년 및 체육부 조직도

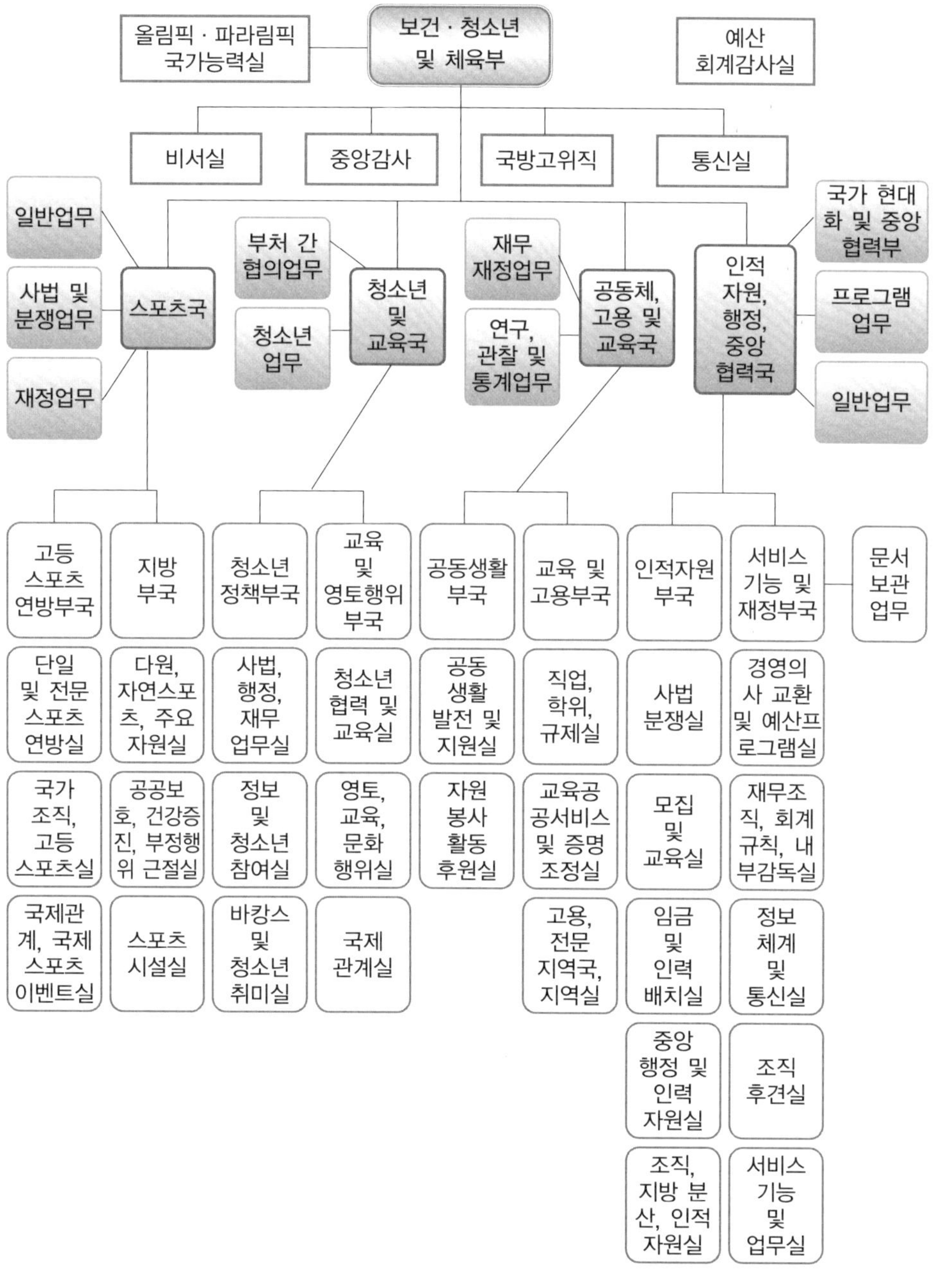

출처: http://www.jeunesse-sports.gouv.fr/

청소년 및 일반교육국(Direction de la jeunesse et de l'éducation), 고용 및 교육국(Direction de la vie associative de l'emploi et des formations)의 4국과 일반감사(Inspection générale)와 통신실(Bureau de la communication)로 중앙행정이 조직되며 다음과 같이 도식화된다.

(13) 주택 · 도시부(Ministère du Logement et de la Ville)

사르코지 정부는 2007년 5월, 기존에 주택과 도시로 나뉘어 있던 정부의 기능을 긴밀하게 연계한 주택 · 도시부를 신설하고, 장관으로는 크리스틴 부텡(Christine Boutin)을 임명하였다. 프랑스의 주택 · 도시부는 도시의 주택난, 사회적 배제 문제, 사회 안전, 건설혁신 등 프랑스의 도시상황과 주택 문제에 관한 총괄적 정책을 다루고 있다. 사르코지 정부 이전에 사회주택, 주택보조 및 주거의 질과 같은 주택영역의 정책문제는 건설부(Ministère de l'équipement)나 고용, 일자리 및 사회통합부(Ministère de l'emploi, du travail et de la cohésion sociale)에서 다루어져 왔었다. 또한, 도시문제가 중앙정부차원에서 본격적으로 논의되기 시작한 시기는 1990년 이후라고 할 수 있는데, 지금까지 노동부(Ministère du travail), 사회, 노동 및 사회연대(Ministère des affaires sociales, du travail et de la solidarité), 고용, 일자리 및 사회통합부(Ministère de l'emploi, du travail et de la cohésion sociale) 등에서 본 부처와 관련된 도시정책을 담당해왔다. 직접적인 재정지원을 위해 프랑스 주택 · 도시부는 금융기관인 국립공탁은행을 보유하고 있으며, 하부 조직으로 각 관련지역과 도에 중앙부처 특별행정기관을 두고 있었다(임도빈, 2002).

현재, 프랑스의 주택 · 도시부는 첫째, 자연, 거주 및 관리일반총국(Direction générale de l'amenagement, du logement et de la nature), 둘째, 공공주택발전을 위한 부처간 대표부(DIDOL: Délégation Interministérielle pour Développer l'Offre de Logements), 셋째, 사회복지주택을 위한 부처간 감사단(Milos: La Mission interministérielle d'inspection du logement social) 그리고 넷째, 거주지국가위원회(CNH: Le Conseil national de l'habitat)로 구성되어 있다. 각 조직기관

의 기능을 살펴보면 다음과 같다.

첫째, 자연, 거주 및 관리일반총국에는 거주지, 도시화 그리고 환경국(Direction de l'ha-bitat, de l'urbanisme et des paysages), 물과 생물다양성국(Direction de l'eau et de la biodiversité), 성과 및 일반업무실(Service des affaires générales et de la performance) 등이 속해 있다.

둘째, 공공주택발전을 위한 부처간 대표부 하에 2005년 9월 29일의 2005-1243 정부령에 의해 보다 효율적인 거주지 제공발전을 위한 부처간 위원회를 개설하고, 수상의 주재하에 거주, 예산, 내무 등 관계장관들이 참여하였다. 이 위원회는 앞으로 거주와 관련된 프랑스 정책의 발전 방향 및 부동산정책 등을 건설적으로 논의하는 역할을 담당하고 있다.

셋째, 사회복지주택을 위한 부처간 감사단은 주택 및 도시부와 경제부의 이중 감독을 받고 있다. 일명 밀로(Milos)라고 불리는 이 기관은 사회거주지의 적합성을 국가 수준에서 감독하고, 다른 국가기관의 경영을 체계적으로 평가하며, 거주지 건설과 관련된 법령이나 규칙 등의 합법성을 검토한다.

넷째, 거주지국가위원회는 1983년 6월 8일자 83-465 법령에 의해 창설되었으며, 당시에 주택 및 도시부의 기능을 담당하던 거주 및 건설부처의 지도하에 위치한 자문기관의 성격을 가지고 있다.

(14) 문화 · 통신부(Ministère de la Culture et de la Communication)

프랑스의 문화 · 통신부는 방송매체와 신문언론 분야에 대한 정부의 정책을 마련하고, 다른 부처와의 연계를 통하여 방송매체의 창설과 발전을 위한 정부정책을 수립하고 있다. 또한, 문화재 및 문화유산의 보호에 힘쓰며, 중요한 문화 건축 사업을 조정하는 기능을 한다. 중앙행정기관으로는 일반행정총국(Direction de l'administration générale), 건축 및 유적국(Direction de l' architecture et patrimoine), 프랑스문서보존국(Direction des archives de France), 조형예술단(Délégation aux arts plastiques), 미디어개발국(Direction du développement des médias), 국제관련 업무 및 개발단(Délégation au developpement et aux affaires

〈그림 3-1-18〉 문화 · 통신부 조직도

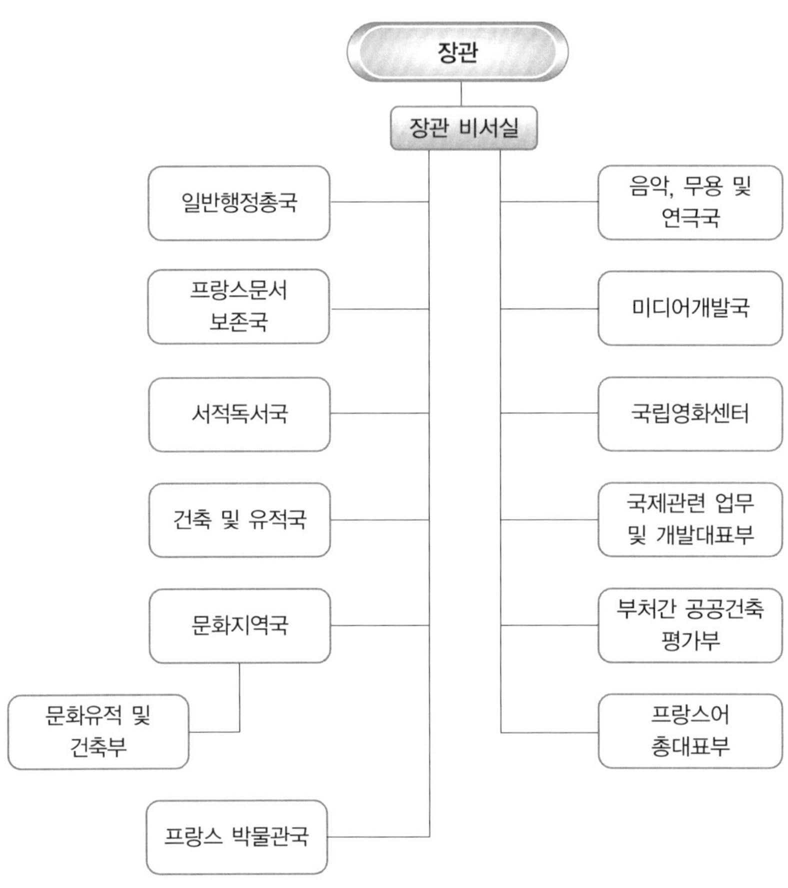

출처: http://www.culture.gouv.fr/

internationales), 서적독서국(Direction du Livre et de la Lecture), 음악, 무용 및 연극국(Direction de la musique, de la danse, du théâtre et des spectacles), 프랑스 박물관국(Direction des musees de France), 프랑스어총대표부(Délégation générale à la langue française et aux langues de France), 국립영화센터(Centre national de la cinématographie), 문화지역국(Direction régionales des affaires culturelles)과 문화유적 및 건축부(Services départementaux de l'ar-chitecture et du patrimoine), 부처간 공공건축의 질적 평가부(Mission intermi-nistérielle pour la qualité des constructions publiques). 조직도는 〈그림 3-1-18〉과 같다.

(15) 예산 · 공공회계 및 인사부(Ministère du Budget des Comptes publics et de la Fonction publique)

프랑스의 예산 · 공공회계 및 인사부는 전통적으로 국가예산 및 회계, 세금과 과세, 관세 등의 기능을 담당하고 있다. 그러나 과거 프랑스 행정개혁을 주도했던 전통에 따라 개혁의 연속성을 보장하며 각 부처별로 추진되는 개혁 사항을 점검하는 역할도 예산 · 공공회계 및 인사부의 중추적인 기능이라고 할 수 있다. 먼저, 부처의 총비서실은 인력자원실, 현대화실, 예산 및 부동산 관련실, 정보체계실로 나뉘며, 행정기능을 효율성을 위해 경제, 산업 및 고용부와 함께 공동관리되고 있다. 공공회계 관련사항을 총체적으로 다루는 재정총국, 예산 및 집행과 관련된 인력, 정보, 법적 분쟁 및 국제관계사항 등을 다루는 세관 및 간접권리총국, 부처의 재정 및 회계상황을 점검하는 재정감독국 등으로 세부기능이 조직화되어 있다. 한편, 앞서 살펴본 행정개혁을 다루는 조직으로는 국가현대화총국(Direction générale de la modernisation de l'Etat), 예산국(Direction générale du budget), 행정 · 인사총국(Direction générale de l'administration et de la fonction publique)이 있다.

한편, 2007년 12월에 열린 제 2차 국가 현대화위원회에서 정부부처의 조직 진단을 통해 현재의 국가 구매 정책(la politique d'achat de l'Etat)을 증진시키기 위한 작업의 하나로 예산 · 공공회계 및 총무부 산하에 조달청(agence des achats de l'Etat)을 설립하기로 결정하였다. 지금까지는 각 기관에서 조달하는 분산형이었다. 집권형은 우리나라는 물론이고 영국, 스웨덴, 이탈리아, 독일, 덴마크 등의 OECD국가에서는 이미 시행하고 있는 방식으로 국가의 각종 재화와 서비스에 관해 정책을 집행하고 점검하는 운영기관이라 할 수 있다. 이 운영기관은 가장 효율적인 정부 계약 방식을 결정하여 현재의 국가 행정부 구매사항을 조정하여 중추적인 추진기관으로서의 위치를 확립하고자 한다. 또한 각 부처에 구매 담당관을 임명하여 부처의 구매상황을 책임지고, 특히 국방부에서 수행하는 구매업무 등에서

〈그림 3-1-19〉 예산 · 공공회계 및 인사부 조직도

출처: http://www.budget.gouv.fr/

투명성과 구체성을 확보하도록 하는 업무를 담당한다.

12) 앞서 행정조직의 개편 추진기구에서 살펴본 국가현대화총국(DGME), 행정 및 인사총국, 그리고 예산국과 예산 · 공공회계 및 총무부와의 조직적 관계는 이와 같다.

13) 경제, 산업 및 고용부와 공동관리되는 조직으로 공공기능 및 행정총국과 재정총국과의 공동관리 하에서 국가경쟁력과 관련된 업무를 담당하는 실이다.

III. 프랑스 행정 조직문화: 나폴레옹식 전통(Napleonic tradition)

조직문화는 일반적으로 조직 구성원들이 외부적응과 내부통합의 문제를 해결하면서 타당하다고 학습되는 지각, 사상 및 신념 등의 공유된 패턴을 의미한다(Schein, 1980, 1985, 1992: 12; Kathryn A Baker, 2002: 3 재인용). 따라서 조직 문화는 쉽게 변하지 않으며, 조직의 새로운 구성원들이 끊임없이 조직에 순응하도록 구성원의 행동양식을 재생산하는 역할을 한다(B. Guy Peters, 2002)[14]. 그러므로 경로의존적인 제도적인 특성과 행정인의 특성을 통해 행정조직 문화를 살펴보는 것은 프랑스 행정을 이해하는 데 의미있는 일이라고 할 수 있다.

프랑스는 역사적으로 오랫동안 국가가 강력한 규제자이자 공공이익의 보호자로서 기능하는 강한 공권력, 강한 국가(puissance publique, Etat) 문화를 확립해왔다. 현재의 프랑스 행정시스템은 로마시기와 중세시기로까지 그 연원을 거슬러 올라갈 수 있으며, 1789년의 시민혁명을 거쳐 나폴레옹시기와 제5공화국까지의 전통이 누적된 결과물이라 할 수 있다. 특히, 1900년부터 1960년까지는 행정시스템이 거의 변화를 겪지 않고 나폴레옹 전통(Napleonic tradition)을 유지해오고 있다(Blandine Bouniol and Catherine Laurent, 2005)[15]. 국가간 행정체계전통을 경로의존성의 관점에서 비교한 가이 피터스(B. Guy Peters, 2000)도 그의 연구에서 프랑스의 행정체계를 유럽대륙의 나폴레옹식 전통을 따르고 있다고 구분하고 있다.

또한, 나폴레옹식 전통과 같은 맥락에서 프랑스 행정문화를 논하고 있는 기이 브레방(Guy Braibant, 2000)은 프랑스 행정부의 전통 모델을 단순하고, 국가적이고, 중앙집권적이고, 계층적이며, 비밀스럽고 또 합법적라는 여섯 개의 형용사로 표현하고 있다.

---

14) http://www.ruc.dk/demnetgov_en/Conferences_and_Seminars/pathdep_seminar_16._februar/path_dep_and_public_sector/

15) http://go.worldbank.org/HDGWMPFZO0(French Administrative Tradition: 프랑스 행정의 전통)

〈표 3-1-6〉 나폴레옹식 전통 국가 행정의 주요 특징

국가의 법적 실체 여부	국가-사회 관계	정치조직 형태	정책 스타일의 원리	분권형태	행정원칙의 주도적 접근방식	나라
있음	대립관계 (antagonistic)	자코뱅 "단일의 불가분의 조직형태"	조합주의자 법중시	지역화된 단일중앙 국가	공법주의	프랑스, 이탈리아, 스페인 (1978까지), 포르투갈, 퀘벡, 그리스, 벨기에 (1988년까지)

출처: Loughlin, 1994; B. Guy Peters, 2000 표 1 네 국가전통의 주요 특징(Table 1: Key Features of Four State Traditions) 수정 재인용.

즉, 나폴레옹식 국가전통을 가지고 있는 프랑스는 표에서 보듯이 국가를 하나의 법적인 실체로서 유기체이자 불가분의 존재로 인식하고(Hayward, 1983; B. Guy Peters, 2000 재인용), 시민사회의 분열을 극복하고 하나의 국민국가를 결집하는 것을 국가행정의 목표로 삼아 왔다. 따라서 고도로 중앙집권화된 국가 전통 행정문화(Bernard, 1983; Machin, 1977; B. Guy Peters, 2000 재인용)를 지니고 있으며, 정치체제를 통한 행정의 단일성을 보장하고자 한다. 또한, 정책 스타일을 규정하는 원리와 행정원칙을 주도하는 접근방식에서 보듯이 프랑스는 대륙계 국가전통을 이어받아 법률원칙을 중시하는 행정 문화를 지니고 있다. 즉, 행정은 법적 합리성에 기초하고 있으며 행정적인 결정은 반드시 법과 규정에 따라야 한다는 강한 합법성의 문화를 가지고 있다(Cole & Jones, 2005: 569; 윤광재, 2006: 254 재인용). 이것은 국가의 존재 및 행정서비스의 계속성과 연계된다. 국민들은 과학기술의 발달 및 외국문화의 유입으로 생활의 변화를 겪게 되지만, 장기적 안정성을 담보해주는 역할을 국가가 해주기를 기대하고 있는 것이다.

국가행정의 안정성과 계속성을 확보하기 위한 방법으로 행정조직은 철저히 계

서제로 움직이는 문화를 가지고 있다. 상하의 명령복종관계가 명확히 규정되어 있고, 이에 따른 효율적인 조직운영을 도모하고 있는 것이다. 특히 상관의 경우 권한이 크지만, 노동강도나 책임면에서 부하보다도 훨씬 높다는 특성을 가지고 있다. 국립행정학교 출신으로 충원되는 고위공무원단을 비롯하여 간부급 관료들이 행정의 핵심적 역할을 수행하고 있다. 이것은 관료제 내부의 일을 대외적으로는 비밀로 하는 비밀주의와 관련된다(임도빈, 2002: 199). 즉, 국가가 중립적으로 모든 국민들에게 동일한 행정서비스를 지속적으로 제공하기 위해서는 외부 정치인 등 유력인사 등으로부터 보호를 받아야 하고, 이렇게 하기 위해서는 모든 내부사항을 비밀로 해야 한다는 것이다. 담당직원의 익명성도 이런 원리에 의해서 지켜지는 것이다.

이러한 행정문화와 조직문화 속에서 프랑스의 행정조직은 보수성을 띤다. 국민들에게 행정서비스를 무료로 제공하고, 모든 국민에게 평등하게 혜택을 부여하며, 국가의 계속성을 담보하는 차원의 행정원칙이 지켜져야 한다는 믿음이 지배한다(임도빈, 2001: 110). 국가의 기능을 민간에 넘기는 것과 같은 개혁은 곧 계속성을 포기하는 것이고, 약자에 불리한 서비스제공이 이뤄지기 때문에 거부감이 있다. 국민의 입장에서는 동일한(혹은 더 좋은) 서비스를 제공받는 범위에서 관료제 개혁을 요구하는 것뿐이고, 이것이 흔들리는 것은 용납하지 않는다. 공통된 신념체계를 공유해온 프랑스 행정인들은 일반적으로 그들이 행정개혁을 조정할 수 있을 경우에만 행정개혁을 받아들이는 소극적인 모습을 보여올 수밖에 없었다(B. Guy Peters, 2000).

제 2 장 프랑스의 인적자원관리

김 영 우(서울시립대)

I. 서 론

프랑스는 유럽에서 계급제 공무원제도를 운영하고 있는 대표적인 국가이다. 일반적으로 계급제 공무원제도를 채택하고 있는 유럽대륙의 라틴계와 게르만계 국가들은 직위분류제에 입각한 공무원제도를 운영하고 신공공관리론을 적극적으로 수용한 앵글로색슨계와 스칸디나비아 국가들에 비해 정부혁신과 인사개혁에 소극적이라고 인식되고 있다. 프랑스도 마찬가지이다. 그동안 프랑스는 재정적자 문제가 심각하게 대두되기 시작한 1980년대 이후 정부혁신을 지속적으로 추진해오고 있지만 급격하고 전면적인 방법보다는 점진적이고 부분적인 접근방법을 채택해왔기 때문에 개혁에 적극적이지 않다는 평가를 받아왔다.

그렇지만 2000년대에 들어와서 프랑스 정부는 보다 적극적인 정부 인사개혁을 모색하고 있다. 재정적자 문제와 유럽통합 등 내 · 외부의 도전에 능동적으로 대응하고 공직사회의 경쟁력을 제고하기 위해 전방위적인 노력을 기울이고 있다. 영미식의 신자유주의에 우호적인 우파 정권집권도 신공공관리론적인 색채가 강한 인사제도의 적극적인 도입 이유로 지적할 수 있다. 2007년 집권한 사르코지 정부는 '공공서비스 2012' 라고 명명한 정부혁신의 일환으로 채용제도의 개편, 인사교류의 활성화, 보수의 현실화, 교육훈련제도 개편, 노사관계의 현대화 등 인사행정 전분야를 망라하는 개혁을 추진하고 있다.

II. 중앙인사기관

유럽에서 절대왕정체제를 거친 국가들의 중앙인사기관은 일반적으로 부처형 조직형태를 채택하고 있다. 정실주의와 엽관주의의 폐해가 심했던 영미계 국가들은 중앙인사기관의 공정성과 정치적 중립성 확보가 중요한 과제로 대두되었기 때문에 19세기 중반 이후 독립단독형태의 위원회형 중앙인사기관을 설치하여 운영하기 시작하였다. 그렇지만 상비군과 더불어 절대군주제의 한 축을 구성하고 있는 실적제에 입각한 직업공무원제도가 비교적 일찍이 확립된 프랑스에서는 행정수반에 대한 보좌기능이 강조되는 부처형태의 중앙인사기관을 운영하고 있다.

제2차 세계대전 이전에는 재무부가 정부 인사관리를 관장하였다. 그러나 1945년 10월 9일 수상실 직속의 인사총무총국(direction générale de l'administration et de la fonction publique)이 설치되어 정부 인사업무를 총괄하는 역할을 담당하고 있다. 정부부처 조직과정에서 정부부처의 틀을 정하는 정부조직법이 존재하지 않고 새로운 내각이 출범할 때마다 대통령과 수상이 협의하여 정부령으로 부처의 수와 이름을 결정하는 연성조직방법을 채택하고 있는 프랑스의 특성상 그동안 중앙인사기관인 인사총무총국의 법적 지위에는 잦은 변화가 있었다. 인사총무총국은 통상적으로 세 가지 중 하나의 형태를 취한다. 수상직속의 청급으로 설치되거나, 단독으로 부처의 지위를 보유할 수 있다. 행정개혁 기능을 담당하는 조직과 함께 하나의 부처를 이루는 경우도 자주 목격할 수 있다. 정부 내에서 예산과 함께 공정성이 중요시되는 자원배분 기능인 인사업무를 담당하는 조직이 우리나라의 행정안전부처럼 집행기능을 수행하는 조직과 함께 하나의 부처로 존재하는 경우는 발견할 수 없다. 2007년 출범한 사르코지 제1기 정부에서는 중앙인사기관이 예산 · 재정 · 인사부(ministère du budget, des comptes publics et de la fonction publique)의 형태로 존재하고 있다. 인사기능과 예산기능을 한 부처에서 담당하는 형태는 매우 드문 사례로 제5공화국 출범 이후 첫 번째이다.

〈그림 3-2-1〉 인사총무총국 조직도

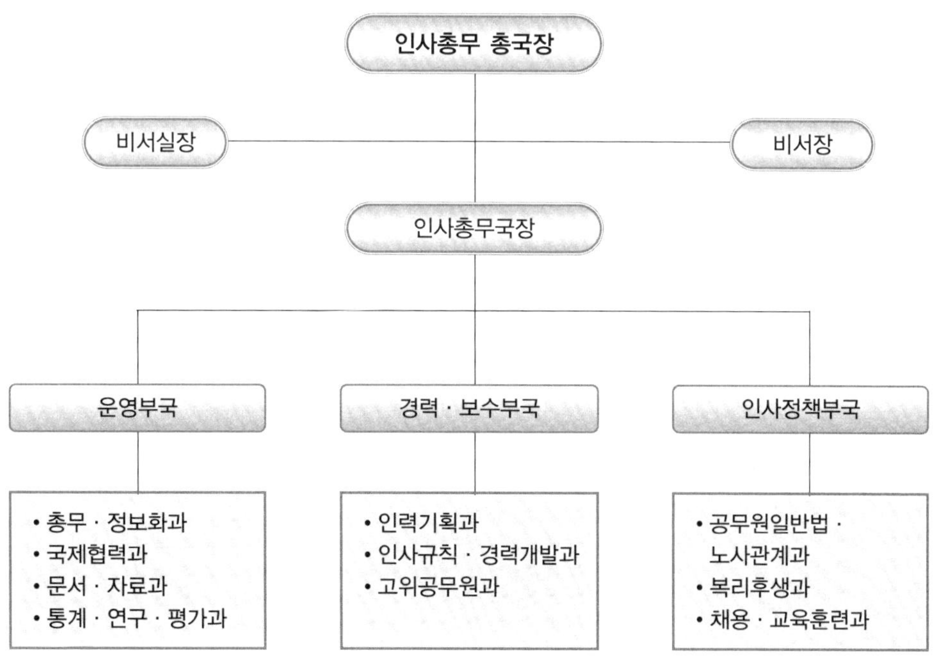

약 200명으로 구성된 예산 · 재정 · 인사부(ministère du budget, des comptes publics et de la fonction publique)의 인사총무총국이 담당하는 세 가지 주된 기능은 다음과 같다. 첫째, 정부 인사와 관련된 각종 규정의 균형과 조화를 도모한다. 둘째, 정부 측 교섭당사자로서 정부 인사정책의 원활한 집행을 위해 필수적인 공무원 노조와의 대화를 준비하고 시행한다. 셋째, 현재 추진 중인 중장기 인력계획의 수립, 인사정보화, 공무원 인사교류, 고위공무원 인사관리, 교육훈련 등 정부 인사혁신계획을 수립하고 집행을 조율한다.

III. 공직구조의 특징 및 현황

1 공무원단제도(corps)

공무원단(corps)은 프랑스의 독특한 공무원 분류단위이다. 루이 15세에 의해 1747년에 창설된 토목공무원단(Pont et Chaussée)이 공무원단의 시초이다. 공무원단제도를 정부조직에 전면적으로 도입한 사람은 나폴레옹이다. 이후 이 제도는 프랑스 공무원모델의 핵심을 이루고 있다.

국가공무원법 제29조에 따르면 공무원단은 '동일한 인사규칙의 적용을 받고 종류와 책임도가 유사한 직무를 수행하는 공무원들의 집단' 이라고 정의된다. 공무원단은 프랑스 국가공무원의 분류단위이기 때문에 채용, 승진, 보수 등 모든 인사관리가 공무원단별로 실시된다. 또한 공무원법에서 포괄적으로 규정하고 있는 사항들을 구체화시키기 위해 각 공무원단은 독자적인 자체 인사규정을 갖고 있다. 채용, 교육훈련, 전보, 승진 등 인사관리의 기본단위이며 내부적으로 몇 개의 계급(grade)으로 나누어져 있다는 점에서 우리나라의 직렬과 유사한 개념이라고 간주할 수 있다. 그러나 우리나라의 직렬은 직무 중심의 개념인 반면 프랑스의 공무원단은 유사한 직무를 수행하는 공무원의 집단이라는 점을 강조함으로써 사람 중심의 개념임을 표방하고 있다.

전체 공무원단의 수는 약 1,700개에 이른다. 각 공무원단간의 규모 차이는 매우 커서 가장 큰 교원공무원단의 수는 30만 명에 달하는 반면 소속 공무원의 수가 10명 미만인 공무원단도 존재한다. 국가공무원의 3분의 2는 규모가 큰 30여개의 공무원단에 소속되어 있다. 전체 공무원이 자체 인사규정을 가진 1,700개의 집단으로 세분화되어 있다는 사실은 계급제의 단점인 순환보직에 따른 전문성 부족 문제를 야기하지 않다는 것을 의미하지만 단점으로 정부 인력관리의 복잡성을 초래한다는 점을 지적할 수 있다.

공무원단은 채용의 수준과 업무의 난이도에 따라 다시 A, B, C로 구분된 계층(catégorie) 중 하나에 배치된다. 다른 계급제 국가들과 마찬가지로 프랑스도 전통적으로 A, B, C, D의 4대 계층제를 운영해왔으나 1990년부터 최하위 계층인 카테고리 C와 D를 통합한 3대 계층제로 전환하였다. 카테고리 A에 배치된 공무원단에 속하는 공무원들은 기획 관리업무를 담당한다. 카테고리 B와 C에 배치된 공무원단에 소속된 공무원들은 각각 법령이나 정책의 집행업무와 단순사무 및 기능업무에 종사한다.

공무원단 중 프랑스의 핵심 엘리트 공무원들이 소속된 공무원단을 고급공무원단(grands corps)이라고 부른다. 이들은 정부뿐 아니라 사회전반에 걸쳐서 막강한 권력을 행사하는 집단이다. 고급공무원단에 관한 법적 정의는 존재하지 않는다. 그러나 수세기의 전통을 지닌 사회적 실체로서 고급공무원단의 존재는 프랑스 사회구성원 모두에게 인정받고 있다. 통상적으로 국사원, 회계감사원, 재무감사원 등 소위 3대 고급공무원단과 국가직도지사, 외교, 광산, 토목, 농림 등 19개의 공무원단이 고급공무원단으로 분류된다. 고급공무원단은 주로 행정직은 국립행정학교(E.N.A.), 기술직은 국립이공대학(Ecole polytechnique) 출신들로 충원된다.

2 직급과 직위의 분리원칙(séparation du grade et de l'emploi)

직급과 직위의 분리원칙(séparation du grade et de l'emploi)은 공무원단제도와 함께 프랑스 인사행정의 근간을 이루는 원칙이다. 이 원칙은 직급(grade)의 소유권은 해당 공무원이 보유하고 있지만 직위(emploi)의 운영에 대해서는 고용주인 국가가 절대적인 권한을 행사한다는 것을 의미한다.

직급과 직위의 분리원칙은 다음과 같은 결과를 가져온다. 첫째, 공무원의 신분보장이 강화된다. 공무원의 신분관계는 전적으로 직급(grade)의 보유여부에 의해 결정되기 때문에 직급을 보유하고 있는 한 직제의 개편 등으로 일시적으로 직위(emploi)를 부여받지 못하더라도 공무원의 신분이 유지된다. 둘째, 인사관리의 융통성이 강화된다. 1직위 1직급이 원칙이고 보직의 종류와 승진 사이에 밀접한 관계가 있는 우리나라는 구조적으로 순환보직을 조장하고 인사관리의 경직성이 높아질 수밖에 없다. 반면에 직급과 직위의 분리원칙을 적용하고 있는 프랑스에서는 특정직위와 이를 점유하고 있는 공무원의 직급 사이에 상관관계가 없기 때문에 인사권자는 해당 공무원의 직급에 구애받지 않고 직위를 부여할 수 있다. 팀제 하에서처럼 직급과 직위 사이에 느슨한 관계가 형성되는 것이다. 업무수행 상 필요한 경우 상위직급 공무원에게 부여하는 직위에 하위직급 공무원을 임명할 수도 있고 그 반대도 가능하다. 또한 승진 시 어떤 보직을 거쳤는지가 고려되지 않기 때문에 순환보직 위주의 인사관리를 실시할 필요가 없다.

3 공무원 현황

1) 고용주체별 현황

공무원은 고용주체에 따라 국가공무원, 지방공무원, 의료공무원으로 구분된다. 2007년 1월 1일 기준 전체 공무원 수는 약 520만 명으로 전체 경제활동인구의 5

분의 1을 차지하고 있다. 전체 공무원 중 국가공무원은 252만 명으로 49%, 지방공무원은 167만 명으로 32%, 의료공무원은 100만 명으로 19%를 차지하고 있다. 전년도와 비교해서 정부부분 인력의 증가율은 0.3%에 그쳐서 최근 5년 사이에 가장 낮은 증가율을 보이고 있다. 국가공무원은 감소한 반면(-1.2%, -30,600명) 지방공무원의 수는 큰 폭으로 증가하였다(3.1%, +49,000명). 의료공무원의 수는 거의 변화가 없었다.

〈표 3-2-1〉 프랑스 공무원 수 (2007.1.1)

(단위: 명)

구 분	공무원 수
국가 공무원	2,524,440
지방 공무원	1,662,501
의료 공무원	1,014,142
총 계	5,201,083

출처: Ministère du Budget, des Comptes publics, et de la fonction publique.

2) 임용형태별 현황

공공부문 인력은 임용형태에 따라 정규직 공무원(fonctionnaire), 비정규직원(agent non-titulaire)과 노무직(ouvrier)로 구분할 수 있다. 세 그룹 중 정년까지 신분이 보장되는 정규직에게만 공무원의 자격이 부여된다. 비정규직원은 국가 및 지방자치단체와 고용계약에 의해 일정기간 동안 근무하는 계약직(contractuel)와 일시적인 업무, 비상근 업무, 대체업무에 종사하는 임시고용직(auxiliaire) 등이 해당하며 이들에게는 직급(grade)가 부여되지 않는다. 노무직은 단순한 노무에 종사하는 자를 의미하며 국가공무원에만 존재한다. 주로 국방부 산하기관에 소속되어 있다.

정부 인력의 81%는 정규직 공무원의 지위를 갖고 있다. 비정규직원의 비중은 약 15%이며 노무직은 5%이다. 정규직과 비정규직의 비율은 최근 10년 동안 거의 변화를 보이지 않고 있다

3) 계층별 현황

2007년 1월 1일 기준 국가공무원 중 카테고리 A에 속한 공무원의 비중은 48.1%, 카테고리 B는 26.5%, 카테고리 C는 25.4%이다. 반면에 지방공무원은 카테고리 A가 8.7%, 카테고리 B가 13.8%, 카테고리 C가 77.5%로 구성된다. 의료공무원은 이 비율이 각각 15.6%, 23.3%, 47.1%이다. 지방공무원과 의료공무원에 비해 국가공무원의 상위직 비율이 월등하게 높은 이유는 카테고리 A로 분류되는 교원이 국가공무원의 지위를 보유하고 있다는 사실에서 찾을 수 있다. 교원을 제외한 국가공무원의 계층별 비율은 카테고리 A가 23.3%, 카테고리 B가 34.7%, 카테고리 C가 42.0%이다.

〈표 3-2-2〉 계층별 공무원 비율 (2007.1.1)

(단위: %)

구 분	카테고리 A		카테고리 B		카테고리 C	
	1997	2007	1997	2007	1997	2007
국가 공무원	38.5	48.1	30.8	26.5	30.7	25.4
지방 공무원	7.8	8.7	12.9	13.8	79.3	77.5
의료 공무원	14.9	15.6	36.7	35.8	48.4	48.6
평 균	25.7	29.6	26.6	23.3	47.7	47.1

출처: Ministère du Bugdet, des Comptes publics et de la fonction publique.

4) 성별 현황

최근 20년 동안 노동시장에서 여성이 차지하는 비중은 지속적으로 증가하고 있다. 특히 공직사회는 민간과 비교해서 여성화 현상이 두드러져서 공직 내 여성공무원의 비중은 59%로 민간에 비해 16%가 높다. 공직 내부에서는 의료공무원의 여성비율이 77%로 가장 높다. 지방공무원과 국가공무원은 각각 61%와 51%이다.

카테고리별로는 카테고리 A의 56.3%, 카테고리 B의 57.3%, 카테고리 C의 59%가 여성공무원으로 구성된다. 상위직인 카테고리 A 계층에 여성공무원의 비율이 56.3%에 달하지만 최고위층에서는 여성의 비율이 급격하게 감소한다. 여성

〈표 3-2-3〉 계층별 여성공무원 비율 (2007.1.1)

(단위: %)

구 분	카테고리 A	카테고리 B	카테고리 C	평균
국가 공무원	56.6	40.7	50.5	50.8
지방 공무원	54.8	62.2	61.5	61
의료 공무원	55.3	86.6	74.8	76.6
전 체	56.3	57.3	59	59.1

출처: Ministère du Bugdet, des Comptes publics et de la fonction publique.

공무원의 비중은 중앙부처 국장급의 15%, 대사의 10%, 국가직 도지사의 7%, 교육감의 14.3% 등 평균 11.6%에 불과하다.

〈표 3-2-4〉 행정부 최고위직 여성공무원 비율 (2007.1.1)

(단위: %)

직 위	2004. 1. 1	2005. 1. 1	2007. 1. 1
중앙부처 국장	14.1	13.0	14.9
대 사	11.7	9.3	10.6
국가직 도지사	5.0	7.3	6.7
교육감	22.6	14.3	14.3
평 균	11.7	10.6	11.6

출처: Ministère du Bugdet, des Comptes publics et de la fonction publique.

IV. 채 용

1 자격 요건

프랑스에서 공무원이 되기 위해서는 학력요건, 연령요건, 국적요건을 충족시켜야 한다. 이외에도 공민권을 상실하지 않아야 하고, 국민의무(service national)에 관한 법을 위반하지 않아야 하며, 직무수행에 필요한 신체적 조건을 갖추어야 공직에 지원할 수 있다.

계급제 국가의 특징 중 하나인 학력조건은 아직까지 엄격하게 적용하고 있다. 카테고리 A는 3 내지 5년 이상의 대학교육 학력이 요구된다. 카테고리 B 공무원이 되기 위해서는 고등학교 또는 전문학교, 카테고리 C는 중등교육 수준의 학력을 갖추어야 한다. 계급제 국가에서 공무원을 채용할 때 일반적으로 요구하는 또 다른 조건인 연령조건은 최근 폐지하였다. 국가공무원의 경우 카테고리 A는 28~40세, 카테고리 B와 C는 45세로 응시연령을 제한하였으나 공직취임 기회의 형평성 제고 차원에서 2005년 11월 1일부터 연령조건을 원칙적으로 폐지하였다. 다만 육체적 업무에 종사하는 경찰, 교도관, 소방관 등 그룹 B에 속하는 공무원단과 2년 이상의 임용전 교육훈련이 필요한 고급공무원단은 자체 인사규정을 통해서 연령제한을 할 수 있다.

국적요건도 점차 완화되는 추세이다. 근대 국민국가의 태동과 함께 국적조항은 공직후보자가 갖추어야 할 당연한 조건으로 간주되어 왔다. 따라서 프랑스 국적을 보유한 자만이 공무원이 될 수 있었다. 예외적으로 정규직 중 대학교원, 연구원, 의사, 간호사는 해외 우수인력 확보 차원에서 외국인에게도 문호가 개방되어 있고, 비정규직의 경우 이전부터 국적요건을 적용하지 않고 있다. 그러나 유럽통합과 함께 정규직 공무원에 대한 국적조항의 적용범위도 축소되고 있다. 유럽연합조약은 회원국 내 인적자원의 자유로운 이동을 천명하고 있지만, 제39조 제4항은 공공행정과 관련된 직무는 노동시장의 개방에서 예외라는 점을 명시함으로써 공무원 채용에서 국적조항을 적용하는 것을 허용하고 있다. 그러나 유럽연합 집행부와 유럽재판소는 각종 지침과 판례를 통해 공공행정과 관련된 직무의 범위를 주권의 행사 및 공권력의 행사와 직·간접적으로 관련이 있는 직위로 한정하고 그 외의 모든 공직의 문호를 회원국 국민들에게 개방하도록 하고 있다. 현재 판사, 군인, 경찰, 외교관 등 일부 직종을 제외하고 대부분의 공무원 시험에서 국적조항을 적용하지 않고 있다.

2 채용의 형태

공무원 채용의 형태는 경쟁시험에 의한 채용과 경쟁시험에 의하지 않는 특별채용으로 구분된다. 공직임용의 공정성 확보를 위해서 채용은 원칙적으로 경쟁시험에 의해서 실시하고, 일부 제한된 경우에만 시험에 의하지 않고 채용한다.

1) 경쟁시험에 의한 채용

경쟁시험에 의한 채용은 외부공개경쟁시험, 내부경쟁시험, 제3의 시험으로 구분된다. 외부공개경쟁시험(concours externe)은 가장 보편적인 채용방식으로 1, 2차 필기시험과 면접으로 구성된다. 내부경쟁시험(concours interne)은 현직 공무원을 대상으로 실시하는 시험으로 채용시험보다는 승진시험의 성격이 강하다. 내부경쟁시험은 학력요건을 적용하지 않기 때문에 저학력 하위직 공무원에게 신분상승의 기회를 제공한다는 점에서 의미가 있다. 제3의 시험(troisième concours)은 다양한 사회적 경험을 가진 인재들을 고위 공직사회에 유입시킴으로써 공직사회의 경쟁력을 강화하고 공무원의 출신배경을 다양화하려는 목적으로 1983년부터 국립행정학교(E.N.A.) 입학시험에 도입한 제도이다. 2001년부터는 지방행정학교(I.R.A.)와 국립법관학교(E.N.M.)의 입학시험에도 적용하고 있다. 이 시험은 전문직, 시민단체 간부 또는 지방의원으로 8년 이상의 경력을 지닌 자에게 응시자격을 부여하며 전체 충원예정인원의 10%를 이 시험을 통해서 선발한다. 그동안 제3의

시험을 통해서 공직에 진출한 공무원들은 의사, 기자, 대기업 간부, 컨설팅 회사 간부, 은행원 등 다양한 직업적 배경을 가진 것으로 분석되고 있다.

2) 특별채용(경쟁시험에 의하지 않는 채용)

공개경쟁시험 이외의 방법으로 실시하는 채용에는 외부임용, 하위직의 직접채용제도, 할당직제도가 있다.

외부임용(tour extérieur)은 카테고리 A에 속하는 일부 공무원단에서 시행하고 있는 충원방식으로 채용예정인원의 일부를 공개경쟁시험을 거치지 않고 임용권자가 자유재량으로 임명하는 제도이다. 채용 인원은 공무원단별로 인사규칙에 정해져 있다. 이 제도는 폐쇄형 충원체제의 문제점을 완화시키고 고위공무원의 출신배경을 다양화시키려는 목적을 갖고 있으나 정실임용에 대한 시비 등 부작용도 만만치 않다. 최근 외부임용의 투명성 강화 차원에서 채용자문위원회의 의견수렴 절차를 거치도록 하고 있다.

하위직의 직접채용제도(recrutement direct)는 특별채용의 대부분을 차지하고 있다. 채용절차를 간소화하기 위해서 2002년부터 카테고리 C에 속하는 22개 공무원단은 공개경쟁시험을 거치지 않고 3인 이상으로 구성된 선발위원회가 간단한 서류심사와 면접을 통해 신규채용을 실시한다.

할당직제도(emplois réservés)는 국가유공자와 장애인을 대상으로 실시하는 채용제도이다. 국가유공자는 간단한 심사를 거쳐 카테고리 B와 C 공무원으로 임용될 수 있다. 장애인도 서류심사를 거친 후 최초 1년 동안은 계약직으로 임용된 후 직무수행능력이 충분하다고 판단되면 정규직으로 임용된다. 중앙부처의 장애인 공무원 채용목표는 총 정원의 6%이다.

(1) 채용현황

2002년을 정점으로 신규채용 인원은 점점 줄어들고 있다. 2005년 기준 약 67,000명이 국가공무원으로 신규채용되었다. 신규채용 중 경쟁시험에 의한 채용이 62,000명으로 대부분을 차지하고 있고 하위직의 직접채용이 가장 큰 비중을 차지하고 있는 특별채용은 5,000명 수준이다. 경쟁시험 합격자 중 현직 공무원을 제외한 순수 외부채용 인원은 약 34,000명에 달한다. 순수 외부채용 인원의 60%에 해당하는 25,000명은 교원이며, 일반행정직과 기술직은 각각 10%를 차지하고 있다. 나머지 20%는 재무, 안전, 사회복지 등 특정직으로 구성된다.

공무원 채용시험의 경쟁률은 약간 낮아지는 경향이 나타나고 있지만 1980년대 후반 이후 커다란 사회문제로 대두된 청년실업의 영향으로 아직까지 평균 10 대 1의 높은 경쟁률을 보이고 있다. 그러나 앞으로 기술직을 중심으로 공무원 채용시험 경쟁률이 낮아질 것으로 예상하고 있다.

채용된 공무원의 출신배경을 살펴보면 공직사회에서 대물림 현상이 발생하고 있음을 알 수 있다. 통계자료에 따르면 현재 전체 공무원 중 부모가 공무원인 자의 비율이 27%에 달하며, 부부 중 한 사람 이상이 공무원인 가정 자녀의 41%가 장차 공무원이 된다.

〈표 3-2-5〉 국가공무원 채용 인원현황

(단위: 명, %)

연도	결원	채용인원	경쟁률
1998	72,933	74,415	11.7
1999	73,913	76,188	10.6
2000	77,787	87,660	9.5
2001	78,944	91,471	8.9
2002	94,886	105,086	8.0
2003	79,757	87,712	9.5
2004	68,983	72,767	10.6
2005	65,181	67,398	10.7

출처: Ministère du Bugdet, des Comptes publics et de la fonction publique.

(2) 고위공무원의 채용

고급공무원단(grands corps)은 외부경쟁시험, 내부경쟁시험, 외부임용에 의해 채용이 실시된다. 외부경쟁시험에 의한 충원은 행정직은 국립행정학교(E.N.A.), 기술직은 국립이공대학(Ecole polytechnique) 입학시험을 통해 실시된다. 국립행정학교 입학은 우리나라의 행정고시 합격, 국립이공대학 입학은 기술고시 합격과 동등한 효력을 갖는다. 2년 반의 교육을 이수한 100명 내외의 국립행정학교 졸업생들은 성적순에 따라 12개의 행정직 고급공무원단 중 하나에 배치된다. 국립이공대학 졸업생들은 다시 광산, 토목, 통계 등 전공분야별로 설치된 교육기관에서 다시 2년 내지 3년의 기간 동안 교육을 받은 후 기술직 고급공무원단 중 한 곳에 배치된다.

외부임용은 행정직 고급공무원단에서 주로 실시되고 기술직 고급공무원단에서는 그 비율이 낮다. 소속 공무원의 25% 이상을 외부임용으로 충원하는 고급공무원단으로 국가도지사(sous-préfet)공무원단, 사회감사(inspection générale des affaires sociales)공무원단, 지역회계심의원(chambres régionales des comptes)공무원단, 회계심의원(Cour des comptes)공무원단 등이 있다.

(3) 채용시험

• 시험실시기관

우리나라와 다르게 프랑스 국가공무원 채용시험은 원칙적으로 부처별로 실시한다. 매년 수천건의 채용시험이 부처별로 실시되고 있다. 중앙인사기관이 관장하여 시험을 실시한 후 각 부처에 합격자를 배정하는 채용시험은 국립행정학교와 지방행정학교의 입학시험과 카테고리 B와 C에 속하는 일반행정직 공무원 채용시험에 국한된다. 중앙인사기관이 직접 채용하는 인원은 매년 약 1,300명에 불과하다. 분권화된 채용시스템 하에서 각 부처는 자체 수요에 맞는 인력충원을 원활하게 추진할 수 있다. 그러나 다른 한편으로 정부 차원의 인력충원계획의 부재로 인한 과다한 채용시험 비용지출과 수험생에 대한 정보제공 미흡 등이 문제점으로 지적된다.

• 시험방법

프랑스에서도 공정성을 확보하는 데 공무원 채용시험의 1차적인 목표를 두고

〈그림 3-2-2〉 고급공무원단 채용절차

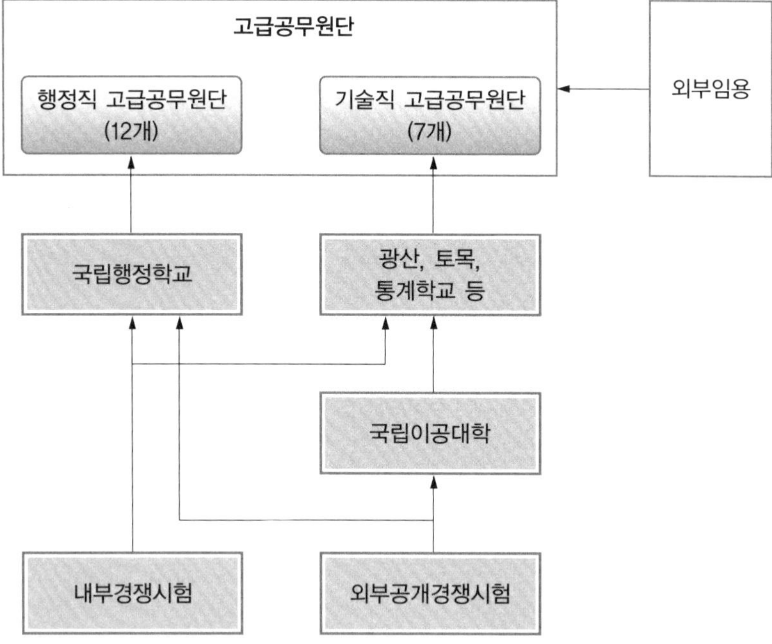

있다. 통상적으로 공무원 채용시험은 1차 필기시험과 면접을 포함한 2차 구술시험으로 구성된다. 측정내용도 주로 암기위주의 지식에 치중하고 있다. 그 결과 채용시험의 타당성 문제가 제기되고 있다. 정부는 실무에서 요구되는 자질과 능력을 측정하는 방향으로 시험과목과 출제방식을 개선하는 것을 신중하게 고려하고 있다.

V. 보 수[1]

1 보수제도 특징

유럽의 다른 국가들과 마찬가지로 프랑스도 공무원 수가 많기 때문에 인건비 지출이 많은 편이다. 2006년 기준 전체 정부예산에서 공무원 보수가 차지하는 비중은 약 29%이며 연금과 사회보장성 지출을 포함시키면 정부예산의 46%에 달한다.

〈표 3-2-6〉 정부예산 중 인건비 지출액

(단위: 백만 €)

구 분	2003	2004	2005	2006
보수	66,242	66,951	67,728	68,945
연금	32,348	34,156	35,867	37,910
사회보장성 지출	13,276	13,154	13,513	14,076
기타인건비지출	12,512	12,720	12,904	12,412
총예산	278,270	288,400	294,270	269,610

출처: Direction du budget, budgets d'exécution.

이처럼 정부지출에서 인건비 비중이 높기 때문에 1980년대 이후 재정적자 문제에 효과적으로 대처하는 것이 당면과제였던 프랑스 정부는 줄곧 인건비 지출을 억제하는 정책을 펴왔다. 그 결과 공무원의 구매력은 민간부문과 비교해서 상대적으로 악화되고 있다. 평균적으로 공무원의 실질 구매력은 나아지지 않고 있지만 계층별로는 차이가 있다. 민간부문과 비교해서 하위직은 보수수준이 상대적으로 높은 반면 상위직으로 갈수록 공무원의 보수수준이 낮아지는 현상을 나타내고 있다. 특히 최고위직은 민간기업의 고위관리자와 비교해서 보수격차가 10배까지 벌어지

1) 최순영 외. (2008). 공무원 보수체계의 개편방안 참조.

고 있다. 이러한 현상은 그동안 공무원 보수증가가 지속적으로 하후상박의 형태로 이루어졌기 때문이다. 최고위직과 최하위직간의 봉급격차는 19세기 후반에는 19 대 1이었지만 1948년에는 8 대 1, 1990년대 초반에는 6.5 대 1, 2007년에는 5.4 대 1로 점점 축소되는 경향을 보이고 있다.

〈표 3-2-7〉 공무원과 민간근로자의 평균 보수액(2005)

(단위: €)

	국가공무원	지방공무원	의료공무원	민간
상위직	2,465 (교원포함)	2,922	4,131	3,777
	3,521 (교원제외)	–	–	–
중간직	1,822	1,783	2,194	1,928
하위직	1,600	1,421	1,581	1,382
평균	2,127	1,628	2,100	1,904

출처: INSEE.

이러한 상황을 감안해서 2007년 들어선 사르코지 정부는 정부인사개혁의 일환으로 공무원 보수 현실화를 추진하고 있다. 보수인상과 근로조건의 개선을 통해 재직자의 사기를 높이고 공직의 매력을 제고함으로써 우수인재를 공직사회에 유치하여 공직사회의 경쟁력을 강화하고자 한다. 그러나 현실적으로 인건비 지출의 증가를 수반하는 공무원 보수인상은 불가능하기 때문에 2011년까지 퇴직자의 절반만을 신규 충원하는 방식으로 공무원 수를 줄임으로써 약 10억 유로의 재원을 확보하여 이를 활용해서 공무원 보수 현실화를 추진할 계획이다.

보수제도 운영에 관한 중앙인사기관과 각 부처의 권한배분은 다음과 같다. 기본급인 봉급은 전국적인 통일성을 확보하기 위해서 공무원 인사를 관장하는 예산 · 재정 · 인사부(ministère du budget, des comptes publics et de la fonction publique)가 정한 기준에 따라 일률적으로 정해진다. 수당 중 공통수당에 관해서도 마찬가지이다. 액수와 지급조건을 정부차원에서 결정한다. 각 부처는 재량권을 행사할 수 없다. 그렇지만 성과급을 포함한 그 외의 수당제도의 운영에 있어서 각 부처는 자율권을 보유하고 있다.

2 기본급

프랑스 공무원의 기본급은 각자의 봉급지수에 의해 정해지는 봉급, 직무상여지수(N.B.I.), 기본급적 성격을 갖는 거주지 수당(indemnité de résidence)과 부양자녀수당(supplément familial) 등 2가지 공통수당으로 구성된다.

1) 봉급: 단일봉급지수망제도(grille indiciaire unique)

우리나라 국가공무원에게 적용되는 봉급표는 12개가 존재한다. 그러나 프랑스의 모든 공무원들은 단일봉급표의 적용을 받고 있다. 이를 단일봉급지수망제도라고 부르는데 1948년에 처음 도입되었다. 1948년 당시 봉급지수는 최저 100 최고 800으로 구성되었다. 시간이 경과함에 따라 적용되는 지수가 점점 높아져서 2008년 기준으로 가장 낮은 봉급을 지급받는 공무원의 지수는 283이며 숫자지수 중 최고지수는 821이다. 고위공무원들은 특별히 문자지수의 적용을 받는다. 문자지수는 A, B, B bis, C, D, E, F, G로 구성되며 문자지수의 적용을 받는 고위공무원의 수는 약 35,000명이다. 이들의 봉급은 예산 · 재정 · 인사부장관(ministre du budget, des comptes publics et de la fonction publique)이 별도로 정한다.

공무원은 자신의 계급(grade)과 호봉(échelon)에 따라 정해진 봉급지수를 부여받고 있으며, 연간 봉급액은 각자의 봉급지수에 매년 몇 차례 정부에 의해 조정되는 지수 100에 해당하는 봉급액을 곱하여 구한다. 2008년 3월 1일 기준 지수 100에 해당하는 연간 봉급액은 5468.34 유로이기 때문에 봉급지수가 500인 공무원의 연간 봉급액은 (500x5468.34)/100=27341.1 유로이다. 봉급지수망제도의 특징으로 간편성과 투명성을 들 수 있다. 보수인상 때마다 직종별 봉급표를 수정해

〈표 3-2-8〉 직종 · 직위별 공무원 봉급(2007)

(단위: €)

구 분		봉급지수		월보수액(세전)	
		최소	최고	최소	최고
지수별	숫자지수	280	821	1,270	3,723
	문자지수	HEAI	HEG	3,995	6,806
직종 · 직위별	행정서기보, 기술서기보	281	416	1,274	1,886
	기능직	261	416	1,274	1,886
	사무관, 교사	349	783	1,582	3,550
	대학교수	379	HEA3	1,718	4,367
	행정관	452	HEB3	2,049	4,797

출처: Ministère du Bugdet, des Comptes publics et de la fonction publique.

야 하는 우리나라와 다르게 보수관리가 간편하다. 그리고 모든 공무원에게 동일한 봉급표를 적용하기 때문에 서로 다른 직종 간에 보수비교가 용이하다.

그러나 지난 50년간 일부 직종 또는 공무원단의 업무내용이나 근무환경에 많은 변화가 있었지만 이를 보수표에 적절하게 반영하기 위한 근본적인 개혁을 실시하지 않고 그동안 수차례에 걸쳐 단일봉급지수망제도에 대한 부분적인 개선만을 한 결과 보수수준에 있어서 공무원단간 형평성이 떨어진다는 문제점을 노출하게 되었다.

2) 직무상여지수제도(nouvelle bonification indiciaire: NBI)

직무상여지수제도는 공무원단간 보수 형평성 문제가 누적된 결과 일부 공무원단 소속 공무원들이 이의 시정을 요구하며 대대적인 시위와 파업을 벌이자 이에 대한 해결책으로 도입된 제도이다. 1990년 Dura-four 협약에 의해 도입된 직무상여지수제도는 직무에 특별한 책임이 따르고 업무수행을 위해 특별한 기술이 필요한 직위에 직무상여지수를 부여하고 이들 직위에 임명된 공무원에게는 자신의 원래 봉급지수에 해당직위에 책정된 직무상여지수를 더하여 봉급지수를 결정하는

〈표 3-2-9〉 봉급지수 100에 해당하는 연봉액의 변화

(단위: €)

연도	날짜	지수(100)
2002	1월 1일	5,181.75
	3월 1일	5,212.84
	12월 1일	5,249.33
2004	1월 1일	5,275.58
2005	2월 1일	5,301.96
	7월 1일	5,328.47
	11월 1일	5,371.10
2006	7월 1일	5,397.95
2007	2월 1일	5,441.13
2008	3월 1일	5,468.34

출처: Ministère du Bugdet, des Comptes publics et de la fonction publique.

제도이다. 봉급지수가 500인 공무원이 직무상여지수 50 point가 책정된 직위에 임명되면 일시적으로 봉급지수 550에 해당하는 봉급을 지급받는다. 이후 직무상여지수가 부여되지 않은 직위로 전보되면 다시 원래의 봉급지수로 환원된다.

직무상여지수제도는 계급제 국가인 프랑스의 공무원 기본급에 직무급적 요소를 가미했다는 점에서 주목할 만하다. 계급제 국가에서 공무원 보수, 특히 기본급은 사람을 기준으로 결정한다. 프랑스도 마찬가지로 각 공무원의 봉급지수는 해당 공무원의 소속 공무원단, 계급, 호봉을 기준으로 결정한다. 그러나 기본급의 일부로 반영되는 직무상여지수는 사람이 아닌 직위를 대상으로 부여한다.

이 제도는 세 단계에 걸쳐 도입되었다. 초기에는 그동안 보수에 대해 불만이 많았던 간호사와 같은 카테고리 B와 C 공무원을 대상으로 적용되었다. 이를 Durafour NBI라고 한다. 1993년에는 이민자 등 소외계층이 밀집된 대도시 교외의 민감한 지역에서 근무하는 공무원들을 대상으로 하는 직무상여지수제도가 신설되었는데 이를 도시 NBI라고 부른다. 제도 도입 초기에 주로 중 · 하위직 공무원들만

을 대상으로 직무상여지수를 적용한 결과 고위직과 하위직간의 보수격차가 더욱 줄어들게 되고 이에 불만을 갖게 된 고위공무원들도 직무상여지수제도의 확대 적용을 요구하였고 마침내 2002년부터 고위직에게도 직무상여지수제도를 도입하였다. 2006년 기준 국가공무원 약 19만 명에게 부여된 직무상여지수는 총 3,426,672 point이며 관련 예산은 약 1억 8천 5백만 유로이다.

3 수당

수당제도의 운영이 일부 분권화되어 있어서 전체 보수에서 수당이 차지하는 비중은 부처, 직종, 직급별로 편차가 매우 크다. 행정관은 45%, 기술관은 43%, 법관은 38%, 경찰은 37%, 교육 · 연구직은 15% 수준이다. 평균적으로는 수당이 공무원 보수에서 차지하는 비중은 약 20%로 50%에 육박하는 우리나라에 비해 낮은 편이다. 수당은 공통수당과 각 부처가 독자적으로 운영하는 수당으로 구분할 수 있다. 초과근무수당(indemnité horaire pour travaux supplémentaires), 특수업무수당(indemnité de sujétions spéciales), 야간근무수당(indemnité horaire pour travail de nuit) 등은 모든 부처에 일률적으로 적용되고 직무보조수당(allocation complémentaire de fonction)은 일부 부처에만 존재한다.

프랑스 공무원 수당제도는 직무와의 연관성이 불분명한 수당이 난립하고 불투명하게 운영되고 있다는 비판을 받고 있다. 정부는 수당제도의 투명성 강화, 현대화, 성과급적 요소의 강화를 목표로 개혁을 추진하고 있다. 우선 수당제도의 투명성 강화를 위해 2000년 이후 67개의 정부령과 163개의 부령의 제정을 통해 그동안 법적 근거가 없이 운영되었던 수당들을 합법화시켰다. 둘째, 수당제도의 현대화를 위해 기존에 존재하는 수당 중 기능이 쇠퇴한 수당은 폐지하고 업무환경의 변화에 따라 새롭게 필요한 수당들은 신설할 계획이다. 셋째, 수당제도를 성과와 실적에 따른 보상수단으로 적극 활용고자 한다. 정부는 2002년 그동안 유명무실했던 성과급제도의 활성화를 선언하였다. 이를 위한 제도적 기반으로 기존의 성과

〈표 3-2-10〉 총보수에서 수당이 차지하는 비중

(단위: %)

	2002	2003	2004	2005	2006
카테고리 A	14.6	14.6	14.6	14.5	14.2
카테고리 B	22.2	24.7	26.7	28.9	30.3
카테고리 C	18.8	19.8	20.4	19.6	21.8

출처: Ministère du Bugdet, des Comptes publics et de la fonction publique.

수당(prime de rendement) 이외에 고위공무원을 대상으로 하는 직무 및 성과수당(indemnité de fonction et de résultats)을 2004년 신설하였고, 2006년부터는 성과계약에 의한 평가를 의무화시킨 새로운 예산회계법을 시행하고 있다. 성과급제도는 고위직 공무원에게 우선적으로 시행하고 있으며 급진적이고 전면적인 도입보다는 각 부처가 자율성을 갖고 점진적으로 도입하는 방향으로 추진하고 있다.

VI. 교육훈련

프랑스는 전통적으로 임용 전 교육훈련(formation initiale)을 중요시 해왔다. 신규 채용된 공무원의 절반 이상은 범부처적 또는 부처별로 설치된 교육훈련기관에서 수 주에서 30개월의 기간 동안 임용 전 교육훈련을 받고 정식 임용된다. 가장 대표적인 임용 전 교육훈련기관으로 국립행정학교(E.N.A.)를 들 수 있고, 이외에도 각 부처별로 설치된 고등사범학교, 경찰학교, 세관학교, 통계학교, 토목학교, 보건학교, 농업학교 등 50여개의 교육훈련기관에서 임용 전 교육을 담당한다.

대표적인 임용 전 교육훈련기관인 국립행정학교(E.N.A.)는 1945년 설립된 이후 매년 약 120명의 졸업생을 배출하고 있다. 교육기간은 27개월이며 크게 24개월의 공통교육기간과 3개월의 심화기간으로 구분된다. 2년의 공통교육기간은 다시 유럽, 지방, 공공관리의 세 과정을 나누어지며 각 과정을 이수하면서, 동시에 각종 공공기관, 협회, 민간기업에서 53주의 실무 실습을 실시한다. 3개월의 심화기간에는 국제, 경제 및 재정, 지방, 사회, 법률 중 하나의 분야를 선택하여 세미나식의 수업을 통해서 전문성을 높인다.

임용 전 교육훈련은 오래 전부터 중요시되어 온 반면 재직자 교육훈련(formation continue)의 개념은 1971년 7월 16일 법에 의해 프랑스 공직사회에 처음 도입되었다. 재직자 교육훈련은 초창기에는 형식적으로 운영되다가 행정환경이 급격하게 변함에 따라 1980년대 후반부터 그 필요성이 부각되기 시작하였다. 재직자 교육훈련 강화 정책은 몇 차례에 걸쳐 정부가 공무원노조와 맺은 협약에 의해 구체화되었다.

1989년 정부와 노조는 지역, 성별에 따른 차별이 없이 모든 공무원에게 연간 3일 이상의 교육훈련 기회를 보장한다는 내용의 협약을 체결하였다. 1992년 협약은 총인건비의 2% 이상을 재직자 교육훈련에 사용한다는 내용을 담고 있다. 1996년에는 연간 교육훈련 기간을 카테고리 A와 B는 5일 이상, 카테고리 C는 6일 이상으로 상향 조정하였으며, 총인건비의 3.8% 이상을 재직자 교육훈련 예산으로 사용할 것을 목표로 정하였다. 교육훈련 장려 차원에서 교육훈련 휴가제도도 도입되었다. 3년 이상 재직한 공무원은 재직기간 중 3년을 초과하지 않는 범위 내에서 교육훈련 휴가를 신청하여 실시할 수 있다.

2006년 11월 21일에 체결된 협약은 조직의 인적자원 개발을 극대화시키고 개인의 성장욕구를 충족시키는 도구로 재직자 교육훈련을 적극 활용해야 한다고 명시하고 있다. 이를 위해 첫째, 각 행정기관은 조직의 필요 역량을 충족시키기 위한 중기 교육훈련계획을 수립해야 한다. 둘째, 각 개인에게는 연간 20시간의 개인별 교육훈련 권리(droit individuel à la formation)를 부여한다. 셋째, 근무연수가 5년 이상인 모든 공무원들은 인사권자와 경력발전상담을 실시한다. 넷째, 최대 6개월의 전문화 기간(période de professionnalisation)제도를 신설하였다. 전문화 대상자로 선정된 공무원은 해당 기간 동안 자신의 전문성을 심화시키거나 새로운 지식이나 기술을 습득하게 된다.

〈표 3-2-11〉 프랑스 국가공무원 교육훈련 예산(2006)

구 분	교육 훈련 종류	지출(유로)	교육훈련예산/총부수 (%)
교육부를 제외한 전 부처	임용 전 교육훈련	784,329,518	3.6
	재직자 교육훈련	944,787,090	4.3
	합 계	1,729,116,607	7.9
교육부	임용 전 교육훈련	1,233641,332	3.2
	재직자 교육훈련	1,017,826,587	2.6
	합 계	2,251467,919	5.8
전 부처	임용 전 교육훈련	2,017,970,850	3.3
	재직자 교육훈련	1,962,613,676	3.3
	합 계	3,980,584,526	6.6

출처: Ministère du Bugdet, des Comptes publics et de la fonction publique.

2006년 기준 국가공무원 교육훈련 예산은 약 40억 유로로 총인건비 예산의 6.6%에 달한다. 임용 전 교육훈련과 재직자 교육훈련 예산이 총인건비에서 차지하는 비중은 각각 3.3%로 동일하다. 과거에는 임용 전 교육훈련에 사용하는 예산

〈표 3-2-12〉 프랑스 국가공무원 교육훈련 기간(2006)

구 분	교육훈련 종류1인당	교육훈련기간 (일)
전 부처	임용 전 교육훈련	5.7
	재직자 교육훈련	3.3
	합 계	9.0
교육부를 제외한 전 부처	임용 전 교육훈련	4.8
	재직자 교육훈련	3.8
	합 계	8.6

출처: Ministère du Bugdet, des Comptes publics et de la fonction publique.

의 비중이 높았으나 최근 재직자 교육훈련 예산의 비중이 점차 높아지는 추세를 보이고 있다.

2006년 기준 교육훈련 기간은 1인당 연평균 9일이다. 임용 전 교육훈련 기간과 재직자 교육훈련 기간은 각각 1인당 연평균 5.7일과 3.2일이다. 1인당 평균 교육훈련 기간은 2002년부터 2005년까지 감소하는 추세를 보였으나 2006년에는 약간 증가하였다.

VII. 노사관계[2)]

1 역사적 변천

1884년 3월 14일 법이 제정되면서 프랑스 근로자들은 노동조합 결성권을 보장받게 되었다. 그러나 이 법은 공공부문은 제외한 채 민간근로자들만을 적용대상으로 삼았다. 정부는 공공부문 직원들에게 노동권(droit syndical)을 인정하는 데 부정적이었고 공무원들 또한 자신의 권익을 보호하기 위한 단체의 결성에 그다지 적극적이지 않았다. 공공부문에서 단결권 쟁취 움직임이 본격화된 것은 20세기 초반부터이다. 1901년 7월 2일 법이 민간부문과 공공부문의 결사의 자유(liberté d'asso-ciation)를 인정하면서 행정기관에서 직원단체의 결성이 활발하게 추진되어서 1901년부터 1907년 사이 516개의 직원단체가 결성되었다. 그렇지만 노동조합은 여전히 불법으로 간주되어 설립이 금지되었다. 이후 불법단체인 노동조합의 결성 시도와 이에 대한 정부의 탄압이 반복되다가, 마침내 1924년 최초로 좌파연합

2) 정재명 외. (2007). OECD 국가공무원 노사협의시스템에 관한 연구 참조.

이 집권하면서 공무원 노동조합은 비공식적이지만 그 실체를 인정받게 되었다. 당시 수상이었던 에리오(Herriot)가 법적으로 불법단체인 노동조합과 정기적으로 접촉을 가지라는 지침을 내림으로써 노동조합의 존재를 실질적으로 인정하였다. 역시 좌파정권인 1936년의 인민전선(Front Populaire)정부 하에서는 노동조합의 활동범위가 확대되어 각종 정부위원회에 공무원 노동조합 대표가 참석하는 것이 보편화되었다.

독일 점령기인 비쉬(Vichy)정권 하에서 노동조합의 활동은 다시 빙하기를 맞이하였지만 제2차 세계대전의 종전과 함께 수립된 제4공화국은 공무원의 노동권을 다시 허용하였다. 1946년 제4공화국 헌법 전문 제6조는 "모든 인간은 조합 활동을 통해 자신의 권리와 이익을 옹호하고 스스로 선택한 조합에 가입할 수 있다"고 선언함으로써 노동권은 민간 근로자뿐 아니라 공무원에게도 적용되는 보편적인 권리임을 천명하였다.

공무원의 노동권은 1946년에 제정된 국가공무원에 관한 일반법에서 구체화되었고, 1983년에 제정된 공무원의 권리와 의무에 관한 법 제8조에서도 "공무원은 자유롭게 노동조합을 설립하거나 가입할 수 있고, 노조활동과 관련하여 아무런 불이익을 받지 않는다"고 규정하고 있다. 1980년대 이후 별다른 변화가 없었던 공무원 노사관계는 2008년 커다란 변화가 찾아왔다. 2007년부터 추진한 행정개혁의 일환으로 정부는 공무원 노사관계의 현대화를 추진하고 있다. 정부와 노동조합은 수차례의 협의를 거쳐 1946년 이후 처음으로 2008년 6월 2일 대부분의 대표적 노동조합이 참여한 가운데 노사협약을 체결하였다. 노사협약의 주된 내용은 노조의 대표성 개선, 단체교섭의 강화, 노사협의기구의 역할 강화, 노동조합의 권리와 활동수단의 강화 등이다.

2 노동조합의 구성과 역할

전반적으로 노조의 역할은 과거에 비해 쇠퇴하는 경향을 보이고 있다. 현재 프랑스 민간부문의 노조 가입률은 10% 수준에 머물고 있다. 그러나 공공부문은 노조 가입률이 25%에 달해서 상대적으로 노조의 활동이 활발한 편이다.

현재 공공부문에서 공식적으로 대표성을 인정받고 있는 노동조합은 교원노조연합(FSU), 노동총연맹(CGT), 전국독립노조연합(UNSA), 근로자의 힘(FO), 프랑스민주노동총연맹(CFDT), 공무원연대노조연합(Solidaire), 프랑스관리직총연맹(CGC) 등 8개가 있다.

1) 노동조합의 활동수단

소속 공무원 수가 50명 이상 500명 미만인 행정기관은 해당기관에 지부를 결성하고 있는 노동조합들이 공동으로 사용할 수 있는 조합사무소를 제공하여야 한다. 정원이 500명 이상인 경우에는 모든 노동조합에 각각 사무실을 제공해야 한다. 아울러 노조의 활동에 필요한 집기와 사무용품도 제공해야 한다. 노동조합은 행정기관 건물내부에서 회의를 소집할 수 있다. 원칙적으로 근무시간 외에 소집해야 하지만 매월 1시간의 범위 내에서 근무시간 중에 정기회의를 소집할 수 있다. 노동조합의 활동을 지원하기 위해 근무면제(전임자)제도도 시행하고 있다. 전임자의 수는 해당기관의 정원에 따라 정해진 기준을 적용해서 해당부처의 장관이 정한다. 2008년 협약은 노조 전임자들이 보수나 승진, 그리고 복귀과정에서 불이익이 없도록 관련 규정을 강화한다는 내용을 담고 있다.

2) 노동조합의 역할

노조의 권한으로 우선 법정 제소권을 들 수 있다. 노동조합은 각종 인사, 조직운영, 업무수행방식에 관한 규칙, 지침에 대해 법원에 제소할 수 있다. 개별 공무원의 신분변화를 초래하는 결정 중 전체 이익을 침해할 여지가 있는 처분에 대해서도 제소할 수 있다.

단체교섭권은 노동조합의 기본적인 역할이라고 할 수 있지만 최근까지 그다지 활성화되지 않은 상태였다. 단체교섭에 관한 법적 기반이 마련되지 않은 채로 1970년대부터 관행적으로 보수에 관한 단체교섭이 매년 실시되었다. 공직사회에

단체교섭이 명문화된 것은 1983년 7월 13일 공무원의 권리와 의무에 관한 일반법이 제정된 이후이다. 1983년 법 제8조는 "공무원 노동조합은 전국적인 수준에서 정부와 보수결정을 위한 단체교섭을 실시할 자격을 보유한다"고 규정하고 있다. 1983년 법은 그동안 법적 근거가 없이 실시되어온 정부와 공무원 노동조합간의 단체교섭을 합법화시켰다는 차원에서 의의가 있지만 그 범위를 보수에 한정시키고, 단체교섭 결과 체결된 협정이 실정법상 아무런 효력이 없고 정부에게 단체교섭 결과를 준수해야 할 도덕적, 정치적 책임만을 지우고 있다는 점에서 한계를 보이고 있다.

2008년 개혁은 단체교섭의 활성화를 주된 목적 중 하나로 삼고 있다. 이를 위해 우선 단체교섭 대상을 확대시켰다. 보수뿐 아니라 경력발전과 승진, 재직자 교육훈련, 후생복지, 위생과 안전, 장애인 문제 등도 단체교섭이 가능한 사항에 포함시켰다. 보수는 단체교섭 의무사항으로 정해졌다. 정부는 매 3년마다 보수정책에 대해 노조와 협의를 해야 하고, 매년 봄 노조와 보수에 관한 단체교섭을 실시해야 한다.

3 노사협의기구의 구성과 역할

프랑스 정부부문 노사관계에서 노동조합에 의한 단체교섭은 활성화되지 않은 반면 노사협의기구의 역할이 차지하는 비중은 매우 높은 편이다. 중앙수준과 분권화된 수준에서 다양한 노사협의기구가 설치되어 있다. 중앙수준의 노사협의기구로 국가공무원 최고위원회(Conseil supérieur de la fonction publique de l'Etat), 지방공무원 최고위원회(Conseil supérieur de la fonction publique territoriale), 의료공무원 최고위원회(Conseil supérieur de la fonction publique hospitalière)가 설치되어 있다. 분권화된 수준의 노사협의기구로는 행정동수위원회(commission administrative paritaire), 전문동수위원회(comité technique paritaire), 위생 및 안전위원회(comité d'hygiène et de sécurité)가 존재한다.

1) 국가공무원 최고위원회(Conseil supérieur de la fonction publique de l'Etat)

중앙 수준의 노사협의기구 중 하나인 국가공무원 최고위원회의 구성과 역할은 다음과 같다. 국가공무원 최고위원회는 정부 측 위원 20명, 노동조합 측 위원 20명 등 총 40명으로 구성된다. 위원의 임기는 3년이며 연임이 가능하다. 정부 측 위원은 국사원 대표 2인, 회계감사원 대표 2인, 중앙부처의 감사공무원단 대표 1인, 기술공무원단 대표 1인, 외부전문가 2인, 인사총무총국장, 재무부의 예산국장, 중앙부처의 인사담당국장 10인으로 구성된다. 노동조합 측 위원은 8개의 전국단위 대표적인 노동조합에 1인씩 할당한 후, 나머지 인원은 행정동수위원회의 인원 구성비를 반영하여 노동조합별로 배정한다.

국가공무원 최고위원회는 국가공무원에 관한 일반법을 제정 또는 개정할 때, 복수의 공무원단에 영향을 미치는 특별법을 제정 또는 개정할 때 반드시 사전심의를 실시한다. 이 밖에도 국가공무원의 징계, 승진, 업무능력 부족에 의한 해임에 대한 이의신청을 심사하는 기능을 수행한다.

2) 행정동수위원회(commission administrative paritaire)

행정동수위원회는 분권화된 수준의 노사협의기구 중 가장 활발하게 활동을 하고 있는 기구이다. 국가공무원 행정동수위원회는 공무원단별로 설치된다. 행정기관에 의해 임명된 위원과 공무원들의 선거에 의해 선출된 노동조합 측 위원이 동수로 구성되며, 위원의 임기는 3년이다.

행정동수위원회는 해당 공무원단 소속 개별 공무원의 신분변화를 가져오는 의사결정에 대해 사전에 심의하는 권한을 보유하고 있다. 구체적으로 인사권자가 파견, 거주지 이전을 수반하는 전보, 휴직, 승진후보자명부의 작성, 호봉승진 기간의 단축 및 연장, 시간제 근무의 거부, 노조전임의 거부 등의 결정을 내리고자 할 때 사전심의를 실시한다. 행정동수위원회는 이외에도 징계위원회의 역할을 담당한다.

행정동수위원회는 공식적으로 부여된 권한 이상의 영향력을 행사하고 있다는 평가를 받고 있다. 선거에 의해 직접 선출된 위원들로 구성되었다는 사실을 배경으로 행정동수위원회는 단순한 협의 수준을 넘어서 인사권자와 공동으로 승진과

징계결정에 참여하는 사례가 빈번하다. 노동조합과 인사권자가 파트너십을 이루어 민주적으로 인사관리를 실시한다는 점에서 긍정적인 측면도 있지만 노동조합이 인사관리에 깊숙이 참여함에 따라 승진이 실적보다 연공서열 위주로 이루어지고 징계도 제 식구 감싸기 식으로 운영되는 등 부정적인 결과도 초래하고 있다.

3) 전문동수위원회(comité technique paritaire)

전문동수위원회는 일반적으로 부처단위로 설치된다. 중앙부처의 산하기관, 지역 또는 도단위의 특별행정기관에 설치하기도 한다. 전문동수위원회도 정부 측 위원과 노동조합 측 위원이 동수로 구성되며 임기는 3년이다. 위원들은 선거에 의해 선출되지 않고 정부와 노동조합에 의해 임명된다. 노동조합을 대표하는 위원은 대표적인 노동조합들이 해당 부처의 행정동수위원회의 위원 구성과 동일한 비율로 임명권을 행사한다.

전문동수위원회는 소속 공무원 전체에 영향을 미치는 의사결정에 대해 사전심의 역할을 담당한다. 행정조직 및 조직운영, 중장기 인력계획, 인사규칙, 수당지급 정책, 교육훈련 계획, 균형인사 정책, 근무조건에 관련된 사항을 관장한다.

전문동수위원회는 행정동수위원회에 비해 역할이 미흡하다는 평가를 받고 있다. 그 이유를 노동조합 측 위원들의 임명방식에서 찾을 수 있다. 선거에 의하지 않고 노동조합이 직접 노조 측 위원을 임명하는 방식은 위원들의 정통성을 떨어뜨리는 요인으로 작용하고 있다. 이 점을 감안하여 2008년 협약은 전문동수위원회 위원 선출 방식의 변화를 꾀하고 있다. 앞으로 전문동수위원회의 노동조합 측 위원은 소속 공무원들의 직접 선거에 의해 선출된다.

4) 위생 및 안전위원회(comité d'hygiène et de sécurité)

위생 및 안전위원회는 부처단위로 설치된다. 다른 노사협의기구와는 다르게 노동조합 측 위원은 정부 측 위원보다 최소한 2인 이상 많아야 한다. 직원들의 건강증진과 업무수행 중 안전사고 예방이 주된 기능이며, 이를 위해 위생과 안전에 관련된 규정을 심의 검토하고 직원들의 건강에 영향을 미칠 수 있는 업무방식의 변화와 시설개선 계획에 대해 사전협의를 실시한다.

4 단체행동권

제2차 세계대전 이전까지 전적으로 금지되어 왔던 공무원의 파업권은 1946년 제4공화국 헌법 전문에 의해 허용되었다. 단결권과 더불어 쟁의권을 사회적 권리로서 모든 근로자에게 허용하면서 "파업권은 법률이 정하는 범위 내에서 행사한다"고 규정하고 있다. 1958년 제5공화국 헌법에서도 이를 재확인하였고 1983년 공무원의 권리와 의무에 관한 일반법 제10조는 "공무원은 관련 법이 정하는 범위 내에서 파업권을 행사한다"고 다시 한번 언급하고 있다.

원칙적으로 공무원들에게 파업권이 보장되지만 공공서비스 제공의 연속성, 국민의 안전보장을 이유로 군인, 법관, 경찰, 교도관 등 일부 공무원들에게는 파업권이 부인된다. 또한 행정기관의 장은 필수 공공서비스의 제공을 위해 필요한 경우 파업을 제한하는 조치를 취할 수 있다. 이는 해당 공공서비스의 최소수준의 제공을 보장하기 위해 쟁의행위가 금지되는 직원을 지정하는 방식으로 이루어진다.

파업을 하기 위해서는 5일 전에 파업예고를 해야 하며, 파업예고는 해당 기관에서 대표성이 인정된 노동조합이 파업의 이유, 장소, 개시일시, 예정 파업기간, 파업의 유형을 명시하여 기관장에게 통고하는 형식을 취한다. 파업형태에 대한 제한으로 직종, 직무 또는 부서에 따라 파업의 개시 및 종료시간을 달리하여 연쇄적으로 실시하는 파상파업은 금지된다.

VIII. 인사행정 개혁

520만 명에 육박하는 프랑스 공무원 조직은 전체 취업자의 5분의 1에 달할 정도로 프랑스 사회에서 차지하는 비중이 높다. 이러한 상황에 비추어 볼 때 정부의 경쟁력이 프랑스의 국가 경쟁력과 직결된다고 해도 과언이 아니다. 그동안 프랑스에서 공직사회는 국민들로부터 신망을 받고 능력이 우수한 집단으로 평가받아 왔다. 그렇지만 행정서비스의 질에 대한 국민들의 보다 높아진 기대, 새로운 행정기술의 도입, 지속적인 국가 재정적자 문제, 유럽통합 등 행정조직을 둘러싼 환경의 변화는 공직사회에 보다 적극적인 대응을 요구하고 있다. 아울러 공공부문의 팽창기였던 1960-70년대에 입직했던 공무원들이 최근 대거 퇴직하고 새로운 세대가 공직사회의 주인으로 등장하면서 이들에게 적합한 새로운 인사시스템을 구축할 필요성이 증가하고 있다.

2007년 대통령에 당선된 사르코지는 프랑스 공직사회가 당면한 내 · 외부의 도전에 적극적으로 대처하기 위해 대대적인 정부혁신을 추진하고 있다. '공공서비스 2012' 라고 명명한 정부혁신에서 큰 비중을 차지하고 있는 인사개혁의 주된 목적을 다양한 계층의 인재를 공직에 유치하고 공무원들의 주인의식과 자발적인 헌신을 이끌어 내서 정부의 생산성을 향상시키는 것에 두고 있다. 이를 달성하기 위해 공무원들의 자부심과 명예를 고취하고 사기를 높이는 데 중점을 두고 있다. 개혁과제는 구체적으로 채용방법의 다양성 강화, 인사교류의 활성화, 보수의 현실화, 노사관계의 현대화 등 네 가지로 구성되어 있다.

첫째, 특정 계층 출신들이 공직사회를 과다 대표하는 현상을 방지하고 사회의 다양한 계층을 균형 있게 대표할 수 있는 관료사회를 구성하기 위해 보다 강화된 사회형평적 공직임용 정책을 시행한다. 그리고 채용시험의 타당성을 제고하기 위해 필기시험 위주의 채용시험제도에 대한 전면적인 검토를 실시한다.

둘째, 인사교류의 활성화를 추진한다. 이를 위해 인사교류에 걸림돌이 되는 각종 장벽을 제거하고 인센티브를 제공한다. 우선 파견과 같은 인사교류를 공무원의 권리로 인정한다. 지금까지는 임용권자가 소속 공무원의 파견요청을 거부할 수 있었지만 더 이상 이를 거부할 수 없게 된다. 인사교류 수당도 신설한다. 인사교류로 인해 보수가 감소될 경우에는 감소분을 보전해 주고, 파견 중 승진에 대해서는 원소속 기관에서 이를 인정한다.

셋째, 공직의 매력을 높이고 우수인재를 공직사회에 유인하기 위해서 공무원 보수인상 정책을 적극적으로 실시한다. 그동안 재정적 어려움으로 인해 공무원 처우개선이 미흡한 결과 앞으로 민간부문과 경쟁해서 공직사회가 우수인재를 유치하는 데 어려움을 겪을 것으로 예상된다. 이에 대한 대책으로 2011년까지 퇴직자의 절반을 충원하지 않는 방식으로 공무원 수를 줄이고 확보하게 될 약 10억 유로의 재원을 활용해서 공무원 보수 현실화를 추진한다. 공무원 보수인상률을 최소한 인플레이션을 상회하는 수준으로 결정함으로써 구매력 저하를 방지하고자 한다.

넷째, 공무원들의 권익보호를 강화하는 방향으로 노사관계의 현대화를 추진한다. 세부과제는 다음과 같다. 우선 노동조합에 대한 물적 지원과 노조 전임자의 신분보장을 강화한다. 그리고 노사협의에 비해 소홀하게 취급되어 왔던 노사교섭 분야를 확대하고 그 기능을 활성화한다. 마지막으로 노사협의기구 선거방식의 개선을 통해 노사협의기구의 정통성을 높이고 활성화를 유도한다.

IX. 맺음말

프랑스 공무원제도는 최근 급격한 변화를 경험하고 있다. 이러한 변화의 원인으로 첫째, 외부 충격을 들 수 있다. 유럽통합이 표방하는 회원국 간 인적자원의 자유로운 이동은 공공부문에도 직접적인 영향을 미치고 있다. 대부분의 직위에 국적요건이 철폐되고 회원국 간 공직문호가 개방됨에 따라 채용제도에 커다란 변화가 생겼다. 공직임용에 있어서 국적조항의 철폐는 단순히 채용분야에 국한되지 않고 인사행정의 전 분야에 걸쳐 다양한 파급효과를 가져왔다. 유럽연합은 회원국 국민들에게 공직을 개방하는 데 그치지 않고 국적을 이유로 차별대우를 하지 않을 것을 요구하고 있다. 그 결과 경력인정, 승진, 보수, 연금제도에도 영향을 미치고 있다.

둘째, 변화의 내부적인 원인으로 재정적자에 따른 정부부문 효율성 제고에 대한 필요성을 들 수 있다. 다른 유럽 국가들과 마찬가지로 프랑스도 만성적인 재정적자에 시달리고 있다. 정부예산 중 인건비성 지출이 50%에 육박하는 상황에서 인사개혁을 통한 정부의 효율성 제고는 피할 수 없는 시대적 요구가 되었다. 공무원들은 더 이상 공공이익을 수호하는 공정한 관리자로서의 전통적인 역할에 만족할 것이 아니라 비용적인 측면에서의 공공재원의 낭비를 최소화하고 공직사회의 생산성을 극대화시킬 것을 요구받고 있다.

이러한 시대적 배경 하에서 등장한 사르코지 정부는 전방위적인 인사개혁을 추진하고 있다. 신자유주의에 우호적인 현 집권세력의 특성상 인사개혁이 영미식 신공공관리론적 색채를 많이 띠고 있다. 그렇지만 프랑스만의 독특한 측면도 강하게 나타나고 있다. 근본적인 차이점은 공무원을 개혁의 대상이 아니라 개혁의 동반자로 간주하고 있다는 점에서 찾을 수 있다. 인사개혁의 초점이 공무원들의 권익보호와 근무조건 개선을 통해서 사기를 진작시킴으로써 자발적인 동참을 이끌어내고 궁극적으로 공직사회의 경쟁력을 높이는 데 맞추어져 있다.

제 3 장 프랑스의 예산과 재정

최 진 혁(충남대)

I. 서 론

1 연구목적

프랑스 민주주의 발현은 그들의 역사 속에 투영되어 온 예산권(le droit budgétaire)의 형성을 두고 건설된 의회국가에서 비롯되는 바, 그들 조직 기구의 투명성 계획에 매우 밀접한 관계를 갖고 있다. 이에 본 연구는 프랑스 정부예산이 어떻게 형성되어 결정되는가를 고찰하면서 프랑스적 예산운영의 특징적 요소를 밝히고자 한다. 아울러 프랑스 정부가 공공부문의 생산성을 제고하고 주민들에게 보다 쉽게 읽힐 수 있는 예산형성에 어떠한 노력을 기울였는지 고찰하기로 한다. 특히 프랑스 정부가 여러 해 전부터 시도하여 온 변화의 흐름을 가속화하고 일반화하여 2006년부터 성과관리예산에 근거하여 새로운 예산구조를 구상하고 있는 배경 및 내용은 무엇인지에 대해 살펴보고자 한다(최진혁 외, 2004).[1] 이를 통하여 우리나라 재정 및 예산개혁에 대한 시사점을 도출하는 데에 그 목적이 있다.

프랑스 국가의 예산제출은 오늘날이나 미래에 있어서나 두 가지 절대적인 필요를 조정해야만 하는 것으로 볼 수 있다. 즉, 의회의 집행부 통제가 그 하나이고, 예산행위의 경제 · 재정적 맥락의 고려(재정균형 고려)가 다른 하나이다. 프랑스 국가재정의 역사는 예산을 제출하는 데 있어 합리성의 추구로 집약될 수 있다. 이러한 노력이 종합자료집을 만들게 되었고, 이는 의회통제의 논리를 제공하게 되었으며 국회의 정보를 보장받을 수 있게 하였다.

이러한 관점에서 프랑스 국가재정의 핵심인 예산운용과정에서 나타나는 프랑스적 재정운영의 특징을 분석하고자 한다. 이와 더불어 재정운용의 경제적 기능과 정치사회적 기능에도 주목하여 프랑스의 재정정책 및 재정개혁의 의미를 파악하고자 한다. 그리고 프랑스는 국가중심의 단일국가체제하에서의 중앙집권국가에서 1982년 미테랑 사회당 정부 이후 지방분권체제의 국정운영을 수행해오고 있다. 최근에는 시락, 사르코지 우파정부에서 헌법개정까지 하면서 국가의 경쟁력을 지방분권국가에서 찾고 있는 현실에서 우리나라와 같은 국정운영의 맥을 보이고 있다. 이런 맥락에서 재정분권의 논리를 제공하고 있는 국가예산의 운영실태를 고찰하고자 한다.

2 연구범위

프랑스 국가재정은 두 가지 요소에 그 근간을 두고 있다. 즉, 재정법률은 국가의

1) 프랑스 정부가 추진하고 있는 예산개혁은 코페르니쿠스적 혁명(une révolution copernicienne)상황이라고까지 명명할 정도의 획기적인 변화라 할 수 있다. 이는 성과관리에 기초를 두고 있다(Moderfie, 2004: 3).

대규모의 수입과 국가의 임무를 집대성한 종합교과서라 할 수 있다. 그리고 예산은 1959년 정령에 따라 모든 수입과 경상부담을 담는 계좌(회계)에 의해 구성된다. 결국 예산은 재정법률의 기술적인 면과 회계적인 면을 동시에 포함한다. 그런데 이러한 정의는 두 가지 취약점을 가지게 하였다. 즉, 회계적인 접근과 예산적인 접근을 모호하게 하였다는 점이다. 따라서 2005년부터 이 구별을 명백히 하고자 예산은 수입과 지출형태 하의 국가의 자원과 예산적 부담을 서술(retrace)하는 것으로 하였다. 즉, 예산은 승인행위(acte d'autorisation)에 해당하는 재정법률과 다르게 구별하였던 것이다. 요컨대, 예산적인 논리와 회계적인 논리를 분리하고자 하였다. 따라서 국가재정은 다음의 네 가지 측면을 고려하여 접근되어야 한다. 예산의 형성, 결정, 집행, 통제과정이 그것이다. 즉, 예산제도(구조)와 과정, 재정규모와 재정지출 수입의 구성 등을 중심으로 한 세입세출의 구조, 국가재정정책의 주요 방향과 정책수단, 최근의 예산개혁의 주요 내용 등을 연구과제의 범위로 삼고자 한다.

3 재정과 예산관련 정책의 기본방향 및 동향

2004년 프랑스 경제 · 재정 · 산업부(예산개혁국: direction de la réforme budgétaire)는 상 · 하 양원의 재정위원회와 회계원, 프로그램(사업)감사 정부간위원회와 함께 성과관리의 방식이 어떻게 진행되어야 하는가를 소개하고 있다(Ministère de l'économie, des finances et de l'industrie, 2004). 즉, 공공관리의 새로운 개념을 제시하고 있다. 요컨대, 프랑스의 공공관리의 개념은 더 이상 지출성질별에 의한 자산결정이 아니라 목적에 의한 예산적 자산의 결정으로 하고 있다. 여기에서 숫자화된 지표에 의한 측정달성된 결과(성과)의 정의는 국가관리를 수단의 논리에서 결과(성과)의 논리로 지향하게 되었다. 따라서 2006년 재정법률을 포함해 앞으로 프랑스 국회는 정부가 의회에 제출한 전략적 목표와 정부가 의회에 설명한 결과(성과)를 고려하여 국가의 예산을 논의하고 결정하게 된다. 그러나 이들 정보는 취득한 성과의 기계적 결과를 다루는 것은 아니다. 따라서 목적의 적절성(타당성), 측정체계의 신뢰성을 보장하는 것이 무엇보다 중요하며, 이어서 취득한 성과를 구체적으로 분석하는 것이 필요하다. 이것이 의회(le Parlement), 회계원(la Cour des comptes), 프로그램감사 정부간위원회(le Comité interministériel d'audit des programmes)에 의해서 보장된 성과에 대한 통제의 목적으로 간주된다. 이런 배경에서 프랑스는 네 가지 분야에 개혁을 단행하게 된다. 즉, 새로운 예산구조, 새로운 관리방식, 새로운 회계제도, 새로운 정보체계구축이 그것이다.

II. 예산제도 및 예산과정

1 예산담당기관

프랑스 민주주의 국가에서 예산권한은 정치적 책임자의 손 안에 있다. 즉, 의원(입법부)이 승인하고 일정한 기간에 정치적 다수당에서 비롯된 정부(행정부)가 (헌법과 기관법을 존중하는 한도 내에서, 그리고 임기 말에 재선출이라는 통제 하에) 과세권을 처분하고, 지원권한을 행사하고 국가적 수준에서 불평등의 상황 내지 사회적 정의상태, 성장, 경제정세를 수정할 가능성을 도모할 수 있다. 재정법률(loi de finances)은 헌법적 틀에 순응해야 하고 예산민주주의를 실행해야 하는 큰 원칙에 따라야 한다. 그러나 예산결정 이전의 준비과정이나 예산결정 이후의 공공재정의 안내는 거의 전적으로 집행권한과 다양한 행정부서(세금, 공공회계, 부서)에 달려 있다(행정부). 입법부(국회)는 (집합적) 수정재정법률(lois de finances rectificatives)의 결정순간에만 권한을 다시 행사할 수 있을 뿐이다(Baslé, 2004: 7). 따라서 프랑스 예산을 담당하는 기관은 입법부와 행정부로서 그 구체적 기관은 다음과 같다.

1) 입법부

(1) 국회(상원, 하원)의 재정위원회(commission des finances)

예산안은 국회(하원: Assemblée nationale)에서 논의되어야 하고 이후 상원(Sénat)에서 토론을 거쳐야 한다. 헌법 제47조는 국회가 예산안 검토를 위해 70일의 기간을 처분할 수 있도록 하고 있고 예산이 적용되는 해인 1월 1일 이전에 예산을 채택하도록 하고 있다. 예산안 검토는 정부(행정부)와 국회(입법부)간의 심화된 대화를 행할 수 있는 기회이다. 특히 상/하 양원의 재정위원회는 재정법률을 따르고, 통제하며 공공재정에 관한 모든 의문에 대한 평가를 수행한다. 이러한 임무를 효율적으로 수행하기 위해 재정위원회(일반, 특별)의 의장, 검사관은 보다 확장된 권한을 행사하고 있다. 즉, 재정 및 행정질서에 관한 모든 정보 및 자료에의 접근 권한, 모든 인사에 대한 테스트를 행할 권한, 회계원에 조사를 행하도록 주문할 수 있는 가능성, 통제나 평가임무 영역 내에서 방해를 받을 경우 위원회위원장에 의한 행정재판의 점유권 등이 그것이다(www. budget.gouv.fr / Le budget et les comptes de l'Etat). 최근 예산개혁에서 상원(Sénat)의 재정위원회(commission des finances) 역할이 주목받았음은 주지의 사실이다(제 IV장 예산개혁 참조).

2) 행정부

예산안을 준비하는 과정에서 다음과 같은 기관이 개입하게 된다.

(1) 국무총리(le premier ministre)

공공재정전체의 예산전략을 다루는 정부세미나가 끝난 뒤 다음 해의 예산정향을 결정하는 '예산편성(틀)서한' (lettre de cadrage)을 각 장관들에게 보낸다.

(2) 재정부(le ministère de Finance)와 예산국(la Direction du Budget)

국무총리의 지휘/감독 하에 재정부장관은 국무회의에서 결정된 재정법률안을 준비한다. 예산을 담당하는 장관(예산 · 공공회계 및 총무부장관(ministre du budget, des comptes publics et de la fonction publique)〈그림 3-3-1〉 참조)은 각부 장관들과 함께 그들의 행정부 내에서 소망하는 구조적 개혁을 연구하고 그에 따라 예산국은 예산편성틀을 고려하여 부서의 자산과 인원요구를 검토하게 된다. 이어 국무총리실에서 회합을 통해 재정법률안 준비에 통합되어야 하는 주요개혁의 내용을 논의하면서 이를 실현하기 위한 구조적인 경제적 조치단계를 확정하게 된다.

〈그림 3-3-1〉 예산 · 공공회계 및 총무부 조직도

2) 임금국영관리처(ONP: Opérateur national de paye)는 2007년 5월 15일 정령에 의거하여 부처간 공직 임금과 인적자원관리를 현대화하는 프로그램 수행임무를 부여받아 창설되었음.

3) 불법/음성적 재원유통에 대한 안내 및 대응활동처리처(TRACFIN: Traitement du renseignement et action contre les circuits financiers clandestins).

(3) 국사원(Conseil d'Etat)과 국무회의(Conseil des ministres)

행정부에서의 예산자료를 마지막으로 심의한 이후 예산안(le projet de budget)은 국사원이 검토하고 국무회의에서 채택하게 된다.

2 예산체계: 예산의 종류, 예산의 형식과 구성

국가예산(Le budget de l'Etat)은 국가의 일년간의 수입과 지출을 예견하고 승인하는 행위로서 일종의 정부의 결의를 나타내주는 문서로 간주할 수 있다. 따라서 일회계연도 국가의 모든 수입과 부담을 서술하는 회계(계좌)의 전체를 의미한다. 일반적으로 프랑스 국가예산은 다음을 구성한다.

1) 일반예산(Le budget général)

국가의 일반예산은 예산 단일성의 원칙이 구체화되는 것으로 1959년 정령의 제18조에 의하면 ≪모든 지출과 수입은 일반예산이라는 제목 하에 하나의 단일계정에 충당한다≫. 그러나 어떤 수입은 어떤 지출에 직접적으로 배당될 수 있고 이러한 특별배당을 실현하기 위한 습관적 방식은 부속예산이나 국고특별회계(les comptes spéciaux du Trésor)에 실행된다(Mekhantar, 2003: 32). 재정법률에 의해 일련의 지출에 배당해야 하는 수입을 제외하고 국가의 모든 수입과 지출을 서술하는 일반예산은 3단계로 구성된다. 즉, 임무(missions), 프로그램(program-mes), 활동(actions)이 그것이다(후술).

2) 부속예산(Les budgets annexes) / 특별예산(spécific budget)

부속예산은 국가서비스 중에 그 활동이 자산을 산출해내는 데 목적을 두고 있다든가 혹은 지불을 야기하는 서비스를 제공하는 데 목적을 두고 있는 국가서비스의 지출과 수입을 기술하고 있다. 이 부속예산의 개념은 1959년 1월 2일 정령 제20조에서 확인할 수 있다. ≪법률이 법인격을 부여하지 않고 그 행위가 본질적으로 자산을 산출해내는 데 목적을 둔다든가 혹은 가격지불을 야기하는 서비스를 제공하는 데 목적을 둔 국가서비스의 재정적 운용은 부속예산의 대상이 된다. 부속예산의 창설과 철폐는 재정법률이 결정하도록 한다≫. 이와 같은 개념정의에서 지적한 바와 같이 이 부속예산의 목적은 재정법률 안에서 법인격을 갖지 않는 국가서비스에 의해 실현된 활동을 개별화하는 것을 허용하려는 것으로 볼 수 있다. 이러한 개별화는 사기업의 관리에 관계된 활동관리를 사기업의 관리에 근접시키려는 목적을 가진다(Mekhantar, 2003 : 32).[4]

3) 특별회계(Les comptes spéciaux du Trésor)

일반예산과 구별되는 특별회계는 특별한 재정운영의 조건과 한시적인 성격으로 국가의 지출과 수입을 기술하는 것으로 수입과 지출간의 관계를 설정하고자 하는 것이다. 즉, 한편으로는 어떤 지출의 지변에 어떤 수입을 배당하고자 하는 것이며, 또 한편으로는 매우 상관관계가 높은 이들 운영간에 대차대조형태를 나타내고자 하는 것이다(예: les comptes de prêts 차입계좌). 즉, 이 회계의 결정적 특징은 어떤 확정적 지출이나 한시적 지출에 수입이 할당된다는 것이다. 예를 들어 '국가산림기금' 특별할당계좌(le compte d'affectation spéciale)는 산림세의 수입을 '나무다시심기(재식목)' 비용과 '숲화재예방' 비용에 할당한다는 것이다. 재정법률의 균형예산제시에서 특별회계의 운영의 한 부분은 임시적 성격의 운영을 총칭하여 구성하고 있다. 그 중 어떤 계좌는 재정운영의 대차대조만을 나타내는가 하면(상업계좌와 화폐운영계좌), 특별할당계좌(회계)는 확정적 성격의 운영을 서술한다. 특별회계의 수입은 일반예산의 그것과는 다르게 특별할당계좌의 각 영역을 위해 분리표

---

4) 1959년 1월 2일 정령 제21조는 ≪부속예산은 한편으로는 개발수입과 지출을 담고, 또 한편으로는 투자지출과 이들 지출에 배당할 특별수입을 담는다≫고 하며 ≪부속예산의 운영은 일반예산운영과 같이 실행된다. 개발지출은 일반지출과 같은 규칙에 따르고, 투지지출은 자본지출과 같은 규칙에 따른다≫고 규정하고 있다. 제1차 세계대전 이후 정치적인 이유로 부속예산의 수는 증가하였으나 오늘날은 줄어들었다. 1990년까지 8개 부속예산이 있었지만 지금은 6개 부속예산으로 구성되어 있다. ① budget annexe des prestations sociales agricoles(BAPSA), ② budget annexe de l'aviation civile, ③ budget annexe des Journaux officiels, ④ budget annexe des Monnaies et Médaille, ⑤ budget annexe de la Légion d'honneur, ⑥ budget annexe de l'Ordre de la Libération(Mekhanter, 2003: 33 ; Banque de France, 1997: 15).

결의 대상이 된다. 국고의 특별회계는 1959년 1월 2일 정령에 제한적으로 규정한 6개 영역을 포함하고 있다.

① 특별할당회계(compte d'affectation spéciale),

② 상업회계(compte de commerce),

③ 외국정부와의 규제회계(compte de règlement avec les gouvernements étrangers),

④ 화폐운영회계(compte d'opérations monétaires),

⑤ 차입회계(계좌)(compte de prêts),

⑥ 선불회계(계좌)(compte d'avances).

3 예산구조

1) 예산항목(les lignes budgétaires)

(1) 부와 편(les titres et parties)

일반 예산은 각 행정부서에 의해 부(titre), 편(partie), 장(chapitre)으로 제시된다. 부는 자산의 성질을 고려하여 유사한 장을 재결합한 것이다. 1959년 정령의 제6조는 국가의 상시적 부담으로 경상지출(les dépenses ordinaires), 자산지출(les dépenses en capital), 차입금(les préts)과 선불금(les avances)을 규정하였다. 일반예산의 부로서의 조직형태는 경상지출과 자본지출간의 분할로 나타난다. 경상지출은 4가지 부로 묶여진다. 부1: 공적 부채(Dette publique), 부2: 공권력(Pouvoirs publiques), 부3: 서비스수단(Moyens des services), 부4: 공적 개입(Interventions publiques). 자본지출은 3가지 부가 대상이 된다. 부5: 국가가 수행한 투자(Investissements exécutés par l'Etat), 부6: 투자보조금(Subventions d'investissement), 부7: 전쟁으로 인한 손해(Dommages de guerre).

편으로의 조직은 1959년 정령에 예견되지 않았고 배분정령에 나타나고 있다.

편은 부에 의거하여 다양한 기준에 따라 장을 묶은 것이다. 재정법률에 관한 기관법률(loi organique relative aux lois de finances: LOLF)에 따라 2006년 재정법률부터 예산부담은 7개 부로 통합된다. 즉, 1. 공권력에의 교부금(Dotations aux pouvoirs publics), 2. 인건비(dépenses de personnel), 3. 경상지출(dépenses de fonctionnement), 4. 국가부채상환비(Charges de la dette de l'Etat), 5. 투자(자본)지출(dépenses d'investissement), 6. 개입(중재)비용(dépenses d'intervention), 7. 재정운용비용(dépenses d'opérations financières)이 그것이다.

(2) 예산적 장(le chapitre budgétaire)

실제적으로 예산적 자산은 장으로 특별(전문)화한다. 장들은 다시 여러 관(article)과 항(paragraphe)으로 나누어진다.

(3) 임무(les missions), 프로그램(les programmes)과 교부금(les dotations)

- 하나의 임무는 정의된 공공정책에 협조하는 프로그램 전체를 포함한다. 이 개혁에 따라 자산은 프로그램이나 교부금에 의해서 특별화된다.
- 하나의 프로그램은 하나의 행위로 실행하기로 되어 있는 자산을 통합하는 것이다.
- 하나의 교부금은 반대로 이러한 목표논리에 덜 직접적으로 연결된 자산을 총괄화하는 것을 허용한다.

2) 대차대조형식의 예산(les soldes budgétaires)

예산의 원칙 중 중요한 것의 하나는 균형예산(l'équilibre budgétaire)의 원칙인데(〈표 3-3-1〉 참조) 국가에 있어 이 원칙은 적어도 당초재정법률 수준에서 덜 엄격하게 적용되고 있다. 즉, 당초재정법률은 초과액, 부족액, 손실액 등을 나타나게 할 수 있다. 2003년도 당초재정법률에 따른다면 다음 〈표 3-3-2〉와 같이 그 예산의 적자(손실)를 보게 된다.

〈표 3-3-1〉 2007/2008년의 국가균형예산
(2007년 재정법률 제52조/2008년 재정법률 제58조)

(단위: 백만 유로)

일반예산(Budget Général)	2007	2008
수입(Ressources)		
순세수입	354,839	342,193
공제(-) :		
상환(지불) 및 감세	83,217	76,460
순세수입총액	271,622	265,733
세외수입	28,051	26,956
협력기금을 야기하는 수입	3,438	4,249
공제(-) :		
지방자치단체와 유럽공동체를 위한 공제(선수공제금)	69,610	68,147
일반예산의 순수입 총액(A)	233,501	228,791
지출(Charges)		
임무에 관련된 비용	354,501	343,310
협력기금에 관계된 비용	3,438	4,249
공제(-) :		
상환(지불) 및 감세	83,217	76,460
일반예산의 순지출 총액(B)	274,722	271,099
일반예산의 차액(C=A-B)	-41,221	-42,308
부속예산(Budget annexes)		
수입(협력기금 포함)	1,920	1,864
지출(협력기금 포함)	1,919	1,861
부속예산의 차액(D)	1	3
특별회계(Comptes spéciaux)		
수입(Ressources)		
특별할당회계에 배당된 수입	54,450	52,848
차입금과 선불금의 상환(지원재정회계)	93,248	96,507
특별할당회계와 지원재정회계의 수입(E)	147,698	149,355
지출(Charges)		
특별할당회계의 임무에 관련된 지출	54,458	53,048
지원재정회계의 임무에 관련된 지출	93,965	96,300
상업회계의 순지출	-199	-263
자금운영회계의 순지출	-59	-39
특별회계의 지출(F)	148,165	149,046
특별회계의 차액(G=E-F)	-467	309
국가예산의 차액(C+D+G)	-41,687	-41,996

출처: 예산, 공공회계 및 공직부(Ministère du budget, des comptes publics et de la fonction publique), 2007년/2008년도 국가예산(Le budget de l'Etat 2008).

(1) 균형예산(l'équilibre budgétaire)

넓은 의미에서 확정적 지출과 임시적 지출이 확정적 수입과 임시적 수입으로 충당될 때 균형예산이라고 할 수 있지만 실제적으로 국가재정에서 꼭 균형을 이루는 것은 아니다. 2008년도 국가균형예산은 일반예산의 순수입총액은 2,287억 9,100만유로, 순지출총액은 2,710억9,900만유로를 나타내 423억800만유로의 차액(−)을 나타냈다. 부속예산은 협력기금을 포함한 수입이 18억6,400만유로, 지출이 18억 6,100만유로를 나타내 300만유로의 차액(+)을 보였다. 특별회계는 특별할당회계와 지원재정회계의 수입이 1,493억5,500만유로, 지출이 1,490억4,600만유로를 나타내 3억 900만유로의 차액(+)을 나타내었다. 따라서 국가예산의 차액의 총액은 −419억 9,600만 유로를 나타냈다(〈표 3-3-1〉 참조).

〈표 3-3-2〉 적자예산 내용(2003)

(단위: 백만 유로)

	순수입	지출 혹은 부담의 상한	
확정적 운용			
−일반예산	228,173	273,812	
−특별할당회계	11,611	11,609	
−부속예산	17,731	17,731	
손실액			−45,637
임시적 운용			
국고의 특별회계			
−특별할당		2	
−차입금	1,770	1,515	
−선불금	58,125	57,510	
−상업		−251	
−기금운용		50	
−외국정부와의 규제		0	
임시운용의 대차대조			1,069
예상된 일반대차대조(2003)			−44,568

출처: (Joël Mekhantar, 2003: 44).

확정적 운용(les opération à caractère définitif)은 상환할 수 없는 지출에 연계된 것이고, 임시적 운용(les opération à caractère temporaire)은 후일 환불을 통하여 지변받는 지출(차입, 선불금의 지출 등)에 해당한 것이다.

(2) 적자(손실)액(le déficit), 부족액(le découvert), 예산의 결손(l'impasse), 초과액(l'excédent)

적자예산 내용은 확정적 운용과 임시적 운용간의 예상된 일반대차대조(손익계산)로 확인할 수 있다(<표 3-3-2> 참조).

3) 경상계정과 투자계정으로의 예산구조

프랑스 예산은 각각 수입과 지출을 관리하는 경상계정, 투자계정의 두 부분으로 나누어진다. 경상계정은 국가(중앙정부) 서비스의 규칙적, 일상적 기능에 필요한 수입과 지출을 기술하는 것이다. 즉, 국가서비스 지출에는 경상지출, 인건비, 기타관리부담비용, 재정부담: 부채에 대한 순부담비, 예외적 부담비용, 감가상각과 예치금에의 교부금, 수입에 대한 이월비용 등이 해당된다. 이러한 반복적인 비용을 충당하기 위해 중앙정부는 세수입, 세외수입, 재정산출물(국고부채의 이자), 예외적 산출물, 감가상각과 예치금의 환수 등과 같은 규칙적 수입을 처리한다. 투자계정은 국가의 자산구성이나 가치에 직접적으로 영향을 주는 수입과 지출을 통합한다. 주요한 지출은 투자비용과 재정운용비용으로 이루어지며, 투자수입은 예비비로 할당된 전년도 경상의 초과/손실분, 자산요소의 양도분(재정적 부동산 양도), 차입금 수입이 해당한다(<그림 3-3-2> 참조).

4 예산과정

프랑스 국가의 예산형성 및 채택은 다음의 단계를 거쳐 이루어진다(<표 Ⅱ-3-3> 참조).

1) 재정법률의 형성(lElaboration de la loi de finances)

프랑스 국가에서 예산의 준비는 매우 복잡한 기술적이면서 동시에 정치적인 과정으로 이해되고 있다. 1959년 정령(제37조)은 예산준비과정을 다음과 같이 규정

〈그림 3-3-2〉 국가예산구조: 경상계정과 투자계정 (2008)

(단위: 10억 유로)

경상계정

수입 (총계 321,35)		지출 (총 계 321,35)	
1. 세외수입	27,41	1. 재정부담:부채에 대한 순부담비	40,80
2. 재정산출물 (국고부채의 이자)	0,64 0,64	2. 감가상각과 예치금에의 교부금	–
3. 세금(세수입)	272,08	3. 예외적 부담비용	–
4. 예외적 산출물	–	4. 경상지출	35,28
5. 감가상각과예치금의 회수	–	5. 기타관리부담비용	61,66
경상계정의 손실액	21,22	6. 수입에 대한 이월비용	63,70
		7. 인건비	119,91

투자계정

수입 (총계 127,77)		지출 (총계 127,77)	
경상계정의 손실	–21,22	1. 투자비용	19,15
1. 재정적 부동산양도	5,00		
2. 차입금수입	143,99	2. 재정운용비용	108,15

출처: 국회 2008년도 재정법률안(Projet de loi de finances pour 2008).

〈표 3-3-3〉 예산준비형태: 예산결정과정

1. 예산의 윤곽틀과 전망(le cadrage et les perspectives)

1) 1월–2월
   –수입과 지출의 세밀한 분석
   –처음 예산안을 그려본 재정부에 의해 실현된 내부적 의견
   –연장 토론회

2) 4월–5월
   –이미 발표한 거시경제전망을 고려하여 1년의 예산정책을 정의함

3) 5월말
   국무총리에서 장관들에까지 준비위임

2. 예산의 조정(La mise au point du budget)

4) 5월–6월
   –재정부의 예산국과 다른 부처간의 예산토론(회의)의 첫 번째 단계
   –재정부장관이나 국무총리의 중재

5) 7월 중순
   –국무총리가 각 장관들에게 보내는 상한선 서한(lettres–plafonds)작성, 배포

6) 7월말–8월 15일
   –예산의 두 번째 토론(회의)

7) 8월말–9월
   –수입의 확정적 결정
   –예산의 구체적 형성과 예산묶음의 실현

8) 9월30일
   –국무회의에 제출

3. 예산의 결정(Vote du budget)

9) 10월 6일
   –국회(하원) 사무소, 이후 상원(Sénat)에 재정법률안 기탁

10) 10월–11월–12월
   –국회에서 예산토론을 거쳐 예산결정

11) 12월 31일
   관보(Journal officiel)에 재정법률의 공식화를 위한 마지막 유예기간

하고 있다. 즉, 〈국무총리의 지휘/감독 하에 재정부장관은 국무회의에서 결정된 재정법률안(les projets de lois de finances)을 준비한다〉. 따라서 국무총리의 역할

이 중요하게 부각되고 있다. 그러나 재정부장관의 역할이 두 번째라고 하는 것은 아니다. 이는 순전히 기술적 특성의 관점이다. 연재정법률(la loi de finances de lannée)의 생성(구상)은 연속된 과정에서 이루어진다. 이 경우에 행해진 선택은 예산적 규제와 집합적 게임에 의한 자산의 이월, 사업승인, 사업법률 혹은 연내의 다년도 결정의 결정사슬(une chaîne de décisions)에 기입된다.

(1) 자율적 숙고의 단계 : 예산전망의 선택

예산준비는 전년도 예산이 완수된 이후부터 실제적으로 시작된다.

① 부처에서 사전준비단계 일반적으로 예산의 숙고는 N-2년도에 시작한다. 예산적 숙고(반영)는 예산방향을 제시하고 다양한 중재를 도모하는 장관 비서실(le Cabinet du ministre)과 연계하여 일반행정국(la Direction de l'Administration générale)의 검토의 대상이 된다.

② 재정부와 예산초안의 준비 재정부(le ministère de Finance)는 예산의 자율적인 숙고(반영)를 행하는데 재정법률의 형성에 근본적 틀을 제공하는 예산국(la Direction du Budget)이 담당한다.

(2) 협상단계

협상단계는 거의 4월에서 6월 사이에 국무총리의 지침 안에서, 예산국의 책임자와 다른 부처의 대표들을 모아 예산심의(토론)의 형식 하에 이루어진다.

① 예산틀(예산편성지침서: la lettre de cadrage) 이 시기의 초반에 국무총리는 각 부처 국의 책임자에게 그들의 예산형성에 관한 지침을 하달한다. 이것이 바로 예산틀(예산편성지침서)이다.

② 면 대 면: 첫 예산협의(토론) 각 부처를 위해 혹독한 진실 시험의 장이 된다. 이 시험은 예산결정으로 이르게 하는 것이 아니라 긍정적인 협약에 이르게 하거나 갱신예산(le budget de reconduction)에 반대하는 것에 이르게 하는 데 목적이 있다. 이 시험은 재정부에서, 예산국에서 관례에 따라 진행된다.

(3) 재정법률안의 결정적 검토(수정, 보완)

7월과 9월 사이에 재정법률안의 결정적 검토(수정, 보완)가 이루어진다. 지출에 있어 최후의 수정단계이다. 수입의 수립에 있어 결정적 단계로 이어간다.

① **지출과 과정완수** 국무총리는 7월 동안 다른 장관들에게 그들 예산의 내용을 매우 구체적으로 세분화하는 예산상한서(une lettre-plafond)를 하달한다. 그러나 이 문서가 모든 것을 규제하지는 않고 각 장관에게 선택할 수 있는 여지와 불확실한 여백은 열어두고 있다.

② **수입에 관한 결정** 수입은 앞서 두 단계 동안 계속되는 평가의 대상이 된다. 7월과 9월 사이에 최종균형을 고려하여 국무총리와 재정부장관 간의 토론 이후 세수입에 대한 확정안(세경감안, 세인상안)과 함께 시행된다.

2) 재정법률의 채택(l'Adoptation de la loi de finances)

국회 가을회기의 본질은 재정법률안의 토론에 참여하는 데에 있다. 예산토론은 따라서 국회의 가장 강력하고 중요한 시간 중의 하나가 되고 있다. 국회에 효과적인 행위의 가능성을 제공하고 있는가, 국회가 재정결정에 효과적으로 대처할 수 있는 수단을 처분하고 있는가에 대한 질문에 많은 경우 회의적이다. 하나의 연례적 행사 내지 습관적 행위로 비치고 있기 때문이다. 기술적 입법측면에서 예산안은 법률안의 형태로 제시된다. 요컨대, 다른 모든 입법자료와 마찬가지로 두 단계를 거치게 되는데, 재정위원회에서의 검토와 국회 본회의에서 토론과 결정과정을 갖게 되는 것이다(Bouvier, 2002: 310).

(1) 예산안의 사전적 검토 : 재정위원회의 역할

국회위원회는 의회에 주요업무의 기구를 구성한다. 그리고 그들의 전문화는 기술적 권한의 증거이다. 재정법률안에 관해서는 모든 위원회가 그들의 검사에 관심이 있지만 무엇보다 중요한 역할은 각 국회(상원, 하원)의 재정위원회에 속해 있다.

(2) 예산선택의 결정에 있어 국회의 협력

재정위원회의 임무와 재정위원회가 행사하는 통제는 예산토론과 함께 끝나지 않는다. 재정위원회의 역할은 단일한 의회회기제도와 위원회의 처분에 따른 정보과학 활용 등 새로운 수단을 강화해 간다. 일반적으로 예산을 검토하기 이전에 2개월 내에 예산적 정향에 대한 토론을 시행하고, 공공정책을 평가하는 의회사무소를 설치하여 정책의 시행에 따른 법률과 회계의 규칙성에 대한 통제를 이끈다. 이외에도 공공지출의 효과에 대한 평가와 감독 임무(la mission dévaluation et de contrôle)를 행한다.

(3) 의회에서 토론 및 결정

의회에서의 예산을 채택하기 위해 총 70일간의 기간을 활용한다. 마지막 투표(결정)는 12월 10일과 15일에서 이루어진다. 우선순위 토론으로 재정법률의 두 부분을 검토한다(〈표 3-3-4〉 참조). 2001년 8월 1일 기관(조직)법 제43조는 재정법률의 결정(투표)조건을 다음과 같이 상세히 규정하고 있다.

- 수입평가는 총예산, 부속예산, 특별회계를 위해 전체적 결정의 대상이 된다.
- 자원과 국고부담의 평가는 단일투표(결정)의 대상이 된다.
- 총예산의 자원은 임무(mission)에 의한 투표의 대상이 된다.

〈표 3-3-4〉 재정법률의 두 부분(1959년 정령)

첫 번째 부분	두 번째 부분
- 모든 공공재원의 징수를 허용한다.: 세금, 부채의 승인과 국가자원의 평가 ; 지방자치단체와 공영물에 할당된 세금징수의 허용 ; 지출범주의 상한. - 수입과 지출의 재정적 균형을 결정한다.	1편. 해당연도의 고유 조치들 - 자산의 총금액 : 일반예산, 부속예산, 국고의 특별회계를 위한 확정적 성격의 운영 프로그램법률에 의해 예견된 승인프로그램의 기술 2편. 항시적 조치들 비예산적 조치들

출처: (Maurice Baslé, 2004 : 11).

• 업무 승인의 상한은 유일한 결정(un vote unique)의 대상이 된다.
• 부속예산의 자원과 특별회계의 자원은 부속예산 혹은 특별회계에 의해 결정된다.

최근의 예산개혁에 따른 새로운 과정으로서 예산편성과 결정을 둘러싼 행정부와 입법부의 역할은 다음과 같이 요약할 수 있다(〈그림 3-3-3〉 참조). 우선 행정부의 경우 예산적 국면으로서 4단계와 성과적 국면으로서 1단계로 구분하고 있다.

① 1월 공공재정전체의 예산적 전략을 규정한 정부세미나 이후 국무총리는 각 장관들에게 다음 해의 예산적 정향을 결정하는 예산윤곽틀(lettre de cadrage)을 보낸다.

② 2월-4월 예산담당장관은 각 장관들과 함께 그들의 행정부 내의 소망하는 구조적 개혁을 검토한다. 같은 맥락에서 예산국은 전체 예산영역을 고려하여 부처의 자산과 공무원 수의 요구를 검토한다. 국무총리관저에서 한 번은 회합하여 재정법률안에 통합되어야만 하는 주요한 개혁을 결정하기 위해 구조적인 경제면을 결정짓는다.

③ 4월 자산에 대한 토론을 병행하면서 성과에의 행보는 국회와의 의사소통을 전망하는 선에서 예산국과 각 부처간에 이루어지는데 예산정향토론(débat d'orientation budgétaire : DOB)시 목적리스트와 성과지표리스트와 성과의 1년계획안(les projets annuels de performances: PAP)을 준비하는 것이다.

④ 5월 예산담당장관은 공동지침의 결과를 예산적 제안을 평가하는 국무총리에게 보고한다. 이어서 국무총리는 각 부처에게 자산의 최상의 금액, 임무에 의한 업무, 실행할 주요개혁들을 정한 예산상한선을 알린다.

⑤ 6월-9월 예산국과 함께 장관들은 하나의 임무의 여러 프로그램 간에 자산을 배분한다. 같은 맥락에서 프로그램의 책임자는 그들의 전략과 도달해야 할 목적에 맞추어 일을 수행한다. 예산적 자료의 최종적인 중요한 국면 이후 예산안은 국사원이 검토하고 국무회의에서 채택하게 된다.

이어 입법부의 경우 재정법률안의 국회사무소에의 기탁이 이루어지는 시점으로 시작되는데 적어도 10월 첫째 화요일에 개입하게 되도록 하고 있다. 이어서 재정

〈그림 3-3-3〉 예산편성 및 결정과정 일정표

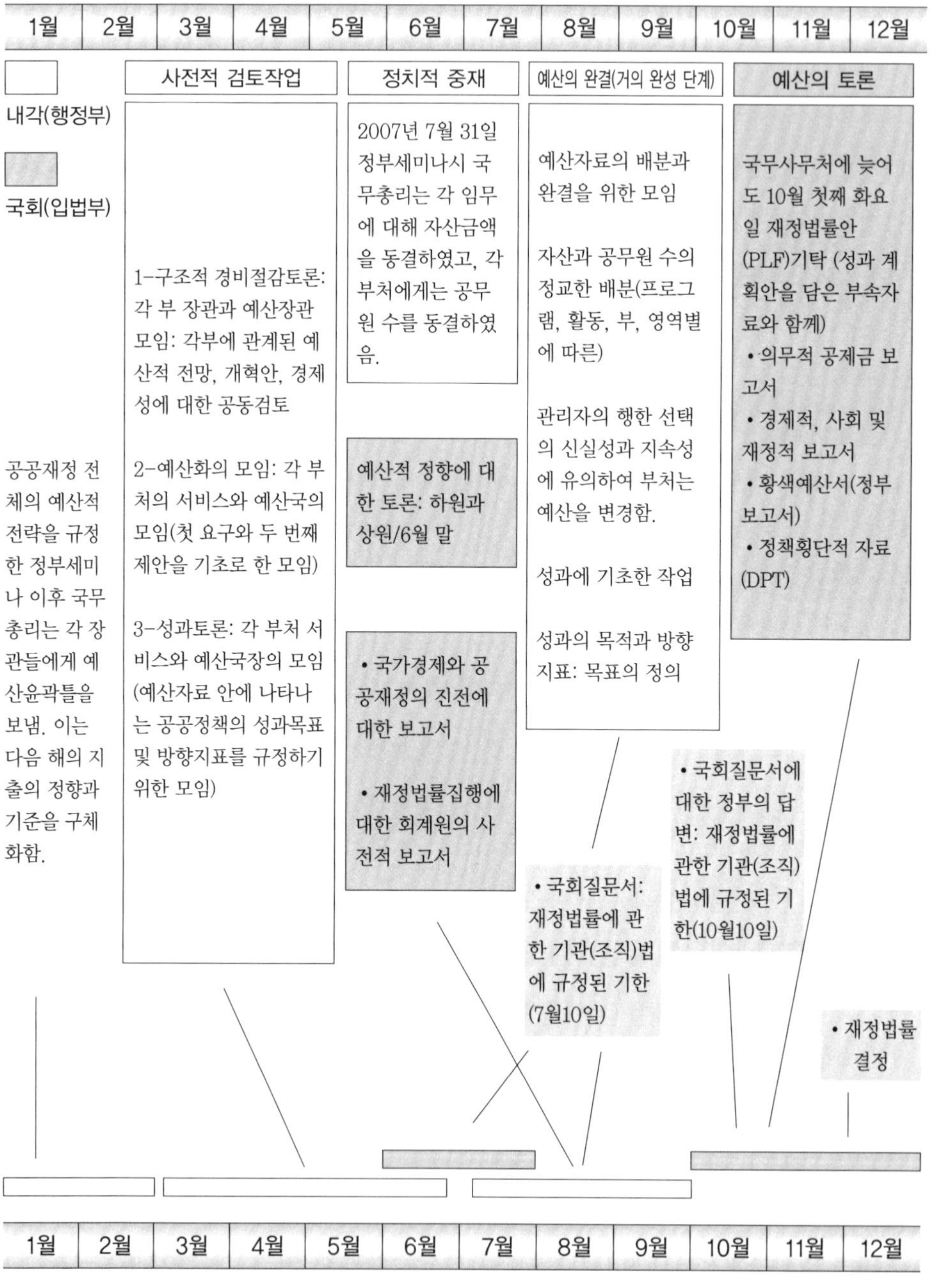

1월 2월 3월 4월 5월 6월 7월 8월 9월 10월 11월 12월

내각(행정부)

국회(입법부)

공공재정 전체의 예산적 전략을 규정한 정부세미나 이후 국무총리는 각 장관들에게 예산윤곽틀을 보냄. 이는 다음 해의 지출의 정향과 기준을 구체화함.

사전적 검토작업

1-구조적 경비절감토론: 각 부 장관과 예산장관 모임: 각부에 관계된 예산적 전망, 개혁안, 경제성에 대한 공동검토

2-예산화의 모임: 각 부처의 서비스와 예산국의 모임(첫 요구와 두 번째 제안을 기초로 한 모임)

3-성과토론: 각 부처 서비스와 예산국장의 모임(예산자료 안에 나타나는 공공정책의 성과목표 및 방향지표를 규정하기 위한 모임)

정치적 중재

2007년 7월 31일 정부세미나시 국무총리는 각 임무에 대해 자산금액을 동결하였고, 각 부처에게는 공무원 수를 동결하였음.

예산적 정향에 대한 토론: 하원과 상원/6월 말

• 국가경제와 공공재정의 진전에 대한 보고서

• 재정법률집행에 대한 회계원의 사전적 보고서

예산의 완결(거의 완성 단계)

예산자료의 배분과 완결을 위한 모임

자산과 공무원 수의 정교한 배분(프로그램, 활동, 부, 영역별에 따른)

관리자의 행한 선택의 신실성과 지속성에 유의하여 부처는 예산을 변경함.

성과에 기초한 작업

성과의 목적과 방향지표: 목표의 정의

• 국회질문서: 재정법률에 관한 기관(조직)법에 규정된 기한(7월10일)

예산의 토론

국무사무처에 늦어도 10월 첫째 화요일 재정법률안(PLF)기탁 (성과 계획안을 담은 부속자료와 함께)

• 의무적 공제금 보고서

• 경제적, 사회 및 재정적 보고서

• 황색예산서(정부보고서)

• 정책횡단적 자료(DPT)

• 국회질문서에 대한 정부의 답변: 재정법률에 관한 기관(조직)법에 규정된 기한(10월10일)

• 재정법률 결정

1월 2월 3월 4월 5월 6월 7월 8월 9월 10월 11월 12월

출처: 예산, 공공회계 및 공직부(ministère du budget, des comptes publics et de la fonction pubique)(2009). http://budget.gouv.fr(2008.8.30)

법률안은 검토되고 경우에 따라서 국회(상/하원)에 의해 수정되고 이어 확정적으로 결정된다. 재정법률은 다음 해 1월 1일부터 적용할 수 있도록 늦어도 12월 말에 선포된다. 상/하 양원의 재정위원회는 재정법률을 준수하고, 통제하며 공공재정에 관한 모든 의문에 대한 평가를 수행한다. 이러한 임무를 잘 수행하기 위해 재정위원회(일반, 특별)의 의장, 검사관은 보다 확장된 권한을 행사하고 있다(전술).

III. 재정관리

1 재정규모

2007년과 2008년 국가가 징수한 수입을 중심으로 재정규모를 살펴보면 다음과 같다. 2008년도 국가가 징수한 수입은 3,831억 1,900만유로로서 2007년도에 비해 31억 9백만유로가 증가하였다. 일반예산으로 순세입은 2,716억 2,200만유로로서 전체수입규모의 70.9%를 나타내 가장 큰 비중을 차지하는 세입원으로 하고 있다. 순세외수입은 280억 5,100만유로(7.3%), 국가수입에 대한 공제액은 696억 1,000만유로(18.2%), 협력기금은 34억 3,800만유로(0.9%)로서 일반예산의 순수입 총액은 2,335억 100만유로(61.0%)를 나타내었다. 협력기금을 포함한 부속예산은 19억 2,000만유로(0.5%)를 나타내었고, 특별회계는 1,476억 9,800만유로(38.6%)로서 주요한 수입원으로 간주되고 있다(〈표 3-3-5〉 참조).

한편 국가가 부담하는 성질별에 따른 예산지출(les charges budgétaires de l'Etat par nature)은 다음 〈표 3-3-6〉과 같다. 즉, 총 3,672억유로를 지출하는데 국가의 개입비용 1,453억유로(39.5%), 인건비 1,231억유로(33.5%), 국가부채부담 412억유로(11.2%), 경상경비 374억유로(10.2%), 투자지출 138억유로(3.7%), 재정

〈표 3-3-5〉 국가가 징수한 수입규모

(단위: 백만 유로)

	2007	2008(%)
세수입(일반예산)		
-소득세	57,057	60,455
-기업세(순)	45,905	53,825
-석유산출물에 대한 내국세	18,005	16,514
-부가가치세(순)	133,486	134,981
-기타 세수입	11,280	5,847
순세수입 총액(A)	265,733	271,622(70.9)
세외수입(일반예산)		
-산업 및 상업 개발과 재정적 성격의 기관	9,899	9,265
-국유지 수입	659	1,110
-요금, 사용료, 이와 유사한 수입	9,320	9,905
-선불금, 차입금의 이자, 자본으로의 교부금	520	644
-사회적 공제액과 분담금	595	553
-외부로부터 기인하는 수입	653	794
-행정과 공공서비스간의 운영	79	85
-기타	5,231	5,695
순세외수입 총액(B)	26,956	28,051(7.3)
공제이전의 순수입(A+B)	292,689	299,673(78.2)
국가수입에 대한 공제		
-지방자치단체를 위한 공제액	49,451	51,210
-유럽공동체를 위한 공제액	18,696	18,400
수입에 대한 공제액 총액(C)	68,147	69,610(18.2)
협력기금(D)	4,249	3,438(0.9)
일반예산의 순수입 총액(A+B+C+D)	228,791	233,501(61.0)
부속예산(협력기금 포함)	1,864	1,920(0.5)
특별회계	149,355	147,698(38.6)
총계	380,010	383,119(100.0)

출처: 예산, 공공회계 및 공직부(Ministère du budget, des comptes publics et de la fonction publique), 2008년도 국가예산(Le budget de l'Etat 2008).

〈표 3-3-6〉 성질별에 따른 국가부담 예산지출

(단위: Md €, 10억 유로)

	금액	비율
1. 공권력의 교부(지원)금	1,0	0.27 %
2. 인건비	123,1	33.5 %
3. 경상경비	37,4	10.2 %
4. 국가부채의 부담	41,2	11.2 %
5. 투자지출	13,8	3.7 %
6. 개입비용	145,3	39.5 %
7. 재정적 운용비용	5,4	1.5 %
총계	367,2	100.0 %

출처: 예산, 공공회계 및 공직부(Ministère du budget, des comptes publics et de la fonction publique), 2008년도 국가예산(Le budget de l'Etat 2008).

적 운용비용 54억유로(1.5%), 공권력의 교부(지원)금 10억유로(0.27%) 순으로 나타나고 있다.

2 재정수입 및 지출

2007년 국가재정수입은 총 2,927억유로인데 지출은 3,347억유로로 420억유로의 적자를 보였다. 재정수입의 비중은 부가가치세가 가장 높은 비중(1,335억유로, 45.6%)을 차지하고 있고, 이어 소득세(571억유로), 기업세(461억유로), 기타수입(269억유로), 석유산출물에 대한 내국세(180억유로), 기타세수입(111억유로)의 순으로 나타나고 있다. 한편 재정지출은 교육 및 연구(803억유로, 24.0%), 지방자치단체(495억유로, 14.8%), 기타 임무(469억유로, 14.0%), 부채 및 재정적 저당(계약)(409억유로, 12.2%) 국방(362억유로, 10.8%), 노동/고용 및 연대(243억유로 7.3%), 안전 및 사법(220억유로, 6.6%), 유럽연합(187억유로, 5.6%), 교통/도시 및 주거(159억유로, 4.8%) 순으로 나타나고 있다(〈표 3-3-7〉 참조).

〈표 3-3-7〉 2007년도 국가 재정수입 및 지출

(단위: Md €, 10억 유로)

재정수입(Recettes)	292,7(100,0)
-부가가치세(TVA)	133,5(45,6)
-소득세(Impôt sur le revenu)	57,1(19,5)
-기업세(Impôt sur les sociétés)	46,1(15,7)
-석유산출물에 대한 내국세(Taxe intérieure sur les produits pétroliers)	18,0(6,2)
-기타 세수입(Autres recettes fiscales)	11,1(3,8)
-기타 수입(Autres recettes)	26,9(9,2)
재정지출(Dépenses)	334,7(100,0)
-교육 및 연구(Enseignement et recherche)	80,3(24,0)
-지방자치단체(Collectivités territoriales)	49,5(14,8)
-부채 및 재정적 저당(계약)(Dettes et engagements financiers)	40,9(12,2)
-국방(Défense)	36,2(10,8)
-노동, 고용 및 연대(Travail, emploi et solidarité)	24,3(7,3)
-안전 및 사법(Sécurité et justice)	22,0(6,6)
-유럽연합(Union européenne)	18,7(5,6)
-교통, 도시 및 주거(Transports, ville et logement)	15,9(4,8)
-기타 임무(Autres missions)	46,9(14,0)

출처: 경제, 재정 및 산업부(Ministère de l'Economie, des finances et de l'industrie), 2007. 4. 30.
예산, 공공회계 및 공직부(Ministère du budget, des comptes publics et de la fonction publique), 2008년도 국가예산(Le budget de l'Etat 2008).

3 기금 및 국채 운영

임무에 따른 지불자산(Crédit de paiement)[5]을 통해 2008년도 예산안을 보면 다음 〈표 3-3-8〉과 같다. 즉, 일반예산의 임무는 총 34개 임무로 3,545억 1백만

5) 투자지출의 연간 최대금액에 대한 허용을 뜻하는 것으로 해당 부처장관이 집행해야 할 사업을 수행하기 위하여 한 해에 걸쳐 지불하는 것을 허용하고 있다(Banque de France, 1997: 22).

〈표 3-3-8〉 임무에 따른 지불자산

(단위: 백만 유로)

일반예산의 임무	2007	2008
-국가의 외부활동	2,258	2,352
-국가의 일반행정 및 지역행정	2,492	2,639
-농업, 낚시, 숲 및 전원(농촌)업무	2,940	2,852
-개발에의 공적부조	3,103	3,074
-재향군인, 국가(민족)와 함께 기념과 연계	3,841	3,766
-국가의 권고 및 통제	468	497
-문화	2,688	2,759
-국방	36,251	36,866
-경제발전 및 규제	3,933	1,259
-정부활동운영관리	528	533
-지속가능한 국토개발 및 생태학(친환경)	635	9,008
-국가의 재정적 투입	40,863	42,840
-학교교육	58,982	59,053
-공공재정과 인적자원의 관리	8,900	11,222
-이민, 망명(보호소) 및 통합	-	602
-사법	6,255	6,497
-대중매체(언론)	501	507
-해외영토	1,953	1,720
-프랑스 경제의 지침(안내)	-	841
-토지정책	682	416
-공권력	919	1,008
-비축품(예납금)	75	225
-연구 및 고등교육	21,284	23,243
-사회보장제도	4,981	5,269
-지방자치단체와의 관계	3,208	2,354
-상환 및 감세	76,460	83,217
-건강	429	426
-안전	15,703	15,878
-시민안전	428	415
-위생안전	658	707
-연대, 동화(다문화) 및 기회의 평등		12,044
-연대성과 국민통합		-
-스포츠, 청년 및 연합적 삶	785	784
-경제전략		-

-교통	8,784	-
-노동 및 직업	12,147	12,480
-도시 및 숙소	7,145	7,148
일반예산 총계(A)	343,310	354,501
부속예산의 임무		
-항공 통제 및 활용	1,643	1,704
-공식적 공고(발표) 및 행정적 정보	197	196
부속예산 총계(B)	1,840	1,900
특별할당회계의 임무		
-영화, 시청각 및 지방라디오방송	530	554
-도로교통법위반에 자동화한 통제 및 처벌	140	194
-농촌과 전원의 개발	98	110
-국가의 부동유산(유적지)의 관리	500	600
-국가의 재정적 참여	5,000	5,000
-연금(보조금)	46,780	48,000
특별할당회계의 총계(C)	53,048	54,458
지원재정회계의 임무		
-국제화폐(통화)일치	14,154	7,654
-국가의 다양한 서비스나 공공서비스를 관리하는 기관의 선불금	2,790	2,890
-공공시청각에의 선불금		483
-새 자동차취득에 지원기금의 선불금	78,349	80,861
-외국에의 차입금	996	2,066
-특별기관이나 사적기관에의 차입 및 선불금	11	11
지원재정회계의 총계(D)	96,300	93,965
국가임무전체에 해당하는 지불자산의 총계(A+B+C+D)	494,498	504,824
협력기금 이유로 개설해야 할 지불자산의 평가	4,270	3,457
-일반예산의 임무	4,249	3,438
-부속예산의 임무		
	21	19
총계		
(개설한 지불자산 + 협력기금에의 예측할 수 있는 지불자산)	498,768	50,8281

출처: 예산, 공공회계 및 공직부(Ministère du budget, des comptes publics et de la fonction publique), 2007년/2008년도 국가예산(Le budget de l'Etat 2008).

〈표 3-3-9〉 2007년 재정법률(LFI)로 채택하고 2008년 재정법률안(PLF)으로 제안한 영역별 자산현황

(단위: 백만 유로)

부/영역	LFI 2007(AE)	PLF 2008(AE)	LFI 2007(CP)	PLF 2008(CP)
부1. 공권력 교부금	918,7	939,2	918,7	939,2
부2. 인건비	118,586,5	119,913,8	118,586,5	119,913,8
-보수	74,231,5	73,473,8	74,231,5	73,473,8
-사회기부금	43,072,0	45,103,9	43,072,0	45,103,9
-사회급여와 다양한 수당	1,283,0	1,336,0	1,283,0	1,336,0
부3. 경상경비	34,791,0	38,416,3	33,020,8	37,466,1
-인건비 이외의 경상경비	18,985,1	20,850,5	17,127,6	19,965,3
-공공서비스부담을 위한 보조금	15,806,0	17,565,8	15,893,2	17,500,9
부4. 국가부채부담	39,191,0	40,796,0	39,191,0	40,796,0
-유통가능한 재정적 부채이자	39,185,0	40,790,0	39,185,0	40,790,0
-유통불가능한 재정적 부채이자	6,0	6,0	6,0	6,0
-다양한 재정적 부담	-	-	-	-
부5. 투자경비	13,236,7	13,638,8	13,158,1	13,280,5
-국가의 유형부동산을 위한 경비	13,058,2	13,264,7	12,876,0	12,976,8
-국가의 무형부동산을 위한 경비	178,5	374,2	282,1	303,7
부6. 개입(이전)경비	139,497,0	144,661,7	138,150,6	142,160,8
-가계이전비	35,145,0	33,772,6	34,912,3	33,612,7
-기업이전비	80,670,6	69,281,1	80,677,9	68,465,8
-지방자치단체이전비	7,826,1	22,726,8	7,723,8	22,720,8
-기타 단체 이전비	15,562,6	18,593,5	14,544,0	17,073,9
-보증비	292,6	287,7	292,6	287,7
부7. 재정운용경비	306,7	518,4	284,3	415,9
-차입금과 선불금	232,0	203,3	220,2	195,4
-순기금으로의 교부금	74,6	315,1	62,6	220,5
-재정적 참여경비	-	-	1,5	-
총계	346,527,6	358,884,1	343,310,1	354,972,2

출처: 국회 보고서(2008).

유로를 나타냈고, 부속예산의 임무로는 2개 임무를 수행하는 데 19억 유로를 나타냈다. 그리고 특별할당 회계의 임무로는 6개 임무로 544억 5천8백만 유로를 나타냈고, 지원재정회계의 임무는 7개 임무에 939억 6천5백만 유로를 나타내어 국가임무 전체의 지불자산 총계는 5,048억 2천4백 유로를 보였다. 거기에 일반예산과 부속예산의 임무에 해당한 협력기금을 가산하여 총 5,082억 8천1백 유로로 계상된다. 따라서 2007년도 협력기금은 42억 7천만 유로(일반예산 42억 4,900만 유로 + 부속예산 2,100만 유로), 2008년도에 34억 5천7백만 유로(일반예산 34억 3,800만 유로 + 부속예산 1,900만 유로)를 보이고 있다(〈표 3-3-8〉 참조).

2007년 재정법률과 2008년 재정법률안으로 제안한 영역별 자산현황으로 볼 때 국가부채부담경비(부4)는 407억9,600만 유로를 나타내고, 재정운용경비(부7)는 2008년 재정법률안으로 5억1,800만 유로(지불승인), 4억 1,600만 유로(지불자산)를 나타내고 있다. 2007년 6천2백만유로를 나타냈던 순기금으로의 교부금(기금)은 2008년 2억 2천5십만 유로를 나타내고 있다(〈표 3-3-9〉 참조). 이 증가세는 전적으로 연구와 고등교육에 기인한다. 이 임무는 점진적인 일반화로 설명된다.

Ⅳ. 예산제도 및 재정 개혁

1 개혁과정 및 내용

프랑스 예산개혁의 논의는 다음과 같이 정리할 수 있을 것이다.

1) 의회의 효율적 통제

첫째, 예산개혁은 의회의 효율적 통제를 지향하는 차원에서 국회(하원: Assemblée nationale)의 중앙정부의 예산 및 지출통제를 강화하는 방향에서 찾아야 한다는 것이다. 프랑스는 공공재정에서 공공지출 규모가 갈수록 증대되고 있고 재정적자가 심각한 상황에서, 이제 의회의 보다 효율적 통제를 지향할 수 있는 제도를 모색하게 되었다. 그동안 국가의 재정지출에 대한 정확한 평가 작업이 부족하여 예산의 효율성을 제고할 수 없었다는 인식 하에 예산의 효율성 달성을 위해 예산을 프로그램(사업)별로 편성하여 배분하고 기대하는 성과(결과)를 도출해야 한다는 것이다. 여기에서 상원(Sénat)의 재정위원회(commission des finances)의 역할이 주목받고 있다.

2) 재정운영의 책임성 확보, 성과통제

둘째, 예산개혁은 재정운영의 책임성 확보와 성과통제를 추구하여야 한다는 것이다. 즉, 예산에 있어 성과목표의 설정과 재정운영자 책임성 강화를 주장한다. 왜냐하면 그동안 공공재정의 효과성에 대한 적절한 통제가 이루어지지 못했으며, 또한 재정운영자는 사용할 수 있는 재원측면에서 성과(결과)에 대해 중요하게 인식하지 않았으며, 의회는 총액, 예산증가율, 소비증가율에 기초한 예산의 양적 심의에 치중하여 왔기 때문이다. 더구나 848장으로 구성된 예산이 재정운영의 경직성과 책임성의 약화를 초래하였기 때문이다. 따라서 앞으로의 예산은 지출성질별로 편성되는 것이 아니라 목표에 따른 성과(결과)를 위해 편성되어야만 한다는 것이다. 따라서 예산은 사업별로 구분되며 사업은 동일한 부처 내의 하나의 활동 또는 여러 개의 활동으로 재그룹화하며, 사업은 공익과 기대하는 성과(결과) 및 평가에 따라 결정된 목적과 연계되어야 한다.[6)]

---

6) 이러한 맥락에서 재정법은 정부차원에서 제기된 임무(mission)에 대한 규정을 하며, 사업은 한 부처 또는 여러 부처의 책임 하에 놓일 수 있다. 사업단위로 편성된 예산 내에서 재정운영자는 부(titre) 내에서 예산을 전용할 수 있다. 예산전용이 가능한 관은 공공기관 교부금, 인건비, 경상비, 채무상환비, 투자비, 이전비, 재정운영비이다. 예산편성의 포괄화(종합화)는 경상비와 투자비 간의 전용을 가능하게 하며 지출예산(crédits de paiement)과 사업승인(autorisations de programme)의 연계를 강화한다(임무, 사업, 사업과 연계된 성과지표 참고)(Moderfie, 2004).

2 공공관리개혁에 의한 국가의 현대화: 국가예산의 새로운 구조

국가예산의 새로운 구조는 공공정책을 더욱 선명하게 하고 책임성을 더욱 강화하게 한다. 이 새로운 예산구조는 다음 3계층을 주위로 구성된다(〈그림 3-3-4〉 참조).

① 임무(les missions)

② 프로그램(사업)(les programmes)

③ 행위(활동)(les actions)

정부의 목적이 행정(활동)에 연결(고정)되어 있고, 이 행정활동은 그들의 성과(결과)를 설명해낼 수 있어야 한다.

1) 국가가 재정적으로 지원한 공공정책은 임무(missions)에 의해 규정된다.

국가예산의 45개 임무는 미래예산구조의 첫 번째 수준으로, 32개 임무는 일반예산을 구성하고 13개 임무는 부속예산과 특별회계(계좌)를 구성한다.[7] 이들 임무

〈그림 3-3-4〉 국가예산의 새로운 구조

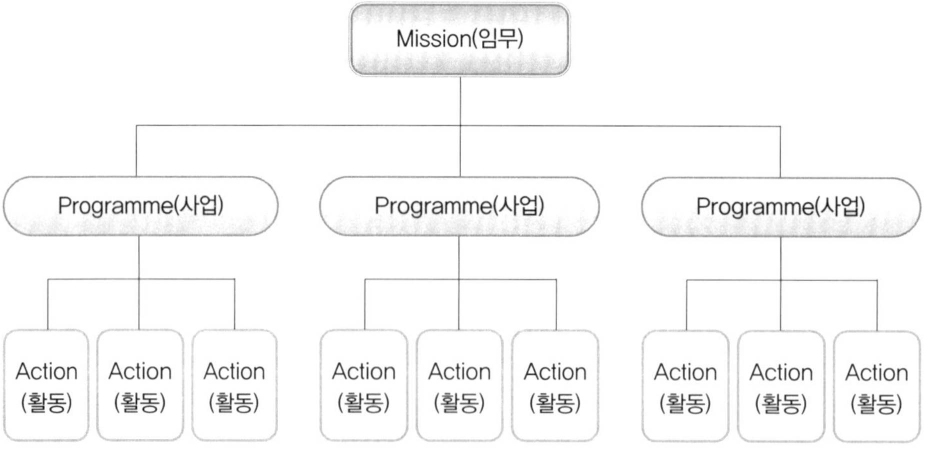

7) 2008년 재정법률안에 의하면 국가예산은 48개 임무, 일반예산 34개 임무, 부속예산과 특별회계는 14개 임무로 구성한다(2008년 재정법률안; 2008 PLF).

들은 국가의 정책을 확인하기 위해 구축되었다. 이들 임무들은 하나 혹은 여러 정부부처의 하나 혹은 여러 개의 서비스에 해당하며, 정해진 공공정책에 합치되는 전체 사업들을 구성한다. 마찬가지로 (행정)부처는 여러 개의 임무에 참여할 수 있다. 현재 프랑스 정부가 계획한 바로는 정부간 관계에 9개의 임무를 두고 있다(〈표 3-3-11〉 참조). 이는 의회에서 예산결정의 단일성을 추구하면서 국가정책에 민주적 토론을 장려하기 위하여 마련된 것으로 이해된다. 여기에서 의원들은 특히 같은 임무의 프로그램 사이에 수단의 배분을 변경할 수 있으나, 그 대신에 자산 임무의 전체적 금액은 의회에서 증대할 수 없는 것으로 하고 있다.

2) 각 임무는 예산활용영역으로서의 프로그램(사업: programmes)에 의해 다시 나누어진다.

각 행정부의 소관으로 149개 프로그램(126개는 일반예산을 위해, 23개는 부속예산과 특별회계를 위해)을 두고 있는데, 이는 848개의 예산적 장(chapitres budgétaires)에 연계된다.[8] 프로그램(사업)은 조직(기관)법에서 다음과 같이 규정한다. 프로그램은 ≪활동을 이용하도록 정해져 있는 자산 혹은 동일한 행정부처에 속하는 응집된 행위들의 총화로서 이들 부서에 일반이익의 목적, 기대한 성과(결과) 평가를 목적으로 하는 구체적 목적이 연결된다≫.

자산의 전문적 단일화는 공공정책의 운영적 관리영역을 구성할 것이다. 그 구체적인 예는 다음과 같다.

예 〈문화〉 업무(임무) (la mission ≪Culture≫)
프로그램(사업)1: 자산(Patrimoines)
프로그램(사업)2: 창설(Création)
프로그램(사업)3: 지식의 전달 및 문화의 민주화(Transmission des savoirs et démocratisation de la culture)

8) 2008년 재정법률안에 의하면 국가예산은 170개 프로그램, 일반예산 132개 프로그램, 부속예산과 특별회계 38개 프로그램으로 구성한다(2008년 재정법률안; 2008 PLF).

3) 행위(활동)들(actions)은 프로그램(사업)을 표현한다.

각 프로그램 안에서 활동들은 동일한 목적을 가진 자산들(des crédits)을 통합한다.[9] 이들은 공공정책의 구성물, 행위방식, 행위자들 각각에 의해 행사된 기능들을 구체적으로 확인하는 필요성에 답한다. 상이한 활동 사이의 자산의 배분은 지시적일 것이다. 그러나 이 배분은 한 번은 집행된 예산으로 구체적 재구성(회복)의 대상이 될 것이다. 그 구체적 예는 다음과 같다.

예 〈국가경찰〉 프로그램(사업)의 활동들(des actions du programme ≪Police nationale≫

활동1: 공공질서와 주권의 보호

활동2: 안전 및 공공평화

활동3: 거리안전

활동4: 외국인 경찰 및 국제수송 신뢰성

활동5: 사법경찰 및 정의에의 의존

활동6: 명령, 형성 및 연산(논리)

3 성과: 새로운 예산구조의 장점

1) 보다 이해가 쉬운 예산

공공정책에 부여된 수단을 확인하는 구조가 ≪예산적 장≫(chapitres budgétaires)에 의한 구조로 대체되었다(〈표 3-3-10〉 참조). 이러한 제시는 국가예산에 대해 국회(입법) 토론의 의미를 부여하는 것이다. 2008년 재정법률에서 621개의 목표와 1276개의 지표를 제시하고 있다.[10]

---

9) 2008년 재정법률안에 의하면 국가예산 687개 활동, 일반예산 605개 활동, 프로그램, 부속예산과 특별회계 82개 활동으로 구성한다(2008년 재정법률안; 2008 PLF).

10) 42%가 사회경제적 효과에 대한 지표이고, 23%는 서비스의 질에 관련된 지표이고, 35%가 효율성에 대

〈표 3-3-10〉 예산개혁 이전/이후 비교

	이전	이후
결정(투표)	제목/정부부처	임무
특수성(전문성)	장	프로그램(사업)
정보	관, 항	행위/제목

예산은 더 이상 정부부처에 의해 토론되는 것이 아니고 임무에 의해 결정될 뿐이다. 공공정책은 국회에서의 결정으로 단일화되며, 이제 새로운 측정수단과 결정된 서비스와의 구별은 사라진다.

-조직(기관)법(LOLF) 이전: 자산의 94%가 깊이 있는 검토 없이 거의 자동적으로 단 하나의 결정으로 종료되었다. 토론의 주요 부분은 일반예산의 6%에만 해당되었다.

〈그림 3-3-5〉 국가지출의 투명성 제시 사례: 사법부의 프로그램(사업)

이전: 30개 장

부(Titre) Ⅲ - 서비스 수단(방식)
-인사: 활동급여
-퇴직인사: 보험 및 수당
-활동 인사 및 퇴직인사, 사회부담
-물건 및 서비스 기능
-경상보조
-다양한 경비(기타경비)

부(Titre) Ⅳ - 공적 부조(개입)
-정치행정적 개입
-사회활동-부조 및 연대

부(Titre) Ⅴ - 국가가 집행한 투자
-행정적 설비 및 다양한 기타 설비

부(Titre) Ⅵ - 국가가 합의한 투자 보조금
-문화 및 사회 설비

이후: 6개 프로그램

① 행정적 재판
② 사법적 재판
③ 행정징계
④ 청소년의 사법적 보호
⑤ 권리 및 사법에의 접근
⑥ 사법정책의 지원, 연결된 기구

한 지표이다(2008년 재정법률 ; 2008 PLF).

–조직(기관)법(LOLF) 이후: 자산의 100%가 대규모의 정부 임무에 의해 국회에서 논의되고 결정된다.

게다가 이 구분은 시민들에게 예산을 보다 용이하게 읽을 수 있게 한다(〈그림 3-3-5〉 참조).

2) 보다 최상의 정부간 조정

(1) 정부부처간 임무는 국회에 종합적이고 응집력 있는 시각을 제공한다

일련의 공공정책은 여러 정부부처가 함께 기여함으로 진행된다. 2001년 8월 1일 조직(기관)법(LOLF)의 적용과 함께 의회는 이들 공공정책에 참여하는 상이한 정부부처의 자산을 종합적으로 토론할 것이고 결정할 것이다.

정부부처간 임무와 함께 정부부처간 정책은 상기 정책의 시행 안에서 각 부처의 책임성을 지적하지 않고 국가예산에 나타나게 된다. 새로운 국가예산 구조는 9개 정부부처간 임무를 예시하였다(〈표 3-3-11〉 참조).

〈표 3-3-11〉 9개 정부부처간 임무

① ≪학습적 교육≫(Enseignement scolaire)
② ≪연대성과 통합성≫(Solidarité et intégration)
③ ≪위생안전≫(Sécurité sanitaire)
④ ≪발전도상국가에의 공적부조≫(Aide publique au développement)
⑤ ≪연구와 대학 최상교육≫(Recherche et enseignement supérieur universitaire)
⑥ ≪스포츠와 청년≫(Sport et jeunesse)
⑦ ≪메디아(대중매체)≫(Médias)
⑧ ≪사회 및 정년제도≫(Régimes sociaux et de retraite)
⑨ ≪특별할당회계 〈메디아에의 지지〉≫(Compte d'affectation spéciale ≪soutien aux médias≫)

(2) 상호 연계되는 정책은 상이한 프로그램으로부터 정부간활동의 조정을 반영하게 된다

예를 들면 도로안전정책은 만일 이 정책이 〈교통〉 임무의 〈도로안전〉프로그램에 확실히 연계된다면 국가교육과 경찰프로그램(사업) 활동의 조정을 필요로 하게 된다. 이들 정책은 ≪영역우선자(chef de file)≫에 의해 조정될 것이며, 목표들과 수단들은 상호연계정책자료집(document de politique transversale)에서 확인될 것이다.

3) 행정에 있어 새로운 관리적 책임성

프로그램(사업) 책임자 지명과 수단(방식)에 대한 목표의 정의와 아울러 모든 행정은 새로운 관리문화에 적응해 나간다. 관리기능의 발전은 정부부처의 내부관리의 효과성을 향상시키기 위한 의지를 구체화시킨다.

① 프로그램의 책임자들(des responsables de programme) 각 장관에게 목표와 성과(결과)에 연결되어야 할 각 프로그램을 위한 책임자 확인에 착수한다.

② 현장에 가깝도록 하는 책임성의 분산화(la déconcentration des responsabilités au plus près du terrain) 국가의 관리자들은 자산의 종합화에 의해 제공된 자율관리의 지방적 편향과 목표의 적용, 지방행위의 특수성에 대한 성과표시에 힘입어 공공관리인의 책임성을 충분히 행사한다. 관리자들은 프로그램의 책임자에게 설명해야만 한다.

③ 관리기능의 발전(le développement des fonctions de gestion) 새로운 공공관리의 활용시행은 행정 내에서 관리통제의 일반화를 동시에 추구(동반)해야 한다.

4) 국가예산의 단순성

공공정책으로 조직된 국가예산의 새로운 구조로의 구축은 예산을 단순화하는데 기여하고 있다.

(1) 공동부담 예산의 시도

공동부담예산은 프로그램 안에 배분된다. 이는 완전한 비전을 제시하고 예외적인 사항을 종식시키면서 공공정책을 선명하게 한다. 국가예산 안에 공동부담예산

은 현재까지 공공정책에 할당되지 않았던 부담을 포함한다. 부채부담, 공권력의 부담금, 정부부처간 성향의 자산(사회보장제도와의 관계, 우발적 /사고적 지출), 정부부처의 개입자산(예: 주거저축가격)이 그것이다. 이 예산은 양적상 매우 중요하다. 순금액은 2004년 재정법 안에 5천 4백만 유로를 나타냈다. 조직법 제7조에 따르면 특수한 임무는 공동부담예산에 연계되어 있는 프로그램(사업)(국회상 하원, 공화국 대통령...)으로 구성돼 있는 공권력의 자산을 통합할 것이다. 한편 다른 기타 임무는 사고적 지출을 위한 보조금(dotation), 보수분야의 일반적 측정을 위한 보조금을 결합할 것이다. 기타 공동으로 간주된 부담은 정부부처의 상이한 프로그램 사이에 배분된다. 공동부담예산의 소멸은 각 정부부처에게 일련의 자산(예: 폴리네지 개혁에 도움에 관계되는 자산이나 건강자산)을 배분하는 것을 허용한다.

(2) 정부부처간의 자산할당의 변화

시청각부과금의 면제자산은 이제부터 문화부에 귀속된다. 마찬가지로 해외지역의 도시정책이나 업종정책에 관계되는 사회부담의 면제는 각각 도시, 해외지역 임무 안에 전이된다.

4 국회와의 합의대상인 새로운 예산구조

국회와의 대화의 장을 열면서 정부는 이러한 새로운 구조에 대해 합의점에 이르기를 바라고 있다. 이러한 합의는 행정에 있어 예산개혁시행에 참여하고 있는 많은 관리자들에게 큰 용기를 불어넣어 줄 것으로 기대한다.

5 성과에 의한 행보(le pilotage par la performance)

조직법은 국가행정이 수단의 논리에서 성과(결과)의 논리로 이동하게 하였다. 자

〈표 3-3-12〉 성과분석의 세 가지 축

관점	목적	예
시민	사회-경제적 효과성	청소년 학위자들의 취업증대
사용자	제공된 서비스의 질	사법적 결정의 가속화
납세자	관리의 효과성	세관리비용의 감축

출처: moderfie, 2004.

산의 종합화와 대체성의 도움으로 증대된 자유관리와는 반대로 프로그램의 책임은 그 관리의 성과(결과)를 설명해야 한다는 것이다(그 관리를 토대로 계약을 하게 되는 것이다). 따라서 목표, 예상된 결과, 그리고 도달한 성과(결과)는 재정법 계획안에 부속된 연간 성과계획안에서뿐만 아니라 규제법계획안에 부속된 연간 성과보고서 안에 매년 사업별로 제시된다. 성과관리는 국가서비스와 국가 행위자들의 새로운 수단으로 작용하며, 관리통제의 발전은 행정영역에서 일반화되어야 한다. 그럼으로써 행정은 보다 성과 활동방식을 추구함으로써, 특히 가격의 비교, 서비스나 정책의 효과성, 활동성의 비교를 통해 결정자의 관리선택을 도와줄 것이다(moderfie, 2004). 즉, 성과분석은 시민, 사용자, 납세자의 3가지 관점에서 사회경제적 효과성, 제공된 서비스의 질, 관리의 효과성 측면에서 평가받게 될 것이다(〈표 3-3-12〉 참조).

V. 결 론

프랑스 국가의 예산 및 재정제도는 우선 법치국가(l'Etat de droit)의 틀 속에서 어떻게 하면 정부부문의 효율성을 극대화하고, 재정활동의 투명성을 제고할 수 있을 것인가에 대한 질문에서 그들의 전통적 민주주의에 어떻게 하면 현대적, 신자유주의적 재정환경변화에 부응하는 예산제도를 정립할 수 있을까에 대한 고민으로 설명할 수 있겠다. 이러한 맥락에서 1959년 정령에 따른 예산편성/집행은 재정법률의 기술적이고 회계적인 면을 포함하게 되어 회계적인 접근과 예산적인 접근이 모호해지는 상황으로 2005년부터는 예산적인 논리와 회계적인 논리를 분리하고자 하였다.

특히 프랑스는 지난 25년간 신자유주의, 지방분권화의 재정환경변화에 따라 여러 분야에 변화가 있었지만 무엇보다도 공공재정분야에서 입법적 권한의 증대의지가 표출되었다는 사실이다. 즉, 주민에 의한 의회민주주의를 보다 강화하자는 논리이다. 따라서 같은 시기에 공공지출과 수입에 대한 시민들의 관점도 자연히 변화되었다. 특히 공공자금을 어떻게 통제할 것인가에 관심(자연히 의무적 선불금의 사용에 관심)이 집중되었고, 이런 과정에서 다음의 두 가지 재정적 논리가 도출되었다. 즉, 첫째, 보다 정치적 측면에서 재정적 투명성, 예산과 공공회계(계좌)의 판독을 쉽게 할 수 있어야 하고, 둘째, 보다 경제적 측면에서 공공기금의 관리성과와 효과성, 합리성 / 공공자금관리 및 통제를 강화하는 것이었다.

이러한 맥락에서 프랑스 예산 및 재정제도의 정책적 시사점을 다음과 같이 제시할 수 있을 것이다.

첫째, 의회의 효율적 통제를 지향하였다는 점이다. 즉 프랑스 국가의 공공지출규모가 갈수록 증대되고 있고 재정적자가 심각한 상황에서 어떻게 하면 의회의 효율적 통제를 가능하게 할 수 있을까에 대한 답으로 찾고자 하였다. 그동안 국가의 재정지출에 대한 정확한 평가작업이 부족하여 예산의 비효율적 운영에 대한 비판여론에 따라 예산을 프로그램(사업)별로 편성하여 배분하고 그에 기대하는 결과를 도출해야 하는 방식으로 전환하였다.

둘째, 재정운영의 책임성을 확보하고 성과통제를 지향하였다는 점이다. 예산 성과목표의 설정과 재정운영자 책임성 강화를 도모하였다. 그동안 공공재정의 효과성에 대한 적절한 통제가 이루어지지 못했다. 또한 재정운영자는 사용할 수 있는 재원측면에서 결과에 대해 인식하지 않았으며, 의회는 총액, 예산증가율, 소비증가율에 기초한 예산의 양적 심의에 치중하여 왔다. 848장으로 구성된 예산이 재정 운영의 경직성과 책임성의 미비를 초래하였다. 따라서 앞으로의 예산은 지출성질별로 편성되는 것이 아니라 목표에 따른 결과(성과)를 위해 편성되었다. 따라서 예산은 사업별로 구분되며 사업은 동일한 부처 내의 하나의 활동 또는 여러 개의 활동을 위해 재그룹화 한다. 사업은 공익, 기대하는 결과, 평가에 따라 결정된 목적과 연계되었다. 이러한 맥락에서 재정법률은 정부차원에서 제기된 임무(mission)에 대한 규정을 하며, 사업은 한 부처 또는 여러 부처의 책임 하에 놓일 수 있게 되었다. 사업단위로 편성된 예산 내에서 재정운영자는 부(titre) 내에서 예산을 전용할 수 있게 하였다. 예산전용이 가능한 부는 공공기관 교부금, 인건비, 경상비, 채무상환비, 투자비, 이전비, 재정운영비 등이다. 그리고 예산편성의 포괄화(종합화)는 경상비와 투자비간의 전용을 가능하게 하며 지불예산(crédits de paiement)과 사업승인(autorisations de programme)의 연계를 강화하게 하였다.

셋째, 재정운영에 있어 투명성을 확보하였다. 예산은 100개에서 150개의 부처별 사업으로 편성하고 사업예산에서 재정운영자의 재량권을 확대하였다. 재정운영자의 재량권 확대와 책임성을 강화하고 재정지출의 효과성통제를 지향하였다. 재정법률은 국가경제 및 예산의 전략적 선택의 투명성을 강화하였다. 재정법률의 권한범위를 확대하고 의회에 대한 정보제공을 강화하였다. 예산통일성원칙에 대한 일부 예외를 지속적으로 인정하고 예산과 공공회계에 대해 엄격한 구분을 하였다. 예산논의에 있어 의회의 권한을 확대하며 의회 내의 재정위원회 역할을 강화하였다.

넷째, 재정법률에 관한 기관(조직)법(LOLF)의 제정으로 예산에 대한 국회의 토론이 더욱 중요하게 인식되었으며, 행정업무 전문성의 단위를 장(chapitre)에서 프로그램(programme)단위로 바꾸어 모든 시민들에게 예산을 쉽게 이해할 수 있도록 하였다.

다섯째, 부처별 지출한도가 사전에 제시되고 그에 따라 예산규모를 미리 파악하고 부처별로 자율적으로 예산을 편성할 수 있게 하였다.

제 4 장 프랑스의 정부간 관계와 지방행정

□ 안 영 훈(한국지방행정연구원)

I. 서 론

1 연구의 목적 및 연구의 범위

본 장은 프랑스 지방자치에 대하여 1982년부터 본격적으로 시행된 정책을 중심으로 추진과정, 주요 행정체제, 인사행정과 지방재정, 그리고 행정개혁 등의 내용 중심으로 살펴보고자 한다. 이러한 내용을 분석하기 위하여 주로 다음과 같은 분석요인들을 검토하기로 한다. 먼저 프랑스 지방분권에 관한 주요 정책과 행정체제의 기본골격을 살펴보고, 다음으로 지방자치의 역사적 배경에 따른 지방행정체제의 구성, 중앙정부와 지방자치단체(지방정부)간 관계성을 이해하고자 한다. 보다 세부적으로는 지방자치단체의 인사행정제도와 지방재정제도, 그리고 2003년 지방분권권 헌법개정과 같은 주요 행정개혁 동향들을 분석하여 우리나라에 활용 가능한 시사점을 도출하고자 한다.

2 지방행정 관련 정책의 기본방향 및 동향

프랑스는 1982년 신지방분권 정책을 추진하면서 오늘날 중앙집권적 성향의 단일국가체제에서 전국적으로 (국가)행정계층과 자치행정계층으로 이원화된 지방분권 행정체제를 갖게 되었다. 중앙정부의 행정계층은 국가기관인 도(道) 행정체제(Préfecture system)를 근간으로 하는 행정분권(Déconcentration) 체제로 운영되고, 지방자치단체 중심의 자치계층은 3개 지방자치단체가 중심이 되어 자치분권(Décentralisation) 체제로 운영된다.

프랑스가 1982년 지방분권 정책을 실시한 이후 20년이 지난 시점에서 제2단계 지방분권을 추진하였고, 첫 번째 정책으로 2003년 지방분권형 헌법개정을 하였다. 이때 프랑스는 몇 가지 새로운 개념과 원칙들을 헌법 규정으로 명문화한 바 있다. 예를 들면, 보충성원칙(Subsidiarité, 수정헌법 제72-2조), 선도 역할을 하는 지방정부(Notion de collectivité chef de file), 제도실험법(Droit à l'expérimentation) 등의 도입이 그것이다.

II. 지방자치제도의 내용 및 특성

1 지방자치단체의 발전 역사

기초자치단체 꼬뮨(Commune)은 처음 1789. 12. 14 정부시행령에 의하여 설치되었다. 다시 1884. 4. 5 법에 의해서 정치 · 사법 · 재정적 독립성을 보유하였으며 당시 꼬뮨 구역에 속하는 행정사항들은 기초의회 스스로 결정할 수 있었다. 이외에 더 넓은 개념으로 도 행정구역(Département, 데빠르뜨망)을 설치하게 되었다. 이는 1789년 프랑스 시민혁명을 거치면서 구제도를 폐지하고 과거 교구(Paroisse) 중심의 기초단위를 넘어서는 확대된 행정구역으로서 중앙집권적 행정체제를 유지하는 근간이 되었다. 이후 1838년 도(Département)의 실질적인 법인격이 부여되었다. 신지방분권법의 제정 전인 1982년까지는 우리나라 민선 지방자치 이전과 같이 국가가 임명하는 도지사(Préfet, 프레페)가 도청(Préfecture, 프레펙튀르)을 중심으로 국가 행정권을 총괄하였다.

나폴레옹 시대 때 프랑스 전국을 도(Départment) 행정단위와 도청(Préfecture)을 중심으로 하는 중앙집권식 전국 행정조직을 완성하여, 나폴레옹 황제력 8년(An VIII)에 구제도의 유산이었던 중복된 행정계층을 폐지하고, 국가 행정체제의 단일성을 구축하기 위하여 강력한 도 중심의 행정체제를 설치하였다. 그 결과 아롱디스망(Arrondissement)과 깡똥(Canton)이라는 국가의 지방행정구역도 설치되었다.

2 프랑스 통치체제의 집권과 분권

1) 1982년 신지방자치법에 의한 지방분권체제

프랑스가 신지방자치법을 제정하면서 자치행정계층과 국가행정계층을 지리적 공간과 기능적 공간을 모두 활용한 지방분권 정책을 추진하였다. 그 결과 1982년

「꼬뮨, 데빠르뜨망, 레지옹 등 지방자치단체의 자유에 관한 법」(신지방자치법, Loi relative aux droits et libertés des communes, des départements et des régions) 제정 및 시행 이후 프랑스는 완전히 지방분권 국가로 전환하였다.

이 신지방자치법이 내포하는 의미를 다음 4가지로 요약할 수 있다. 즉, ① 1982년 제정된 신지방자치법은 주택, 문화, 도시계획, 공적부조 등 다양한 분야에서 지방자치단체가 행사하는 고유권한을 확대시켰다(중앙권한의 지방이양). ② 또한 지방자치단체의 정책결정권에 대한 국가의 통제를 약화시킨 바 있다. 1982년부터 국가는 지방자치단체의 행정행위가 법률에 위반되었을 경우에만 행정법원에 지방자치단체의 결정을 제소하는 제도로 국가의 지도감독권을 축소하게 되었다. 다만, 예외적으로 예산과 경찰사무에 있어서 불법일 경우에 국가가 자치단체에 대한 대집행권을 행사할 수 있게 하였다. ③ 신지방자치법은 기초자치단체와 도자치단체에 이어 새로운 지방자치단체로서 레지옹(Rgion) 광역자치단체를 신설하였다. ④ 다음 해인 1983년에 국가와 지방자치단체, 지방자치단체 상호간의 권한배분 원칙을 제시한 '사무배분기본법' 등을 제정하여 신지방자치법을 보완하였다.

2) 국가행정의 틀 유지를 위한 행정분권체제

프랑스에서 중앙정부와 지방정부의 행정구역이 일치하게 된 주된 이유는 국가행정의 효율성을 극대화하기 위한 것으로 지방정부가 국가의 기능을 대신하여 수행하는 체계가 기본이기 때문이다. 이 가운데에서도 주로 도를 중심으로 한 행정체제를 근간으로 하고 있다. 이 방식은 행정기능상 행정기관의 권한 범위가 분명하게 설정되기 때문에 해당 지역주민에게도 상당히 편리한 행정절차를 거칠 수 있도록 하는 장점을 제공한다. 왜냐하면, 도청 또는 그 하위행정기관인 군청(아롱디스망)에서 거의 모든 행정서비스를 제공받을 수 있으며, 민원과 관련된 행정기관들을 모두 해당 지역 내에서 찾을 수 있기 때문이다. 그러나 단점으로는, 이와 같이 지역별로 지방정부가 존재하고 있음에도 불구하고 따로 지역적으로 통합된 국가의 지방수준에 위치한 하위행정체계를 만들어 운영하고 있어 상당한 인적, 물적 행정비용이 투입되고 있다는 점이다.

대표적 사례가 바로 우리나라 특별지방행정기관의 존재와 유사하다고 할 것이다. 즉, 우리나라는 지방자치단체가 종합적이고 자율적으로 행정기능을 수행할 수 있고, 필요에 따라서는 국가의 업무를 대신 수행할 수 있는 지방의 대표적인 행정조직임에도 불구하고, 이와 별도로 국가의 지방행정기관이 설치되어 있다. 이 경우 경제 활성화가 미약하거나, 인구밀도가 낮은 지역에 설치한 국가의 지방행정기관들에 대해서는 이를 지속적으로 관리운영하기 위한 예산, 인력의 낭비적 요소가 항상 발생하게 된다는 심각한 단점들이 있다는 점에서 프랑스와 유사한 행정체제를 유지한다고 평가할 수 있다. 더욱이 기능적 차원에서 행정기관을 배치하게 되면, 여러 특별지방행정기관들이 증가하면서 동시에 이들이 관장하는 관할행정구역도 확대되어 기존의 지방정부 관할구역을 벗어날 것이고 이에 대한 중재와 조정 등이 필요하게 되는 상황이 발생하면서 상당히 복잡하면서도 비효율적인 행정체제를 형성하기 쉬운 단점들로 비추어질 수 있기 때문이다.

반면, 지방자치 시대에 국가행정기관으로서의 임명도지사 중심의 행정체제가 주는 장점도 있다. 즉, 프랑스 중앙정부는 1982년 신 지방자치법 제정 이후 중앙에서 임명되는 국가 임명도지사로 하여금 중앙행정기관 각 부처에 소속되어 지방에 위치한 직속기관, 산하기관 등을 통합하여 지휘할 수 있는 통합지휘권을 부여하였다. 따라서 중앙의 손이 직접 미치지 못하는 지방에서 특히 도를 중심으로 도 건설교통국, 농업국 등의 특별지방행정기관들이 국가업무를 책임져 왔다. 행정분권체제의 변화를 위하여, 1992년 2월 6일 법을 제정하고 지방에서 국가행정기관에 대한 통치규정을 재정리하였다. 다시 1992년 7월 10일 법 제정으로 이러한 국가행정기관에 대한 행정분권 규정(Charte de la déconcentration)을 공표하고 지방자치단체와의 적극적인 협력관계 유지를 천명하였다. 따라서 국가와 지방자치단체 사이에서 균형과 조화를 이루는 공공지방행정기관들이 될 수 있도록 상호 노력하는 이원적 행정체제를 유지하고 있는 것이다.

3 중앙-지방 및 지방정부간 관계

1) 현행 지방정부의 계층구조

1982년 신지방자치법 제정으로 국가행정단위인 꼬뮨, 데빠르뜨망 등이 동시에 자치행정 단위로 전환되었고, 국가의 영조물 지위를 가졌던 지역(Région, 레지옹)이 자치행정 단위상 3~5개 도를 포함하는 지역정부가 되면서 전국에 지리적으로 3계층의 지방행정체제가 구축되었다. 따라서 프랑스는 1982년 신지방자치법에 따르면 2계층의 자치행정계층을 기반으로 레지옹을 포함한 3계층의 지방자치단체 계층구조(자치행정계층)로 전환하였다.

〈표 3-4-1〉 프랑스 지방정부 중심의 자치계층구조 및 총 수

지방자치단체	1999년	2008년
꼬뮨(Commune) 기초자치단체	**총 36,779** 프랑스본토 36,565, 해외영토(DOM) 114, 기타 100	**총 36,783** 프랑스본토 36,569, 해외영토(DOM) 114, 기타 100
데빠르뜨망(départe-ment)도자치단체	**총 100** 프랑스본토 96, 해외영토(DOM) 4	**총 100** 프랑스본토 96, 해외영토(DOM) 4
레지옹(Région) 지역자치단체	**총 26** 프랑스본토 21, 코르시카 1, 해외영토(DOM) 4	**총 26** 프랑스본토 21, 코르시카 1, 해외영토(DOM) 4
해외영토(Territoires d' outre-mer) 지방자치단체	**총 2** (Wallis et Futuna, Terres australes et antarctiques françaises)	**총 2** (Wallis et Futuna, Terres australes et antarctiques françaises)
특별한 지위를 가진 지방자치단체	4 (Nouvelle-Calédonie, Polynésie française, Mayotte, Saint-Pierre-et-Miquelon)	4 (Nouvelle-Calédonie, Polynésie française, Mayotte, Saint-Pierre-et-Miquelon)

출처: 프랑스 내무부 지방정부 통계, 2008: 9.

최근의 인구조사(2008년)에 따르면 6천 20만 명의 인구를 가진 프랑스는 총면적 551,602 km²로 서유럽 국가 중에서는 가장 큰 면적을 나타낸다[1]. 그리고 지방자치단체의 규모상 특징으로는 유럽연합국 전체 나라의 지방자치단체 수를 합친 것보다 더 많은 36,783개 지방자치단체로 구성되어 있다. 다른 나라와 달리 프랑스 지방행정체제의 두드러진 특징은 바로 기초자치단체 수가 상당히 많다는 점이다. 기초자치단체들이 1982년과 1990년 사이에 420개 정도가 도시화하여 총 5천 3백여 명의 인구가 도시에 거주하였고, 나머지는 모두 농어촌 지역에 자리잡고 있다.

2) 행정분권과 자치분권의 조화

1982년 지방분권 결과 오늘날 프랑스 단일국가의 전국 행정체제는 국가의 행정단위 중심의 행정계층과 지방자치단체 중심의 자치행정계층으로 구분되는 이원적 국가행정체제를 유지하고 있다. 중앙정부의 행정계층은 국가의 지방행정기관인 도 행정체제(Préfecture system)를 근간으로 하는 행정분권(Déconcentration) 체제로 운영되고, 지방자치단체의 자치행정계층은 3개 종류의 지방자치단체가 중심이 되어 자치분권(Décentralisation) 체제로 운영된다. 결과적으로 프랑스 행정구조는 현재 지방자치단체의 자치행정 단위를 포함하여 "꼬뮌(자치 및 행정계층) → 캉통(행정계층) → 아롱디스망(행정계층) → 데빠르뜨망(자치 및 행정계층) → 레지옹(자치 및 행정계층)" 등 이중적 지방행정체제로 구성되었다.

그림에서 보는 것처럼 행정구역상 지방자치단체의 행정단위인 '꼬뮨-데빠르뜨망-레지옹' 은 국가의 행정단위인 '꼬뮨-(캉통)-(아롱디스망)-데빠르뜨망-레지옹' 과 일치하고 있다. 이와 같이 국가와 지방자치단체의 행정구역이 일치하는 주된 이유는 국가행정의 효율성을 극대화하기 위한 것이라고 할 수 있다. 이러한 결과로 지방자치단체가 일부 위임사무의 수행에 있어서 국가행정기관의 성격을 지니게 되었다.

---

1) 2008년 조사된 최근 통계에 의하면, 프랑스의 2006년 추정인구는 약 6천 1백16만 명으로 추산한다(참고자료: Direction générale des collectivités locales, 프랑스 내무부 지방정부 통계, 2008, 128).

〈그림 3-4-1〉 국가와 지방자치단체의 이원적 행정체제

3) 레지옹(Région) 중심의 광역권 활성화

1963년 드골 우파정부는 국가의 경제발전과 지역개발을 목적으로 행정부의 수반인 수상 직속으로 지역개발청(DATAR, Délégation à l'aménagement du territoire et à l'action régionale, regional development and action authority) 조직을 만들어 전국을 20개 지역(Région)으로 구분하여 국가의 지방행정기관을 활용한 지역개발정책을 추진해 왔었다. 그러나 1966년부터는 8개 대도시권(Lyon, Marseilles, Lille, Bordeaux, Toulouse, Strasbourg, Nancy-Metz, Nantes)을 광역중심권(regional centres)으로 정하고, 다시 6개 대도시권(Paris, Lyon, Marseilles, Lille, Bordeaux, Toulouse)도 지역발전의 중심축으로 운영한 바 있었다. 하지만 이때 별도의 특례적 지위를 부여한 상황은 아니었다. 이후 1972년 법으로 현재의 본토 영토 내에 22개의 레지옹을 국가의 광역행정기관의 하나인 영조물로 설치해 두었다.

1982년 사회당 정부 주도로 주민직선의 지방자치를 실시하면서, 국가의 지방영조물이었던 레지옹(Région)을 국가의 지역행정 단위이면서 법인격을 부여한 광역

자치단체의 지위로 전환시켰고, 그 후 1986년 주민직선이 실시되어 처음으로 지방자치단체로 설치하였다. 1999년도를 기준으로 할 때 레지옹(Région) 광역자치단체의 평균 인구는 약 250만 명이며, 최대 인구를 가진 파리 시를 포함한 수도권인 일드프랑스(Ile-de-France)는 1천 70만 명, 남쪽의 론알프스(Rhône-Alpes) 최대의 인구밀집 지역은 5백 15만 명 정도였으며, 최소 인구를 가진 코르시카 섬(Corse)은 24만 명, 리무젱(Limousin) 지역도 약 73만 명 정도의 인구 수준을 나타낸 바 있었다.

한편 프랑스 수도를 중심으로 한 일드프랑스(Ile-de-France) 레지옹 광역권은 우리나라의 경기도와 같은 수준에 있으며 면적 12,008km², 인구 1,100만명(전체인구의 19%)으로서 파리대도시를 포함하여 8개의(Paris, Essonne, Hauts-de-Seine, Seine-et-Marne, Seine- Saint-Denis, Val-de-Marne, Val-dOise, Yvelines) 도자치정부(Département)를 포함한 수도권지역이다.

III. 지방행정체제 및 조직관리

1 지방정부의 기관구성 및 운영체제

1) 지방정부의 구성 개요

(1) 지방의회 중심의 기관통합형

프랑스 지방정부는 외형상 획일적인 기관통합형으로 운영되고 있다. 즉, 주민의 직접선거에 의해 구성되는 지방의회와 이를 구성하는 지방의원들로부터 선출되는 지방의회 의장이 지방정부의 수장인 시장, 도지사 등 단체장을 겸직하는 제도이다. 지방의회 의장을 겸직하는 단체장을 포함한 의회가 지방정부의 모든 행 · 재정적 권한을 행사하며 단체장이 행정의 궁극적인 책임을 진다. 프랑스는 또한 대륙법계 국가로서 수석행정관제 또는 시경영인제 등과 같은 영미법계 국가의 조직운영 형태를 도입하여 획일적인 조직운영을 다양화하는 대안으로 활용하고 있다. 다시 말하면, 프랑스 지방정부는 의회-행정기관 통합형이지만 단체장의 강한 리더십과 권한을 인정하고 있다. 단체장 선출이 형식적으로는 의회간선이나, 실제적으로 다수당 정당명부 1순위가 단체장이 되어 정치적 리더로서 주민대표성을 확보하고 있으며, 선거제도상 다수당이 의회 과반수를 확보하므로 단체장은 강력한 리더십을 발휘할 수가 있게 된다. 이때 지방의회는 집행기관에 대한 권한의 위임에 있어서 단체장의 기관운영에 상당한 재량권을 부여하고 단체장의 임기를 보장한다. 지방의회의 상임운영위원회 및 특별위원회 등의 의장은 기본적으로 단체장이 의장직을 유지하고 정당별 비례를 고려하여 구성하는 것이 의무적이며, 일반적으로 단체장의 위임권을 받은 부단체장들이 의장직을 대행하기도 한다.

(2) 지방의원 중심의 집행기관 운영체계

우리나라와 같은 획일적인 기관구성제도를 운영하고 있는 프랑스의 경우 지방정부의 조직에 관한 법적 근거는 프랑스 헌법 72조와 34조에 있고, 이를 근거한 법률에 의하여 지방정부의 지위와 조직권한 등을 결정할 수 있다고 명시하고 있다. 한편 지방정부의 자치행정 및 자치조직권은 지방의회로 하여금 법규성격의 행정행위를 직접적으로 제정할 수 있다고 하는 주장이 있는데(Luchaire, 1982: 1543), 프랑스에서 자치행정조직의 원칙은 선출직 의회의 존재와 그와 관련된 제도의 행정적 성격에 관련되는 것을 의미하기도 하고 1982년 새로 만들어진 지방자치법에 규정되어 있다. 국사원의 판례에 의하면 지방정부에 부여된 법규제정권(Compétences réglementaires)은 한정된 분야에서 법률이 정한 범위 내에서 국가(중앙정부)가 관련법규의 적용규정(수상의 법규제정권)으로 정한 법령내용에 따라서 행사한다는 것을 의미한다고 할 것이다. 따라서 지방정부의 자치행정조직 원칙은 '특정 법규의 권한'을 행사하는 것이지, 관할지역 내에서 지방이익 관련분야에서의 모든 법률적 관여가 인정되는 총체적인 행정권한을 의미하는 것이 아니라는 점이다.

지방의회는 획일적인 기관통합형을 유지하고 있기 때문에 우리나라와 달리 지방의회는 의결기구이자 정책결정 및 집행기구로서 행정권을 행사하는 주체이자 최고 정책결정기구가 된다. 그리고 지방의회 의장은 동시에 집행기구의 책임자인 시장 및 도지사가 되어 단체장으로서 지위를 행사한다. 의회중심의 집행기구가 갖는 일반적인 특징의 하나로 지방의원들이 직접 집행기구의 의사결정 구조에 참여하게 되는데, 이것이 지방의원들 중에서 각 분야별 책임을 맡은 의원들이 부시장직을 수행하는 대의회제 형태의 지방의회를 운영한다.

(3) 자치행정권 및 자치인사권 보장

프랑스의 지방의원 중에서 집행부를 구성하여 직 · 간접적으로 폭넓게 집행기관의 정책집행에 참여하고 있기 때문에 적극적인 정책집행을 위하여 전문직 지방공무원에 대해서 강력한 자유재량 방식의 인사권을 행사하고 있다. 주로 고위직급에 한정하여 지방의회의 인사권이 이행된다. 예를 들면, 별정직에 해당하는 지방공무원 고위직급(Statuts particuliers des cadres d'emplois administratifs pour les catégories A급)에 대해서 직선된 지방의회 및 의장(시장이 겸직)이 필요에 따라서 법에 근거한 정수로 자유재량 임명직제를 운영하고 있다. 그리고 시장 및 집행부 지방의원을 보좌하기 위한 정책보좌실의 비서실장, 전문보좌관 등의 임용에 대해서도 정치적 임명제도를 활용하기도 한다. 특히 특별채용제도에 의한 별정직(정책보좌관, 전문보좌관 등)의 고위공무원단 제도로 운영하기 때문에 의회사무직 및 전문보좌관 등도 이러한 경로를 통해서 임용하고 있다.[2)]

이처럼 프랑스 지방의회는 핵심적으로 자치입법권과 자치행정권 및 지방공무원에 대한 포괄적인 인사권도 소유하고 있기 때문에 집행기관에 대한 정책결정권 및 정책집행권을 모두 행사할 뿐만 아니라, 조직구성 및 운영에 있어서, 비록 획일적

2) 법적 근거는 프랑스 지방공무원법 1984년 1월 26일 법 제38조에 근거하며, 시험임용제도에 예외적으로 인정을 받고 있는 특별채용제도로서 선출직 지방의원 중 시장 중심의 정치리더에게 부여된 고위급 개방직(statuts des emplois de direction)에 대한 자유재량직 임명제도이다.

인 기관통합형 제도를 유지하고 있다. 지방정부 내부적으로는 영미 국가의 지방정부와 같은 시전문경영인제도나 위원회제도 등을 포함하여 다양한 운영체제를 자율적으로 조례로 제정하여 운영하고 있다.

2) 지방정부의 운영체제

(1) 꼬뮨 기초자치단체의 기관구성 및 운영체제

기초자치단체의 중심인 기초지방의회를 구성하는 지방선거(Election municipale)는 본래 1884년부터 매 6년마다 치러져 왔으며 1982년 신지방자치법에 따라서 혼합투표방식(Scrutin mixte)으로 바뀌면서 비례투표에 의한 대표성을 보장하는 다수득표의 장점을 살리는 투표방식을 채택하였다. 지방의원의 정수도 주민수의 규모에 따라서 다르게 정하고 있다(〈표 3-4-2〉 참조). 따라서 직접보통선거에 의해 선출된 지방의원들이 기초의회(Conseil municipal)를 구성하고, 시장은 소속정당의 지방의원 선거명부를 대표하는 제1순위의 대표가 다수당 지방의원의 과반수 선거에 의해서 선출되어 소속정당의 동료의원들 가운데에서 부시장 등 지방정부의 집행부(exécutif)를 조직함으로써 실질적인 행정체제를 구축한다.

〈표 3-4-2〉 지방자치법상 규정된 프랑스 기초의원 정수

주민수	선출의원 수	주민수	선출의원 수
100명 미만	9	50,000-59,999	45
100-499	11	60,000-79,999	49
500-1,499	15	80,000-99,999	53
1,500-2,499	19	100,000-149,999	55
2,500-3,499	23	150,000-199,999	59
3,500-4,999	27	200,000-249,999	61
5,000-9,999	29	250,000-299,999	65
10,000-19,999	33	300,000이상	69
20,000-29,999	35	Paris	163
30,000-39,999	39	Marseille	101
40,000-49,999	43	Lyon	73

(2) 데빠르뜨망(Département) 중간자치단체의 기관구성 및 운영체제

중간계층의 위치를 점하고 있는 데빠르뜨망은 행정구역인 각 캉통(Canton)에서 1인 의원을 선출하는 소선거구제의 단기명 2차 결선투표제를 채택하고 있으며, 1차 투표 당선을 위해서는 유효투표의 절대다수로서 유권자 1/4 이상의 득표가 필요하다. 1차 투표에서 유효투표의 과반수를 얻은 후보자가 없을 때에는 1차 투표에서 10% 이상 득표한 후보자들만 2차투표 후보가 된다. 기본적으로 도의원의 정수는 15~76명으로 다양하며 여러 캉통에 출마하는 것을 허용하고 있다.

도 수준에서의 단체장(Président du conseil général)은 도의회 의장을 겸직하며, 이에 대한 선출은 의원 2/3 이상의 투표로 결정된다. 특히 단체장의 행정권한을 보면, 의회가 결정한 정책을 직접 집행, 부단체장과 지방공무원에게 집행위임

〈표 3-4-3〉 주민 수 구분에 따른 투표방식과 의석배분

주민수(구분)	투표방법	의석배분
2,500명 이하 (다수명부 2차 결선투표)	• 단독후보 또는 명부후보 • 초정당 연기투표가능, 후보자선택 투표	• 1차투표 - 유권자 25%이상 투표, 절대과반 득표 • 2차투표 - 상대다수득표
2,500명 이상 3,500명이하 (상동)	• 반드시 명부후보투표 • 초정당 연기투표가능, 후보자선택 투표	상동
3,500명 이상 (구속명부 비례투표)	• 1차투표 - 확정명부 투표, 후보자선택 또는 변경불가 • 2차투표 - 투표율 15%이상득표 명부후보만 2차선거 참가 - 5%이상 득표명부후보는 다른 명부에 의해 출마가능, 이 경우 명부순위변경가능	• 1차투표 - 절대과반수 획득명부에 의석 1/2배분 - 나머지 의석 5%이상 획득 모든명부에 득표비율로 배분 • 2차투표 - 절대과반 득표명부가 없는 경우 제1순위 명부에 1/2배분 - 나머지 의석 모든 명부후보 비례배분
3,500명 이상 (상동)	상동	• 동일명부로 Commune과 Arrondissemen의원선출 • Commune의원 의석부터 배분

권을 부분 위임할 수 있으며, 단체장의 고유권한으로 경찰권과 도지방정부 소속 행정공무원에 대한 인사권을 행사한다. 단체장이 수석행정관의 역할을 겸하거나 또는 전문수석행정관을 재임기간 동안 임명하고, 위임과 대리행정체제로 운영하기도 한다.

(3) 레지옹(Région) 광역자치단체의 기관구성 및 운영

도를 선거구 단위로 하여 구속명부식 비례대표제 방식으로 선거를 하게 되며 유효투표의 5% 이상 득표가 되어야 지방의회 의석배정이 된다. 레지옹 지방자치단체의 의원정수는 보통 31명~209명 사이가 되는데, 제1차 투표에서 과반수를 얻었을 경우 1/2의석을 배분받은 후 나머지 과반수를 얻은 후보자명부를 포함하여 후보명부의 득표수 비례에 따라서 나머지 의석이 배분된다. 만일 제1차 투표시 과반수를 얻은 후보명부가 없는 경우에는 10% 이상 득표한 후보명부자들만 제2차투표의 대상이 된다. 이때 후보명부의 정당간 연합을 통한 새로운 선거후보 명부를 구성할 수 있다.

(4) 파리 시의 기관구성 및 운영체제

파리 시는 20개 준자치구(아롱디스망)로 구성되며, 주민직선에 의하여 구의회가 구성되고, 각 구의회에서 구청장을 선출한다. 그리고 구의원의 일부가 파리 시의회를 구성하면서 파리 시의원을 겸직하게 된다. 주민이 구의원을 선출하게 되면 그 중에서 일부 구의원이 시의원을 겸직하게 된다(1/3). 이러한 제도가 구정과 시정간 긴밀한 연계체계를 운영한다. 시장, 부시장은 시의원 중에서 시의회가 간접선출하며, 전문경영인인 사무총장은 행정을 총괄하는 실질적인 부시장 역할을 하지만 시장에 의해서 임명되며, 시장직속의 직속보좌기관(시장비서실)을 제외한 모든 행정부서를 지휘 · 조정한다. 여기에는 의회사무국에 대한 지휘권, 인사권도 포함하고 있다.

부시장은 시의회에서 선출하게 되고 지방의원이 후보자이다. 파리 시의 경우에는 20명의 구청장이 당연직 부시장이 되며, 각 부시장간 업무영역을 명확히 구분하게 되고 이들은 시장의 순수한 보조기관 역할을 수행한다. 제1부시장이 나머지 부시장의 업무영역을 총괄 조정하고, 부시장마다 담당업무 분야가 따로 있다.

〈그림 3-4-2〉 파리 시의회 운영체제

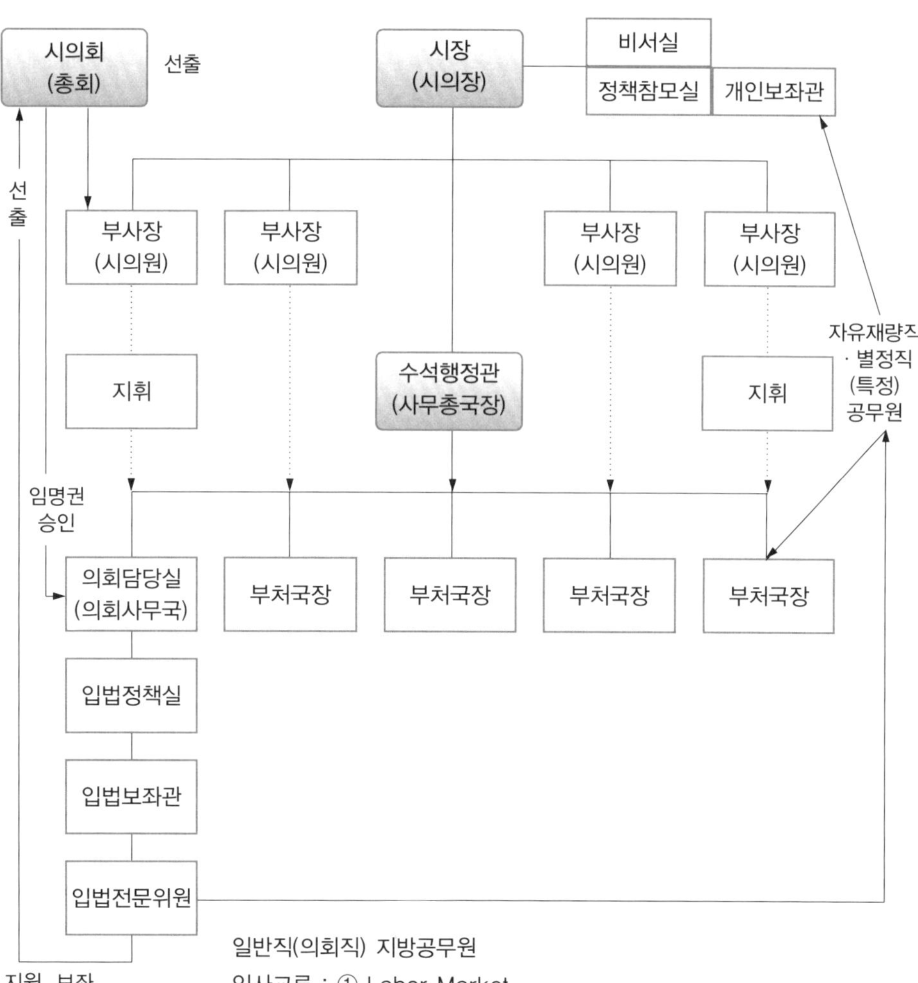

3) 지방정부 운영체제의 특성

(1) 지방의원에 대한 지원제도 확대

프랑스에서 지방의원직은 무보수 명예직을 원칙으로 하고 있으나 단체장(지방의회 의장이자 시장) · 부단체장 · 특정업무를 위임받아 공무를 집행하는 지방의원 등에 대해서는 특정직무수행을 위한 수당을 지급하고 있으며 일반 지방의원에 대해서 의정활동 시 지급경비(수당)는 공무원의 보수기준과 관련해서 결정 · 지급하고, 공직수행에 필요한 교통비 등 개별적인 실비변상을 병행하고 있어서 점차적으로 전문적인 직업으로 전환되고 있고 실질적으로 유럽국가 전체적으로 지방의원의 무보수 명예직 성격이 흐려지고 있다.

지방의원의 의정활동을 위한 민 · 형사상 보호는 1992년까지 1974년 법에 근거하였으나 1992년 2월 3일 법으로 지방의원의 민 · 형사책임과 직업상의 보호에 관하여 새롭게 규정하였다. 나아가 개인직업을 가진 지방의원들이 의정활동으로 인하여 직장을 결근하게 되는 경우 이의 정당성을 인정하도록 법적으로 그 보장을 강화하고 있고(1992년 11월 16일 시행령), 주민 10만 이상의 지방의원 및 시장의 의정활동에 대하여 시간 초과에 관한 보상수당 지급을 하고 있다.

(2) 지방의원에 대한 겸직허용 제도

프랑스는 지방의원에 대하여 상당한 정도의 겸직을 허용하고 있는 나라로 중앙의 정치가 중 약 3/4의 상 · 하원의원이 지방에서 단체장이나 지방의원을 겸하고 있어 지방정치에 대한 주민의 관심이 상대적으로 상당히 높은 편이다. 또한 기초의원 선거에 있어서 한 사람이 여러 기초정부에 후보자로 출마할 수 있으며 한 곳 이상에서 지방의원으로 선출되었을 때에는 선거결과 후 10일 이내에 한 의원직을 선택하도록 허용하고 있다. 하지만 지방의원을 포함하는 선출직 의원의 경우 일부 공직은 겸직을 허용하지 않고 있다.

이러한 제도적 특성은 다른 나라와 달리 시장 또는 광역자치단체장들 상당수가 중앙의 상 · 하의원직을 동시에 수행하면서 정치적으로 지방의 이익을 중앙에 잘 대변하는 겸직제도의 장점으로 요약될 수 있다. 하지만 겸직제도의 단점이 되기도 하는 것으로는 바로 소수 정치가들이 이러한 겸직통로로 정치적 독점지위를 오랫동안 누리게 됨으로써 참신한 정치가의 발굴 차단, 부정부패의 깊은 골 잔존 등 부정적인 면도 상당히 나타난 바 있었다. 한편 정당의 이미지와 관련해서 기초자치단체의 일반적인 현상으로 나타나는 것은 주민들이 시장의 이름은 잘 알고 있지만, 그 시장이 속하고 있는 소속정당을 모르는 경우도 빈번하게 발생하고 있는 것을 알 수 있다.

(3) 2003년 헌법수정으로 지방의회의 입법권 강화

프랑스가 2003년 헌법을 수정함으로써 지방의회 조례의 법적 성격을 강화시킨 바 있다. 즉, 2003년 수정헌법 제72조 2항과 제3항에 근거하여 수상(중앙정부)의 법규제정권에 의한 관할범위가 규정되지 않은 경우에는 지방정부의 법규제정권이 행사될 수 있다고 하였다. 이것은 중앙정부 법규제정권이 일차적이고, 지방정부의 법규제정권은 이차적인 지위를 갖는 것을 의미한다. 과거에는 간접적인 의미를 가졌으나, 2003년 헌법수정으로 이 부분을 명문화 하여 '직접적인 이차적 법규제정권' 성격을 갖게 되었다. 따라서 지방의회의 조례가 법률의 적용을 위한 조치, 절차 등을 규정하는 법규제정권의 성격이 아니라 바로 법률 집행을 위한 조치, 절차와 관련된 이차적인 성격의 법규제정권을 의미하게 되었다. 따라서 지금부터는 법률에 근거하여 법률 내용의 집행방식을 결정하는 권한을 지방정부의 법규제정권에 부여할 수 있다. 법률 집행을 위한 여러 조치 및 절차를 결정하는 권한을 어느 한 관련 지방정부에 부여한다고 해도 법률적으로 그 지방정부의 실질적인 법률집행 권한에 대하여 의심할 여지가 없게 되었다. 관련조항을 보면, 프랑스 헌법 제72조 2항은 "지방정부는 관할지역 내에서 가장 적절하게 권한을 행사할 수 있다고 판단되는 사항에 대해서는 총괄적으로 결정하여 집행할 수 있는 소명을 가진다"고 하였고, 제72조 3항에 따르면 법률에 규정된 조건 하에 지방정부는 선출직 지방의원에 의하여 자율적으로 운영되며, 이들의 권한을 행사하기 위하여 법규제정권을 갖는다(Michel Piron, 2006).

2 지방정부의 기능

1) 중앙-지방정부간 기능배분체계

1983년 제정된 「사무배분 기본법」은 진정한 의미에서의 지방자치법으로, 제1조에서 "꼬뮨, 데빠르뜨망, 레지옹 각 지방정부는 선출된 의회의 결정에 따라 행정권한을 행사하여 사무를 해결한다"라고 규정하여 자치정부의 자치입법권 및 자치조직권을 보장하고 있다. 지방이양을 촉진하고 있는 이 사무배분법이 고려하는 차원은 두 가지로 먼저 제도에 중점을 두고 각 계층의 지방정부에 따라 적절한 행정권한을 배분하고자 했다. 또, 기본적인 시각에서 행정권한의 종류(분야)에 따라 지방정부로의 사무배분을 규정하였다. 이어 동법 제2조에서 "꼬뮨, 데빠르뜨망, 레지옹 자치정부들을 위하여 현재의 법이 명시하고 있는 행정권한의 이양은 이들 지방정부 중 어느 한 곳에, 어떤 형태이든지 다른 자치정부를 감독하는 행위가 발생되는 행정권한의 이양은 할 수 없다"고 하여 지방정부 상호간의 동등원칙을 규정하였다.

2) 중앙-지방정부간 사무배분 및 운영체계

정부간 역할분담에서 제시하는 지방정부의 사무배분을 보면, 기초지방정부의 기본적인 역할은 지역주민들이 가장 필요로 하는 사회복지사무를 정점으로 초등교육, 도시개발계획, 레저, 문화활동 등 인접사무를 수행한다. 중간 지방정부인 도는 재정적으로 가장 많은 국고보조를 받으면서 역시 도 지역 내의 사회복지를 가장 비중 있는 사무로서 수행한다. 광역정부로서 레지옹은 국토개발과 지역발전 등 광역적인 임무를 부여받고 지방정부간 협력과 조정, 국가와 밀접한 관계 속에서 국가정책의 일관성과 통일성을 유지할 수 있도록 뒷받침 해주는 경제사회분야의 선도적인 역할 등을 담당해야 한다고 제안하고 있다.

한편, 민사법원과는 별도로 행정법원을 갖고 있는 프랑스는 국가와 지방정부간 사무분쟁, 지방정부 상호간의 갈등이 발생하면 처음 단계에서 국가직 임명도지사 또는 임명군수가 국가와 지방정부, 지방정부 상호간 중재자 역할을 담당하면서 문제 해결자 역할을 수행하지만, 다음 단계에서는 일방적인 감독기관으로서의 강제적 대리권 집행 등이 아닌 행정법원을 통한 합리적이고 법적인 해결방식을 활용하여 중앙-지방정부간 수평적인 관계를 유지하고자 노력하고 있다.

〈표 3-4-4〉 국가와 지방자치단체간 사무배분 현황

계 층	지방정부	국가기관
Commune	· 선거, 호적, 병사관리 · 주민복지사무, 청소, 도로 관리, 공원관리, 주민보건 관리 · 학교관리(유치원, 초등학교)	· Sous-Préfet가 해당 지역에서 Departement Préfet의 명을 받아 업무수행
Département	· 재난, 구조 · 관광 · 사회, 보건활동 · 운송 및 도시계획 · 학교관리(중학교)	· 치안, 국방 · 관광, 교통소통, 환경 · 자치단체 적법성 통제 · 운전면허, 외국인등록 · 원호업무
Région	· 경제, 사회 개발계획 · 직업훈련, 기업지원활동 등 · 관광촉진 · 도시, 농촌지역관리 · 학교관리(고등학교)	· 자치단체 적법성 통제 · 치안, 국방 · 지역의 재산관리 · 직업교육 및 경제활동지원

3 지방정부의 인사행정

1) 국가-지방 공무원의 구성체계

역사적으로 공무원 채용은 어떤 특정 직위를 고려해서 모집하지 않고 일종의 직무를 중심으로 직종단(corps, 또는 직군)을 기준으로 하는 경력직 직업공무원제도(career system)를 채택, 운영하고 있다. 따라서 다른 나라 공무원제도와의 비교하여 공직의 범위가 다르게 나타난다. 현재 프랑스는 직군 중심의 국가공무원, 지방공무원 제도를 채택하고 있다. 이 때문에 다양한 공직의 직무 특성에 따라 구분되는 국가공무원의 경우에는 1,000여개의 직군이 존재하고, 지방공무원은 약 60~70개의 지방직군이 존재한다. 이들 공무원에 적용되는 법 근거는 각 중앙부처 특성에 따라 존재하는 직군별 개별공무원법(particular statutes)이 있다.

2005년을 기준으로 3종류 국가 · 지방 · 보건의료 공무원 수를 보면 다음 표와 같다(프랑스 내무부 지방정부 통계, 2008: 105). 공무원은 전체 봉급생활자 인구 5명 중 1명 수준인 521만 명으로 추산되며 이 중에 50% 정도가 국가공무원, 30%가 지방정부 공무원, 약 20% 정도는 보건의료 공무원으로 집계된다. 전체 공무원 중 다수는 C직급의 공무원이지만, 국가공무원의 경우에는 A직급의 공무원이 상당수를 차지하고 있다. 그 이유는 주로 교사가 국가공무원 신분으로 A직급 다수를 차지하기 때문 이다.

〈표 3-4-5〉 2005년 전국 3개 공무원 현황

공무원 종류	명	A직급(%)	B직급(%)	C직급(%)
국가공무원	2,543,005명	46.5	22.5	30.9
지방공무원	1,648,143명	9.0	14.2	76.8
보건의료공무원	1,023,655명	16.8	34.9	48.4
총 정원	**5,214,803명**	**28.8**	**22.4**	**48.8**

2) 국가-지방 공무원의 직급체계 : 직군(Corps '꼬흐')의 개념과 A · B · C 직급체계

앞서 언급한 바와 같이, 프랑스의 모든 공무원은 직군(Corps, '꼬흐')별로 구분된다. 예를 들면, 병원장 직군(corps des directeurs d'hôpital), 도청담당관 직군(corps des attachés de préfecture), 기술직의 경우에도 각 직무별로 다양하여 민간항공기술자 직군(corps ingénieurs de l'aviation civile) 등으로 분류된다. 직군마다 인력 총수는 상당히 다양하게 나타나고 있다. 예를 들면, 교육자격증 교사의 경우 약 12만 명이라면, 세관검사관은 약 2,200명, 국가도시계획사는 120명 등 직군별로 상당한 수의 차이를 보이고 있다.

공무원은 국가공무원과 지방공무원 모두 임용자의 수준에 따라서 3개 범주인 A, B, C직급으로 나누고 있다. A직급은 정책의 연구와 기획, 정책업무추진 등을 수행하므로 대학 이상의 학력 자격을 가진 사람을 시험을 통해 채용하고, B는 법률 집행과 행정규정에 의한 실제적인 정책 집행업무에 관련해서 직무를 담당하기 때문에 고등학교 졸업시험 합격자와 그에 준한 수준에서 임용하며, C는 (현장)기술직이나 단순노무직 등을 수행하므로 기술전문중학교의 수준 또는 학력에 관계없이 시험자격이 있는 채용자 수준을 의미한다. 앞으로 이러한 학력별 수준에 의한 채용구별은 점차 없애고, 직업별 직업군에 의한 구분(regroupement en filières de métiers)을 하려는 인사정책을 시행하고 있다.

3) 지방공무원 운영체계

(1) 지방공무원 현황

지방정부 공무원의 경우 2005년 말 기준으로 180만 명이 있으며, 대략 지방정부에 78%, 지방정부 소속행정기관에 22%의 인력이 근무하고 있다. 이 중에서 기초자치정부에 약 64%의 인력이 근무하고 있다(프랑스 내무부 지방정부 통계, 2008).

지방정부 공무원의 가장 두드러진 인력구성의 특징은 다음과 같다. 전체 인력 중 1/2은 기술직(filière technique)에 종사하고 있다. 즉, 전체 지방정부 공무원은 행정직과 기술직으로 구분이 되며 이 중에서 1/4이 일반행정직이다. 1/10은 사회복지 분야이고, 자치경찰, 소방, 지방의 보건의료 등은 기본적으로 전문직 공무원으로 분류된다. 전체적으로 지방정부 공무원의 전문직 또는 일반기술직(Technique)은 의료기술직(Médico-technique)을 포함하여 구성비가 46.4%를 나타낸다.

〈표 3-4-6〉 지방정부별 공무원 수 변화(2000~2005)

지방정부별 공무원 수	2000	2002	2005
기초자치정부(Communes)	905,978	934,245	1,093,880
도자치정부(Départements)	174,513	186,637	198,080
지역자치정부(Régions)	10,620	12,274	15,169
지방정부 소속기관(Établissements locaux) 및 기타	280,817	327,002	497,070
총계	**1,371,928**	**1,460,158**	**1,804,199**

출처: Enquête sur les personnels des Collectivités Territoriales et des Etablissements Publics locaux, Insee (프랑스 내무부 지방정부 통계, 2008: 104).

〈그림 3-4-3〉 지방공무원 직군별 인력배분 비율(%) (2005)

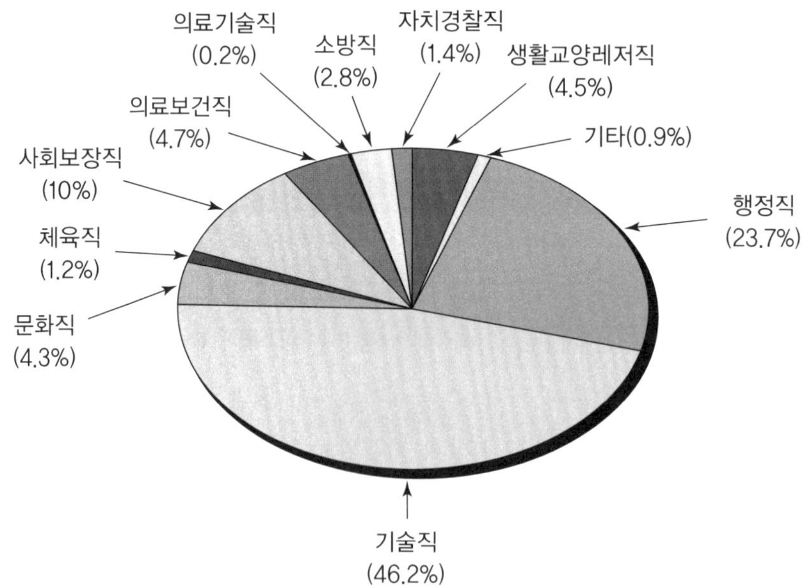

(2) 지방공무원 임용제도

프랑스 공무원 임용제도는 평등성 보장원칙이며 실적평가에도 이 기본원칙이 적용된다. 공개경쟁시험은 각 부처에서 인력 채용시 치루며 주로 공무원의 직무 전문성을 담당하는 직무특성별로 세분화되어 교육을 시행하는 공무원학교에의 입학과 관련된다. 즉, 각 직군별 특성에 맞는 공무원 학교에 입학시험을 치루고, 이 학교에 합격함으로써 공무원 후보의 자격을 얻게 되고, 교육기간 동안 공무원 후보로서 일정 보수를 받으며, 졸업성적을 근거로 각 부처별로 배치가 된다.

특히 지방공무원에 대해서는 별도로 지역행정연수원(Institut régionaux d'administration, IRA)이 있다. 이 지역행정연수원은 1966년 12월 3일 전문직 교육지침법에 의해서 설립되었다. 지역행정연수원은 A직급 공무원들에 대한 보충교육, 평생교육을 제공하고 있으며 공공기관, 지방자치단체 등으로부터 A직급 공무원을 모집, 채용하는 사무도 관장한다. 외부시험제도를 통해서는 국립행정학교 응시자격을 가진 학생들에게 기회가 주어지며, 내부시험으로는 4년간의 민간직, 군인직의 공직경험을 가진 후보자에게 응시기회가 있다. 일반행정직 공무원에 대해서는 1년의 교육과정이 있고, 전문분석직에 대한 교육은 18개월이 된다. 5개 시(Bastia, Lyon, Lille, Metz, Nantes)에 설치되어 있다.

Ⅳ. 지방재정

1 국가와 지방간 재정분담 현황

프랑스의 국가회계 관리체계는 유럽연한(EU) 회원국이 표준방식으로 사용하는 유럽국가회계계정(Système européen de comptabilité nationale, SEC 95) 방식을 사용한다. 이 계정방식에서 '중앙정부 부문'(국가, Etat)과 '지방 부문'(지방공공행정, APUL)으로 구분하며, 지방자치단체(collectivités locales)는 보다 큰 분류인 '지방공공행정(Administrations publiques locales, APUL)의 한 부문에 속하여 계정된다.

〈표 3-4-7〉 2006년 국가와 지방의 재정분담 현황

(단위 : 10억 유로)

2006년 국가 예산	국가 부문	지방공공행정(APUL) 부문
지출총액	**380.40** **(66%)**	**199.30** **(34%)**
중간소비 계정	22.17	41.30
인건비	116.08	55.11
부채이자	38.72	3.16
복지급여 및 이전재원	**196.47**	**52.11**
-복지급여 및 사회이전비용	55.14	16.98
-국고보조금	6.42	12.71
-경상이전비용	108.85	18.30
-자본이전비용	26.06	4.12
-FBCF*	6.26	43.51
세입총액	**333.2** **(63%)**	**194.74** **(37%)**
조세 및 사회분담금 총액	**305.10**	**101.79**
-소비세	160.24	73.04
-소득세	111.12	13.77
-자산세	8.35	0
-세수이전액	-14.26	14.52
-사회분담금	40.47	0.47
기타 소득	**28.07**	**92.95**
-생산분야 소득	5.8	30.73
-재산관련 수입	6.9	2.09
-기타 이전	15.3	60.15

* FBCF(Formation brute de capital fixe) : 생산과정에서 1년간 유효한 생산단가로 얻어진 고정자산가치.

따라서 지방자치단체의 총재정을 운용하는 '지방공공행정'을 포함하는 기관들은 레지옹, 데빠르뜨망, 꼬뮨과 같은 지방자치단체 이외에도 지방자치단체 협력기구(단일목적 및 다목적 협력조합, 도시간협력기구, 농촌자치단체간 협력기구 등과 지방자치단체의 사업소) 등을 전반적으로 포함하고 있다(프랑스 내무부 지방정부 통계, 2008: 30). 이를 표로 세분하면 다음 표와 같고, 2006년도 재정운영 결과를 토대로 보면 중앙 부문의 지출총액은 약 3,800억 유로이고(66%) 세입총액은 3,332억 유로(63%)이다. 지방자치단체를 포함한 지방 부문의 경우에는 지출총액은 1,993억 유로이고(34%) 세입총액은 약 1,950억 유로로(37%) 나타났다(〈표 3-4-7〉).

2 지방자치단체의 재원

지방자치단체의 재원은 크게 지방세와 국가교부금으로 마련된다. 지방자치단체의 지방세는 다시 직접세와 간접세로 구분한다. 2006년 지방자치단체의 재원 규모를 보면 총 936억 유로이고, 이 중에서 4가지로 구성된 직접세의 비중은 602억 유로(64%)이며 간접세는 334억 유로(36%)였다(〈표 3-4-8〉).

4가지 직접세는 주거설비가 된 장소와 그 부속건물의 거주자에게 부과하는 거주세(taxe d'habitation), 소유한 토지 내의 모든 건축물과 소유토지대장 임대가의 50%를 세원의 기준으로 부과하는 기건축토지소유세(taxe foncière sur les propriétés bâties), 건축물이 없는 모든 토지자산에 대해 세금을 부과하는 미건축토지소유세(taxe foncière sur les propriétés non bâties), 그리고 봉급소득을 제외한 모든 상업활동에 부과되는 사업세 등이다. 또 다른 직접세와 간접세 및 세외수입으로는 가정쓰레기수거세(taxe d'enlèvement des ordures ménagères), 지방자치단체 교통시설에 부과하는 세금, 상가권리금이나 임대권 이전 등에 대해서 기초자치단체와 광역도자치단체를 위한 징수액을 더하여 부가된 이전등록세(taxe additionnelle aux droits de mutation), 관광체류세, 케이블카세, 광산이용세 등 간접세와 기타 세외수입으로 구성된다.

〈표 3-4-8〉 2006년 지방세 총액

(단위 : 10억 유로)

(지방자치단체별) 지방세 종류	꼬뮨 및 지방자치단체간 협력기구	데빠르뜨망	레지옹	총액
4가지 직접세 총액	**37,73**	**18,13**	**4,36**	**60,22**
−거주세	9,44	4,53	−	13,97
−기건축토지세	11,65	5,50	1,59	18,74
−미건축토지세	0,75	0,05	0,01	0,81
−사업세	15,89	8,05	2,76	26,70
기타 간접세 및 세외수입	**14,91**	**14,51**	**3,97**	**33,39**
−가정쓰레기수거세	4,60	−	−	4,60
−명의이전(등록)세	2,10	7,39	−	9,49
−석유류내국세	−	5,04	1,02	6,06
−대중교통요금	5,28	−	−	5,28
−자동차등록세	−	−	1,83	1,83
−전기세	0,94	0,50	−	1,44
−해외영토 자치단체세	0,72	0,15	0,48	1,35
−보험관련 특별세	−	1,15	−	1,15
−직업교육지원세	−	−	0,37	0,37
−관광체류세	0,16	0,005	0,03	0,19
−전신주세	0,17	−	−	0,17
−케이블카세	0,03	0,01	−	0,04
−광산이용세	0,01	0,01	−	0,02
−운전면허세	−	−	0,005	0,005
−기타	0,91	0,25	0,23	1,15
지방세 총액	**52,64**	**32,64**	**8,33**	**93,61**

출처: 프랑스 내무부 지방정부 통계, 2008: 73.

3 국가의 재정지원

중앙정부는 지방자치단체에 대하여 크게 4가지 종류의 교부금(dotation de l'Etat)을 지원한다. 먼저, 경상교부금 및 투자교부금 등이 복잡하다는 이유에서

1993년 총경상교부금(dotation globale de fonctionnement; DGF) 제도를 단순화하였고, 1996년도에는 총투자교부금(dotation globale d'équipement: DGE) 제도도 개편한 바 있다. 이 두 가지 이외에도 중앙권한의 지방이양에 따른 재정보전을 하는 권한이양재정보조금(compensation financière des transferts de compétences)이 있고, 지방자치단체에 대한 법적 면세 및 감면에 대한 보전교부금(Compensations d'exonérations et de dégrèvements législatifs) 등이 있다.

〈표 3-4-9〉 지방자치단체에 대한 중앙정부의 교부금 현황

(단위 : 10억 유로)

국가교부금 종류	2006년 교부액	2007년 교부액	2008년 예정교부액
총경상교부금	38732	40154	40911
총투자교부금	7311	7977	8269
권한이양재정보조금	3867	4002	4110
면세 · 감면보전교부금	14876	16649	17356
재정이전 총액	64786	65781	70646

출처: 프랑스 내무부 지방정부 통계, 2008: 91.

2007년을 기준으로 보면 국가로부터 지방자치단체가 지원받은 교부금 총액은 657,810억 유로였으며 총경상교부금은 총액의 61%, 총투자교부금은 12%, 권한이양재정보조금은 6% 면세 · 감면보전교부금은 약 21% 이상이 된다.

V. 지방행정 개혁

1 지방행정 개혁의 주요 내용

프랑스는 1982년~2000년대가 지방분권 정책을 추진한 제1단계라고 할 수 있다. 주요 개혁내용은 다음과 같다. 1982년 신지방자치법에서 지역(Region)은 지방자치단체의 법적 지위를 부여받았고(현행 지방자치법전 제59조), 1983년 사무배분법을 제정하여 중앙-지방간 역할분담을 하였으며, 1985년과 1986년 계속해서 총괄적 권한이양 및 그에 따른 재정이양 원칙 등을 후속적으로 제정하였다.

다시 제2단계의 지방분권 정책 추진은 2003년 헌법을 개정한 이후부터이며,[3] 이때 레지옹 지역정부의 권한이 확대되면서 지역계획, 경제발전, 구조기금의 재정관리, 직업교육, 지역병원운영 및 병원재정 관리 등의 책임을 맡아 권한을 강화하였다. 또한 재정이양을 통하여 13만 명 이상의 공무원 인력을 지방으로 이양하였고 그에 따른 130억 유로의 재정이양도 이행되었다. 데빠르뜨망 도 자치정부는 80억 유로(50억 유로는 기초수입보장제에 대한 지원)를 재정이양 지원금으로 받기도 하였다.

2 지방행정 개혁에 따른 변화

1) 지방정부간 관계의 법제화

중앙-지방 정부간 역할분담에서 제시한 지방정부에 대한 사무배분의 시각에서 볼 때, 기초자치단체의 기본적인 역할은 지역주민들이 가장 필요로 하는 사회복지

3) 헌법 수정 직후 2가지 중요한 조직법 제정 : territorial authorities' right to derogate from provisions regarding their competences(Organic Law 2003-704) 조직에 관한 특례법; local referendums(Organic Law 2003-705) 주민투표법.

사무를 정점으로 초등교육, 도시개발계획, 레저, 문화활동 등 인접사무를 수행하고, 중간 자치단체인 도는 재정적으로 가장 많은 국고보조를 받으면서 도 지역 내의 사회복지를 가장 비중 있는 사무로서 수행하도록 법으로 명문화 하였다. 이어서 광역자치단체인 레지옹은 국토개발과 지역발전 등 광역적인 임무를 부여받고 지방정부간 협력과 조정, 국가와 밀접한 관계 속에서 국가정책의 일관성과 통일성을 유지할 수 있도록 뒷받침 해주는 경제사회분야의 선도적인 역할 등을 담당하게 되었다. 이러한 정부간 역할분담 및 기능 수행에 대하여 프랑스 정부는 사무배분법을 제 · 개정하면서 국가와 지방자치단체에 대한 역할분담체계를 합리적으로 조정 · 운영하였다.

2) 중앙-지방정부간 법적 절차에 따른 분쟁해결

프랑스는 국가와 지방정부간 사무분쟁, 지방정부 상호간의 갈등이 발생하면 민사법원과는 별도로 행정법원을 갖고 있기 때문에 처음 단계에는 국가직 임명도지사 또는 임명군수가 국가와 지방정부, 지방정부 상호간 중재자 역할을 담당하면서 문제 해결을 한다. 이러한 화해와 중재단계를 거쳐서도 해결이 나지 않을 경우에, 다음 단계에는 전에 국가가 갖고 있던 일방적인 감독권인 대집행권을 행사하는 당사자가 아닌 행정법원의 판결을 통한 합리적인 법적 해결절차로 분쟁해결이 되도록 하는 수평적 관계 하에서 중앙-지방정부간 관계를 유지하는 행정체제로 전환되었다.

3) 주민참여제도의 활성화

2003년 헌법수정은 제72조 3항의 수정조항을 통해서 지역주민의 삶 속에 상당히 중요한 혁신을 가져오는 계기를 만들었다. 이후 프랑스 지방자치단체는 자치권에 속하는 모든 정책을 최종적으로 결정하기 위해서 주민투표를 통해 확정할 수 있는 법적 근거를 마련하게 되었다. 이로써 지역주민의 삶 속에 직접민주주의 제도를 법제화한 것이다.

Ⅵ. 결 론

1 '보충성 원칙'에 근거한 중앙-지방 정부간 관계

프랑스는 제2차 지방분권 추진단계를 통해서 2003년 헌법개정을 하였고, 이때 중앙-지방 정부간 권한배분을 현실에 맞게 재정의하여, 그 근거가 되는 '보충성 원칙'을 헌법에 명문 규정화하였다. 따라서 중앙권한의 지방이양 시에는 '보충성 원칙'에 따라서 먼저 기초자치단체에 권한을 최우선적으로 이양한 후 능력에 맞게 광역-기초 및 중간자치계층간 권한배분을 추진하는 '총체적 권한이양의 원칙'을 차후 순차적으로 적용하도록 하였다. 그리하여 1995년 2월 4일 법률 제65조에 규정된 사무배분원칙을 재개정하여 2003년 헌법 수정 이후 2003년 8월 1일 조직법과 2004년 7월 29일 조직법 제2004-758호에서 지방자치단체의 사무배분 원칙을 새롭게 정립하였다. 그 결과 이러한 법적 근거에 의해서 지방이양에 따른 재정보전 및 재정보전에 대한 평가, 이양의 적법성 문제, 국가의 지방행정조직 재정지원, 지방정부간 협력기구(조합)에 대한 새로운 규정 등 다양한 자치제도들을 개편하는 후속 정책을 추진할 수 있게 되었던 것이다.

2 제도실험을 통한 새로운 중앙-지방 정부간 관계의 발전

프랑스는 헌법개정을 통해서 다양한 지방분권 정책을 제도화하기 위하여 제도실험이 가능하도록 명문규정을 만들었다. 그리하여 중앙정부와 지방자치단체는 상호간 협력수단, 자문, 협약 등 새로운 형태의 관계성을 갖게 하는 수단을 활용하여 네트워크와 다중심 구조를 갖는 정부간관계로 발전하게 되었다. 이와 같이 헌법에 명문화 한 제도의 실험방법을 통해서 프랑스란 나라는 사전에 실험을 통해서 제도운영상 나타날 수 있는 부작용을 막고 새로운 제도 구축과 관련해서 신중함을 보일 수 있게 자연과학과 같은 방식의 사회제도의 실험법을 통한 제도와 정책의 발전과 변화를 추구할 수 있게 되었다.

이 방식은 지방자치의 다양화를 위해 적용할 수 있도록 한 결과, 프랑스 지방자치단체들이 여러 지역적 특성을 고려하고 그 지역의 현실에 적합하도록 정책적 변화와 유연한 적용 가능성을 연구하여 지방자치 발전을 위한 새로운 제도의 도입을 자율적으로 추진할 수 있게 하였다.

현재 이러한 제도적 실험방법이 어느 정도까지 정책적 효과성을 가져다줄지는 아무도 예측할 수 없으나, 궁극적으로 지방분권의 개혁적 특징을 잘 적용한 제도의 실험방식을 우리나라의 지방분권 정책 발전에 의도적으로 면밀하게 적용할 수 있다면, 우리나라에서도 사전에 부작용과 이해관계자간의 무조건적인 반대의사를 설득할 수 있고, 사전에 충분히 예측 가능한 정책적 결과를 판단하여 새로운 지방분권 정책을 추진하는 데 좋은 정책수단으로 활용 가능할 것으로 판단한다.

제 5 장 프랑스의 전자정부

류 현 숙(한국행정연구원)

I. 서 론

1990년대 초반부터 유럽 인들은 전자정부가 내부적으로는 공무원, 그리고 외부적으로는 시민과 기업에 상당한 이로움을 가져올 수 있는 잠재성을 지니고 있다고 여겨져왔다. 즉, 전자정부가 지금까지 정부의 일하는 방식을 근본적으로 변화시키는 것은 물론 시민들의 삶의 질을 향상시키고, 세계 경제에서 유럽연합의 경쟁력을 향상시킬 수 있을 것이라는 공통적 이해가 있었던 것이다. 이와 같은 생각은 세계적으로 공통된 경향이라고 할 수 있다.

최근 유럽 전역에서는 중앙정부 차원뿐만 아니라 지방정부들도 민간기업의 성공사례를 벤치마킹해, 정보통신 기술을 활용하여 경영상의 효율성과 조직 효과성을 높이려는 노력이 활발하게 일어나고 있다. 그 배경에는, 전 세계적으로 경기침체가 공공지출의 삭감을 가져왔고, 대다수 정부들이 정치, 경제, 사회 그리고 환경문제를 해결하는 데 있어 심각한 도전을 받고 있다는 인식이 깔려있다. 이는 정부운영의 근대화와 쇄신에 대한 요구로 표출되었으며, 또한 정부 역할에 대한 시민들의 변화된 기대를 반영한다고 할 수 있다. 이러한 정부 현대화와 혁신의 이면에는 '신공공관리(New Public Management: NPM)'의 논리가 자리하고 있었으며, 유럽 내 대부분의 정부개혁가들은 NPM을 적극 수용하였다. NPM의 논리에 따라 많은 정부들은 잠재적 예산부족에 대처하기 위해 적극적 조치를 취하고 있으며, 새로운 정보통신 기술이 이러한 NPM 논리의 핵심이라고 할 수 있는 효율성과 시장경쟁력을 높이는 수단으로서 주목받기 시작했다.

한편 유럽연합(EU)은 1980년대 중반 이후부터 정보통신 기술의 진보에 관심을 가져왔는데, 이러한 공통적 관심은 지난 1999년에 정보사회로의 변화에서 EU가 얻을 수 있는 이익을 극대화하기 위한 'eEurope'이라는 정치적 계획으로 구체화되었다. eEurope은 "모두를 위한 정보사회(Information Society for all)"를 기치로 내걸고 유럽 전역에서 진행 중인 정보사회(Information Society) 정책을 통해 유럽시민들이 디지털기술을 사용할 수 있는 기반을 조성하며, 동시에 유럽경제의 현대화 및 경쟁력을 확보하기 위한 차세대 계획 중의 하나라고 볼 수 있다. 이러한 정보화계획은 1999년 유럽연합 집행위원회의 eEurope 계획안과 2000년 리스본 이사회의 결의안을 통해 집행위원회의 eEurope 제안에 고용관련보고서를 참조한 새로운 사업계획(eEurope 2002 Action Plan)으로 발표되었으며, 같은 해 6월 파레유럽이사회(Feira European Council)에서 정식으로 채택되었다. 이는 2002년 스페인의 세비아 유럽이사회에서 선포된 'eEurope 2005 사업계획(eEurope 2005 Action Plan Initiatives)'으로 이어졌으며, 목표는 브로드밴드 기반을 널리 활용한 안전한 서비스, 애플리케이션, 콘텐츠의 개발을 촉진하는 것이었다. 이 eEurope 2005 사업계획은 유럽 전역을 아우르며 전자정부 사업 진전의 주요 촉매제가 되어 왔다. e-Europe 2005의 사업계획에서는 2005년까지 유럽전역에 걸친 광대역 네트워크의 확산 및 이용 확대와 인터넷 개발 등을 최우선 과제로 한다.

2005년 이후 유럽의 전자정부 추진방향의 주요한 정책과제는 바로 i2010(Europe Information Society in 2010) 전자정부 실행계획(eGovernment Action Plan)에 표명되어 있다. 이러한 i2010의 실행 목적은 첫째, 유럽의 정보 공간, 즉 디지털 경제를 위한 진정한 단일시장을 확립하여 유럽의 5억 명에 달하는 강력한 소비시장이 제공하는 규모의 경제를 온전히 활용하는 것이다. 둘째, ICT(Information & Communication Technology)가 경제를 촉진하는 주요소라는 관점에서 ICT 연구 혁신 및 투자를 강화하는 것이다. 셋째, 참여와 공공서비스 수준 향상을 통해 정보사회의 통합 및 삶의 질 제고라는 가치를 확대하는 것이다(한국정보사회진흥원, 2008). 이러한 목표들 중에서 가장 중점적으로 추진되는 것은 바로 전자적 사회통합(e-Inclusion) 프로젝트라고 할 수 있다. 이 실행계획에 따르면 유럽공동체위원회(European Commission)는 회원국들 사이에서 전자서비스(e-services)의 이용과 시민들의 전자정부 활용을 진작시켜 단순히 효율성을 높이거나 납세자의 세금을 절약하는 데 그칠 것이 아니라, 시민들의 민주적인 참여를 확대하기 위한 비전을 제시해야 한다. 또한 이러한 목표들을 달성하기 위해 2010년까지 모든 시민들이 디지털 TV, 이동전화 그리고 컴퓨터 등 다양한 채널들을 통해 전자서비스에 접속할 수 있어야 한다는 내용을 담고 있다(한국정보사회진흥원, 2008).

유럽 내 정보통신기술을 활용한 정부의 신공공관리식 개혁 및 eEurope, i2010의 확대는 프랑스 전자정부 추진에도 영향을 미쳐왔는데, 이에 따라 프랑스 정부의 현대화 역시 전자적 행정을 표방하고 있다. 따라서 프랑스에서 전자정부의 발전방향에 대한 논의는 크게 '근대화'와 '혁신'이라는 두 개의 열쇳말로 정리할 수 있을 것이다(Acaud and Lakel, 2003). 특히 프랑스 중앙 · 지방 정부들이 2003년 2단계 지방분권 국면에 접어들면서 이러한 분권화가 가져오는 중요한 변화들에 대응하기 위해 다각도의 방법을 모색하고 있다. 가장 주된 목표는 경제성장, 의료관리 재정확대, 인구고령화, 정보격차 해소, 안보 위협, 재정압박 등 장기적이고 중요한 정책적 과제들을 해소하기 위한 정부 관리의 효율성과 조직 효과성을 달성한 것이다. 프랑스 정부는 이러한 문제들을 해결하는 주된 방법으로 전자정부를 추진하고 있다. 특이한 점은 프랑스에서는 전자정부라는 용어 대신 '전자적 행정

(Administration électronique)'이라는 용어를 사용하고 있다는 점인데, 이는 프랑스 전자정부가 주로 행정부 내의 정보화를 중심으로 추진되어 왔음을 단적으로 보여주는 예라고 할 수 있다(박균성, 2001).

한편, 프랑스 정보화와 전자정부 발전은 다른 유럽 국가들보다 다소 더디게 진행되어 왔다고 할 수 있다(박균성, 2001). 1990년대 중반기에 이르러서야 소위 전자적 행정과 관련된 일련의 사업들이 전개되기 시작했고, 1998년에 전자적 행정(혹은 초기 형태의 전자정부)의 목표로 "프랑스의 정보사회 진입을 준비하기 위해(to prepare France entering the information society)"가 공표되었다(Dumortier & Lawfort, 2007). 소위 '프랑스 지체(French Delay)'라고 불릴 정도로 더딘 정부개혁 및 전자정부 추진에 관한 우려 및 위기의식은 2003년 Bernard와 de La Coste가 총리에게 제출한 "L'Hyper-République: bâtir l'administration en réseau autour du citoyen" 보고서의 서문에서도 찾아볼 수 있다. "지난 10년(1990-2000) 동안 프랑스는 행정절차를 전산화하는 경주에서 매우 뒤처져왔다. 현재 프랑스는 평균 수준에 머물러 있다. 유럽의 인접 국가들은 인터넷 혁명을 통해 격차를 줄이는 데 있어 우위를 차지해왔다." 프랑스의 뒤처진 전자정부 추진에 대한 이와 같은 위기감은 종종 다른 유럽 국가들과의 비교 연구들에서도 찾을 수 있다. 예를 들면, 빈센트 버나드(Vincent Bernard)는 2003년 연구보고서에서 영국의 E-Envoy는 250명의 직원이 있지만, 프랑스 '전자행정개발국(L'agence pour le dé-veloppement de l'administration électronique: ADAE)'[1]에는 직원이 10명밖에 없음을 지적하면서 전자정부를 포함한 국가정보화 사업을 서둘러야 한다고 주장하였다.

한편, 프랑스는 늦은 정보화에 비해 정보보호 측면에서는 매우 앞서 있었다. 1974년 프랑스 정부는 부처 간 전자파일을 연계하고 공유하는 정책을 추진하였으나, 내각에 의해 저지되었다. 그 결과, 1978년에 『정보와 자유에 관한 법(Law on Information & Liberty)』을 제정하게 되는데 이는 공공기관은 물론 민간에서의 개인정보처리에 관한 사항을 규정하고 있다. 또한, 이 법에 의해 '국가 정보 및 자유

1) Agency for Electronic Administration Development.

위원회(Commission nationale de l'informatique et des libertés: CNIL)'가 신설되었으며, 전자적 파일 생성 및 정보유통의 기본원칙들이 제시되었다. 이 CNIL은 정보처리 및 통신의 자유에 관한 법적 · 기술적 사항을 조정하고 통제하는 독립적 위상의 국가기구이다(박정은, 2006).

따라서 프랑스 정보화와 전자정부의 전개 및 발전과정에 있어 가장 큰 특징은 정보화에 따른 이러한 규제정책의 강조가 정보화와 전자정부 사업에 있어 다른 선진국들이나 유럽 이웃 나라들에 비해 뒤처지는 결과를 낳게 했다는 점이다.[2)]

II. 전자정부 추진체계 및 법제

1 전자정부 추진체계

전자정부 구현을 위한 각국의 추진체계와 구성은 다양하다. 전자정부 구현을 위해 국가마다 정보화 담당조직을 구성하고 있으며, 그 체계는 다양하다. 미국, 한국, 프랑스 등은 국정 최고책임자(대통령, 총리)를 중심으로 하는 별도의 중앙 집중적 전담조직을 구성하고 있으며, 영국, 일본, 호주, 싱가포르 등은 별도의 독립된 전자정부 전담기관을 운영하지 않고 국가 정보화 정책 전반을 총괄, 조정하는 전담기구에서 전자정부 사업을 병행하여 추진하고 있다. 한편, 캐나다, 독일, 이탈리아 등은 전자정부 전담기관을 별도로 설치하지 않고 특정부처에서 전자정부를 총

2) 한편, 본격적 논의에 앞서 한 가지 주목해야 할 것은 언어장벽 때문인지는 모르겠지만, 유독 전자정부 선진국 사례나 비교연구 자료에서 프랑스의 전자정부가 늘 누락되어 있다는 점이다. 프랑스 전자정부에 관한 우리말 자료가 극히 드문 현실에서 이 논문이 다소나마 프랑스 전자정부를 이해하는 데 도움이 되었으면 하는 바람이다.

괄하는 체계를 통해 정보화를 추진하고 있다(김성태, 2003).

프랑스는 비록 최근 급격한 분권화에도 불구하고[3] 대체로 중앙집권적 국가의 성격이 강하다. 따라서 프랑스 전자정부 추진은 중앙정부에서 주도하고, 추진체계는 크게 추진주체, 조정 및 총괄 주체, 집행주체 등으로 나눌 수 있다. 우선 추진주체는 2005년 이전까지는 수상이 담당하다가, 2005년부터 부처 장관이 책임을 지게 되었다. 전자정부 정책과 발전전략 및 전자정부 사업의 총괄적인 정치적 책임은 앞서 언급했듯이, 이전의 예산 · 행정개혁 위임장관(Minister Delegate for the Budget and Administrative Reform)이 담당하다가 지난 2007년 예산공공회계행정서비스부 장관(Minister for the Budget, Public Accounts and Civil Service)에게로 이전되었다.

현재 프랑스 전자정부 사업의 부처 간 조정 업무는 '국가현대화총국(General Directorate for the Modernisation of the State: DGME)'에서 맡고 있다. 이 DGME는 지난 2005년 말에 예산공공회계행정서비스(Minister for the Budget, Public Accounts and Civil Service)의 권한 하에 설립되었다. 이 기관의 설립목적은 전자정부 정책의 발전과 국가 현대화 정책들을 접목시키는 데 있다. DGME는 정부 부처간 이사회(inter-ministerial Directorate)로 이전의 전자행정 개발(ADAE) 기관을 포함한 국가개혁을 책임지고 있던 여러 개의 이사회(Director-tes)들이 합쳐져 개설된 것이다. 이 이사회는 각 부처와 민간뿐만 아니라 해외부문에서 온 160명의 대표자들로 구성되어 있다.

국가현대화총국의 미션은 대체로 6개의 주요 주제들에서 찾을 수 있다.

- 공공서비스의 질 향상
- 행정절차에 있어 '종이 없애기(Dematerialisation)'
- 행정 간소화
- 절차와 체계의 수정

3) 프랑스는 최근 급격하게 진행된 분권화로 22 regions, 96 counties(departments) 그리고 36,500 지방자치체로 분화되었다.

• 공공관리의 효율성 향상
• 정보 시스템 최대한 활용

이러한 관점에서, 전자정부 추진의 전략적 측면에서 볼 때 DGME는, 전자정부와 ICT 발전을 범정부적 내지 부처 간 조정업무뿐만 아니라, 프랑스 국정 기능과 운영의 근대화도 더불어 모색하고 있다. 이러한 목표를 위해, DGME는 전자행정개발서비스부(Service for the Development of Electronic Administration: SDEA)를 포함하여, 각 부처, 사용자 대표, 기업대표, 지방정부, 그리고 보건 및 그 밖의 사회단체 대표들로 구성된 전자행정 소통 네트워크를 관리 · 운영한다.

한편, 전자정부 집행측면에 있어, DGME는 전자정부 사업의 집행 및 실행은 물론 공통의 인프라 구축 등과 같은 공동사업의 조정 및 감시를 책임지고 있다. 그러나 범부처 공동 프로젝트인 Service-Public.fr 포탈 사업의 경우엔 예외적으로 프랑스 정부의 출판을 맡고 있는 프랑스 정부간행물 출판국(La Documentation Française)에서 관리 · 유지한다. 동시에, 각 중앙 부처들에서도 소관 부처 관할에서 이루어지는 각종 전자정부 사업 지원업무를 맡고 있다. 행정 각 부는 공공정보의 전자화와 인터넷에서의 유통에 관한 계획을 세우고 인터넷에 의한 전자 행정서비스를 실행한다. 따라서 행정 각 부가 정보통신기술을 이용한 행정서비스 현대화의 실무주체라고 할 수 있다. 행정 각 부 장관 밑에는 정보화사회담당관이 있어 정부행동 계획, 집행 및 조정을 담당하고, 정보화사회행정각부위원회의 개최를 준비한다(박균성, 2001). 특히, DGME 내 '전자행정개발을 위한 서비스부(Service for the Development of Electronic Administration; SDAE)'에서는 전자정부 프로젝트를 수행하는 관련 부처 및 기관들의 의사소통 수단인 웹사이트 'synergies-publiques.fr'를 운영한다.

프랑스 전자정부의 추진체계상의 주요 변화는 전자정부사업이 수상직속으로 있던 추진체계에서 현재는 행정 서비스 담당부처에서 담당하고 있다는 것이다. 이러한 조치는 전자정부의 많은 기능이 대민 서비스나 일반 행정이라는 점에서 매우 현실적일 수 있지만, 전 세계적으로 전자정부 사업에서 우위를 선점하는 국가들에서 이러한 행정서비스 부처 모형은 흔치 않다. 전자정부 사업을 주도하는 미국, 영국, 호주 등 영미국가나 스웨덴, 핀란드, 노르웨이 등의 북유럽 국가들은 대부분 대통령이나 수상 직속이나 산업 과학 정보통신 부처에서 주도하고 있다(정충식, 2007).

2 전자정부 법제

1) 전자정부법: 공공서비스 이용자와 공공기관 간 및 공공기간 사이의 전자적 상호작용을 위한 법령

이 법령은 2004년 12월 9일의 '법률간소화법(Legal Simplification Law)'에 기초하여 2005년 12월 8일부터 채택되어온 '원격서비스 법령(teleservices ordinance)'으로 언급되기도 한다. 이것은 2008년까지 시민들과 공적 기관들 사이의 단순하고 안전한 전자적 상호작용을 위한 조건 마련에 의한, '전자적 행정'으로의 이행을 위해 포괄적인 법적 틀을 수립하는 것을 목표로 한다. 또한 이 법령은 공공기관 간 또한 시민들과 중앙 정부, 지방 정부들과 공공 서비스를 수행하도록 허가받은 민간 기관들 사이의 전자적 문서들의 교환, 이메일이나 디지털 의사소통을 모두 포함한다.

그리고, 이메일 교환에 전통적인 종이 문서에 기초한 상호 소통과 동등한 법적 지위를 부여하며 공공 기관들에 의한 전자 서명을 합법화하며, 사용자들을 위해 개인화된 온라인 메일박스들을 통한 공식적 응답과 행정적 양식들의 안전한 저장과 수신을 선택할 수 있는 조항을 포함한다. 끝으로 교환의 안전과 정보 시스템의 호환성에 관한 조항들을 규정한다.

2) 정보 입법의 자유: 행정 문서 접근에 관한 법

1978년 7월 17일의 행정 문서 접근에 관한 이 법은 모든 개인들이 공공 기관들이 보유하는 행정적 문서들에 대해 접근하는 것을 허용한다. 이러한 행정 문서들

〈그림 3-5-1〉 프랑스의 전자적 행정개혁 추진기관

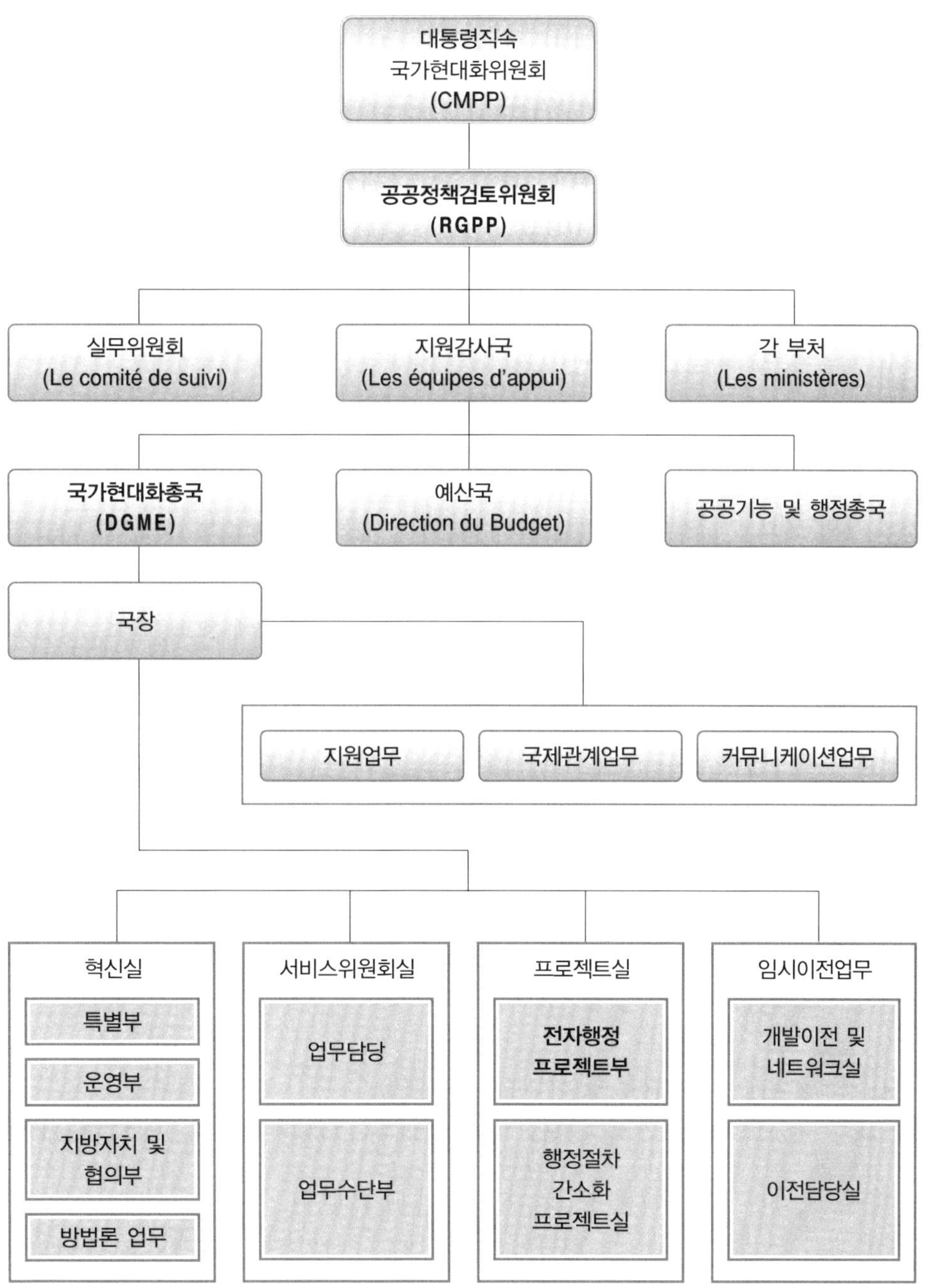

출처: 박정은, 2006: 필자 재구성.

에는 보고서, 연구서, 기록물, 의사록, 정책, 명령, 훈령, 부서 일지, 실정법의 해석이나 행정 과정의 기록을 포함하는 비망록이나 답변, 추천서, 국가로부터 연유된 예측과 결정, 영토적 기구, 공적 위원회와 공적이거나 사적인 기관들이 담당하는 공적 기록들을 포함한다. 여기서 언급된 문서들은 다양한 형식을 취하고 있다. 그러나 제공된 문서들은 저작권 규칙을 따라야 하며, 상업적 목적을 위해서는 재생산될 수 없다. 한편 공공기관들은 한 달 안에 문서 요청에 응답해야 한다. 한편, 행정 문서 접근 위원회(Commission d'Accès aux Documents Administratifs: CADA)는 논쟁과 논점들을 중재하거나 권고할 수 있지만, 그 결정들은 구속력이 없다는 점에서 다소 간과되는 측면이 있다. 단, 불만 사항은 행정 법원에 소송되기 전에 CADA에 의해 결정된다.

3) 데이터 보호 · 프라이버시 법률: '정보학과 자유(Informatics and Liberty)'에 관한 법

프랑스는 '정보학과 자유'에 관한 법을 1978년 1월 6일에 채택했는데, 이로써 프랑스는 유럽공동체(EU) 국가 중 처음으로 데이터 보호 입법화를 추진한 국가가 되었다. 이 법은 국가 정보학 및 자유 위원회(CNIL)에 의해 입안되었으며 이곳에서 법의 실행과 준수에 대한 감독을 담당한다. 또한 CNIL은 행정적 데이터 시스템의 기획에 대한 자문 역할도 담당하며, 공적 · 사적인 영역의 기관들에 의한 데이터베이스와 개인 정보의 처리에 있어 개인 식별자(identifiers)의 사용을 위한 법적 근거를 제공한다. 정보학과 자유에 관한 법은 EU정보보호명령(95/46/EC)을 이행하는 법(No. 2004-801)에 의해 2004년 8월 6일에 개정되었다.

4) 전자상거래법: 디지털 경제의 신뢰를 위한 법

디지털 경제의 신뢰를 위한 법은 2004년 6월 21일에 채택되었으며, 전자상거래에 관한 EU 명령(2000/31/EC) 및 프랑스의 전자상거래 서비스 발전을 위한 법에 대한 법적 근거를 제공한다. 또한 이 법은 이메일 메시지를 통한 광고 수신을 위한 옵트인(opt-in)[4] 원칙과 적합한 디지털 증명서를 발행하는 증명서 서비스 제공자의 책임 규제를 규정한다.

5) 전자통신법: 전자통신과 시청각적 통신 서비스에 관한 법

2004년 7월 9일에 채택된 이 법은 전자통신을 위한 명령 2002/21/EC(프레임워크 명령); 2002/20/EC(승인 명령); 2002/19/EC(접근과 상호연결 명령); 2002/22/EC(보편적 서비스와 이용자의 권리 명령); 그리고 2002/58/EC (e-프라이버시 명령) 등과 같은 EU의 규제체제를 따른다. 이러한 법적 전환은 연이은 몇 가지 법령들의 채택과 함께 완료되었다.

6) 전자서명법

(1) 전자서명에 관한 법

2000년 3월 13일에 제정된 전자서명에 관한 법은 전자서명과 전자적으로 서명되는 문서들에 대한 법적 정당성을 부여하고, 나아가 전자서명을 위한 공동체적 틀에 관한 EU 명령 1999/93/EC를 이행했다. 이후 이 법은 2001년 3월 30일의 시행령(application decree)에 의해 보완되었다.

(2) 공공서비스 이용자와 공공기관들 및 공공기관들 사이의 전자통신에 관한 법

2005년 12월 8일의 소위 '텔레서비스 법률'은 전자 서명에, 수기(手記)로 서명한 공적 문서들과 동등한 법적 효력을 부여했다.

7) 전자조달법: 공공조달에 관한 조례

프랑스 공공조달에 관한 법의 가장 최신 개정안은 2006년 8월 1일에 채택되었으며, 2006년 9월 1일 이후 발효되었다. 이 법률은 공적 조달에 관한 EU 명령들(2004/17/EC, 2004/18/EC)을 이행했으며, 전자경매와 동태적인(dynamic) 구매 시

---

4) 수신자의 사전 동의 없이 전화, 팩스로 문자 메시지광고나 미리 녹음된 음성 등의 발송을 금지한 제도.

스템과 관련된 전자조달 조항을 포함한다. 공공조달에 관한 2004년 법률과 비교했을 때, 새로운 법률은 공공조달 과정에서 종이사용을 제한하고, 과정의 효율성을 향상시켰다. 이에 따라 조달신청접수, 입찰 및 참조 · 정보문서에의 전자적 접근 대기시간이 짧아졌고, 조달신청을 전송하는 동안 백업자료의 승인이 자동화되었다. 새로운 공공조달에 관한 법은 2010년 1월 1일부터 프랑스의 조달 기관들이 오직 전자적 형식으로 된 조달신청 및 입찰만을 처리할 것이라고 규정하고 있다. 한편 이 법의 두 번째 부분은 네트워크 운영자들에 대해 적용할 수 있는 명령 2004/17/EC의 중요한 조항들을 변경한 것이다.

8) 공적 영역 정보의 재사용: 행정 문서 접근에 관한 법

1978년 7월 17일에 채택된 행정 문서에 접근에 관한 법은, 공적 영역 정보의 재사용에 관한 EU 명령(2003/98/EC)의 조항들을 이행하는 2005년 6월 6일의 새로운 정부 법령에 의해 개정되었다.

Ⅲ. 전자정부의 추진현황

1 추진전략

프랑스 전자정부 사업은 2004년 2월 총리가 2004-2007년까지의 전자정부 전략을 공개하면서부터 본격화되었다. 전체 50장 분량의 실행계획 안에 기술된 이 프랑스 최초 전자정부 전략 프로그램인 'ADELE(*ADministration ELEctronique*)'은 총 300종의 온라인 서비스 제공이 140개의 구체적인 사업들을 통해 이행되는 것을 그 골자로 하고 있다. 프랑스에서는 ADELE 프로그램 이전에는 국가적 차원의 구체적인 전자정부 전략이라는 것이 없었다고 할 수 있다. 기존의 전자정부의 주요 추진 방향은 '정보 사회를 위한 실천계획(PAGSI, 1998)'과 2002년의 'Re/SO 2007 정보 사회를 위한 실천계획(Action Plan for the Information Society)'에 정의되어 있었다.

1) ADELE 프로그램(2004-2007)

프랑스의 본격적인 전자정부 추진전략은 2004년 2월에 발표된 ADELE 프로그램에 구체화되어 있다. ADELE 프로그램은 시민, 기업가 그리고 공무원들을 대상으로 하는 온라인 서비스 제공을 내용으로 한다. 이 프로그램은 '전략적 계획'과 '구체적 실행계획'으로 구성되어 있다.

우선 전략적 계획은 향후 전자정부 개발을 위한 질적 · 양적인 목표들과 명시된 목표들을 달성하기 위한 수단들을 포함하는 구체적이고 세부적인 틀을 제공하였다. ADELE 전략적 계획은 아래 3개의 전략적 목표들을 갖는다.

- 사용자 위주의 양질의 서비스를 24시간 제공해 시민, 기업, 지방정부들이 보다 편리한 삶을 누리게 하는 것
- 안전한 사용자 ID 시스템과 시민들의 자기정보 통제력을 강화해 정보 보안과 비밀을 보장함으로써 신뢰 쌓기
- 공무원의 업무와 공공서비스 조직을 향상시켜 정부의 재정예산을 확대하여 공공행정의 현대화에 기여할 것

ADELE의 주된 목적은 누구나 전자행정(eAdministration)의 보편적 서비스에 접근할 수 있게 하는 데 있다. 나아가 단순한 정보제공에 그치는 것이 아니라 원격지에서도 쌍방향적인 행정서비스와 절차가 가능하도록 하는 데 있다. 또한 ADELE 프로그램은 인터넷 사용자들만을 위해 마련된 것이 아니라, 시민, 기업, NGO, 공공기간 자체 등 공공 서비스의 모든 이용자들을 위한 것이다. 게다가 이 프로그램은 과거처럼 행정구조의 요구를 충족시키기 위한 것이 아니라 일반 이용자들의 일

상적 요구와 기대에 부응하기 위해 마련된 것이다. ADELE은 생산성 향상을 위해 4년간 총예산 1조 8천억 유로를 투자하였으며, 2007년까지 매해 5~7조 유로의 비용절감을 가져올 것으로 기대했다.

ADELE 프로그램은 다음의 4가지 근본적인 요구사항들에 근거를 두고 있다.

- 사용자들의 요구에 지속적으로 경청하고 평가하기
- 누구든 전자적 서비스 이용을 할 수 있게 하기
- 정부(국가)와 시민들 사이의 신뢰 쌓기
- 예산 통제를 하면서도 보다 많은 서비스를 보다 효율적으로 제공하기

이러한 요구사항들을 충족시키기 위해 초기에 270개 정도의 사업들을 진행했다. 구체적인 사업들로는 앞서 언급한 '3939' 단일 전화번호를 이용한 행정서비스 콜센터인 'Allo Service Public', 개인화된 행정카운터 서비스인 'mon-service-public.fr', 국가적 ID 카드 사업 등등이 있다. 이 ADELE 사업들은 거듭 발전되어 2006년에 이르러서는 총 371 프로젝트로 확장되었으며 이 중 51%는 현재도 운영 중이다.

2) ADELE 전자정부 마스터 계획(2006-2010)

ADELE 사업들이 확대되면서 전자정부 사업에 필요한 자원을 공유하고 최적화하기 위한 새로운 전자정부 전략 및 접근이 요구되었다. 2006년 10월 새롭게 요구되는 전자정부 전략은 전자정부를 위한 ADELE 마스터 계획에서 구체화되었다.

이 계획은 범부처 공통의 전자정부 프로젝트인 상호운용(RGI), 보안(RGS), 접근성(RGAA) 프레임워크를 포함하고 있으며, 초창기 ADELE 프로그램 2004-2007의 한계를 넘어서기 위한 것이라고 볼 수 있다. 이 ADELE 마스터 계획은 2010년까지 공공재정 관리를 향상하고 동시에 프랑스 행정을 간소화하고 효과적으로 운영하기 위한 것이다.

초기의 2004 ADELE 프로그램과 유사하게, 이 마스터 계획 역시 아래 3개의 원칙들에 기반을 두고 있다.

• 사용자 중심의 서비스와 행정절차를 간소화하고, 전자정부의 신뢰를 높여 사용자의 삶을 간소화할 것
• 공동투자, 경영비용 절감, 공공서비스의 조직을 향상하고 평가와 조정 메커니즘 개발을 통한 공공서비스의 효율성 향상
• 인적자원(human presence)이 필수적인 업무에 우선권을 주고, 지속적으로 공무원들의 자신감을 고취시켜 그들의 업무에 맞는 IT 수단을 개발함으로써 공무원들의 임무에 가치 부여하기

3) 2012년까지 디지털 경제의 발전

'2012년 디지털 경제의 발전'을 위한 활동 계획이 준비되고 있으며, 2008년 7월 말 전에 공공 정책의 평가와 디지털 경제의 발전 및 향후 계획의 책임을 지고 있는 정책과 인터넷 전망평가 담당장관(State Secretary for Prospectives and Evaluation of Policies and Internet)인 에릭 베송(Eric Besson)이 수상에게 제출할 예정이다. 구체적 활동 계획은 다섯 가지의 주요 주제들을 다루는 것을 목표로 한다.

- 고속 인터넷에 대한 접근성 확대
- 디지털 영역 발전의 장려
- 온라인 공적 서비스를 포함하는 디지털 영역 이용의 다양화
- 디지털 혁명과 관련한 이슈들에 대한 조직과 관리의 조화
- 혁신과 모험적 창조, 연구를 촉진하기 위한 미래 사회에서 디지털 영역의 중요성 강화

2 추진과정

1) 준비단계

프랑스 전자정부의 맹아적 단계는 1984년 전국적으로 전화가입자들을 대상으

〈표 3-5-1〉 ADELE 프로젝트의 전자정부 추진 Timetable

단계(년도)	주요 활동
2004년	• 부처 간 초기 서비스 시범 프로젝트 추진 및 전자정부 가이드라인(SDAE) 준비 – 개인맞춤형 서비스 등 신규서비스 발굴, 주소변경 · 인증서요청 서비스 등의 시범서비스 준비 – 2005 서비스를 위한 초기단계로 법적 문서의 모니터링과 준비 – ADAE의 시험적 추진인 SDAE의 기능적 · 기술적 규격 마련 • 모든 부처를 위한 상호운용성 플랫폼 요소 정의 및 이를 위한 보안과 이용 조건 정비
2005년	• SDAE의 실행 및 사용서비스 준비 – 일반적 또는 부서에 특화된 단기 프로젝트의 의견 수렴 및 서비스 개선 – SDAE의 1단계인 상호적인 플랫폼 구축으로 공공기관의 보안 및 서비스 가용조건 제공 • 정부 부처간 이종정보시스템 흡수 · 통합할 수 있는 플랫폼으로 구축
2006년	• 개인화된 맞춤형 서비스(Mon Service-public) 구현 – 공무원은 어느 워크스테이션에서도 서비스에 안전하게 접속하고 다른 부처와 정보를 교환할 수 있는 'civil service card' 보유
2007년	• 전자정부 구현 및 공통 프레임을 위한 부처별 정보시스템 융합 – 대부분의 절차를 온라인으로 처리 – 2008~2012 5개년 계획 준비
2008년	• 2012년 디지털 경제의 발전을 위한 5가지 주요 계획 발표

로 미니텔(Minitel) 터미널을 제공한 때부터라고 할 수 있다. 이 미니텔 통신 서비스는 사용자들이 온라인 전화에 접속하여 주소록에 무료로 접근할 수 있게 했다. 이는 비디오텍스(Videotex) 서비스를 제공하는 기기에 의한 것으로 패쇄적 네트워크를 통해 공공 및 상업적 정보서비스를 제공한 것이었다. 1994년에는 1,500만 명의 미니텔 이용자 중 50%에 가까운 사용자들이 미니텔 정보서비스를 이용해 행정 및 지방 정보 서비스에 접속했다. 그러나 이 서비스는 폐쇄적 시스템이었기 때문에 자국 내 활성화는 물론 유럽 내 확산에도 실패했다. 한편 서비스가 시작된 해인 1984년 6월, 범정부적 차원의 전산화를 추진하기 위한 부처 간 조정업무를 담

당하는 '정부 간 위원회(Comité Interministérie pour l'Informatique et la Bureautique dans l'Administration: CIIBA)'가 설립되었다.

프랑스에서 현대적 의미의 정보화를 추진한 것은 아마도 미국 NII(National Information Infrastructure)를 벤치마킹한 '정보고속도로(Information Highway)' 보고서에서 정보사회 개발계획을 발표하고, 정보화 추진체로 '정보고속도로 및 서비스를 위한 정부 간 위원회(Inter-Ministerial Committee for Information Highways and Service)'를 설립하면서부터라고 할 수 있다.

그러나 이러한 정보화 정책은 조스팽 행정부에서 제대로 추진되지 못한 채 1995년 쥐페 내각으로 넘어갔다. 당시 쟈크 시락 대통령이 당선되면서 쥐페 총리를 중심으로 한 우파 연합 내각이 성립되고, 이와 함께 이전의 정보화 정책에도 변화가 생겼다. 1984년에 설립된 CIIBA가 폐지되고, '국가개혁을 위한 부처 간 협의체(Comite Interministeriel pour la Reforme de l'Etat: CIRE)'와 '정부개혁위원회(Commissariat for State Reform)'가 정부 현대화를 추진하는 주력기관으로 자리잡았다. CIRE는 총리가 직접 관장하고 전 부처의 장관이 참여하는 범정부적 위원회로 공공행정 및 국가개혁부 장관의 주재로 운영되었다. 이 시기 프랑스 국가 도서관(Bibliothèque Nationale de France: BNF)[5]은 디지털 도서관, 잘리까(Gallica) 서비스(http://gallica.benf.fr)를 통해 언론기사 등의 디지털 자료, 이미지, 오디오 자료 등을 제공하기 시작했다.

1997년 총선에서 좌파의 승리로 사회당의 조스팽 총리가 재등장하면서 정보화 사업에도 또다시 커다란 변화가 일어났다. 새로운 내각은 실업난 해소, 주요 국영기업의 민영화 중단, 긴축 정책 등을 주요 정책으로 내세웠다(박정은, 2006). 이와 함께 미니텔 시대를 마감하고 인터넷을 이용한 공공행정의 '정보통신기술 개발을 위한 정부 부처 간 협의체(Mission pour les Technologies de l'Information et de la Communication: MTIC)'[6]가 각 부처에서 진행하는 정보통신 프로젝트들의 개발 및 실행을 위한 기술지원을 위해 설립되었다. 이후 '국가개혁을 위한 정부 간

5) National Library of France.

6) Inter-Ministerial Mission for the development of ICT in Public Administration.

대표기구(Délégation Interministérielle à la Réforme de l'Etat: DIRE)[7]'가 총리직속으로 설치되었고, 이 기관은 기존의 정부개혁위원회 CIRE를 대체했다. 당시 DIRE는 전자정부 사업을 주된 사업으로 포함하고 있었다. 한편, 당시 프랑스 행정부의 최초 인터넷 포탈인 '아드미프랑스(Admifrance)'는 각종 행정서식과 다양한 공공서비스 사이트에 링크할 수 있는 기능을 제공했다.

2) 1단계 전자정부

프랑스의 전산화 및 전자행정에 대한 노력의 결실로서 온전한 전자정부의 면모를 갖추기 시작한 것은, 1998년 프랑스 총리가 대민서비스(G4C)를 위한 전자정부 서비스를 개발하기 위한 프로그램에 착수하면서부터라고 할 수 있다. 특히, 공공정보의 접근 촉진을 골자로 한 'Programme d'Action Gouvernemental pour la Societe de l'Information: PAGSI'[8]가 공표되면서부터 프랑스 전자정부의 틀은 본 궤도에 오르게 된다. 프랑스를 정보사회로 이끌 정부계획지침인 PAGSI의 주요 우선 과제는 전자적 행정의 추진과 온라인 공공 서비스의 개발이었다. 이 PAGSI의 집행은 '정보 사회를 위한 정부 간 협의체(Inter-Ministerial Committee for the Information Society)'에서 조정되었다. 세부적으로 PAGSI는 6개 부문별 과제와 실행계획을 마련하고 프랑스 정보사회의 기본적인 실현방향도 제시했다. 총 15억 프랑의 예산을 가지고 기획된 6개 부문별 시책의 내용을 간략하게 살펴보면 아래와 같다.

- 새로운 정보기술의 교육 분야 적용 및 정보화교육 확산
- 네트워크를 위한 적극적인 문화정책 및 인터넷 공간에서 프랑스 정부의 위상 강화
- 공공서비스의 현대화
- 기업을 위한 지원

7) Inter-Ministerial Delegation for State Reform.
8) Governmental Action Programme for Information Society.

• 정보통신기술분야에서의 연구 및 기술혁신에의 대응
• 정보통신이용자를 보호하고 새로운 정보네트워크 규제의 필요에 부응

2000년에 프랑스 정부는 일반 시민들과 기업인들이 정부가 보유한 정보에 무료로 접근할 수 있는 정부 포털 'www.Service-public.fr' 서비스를 제공하기 시작했다. 같은 시기에 중앙행정망인 'AdER(Administration En Réseau: the Network of the French Public Administration)'이 개통되었는데, 이 망은 정부 부처 간 정보공유 및 협력을 위한 행정기관 간 인트라넷이다. 이 망을 통해 행정기관 간의 정보 및 의견교환이 안전하게 이루어질 수 있게 되었다. 아울러, 이와 비슷한 시기에 전자서명법도 채택되었다.

이듬해 2001년 5천억 파운드가 프랑스 전자정부 개발에 소요되었다. 프랑스 정부의 공공서비스를 현대화하기 위한 정보기술 활용을 위한 프로그램은 두 가지로 분류될 수 있다.

• 우체국, 지방정부기관들, 대중도서관 또는 국가의 미니텔 액세스를 통해 인터넷 정부부처 및 정부기관에의 대중접속(public access)을 제공함으로써 공공정보를 무료로 제공하는 것을 비롯해, 이메일을 통해 정부기관 접속 및 행정절차 및 행정문서 양식을 간소화함으로써 공공서비스를 향상
• 인트라넷 솔루션 및 네트워크의 개발, 지방정보시스템 설치, 직원 교육 및 컴퓨터 시스템의 업그레이드를 통한 공공행정의 관리 개선

3) 2단계 전자정부

2001년은 그동안 더디게 진행되던 프랑스 전자정부의 커다란 발전에 변화를 가져온 시기라고 평가할 수 있다. 이러한 까닭에 2001년을 종종 '전자행정의 원년(Year One of the Electronic Administration)'이라고 부르기도 한다. 비록 몇몇 학자들의 연구에서는 1998년 'Government for Information Societies Programmes(PAGSI)'가 더딘 프랑스 전자정부의 행보에 마침표를 찍게 한 주된 기폭제라고

〈그림 3-5-2〉 www.Service-public.fr의 초기화면

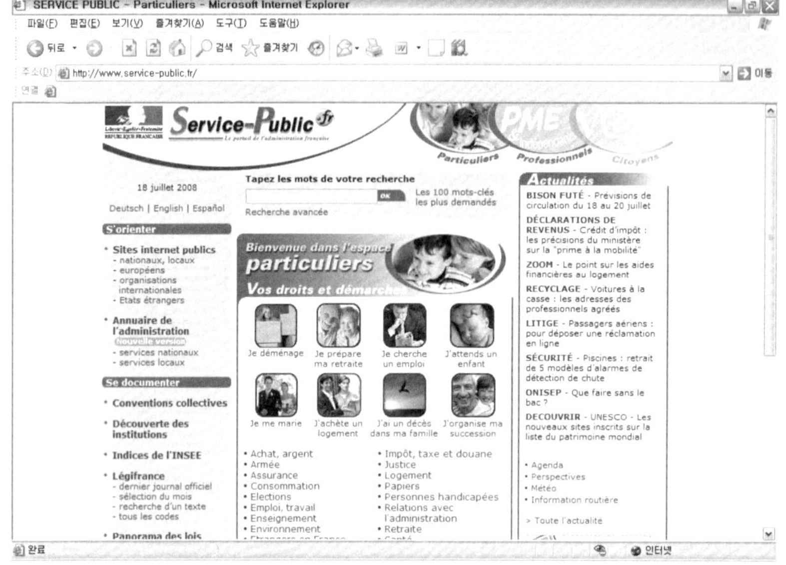

분석하기도 하지만, 다수의 학자들은 제대로 된 전자정부의 모습을 갖추기 시작한 시점은 2001년으로 인식하는 것이 바람직하다고 주장한다. 그 이유는, 2001년 상반기에 새로운 정부조달 조항(public procurement code)이 채택되고, 사단법인 『인터넷 권리포럼(Internet Rights Forum)』이 설립되어 인터넷 상의 모든 행위자들에 해당하는 온라인 활동과 관련된 제반사용과 규칙들이 마련되었기 때문으로 풀이된다.

또한 이 시기는 다른 유럽 국가들의 전자정부 발전과 마찬가지로, 2001년 11월 "정책에서 실행으로(From Policy to Practices)"라는 모토로 개최된 브뤼셀 콘퍼런스 이후 유럽연합의 정보통신 정책이 프랑스 전자정부 발전에 큰 영향을 미치기 시작한 때이기도 한다. 이 콘퍼런스는 지난 2000년 3월 유럽 리스본 특별 위원회(Lisbon Special Council of Europe)에서 천명된 '모두를 위한 정보 사회(information society for all)' 프로그램에 뒤이어, 2년 만에 유럽공동체(European Commission)가 전자정부사업에 집중하겠다는 의지를 보여준 것으로 평가할 수 있

다. 이러한 과정을 통해 전자정부에 대한 유럽공동체의 목표들은 프랑스 전자정부 프로젝트에도 수용되기 시작했다.

이에 앞서, 2001년 8월, 기존의 'MTIC(Inter-Ministerial Mission for the development of ICT in Public Administration)'를 대체하면서, 전자정부 사업의 전개 속도를 가속화하기 위해 총리 직속으로 '행정정보통신기술국(Agence pour les Technologies de l'information et de la Communication dans l'Administration: ATICA)'[9]이 신설됐다. ATICA는 2005년까지 정보 서비스 온라인화를 달성하기 위한 각 부처의 노력과 사업을 조정하고 기술적 자문의 역할을 수행하게 되어 있었다. 그러나 이듬해인 2002년 중도우파의 라파앵 총리가 집권하면서 정보화 및 전자정부 정책의 기조와 추진체계 역시 또 다시 변화의 바람에 휩싸이게 된다. 따라서 ATICA는 결과적으로 전자정부 발전을 위한 별다른 정책을 수립하거나 추진하지도 못하고 말았다.

같은 해 11월, '국가개혁을 위한 정부 간 위원회(Inter-Ministerial Committee for State Reform)'는 5개의 주요 목표를 가지고 프랑스의 '2단계 전자정부 발전계획'에 착수했다. 그 계획안의 5개의 주요 목표는 다음과 같다.

- 2005년까지 온라인 행정서비스(eService)를 보편화하며, 이러한 전자적 서비스에 개인화된 인터페이스를 통한 시민들의 접속 가능
- 개인정보 보호 강화
- 인터넷 사용자들뿐만 아니라 모든 사람들이 온라인 서비스에 접근가능
- 인터넷을 민주화 수단으로 활용하기
- 정부관료 및 공무원이 새로운 온라인 서비스 개발에 있어 주체적 역할 수행

2002년, 백오피스들 간 연계를 위한 '보편적 상호운용 프레임워크(Common Interoperability Framework)' 버전 1.0의 발표를 시작으로, 'Service-Public Local

---

9) Agency for Information and Communication Technologies in Adminstration.

content syndication service'가 8월에 추진되어 지방 및 지역의회(council)들이 범정부적 전자정부 포털(Service-Public.fr)에 접속해 자신들이 보유하고 있는 전자정보와 서비스를 보다 충실히 제공할 수 있는 기반이 마련되었다. 한편 같은 해 11월, 중도우파의 라파앵 총리가 집권하면서 프랑스 국가정보화 및 전자정부 사업에 또다시 변화가 있었다. 새로운 총리는 '정보사회 속의 디지털 정부(For a digital Republic in the Information Society)', 일명 'Re/SO 2007'을 새로운 국가적 핵심사업으로 기획하여, 2007년까지 프랑스가 세계 정상권의 정보화 사회로 진입하는 것을 목표로 제시했다. Re/SO 2007의 구체적 목표들은 행정절차를 간소화하고 강한 리더십 및 조정기능을 강화하여 모든 행정서비스가 온라인을 통해 제공되는 작업을 완료하는 것이었다. 따라서 이러한 목표를 실현하기 위한 백오피스간 상호운영을 위해, 그 바로 다음 달인 12월에는 '보편적 상호운용 프레임워크(Common Interoperability Framework) 2.0'이 발표되었다.

2003년 2월에는 '전자행정개발국(Agency for the Development of Electronic Administration: ADAE)'이 신설되었다. ATICA를 대체한 이 기관은 총리직할 하에 전자정부 추진의 정치적 추진력 및 부처 간 조정 및 중앙정부에 필요한 기술지원을 담당했다. 또한 ADAE는 이전의 국가개혁을 위한 정부 부처 간 대표기구(DIRE)가 가지고 있던 전자정부 관련 권한들을 이어받았다. 이후 보편적 상호운용 프레임워크(Common Interoperability Framework) 버전 2.1이 발표되었는데, 이는 공공기관 백오피스들간에 정보시스템의 상호운용성(interoperability)을 향상시키고, 범정부적 차원의 협력이 가능한 기반환경을 모색하기 위한 것이었다. 이후 8월에는 '오픈소스 콘텐츠 관리 시스템(open source content management system)', 일명 아고라(AGORA)를 개시했다. 이 시스템은 쉽고 빠르게 인터넷(Internet), 인트라넷(intranet) 또는 엑스트라넷(extranet) 사이트를 저렴한 비용에 관리할 수 있는 도구를 제공한다. 두 달 후인 2003년 10월, 프랑스 전자정부 담당기관인 ADAE는 전자정부 서비스 이용 시 필요한 전자서명의 이용을 위한 '보편적 보안 참조체계(General Security Frame of Reference: PRIS v.1)'를 처음 발표했다.

프랑스는 이후 전자정부 포털인 Service-Public.fr의 기업섹션에서, 특히 중소기업(Small and Medium-size Enterprises- SMEs)을 위한 서비스를 제공함으로써 전자정부 대표 포탈을 강화하기 시작했다. 2003년 프랑스 중앙정부는 전자정부와 정부개혁 정책의 틀 안에서 공공서비스를 향상시킬 수 있는 전략들을 모색하는 관점에서 그동안의 정보화와 전자정부 추진현황 평가를 외부에 의뢰했다. 이 가운데, '국가개혁을 위한 프랑스 사무국(French Secretary of State for State Reform)'에 의해 의뢰되어 작성된 Pierre de la Coste의 전자정부 보고서는 프랑스 전자정부 사업추진에 있어 시민중심의 접근이 필요하다고 강조하고 있다. 또한, 이 보고서는 정보통신기술의 정치적 수사와 실제 시민들에 대한 공공서비스 간에 상당한 간극이 존재함을 지적하면서 온라인 행정서비스의 향상을 강조했다. 아울러, 지금까지 프랑스 정부의 공공서비스 제공은 행정서비스의 최종적인 '소비자'인 일반 시민들의 기대와 요구는 고려하지 않은 채, 대체로 행정부 자체 내의 필요나 요구에 따른 서비스 제공이 중심이었다고 밝히고 있다. 따라서 앞으로 온라인을 포함한 행정서비스 제공은 최종 소비자인 시민들의 요구를 반영하는 것이어야 한다고 지적했다. 즉, 정부에 대한 시민들의 높은 신뢰를 확보하려면 향후 전자정부는 시민들에게 반드시 부가가치가 높은 양질의 서비스를 제공해야 한다는 것이다.

또한 이 보고서에 따르면, 프랑스 전자정부를 강화하는 세 가지 주된 동인이나 추진력은 시민들에 대한 행정서비스 향상, 민주주의 강화, 행정비용 절감으로 정리될 수 있다. 아울러, 주된 계획들에 기반을 둔 5개년 실행계획을 제시하고 있다. 향후 핵심 사업계획은 다음과 같다.

- 시민과 기업을 위한 개인화된 온라인 계정 제공
- 고객중심 설계와 보편적 접근을 통한 정부의 인터넷 활용 향상 및 합리화
- 온라인 공청회(online consultations)에 법적 가치를 부여하여, 온라인 비즈니스(e-business)의 민주적 전개 도모
- 재정상 인센티브나 적당한 통신 전략을 통한 전자정부 서비스 이용의 활성화
- 지방정부, 지역기관, 지역 e-비지니스 서비스 포털 간의 파트너십과 협력적인 IT 프로젝트 진작

- 정부 IT 담당직원들의 지위 향상, 고객서비스 업무 담당 직원 증원, 정부조직 내부의 관리정책을 전개하고, 고객만족도 등의 절차를 갖춰 행정부 내의 필요한 내적 변화 독려

2004년 프랑스 정부는 전자정부 전략인 'ADELE(ADministration ELEctronique)' 전략계획을 공표하고, 향후 2004-2007년 기간 동안의 구체적인 실행계획(Action Plan)을 공개하였다. 같은 해 3월 프랑스 지방선거 기간에 프랑스 최초의 법적 구속력을 갖는 전자적 선거가 브레스트(Brest) 시에서 열렸다. 또한, 10월에는 행정서비스 콜센터인 'Allo Service Public'이 전국적인 서비스를 실시하기 시작했다. 이 콜센터는 단일 번호인 3939를 통해 공공서비스 및 행정절차에 관한 정보 및 안내를 제공하였다. 이 센터에서 일하는 직원들은 Service-Public.fr 포털의 데이터베이스에 접근하여, 포털에서 제공되는 내용을 전화상으로도 제공할 수 있게 되었다.

새로운 전략적 계획이 진행되는 동안 아래와 같은 상당수의 주요 세부사업들이 발전 · 전개되었다.

- "Allo Service Public" 서비스는 단일한 전화번호(3939)를 통해 공공 서비스와 행정절차에 관한 정보와 안내를 제공하는 것으로 2004년에 범국가적으로 확대
- 2004년 말까지, 원스톱 웹사이트 생성
- 2006년 전자ID card를 개발하고, 새로운 카드의 특징들은 2004년 중반까지 공개
- 공공부문 정부조달은 2004-2007년 기간 동안 점차적으로 전자화(e-enabled)
- 재정 및 회계경영 시스템은 범부처적으로 개선 및 현대화

그리고 이듬해인 2005년 1월부터, 범정부차원의 전자적 정부조달(eProcurement) 플랫폼이 마련되어 국방부(Ministry of Defence)를 제외한 모든 부처들의 정

부조달이 전자적으로 처리되기 시작했다.

한편, 이전까지 수상 권한 아래 추진되던 전자정부 사업이 2005년부터 특정 부처 중심으로 추진되기 시작했는데, 2005년 중순 재정경제부(Économie et Finances) 내에 신설된 예산 · 행정개혁 위임장관(Minister Delegate for the Budget and Administrative Reform)이 전자정부 담당기관인 ADAE의 총 책임을 맡게 되었다. 2005년 말에 이르러, ADAE 또는 "Agence pour le Dévelopment de l'Administration Elecgtronique"는 재정부(MINEFI)에 흡수되었으며, 재정경제부 내 전자정부 업무를 총괄하는 국가현대화총국(Direction Génerale pour la Modernisation de l'Etat: DGME)이 이전에 전자적 행정에 관여하던 4개 행정부처를 통합했다. 이 중에는 전자정부 관련 업무를 맡고 있던 ADAE(전자적 행정), 사용자 및 행정소통 절차 단순화를 맡고 있던 'DUSA(행정: for Delegation aux Usagers et aux Simplifi-cations Administratives)', 그리고 다른 두 행정기관인 'DMGPSE(공공경영과 국가체계: for Delgatin a la Modernisation de la Gestion Publique et des Structrures de l'Etat)'와 'DRB(예산개혁: for Direction de la Reform budgetaire)'도 포함되어 있다. 2006년 1월부터 DGME는 정부에 의한 국가, 지역, 지방을 아우르는 행정절차 간소화(e-procedures) 계획을 총괄 · 조정하기 시작했다. 이 기관은 현재 전자정부 애플리케이션 개발을 위한 ADELE 프로그램을 총괄하고 있다.

한편, 2005년 12월 『공공서비스 이용자들과 공공기관들 그리고 공공기관 간 전자적 상호작용에 관한 법령』의 도입은 시민들과 공공기관 사이의 단순하고 안전한 전자적 상호작용을 위한 조건들을 마련함으로써, 2008년까지 '전자적 행정'으로 전환하기 위한 포괄적인 법적 틀을 확립하였다. 2006년 2월에는 출생신고서의 온라인 신청 서비스를 가능하게 하는 조항이 채택되었다. 또한, 2005년 성공적인 온라인 소득신고에 이어 1시간에 25,000 여건의 신고접수가 가능하도록 보다 확장된 온라인 소득신고를 제공하기 시작했다. 이와 함께, 온라인으로 세금을 내는 사람들에게는 20유로를 감면해주는 혜택을 제공했다.

같은 해 5월, 교육 · 연구부(Ministry for Education and Research)는 교육체제의 투명성을 향상시키기 위해 고등 교육을 받는 학생들을 대상으로 새로운 인터넷

〈표 3-5-2〉 프랑스의 전자정부 주요연혁

구분		추진조직	주요정책	비고
대통령	총리			
(사회당 81. 5~ 95. 5)	80년대	〈1984년〉 • CIIBA(Ministerial Committee for Informatics & Bureautics in the Administration)창설	〈1984년〉 • Minitel 확산	미니텔 보급 정책 추진
	Balladur 내각 (우파연합, 93. 3~ 95. 5)	〈1994년〉 • Inter-ministerial Committee for Information Highway & Service 창설	〈1994년〉 • 프랑스의 정보사회 개발 계획제시	개인정보보호 등 규제 정책 우선 추진
시락 (보수우파, 95. 5~ 07. 5)	Juppè 내각 (95. 5~ 97. 7)	〈1995년〉 • CIIBA 해체, 정부현대화를 위해 CIRE(Inter-Minisreial Committee for State Reform & Commissariat for State Reform) 신설	〈1996년〉 • 'Internet: legal issues' 발표(우편통신부 장관) 〈1997년〉 • 'internet : a true challenge for France' 발표	정보화의 필요성 제기, 실질적 정책 추진 못하고 내각 교체
	Jospin 내각 (사회당, 97. 6~ 02. 4)	〈1998년〉 • MTIC(Inter-Ministerial Mission for the development of ICT in Public Administration) 신설 〈2001년〉 • 전자정부 가속화를 위해 ATICA(Agency for ICT in Public Administration) 신설하여 MTIC 대체	〈1997년〉 • 정보사회계발 실천프로그램(PAGSI) 마련 〈1998년〉 • 정보사회를 위한 정부 실천전략' 발표 〈2000년〉 • '전자서명법', '공공행정 네트워크 AdER' 런칭, • 전자정부 포털 Service-Public.fr 개설본격적 정보화 정책 추진.	전자정부 추진조직 개설/교체
	Raffarin 내각 (02. 6~ 05. 5)	〈2003년〉 • ADAE(Agency for the Development of Electronic Administra-tion) 설치, ATICA 대체	〈2004년〉 • ADELE(ADministration Electronic) 발표	전자정부추진전략 및 로드맵 공표
	de Villepin 내각 (05. 5~07. 5)	〈2005〉 DGME(Directorate General for State Modernisation) 설치, ADAE 대체	〈2005년〉 범정부적 온라인정부조달 도입 〈2005년〉 『공공서비스 이용자들과 공공기관들 그리고 공공기관들 사이의 전자적 상호작용에 관한 법령』 도입	
사르코지 (중도우파, 07. 5~)	Fillon내각 (07. 5~)	〈2007〉 Administration24h24 공식출범	2010년까지 디지털 경제 발전 계획발표	

출처: 박정은, 2006 필자가 재구성.

서비스('etudiant.gouv.fr')를 제공하기 시작했다. 아울러, 교육부는 모든 학교에 무료로 바칼로레아 시험 결과를 검색할 수 있는 온라인시스템을 제공하기 시작했다. 이와 병행해, 웹사이트 'geoportail.fr'를 통해 위성사진과 스캔 받은 프랑스 전역의 지도들을 제공하기 시작했다. 2006년 10월에는 '전자행정 개발 서비스(Service for the Development of Electronic Administration: SDAE)'에서 새로운 웹사이트, 'synergies.modernisation.gouv.fr(현재, synergies-publiques.fr)'을 공개해 전자정부 전략 및 사업에 관한 정보 제공은 물론 전자정부 사업에 관여하는 모든 관련 부처들의 의사소통과 업무협조를 위한 공간 역할을 하기 시작했다.

2007년에는 새로운 온라인 소득신고 서비스가 운영되기 시작했고, 새로운 전자정부 포털인 'Administration24h24'가 공식적으로 출범했다. 또한 같은 해 6월, 새 정부의 정부개편이 있은 후, 전자정부 정책에 대한 정치적 책임을 예산공공회계총무부(Minister for the Budget, Public Accounts and Civil Service) 장관이 책임지게 되었다. 이에 앞선 4월에는 대통령 선거기간 동안 최초로 실험된 후, 온라인투표(eVoting) 기계와 장비들이 다수의 선거구의 투표용지 기입 창구 안에 있는 컴퓨터들과 연결되면서 총선에서도 활용되었다. 같은 해 10월, 예산재정행정부(Minister for the Budget, Public Accounts and Administration)는 행정절차 간소화를 위한 시민 제안을 수렴하기 위해 온라인 공청회를 개최했다.

2008년 6월 들어, '공공정책 현대화를 위한 협의회(Council for the Modernisation of Public Policies)'는 "공공정책의 보편적 재고(General Review of Public Policies)"[10]의 틀에서 2008-2010년 기간 동안 중앙 정부 부처들이 도입 · 실행할 각종 국가 현대화(State modernization) 조치들을 승인했다.

10) "공공정책의 보편적 재고"는 2012년까지 공공정책의 질을 획기적으로 향상시키는 것과 동시에 공공재정의 통제와 간소화를 통한 공공행정의 개편을 취지로 2007년 7월에 착수되었다.

3 추진내용

1) 주요 서비스

오늘날 프랑스 정부의 이러한 모든 노력들은 중앙의 포털사이트(http://-www.administration24h24.gouv.fr)에 농축되어 있다고 해도 과언이 아닐 것이다. 이 포털사이트는 시민들과 기업을 위한 원스톱 행정창구로 매일 24시간 행정서식을 제공함은 물론 서류 기입 후 작성된 서류를 온라인으로 접수시킬 수도 있게 되었다. 최근의 목표는 2007년에 300개 이상의 새로이 추가된 전자적 서비스를 제공하는 것이다. 가장 자주 이용되는 서비스로는 출생증명서 요청, 주소변경고지, 건강보험계정 접속 등이다. 이 포털사이트는 지속적으로 수정 및 업그레이드되고 있다.

이 포털사이트는 2007년 현재 시민들에게 대략 40종의 온라인 서비스를 제공하고 있다. 이들 서비스들은 아래 9개의 주제별 구분이 되어 있다.

- 나의 가족
- 나의 건강
- 나의 일
- 나의 학습
- 나의 문서들
- 시민으로서의 나의 삶
- 나의 여행
- 나의 집
- 나의 세금

이 밖에도 2007년 11월, 온라인으로 출생 신고서를 제공하는 서비스에 대한 시민들의 호응이 매우 긍정적이자, 추가적으로 온라인으로 혼인 및 사망에 관한 증명서 무료 발급 서비스를 'www.acte-etat-civil.fr'를 통해 제공하기 시작했다. 또한, ISIS의 출범으로 정부 기관 간 극비의 정보를 교환 및 공유할 수 있는 안전한 인트라넷이 마련되었다. 2008년 초 'Administration24h24' 웹사이트가 전자정부 대표 포털인 'www.service-public.fr'과 합쳐졌다. 그 결과 개인과 기업 모두 이 단일 포털을 통해 하루 24시간 7일 언제나 공공서비스에 접속할 수 있고 온라인 거래도 할 수 있게 되었다. 또한, 프랑스 국가 연금 재정은 새로운 '경력 기록(career record)' 서비스를 도입해 사용자들이 근무한 기간 동안(해외 근무기간 포함) 자신들의 연금납부 상황을 온라인으로 추적할 수 있게 되었다. 법무부에서는 사법 절차의 디지털화를 위한 계획을 발표했다. 계획안 중에는 공공장소에 설치되어 있는 터미널을 통해 시민들이 법원에 연결하여 다양한 절차들을 원격으로 처리하거나 필요한 서류들을 검토하거나 서명할 수 있게 하는 시범사업들이 포함되어 있다. 전문가들이 IT 보안 위험을 방지하거나 처리할 수 있도록 하는 IT 보안을 위한 정부 포털의 공식 출범도 있다. '서핑 스마트(Surfing smart)'라는 또 다른 포털은 모든 인터넷 사용자들을 대상으로 하며, 인터넷 인증발행 및 스팸 대처방법, 개인 PC 보호 등에 관한 정보수집 등의 서비스를 제공한다.

또한, 올해부터 모든 사용자들에게 자신들만의 맞춤공간인 mon.service public.fr을 제공하고 있다. 이 보안이 강화된 포털은 사용자들이 납세신고 또는 출생증명과 같은 자신들의 개인 행정문서들을 안전하게 보관할 수 있다(Dumortier & Lawfort, 2007). 프랑스 전자정부의 주요 온라인 서비스를 G4C와 G2B로 구분하면 다음 〈표 3-5-3〉과 같다.

이러한 12개의 대국민 온라인 서비스 제공과 8개의 기업대상 주요 온라인 서비스 제공을 위한 고도화에 따른 발전단계는 다음과 같다.

- 1단계: (패키지화된) 정보
- 2단계: 일방적 소통(서식다운로드)
- 3단계: 쌍방향 상호작용(전자적 형식)
- 4단계: 온라인 거래(완전한 전자적 처리)

〈표 3-5-3〉 프랑스 전자정부의 대민 · 대기업 주요 온라인서비스

대민서비스(G4C)	기업대상 서비스(G2B)
① 소득세: 신고, 평가 고지(notification) http://www.impots.qouv.fr/ ② 노동사무실을 통한 일자리 검색 서비스 http://www.anpe.fr/ ③ 사회보장혜택 http://www.assedic.fr/(실업수당) http://www.caf.fr/wps/portal/(육아수당) http://www.ameli.fr/(의료비용 혜택) http://www.cnous.fr/(장학금 지원) ④ 개인문서: 여권과 운전면허증 http://vosdroits.service-public.fr/particuliers/N360.xhtml(여권) http://vosdroits.service-public.fr/particuliers/(운전면허) ⑤ 자동차 등록(신형차, 중고차, 수입차) http://vosdroits.service-public.fr/particuliers/N533.xhtml ⑥ 건물허가 신청 http://www.vosdroits.service-public.fr-/particuliers/N320.xhtml ⑦ 경찰신고 http://vosdroits.service-public.fr/particuliers/N14.xhml ⑧ 공공도서관 http://www.gallica.bnf.fr/ ⑨ 출생 · 결혼 신고서의 요청 및 배달 http://www.acte-etat-civil.fr ⑩ 고등 · 대학교육의 등록 http://vosdroits.service-public.fr/particuliers/N58.xhtml?&n=Enseigement-&l=N6 ⑪ 이사 신고 (주소변경) http://www.changement-address.gouv.fr/ ⑫ 건강관련 서비스 http://www.hospital.fr/	① 고용인을 위한 사회적 기여(Social contribution) http://www.net-entreprises.fr/ ② 법인세: 신고 및 고지 http://www.impots.gouv.fr/ ③ 부가가치세: 신고 및 고지 http://tva.dgi.minefi.gouv.fr/ ④ 사업자 등록 http://www.cfenet.cci.fr/ ⑤ 통계청에 데이터 제출 http://www.insee.fr/ ⑥ 관세 신고 http://www.douane.gouv.fr ⑦ 환경관련 허가 http://www.development-durable.gouv.fr ⑧ 정부조달 http://www.marches-publics.gouv.fr/

출처: European Communities, 2008.

- 5단계: 개인화(적극적, 자동화)

2) 전자정부의 인프라 구축

(1) 대표 포털

앞서 언급했듯이, 전자정부 대표 포털 사이트는 2000년 10월에 도입되었는데, ‘Service-Public.fr(www.service-public.fr)’은 공공서비스 이용자들의 일상사에 초점을 둔 실용적인 정보를 제공하는 데 가장 알맞은 서비스라고 할 수 있다. 이것은 공공서비스 안내, 증명서류, 온라인 양식 그리고 공공서비스 사이트에 대한 링크를 제공한다.

“Mes demarches 24h/24”(www.service-public.fr/demarches24h/24)은 전자정부 포털의 특징 중 입력된 키워드와 연관된 가장 완전한 정보를 산출하는 검색 엔진이며 아래의 것들에 대한 링크를 제공한다.

- 시민들과 기업들을 위한 적절한 온라인 공공서비스
- 관련된 공공기관들의 주소 및 전화목록
- 관련된 인사들의 웹사이트

한편, 포털의 특수한 섹션(www.pme.service-public.fr)은 기업들을 위한 행정적 절차를 간소화하는 것을 목표로 했는데, 이는 특별히 중소기업들(SMEs)과 프리랜서들을 위한 것이었다. 여기에서도 가장 일반적으로 사용되는 온라인 서비스인 세금 납부, 고용과 사회적 문제들, 국제무역, 소비자들과 해외 진출, 운송, 혁신과 지적재산권, 기업 등록, 그리고 공적 계약들 같은 기업의 일상적 사업들을 제공한다. 이렇게 제공되는 서비스들은 단일한 보편적 전자 서명 기능과 행정적 양식들에 대한 전자적 접근이 지원되며, 사용자들의 온라인 문서 기입과 온라인 회신 역시 제공된다. 한편 2008년 1월 현재 프랑스 행정 절차의 2/3는 완전히 온라인으로 이용 가능한 것들이다.

종이 없애기(또는 문서감축)의 목표가 완전히 도달한 단계에서 가장 진보한 형태인 'Service-Public.fr'은 'mon.service.fr(mon.service-public.fr)'로 발전하도록 계획되었는데, 이 단계에서는 이용 가능한 온라인 전자정부 서비스의 전체적인 조합에 통합적이고, 사적이며 안전한 접근을 제공하고 있다. 온라인 행정 절차를 간편하게 수행하기 위하여, 각 시민들은 문서들(e-증명서, 소득세 신고서, 상환 문서, 출생증명서 초본 등)을 저장하는 개인 데이터 공간을 소유할 것이며, 이러한 문서는 공적 기관들과 전자적으로 소통되며, 행정절차에 요구되는 문서들과 증명서들을 온라인으로 보내기 위해 사용될 예정이다. 이러한 포털은 2006-2007년에 일부 사용자들에 의해 테스트되었으며, 아마도 2008년 중에 공식화될 것으로 보인다.

(2) 네트워크

행정 내부 상의 인트라넷인 'AdER(Administration En Reseau)'은 2000년 5월에 도입되었다. 가상의 사적 네트워크(VPN)에 기반을 둔 AdER은 메시지 및 파일 운송 서비스, 디렉토리 서비스, 메시지 상호교류 서비스, 다수의 응용프로그램들을 제공한다. 한편 AdER/SETI 네트워크는 TESTA와 연결되어 있는데, 이것은 유럽 공동체의 개인 IP에 기반한 유럽 공적 행정기구들 사이의 안전한 정보 교환을 위한 네트워크이다. 이 밖에도 공식적으로 2007년 11월 이후, 정부 공무원들 사이에 기밀 정보의 교환과 공유는 정부업무의 시너지 효과를 위한 안전한 부처간 인트라넷(Secure Interministry Intranet for Governmental Synergies: ISIS)을 통해 이루어진다.

(3) 전자인증/전자신분증

시민들과 기업에 포털(www.service-public.fr)을 통해 온라인으로 제공되는 온라인 서비스는 단일한 보편적 전자적 서명 솔루션에 의해 지원된다. 법적 근거는 앞서 언급한 2005년 12월 8일의 [공공서비스 이용자와 공공기관, 공공기관 사이의 전자적 상호교섭에 관한 법령]이 제공하고 있다. 시민들과 기업들은 '공인인증된' 서비스 공급자(CSPs)에 의해 제공된 전자 증명서들을 오직 정부와의 온라인 상호교환을 위해 이용하고 있다. 증명서들은 'General Security Frame of Reference(PRIS)'의 요구들에 준하여 평가되었는데, PRIS는 시민들을 위한 섹션과 비즈니스를 위한 섹션으로 구성된다. 각각의 섹션은 '중간의, 높은, 제한된'이라는 규정된 보안 수준을 준수한다. CSPs의 목록과 PRIS 버전 1 자격(qualification)은 www.telecom.gouv.fr에서 이용할 수 있다.

프랑스의 전자서명 솔루션은 다음과 같은 원칙들에 기반을 둔다.

- 제한된 CSPs의 목록으로부터 CSP를 선택하는 이용자의 자유
- 각각 동등한 안전 수준을 요구하는 전자정부 서비스들을 위한 특별한 증명서
- 온라인 공적 서비스들이 요구하는 증명서에서 소비자들과 그 가족에 대한 규정에서 CSP는 자격 *, ** 또는 ***을 요구한다. 그러나 자격 ***은 오직 가장 높은 보안수준을 요구하는 모든 정부 서비스들을 위해서만 사용될 수 있다. 한편 기업을 위한 전자 증명서들은 개인들에게도 발행되지만 그것들은 단지 상업적 용도로만 사용된다.

한편, 2005년 4월 총리가 공식적으로 전자ID카드 프로젝트를 승인하면서 전자카드 사업이 탄력을 받아, 같은 해 6월 '인터넷 권리(The Internet Rights)' 포럼에서 국가적 e-ID 카드 프로젝트인, 일명 INES(Identité Nationale Electronique Sécurisée)를 발표했다. 이 e-ID 카드에는 카드 소지자의 얼굴 생김과 지문 등 두 개의 바이오 식별자와 전자정부와 e-비즈니스 접속에 사용되는 전자서명 정보 등이 담겨있는 칩이 탑재될 예정이었다. 이 카드에 디지털 사진, 지문스캔과 함께 생체 정보를 담고자 시도하면서 프라이버시와 보안 문제에 대한 대중의 논쟁이 격렬해지면서 이 계획은 연기되었다. 정부를 대표한 인터넷 권리 포럼은 4개월간 지속적으로 e-ID 카드 도입을 둘러싸고 진행된 국가적 담론 및 토론의 결과를 보고서 형식으로 발표했다. 이 보고서는 제안된 e-ID 카드 프로젝트에 대한 광범위한 검토가 필요하며, 특히 프라이버시와 보안 이슈들에 대한 고려와 대처방안이 마련되어야 한다고 지적하고 있다. 아울러, 2006년 4월과 7월 사이에 전자여권이 점진

적으로 소개되었으며, 2006년 4월에 프랑스 외교부가 첫 번째 전자여권의 도입을 위한 계획을 발표했다. 접촉이 필요 없는 칩 형태의 전자여권은 소유자의 디지털화된 사진을 포함한다. 이후 이러한 전자여권을 대체할 소지자의 디지털 사진과 지문을 담고 있는 '생체여권(biometric passports)'에 관한 조항이 올해 통과되었다.

(4) 전자조달(eProcuremen)

2005년 1월 1일 발효된 법적 효력 이후, 모든 프랑스 공공기관들은 공식적인 조달 절차를 통해 전자적으로 받은 입찰들만을 수용하게 되었다. 자체적인 플랫폼을 가진 국방부를 제외한 모든 중앙 정부 부서들은 범정부 전자 조달 플랫폼(www.marchespublics.gouv.fr)을 이용하라는 지시를 받았다. 이 플랫폼은 공공기관들이 온라인으로 입찰 요청과 전자적 입찰의 접수를 공표하도록 했다. 이것은 부처간 서비스인 UGAP에 의해 상업화되었으며, 부처 내부 서비스는 공공 조달의 효율성을 강화하였다. 한편, 지자체 기관들은 독자적인 전자조달 플랫폼을 사용할 수 있다. 2010년 1월 1일부터는 프랑스의 모든 공공조달은 전자적 형식의 입찰로만 가능하다.

(5) 지식관리(Knowledge Management)

'현대화 워크샵(modernisation workshops)'은 각 부처들과 중앙 정부기구들간의 협력 및 지식공유를 가능하게 하기 위해 설계된 엑스트라넷(extranet)이다. 이것은 수많은 그룹웨어와 문서 자료실들, 포럼, 배포 목록들 등과 같은 공동의 프로그램에 접근할 수 있게 한다. 또한 이러한 지식공유 애플리케이션과 공동 툴은 AdER/SETI 네트워크상에서도 사용가능하다.

(6) 전자보건

2006년 6월 시험적으로 진행된 전자보건(e-Health)는 환자의료기록을 디지털화해 의료 전문가들에게 환자의 의료기록을 모니터링하는 데 필수적인 데이터를 제공하는 것이다. 접속코드는 환자들만 보유할 수 있으며, 개인 의료카드('Vitale 2')를 통해 의료파일들에 접근할 수 있다. 이것은 고유의 비밀-절차, 즉 전자 인증이나 서명 같은 작업의 안전성을 신중하게 강화하기 위하여, 공개키(public keys)에 기초한 암호 메커니즘을 특징으로 한다. 게다가 그 칩은 32KB의 용량을 가지고 있는데 이는 이전 카드보다 8배나 더 많은 정보를 저장할 수 있게 된 것이다. 이 비텔 2(Vitale 2) 의료카드는 소유자에 관한 혈액형 정보, 위급상황시 연락할 사람의 정보, 담당의사, 현재 복용하고 있는 약 등 각종 의료정보를 담고 있다.

Ⅳ. 프랑스 전자정부의 성과 및 한계

리스본 개혁과 eEurope 이니시어티브(initiative) 추진으로 상징되어온 유럽의 정보사회 실행계획은 정보사회지표에 있어 회원국들 간에 심한 격차를 보이면서 대체로 불균형적으로 진행되어온 것으로 평가된다. 회원국들은 유럽 내에서의 정보사회 발전 정도에 따라 '최상위 개발 국가', '평균', '평균 이하' 세 가지로 분류되는데, 프랑스의 정보사회 발전수준은 덴마크, 핀란드, 아이슬란드, 네덜란드, 노르웨이, 스웨덴 등 최상위 개발 국가들의 뒤를 이어 현재 평균을 약간 웃도는 수준이다. 특히 프랑스는 브로드밴드 보급률과 가정에서의 인터넷 사용률 등을 포함한 많은 벤치마킹 지표들이 EU 평균을 웃도는 상당히 발전된 정보사회 국가라고 평가할 수 있다. 그러나 프랑스는 기업의 ICT 활용과 전자활용능력(e-Skills)에서는 EU 평균에 못 미치고 있다(한국정보사회진흥원, 2008).

프랑스는 서비스의 완전 온라인 이용가능성을 평균 이상으로 늘리고자 지속적으로 노력해 왔으며, 현재 그 비율은 70%로 유럽 평균보다 12% 높으며 순위는 10위이다. 특히 대기업 서비스 분야에서 강점을 나타내고 있는데, 이 분야의 온라인 이용가능성은 유럽에서 다섯 번째로 높다. 한편, 프랑스의 온라인 고도화 수준은 87%로 EU 회원국들 중 6위에 해당한다. 경제면에서 프랑스의 ICT 관련지표들은 대체로 EU 평균에 근접하는 수준이다. ICT 관련 R&D, 노동력의 ICT 활용능력 및 e-비지니스 애플리케이션 활용면에서도 마찬가지이다. 그러나 기업의 브로드밴드 연결의 부문에서는 유럽 내 3위를 차지하며 우위를 점하고 있다.

비록 출발에선 늦었지만, 프랑스 전자정부는 단기간 내에 비약적인 발전을 이룩했다고 평가된다. 아래 〈표 3-5-5〉에서 볼 수 있듯이, 2005년 전 세계 eGo-vern-ment Readiness 평가에서 23위를 차지했었는데, 겨우 2-3년이 지난 올해엔 9위로 뛰어올랐다. 온라인 참여평가에서는 미국, 한국(0.9773)을 뒤이어 덴마크(0.9318)와 공동으로 3위를 차지했다. 특히, 프랑스의 대표 정부 웹사이트 www.premier-ministre.gouv.fr는 서유럽(Western Europe) 지역에서 최상위 수준이다. 이 사이트는 강한 온라인참여(e-Participation) 기능을 갖추고 있으며, 온라인 공청회(consultation) 기능도 제공한다. 또한 프랑스 전자정부는 독립된 전자정부 포털을 보유하고 있으며, 시민들의 질의요청과 이메일에 일정한 시간 내에 응답하도록 설계되어 있다. 2003년만 해도 프랑스 전자정부의 시민중심성이 떨어진다는 지적이 있었지만, 겨우 5년 만에 시민참여, 시민중심으로 탈바꿈하여 전자정부가 운영되고 있다는 것은 괄목할 만하다.

온라인 참여를 좀 더 살펴보면, 프랑스 정부는 '국가 대중토론 위원회(French National Commission of Public Debate: CNDP)'를 통해 시민들이 온라인 의사결정 과정에 참여하도록 권장한다. 이 CNDP는 온라인 의사결정 도구(e-Decision-making tool)를 이용해 특정 정책 사안이나 프로젝트에 관한 여러 개의 대안들을 시민들에게 제공하여 시민들이 이러한 정보를 바탕으로 판단할 수 있도록 한다.

최근 CNDP는 참여할 수 있는 분야를 보다 넓히고, 참여하는 대중을 확대하기 위해 다양한 종류의 기술들을 활용한다. 이를테면, 블로그는 시민들이 모임에서 즉각 반응하게 할 뿐만 아니라 자신들의 의사나 의견을 글로 표현하는 데 익숙하게 하며, 사람들이 비디오나 사진들을 포스팅할 수 있게 한다. Q&A 시스템은 올라와 있는 모든 질문들에 대해 프로젝트 매니저들이 2주 내에 답변하도록 하고 있

〈표 3-5-4〉 프랑스의 정보사회 지표

전체 DSL 커버리지(전체 인구 대비 비율 %)	79	91	96	98		89	7
지방의 DSL 커버리지(전체 인구 대비 비율 %)			88	96		72	5
브로드밴드 보급률(인구 대비 비율 %)	6.1	11.2	16.4	20.4	23.2	20.0	9
DSL 보급률(인구 대비 비율 %)	5.4	10.4	15.5	19.3	22.2	16.0	4
지배적인 다운로드 속도				up to 512K bps	512 Kbps-1Mbps		
인터넷 연결 가구 비율 %				41	49	54	15
인터넷 연결 가구 중 브로드밴드 연결 가구 비율 %				74	87	77	7
브로드밴드 접속 기업 비율 %	49			86	89	7	73
인구 대비 정기적으로 인터넷을 사용하는 사용자 비율 %				39	57	51	11
인터넷 서비스 사용 비율(인구 대비 비율 %)							
이메일 전송				34	48	48	12
제품 및 서비스에 관한 정보 검색				36	55	47	9
인터넷전화 또는 화상회의				5	9	10	16
게임 및 음악 재생/다운로드				9	22	22	15
웹 라디오 청취 / 웹 TV 시청				10	17	15	11
온라인 신문/잡지 열람				9	18	21	19
인터넷 뱅킹				18	32	25	9
완전히 온라인으로 제공되는 기초 대국민 공공서비스 비율 %	33	42		58	58	51	9
완전히 온라인으로 제공되는 기초 대기업 공공서비스 비율 %	63	63		75	88	72	5
전자정부 서비스 사용 인구 비율 %				26	41	30	7
위 경우 중 작성된 서식 제출을 위해 사용				12	18	13	8
전자정부 서비스 사용 기업 비율 %				66	69	65	17
위 경우 중 작성된 서식 제출을 위해 사용				51	59	45	9

브로드밴드 연결 병/의원 비율 %					59	48	9
2차 진료 기관으로 연결해 주는 병/의원 비율 %					17	24	9
환자 데이터 전송을 위해 전자적 네트워크를 사용하는 병/의원 비율 %					48	48	8
기업의 전체 매출 중 전자상거래 비율 %						11	
인터넷 주문을 접수하는 기업 비율 %						14	
인터넷상으로 구매하는 기업 비율 %						39	
내부 업무 프로세스를 통합하는 기업 비율 %				53	43	41	11
외부 업무 프로세스를 통합하는 기업 비율 %				16	11	14	18
ERP 시스템 사용 기업 비율 %					16	17	16
분석 CRM 사용 기업 비율 %					9	17	25
전자인보이스 전송/수령 기업 비율 %					10	18	21
디지털 서명 사용 기업 비율 %					15	16	15
인터넷 주문에 대해 보안 프로토콜 사용 기업 비율 %						5	
오픈소스 운영 시스템 사용 기업 비율 %					12	12	13
인터넷 활용능력이 없는 인구 비율 %					36	40	12
인터넷 활용능력이 낮은 인구 비율 %					26	29	
인터넷 활용능력이 보통인 인구 비율 %					27	23	
인터넷 활용능력이 높은 인구 비율 %					12	8	7
ICT 사용자 활용능력을 보유한 근로자 비율 %	17.0	16.8	16.3	16.7	17.3	18.2	20
ICT 전문가 활용능력을 보유한 근로자 비율 %	3.0	3.1	3.1	3.3	2.9	3.1	16
전체 GDP 대비 ICT 부문 비율	5.6	5.5				5.3	8
전체 고용 대비 ICT 부문 비율	4.6	4.5				3.8	5
ICT 부문 성장 (불변가격)						4.6	
GDP 대비 기업부문의 ICT R&D 지출 비율 %	0.38	0.36				0.31	7
전체 R&D 지출 대비 비율 %	28.3	26.9				26.3	10
전체 수출 중 ICT 수출 비율 %	7.5	7.5	7.1	7.3			14

출처: 한국정보사회진흥원, 2008.

〈표 3-5-5〉 서유럽의 전자정부 준비지수

Country	2008 Index	2005 Index	2008 Ranking	2008 Ranking
Netherlands	0.8631	0.8021	5	12
France	0.8038	0.6925	9	23
Switzerland	0.7626	0.7548	12	17
Luxembourg	0.7512	0.6513	14	28
Austria	0.7428	0.7602	16	16
Germany	0.7136	0.8050	22	11
Belgium	0.6779	0.7381	24	18
Liechtenstein	…	0.2404	…	148
Region	0.7329	0.6248		
World	0.4514	0.4267		

출처: UN, 2008.

으며, 이 밖에도 수많은 포럼과 대화방을 제공하고 있다. 토론과 관련된 모든 형태의 문서들과 더불어, 서면, 이메일, 사진 등 모든 기고물 또는 포스터는 스캔되어 온라인에서 볼 수 있다(http://www.debatpublic-seineaval.org).

프랑스에서 전자정부는 공공서비스를 단순화시키면서도 확대시키며, 공공행정을 현대화함으로써 잠재적으로 정부 개혁을 위한 주요 도구로 활용될 수 있을 것이라는 기대 하에 추진됐다. 또한, 독일과 마찬가지로 프랑스의 ICT 혁신체계는 분권화, 다양화 그리고 중개기관이 중요한 역할을 하는 제도화의 특징을 보이고 있다. 그러나 서두에 언급했듯이, 전자정부 사업을 포함한 프랑스의 정보화 정책은 다른 국가들에 비해 다소 늦게 시작되었다. 아마도 그 주된 이유는 프랑스 정보화 및 전자정부 사업이 정치적 부침에 의해 일관성 있는 정보화 정책을 펴기 어려웠기 때문이라고 할 수 있다. 즉, 프랑스와 같이 총리에 의해 정부조직이 개편되고 조직의 추진력이 직접적 영향을 받는 연성조직체계[11]에서는 새로운 조직이 신설된

11) 프랑스는 수상이 정부조직개편을 할 수 있는 연성정부조직론을 따르는 국가이다. 따라서 새로운 총리가

후 총리의 교체는 조직과 정책의 추진에 매우 밀접한 영향을 미친다고 볼 수 있다. 따라서 신규 조직의 신설 이후 정치적 불안정은 신규조직의 실질적 권한의 축소를 불러올 수도 있으며, 이에 따라 정책성과나 정책사업 연계에 종종 부정적 영향을 미치기도 한다(임도빈, 2002). 같은 맥락에서 정부조직 개편 권한이 있는 총리가 바뀔 때마다 정보화 추진체계도 함께 바뀌면서 전자정부 발전의 걸림돌이 되었다고 볼 수 있다. 예를 들어, 정보화가 추진되기 시작한 1990년대 중반인 95년의 쥐페 내각은 2년 뒤인 97년 조스팽 내각으로 교체되고, 조스팽 내각은 98년 전자정부 전담기구인 MITC를 설치했으나 2001년 ATICA로 대체되었다. 이듬해 새로운 라파앵 내각이 들어섬과 동시에 ATICA는 별다른 성과 없이 2003년 ADAE로 대체되었다(박정은, 2006).

덧붙여 정보화 초기에 정보에 대한 강한 이데올로기적 불신이 존재했던 점도 간과할 수 없을 것이다(황성돈 · 정충식, 2002, 153). 이러한 정보 불신은 정보화 사업 초창기에 정보화 촉진 정책보다는 개인정보보호 등의 정보화 정책에 관한 규제정책을 우선시함에 따라 정보화와 전자정부 사업이 활성화되기도 전에 위축되는 경향을 가져왔다. 또한, 정보통신기술의 잠재성이나 정보화 자체에 대한 고위정책결정자들의 인식이 부재했던 점도 간과할 수 없는 점이다.

그럼에도 불구하고, 프랑스의 전자정부는 2005년 이후 단기간 내에 급속한 발전을 이루어 전자정부 분야에서 세계적인 상위권을 차지하기 시작했다. 이러한 빠른 성장의 원인들 중 하나는 백오피스의 통합에서 찾을 수 있다. 4개의 주요 행정기관인 DUSA(행정), DMGPSE(공공경영과 국가체계), ADAE(전자적 행정) 그리고 DRB(예산 개혁)가 합쳐 탄생한 DGME(국가현대화총국)는 합리적인 백오피스 통합의 좋은 예라고 할 수 있다. 이러한 결합 내지 통합은 인적자원(HR), 재정, 급여, 그리고 일하는 방식의 표준화와 같은 백오피스 행정서비스들의 통합이 경영의 효율성

당선되면 제일 우선해야 할 일이 취임 후 추진할 중점 정책의 구상과 함께 내각의 틀을 마련하는 것이다(임도빈, 2002). 이러한 연성적 정부조직구성은 총리의 정책적 의지를 행정조직에 반영해 부처할거주의에 의한 저항 없이 정책을 추진할 수 있으나, 잦은 총리의 교체 등으로 정부조직이 지나치게 자주 교체될 경우 지속적이고 강력한 정책추진에는 어려움이 따른다(임도빈, 2002).

이나 비용절감 등에 도움이 되기 때문이다. 물론 현실에서는 의도했던 통합의 수준에 못 미칠 때도 있긴 하지만, 최소한 이론상 백오피스 기능들의 통합은 효율적인 프론트 오피스 운영에 긍정적인 영향을 미친다고 여겨진다(UN E-Government Survey 2008).

동시에 리스본 전략(Lisbon Strategy), 유럽공동체의 목표 달성과 eEurope 이니셔티브, 특히 온라인 참여와 대중 서비스의 확대를 통한 전자통합(eInclusion) 역시 공식적으로 프랑스 국가 전자정부 프로젝트의 일부로 반영되었다. 이는 위에서 언급한 바와 같이 다른 나라들에 비해 뛰어난 시민중심의 온라인참여 프로그램의 발전 및 성공적 운영의 결과로 나타나고 있다고 볼 수 있다.

V. 결 론

연성조직인 정부의 특성 및 정치권의 잦은 부침에 따라 프랑스 국가정보화 및 전자정부 추진 부처는 매우 빈번하게 신설되고 교체되어 왔다. 이렇듯 정치적 부침에 따라 그 면모를 달리해 온 프랑스의 전자정부 발전을 돌이켜보면, 전자정부 사업의 성패가 통치권자의 정치적 의지에 의해 많은 영향을 받는다는 기존 연구결과들이 재삼 확인된다. 우리나라 전자정부의 발전 역시 정권교체에 민감하게 영향을 받았으며 대통령이 정보통신 기술에 갖는 관심과 정보화 추진의지에 따라 적극적으로 추진되기도 하고, 반대로 정보화나 전자정부가 대통령의 관심 밖인 경우엔 주춤하기도 했다.

아울러 프랑스의 전자정부는 자국 내의 정부개혁에 대한 요구뿐만 아니라 EU 회원국으로서 수용해야 하는 요구들에도 적지 않은 영향을 받아왔음을 알 수 있었다. 즉, 정보화에 뒤처졌다는 자국 내 위기의식과 함께 프랑스 전자정부는 유럽연합의 정보통신정책 목표인 '모두를 위한 정보사회'라는 범유럽적 프로그램에 의해 발전을 위한 자극과 탄력을 받아왔다고 평가할 수 있다.

비록 단기간에 급속한 발전을 보이고 있긴 하지만, 프랑스는 아직도 전자정부 활용 인구수가 전체 인구의 30%선에 머물러 있고 일반인들의 정보통신기술 활용 능력 역시 다른 전자정부 선도국들에 비해 전반적으로 많이 낮은 수준이기 때문에 프랑스에서 전자정부 활용도의 향상은 여전히 숙제로 남아있다. 또한, 기업의 ICT 활용 및 노동자들의 정보통신활용능력도 EU 평균에도 못 미치는 다소 낮은 수준이며, 전자상거래의 경우에는 명확히 정리된 통계정보도 없는 형편이다. 이와 함께 전자정부를 활용하는 기업의 비율 역시 여타 유럽연합 회원국들에 비해 낮은 편이다. 따라서 이러한 문제들은 향후 전자정부를 고도화시키는 데 있어 프랑스가 반드시 풀어야 할 우선과제라고 할 수 있다.

제 6 장 프랑스의 행정통제

▨ 정 진 우(인제대)

I. 서 론

행정통제란 '행정기관의 정책 · 계획의 실효성을 거두기 위한 모든 사전 · 사후의 통제'를 의미한다. 구체적으로 행정통제는 행정책임을 담보하기 위하여 행정목표와 기준에 대한 행정관료의 일탈행위를 억제하는 조치를 말하며, 구체적으로 행정통제에는 행정행위에 대한 평가와 발견된 일탈행위에 대한 시정조치가 포함된다(박동서, 1994: 이승종, 2000). 최근에 행정통제는 행정책임을 확보하기 위한 수단의 하나로서, 사회가 고도화 · 산업화 · 도시화 · 과학화 과정을 거치면서 행정업무는 분업화되고 세분화되어 전문화의 경향이 한층 심화되어가고 있으며, 행정재량권의 확대로 인한 임의적인 정책결정 가능성이 증가하여 적절하지 못한 행정으로 인한 비능률적인 국가예산의 낭비나 오용의 문제와 국민에 대한 책임에 반하는 행위를 할 우려증대 등의 이유에서 특히 중요시되고 있다.

행정통제의 유형은 "주체와 영향력행사 방향 기준"에 따라 외부통제와 내부통제로 구분되기도 한다. 외부통제는 국회와 사법부 등의 행정구조의 외부의 사람이나 기관에 의한 통제이고, 내부통제는 조직 구성원에 의한 통제이다(윤은기, 2007). 외부통제는 입법부의 통제, 사법부의 통제, 시민에 의한 통제, 이익단체에 의한 통제, 여론과 매스컴에 의한 통제, 옴부즈만 제도를 통한 통제로 구분될 수 있으며, 내부통제는 내부적 공식적 통제와 비공식적 통제로 구분된다(이종수 외, 2005).

본 연구에서는 OECD 소속 선진제국들 중 하나이며, 대륙법계 국가인 프랑스의 행정통제 제도를 벤치마킹하여 향후 우리나라의 행정통제 제도발전에 기여하고자 한다. 이를 위해서, 전통적 방법으로서, 행정통제를 외부통제(입법부, 사법부, 외부단체)와 내부통제(대통령, 감사기관)로 구분하여 관련 쟁점들을 논의하였고, 최근 부각되고 있는, 내부 및 외부통제 간 연계확대와 관련하여, 성과주의 예산도입과 회계제도 개혁, 정책평가제도 확산과 관련된 주요 이슈들을 중심으로 연구를 진행하였다.

연구방법의 경우 주로 문헌조사 및 인터넷을 통하여 자료수집을 하였으며, 최신의 자료를 토대로 행정통제와 관련된 주요 쟁점별로 논의를 진행하는 방식을 취하였다.

II. 외부통제

프랑스는 대혁명이후 여러 형태의 헌정을 실시해왔는데, 제5공화국에서는 제3

공화국과 제4공화국에서의 정치불안에 대한 반작용과 다수정당이 난립하는 가운데 정국의 안정을 기하기 위한 필요에서 대통령의 권한을 대폭 강화하면서도 의회주의의 전통을 유지하는 절충형 헌법을 채택하고 있다. 입법부는 하원 우위의 양원제이나 상원도 개헌문제에 관하여는 하원과 동등한 권한을 가지며, 상원은 대통령의 의회해산권에서 제외되어 있다.

1 입법부

프랑스에서는 의회의 내부조직과 운영측면에서 수상의 영향을 많이 받는다. 그 이유는 당파적 대립보다는 행정을 책임진 수상이 정당한 절차를 추진할 수 있도록 한 국가주의적 전통 때문이다.

1) 특성

(1) 양원제

의회는 상원(Sénat)과 하원(Assemblée Nationale)의 양원으로 구성되어 있으며, 상원은 하원과 대체로 동일한 권한을 가지나 하원이 보다 큰 정치적 비중을 보유하고 있다. 내각 불신임 권한은 하원만 보유하고 있고, 상 · 하원간 의견이 불일치할 경우 하원이 최종적인 의결권을 가지는 등 하원 중심의 양원제이다. 강력한 대통령 중심제를 표방하는 프랑스 제5공화국은 종전의 정치불안정을 해소하는 차원에서 권력 구조가 고안되었으며, 행정부가 의회에 대해 우월한 위치에 있다.

(2) 본회의 중심제

프랑스 의회는 영국 의회와 같이 법안심사 절차상 본회의 중심제를 채택하고 있다. 본회의 중심제란 본회의에서 법률안을 포함한 각종 안건을 실질적으로 심의하는 의회운영 방식을 말하며, 본회의 중심제 하에서는 ① 의원 전원이 법률안 심의에 참여할 수 있고, ② 의원들의 다양한 의견과 관점에서 법률안을 심의할 수 있으며, ③ 법률안의 신중한 처리로 졸속입법을 방지할 수 있다는 장점이 있다. 그러나 ① 법률안 심의에 많은 시간이 소요되고, ② 법률안 증가에 따른 입법수요에 적절히 대응하기가 어려우며, ③ 전문적인 법률안 심사가 곤란하게 되는 등 단점을 수반한다. 프랑스 의회는 입법절차의 각 단계에서 일어나는 모든 문제의 결정권을 본회의가 가지고 있고, 위원회는 단지 본회의에 제안(Proposition)할 수 있는 권한이 있을 뿐이다. 영국 의회의 경우에는 본회의에서 법안처리상 일반원칙을 승인한 후에 위원회에서 구체적인 내용심사를 하고 있으며, 위원회에서 채택한 수정안(amendement)에 대하여는 본회의에서 재심사를 하고 있다. 우리나라 국회는 제1공화국 기간 동안에 본회의 중심제로 운영한 적이 있었다.

2) 법률안에 대한 통제

(1) 법률안 제출

헌법 제39조에 의하면 법률안은 정부와 의원만이 제출할 수 있다. 정부제출 법률안(projet de loi) 은 법률자문기관 역할을 하는 국참사원(Conseil d'Etat)의 의견청취와 국무회의의 심의를 거쳐 총리가 상 · 하원 중 한 곳에 제출한다. 의원발의 법률안(proposition de loi)은 해당 의원이 속한 의회의 의장단(Bureau)에서 재정적 타당성 심사를 받은 후 제출하도록 하고 있다. 의원발의 법률안만 재정적 타당성 심사를 받는 이유는 의회는 국가재정의 감소를 가져오거나 국민의 부담을 증가시키는 결과를 가져 올 안건을 제안할 수 없기 때문이다. 정부제출 법률안은 상 · 하원 중 어느 원에 제출해도 좋으나, 예산법률안 및 사회보장재정 법률안은 하원에 먼저 제출하도록 하고 있다.

(2) 상임위원회의 심의

의장으로부터 법안을 회부 받은 상임위원회는 법안을 예비 검토하여 위원회에 보고하는 보고위원(Rapporteur)을 위원 중에서 선임하도록 한다. 법안심사에서 주도적 역할을 담당하는 보고위원은 일반적으로 다수당 소속의원 중 법안내용에 관해 전문성이 있는 위원이 선임되는 것이 원칙이며, 비정치적이고 기술적인 법안에 대해서는 소수당 의원이 선임되는 사례도 있다. 보고위원은 의회공무원의 보좌를 받으며 정부의 소관부처와 접촉하여 자료와 의견을 수집하고 관련 이익단체 등의 의견도 청취하여 보고서를 작성한다. 정부부처 장관은 위원회에 출석하여 법안에 대한 위원들의 질의에 답변하고, 이어서 위원회의 일반토론과 축조심의 이후 최종적으로 전체 법안에 대해 의결한다.

(3) 본회의 심의

본회의 중심의 법안 심사를 하고 있는 프랑스 의회는 상임위원회의 심의를 거친 법안에 대하여도 본회의에서 원칙적으로 법안에 대한 제안 설명과 일반토론 및 축조심의를 다시 실시함으로써 전체 의원으로 하여금 본회의에 상정된 모든 법안에 대해 심의할 수 있는 기회를 제공하고 있다. 본회의 심의에서 일반토론 시에는 법안의 장 · 단점에 대해 토론하며, 이때 정부 측과 소관위원회 및 의원들의 기본적 입장이 표명된다. 축조심의 시에는 각 조문별로 질의 · 토론하고 의결한다. 본회의에 상정된 정부제출 법률안의 경우 그 원안에 대해 토론하며, 위원회의 수정안이 첨부되었을 경우 이 수정안은 관련법 조항 토론 시 함께 심사한다. 반면, 의원발의 법률안의 경우 위원회에서 의결하여 제안한 것에 대하여 토론 및 표결한다.

(4) 양원의 이견 조정

법률안은 하원과 상원에서 교대심의(Navette)하여 동일한 내용의 법안이 의결되어야 한다. 그런데 상원과 하원의 다수당이 일치하지 않을 경우에는 양원간의 마찰로 인해 법안심의 절차가 순조롭게 진행되지 않을 가능성이 높다. 법안에 대하여 양원간의 의견이 다른 경우에는 상 · 하 양원에서 7명씩 총 14명의 의원으로 구성되는 양원 합동위원회(Commission mixte paritaire)를 구성하여 협의하는 절차를 두고 있다. 양원 합동위원회에서 최종협의가 이루어지지 않는 경우에는 하원이 최종 결정권을 갖는데, 정부는 하원에 대하여 최종의결을 해 줄 것을 요청할 수 있다.

(5) 법률안의 이송 · 공포

의회에서 의결된 법률안은 정부로 이송되며, 이송된 법안은 15일 이내에 대통령이 서명 · 공포하고 관보에 게재함으로써 법률로 확정되어 효력이 발생한다. 대통령은 15일 이내에 법률안의 전체 또는 일부에 대한 재심의를 의회에 요청하거나 법률안의 위헌여부를 가리기 위하여 헌법위원회(Conseil Constitutionnelle)에 제소함으로써 의회입법에 대한 통제권을 행사할 수 있다. 한편, 의회를 통과한 법률에 대한 헌법위원회의 위헌 제소는 대통령뿐만 아니라 총리, 상 · 하원의장 및 60명 이상의 상 · 하원의원에 의하여도 가능하다. 상 · 하원의원들에게 제소권을 부여하는 것은 의회 내 다수당의 횡포를 견제하는 수단이라는 점에서 의의가 있다.

3) 국정조사에 의한 통제

(1) 연혁

프랑스의 국정조사제도는 1830년 7월 혁명 이후 제3공화국과 제4공화국의 의회주권주의 하에서 헌법상의 명문규정 없이 의회의 고유 권한으로 인정되었다. 현행 헌법에서 최초로 이를 명문규정 하였으며, 자료제출이나 증인출석 등에 관한 강제적 조사수단을 부여함으로써 의회의 행정부 통제역할을 하고 있다.

(2) 조사위원회(Commission d'Enqueête)의 구성

① 구성결의안에 대한 소관 상임위원회 심사 조사위원회 구성결의안이 제출되면 의장은 12개월 이내의 동일목적의 조사위원회 재구성 금지와 관련하여 이를 검토하고 그 수리여부를 결정한다. 의장은 그 조사 사안이 소추중인 사안인지를 확인하기 위하여 이를 법무부 장관에게 통지하고, 장관은 즉시 소추여부에 관한 확인을 제출한다. 의장은 사실상 이러한 통지와 그 답변을 수령하는 데 그치고, 그 요구 사안이 상식적으로 소추중인 사안임이 명백할지라도 조사위원회 구성결의안의

제출자체나 인쇄 및 배포를 금지하지 아니한다. 법무부장관이 소추 확인의 답변을 하더라도 조사대상과 목적 및 소추 사안이 실제적으로 동일한 것인가 하는 구체적 판단은 이 구성결의안을 예비심사하는 소관 상임위원회가 그 결론을 내리게 된다. 소관 상임위원회는 조사위원회 구성결의안이 회부된 후 늦어도 다음 회기 개회 1개월 이내에 그 심사결과를 보고하여야 한다. 실제상으로 소관 상임위원회의 심사결과가 그대로 본회의에서 채택되지만 절차상 본회의 의결이 필요하므로 폐회중에는 조사위원회를 구성할 수 없다.

② **본회의 상정 및 심사** 구성결의안의 본회의 상정은 정부의 간여 없이 의사협의회가 정한다. 구성결의안에 대한 본회의 심사는 일반적인 의원발의법안의 경우와 동일하게 진행된다. 토론의 양태는 당해 조사위원회의 목적과 정치적 상황에 따라 좌우되나 실제상으로는 그 구성결의안이 의사일정으로 상정된다는 것은 이미 사전에 의사협의회 등에서 여 · 야간에 어느 정도 정치적 합의가 이루어졌다는 것을 의미하기 때문에 소관 상임위원회의 심사보고를 듣고 토론 없이 그대로 그 구성결의안을 의결하는 경우도 있다.

(3) 조사위원회의 위원선임과 위원장단의 구성

조사위원회의 위원정수는 30인을 초과할 수 없다. 조사위원회의 위원선임은 교섭단체 소속 의원수에 비례하여 할당된다. 조사위원이 사고 등으로 결원된 때에는 특별위원회의 경우와 마찬가지로 그 소속 교섭단체대표가 위원변경을 요구하고, 이러한 교체위원이 관보에 게재됨으로써 위원 교체가 이루어진다. 위원장단은 1인의 위원장, 2인의 부위원장과 2인의 간사위원으로 구성된다. 위원회의 활동에 관하여 주도적 역할을 담당하는 위원장은 여당 몫이며, 1인의 부위원장과 1인의 간사위원은 야당 몫이다. 조사의 공정을 위하여 야당이 보고자를 맡아야 한다는 국민여론에 따라 심사를 사실상 주관하는 보고자는 야당위원이 담당한다.

(4) 조사위원회의 활동

① **활동 목적** 특정사안 또는 행정부처나 국영기업체의 관리에 관하여 주요 자

료나 정보를 수집하고 그 결론을 의회에 보고하기 위해서 활동한다.

② **조사의 방법** 첫째, 자료의 요구 및 실사로서 조사위원회의 보고자는 국방, 외교, 국가안전과 관련하여 비밀적 성격을 가지는 자료, 사법권의 독립 등 권력분립원칙에 반하는 자료를 제외하고는 정부에 대하여 필요한 모든 자료의 요구와 검토 및 실사를 행한다. 그런데, 실제상으로는 사법상의 비밀, 국방상의 비밀, 국가회계상의 비밀 등을 사유로 자료제출을 거부하는 사례가 있다.

둘째, 총리는 감사원의 감사자료를 조사위원회에 알릴 수 있고, 조사위원회의 요구가 있는 경우 감사원은 그 소관에 속하는 요구대상 부처 또는 조직의 관리에 관한 감사를 실시한다.

셋째, 청문회로서 조사위원회가 청문이 필요하다고 인정하여 그 출석을 요구하는 모든 사람은 그 소환에 응하여야 한다. 필요한 경우 위원장의 요구로 당해 소환장은 공권력집행자에 의하여 전달된다. 만 16세 이하의 미성년자를 제외하고 증인은 선서를 해야 하며, 모든 증인은 그 진술을 거부할 수 없다. 청문회는 공개가 원칙이며, 위원회의 판단에 따라 적절한 방법을 통하여 이를 광고로 한다. 다만 그 의결로 이를 비밀로 할 수 있으며, 이 경우 비밀준수 의무가 있다.

③ **조사의 한계** 소추가 진행되거나 진행중인 사안에 대하여는 조사위원회를 구성할 수 없으며, 조사중인 사안에 대하여 '사법절차가 개시'된 때에는 기존 조사위원회의 활동이 종료된다.

④ **활동 기한** 조사위원회는 그 보고서를 제출한 때 그 활동이 종료된다. 구성결의안이 채택된 때로부터 6월이 경과하면 그 기한이 자동적으로 만료된다. 6월의 기한이 경과하여 활동이 종료되고, 보고서를 제출하지 못한 경우에는 위원회는 활동 중에 검토한 모든 서류 및 자료를 의장에게 제출해야 한다. 조사위원회의 활동이 종료된 후 12개월 이내에는 동일한 목적의 조사위원회를 재구성할 수 없다.

(5) 조사위원회의 보고

보고서의 결론은 조사위원회를 구성하는 다수당의 의견을 반영하는 것이 일반적이지만 위원회 의결시 소수당의 반대의견이나 토론, 소수 의견 등은 보고서의 별도의 장으로 기재된다. 각 교섭단체간의 합의로 각 교섭단체의 주장을 나열함으로써 사실상 보고서의 결론으로 대체하는 경우가 많다. 조사보고서는 공개가 원칙이며, 본회의는 비공개회의에서 그 의결로 조사위원회의 보고서 전부 또는 일부의 공개를 금지할 수 있다. 보고서 자체가 행정부의 위치에서 행정부를 대신하여 어떤 집행을 하거나 어떤 제재를 결정하는 내용을 포함할 수는 없으나 이러한 조사결과를 반영하여 정부가 관련 법률안을 제출하거나 관련 제도를 개선하는 사례가 많다.

4) 의원 겸직금지 제도

(1) 상 · 하원 의원 동시 겸직금지

상원의원과 하원의원은 상호 겸직할 수 없으므로, 상원의원의 신분으로 하원의원 또는 하원의원의 신분으로 상원의원에 당선된 자는 이전의 의원직을 자동적으로 상실하게 된다.

(2) 다른 공직과의 겸직금지

프랑스 의회의 의원은 정부의 각료직을 겸직할 수 없도록 하고 있다. 장관으로 임명된 지 1개월이 지나면 의원은 표결에 참가할 수 없으며, 그때까지 사임하지 않으면 자동적으로 장관직에서 교체된다. 한편, 의원이 입각할 경우에는 사전에 정하여진 대리인(substitut)이 그 직을 승계하도록 하고 있다. 대리인 제도는 선거에 입후보할 때 미리 대리인을 지명하고 선거전을 치르며, 당선되면 대리인은 평소에 지역구에서 의원대리자격으로 활동하고 의원이 입각할 경우에는 보궐선거 없이 그 의원직을 승계하도록 하는 제도이다. 헌법위원회 위원, 경제사회심의회 위원, 해외영토위원회 위원, 법관, 최고사법평의회 위원과 외국정부 또는 국제기구로부터 요청받은 직무 그리고 직업군인은 의원직을 겸할 수 없다.

(3) 기타 다른 직업과의 겸직금지

국영기업체의 이사장, 사장 등 주요 임원직에 대하여도 의원의 겸직이 금지된다. 한편, 민간기업에서의 겸직은 원칙적으로 인정되고 있으나, 정부 또는 공공기관으로부터 지원을 받는 기업, 금융업만을 전문으로 하는 기업의 임원 등에 대해서는 겸직이 금지된다. 특히, 변호사 자격을 가진 의원의 경우는 직접적 또는 간접적으로 국가, 국영회사, 공공단체를 대상으로 하는 변호를 할 수 없다.

(4) 선출직 공무원 등에 대한 겸직 허용

프랑스에서는 의원이 지방의회 의원이나 시장 등 선출직 공무원과의 겸직을 허용하는 프랑스만의 독특한 제도를 가지고 있는데, 1985년까지는 이에 대한 제한이 전혀 없어 1명의 의원이 동시에 시장직과 지방의회 의원, 유럽의회 의원 등을 동시에 수행할 수도 있었다. 최근에는 의원이 동시에 겸직할 수 있는 선출직의 수를 점차 제한하고 있는데, 현재는 상 · 하 양원의 의원은 대도시의 시장 등 법령에서 열거하는 중요한 직위에 대하여는 하나의 겸직만을 허용하도록 하는 추세에 있다.

2 사법부

3권 분립의 원칙에 따라 사법부가 독립되어 있으나, 대통령이 사법권 독립의 보장자로서 최고사법위원회(Conseil Superieur de la Magistrature)의 의장을 겸하고, 최고사법위원회가 대법관 및 고등법원장 임명을 제청하게 되어 있는 등 사법권에 관하여도 대통령은 상당한 권한을 보유한다.

1) 사법법원과 행정법원의 분리

프랑스의 법원조직은 파기원(Cour de Cassation)을 정점으로 하는 사법법원(민 · 형 · 상사 등 일반 사건 재판을 담당함)과 국참사원(Conseil d'Etat)을 정점으로 하는 행정법원(행정사건 재판을 담당함)으로 이원화되어 있다. 사법법원은 파기원, 고등법원, 지방법원, 소법원, 노사조정법원, 상사법원, 소년법원, 사회보장법원, 농지임대차법원으로 구성되어 있다. 행정법원은 국참사원, 지방행정법원으로 조직되어 있다.

한편, 사법법원 사법관의 양성제도와 행정법원 판사의 양성제도도 완전히 분리되어 있다. 사법법원 사법관의 양성과정의 경우 원칙적으로 국립사법관학교(Ecole National de la Magistrature) 입학시험(우리의 사법시험에 해당)에 합격한 후 31개월간의 연수 과정을 수료하고 사법관으로 임용된다. 국립사법관학교 입학시험은 대학교 졸업 직후의 학생들을 대상으로 하는 제1시험, 공무원 경력자를 대상으로 하는 제2시험, 일정 경력의 민간부문 직업인 · 지방의회 의원 · 상사법원 재판관 등을 대상으로 하는 제3시험으로 나누어진다. 이 중 제1시험을 통해 입학하는 학생 수가 전체의 90% 내외를 차지한다.

행정법원 판사의 양성과정의 경우 원칙적으로 국립행정관학교(Ecole Nationale d'Administration) 입학시험에 합격한 후 27개월의 연수과정을 수료하고 행정법원 판사로 임용된다. 단, 국립행정관학교는 행정부 공무원을 양성하는 기관으로서 그 수료생 중 대부분은 행정부, 기업체, 의회 등으로 진출하고 일부가 행정법원 판사로 임용된다.

2) 행정법원의 특징

프랑스의 국참사원은 정부의 자문기관이자 행정재판소로서의 권한을 가지는 국가기관으로 그 기원은 1302년까지 거슬러 올라간다. 이는 행정부와 재판부로 구성되며 행정소송계통의 최고재판소로서의 역할이 특히 중요하다. 프랑스에서는 국참사원의 판례를 중심으로 사법에 대하여 특수한 법체계를 구성하는 행정법의 발달이 촉진되었다. 국참사원은 나폴레옹 1세에 의해 1799년 11월 22일의 '공화8년헌법' 제52조에 설치근거를 두고, 1799년 12월 25일 처음 발족했다. 처음에는 행정권의 자율적 통제 기관으로 행정기관으로서의 성격이 강하여 독립된 재판소라고 하기는 어려웠으며, 행정기관의 장에게 판결을 제의하는 데 그친 시기도 없지 않았다.

그러나 차츰 그 기능이 확대되어 제2제정기인 1872년 5월 24일 법률에 의해 그 조직에 획기적인 개혁이 이루어져, 독립 · 고유의 재판권을 행하게 됨으로써, 오늘날 국참사원의 조직상 기초가 확립되었다. 오늘날의 국참사원은 국가최고행정 재판소 겸 내각법제처와 같은 지위에 있고, 앞의 지위에서는 사법재판소에 상당하는 거의 완전한 독립성과 전문성이 보장되며, 2세기에 가까운 연륜을 쌓으면서 특수 · 고유한 자율적 법체계로서의 행정법원리를 그 판례를 통해 발전시켰다. 프랑스 시민들이 행정부에 대하여 쟁송을 제기할 수 있는 곳도 국참사원이다. 1953년부터는 보통 지방행정재판소를 제1심으로 하여 행정쟁송을 제기하고, 국참사원은 그에 대한 상고심이 되었다. 우리 나라의 항고소송에 비교할 수 있는 프랑스법상의 행정소송은 월권소송(recours pour excès de pouvoir)이다. 그러나 월권소송은 행정행위뿐 아니라, 행정입법과 행정계약은 물론 행정결정으로 파악될 수 있는 한 사실행위까지도 그 대상으로 한다는 점에서 우리의 취소소송이나 항고소송과 차이가 있다(이원우, 2002).

프랑스의 행정재판의 경우 하급심은 주요 지역에 소재한 지방행정법원에서 담당하고 최고심은 국참사원에서 심의한다. 프랑스는 의회의 동의가 필요한 법률의 규율대상보다는 정부의 명령에 의한 규율대상이 더 많기 때문에 행정법원은 프랑스의 행정 체제가 적절하게 운영될 수 있도록 통제하는 데 적지 않은 역할을 수행하고 있다.

국참사원은 변천하는 사회경제적 요청에 따르는 행정목적의 실현을 보장하면서도, 다른 한편으로는 행정의 횡포와 권한남용으로부터 개인의 권리와 재산을 보호하는 기능이 일반 사법재판소보다 뛰어났다고 평가를 받아온 결과, 현재, 벨기에 · 그리스 · 이탈리아 · 레바논 · 스페인 · 터키 · 이집트 등지에서도 프랑스의 국참사원과 유사한 기관을 설치 · 운영하고 있다.

3) 헌법위원회를 통한 헌법정신에 위배되는 법률 등에 대한 통제

프랑스 헌법위원회는 '대통령선거 및 국민투표의 공정성 감독', '대통령 선거 및 상 · 하의원의 선거소송', '법률안 등의 헌법위배 여부 심사' 기능을 담당한다(임도빈, 2005). 위헌 심사를 청구할 수 있는 자격은 대통령, 수상, 상 · 하의원의장, 60인 이상의 상 · 하 의원 등인데 법률안이 헌법정신에 합치 또는 위배되는 판결을 통해서 부당하거나, 불합리한 정부 권력으로부터 국민과 기업의 재산권, 자유 등을 보장하는 통제기능을 담당하고 있다.

3 외부단체

정부의 불합리한 정책결정 및 집행, 부당한 권력으로부터 국민의 권익을 보호하기 위해서 행정통제역할을 수행하는 외부단체에는 분야별로 다양한 종류가 있을 수 있으나, 오늘날 정책과정에서는 정당, 사회단체 등이 가장 중요한 역할을 수행하고 있다.

1) 정당

미국이나 영국의 양당제도, 다른 유럽 국가들이 복수정당제도에 입각한 안정적인 정당제도를 운영하고 있는데 비해서, 프랑스는 정치이념과 정책방향이 다양한 많은 정당, 다당제 중심으로 정당제도가 혼란스럽게 운영되어 왔다. 프랑스의 정당들은 크게 3가지—'중도우파', '중도좌파', '극우정당'—로 유형화하여 특성을 설명할 수 있다.

첫째, 중도우파 정당으로서 대중운동연합(UMP)이 여당을 구성하고 있다. 드골 대통령의 정신을 이어받은 정통 우파정당으로 2002년 대통령선거에서 시라크 후보를 지지한 우파 정치인들의 대연합이다. 제2의 우파정당은 제4공화국 시절 기독교민주주의 계열의 인사들의 정치이념을 승계, 1978년 발레리 지스까르 데스뗑이 창당한 프랑스민주연합(UDF)이다. 1981년에 지스까르 데스뗑을 대통령으로 당선시켰다.

둘째, 중도좌파 정당으로서 1905년 창설이래 역사적으로 세계 사회주의 운동의 표본이 되어 온 프랑스 사회당(PS)이 중도좌파 주요 정당이며, 제5공화국 하에서는 프랑수와 미떼랑(François Mitterrand) 대통령, 리오넬 죠스팽(Lionel Jospin) 총리를 배출하였다. 2002년 대통령 선거와 총선에서의 연이은 패배와 강력한 리더십을 지닌 인물의 부재로 인해 침체를 겪고 있다.

셋째, 극우정당으로 1972년 창당한 이래 장 마리 르펜이 주도하고 있는 국민전선(FN)이 극우파 정당이다. 파시즘에 가까운 정치 노선과 프랑스 중심주의적인 구호로 소규모 정치 집단에서 전국적인 정당으로 성장했다. 국민전선은 경제적 자유주의, 민족주의, 인종차별주의, 기존 정당과의 차별성 등을 내세워 경제적인 기득권층은 물론 노동자, 봉급생활자 층에서도 호응을 얻음으로써 각종 선거에서 꾸준히 약진을 거듭해왔다. 특히 이민자 혹은 불법 체류자들이 프랑스 인들의 이익을 해치고 실업 문제를 일으킨다는 단순 논리가 의외로 큰 힘을 발휘해 지방의회 선거 및 유럽의회 선거에서 상당한 득표율을 기록하고 있다.

프랑스의 정당은 정책과정에서보다 이해관계단체들의 이익결집(interest aggregation)을 통해서 사전적 행정통제역할을 강하게 수행하고 있다고 판단된다.

2) 사회단체

프랑스의 사회단체들 중 노동조합은 임금인상, 근로권 보호, 근로환경 및 근로방식의 개선, 근로자의 삶의 질 개선과 관련하여 자신들의 이해관계 및 견해를 정책과정에 적절히 투입하여 국가경제를 관리하는 정부에 적절한 통제를 가함으로써 국가경제, 기업, 노조 간의 적절한 균형을 유지하고 있다. 프랑스에는 수 만개의 군소노동조합이 존재하며, 그 중에서 ‘노동총연합’, ‘프랑스민주노동연합’, ‘노동자세력’, ‘교육 연합’ 등이 거대노조로서 관련 국가정책에 적지 않은 영향력을 행사하고 있다(임도빈, 2005).

국민의 권익신장과 국가권력에 대한 통제를 위해 창설된 여러 사회단체들 중 ‘인권 보호연맹’과 ‘전국무종교 행동위원회’ 등의 활동이 가장 대표적으로 유명하다. 첫째, ‘인권 보호연맹’은 1898년 “불법행위와 독단과 폭정에 대항하기 위해” 창설되었으며, 주로 인종차별주의와 반유태주의에 반대하고 평화를 옹호하는 운동에 참여하여 왔다. 둘째, ‘전국무종교 행동위원회’는 전국교사연합, 전국교육연합, 교육연맹, 공립학교 학부모위원회 연맹 등의 출신으로 창설되었다. 이 단체는 교육에 관한 법률안을 제정할 때 중요한 역할을 하였으며, 1984년 카톨릭계 학교에 대한 우호적 조항이 포함된 법률안이 제정되려 하자, 대규모 시위를 통해 관련 법률안을 철회시켰다(김형길 · 박균성 · 김재협, 2004).

III. 내부통제

제5공화국 헌법(1958.10.4 개정)하에서 대통령은 외교, 국방, 내치에 걸치는 방대한 권한을 가지는 반면, 의회의 불신임으로부터 면제되는 초월적 위치에 있다. 따라서 대통령의 모든 공적 활동을 통치 행위로 간주하는 전통에 따라, 대통령 비서실 조직에 따른 인원 구성, 예산 책정, 회계감사 등은 의회나 감사 기관의 감독 대상에서 제외되고 있다. 대통령이 주로 정치적 권한을 보유하는 반면, 행정권은 총리가 지휘하는 행정부에 속하며 행정부는 의회에 대하여 책임을 진다.

1 대통령

프랑스의 대통령은 특정 정당에 소속되어 있지만, 국정수행에 있어서는 국가전체의 이익증진을 위해 노력하며, '헌법수호', '국가의 계속성 보장', '주권수호'의 3가지 주요 임무를 수행한다.

1) 대통령제 특징

대통령의 정치적 권한(외교 · 국방 · 비상대권 등)과 총리의 행정적 권한(행정 수반)이 분리되어 있으며, 대통령은 국정의 최고책임자, 중재자로서의 역할을 수행하고, 총리는 국정 집행책임자로서의 역할을 수행한다. 한편, 대통령 소속 정당이 하원 내 다수의석을 보유할 경우, 강력한 국정 수행이 가능하다.

2) 2000년 9월 헌법 개정

1958년 헌법은 국가원수를 정당정치의 위에 존재하는 것으로 규정하였으며, 국가원수에게 요구한 것은 대통령이 공권력의 정상적인 행사를 보장하고, 국가의 지속성을 보장(공화국 헌법 5조)하는 것으로서 동거정부 출현 가능성을 감소시키기 위해 1997년 총선 후 제3차 동거정부 출범 이후에 2000년 9월 대통령 임기를 7년에서 5년으로 단축하는 헌법개정을 통해 대통령임기 단축에 따라 대통령과 하원의원의 임기가 5년으로 동일해지고, 대선과 총선을 거의 같은 시기에 실시 가능하도록 하였다.

3) 권한 분리

① **대통령의 권한** 대통령의 주요 권한은 국군통수권, 외교권, 사면권, 긴급조치권 및 각의주재권, 수상 임명권, 각료임명권, 하원해산권(총리 및 상 · 하원의장과의 형식적 협의로 가능), 법률안 재심의 요구권, 국민투표회부권 등이다.

② **총리의 권한** 행정수반(하원내 다수당에서 선출), 각료임명 제청권, 대통령의 권한행사 시 부서, 하원에 대한 일반정책 승인 요청 및 법률안 제출권 등이다.

③ **상 · 하원의 권한** 대정부 불신임 결의권, 법률안 발의 · 심의 · 의결권, 양원간 의견 불일치 시 하원이 최종결정, 대정부 정책 통제 등이다.

4) 대통령제의 문제점

대통령은 위에 명시한 권한 외에도 수상과 공동으로 행사하는 권한을 가지고 있다. 수상과 공동으로 행사하도록 하는 권한의 행사 정도는 동거정부 여부에 따라 달라질 수 있으며, 이러한 막강한 권한 보유에도 불구하고 대통령은 의회와 행정부 모두에 책임을 지지 않는다. 특히, 대통령 소속 정당이 하원 내 소수의석을 보유할 경우 총리와의 대립으로 주요 정책수행에 불협화음을 야기할 가능성이 있으며, 특히 외교 · 국방 분야에 있어 제5공화국 헌법상 명백한 권한 분리가 규정되지 않음에 따라 대통령의 고유 권한과 총리의 집행사항에 관한 논쟁이 대두되었다.

2 감사기관

회계감사원은 나폴레옹시대에 창설된 독립된 통제기구로서 국가의 공공재정이 투입되는 재정정책 및 기관의 회계업무에 관한 평가와 감사 기능을 수행하며, 정부의 특정 주요 정책에 대한 상위평가 기능도 담당한다.

1) 회계감사원(La Cour des Comptes) 연혁 및 의의

공공재정 운용에 대한 시민의 역할강조에 대한 프랑스의 역사적 전통은 국가회계의 정확성을 검토하는 임무를 회계감사원(cour des comptes)에 부여하게 되었다. 1807년 9월 16일, 의회에서 회계감사원의 조직에 관한 입법안이 특별한 논쟁 없이 통과되어 법률로 채택되었다. 1807년 9월 28일, 회계감사원에 대한 시행령이 공포되었으며 1807년 11월 5일, 회계감사원이 파리(Paris)에 설치되었다. 1946년과 1958년의 헌법이 국가예산의 근간이 되는 재정법의 집행에 있어 회계감사원이 정부와 의회를 보조하도록 했다. 프랑스와 한국의 비교관점에서 회계감사원은 회계검사와 직무감찰의 기능을 수행하는 현재 한국의 감사원보다 과거의 심계원과 유사한 점이 많다(백정기 · 김정욱, 1988: 윤광재, 2000).

2) 주요 기능

회계감사원은 독립기관으로 국가의 공공재원이 투입되는 재정정책 및 기관의 회계업무에 관한 평가와 감사의 기능을 수행한다. 또한 정부의 특정 주요 정책에 대한 상위평가 기능도 수행하고 있다(홍재환 · 윤은기, 2003). 한편, 회계감사원은 예산법의 집행 및 사회보장예산법의 통제 및 집행에 관하여 의회와 정부를 보좌하며, 전년도의 결산에 대한 보고서를 제출한다. 의회의 '재정 · 일반경제 · 계획위원회'는 회계감사원의 보고서를 심사하며, 필요한 경우 회계감사원에 대하여 통제

대상이 되는 기관 및 조직의 운영에 대하여 질문하거나 자료를 요구할 수 있다.

첫째, 국가세무의 회계감사 기능으로 국가세입과 세출의 적법성을 감사한다. 국가기관의 세입과 세출이 회계규정에 합치하여 실행되었는지 여부를 감사하며 제출된 장부와 증빙자료를 분석하고 회계균형을 감사하며 공적재원의 운용에 부당하게 간여한 모든 사람의 비리도 심판할 수 있다.

둘째, 공적 자금의 올바른 사용에 대한 회계관리 감사 기능으로 행정회계감사를 통하여 실질적으로 중앙행정기관, 산하 감독기관, 사단법인 지위의 출자기관 등에 대한 경영감사를 한다. 지방에서는 감사원의 감독하에 지방회계감사위원회가 정기적으로 기초사회보장기금에 대한 회계를 감사한다.

셋째, 사회보장제도 재정운용에 관한 감사를 실시함에 있어서 의회와 정부를 보좌한다. 특히 감사원장은 감사원에서 작성된 사항을 상 · 하 양원의 재무위원회와 조사위원회에 통지하는 등 감사원과 의회 간에 다양한 방식으로 협력이 이루어지고 있다.

IV. 내부 및 외부통제 간 연계

프랑스의 경우 행정통제 측면에서 영미권 선진국가들의 개혁트렌드에 발맞추어 과거의 합법성 위주의 직접적인 통제뿐만 아니라, 시스템에 기반한 성과를 중요시하는 간접적 통제방식을 도입하기 시작하였다. 특히, 성과 중심의 시스템을 구축하기 위해서 정부예산회계제도를 개혁하고, 평가제도를 개선하는 데 중점을 두고 있으며, 이 과정에서 내부통제와 외부통제제도 간 협업 및 연계가 활발하게 일어나고 있다.

1 성과주의예산 도입과 회계제도 개혁

프랑스는 2001년 8월 1일 조직법(LOLF) 제정을 통해 예산과정을 둘러싸고 과거의 합법성 위주의 직접적 행정통제 방식에서, 예산결정과 사업집행에 있어서 전략적 목표와 운영적 목표의 연계를 강조하는 성과 중심의 간접적 통제방식으로 전환하는 계기를 마련하였다. 프랑스 예산제도개혁은 '의회의 행정부에 대한 효율적 통제를 확보하기 위해서 예산을 프로그램별로 편성하여 배분하고', '프로그램은 동일한 부처 내의 하나의 활동 또는 여러 개의 활동으로 재분류하여 공익과 기대하는 성과 및 평가에 따라 결정된 목적과 연계되도록 하며', '정부의 재량권 확대와 함께 투명성 및 책임성을 강화하기 위해 의회에 대한 정보제공을 확대'한다는 특성을 담고 있다(김재훈 · 박재완 · 최진혁, 2004). 특히, 재정운영을 둘러싸고 행정부와 의회 간 내부 및 외부통제를 효율적으로 연계시키기 위해서 행정부는 재정법안의 의회송부시 장기전망에 기초하여 작성한 종합적 · 심층적인 재정전망보고서를 제출하도록 하고 있고, 의회 내에서 예산에 대한 밀도 높은 심의가 가능하도록 하기 위해서 '예산방향토론'제도를 도입하였다(윤광재, 2004). 프랑스의 회계제도는 부정부패 방지뿐만 아니라 행정의 생산성 향상을 위해서 다음과 같은 목표를 지향하고 있다. 첫째, 예산 및 재정운영의 명확한 파악과 통제를 위해서 가격분석회계제도를 활용하고 있다. 둘째, 출납명령관과 징수관의 업무를 명백하게 분리함으로써 업무효율성 향상과 부패방지를 동시에 추구하고 있다. 셋째, 예산집행에 대한 효율적인 평가를 위해서 회계영역을 단일화하였다(김재훈 · 박재완 · 최진혁, 2004).

2 정책평가제도 확산

프랑스는 공공부문의 생산성 향상을 목적으로 하는 행정개혁에 있어 평가기능

강화를 주요한 수단으로 활용하고 있다(홍재환 · 윤수재, 2005). 특히, 총리실의 국가계획위원회와 국가평가위원회를 중심으로 다 부처에 연계된 단위사업을 주 대상으로 하여 과제별로 평균 2~3년에 걸치는 장기적 · 심층적 평가결과를 보고서에 담아 총리가 전 국민들에게 공개함으로써 행정의 책임성 확보뿐만 아니라 관련 사업에 대한 효율성을 확보할 수 있도록 노력하고 있다(공병천, 2005).

V. 결 론

프랑스의 전통적인 외부통제 제도들 중 행정부와 의회의 관계에 있어서 법률안에 대해서는 의회 상임위원회와 본회의의 심층적인 축조심의를 통해 예산낭비와 행정행위 남용을 효율적으로 통제하고 있으며, 의회 의원들에 대해서는 다른 공직과의 포괄적 겸직금지의무를 통해서 견제와 균형을 제도적으로 달성하도록 하는 특징을 보여주고 있다. 사법부의 경우 지난 수백여년 동안 사법법원과 행정법원을 분리하여 운영해온 전통을 통해 행정목적의 달성을 보장하면서도, 월권소송제 등을 활용하여 다른 국가에 비해서 행정의 횡포와 권한남용으로부터 개인의 재산과 권리를 효율적으로 보장하고 있다. 한편, 정당과 사회단체는 정부의 불합리한 정책결정 및 집행으로부터 관련 분야의 국민권익을 보호하고 있다.

내부통제와 관련하여 프랑스는 전통적으로 대통령의 권한이 막강하여 대통령의 공적 활동은 통치행위로 간주되었고, 심지어 대통령비서실의 조직 · 예산 등까지도 의회와 감사기관의 통제대상에서 제외되었으나, 총리를 중심으로 하는 행정부는 의회에 의해 지속적으로 강한 통제를 받아온 프랑스만의 독특한 제도인 이원집정부제의 특성을 강하게 보여주고 있다. 감사기관으로서 회계감사원은 과거 우리나라 심계원과 유사한 기능을 수행하고 있으나, 정부의 주요 정책에 대한 상위평가기능을 수행하는 특징을 갖고 있다.

1980년대 이후 OECD 선진 국가들을 중심으로 확산되고 있는 신공공관리 개혁과 관련하여 프랑스도 합법성 위주의 행정통제에서 성과중심의 행정통제로 국정방향을 전환하고 있다. 이와 관련하여 성과 중심의 예산제도 도입과 회계제도 개혁을 통하여 부정부패방지 및 행정투명성 제고와 함께 효율성 향상을 동시에 추진하고 있으며, 범정부적인 주요 사업에 대해서는 장기적 · 심층적인 정책평가과정을 통하여 공개와 참여를 제도적으로 보장함은 물론 내부통제와 외부통제제도 간 협업 및 연계를 활성화 하고 있다.

프랑스는 최근 5공화국 헌법의 골격을 유지하면서 대통령의 실질적인 국정운영 역할을 강화하는 한편, 의회의 권한과 역할을 확대하여 행정부 견제기능을 제고하도록 시도하고 있다. 제도개혁 위원회가 2007년 10월 사르코지(Sarkozy) 대통령에게 제출한 개혁안 보고서(77개 헌법 및 법률 조항 개정안) 중 행정통제와 관련된 주요 사항은 '대통령실 예산집행에 대한 회계감사원 감사실시', '정부고위직 임명시 의회의 검증 권한 도입' 등이다. 우리나라는 제5공화국 때 프랑스 5공화국 헌법을 참조하여 대통령을 중심으로 한 강력한 행정부를 구현한 바 있으며, 이러한 전통들 중 일부가 현재까지도 지속되고 있기 때문에 대통령실에 대한 감사기관의 효율적인 견제책 마련, 의회의 행정부 고위직 임명시 검증권한 강화와 같은 행정통제 효율화를 위한 프랑스식의 제도개선책 마련이 우리나라 현실에 도움이 될 것이라고 생각된다. 한편, 내부 통제와 외부통제 간 연계확대를 위하여 성과 중심의 예산제도 개혁추진과 함께 평가 제도의 지속적인 강화가 필요하다고 판단된다.

제 4 편

프랑스의 공공정책

제 1 장 프랑스의 공공정책과정

배 준 구(경성대)

Ⅰ. 서 론

프랑스는 독일이나 이탈리아에 비하여 일찍부터 통일국가를 이루었고, 오랫동안 중앙집권 체제 하에서 행정국가의 전통을 유지해 왔다. 프랑스는 한국과 같이 단일국가이면서 서구 민주국가들 중에서 가장 유사한 행정구조와 법률체계(대륙법)를 이루고 있다. 이 연구는 우리나라와 유사한 행정 및 법률체계를 이루고 있는 프랑스의 공공정책 과정을 구체적으로 분석하여 그 시사점을 얻는 데 목적이 있다.

한 나라의 공공정책의 과정을 제대로 파악하기 위해서는 정부를 구성하고 있는 기구 내에서 어떠한 상호작용이 이루어지고 있는가에 대하여 분석할 필요가 있다. 특히 정부 활동의 동태적 측면을 파악하려면 정책결정 관련 기구와 그 기구 내의 행위자들 상호간의 관계를 파악하는 것이 중요하다.

여기서는 프랑스 공공정책의 과정에 대하여 다음과 같은 내용을 중심으로 구체적으로 분석한다. 첫째, 시기별 정책방향의 변화를 중심으로 공공정책의 기조에 대하여 살펴본다. 둘째, 정책과정에서 주요 행위자의 권한 및 역할에 대하여 분석한다. 즉 정책결정의 경우 대통령, 수상, 장관, 막료, 의회, 정당, 노동조합 등을 중심으로, 정책조정의 경우 국무회의, 관계부처간 위원회, 범부처 조정기구, 수상 및 장관 막료제의 조정 기능을 중심으로 파악한다. 정책평가는 정책평가의 제도화, 주요 관련기관과 역할, 특징과 추진체계에 대하여 분석한다.

여기서는 공공정책 과정이 실제로 어떻게 이루어지고 있는가를 파악하기 위하여 사례분석을 한다. 즉 사례분석은 국토 및 지역정책의 새로운 수단으로 1984년부터 도입한 국가와 지역(레지옹)간 계획계약(contrat de plan Etat-Région)을 대상으로 한다. 국가와 지역간 계획계약을 사례로 선택한 이유는 계획계약의 운영을 보면 프랑스 공공정책의 최근 변화를 잘 파악할 수 있고, 우리나라가 이 계획계약제도를 모방하여 최근에 도입하였기 때문이다. 정부는 2004년 4월부터 시행된 국가균형발전특별법(제20조)에서 프랑스의 계획계약 제도와 유사한 지역발전투자협약제도를 도입하였다.

II. 공공정책의 기조

공공정책의 패러다임 변화는 세계화, 분권화, 정보화 등 대내외 환경 변화에 대한 대응으로서 나타났다고 볼 수 있다. 프랑스에서는 지난 30년 동안 공공정책의 수립 및 시행 조건이 크게 변화되었다. 이 중에서 가장 의미 있는 3가지 변화는 세계화와 유럽화, 지방분권과 거버넌스, 신자유주의에 따른 새로운 기준 및 이념(효율성)의 요구(Muller, 115-122)라고 할 수 있다. 세계화와 더불어 1993년의 유럽연합과 같은 초국가적 조직의 출현 및 초국가적 정책의 증가로 인하여 국가의 위상 및 역할이 점차 달라지고 있다.

지방분권은 지난 20년 동안 세계 많은 국가에서 메가트렌드로서 전개되어 왔다(Prud'homme, 1994). 프랑스에서는 1970년대에 과도한 중앙집권으로 인해 효율성이 저하되고, 다양성을 살리지 못한다는 비판이 제기되었다. 1981년에 좌파(사회당)의 프랑수아 미테랑(François Mitterrand)이 대통령에 당선된 후(1981년 5월 - 1995년 5월까지 재임) 국가행정구조 개혁의 일환으로 1982년부터 지방분권이 실시되었다. 이러한 지방분권 정책은 우파인 자크 시라크(Jacques Chirac)가 대통령에 당선된 후(1995년 5월 - 2007년 5월까지 재임)에도 정권의 변화에 관계없이 지속되고 있다. 게다가 2003년 3월 28일의 지방분권에 관련된 헌법 개정("공화국의 지방분권화된 조직에 관한 헌법")으로 지방분권이 강화되고 있다.

프랑스는 지방분권 실시 이후 공공정책 참여자의 증가와 정책결정의 복잡성으로 인하여 분절화와 경쟁이 심화되었다. 즉 지방자치단체의 권한 확대와 새로운 광역지방자치단체의 신설(레지옹)에 따라 정책결정 시스템은 기본적으로 중앙정부, 레지옹, 데파르트망, 코뮌 및 협력체 등의 복잡한 다층구조로 변화되었다. 지방자치단체는 2008년 현재 레지옹(지역) 26개, 데파르트망(도) 100개, 코뮌(시읍면) 36,783개이다. 이에 따라 공공정책의 응집력을 높이기 위해 공공부문에 파트너십이 도입되었다. 중앙정부는 가이드라인을 제시하면서 지방자치단체, 각종 단체, 기업 등의 파트너들에게 공동으로 합의한 정책 목표를 수행하는 방식으로 전환하였다(Cole and John, 53). 특히 이러한 파트너십은 수평적인 차원에서 협상을 통한 협약이나 계약적 방식이 상당히 많이 이용되고 있다. 수직적 상의하달식 정책 유형과 국가주의적 전통을 유지해 온 프랑스에서 이러한 현상은 대단히 큰 변화라고 할 수 있다.

한편 프랑스는 1980년대부터 신공공관리론의 영향을 받아 행정개혁을 추진하면서 행정에 관리적 요소를 도입하였다. 프랑스는 전통적으로 행정의 고유한 공공서비스론에 바탕을 두고 공익성과 합법성을 중요시하였고, 행정의 효율성을 추구하는 신공공관리적 개혁에 대해서는 미온적이었다. 그러나 지속적인 경제 침체와 재정적자가 심화되고, 경제의 세계화 등으로 인하여 역사적인 프랑스 모델의 변화를 유도하는 개혁이 불가피하게 되었다. 즉 개혁은 1989-1991년에 '행정의 현대화' 또는 '공공서비스의 재창조'라고 칭해졌고, 1993년-2004년에는 '국가의 개혁'으로, 그리고 2005년 여름부터는 '국가의 현대화'라고 불리고 있다. 신공공관리는 프랑스에서 1980년대부터 점진적으로 도입되었는데 이제 그 개념과 기법이 체계적으로 이용되고 있다. 즉 목표관리, 계약화, 성과감사, 성과 수당, 공무원 책임 등과 같은 수단을 이용하는 것은 이제부터 프랑스 행정의 '문제'를 해결하기 위한 정당한 '방법'이 되고 있다. 그렇지만 1990년 - 2000년 동안의 이러한 정책의 변화가 프랑스 행정모델의 모든 요인을 일소하는 것을 의미하지 않는다(Bezes, 215-216).

2007년 대통령 선거에서 니콜라스 사르코지(Nicolas Sarkozy)가 대통령으로 당선된 후 프랑스의 공공정책은 새로운 변화를 맞고 있다. 2007년 이전 경우 정부는 행정이 개혁의 대상이 아니고 개혁의 주체가 되어야 한다는 관점에서 소극적인 개혁을 하였다. 이에 반해 새 정부는 그동안 누적된 경제침체와 심각한 재정적자를 해결하기 위해서 사회전체의 개혁 차원에서 공공정책의 재검토와 재정개혁에 중점을 두고, 신자유주의에 입각하여 적극적으로 행정개혁을 추진하고 있다(윤광재, 19-21).

Ⅲ. 공공정책 과정과 행위자

1 정책결정과 행위자

현대 국가의 일반적인 현상은 집행권이 강화되는 행정국가의 경향을 보이고 있기에 무엇보다 집행부 권력의 구조를 이해할 필요가 있다. 1958년에 제정된 현행 프랑스 제5공화국 헌법은 종래의 프랑스 전통인 의회제에서 반(半)대통령제(semi-présidentialisme)적인 특색을 내포하는 집행부 권력의 이원적 구조(이원집정제)로 전환하였다. 즉 집행권은 국가원수(chef d'Etat)인 대통령과 정부 수반(chef du Gouvernement)인 수상이 2개의 축으로 각기 고유의 강력한 권한을 행사하는 형태로 양분되어 있다.

프랑스는 2008년 7월 21일의 헌법개정을 통하여 실질적인 정책 의사 결정권을 대통령에게 부여함으로써 대통령의 권한을 강화하였다. 이와 함께 이번 개헌은 의회의 권한을 강화하여 대통령이 임명하는 주요 공직자에 대해 거부권을 행사할 수 있도록 하였고, 정부의 긴급 법률제정권을 대폭 제한하였다. 그동안 정부는 기존 헌법 제49조 3항을 활용해 의회가 정부를 불신임하지 않는 한 의회의 논의 없이 법안을 만들 수 있었지만, 개정 헌법은 이를 금융과 안보 분야로 국한시켰다. 그리고 사르코지 대통령은 연금개혁, 군(軍) 감축 등 개혁정책을 뚝심 있게 밀어붙였고, 특히 현행 제5공화국 헌법 내용의 절반 정도를 바꾸는 대폭적인 헌법 개정을 주도하여 2008년 7월 21일 의회 상 · 하원 특별회의 표결에서 통과되었다.

정부는 넓은 의미에서 보면 집행권 전부를 일컬어 사용할 수도 있으나 일반적으로는 정부의 수반인 수상을 중심으로 하는 좁은 의미의 정부를 지칭한다.

프랑스는 대통령, 수상, 장관, 국회의장, 시장, 도지사 등에 이르기까지 특유의 '막료제(Cabinet: 비서실)'를 두고 있다. 특히 대통령, 수상, 장관에 두고 있는 막료는 정책과정에서 미치는 영향력이 크다. 여기서는 대통령 · 수상 · 장관과 막료, 의회, 정당, 노동조합 등을 중심으로 살펴본다.

1) 대통령, 수상, 장관과 막료의 역할

(1) 대통령과 막료

정부의 정책결정에 가장 핵심적인 역할을 하는 행위자로는 대통령을 들 수 있다. 대통령은 국가수반으로서 실질적인 최고의 권력기관이며 수상, 장관 등과 고위 공무원을 임명하고, 국정의 최고의결기구인 국무회의를 주재하며, 행정부의 정책을 지도, 조정, 통제하는 권한을 갖고 있다. 대통령은 통상적으로 입법과정에서 수상을 통하여 자신의 정책의지를 반영하고, 특별한 상황에서는 의회해산권을 통하여 강력한 리더십을 행사한다. 또한 대통령은 의회 등의 반대가 예견되는 어렵고도 중요한 정책 결정을 해야 될 경우 국민투표에 부칠 수 있다.

2008년 7월 21일의 헌법개정을 앞두고 사르코지 대통령은 최근 의회 처리 과정에서 사회당 · 녹색당 등 야당을 설득했고, 에두아르 발라뒤르(Edouard Balladur) 전 총리를 주축으로 한 개헌연구위원회를 발족할 때는 초당적 협력을 강조하며, 거물급 야당 인사 자크 랑(Jack Lang) 전 문화교육장관을 초빙하기 위해 삼고초려(三顧草廬)하기도 했다(아시아투데이, 2008/07/22).

대통령은 국가원수로서 국가의 계속성을 유지하는 책무를 가지며, 고유권에 속하는 국방과 외교의 경우 주도적으로 권한을 행사한다. 국방에 관한 한 대통령은 국방의 최고회의 및 위원회(conseils et comités supérieurs de défense)를 주재하는데 이는 군의 통수권자로서 역할하는 것이다(Oberdorff, 54).

대통령이 정책결정을 하고 정책과정을 주도하기 위해서는 이를 뒷받침하는 것이 중요하다. 넓게 보면 대통령이 임명하는 수상, 장관 등을 비롯한 모든 행정 관료가 대통령의 참모기능을 수행한다고 할 수 있다. 좁게 보면 대통령의 정책결정을 바로 옆에서 지원하는 대통령 사무처(secrétariat général de la Présidence), 대통령 비서실(cabinet du Président), 상임위원회(Conseils permanents ou ad hoc) 등이 참모조직에 해당한다. 대통령이 집무하는 엘리제(Elysée)에서 근무하는 인력은 약 500명이며, 이 중에서 직접 협력자는 약 60명이다(Oberdorff, 56).

대통령 사무처는 대통령의 정책결정 과정에서 핵심적인 역할을 수행한다. 이 사무처는 수상 및 장관과 대통령을 연결하는 통로로서 수상 산하 정부사무처(secrétariat général du Gouvernment)나 장관 비서실 등과 밀접한 관계를 갖고 네트워크를 형성하여 업무를 수행한다. 이 사무처는 사무처장 밑에 몇 개의 관할 부처를 담당하는 담당관들(conseillers techniques)과 담당(chagé de mission)으로 구성된다. 사무처에 소속된 고급공무원들은 약 20-30명이며, 이들은 여러 분야별로 대통령에게 정보 제공, 집행 감독, 각종 문제에 대하여 보고를 한다.

대통령 비서실은 대통령이 특히 개인적으로 관심을 갖고 있는 정치 문제에 관한 정책결정을 보좌하거나 대통령의 일정 마련 및 집행, 대통령실의 예산 및 총무 기능, 훈장 수여, 공직 임명 등의 업무를 수행한다. 대통령이 직접 개인적으로 업무에 관여하는 분야는 헌법에 규정된 국방, 외교뿐만 아니라 관습적으로 대통령이 관여하는 아프리카, 중동 문제, 국정의 주요 과제 등이다. 비서실은 비서실장(directeur du cabinet)과 그 밑에 비서실장보, 담당 분야별 비서관들로 구성되어 있다.

(2) 수상과 막료

수상은 대통령과 마찬가지로 정치 기능과 행정 기능을 동시에 수행한다. 수상은 정부의 수반(chef du Gouvernment)으로서 정부의 활동 전반을 지휘한다. 즉 수상은 법률 집행권, 명령제정권, 공무원 임명권, 그리고 정부 행위에 대한 결정권, 촉진 및 조정권을 갖는다.

수상은 이러한 막강한 권한을 행사하기에 보좌하는 조직과 인력이 대통령에 비하여 훨씬 방대하다. 즉 수상을 보좌하는 조직은 비서실(cabinet)과 정부 사무처(secrétariat général du Gouvernment), 수상 직속의 여러 부처조직(정부에 따라 다르지만 홍보간행물, 사회관계, 국방관계, 의회관계, 상설 부처간 위원회, 총무담당부처 등이 있음) 등으로 이루어져 복잡하고 거대하다. 수상의 업무를 실무적으로 보좌하는 좁은 의미의 수상실(정부사무처, 비서실, 경호담당) 직원은 적은 경우 약 400명(Ramidier 수상 당시 405명), 많은 경우 700명(Rocard 수상 당시 700명)이며, 수상 직속 부처조직의 행정 인력까지 모두 합하면 많을 경우 약 5,000명에 이른다(Oberdorff, 61, quid, 735; 임도빈, 113). 정부사무처는 수상의 업무 수행을 보좌하는 핵심 참모 조직으로서 대통령 사무처에 비하여 규모가 크다.

(3) 장관과 막료

장관은 정부의 핵심 구성원으로서 정치와 행정의 경계선에서 위치하며, 정책결정과 집행과정에서 중요한 역할을 한다. 수상이 부처의 업무에 대하여 일반적 정책 방향을 제시하고, 장관에게 일반적인 정책 차원에서 명령 지침을 내린다. 장관은 소관 부처의 업무에 대한 정책 방향을 제시하고, 정책을 구체화한 지침을 부하 공무원들에게 내려 정책집행을 한다. 즉 거시적 정책 차원에서 장관은 대통령 및 수상 또는 국회의원들이 국민들의 요구를 반영하여 정책 프로그램화한 것을 부하 공무원들을 통해 집행하며, 실무 공무원들이 제안하는 정책 아이디어를 대통령 및 수상 또는 의원들이 공식적 정책으로 다뤄 주도록 요청한다. 미시적 정책 차원에서 장관은 중앙부처 행정조직의 독특한 이원적 구조, 즉 집행기능을 하는 전통적인 국(局) 중심의 일반행정조직과 정치기능을 하는 프랑스 특유의 장관 막료제(cabinet ministériel: 장관 비서실)의 연결 역할을 한다(임도빈, 148-158; 성낙인, 499).

부처의 내부조직은 국, 과 등의 형태로 업무를 분담하는 계선기관과 비서실을 비롯한 장관 직속의 참모기관으로 구분된다. 계선조직은 직업공무원 제도를 통하여 정착되어 있는데 비하여 장관막료는 장관이라는 특정 인물에 의존하며, 그 자신의 운명도 결정된다. 프랑스에는 한국과 달리 장관 아래에 차관, 차관보 등의 계선기관이 없으며, 정무직인 한국의 차관과 차관보에 해당하는 기능은 장관비서실(막료)이 주로 담당한다.

장관의 막료는 공식적 막료와 비공식 막료로 나눌 수 있다. 공식적인 막료는 관보에 게재되며, 1981년 5월 25일 수상 회람에 의하여 일반 장관(ministre)은 10명, 담당장관(ministre délégué)은 7명, 청장(secrétaire d'Etat)은 5명을 두며, 이는 개인비서, 의회담당관을 포함한 것이다. 비서실 직원(막료)은 일반 공무원과 다르게 자격조건이 없다. 비공식적 막료는 장관의 내부적 결정으로 임명되어 보수가 지급되는 명단에만 기록될 뿐 관보 등에서는 게재되지 않는다. 수상의 회람을 통하여 비공식적 막료를 금지하고 있지만 상당수에 이르고, 가장 많은 부서는 재무, 국방, 교육부 등이다. 어떤 각료는 공식 막료보다 2배에 가까운 비공식 막료를 두고 있는 것이 현실이다(성낙인, 510-511).

비서실은 공식적으로 우두머리인 비서실장(directeur de cabinet), 그 밑에 장관의 의전과 정치 활동을 총괄하는 비서장(chef de cabinet), 부처의 일부 기능 중에서 일부를 전문적으로 담당하는 전문비서관(conseillr technique)과 그 아래의 담당비서(chargé de mission), 개인비서, 의회담당비서 등으로 구성된다. 장관 비서실장은 국립행정학교(ENA) 출신이면서 고급공무원단(grands corps)에서 일하는 엘리트들이 대부분이다. 비서실장은 비서실의 모든 조직에서 자유재량권을 가지며, 장관 다음으로 막강한 권력을 행사하며 장관의 의사결정에 큰 영향을 미친다(Auby, 68-71; 임도빈, 161-162).

2) 의회, 정당, 노동조합

(1) 의회

입법부인 의회는 국민의회(Assemblée nationale: 하원으로도 표기)와 상원(Sénat)으로 구성되는 양원제이다. 국민의회는 국민의 직접선거에 의한 의원(임기 5년)으로 구성되고, 상원은 간접선거에 의한 의원(임기 9년, 매 3년마다 3분의 1씩 개선)으로 구성된다.

의회는 국가 정책의 기본 방향을 제시하는 법률을 제정하며, 대정부 통제권(국민의회의 정부 불신임 의결권, 의회의 서면 및 구두 질의권 등) 등의 권한을 행사한다. 그러나 의회의 중요한 권한인 입법권은 상당히 제한되고, 의회의 내부조직 및 운영(의사일정, 의원 질문, 발언권 등)이 폭넓게 제약되며, 행정부(수상)에 의하여 영향을 많이 받고 있다.

의회의 입법권(법률안의 제출, 심의, 의결권) 영역은 헌법 제34조 규정에 의하여 상당히 제한되고 있다. 말하자면 의회를 통하여 법률로 규정되는 대상은 기본권(공공자유권), 대중매체(자유 · 복수체제 · 독립성), 민법, 형법, 재정법, 국회 및 지방의회 선거제도, 각종 공공단체의 설치, 공무원 지위 보장, 국유화로 한정하고 있다(헌법 제34조 1항 및 2항). 의회는 특정 분야의 경우 기본원칙만을 규정하고, 구체적인 사항은 행정부의 명령, 규칙 등에 맡기도록 하여 입법권이 제한되고 있다. 즉 국방의 일반조직, 지방자치단체의 자치행정 · 권한 · 재원, 교육, 환경보존, 소유권 · 물권과 민사상 및 상사상의 채무제도, 노동법 · 노동조합법 · 사회보장법은 법률로 기본원칙만을 규정한다고 헌법에 명시하고 있다(헌법 제34조 3항). 게다가 재정의 경우 의회의 입법 활동을 매우 제한하는 특이한 규정을 두고 있다. 이를테면 국회의원 제출의 법률안 및 수정안은 국가 세입의 감소나 세출의 신설 또는 증액을 초래하는 경우에는 입법이 금지된다고 헌법 제40조에서 명문화하고 있다. 그리고 행정부는 의회가 제안하는 법률안을 지연시키거나 의사일정을 주도하여 본회의 상정을 차단할 수 있다.

(2) 정당

정당은 국민들의 다양한 의사를 정책에 반영하기 위하여 매개 역할을 한다. 정당이 추구하는 이념과 정책 방향은 정책의 내용 결정에 영향을 미치기 때문에 중요하다. 프랑스의 정당은 서구의 다른 국가들에 비하여 이념적 범역이 넓고 극좌에서 극우에 이르는 다당제로 되어 있다. 시라크(Chirac) 전대통령의 제안으로 드골주의를 표방하면서 우파가 주축이 되어 동조세력을 규합한 대중운동연합(Union de la Majorité Presidentielle), 사회주의를 이념으로 하는 사회당, 자유주의를 표방하는 민주연합이 집권 경험이 있는 대표적 정당이다. 이러한 정당들은 중도 우파나 중도 좌파로 칭해지고 있다. 이 외에도 극우주의에 속하는 국민전선(Front National), 공산주의를 이념으로 하는 공산당, 환경보호와 저성장주의 등을 내세우는 녹색당 등 다수의 정당이 있다. 최근에는 좌익과 우익의 명확한 경계가 모호해지는 경향이 나타나고 있다.

(3) 노동조합

프랑스는 법적으로 산별노동조합과 직장별 노동조합을 허용하고 있으며, 노동조합의 활동은 순수 노동운동으로 제한하고, 정치운동화는 금지되어 있다. 공산당과 밀접하게 연계되어 있는 노동총연맹을 제외하면 노동조합과 정당과는 직접적으로 연계되어 있지 않다. 규모가 큰 대표적인 노동조합들이 주도하여 노동정책에 영향을 미치고 있다. 2005년 현재 대표적인 노동조합의 가입자는 노동자세력(FO)이 105만 명으로 가장 많고, 그 다음은 프랑스민주노동연맹(CFDT) 80.6만 명, 노동총연맹(CGT) 71만 명, 전국자치조합연합(Unsa)이 36.5만 명(이 중에서 교육자가 17만 명, 공무원이 13만 명)을 나타내고 있다(http://www.quid.fr/2007 /Syndicats/Principaux_Syndicats_Francais/1). 이러한 노동조합에 가입한 공직자들이 파업을 하면 상급 부처가 고용주의 입장에서 노조 대표들과 협상을 한다. 노동조합 이 외에도 공공부문과 민간부문에 직장별로 구성되는 직장위원회(comité d'entreprise)가 설치되어 있는데 이 위원회는 주요 노동조합 대표들이 위원으로 참여하고 있다. 또한 노사분쟁에 대하여 중립적 입장에서 문제를 해결하는 노사심판관(Prud'homme)을 두는데 이는 관할 지역 노동자의 투표에 의해 구성된다.

2 정책의 조정 메커니즘

프랑스는 각 중앙부처가 고유한 업무를 담당하고 있기 때문에 이른바 '정책이기주의'가 존재하지만 부처 상호간 의견 조정이 비교적 잘 되고 있다. 부처간 정책 및 업무의 조정 메커니즘은 다양하다. 집행권 내부의 정책결정 및 조정 기능을 하는 핵심 기구로는 국무회의, 관계부처간위원회, 관계부처간회의 등이 있다. 범부처 차원에서 일반 부처와 달리 정책에 대한 입안, 촉진, 조정, 평가 등을 하는 특수 임무를 갖는 조직(DIACT, CGP 등)이 있다. 수상 및 장관 막료제는 공공정책의 추진과정에서 중요한 조정기능을 수행한다.

1) 국무회의, 관계부처간 위원회

국무회의(Conseil des ministres)는 집행권의 최고의결기구로서 국가의 핵심적인 사항과 정책을 결정함으로써 공통 의견의 장을 형성한다. 내각회의(Conseil de cabinet)는 수상 주재에 의하여 모든 각료가 참여하는 회의인데 현 제5공화국 하에서는 대통령직의 실세화와 더불어 사실상 그 중요성을 상실하여 전체 합의는 국무회의로, 부분회의는 관계부처간위원회(Comité interministérielle)로 그 기능과 권한이 대체되었다.

관계부처간위원회는 특별한 문제에 대하여 이해관계가 있는 부처의 각료들을 중심으로 소집되는 회의이며, 주로 수상이 주재한다. 이 회의는 국무회의에 상정되는 안건이 최종 결정을 하기 이전에 장관들의 견해를 조정하여 사실상 그 내용을 결정하는 기능으로 국무회의보다는 전문적인 성격을 띤다.

관계부처간회의(réunion interministérielle)는 수상이 소집하며 수상실의 정부위원(각료급)이나 수상의 비서실장 주재 하에 행하여지는 고급공무원 회의이다. 이는 관계부처 사이의 다양한 의견을 각 부처 각료의 핵심참모나 공무원들이 상호 의견교환을 통하여 부처간 이해관계를 조정하는 회의이다.

2) 범부처 조정기구

국토정책의 경우 이 분야의 정책에 대하여 입안, 촉진, 조정, 평가 등을 총괄하며 핵심적 역할을 하는 DIACT(Délégation interministériel à l'aménagement et à la compétivités des térritoires: 국토청 또는 국토계획 · 경쟁부처간기획단)가 설치되어 있다. DIACT는 1963년 드골 대통령 당시에 창설된 DATAR(Délégation à l'aménagement du térritoires et à l'action régionale: 국토청 또는 국토지역부처간기획단으로 표기)가 경제변화부처간사업단(MIME: 2003년 설치)의 업무를 통합하여 2005년 말에 확대 개편된 것이다. DIACT는 프랑스 국토 및 지역정책 추진의 상징적 존재로서 전국적으로 네트워크를 형성하는 방식으로 조직되어 있고, 레지옹(지역)에 담당관을 파견하며, 레지옹에 설치된 지역경제개발사무국(commissariats au développement économique: 지역경제개발사업단으로도 표기)과 연계하여 기업 유치 등을 지원한다.

DIACT는 전통적인 기능 중심의 부서조직 형태에서 벗어나 일종의 "행정특공대(commando administratif)"라 할 수 있는 임무중심 행정(administration de mission) 조직으로 구성되어 있다. DIACT는 2007년 9월 1일에 조직이 개편되었는데 청장(délégué: 또는 단장으로 표기), 자문관(coseillère), 비서실장, 부처간 업무 및 조정담당 국장 겸 부청장, 전망 · 평가 · 연구 · 국제 부장(pôle), 경제변화 · 개발 국장, 그리고 9개 팀(국토 다이내믹팀, 지속가능 개발 · 교통 · 대도시팀, 혁신 · 경쟁 · 정비팀, 지역개발 · 유럽정책팀, 소도읍 · 연구소 협력팀, 국토 관측(Observatoire)팀, 전망 · 연구팀, 국제협력팀, 경제개발 · 변화팀(프랑스국제투자사무소인 AFII와의 관계 포함) 등으로 구성되어 있다(http://www.diact.gouv.fr). CGP(commissariat général du plan: 기획청, 기획단, 기획위원회로 표기)는 DIACT처럼 임무중심 행정 조직으로 구성되어 있다. CGP는 경제 · 사회 · 문화 발전에 대한 중기계획을 수립 및 평가하고, 각 부처와의 관계에서 계획에 대한 경제적 조정 역할을 하며, 국토계획의 구상(conception)에 대한 연구를 수행하고, DIACT와 협력한다.

3) 수상 및 장관 막료제의 조정 기능

수상은 정책 대상인 국민들뿐만 아니라 관련 단체들(노동조합, 민간단체 등)의 의견을 수렴하고 협의하며, 부처간의 정책을 조정하는 역할을 수행한다. 특히 수상은 장관들에게 정부의 행위를 알리는 방법으로 회람(circulaires)을 종종 이용하며, 여러 부처의 업무를 조정하며 법률안, 정부령(décret), 예산문제에 대하여 장관간에 갈등이 있을 경우 중재 결정을 한다.

장관 막료제는 프랑스 특유의 제도로서 정책 추진과정에서 중요한 조정 기능을 수행한다. 오늘날에는 부처간 업무가 중복되는 경우가 많아지고 있어 다른 부처와의 협상 또는 협의가 긴요한데 전문비서관 또는 비서들이 부처와의 협력 및 조정에서 통로 역할을 한다. 비서실은 부처 내부의 하부기관 사이에 야기되는 갈등이나 업무 조정에도 관여한다. 그리고 비서실은 정치적 측면에서 입법행위자, 언론, 노동조합, 각종 민원 관련 조직 등과 연결하는 장관보좌 역할을 한다. 특히 의회담당비서는 국회에서 장관 답변 준비 등 의회와의 연결 문제를 담당하며, 언론관계비서는 홍보 활동을 위하여 언론과의 관계를 담당한다. 장관은 중요한 정책을 추진하거나 문제가 야기되었을 때 전통적 행정조직인 계선기관과 참모(비서실) 조직의 두 라인을 모두 동원하여 서로 경쟁시키거나 보완적으로 업무를 주어 이중적 내지 병렬적 조직의 장점을 살리고 해결책을 모색할 수 있다(임도빈, 164-166).

2007년에 출범한 정부는 행정개혁을 추진하는 과정에서 국가회의라는 토론의 장을 개최하여 공무원이 행정개혁에 동참하도록 유도하였다. 논의 과정에 다양한 그룹을 참여시키고, 의견을 수렴하였으며, 이해관계자의 합의도출 과정을 중시하였다. 이러한 과정에서는 전통적 행정조직인 계선기관과 참모(비서실) 조직이 함께 역할을 하였다. 국가회의는 3개 그룹(노동조합그룹, 공무원그룹, 전문가그룹)의 위원으로 구성되었다. 국가회의의 대표성 문제를 해결하기 위하여 전국단체협상위원회(commission nationale de la négociation collective)에 가입한 옵서버나 대표단의 참관을 허용하였다. 국가회의는 공무원과 시민의 의견을 수렴하였으며, 35만명에 달하는 네티즌이 토론에 참여하였다. 이 중에서 2만명 이상이 의견서를 제출하였고, 2만명을 대상으로 공공서비스 및 공공관리의 가치, 현재 및 미래의 개혁에 대한 설문조사를 실시하였다. 그리고 시민과 공무원이 주요 주제(공공성, 민간과의 교류, 관리 효율성, 서비스 질 등)에 대하여 60개 이상의 실무그룹에서 의견을 나누었다(윤광재, 15).

3 정책평가

1) 정책평가의 제도화

프랑스는 1990년대에 신공공관리론 등의 영향으로 인하여 정부정책 평가에 중점을 두고, 공공정책평가에 관한 1990년 1월 22일의 정부령(décret)에 의하여 정책평가 제도를 전면적으로 도입하였다. 즉 정부 차원에서 정책을 평가하기 위하여 야심적인 제도를 마련하였는데 부처간평가위원회(Comité interministériel de l'évaluation: CIME), 평가과학위원회(Conseil scientifique de l'évaluation: CSE), 국가평가발전기금(Fonds national de développement de l'évaluation: FNDE) 등이 설치되었다. 평가과학위원회는 정책평가기금을 사용한 평가결과에 대하여 다시 그 질을 평가하는 작업을 한다. CGP는 제도의 행정적 활성화를 담당하였다(Perret, 73).

공공정책평가에 관한 1998년 11월 18일의 정부령은 그동안 중앙행정기관(회계감사원, 중앙조사위원회, 경제사회위원회, 부처 소속 자체감사실 등), 지방자치단체, 공공기관 등 여러 기관에 의하여 수행되었던 평가 업무를 통합하는 통합적인 평가 제도를 채택하였다. 이 정부령은 기존의 평가업무를 담당하였던 평가과학위원회(CSE)와 부처간 평가위원회(CSE)를 폐지하고, 국가정책평가위원회(Conseil national de l'évaluation: CNE)를 설치하여 정부의 주요 정책평가 업무를 총괄하도록 하였다. 이 정부령에서 최초로 정책평가의 개념 정의가 이루어졌고, 1993년 12월의 수상 회람은 국가와 레지옹간 계획계약에 대한 평가를 거의 의무화(quasi-obligation) 하도록 제도화하였다(Perret, 73-81; 홍재환 · 윤기석, 4-6).

2) 정책평가의 주요 관련 기관과 역할

(1) 중앙부처 내의 자체감사기관(Inspecteur Général)

중앙부처 내의 자체감사기관은 장관 직속기관으로 설치하여 부처 내의 행정감사, 직무감사, 행정지도, 자체평가 등의 기능을 수행한다. 이는 주로 내부평가를 하며 부처의 업무 성격에 따라 다소 차이가 있지만 기본적 업무는 유사하다. 내무부의 감사실은 수상이나 다른 부처 장관의 명령에 의하여 다른 부처에 대한 감독과 감사를 실시할 수 있는 점이 특이하다. 또한 내무부의 감사실은 국가로부터 지원을 받는 각종 단체에 대한 감사와 통제, 중앙부처의 조직 및 업무평가, 공공기관의 평가도 수행한다.

(2) 국가정책평가위원회(CNE)

국가정책평가위원회는 정부 및 지방자치단체의 정책과제, 공공기관의 공공정책 등에 대한 성과평가 업무를 담당하며, 주로 과정평가, 사후평가를 한다. 국가정책평가위원회는 수상 직속의 평가기관으로서 14인의 위원으로 구성되며, 위원의 임기는 3년이며 1회 연임 가능하다. 과정평가는 정책이 집행되는 과정에서 수행되는 평가이며, 사후평가는 정책목표와 정책수단간의 효과성 측정에 치중하는 성과평가 중심의 평가기능이다.

(3) 기획청(CGP)

CGP는 국가정책평가위원회의 주요 국정과제 평가업무를 행정적으로 지원하고, 중앙부처와 지방자치단체의 평가 대상에 과제 선정에 대한 정보 제공, 평가 계획을 구체화하는 업무를 수행한다. 이는 주요 국정과제 평가업무가 종료되면 평가에 대한 종합보고서를 수상에게 제출하고, 평가결과보고서를 출판, 공개하는 역할을 담당한다. 또한 이는 정부 정책평가의 원활한 수행을 위하여 1990년 1월에 정부령에 의하여 마련된 국가평가발전기금(FNDE)의 운용을 관리한다. 이 기금은 매년 수상실의 예산 편성에 포함된다. CGP는 정책평가위원회가 평가계획서를 작성할 때 평가관련 예산을 제안하며 이러한 제안을 토대로 정책평가위원회는 예산 심의, 확정하여 수상에게 제출하고, 수상은 평가계획의 총예산을 확정, 공포한다.

(4) 회계감사원(Cour des comptes)

회계감사원은 행정기관이면서 특수한 신분을 보장받고 있는 독립된 감사통제기관이다. 이는 국가의 재원이 투입되는 정책 및 기관의 회계업무에 대한 평가와 감사의 기능을 수행한다. 2008년 7월 21일에 개정된 헌법은 제47조 2항에서 "회계감사원은 공공정책의 평가에서 의회와 정부를 보좌한다"고 규정하고 있다. 그리고 2007년 12월에 회계감사원 200주년을 맞이하여 대통령은 회계감사원에게 대규모 공공정책 감사 및 평가기관의 권한, 수단 및 조직을 정하기 위한 전반적 검토에 착수하도록 요구하였다(Perret, 85).

3) 정책평가의 특징과 추진체계

프랑스 정책평가사업의 주요 특징과 대상을 보면 다음과 같다. 정책평가 대상은 정책사업별로 개별평가가 이루어지며, 정책사업은 2-3개 부처에 관련된 정부 특정과제를 중심으로 평가업무가 수행된다. 평가방식은 사전평가, 사후평가, 과정평가 모두를 적용하고 있다(홍재환 · 윤기석, 21).

평가업무는 독립성과 자율성이라는 기본원칙 바탕을 두고 있다. 평가업무 추진체계는 아래 그림에서 보는 바와 같다. 즉 CGP는 중앙부처로부터 평가 대상 과제

〈그림 4-1-1〉 평가추진체계

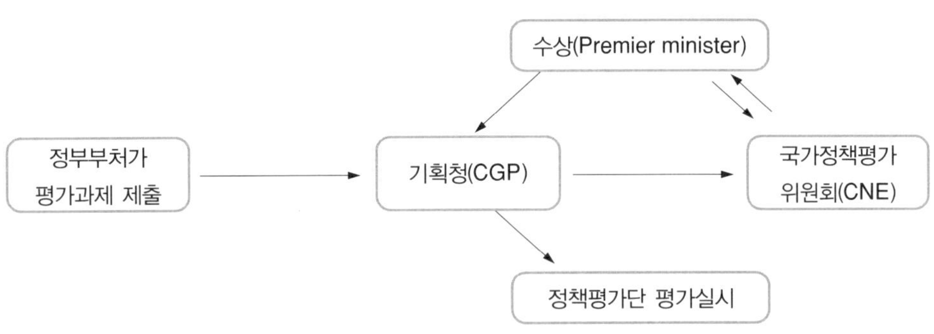

출처: 홍재환 · 윤기석, 23의 내용을 일부 보완한 것임.

를 받은 후 평가위원회에 제출하며, 평가위원회에 의하여 국정과제 평가 목록이 선정되어 수상에게 제출된다. 수상은 평가위원회의 평가과제를 검토, 결정하여 CGP에 평가계획을 통보하며, CGP는 이를 토대로 평가단을 구성하여 평가업무를 실시한다. 정책사업 평가기간은 원칙상 12개월이며, 최고 18개월을 초과할 수 없도록 규정하고 있다. 정책평가단 구성시에는 민간지원봉사자를 참여시켜 국민의 의견을 평가 결과에 반영하고 있다.

의회는 실제로 평가에서 별다른 역할을 하지 않았는데 2008년 7월 21일 개정된 헌법 제24조에서 "의회는 공공정책을 평가한다"고 규정하고 있다.

프랑스의 정책평가는 성과평가 체계로 운영되고 있으며 평가 결과와 예산과의 연계성은 없고, 정책평가의 결과는 과정평가의 경우 정책을 지연, 철회하며, 사후평가의 경우 성과평가 결과에 의거하여 차후 정책의 목표와 수단을 제고하는 정보 축적을 도모한다(홍재환 · 윤기석, 25).

Ⅳ. 공공정책 과정의 사례분석: 국가와 지역간 계획계약의 실례

1 계획계약의 도입 배경과 의의

계획계약은 국가적 차원에서 추진할 필요가 있는 정책과 지역적 차원에서 우선적으로 추진할 필요가 있는 정책을 조화롭게 추진하여 국가 및 지역발전을 동시에 추구하고 있다. 즉 계획계약을 통해 국가의 우선사업과 지방자치단체의 우선사업을 균형되고 종합적으로 추진함으로써 국가는 국토발전의 전반적 목표를 달성하고, 지역간 조화와 안정을 도모한다. 1982년 지방분권 이전의 경우 지역차원의 계획은 국가계획의 지역화 내지는 하위체계로서 중앙정부가 주도적으로 수립하였으나, 지방분권 후에는 레지옹(지역)이 광역지방자치단체로 승격되면서 계획의 수립 · 집행권을 갖게 되었다. 1982년 7월의 계획의 개혁에 관한 법률은 국가와 지방자치단체간의 관계를 지배 · 종속이 아니라 보완 · 협력의 개념에 바탕을 둔 새로운 계획 수단을 도입하였다(Merle, 47-48).

프랑스의 국토 및 지역정책은 지방분권 실시 이전에는 국가가 주도하였기 때문에 중앙정부 차원(DATAR)의 정책결정과 집행에 별다른 어려움이 없었다. 그런데 지방분권 실시와 더불어 지방자치단체(특히 레지옹)가 지역발전정책 및 계획에 관련된 독자적 권한을 갖게 되면서 지자체의 협력 여부가 국가 전체에 큰 영향을 미치게 되었다. 이에 따라 도입한 것이 계획계약 제도이다. 국가와 지역(레지옹)간 계획계약은 제1차 계획계약(1984-1988년), 제2차 계획계약(1989-1993년) 및 제3차 계획계약(1994-1999년)은 5년 단위로 체결되었고, 제4차 계획계약(2000-2006년)과 현재 시행 중인 제5차 계획계약(2007-2013년)은 7년 단위로 체결되었다. 여기서는 프랑스 공공정책 과정에 대한 실례의 하나로 국가와 지역간 계획계약의 과정, 계획계약 파트너와 그 역할, 계획계약제의 성과와 과제에 대하여 구체적으로 살펴본다.

2 계획계약의 과정

1) 수립절차

계획계약의 수립은 범부처 차원의 국토정책결정기구인 DIACT(2006년 이전의 경우 DATAR)의 지침 마련에서 시작하여 국가의 대표인 레지옹 지사(préfet: 청장으로도 표기)와 지방자치단체(레지옹)의 대표인 레지옹의회 의장이 서명함으로써 완료된다. 계획계약의 수립절차에 대하여 규정하고 있는 1983년 1월 21일의 정부령(décret)에 의하면 계획계약은 2단계, 즉 계획계약의 초안(avant-projet)과 계획계약의 안(projet)의 절차를 통하여 수립된다(Lefbvre et Meyer, 83-84). 이러한 계획계약의 수립절차를 요약하면 아래의 그림과 같이 요약된다.

2) 시행

계약의 시행을 위해 계획계약 시행공동위원회(혹은 국가-레지옹 동수대표의 위원회)가 설치된다. 이 위원회는 국가를 대표하는 레지옹지사와 레지옹을 대표하는 레지옹의회의장에 의하여 공동 주최되며, 위원회의 구성은 당사자들간의 상호 합의(국가 대표와 레지옹대표를 각기 절반씩)에 의하여 결정된다. 계획계약 시행공동위원회는 계약사업의 시행을 조정하고, 계약사업의 기술적 · 재정적 조건은 당사자에게 알리기 위하여 1년에 1회 이상의 회의를 개최한다. 공동위원회는 계약의 두 당사자에게 매년도 계약사업의 시행에 대한 전반적인 평가서를 이송하는 책임을 담당하는데, 이 평가서에서는 사업시행의 재정적 · 물리적 측면을 기술하고, 가능한 한 계약사업의 경제적 영향도 언급한다.

계획계약은 국가와 레지옹간의 공동합의에 의해 사업시행 중에 전체적으로나 부분적으로 수정될 수 있으며, 필요에 따라 추가조항이 체결될 수 있다. 또한 계획계약은 어느 한 당사자의 요구에 의하여 해약될 수 있으며, 해약의 요구 시에는 사유서가 수반되어야 한다. 이 경우 국가는 국토 계획 · 발전부처간위원회(CIADT, 1995년 이전의 경우 CIAT)에 의해 심사를 받으며, 레지옹은 레지옹의회 정기회의

〈그림 4-1-2 〉 계획계약의 수립절차

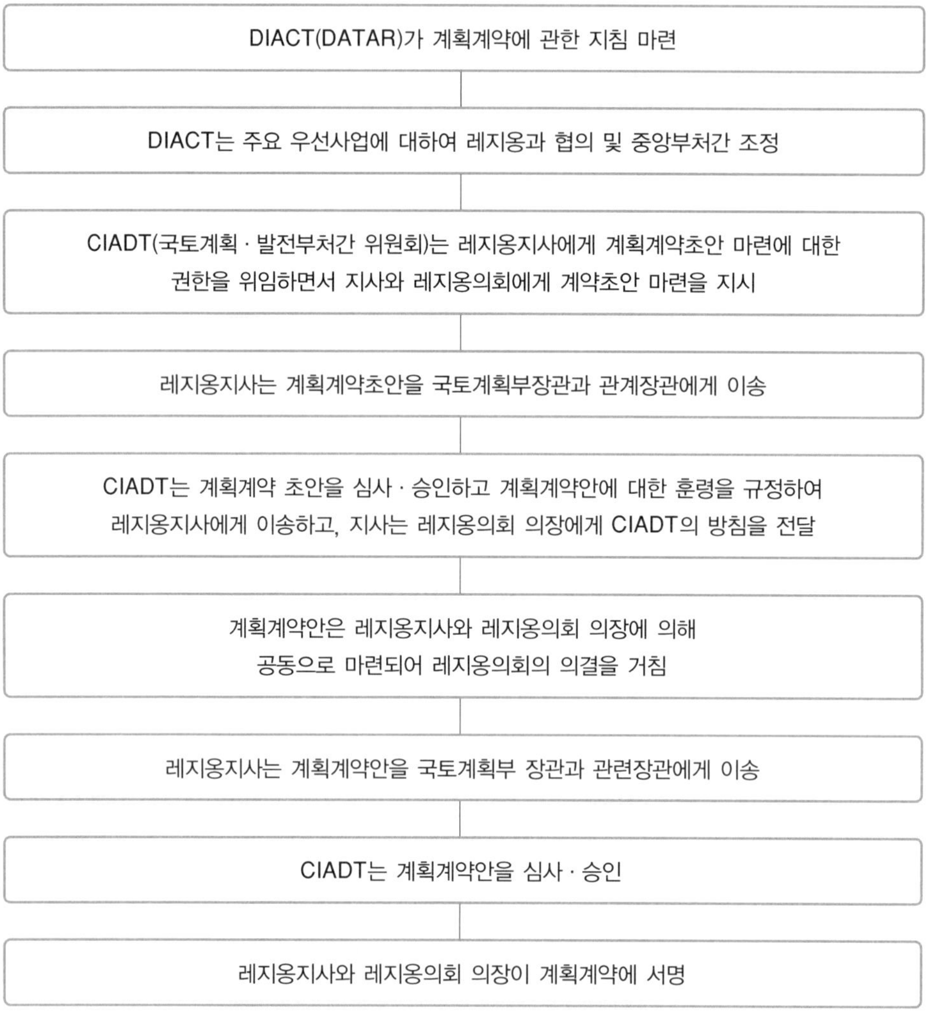

DIACT(DATAR)가 계획계약에 관한 지침 마련

↓

DIACT는 주요 우선사업에 대하여 레지옹과 협의 및 중앙부처간 조정

↓

CIADT(국토계획 · 발전부처간 위원회)는 레지옹지사에게 계획계약초안 마련에 대한 권한을 위임하면서 지사와 레지옹의회에게 계약초안 마련을 지시

↓

레지옹지사는 계획계약초안을 국토계획부장관과 관계장관에게 이송

↓

CIADT는 계획계약 초안을 심사 · 승인하고 계획계약안에 대한 훈령을 규정하여 레지옹지사에게 이송하고, 지사는 레지옹의회 의장에게 CIADT의 방침을 전달

↓

계획계약안은 레지옹지사와 레지옹의회 의장에 의해 공동으로 마련되어 레지옹의회의 의결을 거침

↓

레지옹지사는 계획계약안을 국토계획부 장관과 관련장관에게 이송

↓

CIADT는 계획계약안을 심사 · 승인

↓

레지옹지사와 레지옹의회 의장이 계획계약에 서명

심사대상이 된다. 이러한 해약요구는 공식적인 요구가 있은 지 3개월이 지나야 효력이 발생된다. 계획계약의 시행조건에 대한 쟁송은 계약이 서명된 곳의 관할지역 행정법원에서 당사자 일방에 의하여 제기되는 초심에서 결정된다. 계획계약은 1983년 1월 21일의 정부령(décret) 제12조에 의하면 "계획계약은 국참사원(Conseil d'Etat)의 정령이 정한 절차에 따라 체결한다. 계획계약은 그 형태와 조건

이 명백히 규정될 때에만 통상적인 계약만료 이전에 해약할 수 있다. 계획계약은 계약조항만을 포함하는 것으로 인정한다"라고 규정하고 있다.

3) 평가와 환류

계획계약에 대한 평가는 중앙정부차원과 레지옹 차원으로 나누어 볼 수 있다. 중앙정부 차원의 경우 정부는 매년도 제2차 정기회기의 개최 때 이전의 사업시행 기간 중에 행해진 사업전체를 평가하고, 계획계약의 집행을 보고하는 보고서를 의회에 제출한다. 정부는 계획계약이 시행되는 제2차 년도부터는 계획계약의 성과에 대한 상세한 평가서를 작성한다.

국가평가기관(Instance national d'évaluation: INE)은 중앙부처 및 DIACT(2006년 이전의 경우 DATAR)의 대표로 구성되고, CGP의 대표가 이를 주재한다. 국가평가기관은 레지옹평가조정위원회에 의하여 제출된 평가 프로젝트를 검토하고, 기술 및 방법론상의 의견 및 권고를 표명하며, CGP와 평가예산관리자 및 최종 예산담당의 대표자에게 제안한다. DIACT는 이러한 제안들과 함께 다른 평가기관들의 의견 및 권고사항을 검토하여 차기 계획계약의 수립 지침과 시행과정에 반영하여 계획계약 제도의 운영을 지속적으로 개선하고 있다. 국가평가위원회(Conseil national de l'évaluation: CNE)는 중앙부처의 요청에 따라 부처간 및 지역간 평가를 수행한다(Moulin, Pinson et Chapelet, 42-43). CGP는 국가와 레지옹간 계획계약 예산의 일부분을 평가 작업에 사용하기 위하여 국가 투자부분의 6/10,000에 해당하는 금액을 평가를 위해 배분하였다. 이 외에도 경제사회위원회(Conseil Economique et Social)와 DIACT가 국가와 레지옹간 계획계약의 시행에 대한 평가보고서를 발간하고 있다.

레지옹 차원의 경우 국토계획 · 발전레지옹협의회(conférence régionale de l'aménagement et du développement du territoire: CRADT)의 특별분과인 레지옹평가조정위원회(comité de pilotage de l'évaluation)가 구성된다. 이 평가조정위원회는 지자체(레지옹의회)의 국장과 특별행정기관인 레지옹청(préfecture de la région)의 사무처장(secrétariat général aux affaires régionales: S.G.A.R)이 공동

주재하며, 위원은 두 대표를 포함하여 의회의원, 전문가로 구성된다.

정부는 매년도 제2차 정기회기의 개최 때 이전의 사업시행기간 중에 행해진 사업전체를 평가하고, 계획계약의 집행을 보고하는 보고서를 의회에 제출한다. 정부는 계획계약이 시행되는 제2차년도부터는 계획계약의 성과에 대한 상세한 평가서를 작성한다.

3 계획계약 파트너와 그 역할

1) 중앙부처(DIACT)

DIACT는 국토정책에 관한 최고 정책결정기관인 CIADT(comité interministériel d'aménagement et des développement du territoire: 국토계획 · 발전부처간위원회)의 사무처로서 국토정책의 입안, 촉진, 조정, 평가 등을 총괄하고 있다. CIADT는 수상 주재 하에 운영되는 국토계획 및 발전에 관한 정책과 우선사업을 결정하는 최고 정책결정기관으로 관련 장관 전체가 참석한다.

DIACT는 주요 우선사업에 대하여 레지옹과 협의하고 관련 부처간 협의, 조정을 한다. 투자의 배분과정에는 계획계약에 투자하는 DIACT, 여러 부처, 재무부, 레지옹 지사, 유럽연합 등이 관련되게 된다. 국가 · 레지옹간 계획계약에 관한 사업계획의 승인 및 예산확보는 DIACT와 예산담당 장관과의 합의에 의하여 다음 해 회계연도 말 이전에 정부 부처간 절차에 의하여 결정된다. DIACT는 국가와 레지옹간 계획계약의 시행에 대한 평가보고서를 발간하고, 다른 평가기관들의 의견 및 권고사항을 검토하여 차기 계획계약의 수립 지침과 시행과정에 반영한다.

CGP는 레지옹에게 레지옹계획의 수립에 대한 거시경제적 지침과 국가의 주요 우선사업을 제시해 주는 역할을 하고, 주요 국정과제 평가업무를 행정적으로 지원한다.

2) 각종 위원회

계획계약의 과정에서 주요한 역할을 하는 위원회를 보면 다음과 같다.

CIADT는 범부처 차원의 최고 정책결정기관으로서 레지옹지사에게 계획계약초안 마련에 대한 권한을 위임하면서 지사와 레지옹의회에게 계약초안 마련을 통보하고, 계획계약 초안을 심사 · 승인하며, 계획계약안에 대한 훈령을 규정하고, 레지옹지사에게 이송한다.

경제사회위원회(Conseil Economique et Social)는 중앙정부 차원의 자문기관으로서 계획계약에 대하여 의견을 제시하고, 계획계약의 시행에 대한 평가보고서를 발간한다. 레지옹경제사회위원회(Conseil Economique et Social Régional)는 각종 경제 · 사회분야, 즉 기업, 노동조합, 각종 단체(공공기관, 협회), 전문가 대표로 구성된 자문기관으로서 레지옹의회의 심의에 앞서 계획계약을 비롯한 지역계획 및 레지옹 이익에 관련되는 모든 분야에 대하여 자문을 한다.

시행공동위원회는 국가를 대표하는 레지옹지사와 레지옹을 대표하는 레지옹의회의장에 의하여 공동으로 설치되어 계약사업의 시행을 조정하고, 매년도 계약사업의 시행에 대한 전반적인 평가서를 이송하는 책임을 담당한다.

3) 국가 임명 레지옹지사

국가를 대표하는 레지옹지사는 계획계약초안을 마련하여 국토계획부장관과 관계장관에게 이송한다. 레지옹지사는 국가대표로서 레지옹의회 의장에게 CIADT의 방침을 전달한다. 실제로 이러한 계획계약은 레지옹지사를 보좌하는 레지옹사무처장(secrétariat général aux affaires régionales: S.G.A.R)이 담당한다.

국회에서 의결된 세출예산에 의하여 매년 결정되는 국가의 예산은 그 중 일부가 계획계약으로 정해지며, 레지옹지사에게 이에 대한 권한이 위임된다. 레지옹지사에게 위임되는 예산은 계획계약 범주 내에서 지사에 의하여 직접 사용되며, 관련부처에 의하여 관장되는 계획계약안은 국가대표인 레지옹지사가 제안하여 국토계획부장관과 관련 장관에게 이송하면, 관련부처들이 그 안을 검토하고, 관련 부처의 장관이 참석하는 CIADT에서 이 안을 심사 · 승인함과 동시에 계획계약의 국가

투자액이 확정된다. CIADT에서 확정된 국가의 투자예산은 계획계약 절차의 분산화 조치에 따라 계획계약의 시행을 위해 각 관련 부처에 의하여 레지옹지사에게 권한이 위임된다. 각종 기금도 지사에게 위임된 기금의 범주 내에서 지사가 직접 사용한다. 국가예산의 지사에 대한 위임은 그만큼 각 부처에 의하여 '고유'하게 관리되는 예산과 기금을 감소케 하는 반면에, 레지옹지사의 결정권을 강화시킨 것이다. 레지옹지사는 계획계약 사업에 대한 예산 배분과 여러 레지옹간 사업의 조정자 역할을 한다(DATAR, 2002: 75-76). 레지옹지사는 계획계약 및 특별계약의 시행에 대하여 매년 전년도 1월 31일 이전까지 국토계획부장관에게 보고하는 역할을 한다.

4) 레지옹 및 관련 지방자치단체

레지옹의회 의장은 지방자치단체의 집행기관으로서 지방자치단체를 대표하여 계획계약안 마련하고 계획계약에 서명한다. 계획계약은 대규모사업의 경우 유럽연합, 정부, 레지옹, 데파르트망, 코뮌 및 협력체, 민간부문(기업, 협회) 등이 참여하며 재원도 분담한다. 레지옹은 해당 계획계약에 참여하는 지방자치단체 등과 다시 계획계약을 체결한다. 계획계약은 주로 국가와 레지옹간에 체결되며 산악지대(환경, 관광, 농업, 산림, 자연재해의 예방 등), 해안지역 등과 여러 레지옹에 걸치는 사업의 경우에 레지옹간 협정(conventions interrégional)이 레지옹 지사와 레지옹의회들간에 체결되고 있다. 즉 이를테면 중앙산악지대(Massif central) 협정에 6개 레지옹이 참여하였고, 알프스(Alpes) 협정에 2개 레지옹이 참여하였으며 쥐라(Jura), 보주(Vosgues) 및 피레네(Pyrérénees) 협정에는 각기 3개 레지옹이 참여하였다(Moulin, Pinson et Chapelet, 75-76).

4 계획계약제의 운영 성과와 과제

1) 운영 성과

(1) 국가와 지방자치단체간의 관계 변화

중앙집권적 체제 하에서 국가와 지방자치단체간의 관계는 지배 · 종속의 수직적 관계였는데 계획계약제 도입으로 보완 · 협력의 수평적인 관계로 전환되었다. 이를테면 지방분권 실시 이전의 경우 국가는 지방자치단체에 대하여 재정통제를 하거나 국가의 예산은 지방의 협의를 거치지 않는 '지역화(régionalisation)'라는 절차

〈그림 4-1-3〉 계획계약 파트너들간의 상호 관계

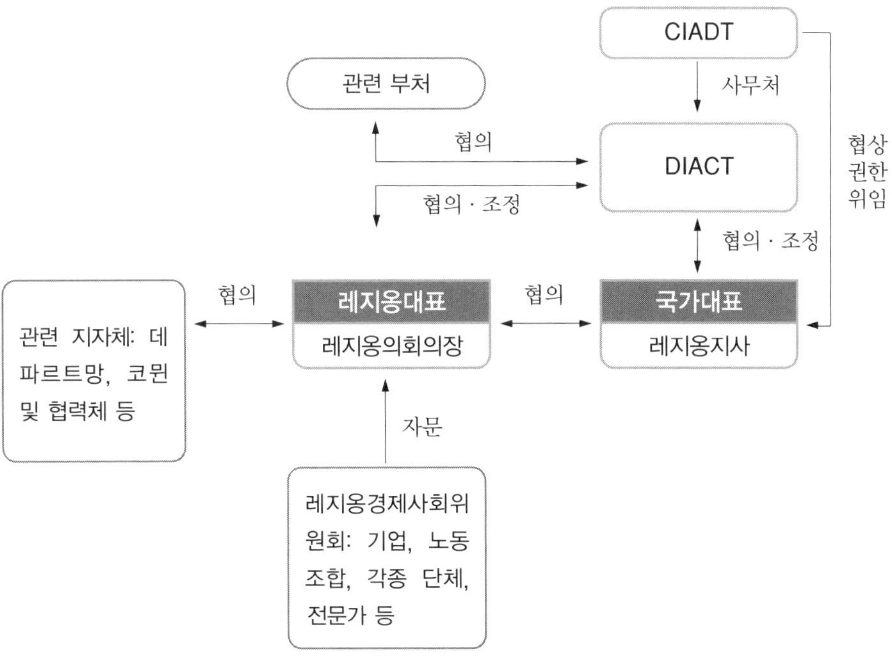

* CIADT: 국토계획 · 발전부처간위원회.
* DIACT: 국토청 또는 국토계획 · 경쟁부처간기획단.

에 따라, 레지옹의 지사가 투자에 대한 사업계획안을 마련하고, 장관이 레지옹간에 배분하였다. 새로운 계획계약제에 의한 계약의 절차는 국가와 지방자치단체간의 협의와 범부처간 조정기구(DIACT, 구 DATAR)에 의한 조정을 통하여 투자액이 결정되는 것으로서 과거의 방식에 비하여 발전한 것이다. 레지옹지사는 레지옹과 중앙정부간의 조정을 담당하는 DIACT의 도움을 받아 CIADT의 훈령(instructions)에 바탕을 두고 협상을 한다.

프랑스에서는 국가의 재정투자를 최대한 확보하기 위하여 사업을 최대한 계약화하려는 시도가 계획계약 과정에서 나타나고 있다. 결국 계획계약의 절차는 이제 정치 · 행정 풍토에 잘 합류하고 있으며, 효율성도 확보하고, 성공적으로 정착하고 있는 것으로 평가되고 있다(Braconnier, 42-46; Moulin, Pinson et Chapelet, 81; De Gaulle, 38-43).

(2) 다층적 거버넌스 구조와 파트너십 촉진

계획계약은 국가(레지옹지사)와 레지옹(레지옹의회 의장)간에 주로 체결되는데 대규모사업의 경우 유럽연합, 정부, 레지옹, 데파르트망, 코뮌, 민간부문(기업, 협회) 등이 참여하는 다층적 거버넌스 구조로 되어 있다. 이러한 거버넌스 구조는 지역발전정책의 일환으로 추진되고 있는 다른 주요 사업들(지역혁신사업, 경쟁거점 등)에서도 이와 유사한 것으로 나타나고 있다(배준구, 2006b: 87-93; 2007: 50-58). 이는 과거 중앙집권적 관료체제 하에서는 상의하달적이고 획일적으로 의사전달이 이루어졌다. 이에 반해 계획계약의 과정에서는 다양한 파트너들의 의견을 수렴하고, 협의와 협상을 통하여 계약을 체결함으로써 민주성이 최대한 보장되고, 파트너십이 촉진되고 있다. 말하자면 국가와 레지옹간 계약은 계약기간 동안의 공공정책 및 민간 부문 활동을 명시적으로 보장하고 있다. 주민들의 입장에서 계약은 공공자금의 올바른 사용과 공공부문 활동과의 긴밀한 결속력을 보증하는 것이다. 계획계약은 지방의 역학구조 내에서 파트너들을 더욱 더 연합시켰다. 데파르트망 이외에 도시들도 도시계약을 매개로 서로 다른 도시들간에도 점점 더 국가와 레지옹간 계획계약에 참여하고 있다. 이에 따라 계약의 영역 확대와 계약에 사용되는 재정규모가 현저하게 증가하게 되었다(Moulin, Pinson et Chapelet, 81; 배준구, 2004d, 61-62).

(3) 재원의 안정적 확보와 지방 파트너들의 신뢰

계획계약은 국가와 지방자치단체(레지옹)간에 공통사업에 대하여 재정투자를 약속하고, 안정적으로 사업계획을 추진할 수 있기 때문에 정파를 초월하여 파트너들로부터 지지와 신뢰를 받고, 파트너들의 참여도 증가하고 있다. 계획계약의 협상은 오래 걸렸고, 쉽지 않았지만, 일련의 사업들이 계약 기간(5년 - 7년) 동안에 재정투자가 계속해서 보장되었고, 지역발전정책이 시행되었다는 점에서 긍정적으로 평가받고 있다. 계획계약은 국가와 레지옹간의 관계를 안정시키는 수단으로 작용하는데 이는 계획계약이 지금까지 실제로 잘 이행되고 있는 점에서 찾을 수 있다. 지방자치단체들이 계획계약에 대한 관심과 지지가 높은 것은 국가에서 투자하는 예산을 안정적으로 확보하기 때문이다((Braconnier, 42; Madiot, 14; 배준구, 1998, 308).

계획계약의 재원은 일반적으로 국가와 레지옹이 동등하게 부담하는 것을 원칙으로 하나, 일정한 조건 하에서는 레지옹의 특수한 상황이 고려될 수 있다. 국가와 레지옹간 계획계약의 총투자액은 제1차 계획계약이 106.52억 유로, 제2차 계획계약 155.65억 유로, 제3차 계획계약 226.34억 유로, 제4차 계획계약 335.96억으로 증가하였다. 계획계약의 국가와 레지옹 분담 비율을 보면 제1차 계획계약은 국가 59.8%(63.83억 유로) 레지옹 40.2%(42.69억 유로)이고, 제2차 계획계약은 국가 55.4%(86.27억 유로) 레지옹 44.6%(69.38억 유로), 제3차 계획계약은 국가 52.1%(117.91억 유로) 레지옹 47.9%(108.43억 유로), 제4차 계획계약은 국가 50.0%(166.50억 유로) 레지옹 50.0% (169.46억 유로)를 나타내고 있다(Moulin, Pinson et Chapelet, 15-18).

2) 향후 과제

계획계약은 성공적인 평가에도 불구하고 수립 및 집행 과정에서 부분적으로 다음과 같은 문제점이 나타나고 있어 향후 해결되어야 할 과제로 지적되고 있다. 첫째는 계획수립의 과정에서 법률이 규정한 단계별 일정이 지켜지지 않는 경우가 있었고, 협의 규정(계획의 개혁에 관한 법률 제15조)이 복잡하여 간소화하는 방향으로 많이 수정되었다. 또한 협의를 위한 위원회가 구성되지 않는 경우도 있었다. 즉 레지옹계획 입안과 관련하여 코뮌과의 협의를 위한 데파르트망 위원회는 구성되지 않는 경우가 많았다. 둘째, 계획계약은 계획의 개혁에 관한 법률에서 전국계획이나 레지옹계획과의 연계를 규정하고 있음에도 불구하고 실제로는 연계되지 못하고, 레지옹계획이 수립되지 않는 경우도 많았다. 셋째, 계획계약이 새로운 기법으로서 잘 확립되고, 엄격한 의미에서의 진정한 계약이 되도록 하기 위해서는 자유로운 협상에 의하여 얻는 합의와 계약 체결자간 상호 권리와 의무를 행하는 것이 필요하다. 그동안 계획계약의 수립과정을 보면 당사자간의 평등과 자유는 항상 보장된 것은 아니고, 부분적으로는 미흡한 경우도 있었다. 예를 들면 제1차 계획계약의 수립과정 중에 협상의 최종 단계에서 국가 대표인 레지옹지사에 대한 수상의 위임이 불충분하였다. 또한 너무 촉박한 일정으로 레지옹 경제 · 사회위원회의 자문이 수차례 행해지지 못하였으며, 레지옹계획상의 몇몇 우선사업이 수용되지 못하여 자유가 다소 제한되었다. 그리고 계약체결 과정에서 레지옹은 재정상의 비중이 훨씬 큰 국가에 비하여 재량권이 적고(우선수행사업의 경우), 국가사업에 대한 정보가 불충분하였다(Moreau, 738-740; Lefebvre et Meyer, 73-77).

V. 결론 및 시사점

프랑스는 전통적으로 공공정책을 중앙정부 주도적으로 추진하여 왔는데 세계화, 지방분권화, 유럽연합의 출범 등으로 국가의 역할은 약화되고, 정책 참여자의 증대로 정책결정이 복잡하게 되었다. 이러한 변화에 따라 공공정책에서 파트너십 및 거버넌스에 대한 인식이 제고되었다. 프랑스는 전통적으로 행정의 고유한 공공서비스론에 바탕을 두고 공익성과 합법성을 중요시하였고, 행정개혁에 대해서는 소극적이었다. 그러나 경제 침체와 재정적자가 심화되고, 경제의 세계화 등으로 인하여 1980년대부터 신공공관리론의 영향을 받아 행정의 효율성을 추구하는 행정개혁이 지속적으로 추진되고 있다. 2007년 대통령 선거에서 사르코지(Sarkozy)가 대통령으로 당선된 후 프랑스의 공공정책은 새로운 변화를 맞고 있다. 새 정부는 그동안 누적된 경제침체와 심각한 재정적자를 해결하기 위해서 사회전체의 개혁 차원에서 공공정책의 재검토와 재정개혁에 중점을 두고 신자유주의에 입각하여 적극적으로 행정개혁을 추진하고 있다.

이상에서 논의한 프랑스의 공공정책 과정이 우리나라에게 주는 시사점은 다음과 같다.

첫째, 프랑스는 행정개혁을 비롯한 공공정책의 개혁을 점진적으로 추진하며, 정책의 연속성을 보장하는 데 중점을 두고 있다. 즉 1980년대부터 행정개혁이 추진되면서 신공공관리의 개념과 기법이 점진적으로 도입되어 이제 체계적으로 이용되는 수준으로 진전되었다. 2007년에 출범한 신정부가 추진하고 있는 공공정책과 재정개혁도 이전의 정부가 중시하였던 재정운영의 책임성, 성과, 투명성 강화 등을 지속적으로 추진하고 있다. 국토정책의 새로운 수단으로 도입한 계획계약 제도는 계획의 개혁과 더불어 1970년대에 중소도시 계약의 시행 경험을 토대로 개발의 계약적 계획화와 계약 절차를 일반화하여 발전시킨 것이다.

둘째, 정책 추진과정에서 다양한 그룹이 참여하여 논의하고, 의견 수렴과 함께 이해관계자의 합의도출 과정을 중시하였다. 즉 공공정책 개혁을 위한 국가회의를 개최하면서 3개 그룹(노동조합그룹, 공무원그룹, 전문가그룹)의 위원으로 구성하였고, 국가회의의 대표성 문제를 해결하기 위하여 전국단체협상위원회에 가입한 옵서버나 대표단의 참관을 허용하였다. 공무원과 시민의 의견을 수렴하고, 네티즌 35만 명이 토론에 참여하였다. 그리고 시민과 공무원이 주요 주제(공공성, 민간과의 교류, 관리 효율성, 서비스 질 등)에 대하여 60개 이상의 실무그룹에서 의견을 나누었다.

셋째, 공공정책은 시대의 흐름에 맞는 새로운 방식과 정책수단을 도입하여 정책의 실효성을 확보하고 있다. 이를테면 국토 및 지역정책은 분권화 시대에 부응하여 중앙정부의 조정 및 촉진 기능은 유지하면서 분권적 방식을 수용(국가 임명 지사에게 권한 위임, 위원회의 자문 기능 강화 등)하였다. 또한 지역(레지옹)의 권한과 역할을 확대하였고, 조정, 촉진 및 재정적 인센티브의 제공 등을 통하여 정책의 실효성을 확보하는 데 역점을 두었다.

넷째, 부처간 정책 및 업무의 조정 메커니즘이 다양하고, 프랑스 특유의 조정 및 촉진 시스템을 구축하고 있다. 수상이 부처간의 정책을 조정하는 역할을 수행하며, 막료제는 프랑스 특유의 제도로서 정책 추진과정에서 중요한 조정기능을 수행한다. 특히 DIACT(구 DATAR)는 부처를 초월한 국토 및 지역정책의 총괄기구로서 각종 활동을 조정하고, 새로운 계획 및 정책을 주도하며 홍보, 촉진 및 재정적 인센티브의 제공, 연구 및 혁신 등을 포함하는 독창적인 기능을 수행하고 있다. 우리나라의 국토 및 지역정책과 관련한 중앙차원의 기구는 여러 부처(기관)에 산재되어 있어 관련 업무의 종합적인 조정기능이 약하여 사업의 효율적인 계획과 집행이 용이하지 않기에 기구의 일원화와 역할의 재정립이 요청된다.

다섯째, 프랑스의 정책평가 제도는 평가 기능을 통합하여 수상 직속의 국가정책평가위원회를 중심으로 운영하고 있고, 실무 평가단이 정책평가를 수행할 때 평가업무의 독립성과 자율성이 확보되고 있다.

마지막으로 국가와 지역간 계획계약의 경우 법률상 규정과 실제 계획수립 절차간의 괴리, 집행에서 제기된 문제점들을 중장기적인 관점에서 끊임없는 연구 검토와 개선을 통하여 제도를 성공적으로 정착시켜 나가고 있다. 우리나라는 2004년 4월부터 시행되고 있는 국가균형발전특별법에서 프랑스의 계획계약을 벤치마킹하여 지역발전투자협약제도를 도입하였다. 하지만 우리나라는 아직까지 지역발전투자협약제도를 제대로 이용하지 못하고 있는 실정인데 프랑스의 계획계약제 도입과 성공적 정착 과정을 감안할 때 중장기적 관점에서 연구 검토를 거쳐 이 제도의 활용 방안을 모색할 필요가 있다.

제 2 장 프랑스의 외교 · 안보정책

김 응 운(한국외대)

Ⅰ. 서 론

세계사에 있어서 프랑스가 차지해 온 지위를 강조하는 것은 구차한 일일 것이다. 프랑스가 유럽대륙을 호령한 것은 간헐적인 에피소드가 아니다. 프랑스가 대체로 오늘날의 영토 모습을 갖추게 된 근대부터 얘기하더라도 그 어느 유럽국가보다 일찍 성립된 절대왕정을 바탕으로 막강한 강대국을 이루었던 '태양왕(Roi du Soleil)' 루이 14세 시대, 프랑스 대혁명 이후 혁명전쟁을 통해 유럽의 제 군주국들을 공포에 떨게 만들었던 나폴레옹 시대는 세계사의 중요한 페이지를 장식했다. 비록 1870년의 치욕적 보불전쟁, 그리고 20세기 들어 두 차례의 세계대전을 통해 프랑스의 국제적 지위가 약화되었지만 그래도 여전히 프랑스는 강대국의 반열에서 자리를 내놓은 적이 없다. 2차 대전 후 수립된 국제질서를 상징하는 국제연합에서 프랑스는 안전보장이사회 5개 상임이사국에 속해 있으며 오늘날 국제질서의 변혁을 일으키고 있는 유럽통합의 주축국이다. 오랜 냉전시대를 주도했던 미국과 러시아는 차치하고라도 경제력에서 우월한 지위에 놓여 있는 '경제적 거인, 정치적 난쟁이' 독일과 일본에 비해서도 외교안보 분야에서 프랑스의 더 중요한 영향력을 행사하고 있다고 볼 수 있다.

그러나 과거 초강대국적 지위를 누린 바 있는 프랑스로서는 오늘날의 전후 자국의 처지가 만족스러울 리 없다. 소위 '위대성(Grandeur)의 회복'을 전후 외교안보정책의 최고 목표로 삼고 있으며 다양하면서도 때로는 유연한 때로는 독창적인 전략을 통해 목표 달성을 이루기 위해 노력하고 있는 것이다. "프랑스는 세계적 지위 획득을 추구하는 유일한 중위국가"라 할 수 있다[1].

본 논문이 프랑스의 외교안보정책이라는 매우 포괄적인 주제를 다루고 있으며 따라서 다소 개론적인 글이 될 우려가 분명 존재하지만 그럼에도 불구하고 연구의 필요성을 폄훼할 수는 없을 것이다. 적어도 두 가지 관점에서 본 연구의 가치가 있다고 보이기 때문이다. 하나는 오늘날의 국제질서를 이해하기 위해서 강대국 중 하나인 프랑스의 정책을 살펴보는 것은 간과할 수 없는 의미를 갖고 있기 때문이며 다른 하나는 더 나은 국제적 지위 특히 초강대국 지위를 회복하고자 하는 전략은 역시 더 나은 국제적 지위를 추구하는 우리에게 있어 벤치마킹할 충분한 가치가 있기 때문이다.

본 글에서 우리는 우선 프랑스의 외교안보정책 결정과정을 분석하고 정책의 중심기조를 살펴본 연후에 각 대통령 집권기별로 정책적 추이를 대략적으로 추적하게 될 것이며 마지막으로 사르코지 현 대통령의 외교안보정책의 핵심을 파악해 볼 것이다.

---

1) Roy C. Macridis (ed.), Foreign Policy in World Politics, Englewood Cliffs, Prentice Hall, 6 ed., 1985, 169.

II. 프랑스 외교 · 안보정책의 결정과정

1 대통령의 고유영역?

미국이나 우리나라의 경우 외교안보정책의 최고결정권자가 대통령이라는 데 대해 어떤 논란도 있을 수 없다. 독일이나 영국처럼 순수내각제를 채택하고 있는 나라에서 수상이 외교안보정책의 최고결정권자라는 사실도 역시 마찬가지이다. 그러나 프랑스 제5공화국의 경우 이 문제는 오랫동안 논란의 대상이 되어 왔으며 정치체제의 정체성에 대한 논란과 밀접한 관련을 맺고 있다.

우선 1958년 제정된 헌법의 관련조항을 살펴보면 제5공화국 체제는 대체로 내각제의 기본적 범주에 속한다고 말할 수 있다. 내각불신임권과 의회해산권 등 내각제의 필수적 요소를 명시하고 있을 뿐 아니라 헌법 제20조에는 수상이 이끄는 "내각이 국가정책을 결정하고 수행한다(Le Gouvernement détermine et conduit la politique de la Nation)[2]"고 명시되어 있다. 대통령의 수상 및 각료임면권도 내각제적 구조를 본질적으로 저해하지 않는다. 수상을 임명하는 것은 대통령의 독자권한으로 되어 있지만 그 실질적 행사는 의회의 내각불신임권에 의해 제한될 수밖에 없고 무엇보다 수상이 내각 총사퇴서를 제출하지 않는다면 그를 해임하지 못하도록 되어 있기 때문이다. 다른 각료의 임면도 수상의 소청이 있을 때만 가능하다. 따라서 여기까지는 수상이 국자정책의 최고결정권자인 여느 내각제와 크게 다를 바 없는 체제를 채택하고 있는 것으로 보인다. 더구나 헌법 제21조는 수상이 국방정책의 책임자라고 분명히 언급되어 있기도 하다.

그러나 카레 드 말베르(Carré de Malberg)가 '가장 잘 못 만든 헌법'이라 비난한 제5공화국 헌법은 무엇보다 대통령과 수상의 역할에 관한 문제에 있어 애매한 부

2) 제5공화국 헌법이 원어로는 'Gouvernement'이라는 표현을 채택하고 있지만 이 기구에는 대통령이 포함되지 않기 때문에 '정부'라는 용어 사용으로부터 비롯될 수 있는 혼동을 피하기 위해 '내각'이라 번역하는 것이 더 적절할 것이다. 대통령과 각료들이 회동하는 대표적 기구는 대통령이 주재하는 국무회의(Conseil des Ministres)가 있다.

분이 적지 않다. 우선 프랑스 헌정사상 처음으로 대통령의 임무에 대해 천명하고 있는 제5조 2항은 "대통령은 국가독립, 영토보전, 조약준수의 보장자이다"고 천명하고 있으며 제15조에는 "대통령은 군의 통수권자"임을 명기하고 있고 제52조에는 "대통령은 조약을 협상하고 비준한다"고 되어 있어 대통령이 적어도 외교안보 분야에서 정책결정에 참여할 가능성을 열어두고 있다.

더욱이 프랑스의 정치현실에서는 이러한 헌법규범마저 무력화되고 대통령이 모든 국가정책의 최고결정권자 역할을 담당하고 있는 실정이다. 제5공화국 창설 때부터 1962년까지 초기 4년은 알제리 사건이라는 국가 위기 상황 때문에 드골의 대통령 중심제적 체제운영을 허용했으며 대통령 선출방식을 직선제로 개정한 1962년 이후로는 대통령이 막강한 민주적 정당성과 하원 다수파를 장악하여 우월한 정치적 지위를 확보함으로써 헌법적으로 정책결정권한을 가진 수상을 대통령의 심복으로 전락하게 만들었던 것이다. 이러한 상황에서 대통령은 모든 국정의 최고책임자가 되었으며 특히 외교안보정책은 대통령의 '고유영역(domaine reserve)'로 간주되어 왔다.

다만 대통령이 하원다수파의 지지를 확보하지 못하여 발생한 세 차례의 동거체제(Cohabitation) 동안은 대통령의 역할이 크게 제한받게 된다. 수상이 더 이상 정치적으로 대통령에게 복종된 상태가 아니기 때문에 헌법이 부여한 자신의 임무와 권한을 독자적으로 사용하게 되었으며 이러한 상황에서 대통령은 헌법규범에 의존할 수밖에 없게 된 것이다. 그럼에도 불구하고 동거체제의 대통령들은 외교안보정책에서만큼은, 특히 정치안보외교영역에서는 최고의 권위를 주장함으로써 정책결정에 참여할 수 있는 관례를 만들어 놓았다. 더구나 2000년 9월 대통령의 임기를 하원의원과 같은 5년으로 단축하면서 이러한 코아비타시옹이 재출현할 가능성이 사실상 차단되게 되고 프랑스 정치체제는 대통령중심제로 고착화됨으로써 프랑스 외교안보정책의 최고결정권자가 수상이 아닌 대통령이라는 데 더 이상 논란의 여지가 없게 되었다.

따라서 제5공화국의 대외정책을 다룬 연구들은 취해진 결정들을 설명하기 위해 영웅 패러다임이나 희생양 패러다임에 자주 의존해왔던[3] 사실은 당연한 일일 수밖에 없다. 극단적으로 말하면 결정체제가 있는 것이 아니라 단 한 명의 행위자, 바로 언제나 프랑스의 외교정책기조를 결정해온 대통령의 결정이 있을 뿐인 것처럼 말이다.

2 하위행위자들

대외정책의 범위는 매우 광범위하여 대통령이 큰 방향을 정하고 상징적 결정을 내릴지라도 그가 모든 것을 수행할 수는 없다. 대통령 외에도 수많은 행위자들이 존재하는 것이다. 대통령이 외교안보정책 결정의 주체이니만큼 엘리제의 비서진에 일단의 측근 조력자들이 상당한 영향력을 행사하게 된다. 대통령 비서실에는 외교, 재정경제, 사회문제, 교육연구 등으로 나뉘어 배치된 기술자문들이 있고 비서실 외에도 군인들로 구성된 특별참모가 있다. 특히 아프리카 문제는 대통령 외교의 핵심요소 중 하나이며 따라서 항상 특별한 기구들이 존재한다. 드골주의 시대에는 아프리카 말라가시 담당 비서팀이 있었으며 그 이후로는 아프리카 전담팀이 있어 대통령의 직접외교를 돕고 있다.

드골과 두 후임대통령 하에서 비서실에는 각 자문이 명확히 한정된 관할을 부여받고 엄격한 규율 속에서 일했던데 비해 미테랑 대통령 때는 업무분야가 매우 복잡하게 얽혀 있었으며 하나의 문제를 여러 자문들에게 부여하는 경우도 빈번하였다[4]. 자크 시락과 더불어 엘리제 비서실은 다시 좀 더 행정적인 운영으로 회귀하게 된다. 직접적인 정보를 얻기 위해서 개인 채널을 구성하고 이용하기도 한다. 특히 미테랑의 경우, 개인 특사나 비공식 자문을 자주 활용하였다. 아무튼 엘리제의 외교 보좌진은 프랑스 외교안보정책 결정에 매우 중요한 역할을 행사하지만 대통령에게 과도하게 집중되는 업무에 비해 매우 단출하다고 말할 수 있으며 사미 코앵

3) Marie-Christine Kessler, La politique étrangère de la France: Acteurs et processus, Paris, Presses de Sciences Politiques, 17.

4) Ibid, 33.

(Samy Cohen) 같은 이는 그러한 상황이 프랑스 외교정책 결정과정의 문제점 중 하나라고 지적한다[5].

수상의 역할 또한 매우 중요하다. 현실적으로 대통령이 외교안보정책의 최고결정자일지라도, 이미 언급한 바와 같이 헌법규범을 통해 국가정책 결정 및 수행의 임무를 부여받고 거대한 행정조직을 보유한 내각의 수반은 수상이다. 게다가 수상은 대통령의 중요행위와 결정이 공식화되기 위해 필요한 '부서(contreseing)'라는 절대무기를 갖고 있으며 의회 앞에서 예산, 입법을 위해 책임을 지도록 되어 있다. 따라서 프랑스 제5공화국 수상은 우리의 국무총리보다 훨씬 큰 영향력을 행사할 수 있는 것이다.

동거체제 외의 기간에 수상은 대체로 대통령의 외교정책 결정을 위해 필요한 정보를 국가외교행정조직이나 정보기구를 통해 확보한 정보를 대통령에게 갖추어 주며 대통령의 결정과 지침을 각료들에게 전달 수행하도록 하는 가교 역할을 한다. 그러나 동거체제 동안에 수상의 역할은 단순한 조력자 이상이며 공동결정권자의 수준으로 지위가 격상된다. 외교안보 분야에 있어서 관행적으로 또 미테랑이 주장한 대로 "프랑스가 한 목소리로 말해야" 할 당위성 때문에 대통령의 우월성을 인정하지만 수상의 동의 없이 주요정책 결정이 취해지는 것은 거의 불가능하며 통상 분야에 있어서는 수상이 주도적 역할을 행사하게 되는 것이다.

Ⅲ. 프랑스 외교 · 안보정책의 주요기조

2차 세계대전 이후 프랑스가 추구하는 세 가지 기본적인 목표는 안전보장, 경제

5) Samy Cohen, Mitterrand et la sortie de la guerre froide, Paris, PUF, 1998, 473 참조.

번영, 국가 위신의 회복으로 요약할 수 있다. 그러나 이러한 목표들은 서로 상충될 수 있는 것들이며 따라서 국제적 환경의 변화에 따라 우선순위를 변경하면서 추구되어 왔다[6].

대전 종결 직후 프랑스 임시정부는 식민지 지배의 강화, 독일의 효율적 통제, 러시아와의 외교관계 재개 등을 위해 노력하였다. 그러나 소련의 팽창주의와 냉전체제의 수립으로 프랑스는 안보를 외교안보정책의 최우선 목표로 삼지 않을 수 없었다. 더욱이 전쟁으로 인하여 피폐해진 경제와 독자적 방위를 보장할 수 없는 취약한 군사적 능력으로 인하여 미국 주도의 북대서양조약기구 틀 속으로 들어갈 수밖에 없었다. 이러한 상황에서 국가위신의 회복이라는 목표는 잠정적으로 보류하는 한편 그 토대를 마련하기 위한 노력들이 선행된다. 예컨대, '유럽석탄철강공동체' 제안 등으로 나타나는 유럽국가 간 유대강화와 아프리카 지역을 비롯한 식민지들을 규합하는 '프랑스연합(Union Française)'의 구축 등이 그 경우에 해당된다고 볼 수 있다.

프랑스가 위대성 회복 목표를 다시 본격적으로 추진하게 되는 것은 어느 정도 경제 회복이 이루어지고 동서 데탕트로 인하여 소련 및 동구권으로부터의 안보 위협이 감소되는 5공화국 성립 이후부터이다[7]. 제5공화국 초대대통령인 드골 이후 프랑스 외교안보 정책은 세계에서 프랑스의 초강대국 지위를 회복, 유지하려는 절대목표로 특징지어진다. 콜로지에프(Edward A. Kolodziev)의 표현에 따르면 "강대국 정책(policy of Greatness)" 혹은 매크리디스(Roy C. Macridis)의 표현을 빌어 "지위추구(search for rank)"라 할 수 있다."[8] 제5공화국 외교안보정책의 기틀을 마련한 드골 대통령 스스로 "우리에게 위대한 정책이 필요한 것은 바로 우리가 더 이상 초강대국이 아니기 때문이며 우리가 위대한 정책을 갖고 있지 못하면 … 우리는 더 이상 아무 것도 아니게 될 것이다"[9]고 역설한 바 있다.

6) 전동진, 『프랑스의 외교정책: 제약속의 강대국정책』, 부산정치학회보 제8집 2호, 1998, 379-380 참조.
7) Ibid, 381-382 참조.
8) Edward A. Kolodziev, French International Policy under de Gaulle and Pompidou, Ithaca, Cornell University Press, 1984; Roy C. Macridis.
9) Frédéric Bozo, La politique étrangère de la France, Paris, La Découverte, coll. Repères, 1993, 3 에

실제로 드골과 퐁피두의 외교안보정책 노선은 직접적으로 이러한 전망으로부터 비롯된 것이며 이후의 대통령들도 기본적으로 이러한 노선에 충실하였다고 볼 수 있다. 비록 새로운 국제적 사건에 부닥쳐야 했을지라도 지스카르 데스탱도 이러한 기조를 유지하였다고 볼수 있으며 5공화국 최초의 좌파 대통령이며 오랫동안 야당에서 기존의 외교안보정책들을 비판하였던 미테랑의 정책도 "또 다른 이름의 드골주의"라 불릴 정도 정도였다.

대표적인 정책기조는 독자적 안보정책 수립을 통한 국가독립, 미국 패권에 대한 반발 및 사회주의진영과의 대화로 나타나는 양극체제의 거부, 유럽 및 제3세계(특히 아프리카)와의 유대 강화를 통한 새로운 동맹기반 구축 등으로 요약될 수 있다.

그러나 냉전구조가 와해되는 80년대 후반부터, 프랑스는 점점 미국의 단일패권하에 놓여지는 세계에서 선택적 위치를 재구성해야 했다. 전 외무장관 위베르 베드린(Hubert Védrine)의 진단에 따르면, "1991년 이래 미테랑 대통령과 자크 시락 대통령은 양극세계였던 그 이전 시기와 완전히 다른 상황에 처하게 된다. 그때까지 프랑스는 분명히 서방동맹에 참여하고 있으면서도 비교적 독자적인 역할을 행사할 수 있었다. 1991년 이후 우리는 세계화된 세계에 살고 있다 (…) 경제는 세계화된 경제, 시장경제, 앵글로색슨식이자 영어사용 경제가 되었다. … 새로운 세계는 미국의 초지배 또는 패권으로 특징지어진다. … 이전의 상태와 다른 점은 더 이상 견제세력이 존재하지 않는다는 점이다. … 찬란한 역사의 계승자인 프랑스는 세계의 이러한 변화로 인해 잠재적으로 위협받고 있는 상황이다."[10]

새로운 상황에서 프랑스가 국제문제에 대한 자국의 개입을 정당화하기 위해서는 그 개입이 집단적인 것이어야 한다고 인식했으며 따 국제기구의 틀 속에서 행동해야 했다. 유럽연합은 프랑스의 영향력을 배양하고 극대화할 수 있는 최적의 수단으로 인식된다. 물론 유럽통합의 과정 속에서 프랑스 역시 자국의 정체성을 부분적으로 상실해야 하기 때문에 그리 간단한 일은 아니지만 그렇다고 유럽 없이

서 재인용.

10) 1997년 6월 26일 국민의회(Assemblée nationale) 외무위원회에서 발언, Politique étrangere de la France, Paris, La Documentation française, mai-juin 1997, 219.

프랑스가 국제무대에서 자국의 목소리를 높이기란 쉬운 일이 아닌 것이다. 미테랑이 유럽연합 형성에 주도적으로 나섰고 시락이 유럽 공동외교안보정책 추진에 적극적이었던 것처럼, 유럽통합정책은 이제 프랑스 외교안보정책의 최우선목표가 된 것은 이러한 구도에서 이해할 수 있다.

동시에 냉전체제에서처럼 즉각적이고 다소 명백한 위협이 사라졌고 유럽연합이 프랑스의 국제적 영향력을 극대화시키는 유일한 방식이 아니며 다국적 기구를 통해서도 행동해야 하는 만큼 국가적 실리 외에도 아니면 실리적 의도를 감춰기 위해서라도 많은 국가들의 공감을 이끌어낼 수 있는 명분을 가져야하는 딜레마에 놓이지 않을 수 없다. 다른 말로 무엇이 궁극적으로 진정한 국가이익인가를 고민하지 않을 수 없다. 1994년 방위백서에서 "강대국의 이해(intérêts de 'grande puissance')"란 표현이 등장한 것은 이러한 프랑스의 고민을 보여주는 하나의 징표라 할 수 있다. 장 베르나르 레몽(Jean-Bernard Raimond)은 강대국으로서 프랑스의 역할을 국가간 분쟁의 경우와 내전의 경우라는 두 가지 유형의 가설로 나눠볼 수 있을 때 전자의 경우 프랑스는 안보리 상임이사국으로서 책임을 담당해야 하고 후자의 경우 선험적 개입거부는 프랑스의 입장이 될 수 없다고 강조하였다[11]. 이러한 논리는 프랑스가 국익의 개념을 본본론적 개념까지 확대시키면서 정치적 외교적 이해관계를 도덕적 가치 문제와 결부시키는 것과 관련이 있다[12]. 이미 프랑스는 1789년 프랑스대혁명 이래 세계 속에서 모범을 보이고 법치국가의 진보를 보장해야 한다는 의무를 갖고 있다고 생각하고 있었지만 프랑스의 담론이 민주주의, 법치국가, 인권 및 시민권 수호를 강조하는 경향을 본격적으로 띠게 되는 것은 1980년대에 들어서이다[13]. 실제로 국제연합, 유럽평의회, 등 주요 국제기구에서 프랑스가 행한 모든 연설은 이러한 도덕적 의무에 대한 언급을 포함하고 있다[14].

11) La politique d'intervention dans les conflits: éléments de doctrine pour la France, Rapport d'information à la commission des Affaires étrangères de l'Assemblée nationale, 1950, 25 fevrier 1995; Annexes, 9 np., et Auditions, 125.
12) Marie-Christine Kessler, op. cit., 161-162 참조.
13) Ibid., 161.
14) Politique étrangère de la France, op. cit., juillet-août 1997.

Ⅳ. 역대 프랑스 외교 · 안보정책의 추이

1 드골(Charles de Gaulle) 대통령 재임기

소련이 수소폭탄 개발(1953년)과 스푸트니크(Sputnik) 인공위성 발사로 미국 본토에 대한 핵공격을 감행할 수 있는 능력을 보유하게 되자 1960년 대 초 미국은 유연반응전략을 채택하고 유럽안보보장을 상대적 개념으로 전환하였고 특히 나소(Nassau) 조약을 통해 프랑스를 배제한 영미간 핵탄두 공동사용을 규정하게 된다. 이러한 상황에서 드골은 독자적이고 적극적인 방식으로 '위대성 정책'을 추진하게 된다.

프랑스는 핵무기 개발에 박차를 가하여 1960년에 원자폭탄을 개발하고 핵기동군을 창설했고, 1968년에는 수소폭탄 개발에 성공함으로써 독립적인 핵억지력을 보유하게 된다. 곧바로 뒤이어 폭격기 미라주 Ⅳ와 핵잠수함을 개발하기도 하였다.

동시에 드골은 양극체제를 강력히 비난하면서 특히 미국과 거리를 두고자 하였다. 북대서양조약기구와 완전히 결별하지는 않았지만 군사적 행동에 참여하기를 거부하게 된다. 1959년 지중해함대를 1963년 대서양함대를 NATO의 합동사령부로부터 철수시킨 데 이어 NATO의 군사훈련 및 군사활동 참가를 거부하였고 1966년 3월에는 프랑스 영내에 있는 북대서양조약기구의 군사기지와 참모본부를 철수시킬 것을 통고하였다.

양극체제를 타파하고 국제무대에서 목소리를 높이기 위해서는 독자적인 연대기반이 필요했다. 드골이 서독과의 협력강화를 통해 유럽경제공동체를 발전시켜 나갔으며 미국의 대리인으로 간주되는 영국의 가입에 철저한 거부권을 행사했던 것은 이러한 의도에서였다. 다른 한편으로 프랑스는 1967년 6일전쟁이 발발하였을 때 이스라엘을 신랄히 비난하고 아랍국가들과 우호적 관계를 유지하고자 노력하였으며 그 밖의 미국 영향권 하에 놓여 있던 지역(남아메리카, 캐나다, 캄보디아 등)을 순방하며 그 국가들의 독립성을 자극하고자 하였고 특히 1964년 중국의 공산당 정부를 승인하고 소련, 루마니아, 폴란드와 교역협정을 체결하는 등 사회주의 국가들과 관계개선을 추진하였다.

2 퐁피두(Georges Pompidou) 대통령 재임기

전임자인 드골의 주요 정책기조를 유지하면서 동일한 해(1969년)에 집권하게 된 미국 닉슨(Nixon)대통령의 새로운 정책, 역시 같은 해에 시작된 서독의 동방정책(Ostpolitik), 중동지역의 긴장 등 새로운 환경에 대처해야 했다.

미국과의 관계에 있어 베트남 문제 등에 있어 미국의 정책과 거리를 유지하면서도 지난날의 긴장을 완화시키고 관계를 회복하기 위해 좀 더 신뢰 있는 접촉을 전개하는 한편 소련과의 정치적 · 경제적 교류도 유지하고자 노력하였다. 특히 유럽통합 문제와 관련해서는, 공동농업정책의 완성을 위해 노력하는 한편 영국 가입에 대한 거부권을 철회함으로써 통합운동의 물꼬를 재개하는 데 기여하였다. 더구나 1973년 10월 발발한 키프러스 전쟁으로 국제적 위기가 고조되자 친유럽적 성격을 강화하게 된다. 그는 유럽공동체가 대서양동맹과 균형을 이루고 소련에 맞서 서방의 결속력을 강화시키며 동방정책을 추진하는 서독을 견제하는 수단이 될 수 있다고 믿었기 때문이다.

3 지스카르 데스탱(Valéry Giscard d’Estaing) 대통령 재임기

지스카르 데스탱은 자신의 세계주의적 비전으로 대립이 아닌 타협을 통해 국제관계의 긴장완화를 강조함과 동시에 프랑스에 덜 거만한(arrogant) 이미지를 주고자 노력하였다. 그러나 이런 스타일의 변화에도 불구하고 전반적으로 전임자들과 연속선상의 정책을 추구하였다고 말할 수 있다.

그의 외교정책의 가장 대표적인 특징은 유럽통합정책을 중심축에 놓았다는 사실이다. 그에 따르면 유럽정책은 프랑스의 대외정책에 속하지 않는 별개의 것이야 했다[15]. 지스카르는 유럽통합에 대해서는 전임대통령들에 비해 더욱 연합주의적 입장을 취하며 석유파동과 유럽의 경기침체로 진전을 보이지 못하던 유럽통합운동에 유럽정상회의를 기구화하고 유럽의회 의원의 직선을 성사시켰는가 하면 독일의 슈미트 총리와 긴밀하고 지속적인 공조 위에서 유럽통화체제를 도입하였다.

4 미테랑(François Mitterrand) 대통령 재임기

1981년 좌파정권을 탄생시킴으로써 제5공화국 최초로 정권교체를 이루어낸 직후 미테랑 대통령은 심한 외교적 핸디캡을 느껴야 했다. 그 이전까지 미테랑은 공산진영과 우호적 관계를 유지하고자 하였던 지스카르 데스탱의 외교정책을 신랄하게 비판해왔다. 지스카르 데스탱이 폴란드 바르샤바에서 소련 서기장 브레즈네프와 회동한 것을 두고 아프가니스탄 문제와 관련하여 공모를 꾸미고 있다고 비난한 일을 대표적인 경우이다. 더구나 미테랑이 선거공약으로 내세운 110가지 제안(110 propositions)은 아프가니스탄에서 소련군의 철수, 바르샤바 조약기구의 미사일 해체, 폴란드 자유노조(Solidarnosc) 지지 등 내용을 담고 있었다. 그런데 1947년 이래 처음으로 냉전체제의 와중에서 대서양동맹 국가의 정부에 공산주의자 각료가 임명된 것은 서방진영의 국가들에게 곤혹스럽고도 위험한 인상을 주지 않을 수 없었다.

이미 4공화국 시절부터 반공산주의 입장을 견지하였고 1966년 드골 대통령이 NATO 탈퇴를 결정하였을 때 내각불신임을 주창한 바 있는 미테랑이지만 대통령 취임 후 확고한 서방유대를 입증해야 했던 것은 이러한 정황에서였다[16]. 더구나 1980년대 초반의 국제정세는 소련이 아프가니스탄과 아프리카 지역에서 등에서

15) 1974년 7월 연설에서.

16) J.-M. Colombani & H. Portelli, Le double septennat de François Mitterrand, Paris, Grasset, 1995, 103 참조.

보여준 브레즈네프의 팽창주의와 NATO 군을 직접적으로 위협하는 단거리미사일의 배치 등으로 인하여 동서긴장이 고조된 상황이었던 만큼 미테랑의 주저 없는 대서양주의가 전개되었던 것이다.

미테랑은 공산당 출신 각료들을 외교안보분야에서 배제시켰으며 대소관계를 정치분야를 제외한 경제분야로 제한하고 양국정상회담을 중단하였다. 동시에 미테랑은 NATO 회원국 내 미국의 유로미사일 배치를 적극 찬성하였고 미국의 레이건 대통령과의 긴밀한 유착을 이루었다[17]. 미테랑의 이러한 반소주의는 동서관계가 고르바쵸프의 등장으로 데탕트 상태로 호전되고 미 레이건 정부가 전략방위계획인 '별들의 전쟁'을 제안한 1985년경에야 완화된다. 서방진영 쪽으로 힘의 균형이 지나치게 기우는 것을 우려한 미테랑은 소련과 관개개선을 시도하게 되고 이로써 불미관계는 냉각될 수밖에 없었다. 1985년 말 고르바쵸프의 서유럽 순방의 최초 목적지는 프랑스였으며 다음해 7월 모스크바를 방문 데탕트와 협력관계를 본격적으로 재개하게 된다.

미테랑은 소련의 해체와 독일 통일에 대해 초기 현상유지적 입장으로 반대 의사를 표명하였으나 결국 기정사실화된 상황을 추인하였고 이때부터 통일독일을 견제하고 국제무대에서 미국의 패권주의를 약화시킬 의도로 유럽연합을 창설하는 데 주도적인 역할을 행사하였다.

5 자크 시락(Jacques Chirac) 대통령 재임기

1995년 7월부터 드골주의자인 시락 대통령의 첫 번째 외교안보분야 결정 중 하나는 CEA가 시뮬레이션 프로그램을 발전시킬 수 있도록 TICE 서명 이전에 핵실험

17) 미테랑의 이러한 태도는 평화주의를 표방하는 서유럽 사회민주주의자들로부터 비판을 받게 되지만 미테랑은 서독하원(Bundestag)이나 사회주의 인터내셔널에서 대서양주의를 적극 표방하는 것을 막을 수는 없었다. 1983년 10월 그는 브뤼셀에서 "평화주의자는 서쪽에 있지만 미사일은 동쪽에 있다"고 역설하였다. 불미정상 간의 회동 또한 미테랑 집권 초기 2년 동안 여섯 차례에 이를 정도로 빈번하였다. Ibid. 104, 103 참조.

을 실행하기로 한 결정이다. 히로시마 · 나가사키 원폭투하 50주년 즈음에 내려진 이 결정은 뉴질랜드, 호주, 미국, 일본 등 나라들과 환경운동 단체들로부터 신랄한 비난을 들어야 했지만 시락의 양보를 얻어낼 수는 없었다. 반면 냉전체제가 종결된 상황에서 NATO 통합군에 다시 참여하기로 결정하고 1996년 2월 2일에는 군을 전문화시키고 개병제를 폐지하기 결정하였다[18].

이스라엘-팔레스타인 갈등과 관련하여서는 평화프로세스를 추진하며 친아랍적 입장을 보인다. 9 · 11 테러가 발생하였을 때도 미국을 방문한 자리에서 부시 대통령에게 테러리즘과 종교전쟁을 혼동되서는 안 되며 이슬람을 비난해서는 안 될 것이라고 주문하였다.

그러나 결국 미국 대통령의 대외정책이 강경해지면서 미국과 갈등이 심화되게 된다. 아프가니스탄 공격에 대해서는 부시행정부를 지지하였지만 이라크 침공에 대해서는 독일, 러시아, 중국과 함께 강력히 반대하는 입장에 섰다[19]. 미국으로 하여금 모든 군사개입 이전에 국제연합의 추인을 받도록 만들었으며 상황이 개선되지 않는 한 UN 안보리에서 거부권을 행사할 뜻을 감추지 않았다.

또한 시락은 휴머니스트적 입장을 취하며 약소국의 입장을 지지하고 후진국을 위한 원조에 적극적인 태도를 보였다.

V. 사르코지(Nicolas Sarkozy) 정권의 외교 · 안보정책

대선기간 동안 사르코지는 자신의 정책기조를 변화와 단절이라는 구호에 위치

18) 엄밀히 말하면 폐지가 아니고 무력분쟁이 있을 경우 다시 부활시킬 수 있는 잠정적 중단이다.

19) 당시 유럽에서는 독일, 벨기에 등 소수의 국가만이 이러한 시락의 입장을 지지하였으며 영국, 이탈리아, 스페인 그리고 대부분의 동유럽국가들은 미국의 입장에 동조하고 있는 상태였다.

시킨 바 있다. 그러나 외교안보분야에 있어서는 대서양주의적 뉘앙스와 좀 더 적극적인 자세를 보이는 것 외에는 전반적으로 전임자인 자크 시락과 궤를 같이 한다고 할 수 있다. 2007년 5월에 취임하여 아직 많은 정책이 구체화된 것은 아니지만 2007년 8월에 가진 재외공관장 회의와 기자회견 등을 통해 밝힌 정책방향에 따르면 사르코지의 주요정책을 다음과 같이 요약할 수 있다.

이란 문제에 대한 인식은 대체로 미국의 입장을 지지하는 모습을 보이고 있다. 군사적 개입을 반대하지만 핵폭탄을 확보하려고 하는 이란에 대해서 단호한 반대입장을 보이고 있다. 중동문제에 있어서도 전통적인 친아랍정책을 견지하였던 시락과는 반대로 친이스라엘적 경향을 보이고 있다. 다만 이러한 차별성이 어떤 구체화된 정책으로 나타날지 아직은 미지수이다. 당장으로서는 현상유지 상태라고 볼 수 있다. 그 이전까지 프랑스가 미국의 침공에 반감을 갖고 있던 이라크 문제에 대해서는 "미래지향적" 입장으로 선회하기를 원하고 있다. 다만 미군의 철수에 대해서는 부시 행정부의 입장과는 달리 단계적 철수를 주장하고 있으며 수니트, 쉬이트, 쿠르드 간의 화해를 강조한다.

대유럽정책의 경우, 금년 7월부터 아일랜드에 뒤이어 프랑스가 유럽연합의 의장국이 되는 만큼 사르코지의 행보에 관심이 쏠리고 있는 상황이다. 그는 이미 2030 유럽(Europe de 2030)을 정하기 위한 전문가위원회의 설치를 예고한 바 있다. 연합확대 문제와 관련하여 가장 논란의 대상이 되는 터키가입에 대해서는 사르코지의 회의적 의견이 이미 잘 알려진 상태이다. 그러나 새 대통령은 터키의 가입협상 추진 자체에는 반대하지 않고 있다.

유대관계의 새로운 지평을 마련하려는 사르코지의 의지는 우선 '지중해연합(Union mediterraneenne)' 주창으로 나타나고 있다. 본래 지중해연안국가들 중심으로 다자기구를 만들려는 계획이었지만 독일을 비롯한 일부 유럽연합국가들의 부정적 태도로 인하여 유럽연합회원국 모두를 포함시키게 되었고 결국 파리에서 리비아를 제외한 43개국의 정상이 참여함으로써 현실화되게 되었다. 사르코지 대통령은 이 자리를 통해 중동 분쟁을 중재함은 물론, 대량살상무기(WMD) 반대 선언까지 이끌어 냄으로써 일단은 프랑스의 외교력을 강화시켰다는 평가를 내릴 수 있으나 유럽연합회원국의 소극적 태도로 지속적인 성과를 낼 수 있을 지는 의문이다.

한편 사르코지는 "21세기가 아니라 20세기에" 맞춰져 있는 국제기구들을 비판하면서 G8회의에 인도, 중국, 브라질, 남아프리카 공화국을 포함시켜 G13회의로 만들 것을 주장한다. 또한 전임 대통령과 마찬가지로 프랑스가 독일, 인도, 브라질, 남아프리카 공화국 그리고 또 다른 아프리카 주요국이 국제연합 안전보장이사회 상임이사국이 될 수 있도록 노력할 것이라고 선언한 바 있다.

Ⅵ. 결 론

2차대전 이후, 특히 1958년 제5공화국 창설 이후 프랑스는 초강대국의 지위를 회복하려는 '강대국 정책'을 줄곧 추진해 왔다. 냉전의 와중에서는 독립적인 국가안보를 확립하고 양극체제를 탈피하여 새로운 독자외교기반을 모색하였다. 프랑스는 언제나 소극적 중립성과 대척점에 위치하며 자국의 국제적 가시성을 보장하고 국가 간 타협에 있어서 자국의 목소리를 반영하고자 하였다. 그러나 모든 것이 프랑스의 기대대로 성취될 수는 없었다. 이런 프랑스에게 냉전체제의 붕괴는 새로운 기회일 수 있었다. 그러나 이후 전개된 미국의 일방적 패권주의 앞에서 프랑스의 딜레마와 어려움은 계속되고 있는 상황이다. 전통적인 외교기반이던 아프리카 지역에서도 미국의 팽창주의 앞에서 프랑스의 영향력은 심각하게 약화되고 있으며 국제무대에서 통일 독일의 위세는 더욱 더 커지고 있는 실정인 것이다

이후 이러한 상황을 타개하는 최선의 방식으로 인식된 유럽통합운동에서 주도권을 강화하는 것을 외교정책의 핵심축으로 삼으며 '강한 유럽 속에서 강한 프랑스'를 추구하게 된다. 그러나 상황은 결코 낙관적이 아니다. 80년대 말 이후 위베

르 베드린의 말대로, 유럽연합 내에서 프랑스의 "주도권은 오래 전부터 프랑스가 기왕에 취해왔으며 일관되고 적극적인 친유럽적 입장을 견지해온 노력들로부터 형성될 수 있다. (그러나) 그렇게 되기 위해서는 모든 유럽인들이 (프랑스와) 동일한 분석을 하고 함께 행동할 준비가 되어 있어야"[20] 하지만 이제 28개국으로 회원국 수가 늘어난 유럽연합 내에서 일사불란한 의사결정은 어려운 상태이며 특히 1992년 이후 추진되고 있는 공동외교안보 정책도 실질적인 진전을 이루고 있지 못하다. 이러한 관점에서 현 대통령인 사르코지가 '지중해 연합'을 주창하고 있는 점은 매우 의미심장한 일이다.

---

20) Europe 1의 프레스 클럽과 인터뷰에서, Ibid, 7.

제 3 장 프랑스의 경제 · 산업 · 과학기술정책

박 명 호(한국외대)

Ⅰ. 서 론

프랑스는 2008년 현재 미국, 일본, 중국, 독일, 영국에 이어 세계 6대 경제규모의 국가이다. 2007년도 국민총생산은 1조 8,920억 유로이고 1인당 국민소득은 명목 환율 기준으로는 EU 15개 국가 평균보다 다소 높은 세계 17위 수준이지만 구매력 기준으로는 7위 수준을 유지하고 있다. 프랑스 경제는 지난 반세기 이후 급격한 변화를 가져와 전통적인 농업 기반 경제가 현재에 와서는 서비스 중심 경제를 이루고 있다. 2007년 기준 3차 산업은 경제 활동 인구의 72%를 차지하고 있는 반면 농업과 2차 산업은 각각 4%, 24%를 차지한다. 또한 프랑스는 국제화에도 적극적이어서 프랑스는 현재 수출 기준 세계 5위, 수입 기준 6위를 기록하고 있다.

그리고 수출 및 수입은 국민총생산 대비 각각 26%, 27%에 이르고 있다. 한편, 프랑스 경제의 가장 큰 고질병이라 할 수 있는 실업 문제는 다른 선진국과 비교해 심각한 수준이다. 취업률은 64.8%로 유럽 평균 수준이지만 미국의 66.2%보다는 다소 낮은 수준이다.

프랑스 경제 운영의 가장 두드러진 특징 중 하나는 국가의 간섭이 크다는 점이다. 정부 지출과 세입 규모는 전 세계적으로 가장 수준이다. 경제활동에도 수없이 많은 규제가 있어 시장의 영역이 다른 경쟁국가에 비해 제한되어 있다. 물론 1986년 이후 국가가 일부 공기업의 민영화를 추진했지만 아직도 국가의 영향력은 적지 않다고 지적된다.

현재 프랑스 경제의 가장 시급한 당면 과제는 지난 30여 년간 1인당 국민소득이 다른 선진국만큼 증가하지 못했다는 점이다. 경쟁 국가에 비해 낮은 성장률 때문에 국민 생활의 질 개선뿐만 아니라 양질의 일자리 창출에서도 좋은 성과를 보이지 못하고 있다. 바로 이런 문제의식 하에 프랑스 정부는 최근 과감한 경제개혁을 단행하고자 하였다. 특히 우리의 관심을 끄는 것은 아탈리를 위원장으로 하여 프랑스 경제성장을 촉진시키기 위한 위원회의 활동이라 하겠다. 대표적인 우파 개혁 성향의 사르코지 대통령이 과거 사회당 정부 시절 미테랑 대통령 특별보좌관을 했던 아탈리에게 국가 개혁 프로그램을 주문했다는 점에서 아탈리 보고서는 그 자체만으로도 많은 관심의 대상이 되었다.

본고에서는 프랑스 경제의 현황 및 과제를 살펴보고 프랑스의 경제의 문제점을 극복하기 위한 주요 경제정책을 고찰하고자 한다. 이를 위해 우선 프랑스 경제의 역사적 전개과정을 살펴보고, 프랑스 경제의 특징을 도출하도록 하겠다. 경제정책과 관련하여서는 프랑스는 고용환경 개선을 위해 주력하고 있다는 점에서 고용정책을 중점적으로 다루도록 하겠다. 그리고 프랑스의 산업정책과 과학정책 등을 다루도록 하겠다. 산업정책에서는 프랑스 산업정책의 변모과정과 함께 프랑스 정부가 도입하고자 하는 기업정책을 중점적으로 다루고자 한다. 그리고 과학정책의 영역에서는 교육정책을 중점적으로 살펴보도록 하겠다.

II. 프랑스 경제의 역사적 전개과정

프랑스 경제는 지난 20여 년 간 지지부진한 경제적 성과를 보이고 있다. 성장률은 둔화 추세를 보이는 반면 높은 실업률은 좀처럼 8% 수준 아래로 떨어지지 못하고 있다. 오늘날 프랑스 경제를 이해하기 위해서는 지난 반세기 동안의 프랑스 경제의 전개과정을 살펴보는 것이 큰 도움이 되리라 생각된다. 이하에서는 프랑스 경제의 역사적 전개과정을 전후에서 석유파동이 나기 전까지 기간, 석유파동 이후 생산성 하락 시기, 그리고 최근 기간으로 나누어 살펴보고자 한다.

1 1945-1973: 영광의 30년에서 실업 증대까지

아래의 표에서 볼 수 있는 바와 같이 2차 대전 이후 미국이나 다른 유럽 국가에 비해 빠른 경제성장을 기록하였다. 프랑스의 전후 30여 년간 시기는 푸라스티에(Jean Fourastie)가 명명한 대로 '영광의 30년'이라 불린다. 이 시기의 프랑스 경제

〈표 4-3-1〉 경제성장률과 노동생산성 증가율

(단위: %)

경제성장률	1950-73	1973-79	1979-90	1990-97	1997-00	2000-05
프랑스	5,0	2,8	2,2	1,4	3,6	1.5
EU	4,8	2,4	2,3	1,7	3,1	1,3
미국	3,6	2,6	2,6	2,3	4,2	2.4
노동생산성증가율	1950-73	1973-79	1979-90	1990-97	1997-00	2000-02
프랑스	5,0	2,6	2,1	1,3	1,4	0,9
EU	4,5	2,7	1,9	0,9	1,1	1.5
미국	2,5	0,7	1,1	1,4	2,9	2.0

*출처: OECD, IMF.

는 전쟁 피해로부터 재건 및 미국 기술 따라잡기를 통한 기술 혁신이 경제성장을 주도하였다. 그 결과 연평균 경제성장률과 노동생산성 증가율이 모두 5% 수준에 이르는 실적을 보여주었다. 동 기간 미국의 경제성장률과 노동생산성 증가율이 각각 3.6%, 2.5%임을 볼 때 프랑스의 성장은 프랑스 경제를 미국 수준에 근접할 수 있도록 하였다. 실제로 전후 프랑스 인의 1인당 소득은 미국의 55% 수준이었다가 1973년에는 80% 수준에 달하였다.

전후 프랑스 경제는 급격한 산업화를 경험하면서 전통적인 농업 기반 사회를 크게 변모시켰다. 전체 고용에서 농업 인구가 차지하는 비중은 60년대 20% 수준에서 70년대에는 10% 수준으로 하락하였다. 산업화는 도시화를 수반하면서 농촌인구의 도시로의 이동 역시 가속화시켰다. 프랑스 사회의 급격한 변화는 사회보장체계에도 영향을 미쳐 조합주의 성격은 점차로 약화되면서 보편적인 제도 도입이 확산되었다. 그 결과 실업 보험, 연금, 건강 보험, 가족 수당, 그리고 교육에 이르기까지 정부 주도 형태의 지원체계가 확립되었다.

2 석유 파동부터 90년대까지

1971년 브레튼 우즈 체계의 종식, 1973년 석유파동으로 전후 경기호황 시기는 마감되었다. 60년대 후반부터 흔들리던 국제금융질서는 달러의 금태환 정지 결정과 함께 붕괴되었고 세계 경제는 인플레와 경기침체 속으로 빠져들기 시작하였다. 물가상승 압력은 이미 1960년대 후반부터 강하게 압박하여 1968년에 프랑스를 포함한 유럽의 인플레는 6%, 미국은 4%에 달했다. 70년대 평균 경제성장률은 이전 시기에 비해 훨씬 낮아 연평균 3%에도 못 미쳤다. 그리고 1975년에는 프랑스와 미국이 각각 -0.3%, -0.4%로 떨어져 마이너스 성장을 기록하기도 하였다. 특히 유럽에서는 실업 문제가 심각해 60년대 3%이던 실업률이 70년대를 거치면서 8%를 넘어서 10년 동안 실업률이 5% 이상 증가하였다. 70년대 노동생산성 증가율 역시 하락하여 영광의 30년 기간의 절반 수준인 2.6% 수준에 그쳤다.

70년대의 성장률 하락, 인플레 및 실업 증대 현상은 프랑스만의 문제라기보다는 유럽 전체가 공유하는 문제이었다. 이런 유럽인들의 공통된 인식은 우선적으로 통화 분야에서의 보다 적극적인 대응책을 마련토록 하였고 그 결실로 유럽통화제도가 70년대 구축되었다.

80년대 들어오면서 미국과 유럽의 회복세는 차이를 보이기 시작하였다. 미국은 인플레가 안정되고 성장도 회복되면서 실업도 감소한 반면, 프랑스를 비롯한 유럽 국가들의 성장은 둔화되고 실업은 좀처럼 줄어들지 않았다. 프랑스 정부는 1980년대 초반부터 인플레를 극복하기 위해 경쟁적인 물가안정화 정책을 시도하였다. 이를 위해 임금과 물가의 연동을 해제하고 프랑스 프랑을 독일 마르크에 연계하여 강한 프랑 정책을 추진하였으며 민영화 및 규제완화를 시도하였다.

1990년대에도 미국과 유럽의 격차는 줄어들지 않았다. 90년대 초반의 걸프 전쟁과 독일 통일은 유럽 경제를 다시 한 번 침체에 빠지도록 하였다. 독일 통일 초기에는 독일의 확대재정으로 유럽 경제 성장을 촉진시키는 듯하였다. 그러나 과도한 재정 팽창으로 인한 인플레 압력은 결국 금리 상승을 초래하였고 이는 유럽 경제 전반에 걸쳐 경기 침체를 가져왔다.

1990년대 유럽 경제의 가장 큰 화두는 단일 통화의 도입이라 해도 과언이 아니다. 특히 마스트리히트 조약에 의한 통화통합의 수렴 조건을 충족시키기 위해 프랑스를 위시한 EU 회원국은 인플레, 재정적자 그리고 국가부채 규모를 조정해야 했다. 결과적으로 수렴조건 대부분이 충족되면서 인플레와 재정적자 등은 관리된 반면, 경제 성장 및 실업은 개선되지 못하였다. 특히 프랑스는 강한 프랑 정책으로 물가관리에는 성공했지만 경기침체와 이로 인한 실업은 더욱 악화될 수밖에 없었다.[1)]

80년대 이후 유럽 국가의 전체적인 경기침체는 미국의 역동성과 대조를 이루고 있다. 유럽은 60년대까지는 미국 따라잡기에 거의 성공했으나 70년대 이후 지속적 경제성장을 이루지 못하였다. 그 결과 미국인의 국민소득은 지속적인 증가세를

1) 실제로 프랑스의 물가는 EMU 참가국 평균보다 1%p. 가량 낮은 반면, 실업률은 1%p. 가량 높았다.

보이는 반면 유럽의 경우 90년대까지 소득 증가율의 둔화현상을 보이고 있다.

3 최근 경제 동향

1997년부터 2000년 기간 유럽 경제는 90년대 초반 이후 부진했던 투자를 활성화시키면서 경제성장을 조금이나마 회복시킬 수 있었다. 프랑스는 동 기간 70년대 이후 가장 높은 성장률인 3.6%를 기록하기도 하였다. 미국은 90년대 후반 정보통신산업의 비약적인 발전을 통해 프랑스보다 높은 4.2%의 경제성장 및 2.9%의 노

〈그림 4-3-1〉 미국과 유럽 국가 간 경제적 격차

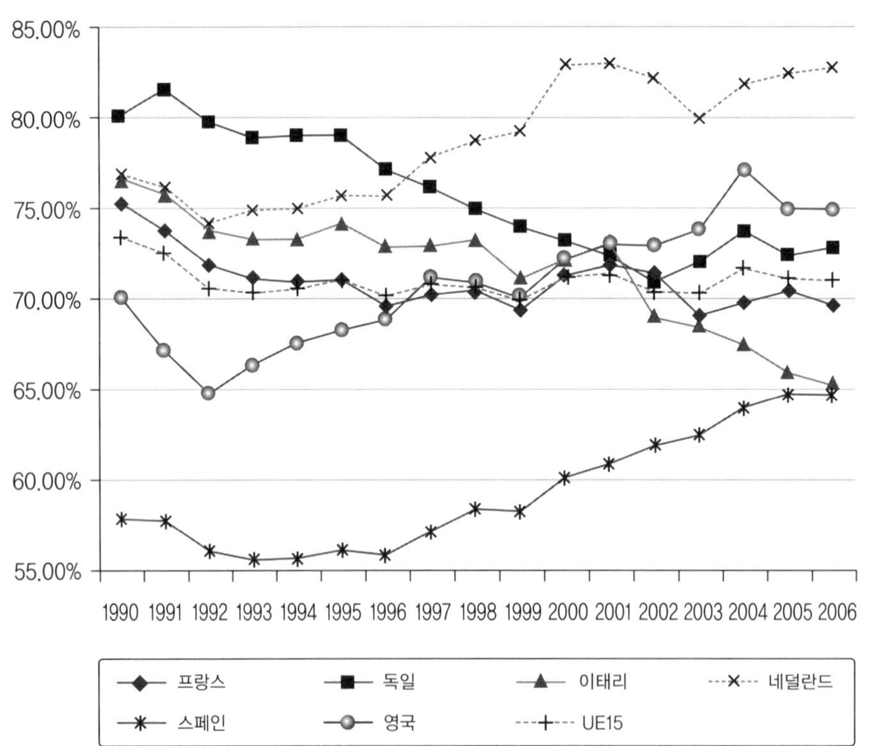

출처: http://fr.wikipedia.org/wiki/Image: Relatives_GNP_PPP _European_countries_vs._USA_ 1990-2006.jpg

동생산성 증가율을 나타냈다. <표 4-3-1>에서 볼 수 있는 바와 같이 동 기간 미국의 성장률 및 생산성 증가율은 전후 가장 좋은 성과를 기록하였다. 그 결과 미국과 유럽의 격차는 더욱 벌어지게 되었다.

1990년부터 2006년 기간 미국과 유럽 국가 간 1인당 국민소득 변화율을 살펴보면 네덜란드, 영국, 스페인은 상승세를 보이는 반면, 독일, 프랑스, 이탈리아 등은 하락세를 보이는 것으로 나타났다. 독일의 경우 1990년 미국의 80% 수준에서 2006년에는 73% 수준으로 7%p. 가량 하락했으며 프랑스는 동기간 75%에서 70%로 5%p. 가량 하락하였다.

1990년대 말 프랑스는 유럽 다른 나라와의 실업률 격차를 줄이면서 노동시장정책에서 비교적 좋은 성과를 보여주었다. 그러나 프랑스는 지나치게 의욕적인 예측을 근거로 과잉 투자를 초래했고 이는 다시 수익성을 낮추면서 경제성장은 2001년부터 다시 주춤하게 되었다. 실업률은 다시 증가하여 다른 선진국 대비 3%p. 높은 실업률을 보이고 있다. 한편, 1999년에 도입된 유로는 EU 회원국들에게 상당한 결속력을 가져왔다.

프랑스는 최근 경제장관이 지적하였듯이 정부부채 축소와 경제활동 인구 증대에 커다란 관심을 갖고 있다. 현재 프랑스의 정부부채는 국민소득의 75%를 넘고 있어 선진국 중에서는 일본을 제외하고 가장 높은 수준을 보이고 있다. 프랑스의 경제활동인구는 청년 계층의 늦은 노동시장 진입, 조기 퇴직 인구 증가, 낮은 취업인구 비중 등으로 경쟁 국가에 비해 낮은 취업률을 보이고 있다. 이런 이유에서 현재 정부는 정부부채 축소와 취업 인구 증대를 위한 방안을 모색하고 있다.

한편, 2002년 사회당 정부가 실업상태에 있는 노동자에게 더 많은 일자리를 제공하기 위해 도입된 주당 35시간 근로제도는 사회당에게는 최대 치적사업의 하나라고 평가 받지만 대다수 경제전문가에게는 경제 성장의 걸림돌로 간주되다가 사르코지 대통령 취임 이후 주 35시간 법정근로제는 폐지되었다.

Ⅲ. 프랑스 경제의 특징과 과제

1 프랑스의 경제의 특징

프랑스 경제의 특징은 프랑스 모델이라는 함축적인 의미 안에 잘 드러나고 있다. 프랑스 모델은 정부지출이 국민소득에서 차지하는 비중이 2006년도에 53.4%가 될 정도로 국가가 경제활동에서 차지하는 비중이 매우 클 뿐만 아니라 노동시장, 재화 및 서비스시장에서의 정부 규제가 매우 많은 경제 운영을 지칭하고 있다. 즉, 정부 부문은 노동자와 사용자 간에도 개입 정도가 매우 크기 때문에 노조 활동이 취약할 뿐만 아니라 노사 관계 관련 사회적 합의 도출 역시 쉽지 않다.

역사적으로 철도 근로자, 공공부문 종사자, 택시 기사, 약사, 변호사, 공증인 등 다양한 사회 계층들이 많은 혜택을 받았다. 이런 사회적 결속의 결과 시장에서의 경쟁은 위축되었고, 소비자들에게는 높은 가격과 낮은 질의 서비스가 제공되었다. 특히 프랑스 국민은 선진국 중에서 부당할 정도로 많이 공공 부문의 도움을 요청한다. 이런 프랑스 모델을 일부에서는 사회적 조합주의라고 부르며 정치권 및 정부가 이런 현실을 극복하기 위해 노력하지 못하고 있음을 개탄하기도 한다. 정부는 공장 폐쇄나 해고로 사라지는 일자리를 살리기 위해 무엇인가 하고 있음을 보이려는 실수를 저지르고 있다고 비판받고 있다. 수익성 없는 공장을 유지시키기 위해 정부가 할 수 있는 일이 없음에도 불구하고 정부는 실업을 줄이기 위해 무엇인가 하고 있다는 인상을 심어주기 위해 시장에 잘못된 신호를 주기 때문이다.

한편, 프랑스는 경제가 부분적으로는 자유화되어 있지만 개입주의적인 경제 운용 전통에서 아직도 벗어나지 못하고 있다고 한다. 신 콜베르주의라고 불리는 프랑스식 개입주의 정책은 경제정책에서 반 자유주의 정서 및 조합주의 성격을 종종 드러내게 한다. 그리고 국제수지 적자는 프랑스의 경쟁력이 떨어지고 있음을 간접적으로 시사한다. 일부 자유주의 경제학자 및 역사학자들은 현재의 프랑스를 1970년대 영국과 유사한 상황이라 지적하며 대대적인 시장지향적인 개혁이 필요하다고 주장한다. 같은 맥락에서 정책형성과정에서 정부의 주도적 역할 역시 개선이 필요하다.

공공부문의 역할은 무엇보다도 노사의 협조 하에 기업이 구조조정을 원활히 할 수 있도록 지원해 주는 것이다. 그리고 효율성 차원에서는 가장 선진화된 분야에서 일자리를 창출할 수 있도록 직 · 간접적으로 지원하고, 형평성 차원에서는 세계화로 인해 고통 받는 사람을 보상해주어야 한다. 이는 결국 기업의 성장을 통해서만 가능하다는 점에서 정부는 기업이 발전할 수 있는 조건을 만들어주어야 한다. 그러므로 정부의 역할에 대해서는 이제는 보다 실용적인 접근을 필요로 한다. 이런 맥락에서 볼 때 최근 프랑스 사회에서 논란이 되었던 재산세 부과의 문제는 실용적인 정부를 만들기가 얼마나 어려운지를 보여주고 있다. 이는 최근 우리사회에서 논란이 되는 부동산세에도 그대로 적용된다고 볼 수 있다. 재산세 부과는 현실적으로 국가에 가져오는 것은 거의 없고 역설적으로 자산 유출 증가로 세수를 감소시키기도 한다. 그렇지만 재산세 부과는 정치적인 이유로 폐지되지 못하고 있다. 물론 일국의 모든 정책이 경제적 관점에서만 고려될 수 있는 것은 아니다. 그렇지만 문제는 자원배분에 영향을 미치는 정책이 정치적으로 결정되는 경우 자원배분은 왜곡될 것이고 이는 국가 경제의 활력을 저하시킬 것이다. 그러므로 정책은 가능하면 경제원칙에서 벗어나지 않아야 한다.

프랑스는 전통적으로 국가주의에 입각한 정책결정을 해왔다. 여기서 국가주의적 정책결정방식이란 정책의 주체와 정책조직이 정책수립단계에서 이익집단의 압력을 배제하고 주도적인 역할을 담당하는 것을 의미한다.[2] 권위주의적 정책당국은 정책수립단계에서 정책의 내용을 이익집단과 사전협의를 거치지 않고 일방적인 결정을 취할 수 있다. 이익집단의 목소리는 정책집행단계에서 일부 반영되는 것이다. 이런 정책형성방식은 미국, 독일 등 다른 선진국들과는 대조적이다. 미국의 경우 다양한 로비스트 집단이 존재해 정책 수립단계부터 중요한 영향력을 행사한다. 독일 역시 네덜란드, 스웨덴과 마찬가지로 사회집단이 정책수립단계에 적극 개입

2) 이하의 내용은 Schmidt(1996)와 채희율(2000)의 내용을 정리한 것임.

하고 있다. 물론 프랑스에서 정책형성과정에 많은 민간위원회가 참여하기는 하였지만 최소한 90년대 중반까지는 그 역할이 미미하였다.

프랑스 정부의 정책형성과정에서의 주도적 역할은 1980년대 중반부터 다소 완화되는 경향을 보였다. 이는 1980년대부터 확산되던 신자유주의의 대두와 무관하지는 않다. 자율적인 시민사회를 지향하는 신자유주의와 프랑스식 권위주의적 정책결정 방식은 이념적으로 커다란 괴리가 있었음은 자명하다. 1981년부터 1995년 기간 사회당의 미테랑 대통령이 집권하였는데 1986-88, 1993-95 기간에는 우파 내각이 집권한 적이 있다. 사회당은 집권 초기 대규모 국영화를 추진해 가뜩이나 정부의 간섭이 심했던 상태에서 정부 개입 강도를 훨씬 강화했지만 계속된 경기침체 등으로 인해 정부의 개입 강도는 점차 완화되었다. 그리고 우파 내각이 들어선 시기에는 대규모 규제완화와 민영화를 시도해 정부 개입을 축소시켰다. 특히 미테랑 대통령 집권 초기의 국유화, 사양 산업 및 성장 산업에 대한 동시 지원 정책, 경기부양책의 실시와 같은 이념 지향적 정책은 시간이 지나면서 보다 실용적인 정책으로 대체되었다. 그 결과 사회주의당 집권 말기에는 정부 개입을 대폭 완화시켰고 긴축정책을 거시 경제 기조로 삼는 방향으로 전환되었다. 이런 정책형성과정의 변화는 무엇보다도 프랑스의 지도자들이 과거의 방식으로는 더 이상 경제성장을 지속할 수 없으리라는 위기의식에서 기인한다. 이와 더불어 세계화 및 EU의 경제통합 움직임은 프랑스 정부의 경제 개입 정도를 약화시키도록 하였다. 유럽의 자본시장 통합은 프랑스 정부의 통화정책 관련 자율성을 무너뜨렸다. 이 밖에도 EC 집행위원회의 지침은 프랑스 정부의 자율적 입법 기능을 약화시켰고 정책집행에서도 제약을 받게 되었다.

2 프랑스 경제의 당면 과제

현재 프랑스 경제의 가장 시급한 당면 과제는 지난 30여 년간 1인당 국민소득이 다른 선진국만큼 증가하지 못했다는 점이다. 프랑스의 낮은 경제성장률은 국민 생활의 질을 떨어뜨리고 일자리를 제대로 만들어내지 못하므로 만성적인 실업문제를 야기하였다.

〈표 4-3-2〉 프랑스의 경제성장률

국가	91-95	96-'00	2000	2001	2002	2003	2004	2005	2006
중 국	12.3%	8.6%	8.4%	8.3%	9.1%	10.0%	10.1%	10.4%	10.7%
인 도	5.1%	6.0%	5.3%	4.1%	4.3%	7.3%	7.8%	9.2%	9.2%
프랑스	1.1%	2.7%	4.0%	1.8%	1.1%	1.1%	2.0%	1.2%	2.1%
영 국	1.6%	3.2%	3.8%	2.4%	2.1%	2.7%	3.3%	1.9%	2.8%
미 국	2.4%	4.1%	3.7%	0.8%	1.6%	2.5%	3.9%	3.2%	3.3%

출처: OECD.

프랑스 경제는 2000년대 들어와서도 경제구조의 비효율 증대로 실질GDP 성장률이 크게 둔화되는 등 부진한 모습을 보여 왔다. 2000년대 이후 프랑스 경제가 둔화되면서 언론 등에서 이를 빗대어 프랑스를 "유럽의 새로운 병자"로 부르기도 하였다. 프랑스의 실질GDP 성장률은 1996~2000년 평균 2.7%에서 2001~2005년 기간 평균 1.5%로 크게 둔화되었으며 2006년에는 2.2%로 다소 회복되었으나 독일(2.8%) · 영국(2.8%) 등 주요 경쟁국에 비해 여전히 낮은 수준이다. 이에 따라 명목GDP 기준 경제규모의 세계 순위도 종전 4위에서 1999년 5위, 2005년

〈표 4-3-3〉 실질GDP 성장률 추이

(전년동기대비, %)

	1996~00	2001~05	2005	2006
프랑스	2.7	1.5	1.2	2.2
독 일	2.0	0.6	1.1	2.8
영 국	3.2	2.5	1.9	2.8
미 국	4.1	2.4	3.2	3.3
일 본	1.0	1.3	1.9	2.2

출처: OECD, IMF.

6위로 하락하였다.

〈표 4-3-4〉 명목GDP 규모 추이

(경상가격, 조 달러)

	1980	1990	1999	2005
미 국	2.79	5.80	9.27	12.46
일 본	1.06	3.03	4.38	4.56
독 일	0.83	1.55	2.15	2.79
중 국	0.31	0.39	1.08	2.24
영 국	0.54	1.00	1.47	2.23
프랑스	0.69	1.25	1.46	2.13

출처: OECD, IMF.

프랑스는 일본과 같은 심각한 경기 침체 현상을 겪지는 않았지만 1980년대 이후 매우 저조한 경제성장률을 보이고 있다. 특히 2차 대전 이후 빠른 경제성장을 통해 미국과의 격차를 어느 정도 축소시켰지만 최근 그 격차는 다시 벌어졌다. 2006년도 기준으로 프랑스의 1인당 국민소득은 미국과 비교해 25% 가량 낮은 것으로 조사되었다. 질베르 세트에 의하면 생활 수준 격차 중 5~10%는 생산성 차이에서 기인하고 나머지 15~20% 격차는 프랑스의 적은 노동시간과 낮은 고용률에서 기인한다고 분석하였다.[3]

프랑스의 저조한 경제성장은 무엇보다도 경직된 시장규제 및 규제를 강화시킨 잘못된 정책에서 기인한다. 프랑스의 규제 강도는 프랑스의 규제지수를 다른 경쟁국가와 비교하면 알 수 있다. 한 나라의 규제 강도를 규제가 가장 낮은 수준인 0에서 가장 높은 5까지 책정한 결과 프랑스의 노동시장 규제지수는 2.9로 미국(0.7), 영국(1.1), 독일(2.5)보다 매우 높은 수준임을 보여준다. 규제수준이 높은 것은 노동시장뿐이 아니고 상품시장의 경우도 프랑스의 규제지수는 2.3으로 미국(1.3), 영국

3) Cette, Gilbert, 2005, Productivité: Les Etats-Unis distancent l'Europe dans les années 1990, Problèmes Economiques du 2 mars 2005.

(1.4), 독일(1.8) 등을 크게 상회함을 알 수 있다.

프랑스는 이런 당면과제를 극복하기 위한 방안을 마련하기 위해 총리실 산하의 Conseil d'Analyse Economique(CAE), Conseil de l'emploi, des revenus et de la cohésion sociale (CERC), 그리고 대통령이 아탈리에게 직접 요청한 프랑스 성장 촉진위원회(Commission pour la libération de la croissance française) 등을 활용해 정책대안을 제시하였다. CAE는 "프랑스의 성장 잠재력 확충 방안", "노동시간, 소득과 고용" 등 프랑스 경제의 당면 과제 관련 보고서를 지속적으로 발표하고 있다. CERC는 IMF 총재를 역임했던 캉드쉬의 주도 하에 "1993~2005 기간의 프랑스"라는 보고서를 발표했고, 아탈리 위원회는 2008년 프랑스 성장 촉진 보고서를 발표하였다. 이들 연구의 공통점은 프랑스 경제가 침체 상태에 있으며 프랑스 경제의 성장 잠재력을 확충하기 위해서는 보다 시장 친화적인 개혁 프로그램을 도입해야 한다고 지적한다.

이 중에서 특히 대중들의 관심을 끈 보고서는 아탈리의 성장촉진 보고서이다. 사르코지는 노동시장 유연화, 감세정책, 주 35시간 노동제 개편 등 성장 위주의 시장경제 체제를 공약으로 내세워 대통령에 당선되었다. 2007년 5월 취임 직후 사르코지 대통령은 연평균 경제성장률이 2%를 넘지 못하고 실업률 또한 20여 년간 8%대를 벗어나지 못하고 있는 프랑스 개혁의 청사진을 아무 제약 조건 없이 자유롭게 개진해달라고 자크 아탈리에게 요청하였다. 아탈리는 미테랑 대통령 재임 시에는 대통령 특별보좌관을 역임했고, 그 후 유럽부흥개발은행 초대 총재, 유럽 고등교육개혁위원회 위원장 등을 역임한 전형적인 프랑스 지식인이다. 프랑스 대통령 직속으로 2007년 8월 기업 CEO, 경제학자, 노조관계자, 사회단체 종사자, 학계 인사를 포함하는 44인의 전문가로 출범한 아탈리 위원회는 각종 규제 철폐, 시장경제 요소 도입 등 개혁안을 제안한 최종보고서를 2008년 1월 제출하였다. 보고서의 핵심은 세계는 매우 빠른 속도로 변하고 성장하는 데 반해 프랑스는 상대적으로 쇠퇴하고 있다고 지적한다. 프랑스 경제가 낙후하게 된 주된 이유는 프랑스의 내부 개혁 부재라고 한다. 그러므로 이제는 과감한 개혁이 하루라도 빨리 총체적으로 이루어져야 한다고 강조하고 있다.

Ⅳ. 프랑스 주요 정책의 내용 및 평가

1 고용정책

프랑스 노동시장의 흐름을 파악하는 데 중요한 변수의 하나는 중위임금 대비 최저임금 수준이다. 〈표 4-3-5〉와 〈그림 4-3-2〉에서 볼 수 있는 바와 같이 중위소득 대비 최저임금 비율은 프랑스가 0.59로 미국의 0.39에 비해 매우 높은 수준임을 알 수 있다(Salante, 2006). 프랑스의 경우 1980년대 63%를 정점으로 다소 하락하고 있지만 아직도 50% 중반 대의 높은 수준을 보이고 있다.

〈표 4-3-5〉 중위소득과 최저임금 비율(1997)

(단위: 유로)

	최저 임금(월 단위)	중위 소득	최저임금/중위소득	비용/중위 소득
독 일	1 244	2 539	0,49	0,49
프랑스	991	1 680	0,59	0,52
영 국	864	1 964	0,44	0,41
미 국	746	1 913	0,39	0,39

출처: Minima sociaux, entre protection et insertion, La Documentation franÇaise, 1997.

프랑스 최저임금 수준이 높은 배경에는 1950년대 최초로 제도 도입할 때 너무 높은 최저임금을 설정한 이유가 있다. 그렇지만 50년대 이후 중위임금 대비 최저임금 수준은 지속적으로 하락하였다. 그러다가 1968년 파업 이후 최저임금은 25% 올랐을 뿐만 아니라 최저임금을 인플레와 구매력에 연계시키면서 최저임금 수준은 지속적으로 증가하였다. 석유 파동을 겪으면서 정부는 영세민 지원을 강화하면서 최저임금을 지속적으로 올렸다. 특히 1981년 사회당 정부가 집권하면서 최저임금을 10% 올렸고 동시에 실업이 증가하면서 사회적으로 가장 약자라 할 수 있는 저임 근로자의 임금은 다시 증가하여 1980년대 중반에는 중위임금 대비 최

〈그림 4-3-2〉 중위 임금 대비 최저 임금

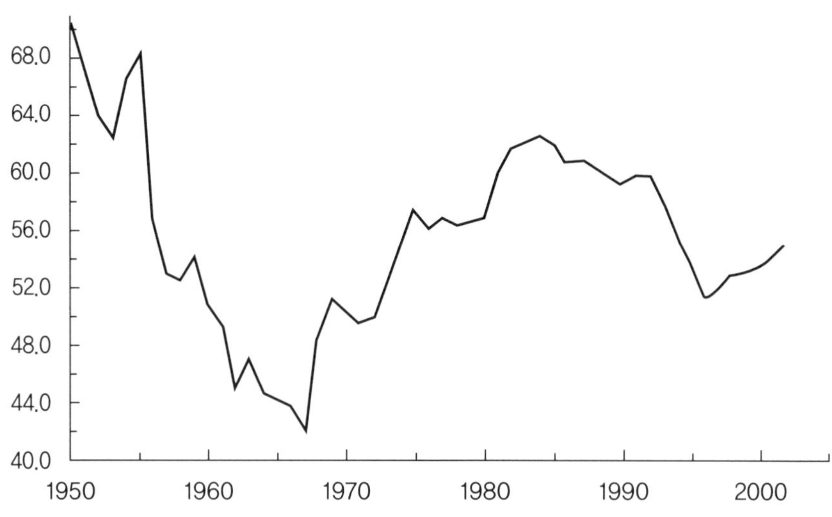

출처: Salante(2006).

저임금 수준이 미국의 40% 수준보다 23%p. 높은 63%까지 올랐다. 이후 정부는 과도한 최저임금 수준의 인상을 자제해 왔지만 1997년 주당 35시간 근로제가 도입되면서 중위임금 대비 최저 임금 비율은 다시 상승하기 시작하였다. 주당 근로시간을 10% 단축시켰다고 임금을 10% 감소할 수 없었기 때문이다.

프랑스의 노동생산성은 전 세계적으로 가장 높다. 높은 생산성은 프랑스 노동자의 숙련도와 더불어 적은 노동 시간에서 기인한다. 특히 정규직의 노동시간이 다른 선진국 대비 10% 가량 적다는 점과 함께 높은 임금으로 인해 생산성이 낮은 노동력은 노동 시장에서 배제된 점 역시 프랑스의 높은 생산성을 설명하는 주된 요인이라 할 수 있다. 그러나 최근 노동생산성의 변화 추이를 살펴보면 그 추이가 바람직하지 않는 방향으로 움직이고 있음을 알 수 있다. 〈표 4-3-6〉에서 볼 수 있는 바와 같이 프랑스는 지난 10년 간 미국, 독일뿐만 아니라 OECD 평균에도 못 미치는 노동생산성 증가율을 보여주고 있다. 즉, 생산성의 절대 수준은 높다고 하더라도 생산성 증가율 둔화는 그만큼 경제 성장의 걸림돌로 작용할 수 있기 때문이다.

〈표 4-3-6〉 노동생산성 추이

(단위: %)

	1996~00	2001~06	2005	2006
프랑스	1.3	0.9	0.7	1.2
독 일	1.2	1.0	1.2	2.2
미 국	2.0	2.0	1.6	1.5
OECD 평균	1.8	1.5	1.4	1.6

출처: OECD.

〈표 4-3-7〉에서 볼 수 있는 바와 같이, 2000년대 들어 노동생산성 증가율은 1996~2000년 기간 1.3%에서 2001~2006년 기간 0.9%로 둔화된 반면 피용자 보수 증가율은 같은 기간 중 1.7%에서 3.1%로 확대되어 생산원가 상승압력으로 작용하고 있다. 1996년에서 2000년 기간 노동생산성과 피용자 보수 증가율을 비교하면 독일의 경우 각각 1.3%, 1.1%로 임금 상승이 생산성 증가율 범위 내에서 이루어졌음을 알 수 있다. 반면, 프랑스와 미국을 포함한 OECD의 대부분 국가는 피용자 보수가 생산성 증가율을 훨씬 넘는 수준에서 이루어졌다. 프랑스의 경우 1996~2000 기간의 피용자 보수는 OECD 평균보다 낮은 수준에서 증가하였지만 2001~2006 기간의 피용자 보수증가율이 생산성 증가율의 3배 이상 수준을 기록해 그 추이가 매우 악화되고 있음을 알 수 있다. 다시 말하면, 프랑스 경제는 생산성 증가율은 둔화되고 있지만 임금은 지속적으로 상승되고 있다. 프랑스의 노동비

〈표 4-3-7〉 민간부문 1인당 피용자보수 추이

(단위: %)

	1996~00	2001~06	2005	2006
프랑스	1.7	3.1	2.4	3.7
독 일	1.1	0.9	−0.1	0.6
미 국	4.7	3.6	3.6	4.6
OECD 평균	3.9	2.7	2.5	3.1

출처: OECD.

용이 최근 급격히 증가한 배경 역시 주당 35시간 근로제의 도입이라 할 수 있다. 근로시간 단축은 이에 상응한 노무비용 단축이나 생산성 증가를 가져오지 못했음을 다시 한 번 보여주고 있다.

이 과정에서 기업들은 노동비용을 축소하기 위해 고용을 억제하고 해외투자를

〈표 4-3-8〉 노사합의 주 정규노동시간

(2006, 평균시간)

폴 란 드	40.0	벨 기 에	37.6
오스트리아	38.8	네 덜 란 드	37.5
스 페 인	38.5	영 국	37.3
이 탈 리 아	38.0	덴 마 크	37.0
스 웨 덴	37.8	프 랑 스	35.0
덴 마 크	37.7	EU25개국	38.5

출처: European Foundation for the improvement of Living and Working Conditions; OECD.

〈그림 4-3-3〉 주요국의 1인당 연간노동시간 추이

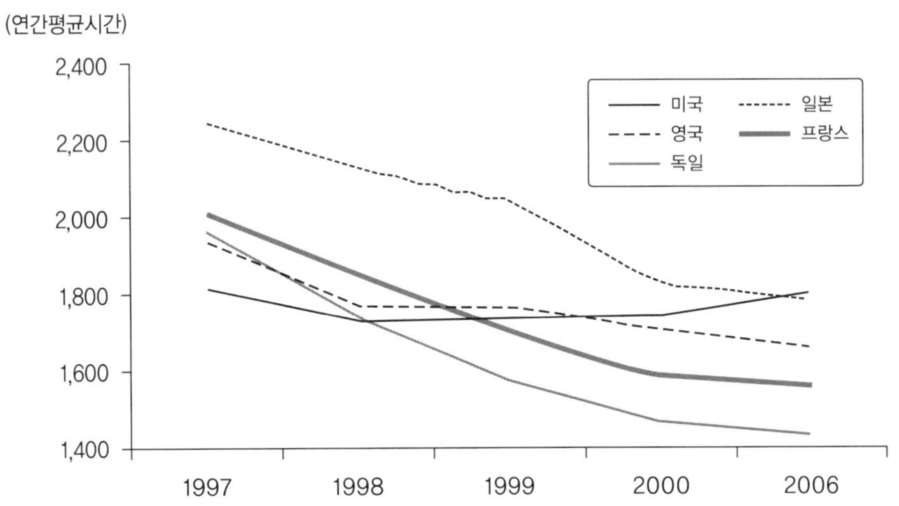

출처: European Foundation for the improvement of Living and Working Conditions; OECD.

확대하였다. 그 결과 국내고용 감소를 초래하였고, 2006년 고용률은 62.3%로 미국(72.0%), 영국(72.5%), 일본(70.0%) 등 OECD 평균(66.1%)을 크게 밑돌고 있다.

한편, 2002년 기준 프랑스의 연간 노동시간은 미국의 1,815시간보다 18% 가량 적은 1,545시간으로 OECD 국가 중에서 가장 낮은 것으로 조사되었다. 더욱 심각한 것은 프랑스의 인구 구성 중 15~24세, 55~64세의 낮은 고용률이다. 15세에서 24세까지 고용률은 23.3%로 미국의 55%, 영국의 61%에 비해 절반도 못 되는 수준이다. 그리고 55세에서 64세까지 고용률은 34.2%로 미국 59.5%, 영국 53.3%에 비해 매우 낮은 수준이다. 특히 프랑스의 실업률 8.7%와 미국의 5.8%, 영국의 5.1%를 비교한다면 프랑스가 얼마나 자국 국민의 노동력을 활용하지 못하고 있는지 알 수 있다. 15~24세의 낮은 고용률은 높은 최저임금과 경직된 노동시장으로 인해 기업이 새로운 일자리를 만들지 못하기 때문인데 비해, 55~64세의 낮은 고용률은 연금 제도의 불안정으로 인해 다수의 근로자가 연금제도가 조금이라도 안정적일 때 조기 퇴직을 희망하기 때문이다.

프랑스 신정부는 근로 및 고용 유인 강화를 위해 중장기적으로 주 35시간 법정노동시간제 폐지를 추진하였다. 먼저 2007년 10월부터 주 35시간을 초과하는 시간외 근로소득에 대해 소득세 및 사회보장세를 인하하였다. 그동안 추진해 온 법정노동시간 단축이 고용창출효과가 미미하고 여가시간 수혜가 고소득층에 집중되자 2005년 3월 민간기업에 대해 법정노동시간을 노사합의로 주 35시간에서 주 48시간까지 연장할 수 있도록 개선하였다. 그러나 민간기업의 주 노동시간이 여전히 EU내 최저인 평균 주35시간을 기록하는 등 연간노동시간이 주요 경쟁국 수준을 크게 하회함에 따라 법정노동시간제를 폐지하였다.

2 산업정책

프랑스는 이미 앞서 지적한 바와 같이 오랜 산업정책의 역사를 지니고 있다. 멀리는 중상주의 시대의 콜베르부터 2차 대전 후와 1980년대 초에 단행된 국유화 정책까지 프랑스의 개입주의는 오랜 전통을 지니고 있다. 우선 프랑스의 산업정책의 변모과정을 이차대전 이후부터 간략히 살펴보도록 하자.

프랑스는 이차대전의 종전과 함께 국민의 광범위한 지지 속에서 국영화를 추진하였다. 국영화는 한편으로는 경제재건에 필요한 공공서비스의 조달을 위해서 불가피한 측면이 있다. 예를 들면 예금은행, 보험, 전기, 가스, 석탄 등의 국유화가 여기에 해당한다. 다른 한편으로는 전쟁 당시 부역자에 의해 경영되었던 기업의 국유화가 이루어졌는데, 대표적으로 자동차 회사인 르노가 여기에 해당한다. 국유화에 이어 프랑스는 전후 낙후한 경제의 복원과 함께 산업화와 현대화를 촉진시키기 위해 5개년 경제계획을 수립해 성공적으로 추진하기도 하였다. 프랑스의 경제계획은 유도계획(indicative planning)이라 불리는데, 이는 러시아의 사회주의 계획경제처럼 경제주체에게 지시와 명령을 내리는 형태의 계획경제가 아니라 경제주체들을 스스로 일하도록 유인을 제공해주는 유도적인(indicative) 계획이다. 프랑스의 경제계획은 60년대 이후 정치적인 영향을 많이 받으면서 그 실효성이 떨어지게 되었다. 그래서 60년대 중반부터 산업정책이 전면에 대두하기 시작하였다. 60년대 프랑스 산업정책의 목표는 국제경쟁력 제고이며, 이를 위해 소위 국가 대표기업(national champion) 육성을 적극 추진하였다. 특히 이 당시에는 항공, 컴퓨터 등의 첨단 분야에서 세계 시장을 목표로 하는 공기업을 설립하였고, 기업 간 수직 · 수평 통합을 통한 기업 집중과 대형화를 장려하였다. 이후 프랑스의 국가 대표기업 육성 전략은 국내시장 보호뿐만 아니라 특정 부문에서 세계 챔피온을 만들려는 전략으로 발전되었다. 그 결과 지하철, 전기발전, 통신 등의 분야에서는 정부의 지원이 대폭 강화되었다. 그런데 이런 일방적인 지원 정책은 소기의 성과를 거두지 못한 채 자원 배분의 비효율성을 가져왔다고 평가받고 있다.

70년대에는 더 이상 국유화나 공기업 설립은 추진되지는 않았다. 그렇지만 국가는 민간기업의 주주로서 또는 합작을 통해 민간부분에 상당한 영향력을 행사하였다. 1981년 사회당 정부가 집권하면서 프랑스는 또 다시 강력한 국가 개입주의를 경험하게 된다. 그러나 사회당 정부의 과도한 개입으로 프랑스 경제가 성장 동력을 상실하면서 개입주의는 점차 퇴색되면서 규제완화와 시장 기능의 복원이 프랑스에도 반향을 일으키게 되었다.

최근 프랑스는 국가 개입주의적인 산업정책은 거의 포기하고 시장 순응적인 기업정책으로 정책 방향을 전환하였다. 그러면 최근 논의되고 있는 기업정책을 알아보도록 하자. 프랑스는 중소기업의 비중이 높은 점을 감안하여 중소기업 지원 및 국내 산업보호 정책을 중심으로 산업지원정책을 강화할 예정이다. 2004년 현재 10인 미만 고용 기업의 비중이 전체 기업체의 83.1%로 유럽 주요 경쟁국인 독일(61.7%), 영국(71.6%) 등에 비해 크게 높은 수준을 보이고 있다. 프랑스는 중소기업 지원을 통해 향후 5년 이내 실업률을 8.1%에서 5% 수준으로 낮추고자 한다. 먼저 대 중소기업 투자 시 부유세를 감면하고 공공기관 조달계약의 일부를 중소기업에 할당하는 미국식 중소기업법 도입을 추진하였다.[4] 또한 국내투자 및 고용 촉진과 고소득층의 해외이민 방지를 위해 중소기업, 공립대학 연구소, 고용촉진기관 등에 투자 시 5만 유로의 부유세 공제혜택을 부여하는 등 기업친화적인 정책을 추진하고 있다.

한편, 프랑스는 국내산업보호를 위해 황금낙하산제도 및 스톡옵션제도에 대한 규제 강화를 추진하고자 한다. 황금낙하산(golden parachute)제도란 적대적 M&A를 방지하기 위한 경영권방어 전략으로서 인수대상기업의 CEO가 M&A로 임기 전

〈표 4-3-9〉 유럽 주요국의 근로자 인원수별 기업 비중(제조업, 2004)

	프랑스	독일	영국	이탈리아
9인 이하	83.1	61.7	71.6	82.7
10~49	13.0	27.7	21.8	15.1
50~249	3.1	8.4	5.3	1.9
250인 이상	0.8	2.1	1.3	0.3

출처: EU통계청.

4) 미국 중소기업법은 공공기관이 총액 10만 달러를 초과하는 조달계약 체결 시 하청 등으로 중소기업을 활용할 것을 의무화하고 있다.

사임 시 거액 퇴직금, 저가 스톡옵션 등을 받을 권리를 기재함으로써 기업 인수비용을 높이는 방법이다. 그런데 이런 제도를 일부 프랑스 기업임원들이 고액퇴직금을 받기 위한 수단으로 이용하면서 동 제도의 실효성에 대한 비판이 제기되기도 하였다. 한편 아탈리 보고서에서 지적된 일요영업 제한 등 규제철폐 방안은 사르코지 대통령에 의해 강력한 지원을 받고 시행에 들어가기도 하였다.

3 교육정책

프랑스 교육정책의 기본 목표는 세대 간 불균등 해소와 더불어 경제성장에 필요한 인적 자본을 제공하는 것이다. 교육은 세대 간 불균등이 이전되는 것을 막아 주는 주된 수단인 동시에 보다 높은 숙련을 제공해 준다는 점에서 경제성장에 필수적이기 때문이다. 프랑스 교육 개혁의 주된 배경은 학생들의 학력저하이다. 이에 따라 교육개혁의 목표를 학생들의 개성존중에서 학업성취도 제고 및 수월성 증대로 변경하였다. 프랑스 교육정책의 문제점은 아직도 매우 중앙집권적이라는 점이다. 현재 교육부의 영향력이 줄어들었다고는 하지만 아직도 중앙집권적으로 운영되고 있다. 특히 학생 선택 및 교직원 지위 등에 있어 학교의 자율성 정도가 매우 낮은 실정이다. 한편 프랑스 교육은 3살부터 취학률은 100%로 최고 수준을 유지하고 있다. 이런 배경에는 3살 이후 정책이 가족 정책의 일환으로 간주되기 때문이다.

교육정책의 문제점은 낙후지역 지원과도 연관되어 있다. OECD 조사에 따르면 프랑스 학생들의 학업성취도 및 학생들의 수준은 핀란드, 한국과 같이 매우 높은 수준은 아니지만 전체 평균보다 다소 높은 수준으로 나타났다. 한편, 고등학생들의 학력이 얼마나 고르게 나타났는지를 살펴본 결과 프랑스는 핀란드, 한국보다는 격차가 크게 나타났지만 미국보다는 양호하게 나타났다. 이런 결과는 프랑스의 교육이 중등과정 중심으로 이루어졌다는 점에서 만족할 수준은 아니라고 하겠다.

학력별 임금 격차를 살펴보기 위해 비숙련 노동자의 임금을 기준(100)으로 하여 연령별, 학력별 임금 격차를 살펴본 결과 격차는 비교적 크게 나타났다. 연령별 · 학력별 임금 수준을 살펴보면 50~54세 대졸 이상 학력이 231로 가장 높게 나타났는데 이는 프랑스의 중 · 장년층의 대부분이 저학력 수준이므로 상대적으로 희소한 고학력 수준의 임금이 높게 나타났음을 반영하고 있다. 그렇지만 학력에 의한 임금 격차는 전 연령에 고르게 나타나고 있음을 알 수 있다. 연령별로는 30대부터 50대까지 나이에 비례해 임금이 지속적으로 높게 나타났다.

한편, 프랑스 남녀 학생들의 고등교육 내부 수익률을 추정한 결과 프랑스의 경우 8% 수준으로 OECD 국가의 평균 수준의 성과를 보이고 있다. 학력에 따른 수익률이 가장 높은 나라는 아일랜드로 나타났는데 이는 최근 아일랜드 경제의 급속한 성장세를 반영해 노동시장에서 고학력자의 수요가 증가하였던 현실을 반영하고 있다.

프랑스의 사르코지 대통령은 2007년 5월 취임과 함께 성장잠재력 확충을 위해 교육개혁이 긴요한 것으로 판단하고 우선 2012년까지 5년간 대학에 총 50억 유로를 투자하는 등의 대학교육 개혁방안을 2007년 7월 공표하였다. 이번 개혁에는

〈그림 4-3-4〉 프랑스 고등학교 학업 성취정도

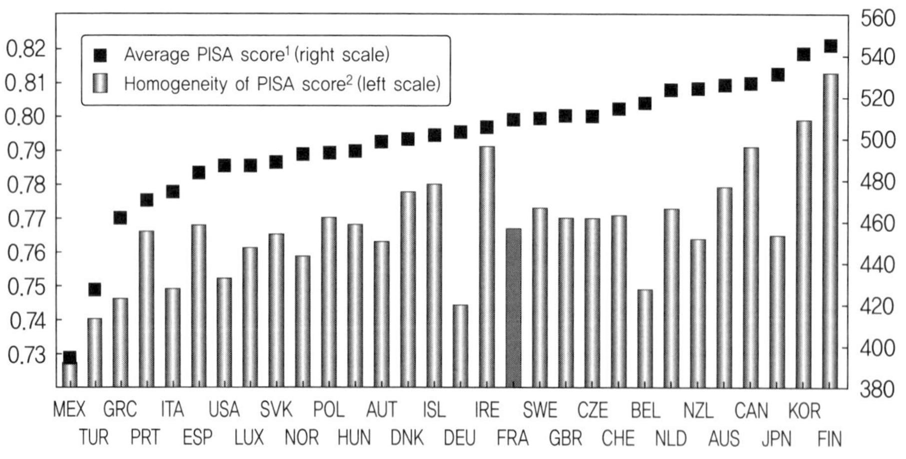

출처: OECD.

〈표 4-3-10〉 학력별 임금 격차

비숙련 노동자 임금 = 100	연령군		
	30~34	35~39	50~54
고졸	119	130	162
초급대 교육	142	163	186
대학 이상 교육	177	222	231

출처: OECD.

대학자치권 확대와 주택 · 의료 지원 등 학생생활수준 개선, 교원 처우개선, 연구시설 개량 등을 주요 대책으로 포함하고 있다. 현재 프랑스는 모든 대학이 국립으로서 수업료가 면제되고 모든 교수는 공무원으로서 신분이 보장되는 등 정부지원이 상당한 수준이지만 대학 선발권 부재 등 자치권 부족으로 대학의 경쟁력은 다른 경쟁국가에 비해 낮은 실정이다. 대학 경쟁력 제고 차원에서 기업 또는 재단의 대학 기부금을 허용하고, 우수교원 확보를 위한 고액연봉 허용 등 예산지출 재량권을 대학에 부여하기로 하였다.

한편, 아탈리 보고서 역시 교육 분야에서의 과감한 개혁을 주문하고 있다. 주된

〈그림 4-3-5〉 프랑스 고등교육 내부 수익률

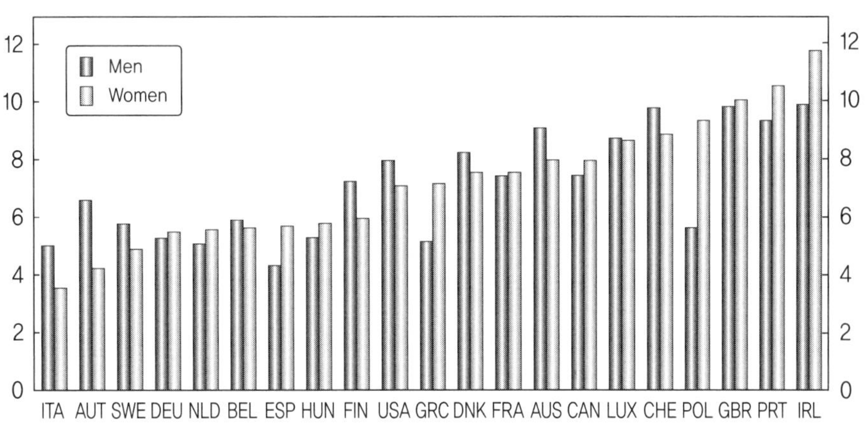

출처: OECD.

내용으로는 학교의 자율성 확대, 학부모와 학생의 학교 선택권 강화, 학군제 폐지 등 수요자 중심의 교육 개혁을 주장하고 있다. 학교 교육 개혁 중에서는 지식경제 체제를 담당할 대학교육 개혁에 우선 순위를 부여하였다. 대학 발전을 위해 대학에 보다 많은 자율성을 주고 학업과 취업을 연계시키며 대학평가를 통해 세계 수준의 대학 10개를 집중 육성할 것을 제안하였다.

4 재정정책

재정운영 측면에서 프랑스는 2003년에는 재정적자 수준이 4%에까지 이르렀고, EU가 제시한 재정적자비율 상한(GDP의 3%)을 2002년부터 2005년까지 4년 연속 넘겨 EU의 재정준칙을 위반하였다. 물론, OECD 국가의 대다수 역시 EU의 재정준칙을 위반하고 있다는 점에서 재정정책 운영의 잘못이 프랑스만의 문제는 아니다. 미국, 일본의 재정 적자 수준은 이미 다른 OECD 국가들에 비해 훨씬 높은 수준을 기록하고 있다. 그럼에도 불구하고 프랑스 역시 다른 나라와 마찬가지로 재정의 불균형을 극복해야 한다.

한편, 정부부채비율은 일본과 같이 150%를 상회하지는 않지만 프랑스는 다른 경쟁국에 비해서는 다소 높은 70%대를 보이고 있다. 프랑스의 정부부채비율은 EU가 정해 놓은 상한선인 GDP 대비 60%를 상회하고 있다. 그런데 경제성장이 둔화되면서 세수 확보는 어려워지면서 정부는 어떤 형태로든지 지출할 곳이 늘어나므로 재정적자 및 정부 부채를 더 이상 방치해 둘 수는 없다.

재정 건전성을 높이기 위해 프랑스 정부는 공공투자 목적의 경우에만 정부차입을 허용하는 재정준칙을 도입하였고 대외경쟁력 확보를 위해 경쟁국과 유사한 수준으로 세율조정을 추진하였다. 이에 따라 향후 5년 이내 재정적자의 대GDP 비율을 1.5% 이하, 정부부채 비율을 60% 이하로 인하시키고자 한다. 우선 재정적자를 줄이기 위해 약 5백만 명의 공무원 중 전체(노동력의 18.5%) 5%에 해당하는 227천명을 축소하여 4억 유로의 인건비 예산의 절감시키고자 한다.

〈표 4-3-11〉 재정수지비율 추이

(대GDP, %)

	2002	2003	2004	2005	2006
프랑스	−3.2	−4.1	−3.6	−3.0	−2.6
독 일	−3.6	−4.0	−3.7	−3.2	−1.7
영 국	−1.7	−3.4	−3.3	−3.3	−2.9
미 국	−3.8	−4.8	−4.6	−3.7	−2.3
일 본	−8.0	−7.9	−6.2	−6.4	−2.4
OECD 평균	−3.2	−4.0	−3.5	−2.9	−1.6

출처: OECD.

한편 영국 · 독일 등 주요 경쟁국과 동구권의 법인세율 인하에 대응하기 위해 프랑스는 명목법인세율을 2006년 34.4%에서 2009년까지 28% 수준으로 인하시키고자 한다. 현재 프랑스의 법인세율은 미국, 일본보다는 낮은 수준이지만 유럽의 다른 경쟁 국가보다는 높은 수준을 유지하고 있다. 특히 최근 동구권 국가들이 법인세를 10%대 수준으로 급격히 인하함에 따라 영국은 2007년 법인세율을 30%에서 28%로 인하했고, 독일 역시 38.9%에서 30%로 낮추었다. 이런 맥락에서 프랑스의 선택 역시 법인세율 인하 외에는 다른 선택을 할 수 없는 것이다. 결국 세수

〈표 4-3-12〉 정부부채비율 추이

(대GDP, %)

	2002	2003	2004	2005	2006
프랑스	66.8	71.0	73.3	76.1	75.0
독 일	62.1	65.4	68.8	71.1	71.4
영 국	41.3	41.8	43.7	46.6	46.6
미 국	57.6	61.0	61.8	62.2	61.5
일 본	153.6	159.5	167.1	177.3	179.3
OECD 평균	71.8	74.0	75.6	77.5	77.1

출처: OECD.

〈표 4-3-13〉 주요국의 명목법인세율 추이

	2000	2006
프 랑 스	37.8	34.4
독 일	52.0	38.9
영 국	30.0	30.0
네 덜 란 드	35.0	29.6
오스트리아	34.0	25.0
폴 란 드	30.0	19.0
헝 가 리	18.0	16.0
미 국	39.4	39.3
일 본	40.9	39.5

출처: OECD.

감소는 필수적인 상황에서 재정 건전화를 추진하기 위해서는 프랑스는 정부 지출 감소를 선택할 수밖에 없는 현실에 처해 있다.

V. 프랑스 경제가 우리에게 주는 시사점

현대 자본주의는 2차 대전 이후 최근까지 커다란 변화를 겪고 있다. 이차대전 후부터 70년대 중반까지 미국을 위시한 프랑스 등 선진국에서는 매우 안정적인 경제 시스템을 유지하였다. 소수의 거대기업을 중심으로 운영된 당시의 시스템은 높은 생산성 증가율에서 발생하는 경제성장의 과실을 이해관계자들과 공평하게 나눌 수 있었다. 특히 이 과정에서 기업은 산별노조와 단체 임금 협상을 통해 여유 있는 임금을 지급하였고, 정부 또는 입법부와의 협의를 통해 사회 문제에 대한 해결책을 공동으로 모색하였다. 그 결과 전후 30년 기간 경제 질서와 민주주의는 상당한 조화를 이룰 수 있었다. 대다수 서방 국가는 당시의 대표적 성공 사례인 미국식 경제운영 및 민주주의를 부러워하며 모방하고자 했고, 미국은 자국의 시스템을 전 세계에 기꺼이 수출하려고 하였다. 앞서 살펴보았듯이 프랑스 역시 같은 기간 높은 생산성을 토대로 미국 따라잡기에 성공한 대표적인 사례 중 하나이다. 미국과 기타 서방 국가와 차이가 존재한다면 프랑스는 국가가 주도적으로 소수의 대표기업을 적극 육성한 점이라 하겠다. 그렇지만 프랑스의 대표 기업 역시 세계 시장을 무대로 높은 수익을 창출하였고 이런 성장의 과실을 국내에서 이해관계자들이 민주적인 방식으로 배분하였다는 점에서는 전후 미국의 경제운영 방식과 크게 다르지는 않다고 볼 수 있다.

그러나 1970년대 중반부터 생산성 증가율 하락과 신자유주의의 대두와 함께 시장경제를 지배하는 시스템이 변하기 시작하였다. 변화의 중심에는 우선 개인이 존재한다. 개인은 소비자이며 동시에 투자자로서 자신의 이익을 추구한다. 기업은 소비자로서의 개인의 욕구를 충족시키기 위해 보다 싼 물건을 공급해야 했고, 투자자로서의 개인을 위해 높은 수익을 내야 했다. 이런 과정에서 값 싼 물건을 공급하는 데 성공한 월마트 같은 기업과 높은 수익을 내는 많은 연 · 기금들이 새로운 질서를 주도하였다. 기업에서 지배권을 행사하는 연 · 기금과 보다 값싼 물건을 사려는 개인들 사이에 놓인 기업은 생존 차원에서 자구책을 마련할 수밖에 없었다. 특히 전 세계적으로 생산성 침체를 겪는 상황에서 기업은 비용 절약을 위한 구조조정과 함께 경제의 세계화를 가속시킬 수밖에 없게 되었다[5]. 그 결과 기업의 일자리는 불안정해지고, 종업원의 현재 및 미래 임금 역시 예측하기 어려워졌다. 반면, 과학 기술 등의 발전으로 인간의 수명은 늘지만 경제 성장의 둔화로 연금제도는 더욱 부실해지면서 사람들의 미래에 대한 불안감은 더욱 증대되었다. 물론 기업 비용을 절감하고 기금 투자 이익 증대에 기여한 일부 계층의 소득은 폭발적으로 증대했지만 이런 혜택을 받는 사람의 수는 극소수에 불과하다. 그러므로 다수의

5) 로버트 라이시(2008) 참조.

사람들은 무엇을 어떻게 해야 하는지조차 모르는 채 자신의 삶을 스스로 책임져야 하는 상황에 처하게 되었다. 이런 오늘날의 현실은 전후 세대와는 상당한 대조를 이룬다. 전후 세대는 자신의 미래 소득, 일자리, 보험, 연금 등에 대한 특별한 걱정 없이 안정적인 삶을 누려왔는 데 비해 그 이후 세대는 훨씬 열악한 환경 속에서 자신의 삶을 책임져야 하기 때문이다.

라이시의 지적대로 전후 과점 형태의 시장경제에서 1970년대 중반을 거치면서 개인 중심의 시장경제로 전환되었다. 2차 대전 이후 선진국 경제의 변화 과정은 시장경제를 지향하는 대부분 국가에서 공통으로 나타나는 현상이라는 점에서 프랑스나 한국도 이런 움직임에서 예외가 아니다. 프랑스 경제 전문가들이 지적한 시장 친화적인 개혁 프로그램의 도입은 현 시점에서 프랑스뿐만 아니라 한국을 포함한 대부분 국가에 적용되는 보편적 접근이라 해도 과언이 아닐 것이다.

프랑스는 최근 3단계 경제개혁 아젠다를 설정하고 이를 적극 추진하고자 한다. 우선 1단계에서는 가계 소비 및 투자 촉진을 위한 기반 마련을 위해 세제 지원을 적극 검토하고 있다. 2단계에서는 시장 친화적인 제도 개혁을 지속적으로 추진하고자 한다. 노동, 상품, 서비스 시장에서의 정부 규제를 대폭 완화시키고 동시에 연금제도 등을 획기적으로 개선시키고자 한다. 이어서 3단계에서는 대외경쟁력 강화를 위해 법인세 인하, 복지제도 재원마련 등을 동시에 추구하고자 한다.

한국 경제는 최근 경기침체와 물가상승의 2중고를 겪고 있다. 우리 경제의 활력을 불어넣기 위해서는 우리도 프랑스만큼이나 경제개혁이 절실히 요청된다. 이 과정에서 프랑스 경제가 우리에게 주는 시사점은 다음과 같다. 우선 단기적으로는 세제지원을 통한 소비 및 투자를 촉진하는 수요중시 정책을, 중장기적으로 노동 · 사회복지 · 연금제도 개혁을 통해 성장잠재력을 확충하는 공급중시 정책을 추진하는 방안을 검토할 수 있다. 우리정부도 향후 지속적으로 우리 경제의 성장잠재력 확충을 위한 제도개혁 및 대외경쟁력 강화를 위한 지원을 적극 추진해야 할 것이다.

제 4 장 프랑스의 보건 · 복지 · 환경정책

심 창 학(경상대)

Ⅰ. 서 론

본 연구는 거버넌스(governance)의 관점에서 프랑스의 보건 · 복지 및 환경정책의 역사적 변천 과정을 고찰하고 현황을 분석하고자 한다. 동시에 이를 통해 한국에 줄 수 있는 시사점을 도출하는 것을 목적으로 한다.

정의의 다의성에도 불구하고 거버넌스는 현대 국가의 대안적 국정 운영 방식 또는 관점의 하나로서 국 · 내외적으로 많은 관심을 받고 있다. 또한 최근에는 신거버넌스 개념이 등장, 거버넌스 논의를 더욱 더 활성화시키고 있다. 비교 관점에서 신거버넌스 이전의 거버넌스[1]논의에서는 국가 또는 중앙 정부 중심의 계층제적 국

1) 이를 본 연구에서는 전통적 거버넌스로 부르기로 한다.

정 운영 방식 또는 여기서 나타나는 방향잡기(steering)로서의 국가 역할이 논의의 핵심이 되고 있다면, 신거버넌스 논의는 사회 중심, 공동의/복합조직적 거버넌스, 네트워크 방식의 국정 관리 체계, 함께 방향 잡기(co-steering), 자발적 동의에 의한 체계, 수평적인 상호의존적 관계를 중시하고 있다(한승준, 2007: 101-102). 이론적으로 볼 때, 거버넌스 개념에는 신뢰와 투명성, 참여, 민주성과 효율성의 조화가 내재되어 있음에도 불구하고(이종원, 2005: 4), 전통적 거버넌스 개념은 여전히 국가 또는 중앙 정부 중심의 수직적 성격을 띠고 있다면, 신거버넌스 개념은 성숙한 시민사회의 존재를 전제로 수평적, 네트워크적 성격 그리고 행위자(행위 집단) 간의 상호 의존을 상대적으로 많이 강조하고 있다.

프랑스 변화 역시 거버넌스라는 세계적 흐름과 무관하지 않다. 전통적으로 프랑스는 전통적인 중앙집권적 형태의 국가이다. 예컨대, 1980년대 초까지의 프랑스 국가 성격을 분석한 프랑스 학자인 바디와 비른봄은 프랑스를 전형적인 강한 국가 모델에 속하는 것으로 보았다. 즉 국가가 강력한 관료제를 통하여 시민사회를 지배, 조직화하며 이의 제도화 과정을 통하여 국가는 독립성과 지속성을 확립해 왔다. 여기에는 국가 대리인으로서 고도의 전문성과 숙련된 기술을 갖춘 공무원의 역할이 지대했음을 이들은 강조하고 있다. 뿐만 아니라 보다 근본적으로 루소의 사상적 영향에 의해 국가 관료는 오랫동안 특수 이익이 아닌 일반 이익의 대변자로 인식되었으며, 국가는 경제를 포함한 국민 생활 전반에 개입, 통제하는 권한을 인정받게 되었다(B. Badie & P. Birnbaum, 1982: 173-188)[2].

하지만, 프랑스의 전통적인 강한 국가 모습은 1980년대부터 최근까지 많은 변화를 겪었다. 대표적으로 분권화 및 시민단체 참여의 활성화를 들 수 있다. 이는 특히 보건복지 및 환경 분야에서 두드러지게 나타난다. 이러한 점을 고려하여 본 연구에서는 거버넌스의 관점에서 중앙정부와 지방정부간의 관계, 공적 영역과 민간 영역의 관계, 정책 결정 및 집행에 있어서 시민의 참여 보장 등이 프랑스의 보

2) 프랑스의 이러한 강한 국가 모델은 자본주의 급속한 발전과 함께 자유방임, 경제적, 개인주의, 시장 메커니즘이 강조되면서 국가 대신 시장지배사회로 발전된 영국의 약한 국가 모델과는 대조적이다(B. Badie & P. Birnbaum, 1982: 196-203).

건 · 복지 분야에서 어떤 변화를 가져왔는지 중점적으로 분석하고 환경 분야에 대해서는 개략적으로 살펴보고자 한다. 여기서 보건 · 복지 분야는 사회복지 분야 중에서도 사회서비스 분야와 공적부조 분야를 의미한다[3]. 그리고 본 연구에서의 거버넌스는 전통적 거버넌스와 신거버넌스를 모두 포함하고자 한다.

II. 프랑스 보건 · 복지 · 환경정책의 기조

보건 복지 분야에서의 큰 변화가 생기기 시작한 것은 1980년대부터이다. 첫째, 분권화 경향을 들 수 있다. 이는 1982년, 당시 집권 정당인 사회당 정부에 의해 주도되었다. 1982년 3월, 지자체의 자유와 권리에 관한 법률 제정을 시작으로 당시 정부는 지방 분권 개혁을 본격적으로 실시했다. 이는 2003년 헌법 개정을 통해 더욱 더 가속화되는 경향을 보이고 있다. 후술하겠지만, 이를 통해 특히 보건 복지 분야에서 중앙정부에서 지방정부로의 권한 이양이 두드러지게 나타나게 되었다. 이와 동시에 눈여겨봐야 할 부분은 꼬뮌(기초자치단체)의 재정적 열악성 극복 차원에서 시작된 자치단체간 협력체의 활동 영역에서의 보건 · 복지 또는 환경 분야의 위상이다.

두 번째 변화는 정책 입안 및 집행에 있어서 제3섹터, 민간 영역으로 대변되는

3) 프랑스 사회 보험은 전국과 지방 차원에서 조직화된 기금(Caisse)에 의해 운영되고 있다. 전국 기금은 공적 지위를 지니고 있는 반면, 지역 기금은 공적 업무를 수행하는 비정부 기구 즉 민간 기구로서, 종사자의 봉급 역시 국가가 지급하는 것이 아닐 뿐만 아니라 국가 권위에 종속되어 있는 것도 아니다. 그리고 각 기금에는 이사회가 있다. 최고의사결정기구로서 이사회에는 가입자에 의한 관리 원칙하에 노 · 사 대표가 참여하고 있다(B. Palier, 2002: 425-426). 이상의 점 등은 사회보험 분야 역시 거버넌스의 관점에서 볼 때 유용한 분석 대상임에는 틀림없다. 하지만 사회보험 분야까지 다룰 경우 분석 대상이 너무 광범위하며, 거버넌스의 관점에서 1945년 이후 최근까지 사회보험의 변천은 기본적으로 역동적이기보다는 정태적인 성격을 띠고 있는 점을 고려하여 본 연구에서는 제외시키고자 한다.

시민사회의 참여 활성화이다. 조합주의 복지 모델의 대표적 국가로서 프랑스에서 제3섹터 활동은 프랑스 혁명 이전부터 존재했다. 대표적인 것이 시민사회단체(association)로서, 그 수는 현재 1,100,000 개에 이르는 것으로 알려져 있다. 여기서 유의해야 할 부분은 전통적으로 프랑스 제3섹터의 등장 및 활동은 자발적으로 이루어졌다는 것이다. 국가와 시민사회의 단절이라는 프랑스 전통을 볼 수 있는 대목이다. 이의 획기적인 변화는 앞서 언급한 바 있는 지방 분권 정책을 통해 일어났다. 즉 당시 사회당 정부는 효과적인 지방 분권 정책의 수단으로서 민간 자원의 동원 및 활성화를 염두에 두고 있었던 것이다(E. Archambault, 1997: 103). 이렇게 볼 때 프랑스 거버넌스 변천사에 있어서 1982년은 매우 중요한 의미를 지니고 있는 시기라고 볼 수 있다. 이후 민간 영역의 참여는 분야별로 다르게 전개되었다. 보건 복지 분야에서 1988년의 RMI(사회통합을 위한 최저소득보장)법과 1998년의 사회적 배제 극복을 위한 법은 국가 정책 집행의 동반자로서 시민사회단체, 자원단체, 사회 기구의 참여를 명문화했다. 이 부분에서 유의해야 할 부분은 보건 복지 정책 결정, 특히 집행에 있어서 차지하는 민간 영역의 역할일 것이다.

한편, 환경 분야에 대한 국가적 관심을 보이기 시작한 것은 1970년대부터로서, 이는 유럽 국가 그리고 1950년대 말부터 환경 문제에 관심을 갖기 시작한 미국에 비해 늦은 편이다(정광조, 1999: 412; F. Bertrand, 2005: 137). 이후 프랑스의 환경 정책은 다음 세 가지 법의 제정을 통하여 많은 변화를 겪었다(F. Bertrand, 2005: 138-139). 첫째, 1995년 2월에 제정된 환경보호에 관한 법(일명 Barnier 법)이다. 유럽 연합 차원의 마스트리히치 조약에 영향을 많이 받은 것으로 평가되는 이 법은 환경 보호에 관한 프랑스 국가 정책 원칙을 천명하고 있는데, 지속적 발전 개념, 환경 보호를 위한 경계(precaution) 원칙, 예방 활동, 자원 수정, 오염자 부담 원칙 등이 바로 그것이다. 그리고 거버넌스 관점에서 중요한 시민 참여 원칙도 이 법의 주요 원칙으로 간주되었다. 두 번째 주요법은 1996년 12월에 제정된 에너지의 합리적 사용에 관한 법을 들 수 있다. 이 법은 환경문제 접근방법과 관련, 기존의 분야별 접근 대신 포괄적(transversal) 접근방법을 제시하고 있다. 마지막으로 1999년 6월에 제정된 국토 개선 및 지속적 발전에 관한 기본법(LOADDT, 일명

Voynet 법)에 주목할 필요가 있다. 지속적 발달 개념을 국가 정책의 핵심 목표로 상정하고, 실현 방법의 하나로서 자치단체 간의 협력 또는 협력체의 구성을 강조하고 있으며, 여기서 나타나는 지자체의 역할을 공식적으로 천명했다. 이렇게 볼 때 이상의 세 가지 법들 중 1995년의 Barnier 법과 1999년의 Voynet 법은 특히 거버넌스 관점에서 프랑스의 환경 정책을 분석할 때 고려되어야 할 법이라 할 수 있다.

Ⅲ. 프랑스 보건 · 복지정책의 결정 체계 및 주요 정책

1 중앙정부와 지방정부의 관계 변화 및 주요 정책

이미 언급한 바와 같이 보건 · 복지 분야에서 중앙정부와 지방정부의 관계 설정의 분수령이 되었던 것은 1980년대 초 지방 분권화 정책에 의해서였다. 그 이전인 1964년, 광역자치단체(지역)의 창설을 골자로 하는 자치제도 개혁이 있었으나 가장 본격적인 지방자치 개혁은 오랜 우파정부를 상대로 승리한 사회당의 미테랑 대통령이 당선되면서부터이다. 1981년 대통령에 당선된 미테랑은 기존의 지방통치체제가 지배엘리트의 구조화와 영속화를 가져오는 것으로 보고 이를 개혁하지 못하면 자신의 사회주의 이념도 실현시키기 어렵다고 판단했다. 즉 사회당 입장에서는 기존체제의 인적 연결고리를 끊어 엘리트 교체를 가져오는 것이 중요했다. 이런 맥락에서 1982년 3월 2일 획기적인 지방자치법(시군, 도, 지역에 권한이양 및 자유 관련법)이 발효된 것이다[4].

4) 프랑스 지방화 이해의 전제로서 프랑스의 행정체계는 26개의 광역자치단체(지역)-100개의 중간자치단

이 법의 핵심은 국가(중앙정부)의 권한을 감소시키는 대신 지방자치단체의 자치권을 증대시키는 것이었다(임도빈, 2002: 292). 다시 말하면 국가의 지방자치단체에 대한 사전 감독권을 사후통제권으로 바꾼 점, 지역 및 도 수준의 자치 단체에 독자적인 행정집행기구를 신설한 점, 개별적 심사 하에 배분되던 각종 보조금을 포괄적으로 배분토록 한 점이 이 개혁의 핵심적인 내용이다. 먼저 첫 번째 점과 관련하여 종전에는 모든 지방자치단체의 행위(조례 및 규칙)가 집행되기 위해서는 사전에 중앙정부의 적법성 승인을 거쳐야 했다. 그러나 1982년 이후 지방자치단체는 자신들의 법률 행위를 도청에 이송 접수시켰다는 점만 확인되면 즉시 집행에 들어갈 수 있게 되었다. 즉 이전에 지방 통제 차원에서 행사되었던 직권 취소제가 없어진 것이다. 그리고 포괄적 보조금 배분 방식의 도입도 매우 중요한 사안이다. 예컨대 이전에는 대형 사업의 경우 중앙부처와 직접 교섭해야 했고, 작은 사업도 각 부처의 파견 기관과 교섭하여 재원을 확보해야 했다. 그러나 포괄적 보조금 배분 방식의 도입으로 사업별이 아니라 목적별로 일정액이 배당됨으로써 지방자치단체의 독립성이 증대된 것이다[5]. 이의 연장선상에서 1982년 7월 22일 법은 지방자치단체에 대한 국가의 감독, 보호권을 소멸시켰다.

지방화의 두 번째 단계는 1983년부터로서 국가와 지방자치단체간의 권한 배분과 재정 보상에 관한 새로운 원칙을 만들었다(D. Besson, 2002: 2). 대표적인 것이 총괄기능의 이양 원칙(blocs de compétence)으로, 이에 따라 사회 부조에 관한 예산 편성 및 집행에 관한 모든 권한이 도에 이양되게 되었다. 구체적으로 말하면 도 의회 의장은 지역 사회 연대의 책임자로서 도 예산의 절반을 차지하는 사회 부조에 관한 모든 사항, 예컨대 급여 지급, 사회부조 조례 제정, 사회 시설 및 의료 시설의 설립에 관한 규칙 제정, 지역 내 서비스 조직의 책임자가 된 것이다(B.

체(도)- 36,500여개의 기초자치단체(시읍면)로 구성되어 있다는 점과 자치단체의 의회 역할이 상당히 강하여 의회의장은 지방자치 제 권능의 책임자라는 점, 반면 도지사는 내무장관과 수상의 제청으로 대통령이 임명하는 파견 공무원이다(심창학, 2006: 38).

5) 예컨대 지자체가 집행하는 각종 토목 건설을 위한 시설 예산을 구체적으로 명시하지 않은 채 일정액을 시설교부금의 형태로 지급한다거나, 지자체의 재정 자립도에 따라 일정액을 지급하는 지방자치화교부금 등이 도입되었다.

Delhoume, 2004: 103).

이후 지속된 지방화 정책은 2003년 헌법 수정으로 결정적인 분수령을 맞게 된다. 기존의 프랑스 헌법 제1조는 '단일의, 분리될 수 없는 공화국'이라는 표현을 사용하면서 중앙집권적인 정체성을 내포하고 있었다. 2년여에 걸친 국민적 논의를 거쳐 2003년 수정된 헌법은 지방자치정부에 대한 권한 이양과 지방자치정부의 실험적 권한 보장 집행을 보장하기 위한 취지를 가지고 있다. 예컨대, 헌법 제1조는 '프랑스 공화국은 자치분권조직에 기초한다'고 규정하고 있다. 이는 지방분권의지를 헌법적 가치로 승화시켰다는 데 커다란 의미를 지니고 있다.

이에 따라 현재 프랑스 공적부조 및 사회 서비스의 거의 모든 권한이 지역, 특히 도로 이양되어 있다. 중앙정부와 지방정부의 권한 배분을 구체적으로 살펴보면 국가(중앙정부)의 역할은 규제 권력의 행사 즉 제 급여의 최소 비율 및 수급을 위한 최소한의 조건 등을 정한다. 광역자치단체(지역)는 해당 권역의 보건 및 사회 문제국(DRASS)에서 해당 지역의 위생, 의료, 사회 정책의 집행을 책임진다. 구체적으로는 사회보호 관련법의 실질적 적용 여부, 관련 기관의 관리뿐만 아니라 관련 정책의 평가까지도 담당하고 있다. 한편 중간자치단체(도)의 역할은 상당히 강화되어, 관련 부서(보건 및 사회 문제국, DDASS)에서 통합 및 동화 정책의 집행뿐만 아니라 공공 건강 예방, 위생 문제, 의료 및 사회 기관의 통제 등의 임무까지도 수행하고 있다. 특히 1988년부터 실시되고 있는 최저 생활 보호 제도(RMI)[6]의 운영 및 급여 수혜자에 대한 정기적 관리 업무도 도의 위생 및 사회 문제국에서 포괄적으로 담당하고 있다. 마지막으로 기초자치단체인 꼬뮌에서는 사회활동꼬뮌센터(CCAS) 또는 사회활동꼬뮌협력센터(CIIAS)를 중심으로 공공 또는 민간 기관과의 연계 하에 예방 및 사회 발전을 위한 활동이 이루어지고 있다. 이 센터는 또한 병상 수가 200개 미만인 사회 시설 또는 의료 사회 시설 및 서비스(요양원, 재가 서비스, 보육 시설, 특별 의료 시설 등)의 설립 및 관리에도 개입하고 있다(2002년 2월 2일법). 뿐만 아니라 공공 기구 또는 민간 비영리 단체와 협의를 통해 본 센터는 협의

6) 이는 2003년부터 RMI-RMA으로 명칭이 변경되었음.

및 조정 구조를 마련할 수 있다(G. du Chaffaut, 2005: 133-133). 그럼에도 불구하고 중간 자치 단체(도)가 해당 지역의 보건 · 복지 분야의 정책 결정 및 집행의 핵심에 있다고 할 수 있다. 왜냐하면, 도가 사회 활동 서비스, 아동 부조 서비스, 가족 및 아동의 위생 보호 서비스, 사회 통합 서비스 등의 재정 제공자 및 책임자이기 때문이다. 그리고 이러한 도의 역할은 아래 〈표 4-4-1〉에서처럼 2003년 이후 더

〈표 4-4-1〉 보건 · 복지 분야의 국가와 중간 자치단체(도)의 권한 배분

(아동 및 가족 부조제외)

하위 분야	서비스	국가	중간자치단체
노숙인긴급구호		*	
의료부조	자발적임신중단	*	
장애인 사회 부조	장애인 등록증	*	
	보충급여	*	
	일자리 제공(CAT) 및 직업 재훈련	*	
	보상급여		*
	가사지원		*
	시설(식당제공) 및 가정 식사 제공		*
	가족형 시설		*
	직장숙소		*
	생활시설		*
노인사회부조	단순가사지원급여	*	
	가사원조서비스급여		*
	가사원조서비스		*
	시설(식당제공) 및 가정 식사 제공		*
	가족형 시설		*
	생활시설		*
	특별의존급여(PSD)		*
	개별자율화급여(APA)		*
사회통합부조	RMI-RMA		*

출처: G. du Chaffaut, 2005: 133의 tableau a.에서 발췌.

욱 강화되어 현재에 이르렀다[7].

보건 · 복지 분야에서 중앙정부와 중간자치단체간의 권한 배분은 하위 분야를 기준으로 세 가지로 구분된다. 첫째, 관리 및 재정 제공과 관련된 모든 권한이 도에 이양된 경우이다. 단순 가사 지원 급여를 제외한 노인 사회 부조, RMI-RMA가 대표적인 사회통합부조, 아동 및 가족 부조가 여기에 해당된다. 둘째, 혼합형을 들 수 있다. 대표적인 것이 장애인 사회 부조로서 지방분권화 정책에도 불구하고 여전히 중앙 정부의 권한에 있는 서비스가 있다. 세 번째 유형은 중앙 정부 권한에만 속해져 있는 보건 · 복지 서비스로서, 노숙인 긴급 구호, 의료 부조의 자발적 임신 중단 등이 이의 대표적인 사례이다. 그럼에도 불구하고 전반적으로 주요 보건 · 복지 서비스의 대부분은 중간 자치 단체의 권한으로 이양되었음을 알 수 있다.

2 정부와 제3섹터의 관계 변화 및 주요 정책

정부와 제3섹터의 관계 유형에 대해서는 많은 연구가 있다. 그 중 한 가지만 소개한다면 기드론(B. Gidron) 등의 연구를 들 수 있다(B. Gidron et al., 1992). 이들에 의하면 아래〈표 4-4-2〉에서처럼, 정부 지배형, 이원형, 협력형, 제3섹터 지배형 등 네 가지 유형으로 나누어지고, 이원형과 협력형은 각각 보충형과 보완형, 협조적 대행자 모형과 협조적 파트너십 모형으로 다시 구분된다. 이 중 협조적 대행자 모형은 제3섹터가 재량권이나 협상능력을 가지지 못하고 단순히 국가 대리인 역할을 담당하는 것이며, 협조적 파트너십 모형은 제3섹터가 공공 서비스를 제공함에 있어서 정부 지원을 받아 프로그램의 개발이나 관리 차원에서 상당 수준의 재량권을 행사하고 있다(문병주, 2004: 60-61).

이상의 모형을 고려하면서 프랑스 보건 · 복지 분야에서의 제3섹터의 역사적 변

7) 비교 관점에서 1982년의 권한 배분이 국가(중앙정부)와 중간 자치단체(도)의 양자 선도 역할을 특징으로 하고 있다면, 2003년의 권한 배분의 특징은 양자 선도 역할의 종결 및 중간 자치 단체의 역할 강화를 지적할 수 있다(G. du Chaffaut, 2005: 131-132).

〈표 4-4-2〉 정부와 제3섹터 관계 유형

<table>
<tr><th></th><th>복지(재원)
(finance)</th><th>(복지)
서비스 공급
(provision)</th><th>하위유형</th><th>하위유형
분류기준</th><th>특징비교</th></tr>
<tr><td>정부지배형
(Government
-Dominant)</td><td>정부</td><td>정부</td><td></td><td></td><td></td></tr>
<tr><td rowspan="2">이원형(Dual;
parallel-track
model)</td><td rowspan="2">정부/
제3섹터</td><td rowspan="2">정부/
제3섹터</td><td>보충형
(supple
-metary)</td><td rowspan="2">제3섹터
제공
서비스 및
대상 집단</td><td>정부와 같은 종류의 서비스제공: 정부 서비스 대상의 사각 지대 집단</td></tr>
<tr><td>보완형
(comple
-ment)</td><td>자체 재원부담 혹은 정부가 제공하지 못하는 독자적인 서비스 제공</td></tr>
<tr><td rowspan="2">협력형
(공조형)
(Colla
borative)</td><td rowspan="2">정부</td><td rowspan="2">제3섹터</td><td>협조적
대행자모형
(collaborative
-vendor)</td><td rowspan="2">제3섹터
역할</td><td>국가 대리인 역할</td></tr>
<tr><td>파트너십
모형
(collaborative
-parter)</td><td>재량권행사(프로그램의 개발, 관리차원)</td></tr>
<tr><td>제3섹터
지배형 (The
Third sector
dominant)</td><td>제3섹터</td><td>제3섹터</td><td></td><td></td><td></td></tr>
</table>

출처: B. Gidron, R. Kramer & L.M. Salamon, 1992; 문병주, 2004: 61과 문순영, 2001: 54-56에서 재인용.

천, 그리고 정부와 제3섹터의 관계에 대해서 살펴보자.

1) 프랑스 제3섹터 역할 강화의 역사적 변천

프랑스는 조합주의 복지 모델 국가로서 복지 서비스 제공에 있어서 제3섹터의 역할은 상당히 컸다. 특히 전통적으로 단체(Association)가 많기로 유명한 국가 중의 하나로서 프랑스에서는 개인의 자유 존중, 이에 근거하여 설립된 직업적, 공동체적, 종교적 단체가 프랑스 대혁명 이전부터 그 수가 상당히 많았다. 프랑스 대혁명 발발 이후 집단 이익에 대한 국가 이익의 상대적 우위성을 이유로 모든 형태의 단체 결성을 금지한 르 샤플리에 법(Le Chapelier Act, 1791)의 제정은 이의 반증이라고 할 수 있다.

법적인 측면에서 근대적인 의미에서의 단체 결성의 역사는 1901년으로 올라간다. 물론 이전에도 단체는 존재했지만 르 샤플리에 법에 의하여 그 활동이 매우 제한적이었다. 이런 차원에서 1901년의 시민 사회 단체법은 세 가지 점에서 중요한 의미를 지닌다(J.-P. Decool, 2005: 6-7). 첫째, 이 법은 결사의 자유를 규정하고 있다. 이는 기존의 르 샤플리에 법의 완전 폐기를 의미하는 것이다. 둘째, 단체의 성격을 규정하고 있는데 동 법은 연대 활동의 수행이 설립목적인 단체로 규정하고 있다. 여기서의 연대는 한 공동체 내에서 혹은 최하위집단, 주택, 건강, 노동에서 배제된 자에 대한 이웃 연대를 의미한다. 연대주의, 인도주의적 성격을 강조하고 있는 것이다. 셋째, 이러한 목적으로 설립된 단체는 민간 영역에 속하며 공공 영역과는 아무런 관계도 갖지 않는다고 명시하고 있다. 이렇게 볼 때, 사회단체는 규모 면에서 몇몇 개인으로 구성된 소규모의 단체에서부터 상당한 규모의 조직화된 단체까지 망라하고 있다. 여기에 의료사회기관까지 사회단체의 하나로 1901년 관련법은 규정함으로써 내부적으로는 대단히 이질적인 성격의 단체들이 존재하고 있다.

1901년 관련 법 공포이후 민간단체의 결성 및 활동은 활성화되게 되는데, 이는 특히 1968년의 5월 운동 이후 더욱 두드러졌다. 즉, 1960년 경우 신규 등록 단체의 수가 10,000개이던 것이, 1970년에는 20,000개로 급증한다. 이러한 민간단체 결성 붐은 1980년대 접어들어 단체 결성을 촉진하는 여러 조치들의 발표 이후 제2의 르네상스 시대를 맞고 있다. 예를 들어, 신규 등록에 있어서 1982년에만

40,000개, 1988년에는 50,000개를 기록했으며 최근에는 연간 60,000개의 새로운 단체가 결성되고 있는 것이다. 한 통계에 따르면, 1975년부터 1990년 사이 새롭게 결성된 단체만도 655,000개 이상에 달했다고 한다(Nathalie Hanet-Kania, 1996: 444). 특히 1970년대부터 복지 국가 위기론이 대두되면서 정부와 제3섹터 간 상호보완적 관계가 많이 강화되었다. 특히 제3섹터는 재가 서비스 제공 기관, 육아 센터, 저숙련 청년 집단, 지속적인 실업자 교육, 직업훈련, 소득보장, 신빈곤 집단을 위한 임시 쉼터의 운영에 많은 관심을 보였다. 그리고 정부는 1980년대 이후 제3섹터를 지방 분권화 정책의 수단으로서 인식하면서 이는 결국 제3섹터의 프랑스적 용어인 사회 경제에 대한 공공의 인식을 제고시키는 데 많은 기여를 했다(E. Archambault, 1997: 105).

특히 공적 부조에 대한 제3섹터의 참여는 1988년에 제정, 1989년부터 실시된 RMI 제도(통합 최저 소득보장 제도) 및 1998년에 제정된 사회적 배제 극복을 위한 법의 시행으로 활성화되었다. 특히 RMI 관련법은 사회적 파트너가 통합 정책을 공식화하는 데 있어서 일정 역할을 수행하도록 명시하고 있다. 이에 따라 정책 입안 및 실행에 있어서 사회적 파트너의 참여는 현재 기초자치단체 즉 꼬뮌 차원의 통합 정책이 입안되고 조정되는 도 통합 위원회 또는 꼬뮌 통합 위원회에서의 활동을 통해서 이루어지고 있다. 구체적으로 도 통합 위원회에는 경제 영역에서 활동 중인 사용주 대표, 사회 제도 대표, 공공 기관 대표, 그리고 시민사회단체 대표가 포함되어야 한다고 RMI 관련법은 규정하고 있는데, 여기서 사회 제도 대표는 고용 통합 증진 관련 정책에 관심 있는 사회적 파트너, 자문 기구, 경제적 행위자 등을 의미한다. 반면, 관련조항은 꼬뮌 통합 위원회에 직접적으로 관련되는 사회적 파트너의 구체적 대상을 명시하지는 않고 있다. 하지만 꼬뮌 통합 위원회 역시 도 통합 위원회와 마찬가지로 경제, 사회 영역에서 활동 중인 사용주, 사회 제도, 공공 기관 그리고 시민사회 단체의 대표자를 구성원으로 포함시켜야 한다고 관련법은 강조하고 있는 것이다(J. Gaudrat, L. Fraisse and E. Buccolo, 2002: 42)[8]. 보건 ·

8) 전국적으로 약 700개여개 달하는 꼬뮌 통합 위원회는 공공기관, 민간 사회 단체, 기업, 직업훈련기관, 의사 단체와의 협력 하에 사회 통합 프로그램의 개발 및 실시, RMI 수급자와의 통합 계약 체결 등의 업

복지 분야에서의 제3섹터의 참여는 1998년 제정된 사회적 배제 극복을 위한 법을 통해 더 강화되었다. 동법은 제3섹터의 참여를 배제 극복을 위한 포괄적 전략의 성공 여부를 결정짓는 본질적 요소로 규정하고 있다. 특히 동법은 RMI 관련법에서

〈표 4-4-3〉 프랑스 NPO 영역 (1995)

영 역	고용(%)	자원봉사자(%)	지출(%)	수입원(%)			
				정부보조	자선기부	회비	전체 수입
문화및레크리에이션	12	43	15	30	5	65	
교육 및 연구	20	8	25	72	10	18	
보건	15	3	14	80	6	13	
사회 서비스	39	14	32	58	5	36	
환경	1	8	1	32	15	52	
개발 및 주택	5	4	4	37	2	61	
시민 옹호	2	2	3	45	13	42	
자선	0	1	0	3	64	33	
국제 활동	2	3	1	43	40	17	
종교	2	8	1	0	85	15	
전문인 및 노조	2	6	3	30	10	60	
기타	–	–	–	–	–	–	
합	100% 974,867명 (전일제 고용기준)	100% 1,114,816명 (전일제 고용기준)	100% 290,080 (단위: 백만 유로)	57%	8%	35%	290,080 (단위: 백만 유로)
대비							
경활인구	3.8%	4.2%					
GDP			3.8%				

출처: The Johns Hopkins Comparative Nonprofit Sector Project (www.jhn.edu/cnp) (2008. 6. 24. 검색).

무를 맡고 있다(심창학, 2001: 195).

는 상대적으로 무시되었던 실업자 등의 사회적 한계 집단도 중요한 사회적 대화자로 간주하고 있다(심창학, 2001: 199).

이렇게 볼 때, 프랑스의 제3섹터는 20세기 초 법적 인정을 받은 후 지속적인 발전을 거듭한 끝에, 1970년대부터 시작된 복지 국가 위기 시대에 와서는 정부와 상호보완적 관계가 형성되었다. 그리고 1988년 RMI관련법과 1998년의 사회적 배제 극복 법의 제정을 통해 국가 정책에 제3섹터의 참여가 법적으로 보장받으면서 거버넌스의 주요 주체로 등장하게 되었다.

2) 제3섹터 유형과 정부와의 관계

먼저, 프랑스 제3섹터의 전체 규모 및 영역별 구체적 사항을 살펴보기로 한다. 첫째, 국제 비교 기준 틀로 많이 사용되고 있는 NPO 12개 영역(International classification of nonprofit organizations, ICNPO)을 기준으로 프랑스 제3섹터의 구체적 사항을 살펴보면 앞의 〈표 4-4-3〉과 같다.

〈표 4-4-3〉에서 처럼, 유급 고용 측면에서 사회 서비스 분야의 고용 비중이 39%로서 가장 높다. 교육 및 연구 분야(20%), 보건 분야(15%)가 그 뒤를 잇고 있다. 이렇게 볼 때 프랑스는 전통적 복지 서비스 지배 국가이며, 이 중에서도 특히 오스트리아, 독일, 스페인과 함께 사회 서비스 지배형 국가이다(L.M. Salamon et al. 1999: 16-21). 반면 자원봉사자 비중이 가장 높은 분야는 NPO 전체 영역의 43%를 차지하고 있는 문화 및 레크리에이션 영역이다. 한편, 사회 서비스 분야는 14%로 다음을 차지하며, 보건 분야의 자원봉사자 비중은 3%로 낮은 편에 속한다. 다음, 수입원을 기준으로 할 때 전반적으로 프랑스는 정부 보조의 비중이 큰 공공영역 지배 국가이다(L.M. Salamon et al., 1999: 26). 특히 보건 및 사회 서비스 분야의 정부 의존 정도가 상대적으로 높다. 그럼에도 불구하고 사회 서비스 분야에서의 회비 비중이 평균 이상인 점에 유의할 필요가 있다. 다시 말하면 사회 서비스 수입의 상당 부분은 가입자(또는 조합원)의 회비 또는 이용자 부담에 의존하고 있다는 것이다.

한편, 유럽 특히 프랑스 국내에서는 제3섹터를 사회 경제로 부르면서 위의 〈표

〈표 4-4-4〉 프랑스 제3섹터(사회 경제)의 영역 및 규모

영역	하위영역	조직 수	총계
협동조합	노동자협동조합	1,540	25,920
	농업협동조합	21,350	
	생산자협동조합	3,030	
금융			4,516
공제조합	상조조합	2,020	2,870
	농업상조조합	100	
	보험조합	750	
단체			160,705*

*이는 1995년 기준 확인가능한 수치이며 일반적으로는 1,100,000개로 추정됨(2007년 기준).
출전: E. Archambault, 1997: 109(table 5.1에서 발췌).

4-4-4〉에서처럼, 협동 조합 영역, 금융 영역, 공제 조합 영역, 시민단체 영역 네 가지로 나누고 있다.

〈표 4-4-4〉의 네가지 영역 중 보건 · 복지 분야에서 활동하고 있는 영역은 공제조합과 시민단체 영역이다. 먼저 공제 조합의 활동은 보험 기능과 보건 복지 서비스 제공 활동 기능 등 두 가지로 나누어지는데, 후자의 경우 주로 의료 행위, 주간 보호 의료 시설 운영, 약국, 재가 간병, 시설 간병, 노인 및 장애인 사회 서비스 센터, 장애 아동을 위한 휴일 센터 운영 등의 활동을 하고 있다. 1988년 기준, 1,070개의 시설이 공제 조합을 통해 운영되고 있는 것으로 알려져 있다(E. Archambault, 1997: 110). 특이한 점은 공제 조합 영역의 운영은 정부의 재정적 도움 없이 자체 재원을 통해 이루어진다는 점이다. 다시 말하면, 대부분의 활동은 조합원의 회비(기여금)와 자원봉사자에 의해 이루어지고 있다. 이렇게 볼 때, 〈표 4-4-2〉의 관계 유형 중 공제 조합 영역은 제3섹터 주도형에 속한다고 할 수 있다.

사회 경제 영역 중 가장 큰 규모를 보이고 있는 영역은 단체 영역이다. 2007년 기준, 약 1,100,000개가 있는 것으로 알려져 있는데, 이 단체 영역은 법적 지위에 따라 미등록 단체, 등록 단체, 공인 단체 등 세 가지로 구분된다[9]. 미등록 단체

(association de fait ou non déclarée; undeclared associations)는 도청에 등록 절차를 밟지 않는 상태에서 활동하는 단체로서, 종교 단체, 문화 단체, 근린 집단 등이 대부분을 차지하고 있다[10]. 미등록 단체는 법적 능력을 가지지 못하는 단체로서 회원으로부터 회비는 받을 수 있으나 국가 보조금은 받을 수 없다. 한편, 등록 단체(association déclarée; declared association)는 1901년의 단체법에 의거, 도청에 등록된 단체로서 해당 단체는 회비뿐만 아니라 국가(중앙정부), 지자체(광역, 중간, 기초)로부터 보조금을 받을 수 있다. 그리고 회의에 필요한 공간 및 운영에 필요한 시설 등을 소유할 수 있으며, 등록 단체에 대해서는 소득 및 이익, 그리고 부가가치세 부분에서 면세 혜택이 있다. 반면, 운영과 직접적으로 관련 없는 부동산 소유 및 상속 재산 소유는 불가능하다[11]. 마지막으로 공인단체(association reconnue d'utilité publique; public utility associations)를 들 수 있다. 보건, 복지 영역에서 활동하는 대부분의 단체가 여기에 속한다. 공인 단체의 법적 지위는 최고 법률 기관인 국사원의 결정에 따라 내무부가 부여하며, 공인 단체가 되면 국가 보조금 및 면세 혜택뿐만 아니라 일반적인 등록 단체와는 달리 부동산 및 여타 재정 자산의 소유가 가능하며, 상속 재산을 물려받을 수도 있다[12]. 한편, 단체의 다른 구분법은 수행 기능에 따른 것이다. 이 경우 운영 단체(operating associations), 지지 및 옹호 단체(advocacy associations), 사회화 단체(sociabilility associations) 등으로 구분이 가능한데 이 중 보건 복지 분야의 활동과 직접적으로 관련되는 것은 운영 단

9) 이에 대해서는 E. Archambault, 1997: 113-114와 http://www.associations.gouv.fr/의 관련 내용에 바탕한 것임.

10) 1901년 단체법에 의하면 단체 결성은 두 사람 이상이면 가능하며, 공공 기관의 허가 사항도 아니며 등록 또한 의무 사항이 아니다(J.-P. Decool, 2005: 7).

11) 등록 단체의 해산 시 신고 의무 사항이 아니기 때문에 등록 단체의 정확한 숫자는 파악하기 어려우나 약 700,000 개 정도로 추산된다.

12) 공인 단체 신청 요건으로서 첫째, 등록 단체로서 3년 이상의 운영 경험, 둘째, 해당 기간 동안 연간 운용 예산이 45,434 유로 이상이어야 하며 셋째, 200명 이상의 회원, 넷째, 국가 정책 계획에의 참여, 다섯째, 국사원이 인정하는 형태에 부합되는 지위를 가지고 있어야 한다(http://www.service-public.fr/ 2008년 6월 25일 검색). 예산과 관련하여 단체 평균 예산은 7,500 유로이며, 150,0000유로를 넘는 예산을 가진 단체는 40,000 개로서 전체 5%에 불과하다. 그리고 단체의 92%는 75,000 유로 이하의 예산을 가지고 운영되고 있음을 고려해 볼 때(http://www.associations.gouv.fr/. 2008년 6월 25일 검색), 단체 중 공인 단체가 될 수 있는 가능성은 매우 제한적인 것으로 판단된다.

체이다. 공적 지원의 대부분을 중앙, 지방 정부 또는 사회 보장 기구로부터 받으며, 시장 또는 비 시장 성격의 서비스를 제공하고 있다. 유급 고용인과 자원봉사자에 의해 운영되고 있는 운영 단체의 활동 영역은 보건, 복지, 교육 및 연구, 직업 훈련, 레크리에이션, 사회 여행(공적 지원하의 휴가 및 여행 등) 등 매우 다양하다

프랑스에서 단체의 활동 영역은 아래 〈표 4-4-5〉에서처럼, 9개 영역으로 구분된다.

〈표 4-4-5〉 활동 영역에 따른 단체의 시기별 추이

활동 영역	단체 숫자		연증감률
	1999년	2005년	(1995-2005; %)
인도주의 활동	26,800	40,800	8.7
보건, 복지	92,200	123,800	5.7
권리 및 이익 보호	145,000	170,700	3.0
교육,훈련,통합	53,500	44,800	-2.7
스포츠	195,500	264,700	5.9
문화	157,000	204,800	5.1
여가	180,000	196,100	1.5
경제적 이익 보호	23,500	40,600	12.1
기타	6,500	13,700	18.5
합	880,000	1,100,000	4.2

출처: Ministère de la Santé, de la jeunesse, des sports et de la vie associative, 2008: 2에서 발췌.

9개 활동 영역 중 가장 많은 단체가 활동하는 영역은 스포츠 영역이다. 다음으로는 문화 영역, 여가 영역이 많다. 다시 말하면 프랑스 단체의 상당수는 문화 및 스포츠 영역 등 시민의 일상생활과 직결되는 분야에서 활동하고 있다. 한편, 보건 및 복지 분야에서 활동하고 있는 단체 수는 1999년의 9만여개에서 2005년에는 12만3천여개로, 1999년부터 2005년까지 연평균 5.7%의 증가율을 보여주고 있다.

그러면 단체와 정부와의 관계는 어떠한가? 첫째, 정책 입안 및 결정 과정과 관련, 시민 대화의 이름으로 정부와 단체 대표간의 공식적, 비공식적 협의가 이루어지고 있다. 예컨대, 프랑스 단체의 반 이상이 가입되어 있는 CPCA(단체간 조정을 위한 상임 협의회)에 따르면 공식적 시민 대화는 세 가지로 구성되어 있다[13]. 우선, 영역별 사안 논의를 위해 협의체가 구성되는데 이 협의체에 관련 단체가 참여하고 있다[14]. 다음으로, 전국 혹은 범 영역별 차원에서 수상 직속 협의 기구인 CNVA(단체 생활 국가 위원회) 또는 CSES(사회 경제 고등 위원회)에 구성원으로 참여하고 있다. 마지막, 단체 영역은 경제 및 사회 정책 분야의 헌법 자문 기구인 경제 사회 이사회의 구성원이기도 하다. 협의 및 자문 기구에의 이러한 단체 참여는 일정한 가시적 성과를 거두기도 했다. 예컨대, 2001년, CPCA는 수상과 상호 참여에 관한 협약을 체결했다. 내용은 단체 자유의 인정 및 보호, 보건 및 사회 활동, 주택 등 특수 영역 또는 지역 수준에서 필요한 협약 체결 등이다. 그리고 이 협약은 2004년, 단체 영역에서 여성의 근로 책임에 관한 접근권 보장 및 2006년의 평등 고용에 관한 헌장을 통해 보완되었다(CPCA, 2008: 68). 그리고 앞서 언급한 바와 같이, RMI 관련법, 1998년의 사회적 배제 극복을 위한 법, 그리고 1999년의 지방분권에 관한 법(Voynet) 등은 시민 사회 단체를 공공 정책 결정을 위한 사회적 파트너로 규정하고 있다. 한편, 이에 대한 CPCA의 자체 평가는 양가적이다. 우선, 빈곤 극복, 주택 정책 등 특정 분야의 경우는 실질적인 개선이 있었던 것으로 평가하고 있다. 정부 및 행정 부처는 관련 정책의 입안 및 결정 과정에 있어서 비영리 영역을 사회적 파트너로 인식했던 것으로 판단하고 있다. 반면, 전반적으로는 형식적인 협의 절차에 머무름으로 인해 정책의 입안 및 결정 과정에서 보여준 단체 역할은 제한적 혹은 판단하기 어렵다는 지적도 동시에 제기되었다(CPCA, 2008: 69). 이렇게 볼 때,

---

13) CPCA는 영역별 대표 기구(umbrella bodies) 17개가 합친 기구이다. 17개 중 보건 복지에 해당되는 기구는 UNIOSS인데, 이는 1947년에 설립된 것으로 2005년 현재, 25,000여개의 보건, 복지 비영리 기구를 대표하고 있다(http://www.uniopss.asso.fr/section/unio_unio_cont_html_qusn_hist.html. 2008년 6월 26일 검색).

14) 대표적인 협의체로서는 경제적 활동을 통한 국가 통합 위원회, 국가 인권 위원회, 빈곤 및 사회적 배제 극복 정책 국가 위원회 등을 들 수 있다.

정책 입안 및 결정 과정에 대한 민간 영역의 참여는 점점 강화되고 있으며, 빈곤 극복을 비롯한 특정 분야에서는 가시적 성과가 나타나기도 한다. 그럼에도 불구하고 전반적으로는 그 성과가 제한적이라 할 수 있다.

둘째, 정책의 실질적 집행과 관련된 정부와 단체와의 관계를 살펴보자. 앞에서 언급한 바와 같이, 제3섹터 영역 중 공제 조합 영역은 제3섹터 지배(주도)형으로 파악되었다. 한편, 보건 복지 분야에서 단체의 주 역할은 서비스 제공이다. 즉 노인, 장애인, 아동에게 필요한 가사 및 간병, 보육 서비스 제공을 주로 하고 있는데[15], 이는 공제 조합 영역 활동과 유사하다고 할 수 있다. 하지만 공제 조합 영역과 달리 단체는 예산의 상당 부분을 국가의 재정 보조에 의존하고 있음에 유의할 필요가 있다. 프랑스에서 단체에 대한 국가의 재정 보조는 일방적 재정 보조(subventions publics; grants), 계약에 의한 재정보조, 사업 위임에 의한 재정 보조 등 세 가지 형태가 있다. 아래 〈표 4-4-6〉에서 나타나 있는 공적 재정은 이를 모두 포함한 것이다.

〈표 4-4-6〉 보건 · 복지 분야 활동 단체의 수입 구조

구분	민간 재정			공적 재정						
내역	회비	기부 및 후원금	민간 활동수입	꼬뮌	중간자치단체	광역자치단체	국가	유럽	사회보호기구	기타
비율(%)	3	4	27	11	17	2	18	1	15	4
합(%)	33			67						

출처: Stat-info, 2007: 5의 tableau 7.

〈표 4-4-6〉에서처럼, 보건, 복지 분야에서 활동하는 단체의 주 수입원은 공적 재정이다. 비율을 기준으로 할 때 국가 즉 중앙정부에 의한 재정 지원이 가장 크며, 다음으로 중간 자치단체(도), 사회보호 기구(사회보험기금) 등의 순서이다. 이렇

15) 대상자별 서비스 구체적 내용 및 관련 단체는 J.-P. Decool, 2005: 13-15를 참조.

게 볼 때 국가와 중간자치단체가 공적 재정 지원의 중심에 있음을 알 수 있다. 그럼에도 불구하고 꼬뮌의 역할을 간과해서는 안 될 것이다. 실질적으로 재정 지원 측면에서 단체와 가장 많이 연계되어 있는 지자체가 바로 꼬뮌이다[16]. 결국, 공적 재정 금액 측면에서는 국가와 중간 자치단체, 단체와의 연계 정도에 있어서는 꼬뮌이 대표적인 공적 재정 지원 기관이라 할 수 있다. 한편, 보건, 복지 단체의 민간 재정 지원이 차지하는 비율은 33%이다. 이 중 회비가 차지하는 비율은 3%에 불과하며, 대부분은 자체 수익 사업을 통해서 이루어지고 있다. 이러한 상황을 〈표 4-4-2〉에 의거한다면, 재원 측면에서 프랑스 보건 복지 단체는 정부 및 제3섹터가 공동 부담하는 이원형, 구체적으로 정부 주도적 이원형에 가깝다고 할 수 있다.

제공 서비스의 성격과 관련하여 살펴보면, 프랑스에서 보건 복지 서비스의 제공 주체는 크게 세 가지가 있다(M. Borgetto, R, Lafore, 1998: 195-196). 첫째, 공적 개입의 핵심을 이루는 것으로 시에서 운영하는 사회 서비스 센터가 있다. 공적 부조와 관련된 현물 및 현금 급여(법정급여)를 제공하고 있다. 둘째, 사회 보험 기금의 주관 하에 제공되는 서비스가 있다. 법정 외 급여로서 법정 급여의 보충 혹은 법정 급여 수혜자의 특별 원조적 성격을 띠고 있다. 세 번째 주체가 바로 제3섹터의 단체이다. 단체는 국가가 제공하는 서비스가 수급자의 욕구를 충족시키지 못하는 경우 보완적 서비스의 제공, 공적 혜택에서 배제된 자에 대한 서비스 제공, 또는 수급자의 새로운 욕구에 부응 차원에서 새로운 서비스의 개발에 초점을 두고 있다. 대표적인 것이 보육 서비스이다. 기존의 공공 보육원과는 다른 새로운 형태의 보육 시설의 개발을 통해 부모의 보육 욕구에 대한 해결을 시도하고 있다. 대표적인 것이 부모 탁아소(crèche parentale)를 들 수 있다. 부모 탁아소는 시 혹은 도가 운영하는 기존의 집단 탁아소와는 달리 비영리 부모 단체에 의해 관리 운영된다. 그리고 부모 탁아소의 종사자는 시나 도가 아닌 부모 단체로부터 임금을 지급받는다. 1981년 8월 관련 시행령에 의해 등장한 부모 탁아소의 구체적 운영 방침은 부모와 종사자간의 상호보조성에 근거하여 마련된다. 재원의 절반은 부모 부담

16) 단체의 63%는 꼬뮌과 재정 관계를 맺고 있다(stat-info, 2007: 5).

이며, 나머지 절반은 가족 부양 공단의 급여 및 보조금과 지역 당국의 보조금으로 구성되어 있다[17]. 즉 국가에의 높은 재정 의존도에도 불구하고 관리 운영의 자율성, 민주주의적 의사결정은 보장되어 있는 것이다. 한편, 부모 탁아소 제도 도입을 통한 일자리 창출은 매우 괄목할 만하다. 1980년, 10개에 불과했던 부모 탁아소는 1981년 관련 시행령이 공포되고, 동년 아동 및 부모 보육 협회(ACEP)의 창설 이후 급증하여 1981년과 1984년 사이에는 매년 2배 이상 늘어났다. 이리하여 1989년, 부모 탁아소의 숫자는 566개가 되면서 전체 탁아소 보육 가능 자리 수의 3%를 차지하는 수준으로까지 자리 매김되었다. 1994년 기준, 720여개로 늘어난 부모 탁아소는 10,800여명의 아동 보육 역할 수행과 함께 3,000여개의 풀타임 일자리에 버금가는 일자리를 창출했다(J.-L. Laville, 2001: 106-107). 현재 부모 탁아소 수는 도시와 농촌을 막론하고 1,000여개에 이른다.

제공 서비스 주체를 〈표 4-4-2〉에 의거하여 볼 때, 보건 복지 분야에서 중앙과 제3섹터 관계 유형은 이원형에 속한다. 한편 단체가 제공하고 있는 서비스의 성격이나 대상 집단 측면에서 볼 때 프랑스는 보충형과 보완형의 성격을 동시에 지니고 있는 것으로 보인다. 공적 부조 프로그램 등 정부가 제공하고 있는 유사한 서비스를 제공함과 동시에 정부 서비스 대상의 사각 지대 집단에 관심을 가지고 있다(보충형). 뿐만 아니라 부모 탁아소와 같이 국가가 제공하지 못하는 새로운 형태의 서비스의 개발 및 실시 측면 역시 단체가 많은 관심을 가지고 수행하고 있는 역할이다(보완형).

17) http://www.acepp.asso.fr/article.php3?id_article=29(아동 · 부모 · 종사자 공동 보육 협회 홈페이지, 2008년 6월 26일 검색)

Ⅳ. 프랑스 환경정책의 결정 체계 및 주요 정책

1 프랑스 환경 정책의 역사적 변천[18)]

새로운 국가 개입 분야로서 환경 및 생활 질 (cadre de vie) 문제가 등장한 것은 70년대이다. 국토 개발과 연계된 이러한 제도적 관심은 생태학적 인식을 수반하고 있다. 이후 환경적 쟁점은 끊임없이 상이한 수준의 제도에 의해 확인되었으며 이는 지속적인 발전 목표로 확대되었다.

역사적으로 자연 보호에 최초의 법이 제정된 것은 1922년이었다. 하지만 프랑스 법체계 안에 환경자체가 들어가게 된 것은 1976년부터이다. 이후 1985년의 Montagne 법(1월 9일), 1986년의 Littoral 법(1월 3일)이 제정되었다. 보존 논리에서 예측 논리로 전환되면서 1999년대 초 발표된 새로운 일련의 조치들은 자연자원의 관리 차원에서 분수령이 되었다[19)]. 그리고 1995년의 환경 보호에 관한 Barnier 법은 프랑스 국내법에 지속적 발전 개념뿐만 아니라 경계 원칙, 예방 활동, 자원 교정, 오염자 부담 원칙 및 시민 참여 원칙을 도입했다. 네 가지 원칙의 법적 규정을 살펴보면 다음과 같다(동법 200조 1항). 먼저 경계의 원칙은 과학적, 기술적 지식의 시기적 한계를 고려할 때 확실하지 않다고 해서 환경에 치명적인, 돌이킬 수 없는 위험을 미연에 막을 수 있는 효과적인 조치의 실시를 미루어서는 안 된다는 것이다. 그리고 동법은 경제적으로 받아들일 수 있는 비용으로 최상의 실현 가능한 기술의 활용을 통한 예방 및 자원 교정 활동 원칙을 강조하고 있다. 오염자 부담 원칙은 예방 조치 및 오염 약화 및 오염 퇴치 활동으로 야기되는 비용은 오염자에 의해 지원되어야 함을 의미한다. 마지막으로 동법이 강조하고 있는 것은 참여의 원칙이다. 기본적으로 시민 각자는 본질 및 위험한 활동을 포함하여 환경에 관한 정

18) 이 부분은 F. Bertrand, 2005: 137-139의 내용을 바탕으로 재정리한 것임.

19) 물의 법(1992년 1월 3일), 쓰레기 관련법(1992년 7월 13일), 경관에 관한 법(1993년 1월 8일) 등을 들 수 있다.

보를 접할 수 있는 권리를 가져야 함을 동 법은 강조하고 있다. 네 가지 원칙 중 거버넌스의 관점에서 주목을 받을 수 있는 것이 참여의 원칙이다[20]. 이후의 전개 과정을 살펴보면 참여의 원칙은 지역별 참여 민주주의 혹은 근린 민주주의 개념으로 확대, 발전되면서, 현재는 정보, 자문, 협의, 참여 등의 네 가지 시민 개입차원을 의미한다. 뿐만 아니라 최근 2002년에 제정된 근린 민주주의 관련법은 4천명 이상의 주민이 있는 꼬뮌에서는 지역 위원회를 의무적으로 설립하도록 규정하고 있다(E. Arnaud et al., 2007: 140-141).

거버넌스의 관점에서 참여가 프랑스 환경정책 변화의 한 축이라면 지속적 발전 개념에 기반을 둔 환경 문제의 접근은 다른 축을 형성하고 있다. 이는 1990년 중반 이후 등장한 것인데, 효시인 1996년 12월 30일의 에너지 합리적 사용에 관한 법은 분야별 논리를 포기하고 교통 및 수송에서 범분야적 접근을 강조하고 있다. Barnier 법에 이어, 지속적 발전 개념은 국토 개선 및 발달에 관한 기본법 등(LOADT, 1995년 2월 4일의 Pasqua 법) 상당수의 법규를 통해 발견된다. 이러한 환경과 국토 개선 간의 밀접한 연관성은 1997년 국토 개선 및 환경부의 창설에 의해 재확인되었으며, 1999년에 제정된 국토 개선 및 지속적 발전에 관한 기본법(LOADDT, 1999년 6월 25일 제정, Voynet 법)에 내재되어 있다. 동법은 지속적 발달이라는 중심 목표의 실현을 위해 국토 개선 정책의 근본적 개혁을 표현하고 있다. 복수의 지자체 조직화를 통해 동법은 지속적 발전 원칙의 구체적 적용 과정에서 나타나는 지자체 역할을 공식화했다. 예컨대 동법 22조에 따르면, 지자체 그룹은 지속적 발전을 위한 공동 계획인 헌장을 마련해야 한다고 강조하고 있는데, 이 헌장은 사회적 형평성, 경제적 효과성, 환경 개선 등의 목표와 보조성과 포괄성 원칙, 시민 참여 및 결정의 투명성, 장기적 시각과 단기적 시각의 조화에 부응할 수

20) 환경정책 결정 및 실시와 관련된 참여 보장을 위해 동 법은 공적 토론의 조직을 명시하고 있다. 예컨대, 공적 토론 일반 위원회와 계획별 특별 위원회의 구성을 천명하고 있다. 전자는 동등 비율의 상, 하원의원과 지방 의회(광역의회) 의원, 최고 법률 기관인 국사원 및 행정, 사법 재판 기구 대표자, 공인 환경 단체 대표자 등으로 구성된다. 일반 위원회의 실질적 운영은 계획별 특별 위원회를 통해 이루어진다. 위원회의 활동과 관련된 보고서가 발간되며 이를 바탕으로 위원회 활동이 평가 위원회에 의해서 평가된다(이상은 Barrnier 법의 내용을 바탕으로 재정리).

있는 지속적 발전을 위한 포괄적 계획을 포함해야 한다고 동법은 강조하고 있다.

이렇게 볼 때 프랑스 환경 정책은 분권화의 큰 틀 내에서 정책 결정 및 집행에 있어서의 시민의 참여, 지속적 발전 개념에 기반을 둔 포괄적 접근 등의 두 가지 축을 중심으로 실시되고 있음을 알 수 있다.

가장 최근의 변화 중 중요한 대목은 2005년 헌법 서문에 환경 문제가 첨가되었다는 사실이다. 동시에 상, 하원에서 환경 헌장이 채택되었는데 이 헌장은 1789년의 인권 선언과 같은 위상을 보이고 있다. 전체 10조로 구성, 쾌적한 환경권, 의무, 오염자 부담 원칙, 사전 예방의 원칙, 지속적 발달 증진, 정보 접근권, 환경 교육 및 훈련 등 지금까지 언급되었던 점 등을 망라하고 있다(E. Arnaud, 2007: 117). 이상, 헌법 개정 및 환경 헌장의 채택 등으로 환경 문제는 프랑스에서 초미의 관심사로 자리 매김되었다.

2 정책 결정 체계의 변화 및 주요 정책

프랑스 정부 조직 중 환경 분야는 환경 업무에 대한 정책 및 제도를 총괄하는 국토환경관리부를 비롯하여[21], 건설 교통부, 농림부, 노동 및 보건복지부, 산업재경경제부, 수자원관리청, 환경에너지관리 공단 등 여러 부처가 관장하고 있다. 환경부가 1971년 1월 최초로 설립되었으며, 1997년에 환경부와 국토관리부가 통합되어 오늘에 이르고 있다. 현 정부 하에서 국토 환경관리부 장관은 현 정부에서 유일하게 국가장관(부총리)로 인정받고 있을 만큼 환경에 대한 프랑스 정부의 관심은 매우 높다. 2007년 7월, 프랑스 정부는 환경 분야 개혁 정책 입안을 위하여 정부, NGO, 사용주, 고용인, 지자체 등 5개 분야별 대표 인사들로 구성된 특별팀을 구

21) 현재 공식적 부처 명칭은 환경, 에너지, 지속적 발전 및 국토 개선부. 프랑스 국토 환경 관리부의 조직에 대한 국내 문헌으로서는 유영옥 · 김상철, 2003: 463-465를 참조. 한편, 2008년도 예산은 약 200억 유로로서 이는 국가전체예산 3,550억 유로의 6%에 달한다(http://www.developpementdurable.gouv.fr/rubrique.php3?id_rubrique=26).

〈표 4-4-7〉 프랑스 중앙과 지방정부 권한 배분

	광역자치단체 (Region)	중간자치단체 (Department)	자치단체간 협력체(Communities)	기초자치단체 (Municipalities)	국가 개입 (State interventions)
교육					
교사(Teaching)					*
보육			*	*	
초등학교시설			*	*	
중학교시설및기술인력		*			
고등학교시설및기술인력	*				
대학					*
고용 및 통합					
성인훈련	*				
RMI, RMA급여 관리		*			
주택					
공공주택건설		*	*	*	
지자체계획		*			
취약계층주거계획			*	*	
노인주거연대기금		*			
취약계층지원					
최한계집단 지원조정		*			
한계청년집단 지원기금		*			
개별화자율수당(APA)		*			
건강					
의료시설재정지원	*		*	*	
사회 및 유사의료종사자 교육, 훈련	*				
기타 의료사회조치	*	*	*	*	
환경					
오수처리		*	*	*	
쓰레기			*	*	
소음			*	*	
환경오염			*	*	
물			*	*	
지자체계획		*			

출처: S. Jamet, 2007: 11의 Table 1에서 발췌.

성, 6개 분야에서의 협의가 진행 중이다[22].

중앙 행정 부처가 국가 정책 및 제도 도입의 결정 및 집행을 맡고 있다면, 환경 등 주민 생활과 밀접한 사항에 대한 집행 및 책임은 지방 자치 단체의 권한이다. 앞의 〈표 4-4-7〉은 분야별 중앙정부와 지방정부의 권한 배분을 나타낸 것이다.

〈표 4-4-7〉에서처럼, 주민 생활과 밀접한 분야에서는 기초 자치 단체 중심으로 정책의 결정, 집행이 이루어지고 있다. 중앙정부는 물론이고 지방자치단체 중 광역자치 단체(지역) 조차도 역사적 유산 보존, 혁신적 기술 유지, 에너지 절약 분야에만 개입할 뿐(F. Bertrand, 2005: 139), 환경과 실질적으로 관련된 문제에 대해서는 개입의 여지가 없다. 중간 자치 단체(도) 역시 오수 처리 및 지자체 계획 분야에서 권한을 가지고 있을 뿐이다. 그 외 분야 즉 쓰레기 수거 및 처리, 소음, 환경 오염, 물 관리는 전적으로 기초자치단체 또는 (기초)자치 단체간 협력체의 권한으로 간주되고 있는 것이다. 여기서 제기될 수 있는 질문은 자치단체간 협력체라는 것이 무엇인가 하는 것이다. 실질적으로 치안 분야를 제외한 모든 분야에서 기초자치단체가 가지고 있던 권한을 자치 단체간 협력체에 이양하고 있는 경향이 발견된다. 이와 관련하여 최근의 연구는 프랑스의 전통적인 세 가지 수준의 지자체(광역, 중간, 기초)에의 명확한 분리가 자치단체간 협력체의 역할 증대에 의해 많이 희석화되었다고 지적하고 있다(S. Jamet, 2007: 10). 지금부터 자치단체간 협력체에 대해서 살펴보자. 아래 〈표 4-4-8〉은 프랑스 자치 단체간 협력체 유형 및 주요 특징을 나타낸 것이다.

〈표 4-4-8〉처럼, 자치단체간 협력체 유형은 우선 두 가지로 나누어진다. 첫째, 꼬뮌조합이다. 이는 다시 두 가지 형태가 있는데 우선, 1890년 설립된 SIVU를 들 수 있는데, 이는 단일 업무의 공동 수행을 목적으로 설립된 것이다. 다음, 1959년 관련 행정 명령 발표에 의해 SIVOM가 두 번째 유형이다. 두 개 이상의 업무의 공동 수행의 목적으로 설립된 꼬뮌조합으로서 2001년 기준 약 2,165개의 SIVOM이 있다. 이렇게 볼 때, 꼬뮌 조합은 특정 업무의 공동 수행을 목적으로 설립된 것이

22) http://www.premier-ministre.gouv.fr/information/les_dossiers_actualites_19/grenelle_environnement_913/

〈표 4-4-8〉 프랑스의 자치단체간 협력체 유형

구 분	꼬뮌조합 (Syndicates of municipalities; SIC)	주요 EPCIs 유형		
		도시공동체 (Urban Communities; CU)	꼬뮌공동체 (Communities of municipalities; CC)	중간규모도시공동체 (Metropolitan communities; CA)
대상지역	2개 이상의 지자체	총인구 50만이상 구성을 목적으로 하는 지자체 연합	소규모 및 농촌 지자체 (5만명 미만)	총인구 5만 이상의 도시권 지자체 연합
특 징	협의체 형식으로 참여 지자체가 협의를 통해 조합 재원 분담; 세금 징수 권한 없음	협력체의 이름으로 사업세, 주민세, 토지세, 건물세를 직접 징수		
숫 자	16,399	14	2,400	169
주요 업무 분야	특정 공공 서비스 관리 (예: 전기, 도로, 학교, 청소, 폐기물 수거 등)	-필수: 지역의 경제, 사회, 문화 정비 및 개발 -선택: 상수도, 묘지, 도축장, 소방, 주택정책, 국민주택, 도시정책, 환경보호	-필수: 지역경제 발전, 지역정비 -선택: 환경보호, 주택, 도로, 문화, 체육, 교육시설	-필수: 지역경제 발전, 지역정비, 주거의 사회적 균형, 도시정책 -선택: 환경보호, 상수도, 도로, 오염방지, 문화, 체육시설

출처: S. Jamet, 2007: 9-10; 한승준, 2007: 108; Ch. Demazière, 2005: 87-90의 내용을 바탕으로 재수정.

다. 자치단체간 협력체의 두 번째 유형은 EPCIs 즉 꼬뮌간 공공 협력 단체이다. 이는 꼬뮌 조합과는 여러 측면에서 차별성을 보이고 있다. 대표적으로 EPCI는 징수 권한을 지니면서 고유의 조세 수입을 보유하고 있다. 잉여 지방세로 구성되어 부가적인 성격을 지닐 수도 있고 때로는 사업체인 경우 독립적인 세금으로 징수가 가능하다(S. Jamet, 2007: 31). 다시 말하면, 꼬뮌조합이 징수권한 없이 단순히 특정 업무의 공동 수행을 목적으로 설립되었다면, 꼬뮌간 공동 협력 단체는 징수 권

〈표 4-4-9〉 프랑스 꼬뮌간 공동 협력 단체(EPCIs)의 추이 (1999-2005)

EPCIs유형	항목	1999	2000	2001	2002	2003	2004	2005
도시	공동체수	12	12	14	14	14	14	14
공동체	꼬뮌수	309	311	348	353	354	355	355
(CU)	인구	4 638 381	4 638 748	6 193 427	6 201 802	6 203 043	6 209 160	6 210 939
중간규모	공동체수	-	50	90	120	143	155	162
도시공동체	꼬뮌수	-756	1 435	1 996	2 441	2 632	2 750	
(CA)	인구	5 992 185	11 486 020	15 923 611	18 250 461	19 712 134	20 391 934	
꼬뮌	공동체수	1 347	1 533	1 717	2 032	2 195	2 286	2 343
공동체	꼬뮌수	15 200	17 498	19 863	24 454	26 907	28 403	29 172
(CC)	인구	18 049 741	19 185 686	18 389 790	22 262 358	23 698 120	24 479 442	25 297 156
중간규모	조합수	9	9	8	8	8	6	6
도시조합	꼬뮌수	51	51	47	47	52	34	34
	인구	715 025	715 025	634 536	648 641	673 678	346 460	352 573
지구*	지구수	305	241	171	0	0	0	0
	꼬뮌수	3 493	2 689	1 792	0	0	0	0
	인구	10 271 062	6 474 029	3 633 010	0	0	0	0
시공동체*	공동체수	5	0	0	0	0	0	0
	꼬뮌수	87	0	0	0	0	0	0
	인구	356 580	0	0	0	0	0	0
총합	공동체수	1 678	1 845	2 000	2 174	2 360	2 461	2 525
	참여꼬뮌수	19 140	21 305	23 485	26 850	29 754	31 424	32 311
	인구	34 030 789	37 005 673	40 336 783	45 036 412	48 825 302	50 747 196	52 252 602
공동체	꼬뮌수	17 539	15 734	13 194	9 829	6 924	5 258	4 373
불참규모	인구	27 601 696	24 626 812	21 325 157	16 656 896	12 960 779	11 200 383	9 876 583

*시공동체와 1959년 설립된 도시 지구는 1999년 관련법(loi chevènement)에 의해서 2002년까지 CU, CA, 혹은 CC로 전환

출처: Ch. Demazière, 2005: 89.

한을 바탕으로 분야에 따라 의무적 또는 선택적으로 공동업무를 수행하고 있는 것이다. EPICs는 지역적 특성 또는 꼬뮌의 규모에 따라 도시공동체(CU), 꼬뮌공동체

(CC), 중간규모도시공동체(CA) 등 몇 가지 유형으로 재분류된다[23]. 〈표 4-4-9〉에서처럼, EPICs는 점증 추세에 있다. 2006년 기준, 프랑스 인구 중의 96.5%는 EPCIs 유형 중의 하나에 포함되어 있을 정도로(S. Jamet, 2007: 10), 프랑스 자치단체에 있어서 EPCIS의 역할은 점점 강화되고 있다.

프랑스에서 볼 수 있는 특징 중의 하나는 환경 분야에서의 자발적 협약에 의한 민간 기관의 참여이다. 민간 기관은 영리 기관과 비영리 기관 둘로 나누어지는데, 비영리 민간 기구의 경우 앞의 〈표 4-4-4〉에서처럼, 수입원의 32%는 정부 보조이며, 가장 많이 차지하고 있는 수입원은 회비로서 전체 대비 52%를 차지하고 있다. 다시 말하면 보건 복지에 비해서는 정부 보조 비율이 상대적으로 적다. 한편, 기업 등 민간 영리 기구의 환경 정책에서의 참여는 80년대부터 이루어졌으며,

〈그림 4-4-1〉 중앙정부와 지방정부, 정부와 민간간의 파트너십

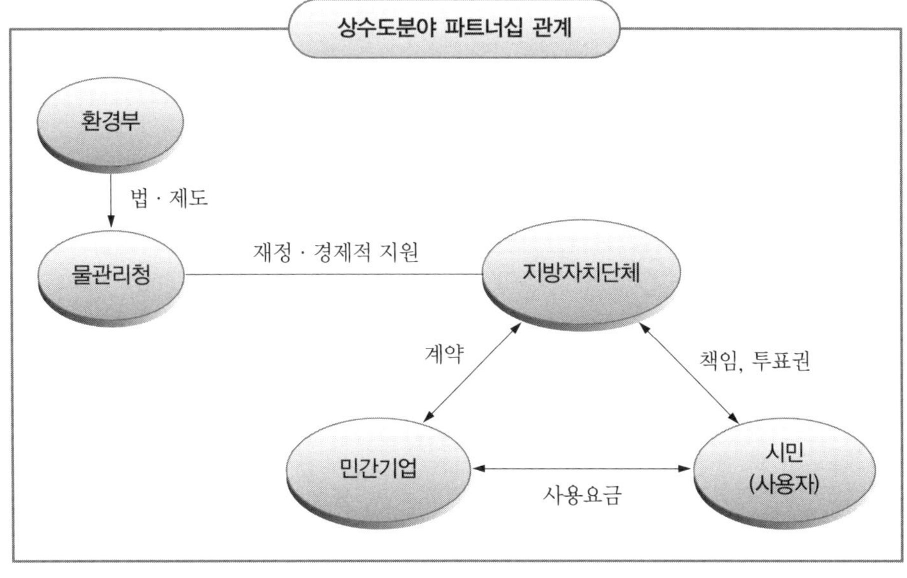

※먹는물 공급분야는 약 80%, 쓰레기처리는 약 60%, 하수처리는 약 55%를 민간기업이 달성

출처: 환경부, 2002 : 11에서 발췌.

23) 이의 자세한 내용은 Ch. Demazière, 2005: 87-89를 참조할 것.

1990년대에는 건축 분야, 염소 용제의 생산 업체 및 소비 업체, 회수 업체, CFC 가스 대체물 생산업체, 자동차 업체, 포장 용기 생산 업체 등이 많이 참여하고 있다(정광조, 1999: 11).

아래 그림은 환경 분야 중 상수도 관리에 대한 정부간, 정부와 민간간의 파트너십에 관한 것이다.

〈그림 4-4-1〉에서처럼, 지방 자체 단체는 민간 기업과의 계약에 의해 상수도 공급에 대한 업무를 맡기고 있다. 그리고 이용자는 지방자치단체가 아닌 민간 기업에게 사용 요금을 납부하고 있다. 이의 대표적 기업으로서는 복합 기업인 Vivendi(Veolia Weter)를 들 수 있다. 프랑스 수질 정화 및 상수도 처리 프랜차이즈를 주업무로 하는 회사로서 기원은 1853년 국영 기업인 Compagnie Générale des Eaux(General Water)에서 비롯된 것이다. 한편, 정부는 정수 처리 과정에 관여하지 않고 결과만 관리하는 역할을 수행하고 있다. 이와 같이 파트너간의 신뢰, 당사자들간의 경쟁, 균형적인 계약, 효율적 보고 및 통제의 원칙 하에 정부와 민간간의 파트너십이 이루어지고 있다(환경부, 2002).

V. 결 론

지금까지 본 글은 거버넌스의 관점에서 프랑스 보건, 복지 서비스 및 환경 정책의 역사적 변천, 동향, 그리고 그 내용을 살펴보았다. 프랑스는 역사적으로 강한 국가의 대표적 사례이다. 그럼에도 불구하고 분야에 따라서는 많은 변화를 보여왔었는데 대표적인 분야가 바로 본 글의 분석 대상인 보건, 복지 및 환경 분야이다. 이미 언급한 바와 같이, 이들 분야에서의 급격한 변화는 1980년대 초부터 시작되었다. 당시의 집권 정당인 사회당 정부는 지방분권화 정책과 이를 효과적으로 실시하기 위한 정책적 수단으로서 제3섹터, 특히 시민사회 단체의 참여를 활성화하는 데 역점을 두었다. 그 결과, 보건 복지 분야 정책의 대부분이 지방자치단체, 특히 중간 자치단체(도)에게 그 권한이 이양되었다. 이러한 권한의 하향 이양이 지역주민의 욕구에 부응할 수 있는 장점이 있는 반면 여러 가지 문제도 발생하고 있는 것이 사실이다. 예컨대, 지방자치단체의 재정 부담, 지역 간 또는 동일 지역 내의 서비스의 격차 등의 문제가 발생하고 있다. 아무런 조치가 없을 경우 꼬뮌간의 재정 격차는 8,500배까지 될 것이라는 한 연구는 지역 간 격차의 심각성을 그대로 보여주고 있다(F. Robert, 2005: 113). 그리고 지역 주민의 다양한 복지 욕구 충족 대신 특정 복지 분야의 희생에 의한 다른 분야에로의 재정 투입은 동일 지역 내의 서비스 격차 문제를 노정하고 있다. 이의 대안으로서 프랑스 정부는 중앙 정부에 의한 재정 부담 비율의 하한선 설정, 지역 간 재정 불균형 해소 차원에서 재정 조정 방식 등의 정책을 실시하고 있다[24]. 한편, 환경 분야에서의 분권화는 보건 복지 분야만큼 강하게 나타나지는 않는다. 국가 정책 및 제도의 결정 및 집행은 여전히 중앙 행정 부처의 소관이며, 주민 생활과 밀접한 사항에 대한 집행 및 책임은 지방자치 단체의 권한이다. 특히 쓰레기 수거 및 처리, 소음, 환경오염, 물 관리 등은 전적으로 기초 자치 단체의 고유 권한 영역이다. 프랑스 사례에서 흥미로운 점은 자치 단체간 협력체의 역할 증대 현상이다. 즉 2개 이상의 기초 자치 단체가 모여 공공의 업무를 수행하는 현상이 증대되고 있는 것이다. 이는 징세 권한의 유무에 따라 꼬뮌 조합과 꼬뮌간 공공 협력 단체(EPCIs) 등 두 가지로 나누어지는데, 유형에 관계없이 환경 분야가 공동 업무의 핵심에 놓여 있다. 이의 효과성에 관한 논란에도 불구하고 자치 단체간 협력체의 역할은 앞으로 점점 강화될 것으로 예상된다.

거버넌스 관점에서 지방 정부의 역할 강화 못지않게 중요한 것이 제3섹터의 역할 증대이다. 1980년대 초부터 사회당 집권 정당의 분권화 정책과 맞물리면서 제3

24) 재정 조정 방식은 중앙정부에서 재정 상태가 열악한 지방정부를 위해 교부금의 형태로 재정 지원이 이루어지는 수직적 재정 조정 방식과 지방정부간 연대 기금의 활용을 통한 수평적 재정 조정 방식 등 두 가지가 있다(심창학, 2006: 40).

섹터, 특히 단체수는 급증하면서 대혁명 이전에 이어 지금은 제2의 르네상스를 맞고 있다. 단체 유형 중에서 보건 복지 분야에서 활동하고 있는 대부분의 단체는 공인 단체이다. 이들은 국가 보조금 수혜 및 면세 혜택뿐만 아니라 부동산 및 여타 재정 자산의 소유가 가능하다. 이미 언급한 바와 같이 정부와의 관계에 있어서 프랑스는 이원형에 속한다. 좀 더 구체적으로 살펴보면, 서비스 분야에 따라서 공적 부조 프로그램은 정부가 제공하고 있는 유사한 서비스를 제공함과 동시에 정부 제공 서비스의 사각 지대에 있는 집단에 관심을 가지고 있는 측면에서 보충형, 부모 탁아소(공동 육아 시설)와 같이 국가가 제공하지 못하는 새로운 서비스의 개발 및 실시에도 관심을 가지고 있다는 측면에서는 보완형의 성격을 띠고 있다. 한편, 정책의 개발 및 실시에 있어서 빈곤 극복 정책 등 특정 분야에서는 제3섹터의 역할이 많이 증대되었으나 전반적으로는 약하다는 점은 반드시 지적되어야 할 것이다. 환경 분야에서의 제3섹터 등 민간 영역의 역할은 매우 크게 나타난다. 1980년대부터 기업 등 민간 영역의 참여가 시작되었으며, 이들은 단순히 정책 결정뿐만 아니라 집행에서도 그 역할이 상당히 크다. 대표적인 것이 상수도 관리로서 사용자는 사용 요금을 민간 기업에 납부하는 등 민간 기업이 집행과정에 깊숙이 개입되어 있으며 정부는 결과만 관리하는 역할에 그치고 있다. 이렇게 볼 때 거버넌스의 관점에서 환경 분야에서 차지하는 민간 영역의 역할은 상대적으로 매우 강함을 알 수 있다.

제 5 장 프랑스의 교육 · 문화정책

한 승 준(서울여대)

Ⅰ. 서 론

프랑스 교육제도의 기본 골격은 1789년의 대혁명에서 고취된 원칙들을 바탕으로 정립되었다. 프랑스 교육제도의 특징은 교육의 중립성, 무상성, 의무성의 원칙 하에 공립학교교육에 우선을 두는 강력한 중앙집권적 교육제도라 할 수 있다. 현재 평등과 대중성에 기초한 프랑스의 교육은 학생들의 학력저하, 대학의 경쟁력 저하 등의 심각한 문제에 직면해 있다. 2007년 프랑스 고등교육위원회의 조사에 따르면 초등학교 졸업생의 40%가 읽기, 쓰기, 계산 등을 제대로 하지 못한다. 스위스 국제경영개발원(IMD)이 사회경제적 수요를 만족시키는 대학교육의 정도에 따라 61개국을 조사한 결과 프랑스는 38위에 머물렀다. 따라서 2000년대 이후 프랑스는 다양한 교육개혁을 시도하고 있다.

문화 · 예술분야의 경우 프랑스는 전통적으로 전 세계에서 가장 앞선 국가로 평가되고 있다. 프랑스가 문화대국으로 성장하게 된 역사적 배경과 전통은 기독교 사상에 결합된 프랑크 제국의 문화적 정통성 계승 및 외부의 문화를 적극적으로 수용하여 계발한 개방성[1]등 프랑스 특유의 문화형성 과정에 있다. 또한 문화에 대한 발전적 개발과 확산 의지를 결합시킨 현대적 의미의 문화정책[2]은 프랑스가 선구자적 역할을 수행하고 있으며, 문화에 대한 본질적 의미에 가장 부합하는 문화의 독자성 유지에도 최고의 국가로 평가되고 있다. 게다가 문화의 대중화와 결부된 지적 세계화 전략도 프랑스가 기원인 것으로 여겨진다(오세정, 2003: 231-233).

교육과 문화분야를 국가의 주요한 성장동력의 하나로 삼고 있는 우리나라의 경우, 프랑스의 문화정책과 교육정책의 내용에 관한 고찰 및 개혁 검토는 미래의 정책방향에 관한 의미있는 좌표가 될 것이다. 따라서 여기에서는 프랑스 교육 · 문화정책의 기조와 체제 및 주요 이슈들을 검토하고, 우리나라에의 시사점을 제공하고자 한다.

1) 프랑스는 절대왕정에 의해 문화지원을 해온 오랜 전통을 지니고 있다. 특히 레오나르도 다빈치 등 외국의 예술가들을 국왕이 지원하면서 프랑스의 문예부흥이 이루어졌다.

2) 문화정책은 "문학과 예술을 포함하여 국민의 정서적 욕구를 충족시키기 위한 활동을 지원하고 문화전통을 승계하기 위한 정책(정홍익, 1989)", "국가가 문화활동의 근간으로 마련하는 행정적이고 재정적인 조치와 절차 등의 시행원칙의 총체를 의미(김문환, 1996)", "국가단위가 추구하는 문화에 대한 이상적 목표를 국가 개입을 통하여 수행하는 과정(정갑영, 2005)" 등으로 정의할 수 있다.

II. 프랑스 교육 · 문화정책의 기조

1 교육정책의 추이 및 특성

1) 교육정책의 추이

(1) 계몽주의, 대혁명과 교육

한 나라의 교육제도는 그 나라의 역사와 전통, 문화적 맥락과 밀접하게 관련을 맺고 있다. 그리고 그것은 시대에 따라 변화하는데, 그 변화는 교육개혁을 통해 이루어진다. 프랑스 절대왕정의 시기에는 국민교육체제에 대한 개념이 존재하지 않았다. 대부분의 교육이 교회에서 예수회 신부들에 의해 이루어졌으며, 교리문답식 성경교육이 전부였다. 그러나 18세기 말 루이 15세와 교황청의 대립으로 예수회 신부들이 추방되면서 이들이 운영하던 학교들이 폐쇄되고 이를 계기로 프랑스에서는 국가가 주도하는 교육의 필요성이 제기되었다. 국가 차원의 공교육제도 확립에 가장 많은 관심을 보인 이들은 계몽주의 철학자들이었다. 이들은 국가가 주도하는 공교육제도가 종교에서 교육을 독립시키고 합리적 사회건설을 위한 이성적 시민을 양성하는 데 필수 요건의 하나라고 생각했다.

계몽주의 철학자들이 주장한 국가가 주도하는 교육은 대혁명을 거치면서 서서히 현실화되기 시작했다. 계몽주의 철학자인 콩도르세는 국민공회의 요청으로 1792년 교육에 관한 초안을 작성했다. 여기서 콩도르세는 '무지는 항상 전제정치를 조장해왔기 때문에 국민의 자유와 평등을 지키는 유일한 방법은 국민을 교육시키는 것밖에 없으며, 교육은 공적이며, 종교로부터 독립적이며, 무상이어야 한다'는 입장을 천명하였다.

1793년의 헌법은 교육이 공공서비스의 영역에 속하며, 모든 시민이 교육을 받을 권리를 가지고 있다는 사실을 천명했다. 같은 해에 초등, 중등, 고등교육 체계로 나누어진 교육 편제가 확립되는 한편, 입헌의회의 결정에 따라 중세부터 내려

오던 조합 형태의 대학이 폐지되었다. 1794년에는 그랑제콜이 설립되었고, 1802년에는 나폴레옹 정부에 의해 고등학교인 리세가, 1806년에는 제국대학이 설립되었다.

(2) 7월왕정, 제3공화국과 교육원칙 확립

7월 왕정(1830-1848) 당시의 교육부 장관이었던 프랑수아 기조가 입안한 '기조법(loi de Guizot)'은 모든 기초자치단체(commune)마다 초등학교를 설립하도록 규정함으로써 프랑스 대중교육의 일대 전환기를 마련하였다. 기조 법은 초등교육의 기본체제인 교육목표 및 교사의 선발, 교사의 처우 등을 규정하고 도마다 사범학교를 설치하도록 하였다. 이 법을 토대로 해 제3공화국(1871-1945) 초기의 무상교육과 의무교육의 개념이 확립되었다. 쥘 페리 교육부 장관은 1882년 '페리 법(loi de Ferry)'을 제정하여 초등교육을 의무교육화 하였다. 이 법에 따라 만 13세까지 아동들이 무상으로 교육을 받게 되었으며, 비종교성이라는 중요한 원칙이 확립되어 교육에 대한 가톨릭의 영향이 배제되었다. 이때 확립된 무상교육, 의무교육, 교육의 비종교성이라는 세 가지 원칙은 지금까지도 프랑스 교육의 근간을 이루고 있다(서울대학교 불어문화권연구소, 2004: 677-683).

(3) 제5공화국의 교육제도

1980년대 이후의 교육개혁은 중등교육의 기회 확대, 교육의 지방화 · 분권화, 새로운 형태의 기술교육 도입, 교사의 현직 · 전직교육 강화, 고등교육 기회 확대 및 질 제고 등을 목표로 추진해 왔으나 1998년 고등학생 시위, 2000년 교사 연합 시위에서 나타났듯이 개혁과정에서 다양한 이해관계를 조정하는 데 어려움을 겪고 있다. 이러한 어려움에도 불구하고 최근 프랑스 교육개혁의 주된 흐름을 제시한 1989년의 '교육에 관한 법'을 바탕으로, 새로운 교육체제 구축에 대한 프랑스 정부의 노력은 지속적이고 점진적으로 계속되고 있다. 2001년 11월 '교수방법 개선 국가위원회' 출범 이후, 최근 프랑스 교육개혁의 초점은 '학력향상을 위한 혁신적인 교수방법의 개발 및 보급'에 맞추어져 있다. 1989년의 '교육에 관한 법' 이래

2000년대까지 추구해 온 프랑스 교육의 목표는 아래와 같다.

첫째, 유아교육부터 중등교육, 고등교육에 이르는 연속성을 보장한다.

둘째, 학생이 자신의 진로를 선택할 수 있도록 돕는다.

셋째, 모든 학생들이 최소한의 자격증을 갖고 학교를 떠날 수 있도록 배려한다.

넷째, 바칼로레아[3] 소지자는 어떤 형태로든 교육 기회를 가져야 한다.

다섯째, 교육과정과 교수방법의 혁신을 통해 유럽 발전에 기여하는 교육을 지향한다.

2) 교육정책의 특징

(1) 교육제도의 개요

프랑스의 교육제도는 1789년의 대혁명과 나폴레옹 통치시절에 만들어진 공교육의 틀을 기초로 하고 있다. 프랑스의 학제는 3-5-4-3-3의 형태로 1968년 학생혁명을 계기로 7세에서 13세이던 무상의무교육이 6세에서 16세로 확대되었다. 프랑스 사회에서 정규교육은 만 3세 이상이 갈 수 있는 유치원인 에꼴 마떼르넬(école maternelle)을 시작으로 본다. 그러나 0세부터 3세의 유아를 맡길 수 있는 기관도 모두 국가가 관장하고 있어 공교육기관의 성격을 지닌다. 초등학교는 5년 과정으로 불어의 정확한 습득과 시민윤리 교육의 두 가지 목표를 지닌다. 중등교육은 첫 단계인 중학교(college)는 4년제이며, 두 번째 단계인 고등학교(lycée)는 3년제이다. 고등학교 교육과정을 이수하면서 치르는 고등학교 졸업자격시험(바칼로레아)은 대학입시를 대신한다. 프랑스의 고등교육은 매우 복잡 다양한데, 기능인력 양성을 목적으로 하는 단기 기술대, 이론적 학문을 연구하는 일반대학, 실무 중심의 전문지식을 교육하는 그랑제꼴과 특수분야의 각종 사립 에꼴들로 구분된다(배수옥, 2006: 63-72).

3) 바칼로레아는 '대학입학시험' 으로 번역되는데, 프랑스 대학에 입학할 수 있는 일종의 자격 시험이라 할 수 있다.

(2) 중앙집권화된 교육제도

프랑스 교육의 중요한 특징 중 하나는 교육에 대한 강력한 중앙 통제이다. 정치적으로 프랑스는 오랜 중앙집권적 전통을 유지해 왔으며, 사회당 정부가 1982년 지방분권화법을 통해 많은 행정권한을 지방으로 이관했지만 교육 분야는 여전히 많은 부분이 중앙 정부의 소관이다. 현재 지자체는 건물의 신축, 증축, 유지관리와 학생들의 편의나 급식만을 담당하고 있으며, 중앙정부는 교육 프로그램의 개발, 교원들의 교육과 처우결정, 학급의 개폐와 교육자료 제공, 대학 이상의 고등교육을 관장하고 있다.

교육관리체계를 보면 프랑스는 26개의 교육구로 나뉘어 있는데, 각 교육구는 교육문제에 관한 한 국가를 대리하고, 교육부에 대해서 책임을 지는 교육감의 지휘, 감독하에 놓인다. 교육부장관이 교육의 모든 과정을 통제하면서 교육 공무원들을 임명하고 있기 때문에, 교사들은 어디서나 동일한 프로그램으로 교육하는데, 이는 국가의 통일성을 보장하는 데 기여한다.

(3) 이원화된 교육제도

프랑스 교육제도의 또 다른 중요한 특징 중 하나는 고등교육의 이원화이다. 즉, 대중 고등교육을 담당하는 일반대학과 엘리트 교육을 담당하는 그랑제콜의 분리이다. 이러한 이원화는 19세기에 현대 교육제도가 확립되는 과정에서 일반시민 교육과 엘리트 교육을 분리시킴으로써 자연스럽게 이루어졌다. 즉 페리 법을 통해 확립된 의무, 무상교육의 원칙에 따라 모든 사람들에게 평등한 교육기회를 제공한다는 취지하에 바칼로레아를 취득한 사람은 누구나 대학에 진학해 저렴한 비용으로 고등교육을 받을 수 있도록 하는 한편, 우수한 학생들은 별도로 선발해 그랑제콜에서 엘리트 과정을 밟게 한 것이다. 이러한 교육 이원화의 가장 심각한 문제점은 일반대학 교육과 그랑제콜 교육 사이의 불평등이다. 고등교육을 받는 학생들 중 그랑제콜 학생들이 차지하는 비율은 약 4%에 지나지 않는 반면, 이 4%의 학생들을 위해 사용되는 예산은 전체 고등예산의 30%에 이른다. 또한 그랑제콜에 입학하는 학생들의 사회적 배경은 점점 더 부유한 환경의 자녀들이라는 점도 비판의 대상이 된다.

(4) 공립과 사립의 공존

오늘날 프랑스 교육제도의 특성은 공립학교와 사립학교가 상호 공존하는 다양성에 있다. 가톨릭 학교로 대변되는 사립학교는 종교적 중립성을 표방하는 공교육의 강력한 도전과 그에 따른 수차례의 개혁에도 불구하고 생존하여 프랑스 교육의 한 축을 이루고 있다. 오늘날 프랑스의 사립학교는 전체 학령인구의 약 20%를 수용하고 있는데, 이러한 사학의 비중은 무상교육과 의무교육을 지향하는 프랑스 정부가 결코 무시할 수 없는 근본적인 문제를 제기하고 있다. 프랑스 정부는 1959년 '드브레 법'을 수립하여 사학교육을 공교육에 연계하고자 노력하였다. 즉, 재정지원을 희망하는 사립학교에 한해 공립학교에 상응하는 재정적 지원을 하는 반면, 해당학교의 교육과정과 활동에 대해서는 국가가 통제권을 가지고 있다. 하지만 이후 프랑스 정부는 재정지원과는 별도로 사립교육 기관의 특성을 인정하고, 1971년에는 사립교육의 교육과정 운영의 자율권을 대폭 인정하는 단순계약제를 도입하였으며 1977년 사학교육의 권한은 오히려 강화되었다. 따라서 오늘날 프랑스 학교제도는 공립학교 대 사립학교라는 이원적 구도를 여전히 유지하고 있다(이부련, 2006: 20-21).

2 문화정책의 추이 및 특성

1) 문화정책의 추이

(1) 60년대 이전의 문화정책: 후원자, 규제자로서의 국가

현재의 프랑스 문화정책은 16-17세기 절대왕정시대부터 형성된 것으로, 절대왕정체계에서의 문화정책은 두 가지의 국가 역할, 즉 개별 예술가 및 단체에 대한 '후원자'로서의 역할과 예술작품의 생산과 분배에 대한 '규제자'로서의 역할을 부

여하였다. 절대왕정에서 형성된 국왕의 '후원자'로서의 역할은 프랑스 혁명 이후에도 메세나의 입장 속에 유지되었다. 또한 프랑스 혁명은 국가로 하여금 문화재의 보호, 교육과 보급에 관한 확대된 책임을 부여하였다. 특히 국민교육과 문화를 연계시킴으로써 국가는 문화영역에 중요한 규제를 실시하였다.

프랑스에서 문화정책과 문화부에 대한 근대적인 개념이 나타난 것은 1930년대 말 좌파 성향의 인민전선정부(Front populaire, 1936-38)에서였다. 그 이전에는 문화정책의 초점이 문화유산 보존에 초점을 두었으나 인민전선정부가 들어서면서 본격적으로 문화에 대한 국가 주도적 정책의제가 설정되기 시작하였다. 헌법의 문화에 대한 국민의 동등한 접근 권리 규정, 매스미디어의 출현, 미국 영화로부터 프랑스 영화시장의 보호 등의 요인들은 문화에 대한 국가 개입의 강화 및 개입영역 확대를 가져온다.

(2) 60-70년대의 문화정책: 문화정책의 활성화

두 차례의 세계대전을 겪은 후 국가의 해체와 민족의 분열을 경험한 프랑스는 강력한 국가부흥운동을 추진하였다. 드골(De Gaulle)대통령이 주도한 전후 부흥운동은 경제, 국방, 문화 등의 분야를 육성하여 과거의 영광을 되찾기 위한 복구사업으로 경제와 문화의 동시 발전론이 핵심적인 내용이다. 드골대통령은 세계 최초로 1959년 6월 문화부를 설립하고, 초대장관에 엘리트 지식인 출신의 앙드레 말로(André Malraux, 1959-69 재임)를 임명하였다. 문화정책의 추진은 문화부의 출범에서도 드러나듯이 중앙정부의 주관하에 추진하였지만, 말로 장관은 문화예술의 자율성과 창의성을 존중하는 것을 정책목표로 삼았다. 말로 장관은 문화부의 정책이념으로 '민주화', '확산', '창작'의 세 가지를 들고, 문화유산의 보호와 발전, 문화예술에 대한 지원강화, 문화민주화와 분권화 등을 주요 문화정책으로 추진하였다. 말로 장관의 문화유산 보존정책은 과거 프랑스의 찬란한 문화를 다시 재현하여 현대와 조화를 이루려는 의지가 담겨 있다고 평가된다(Biet, 1987: 113-114). 그는 또한 당시까지 중앙으로 집중된 문화 수용의 불균형을 해소하고, 보다 많은 국민들에게 문화예술에 대한 향유 기회를 제공하려는 목적으로 '문화의 집(maison de

Culture)'의 설립을 추진한다. 즉 전국의 주요 도시에 문화의 집을 건립하여 연극, 음악, 영화 등의 예술을 모든 계층의 주민들에게 개방하고 이를 통해 프랑스 문화의 전반을 폭넓게 활성화시키려는 문화 대중화 전략을 추구하였다(한국문화정책개발원, 1996: 5). 따라서 '문화의 집'은 모든 국민이 문화에 대한 동등한 권리를 갖는 문화적 평등권이 내재되어 있는 것이며, 또한 전체 국민에 대한 '프랑스 인의 교양'을 쌓게 되어 문화대국의 길을 열어 놓았다고 평가된다.

70년대에 문화부 장관에 취임한 뒤아멜(Jacques Duhamel, 1971-73 재임)은 말로의 문화 민주화 정책에 대해 경의를 표하긴 했지만, 문화에 대한 차별화된 철학과 정책을 추구하였다. 그는 문화에 대해 다음과 같이 정의 내린다.

> "중요한 문제는 의사소통과 대화의 가능성이다. 문화는 과거뿐만 아니라 동시대와도 의사소통이 이루어지는 수단이다. 또한 문학적이거나 예술적인 전통 분야뿐만 아니라 과학적이고 기술적인 분야와도 의사소통이 이루어져야 한다(Urfalino, 2004: 241)."

뒤아멜 장관은 말로 장관의 '문화 민주화'에 이어, '문화 발전(developpement culturel)'이라는 개념을 제시한다. '문화 발전'은 '문화 민주화'를 전적으로 거부하는 것이 아니라 개선하는 정책이었다. 즉, 문화 민주화 정책에도 불구하고 문화가 여전히 소수의 특권계층의 점유물로 남아있음을 직시하고, 문화와 대중을 위한 문화 사이의 단절을 개선하고자 하였다. 즉, 그는 문화정책을 위대한 예술적 유산에 한정시키지 않고, 삶의 질과 사회경제적 진보에 있어 보다 중요한 것으로 폭넓게 이해함으로써, 고급문화에 대한 접근보다는 사회의 창의력과 문화산업에 초점을 맞추는 문화발전 정책을 추진하였다.

(3) 80-90년대의 문화정책: 문화대중화 및 문화확산

1980년대는 집권 사회당의 미테랑 대통령의 지지를 받으며 자크 랑(Jack Lang,

---

2) 이하의 내용은 Schmidt(199)와 채희율(200)의 내용을 정리한 것임.

1981-1986, 1988-1993 재임)이 오랜 기간 문화부 장관을 역임하였다. 자크 랑 장관은 현대적인 의미에서 프랑스 문화정책의 새로운 장을 연 인물이다. 그에 따르면, 문화는 바로 생활 그 자체이므로 인간의 삶에서 문화가 절대적으로 필요하며, 문화정책의 키워드로 창작과 지방분권을 제시하였다. 그 결과 80년대 이전의 문화정책이 주로 문화유산, 예술창작 진흥 및 지역 확산 등에 초점을 두었으나, 80년대 이후에는 일상생활 속에서의 문화적 표현과 영상산업 등 문화산업, 그리고 문화적 정체성 확립에 이르기까지 지원영역이 확대되었다. 80년대 이후 록 음악, 만화, 사진, 서커스 등이 지원대상에 새로이 포함되고, 문화의 개념 속에 교육체계와 매스미디어, 신문, 도서, 레코드, 비디오, 영화, 광고, 주택, 패션 등이 포함되었다. 문화예산도 지속적으로 증가하여 80년대 초 국가예산의 0.4% 정도에 머물던 문화예산이 1986년에는 0.93%, 그리고 1993년에는 1%를 넘어서게 되었다.

이 기간 동안 학교에서의 예술교육이 강화되어, 고등학교 때부터 영화를 전공할 수 있게 되고, 영화, 음악, 문화재 관리 등 여러 장르에서 전문예술인을 양성하는 교육기관이 창설되었다. 한편 문화 분권화를 위해 문화활동의 지역적 다양화를 추진하고 지역의 문화적 활력을 중요한 가치로 내세우게 되었다. 1983년에는 상당수의 문화기관을 지방정부로 이관하였으나 도서관, 박물관, 문서보관소는 여전히 문화부 소관으로 남게 되었다. 80년대에는 특히 문화정책 영역이 문화산업 분야로 확대되었는데, 미국의 문화적 패권주의에 반대하여 프랑스의 문화적 정체성을 유지하고 문화의 경제성 확보와 기술적, 문화적 혁신을 통한 잠재력 증대에 토대를 둔 것이다. 자크 랑 이후 90년대에는 문화유산이 다시 강조되고 프랑스 어에 관한 업무도 중시하게 되었다.

2) 문화정책의 특성

(1) 국가별 유형화에 따른 특성

오늘날 세계 각국은 문화정책에 대한 지원을 강화함으로써 경쟁적으로 문화국가의 위상과 문화산업의 경쟁력을 높이고자 노력하고 있다. 이러한 국가들 가운데 문화 · 예술 분야에서 가장 앞선 국가들 중 하나가 바로 프랑스이다. 프랑스 문화정책의 특성을 파악하기 위해서는 문화정책에 관한 국가별 유형화 연구들을 살펴볼 필요가 있다. Hillman-Chartrand와 McCaughey는 국가 개입의 정도에 따라 아래 〈표 4-5-1〉과 같이 네 가지 유형화를 시도하였다(홍기원, 2006: 24-26 재인용).

〈표 4-5-1〉 Hillman-Chartrand & McCaughey의 유형화

국가	미국	영국	프랑스	(구)소련
역할	조정자	후원자	설계자	기술자
정책목표	다양성	수월성	사회복지	정치이념교육
지원방식	조세지출	팔길이 원칙	문화부	생산수단소유
정책역학	임의적	발전적	혁신적	검열적
예술의 기준	임의적	전문적	공동체적정치적	

Mulcahy(2000: 147-164)는 특정 국가의 문화정책유형은 어떠한 종류의 공공문화적 가치를 따르냐에 따라 아래 〈표 4-5-2〉와 같이 국가주의적(nationalistic), 사회민주주의적(socio-democratic), 진보자유주의적(liberal), 자유론적(libertarian)인 것으로 분류했다.

〈표 4-5-2〉 Mulcahy의 문화정책 비교모형

	국가의 직접적 역할	국가의 간접적 역할
공공문화적 경향 강함	프랑스 국가주의 행정 재정지원 헤게모니적 문화정책	캐나다 조합주의 행정 교부금 지원 자주적 문화정책
공공문화적 경향 약함	노르웨이 지방분권적 행정 사회보장적 권리 재분배적 문화정책	미국 다원주의적 행정 조세지출지원 시장지향적 문화정책

홍기원(2006: 30-37)은 문화정책 유형화의 준거로서 '문화에 대한 사회적 인식', '문화정책에 있어서 권력집중도', '시장지향성의 정도'를 제시하였다. 이에 따르면 프랑스는 문화부문에 대한 사회적 인식은 강하며, 권력집중도는 정부-비정부 차원 및 중앙-지방 차원에서 중앙집중적이며, 시장지향성은 약한 것으로 분류되었다.

국가별 문화정책(행정) 유형화 연구에서 프랑스는 국가주도적이며, 공공문화적 경향이 강한 문화행정 체계를 갖추고 있는 것으로 분석되고 있다. 프랑스는 전통적으로 다음과 같은 문화정책 및 문화행정의 특성을 지닌다.

(2) 문화의 공적 서비스 모델

'문화'라는 용어는 일상생활에서 가장 빈번하게 사용되는 단어임에도 불구하고, 이를 정의함에 있어서 다양한 견해가 존재한다.[4] 문화에 대한 정의가 어떠하든 간에, 프랑스에서는 문화정책의 필요성에 대한 국가적 합의가 존재한다. 즉 프랑스에서는 국가가 문화정책의 필요성을 일찍이 간파하고 적극적으로 문화사업에 관여해왔다. 16세기 왕실의 예술가에 대한 후견에서 오늘날의 문화통신부에 이르기까지 지식과 예술의 진흥과 조직화, 문화예술교육 등의 분야에서 국가는 중심적 위치를 차지하고 있다(송도영, 이호영, 조헌영, 2003: 241). 따라서 프랑스에서 문화정책은 사회정책, 교육정책, 국방정책, 경제정책 등과 마찬가지로 국가가 반드시 수행해야 할 주요한 정책의 하나이다. 문화정책의 중요성은 문화예술에 대한 국민들의 애착과도 밀접하게 관련되어 있는데, 프랑스에서 문화는 국민의 자존심과 직결되기 때문에 '문화'적인 면은 모든 것에 우선한다는 '문화적 예외'[5] 원칙이 매우

4) 이대희(2001: 8)는 문화의 개념을 "정의하기 쉽지 않은 상황에서 광범위하게 표현할 수밖에 없다"고 지적하였다. 즉, 문화란 "축적된 인간의 가치, 신념, 행동양식을 포함한 사회의 총체적인 생활 자체로서 인간에 관한 모든 것"으로 넓게 정의할 수도 있고, "문화적인 유산, 인쇄물 및 문예, 음악, 공연예술, 조형예술, 영화, 사진, 방송, 체육 및 오락, 국제문화교류 등"으로 좁게 정의할 수도 있다.

5) 문화적 예외는 영미 중심의 세계화에 대한 반기로서 국가의 문화적 가치를 유지하기 위한 것으로 인식되었다. 프랑스 정부는 이를 국가의 주권을 수호하고 문화의 세계화에 대한 일부 부작용을 막는 프랑스식 방법으로 삼았었다. 프랑스의 이러한 입장은 국제적 포럼에서나 EU 차원에서 수차례 표명되었으며, 이를 제도적으로 반영한 것이 바로 문화정책이다.

중요하다. 그 결과 문화정책의 필요성에 대한 국민들과 국가의 합의가 도출되는 것이다. 프랑스가 문화를 국가의 공적 서비스 차원에서 다루고 있는 점은, 문화를 사적 영역으로 취급하는 영 · 미권의 문화개념과 대조를 이룬다(Cumming & Katz, 1987). 프랑스에서 문화예술분야에 대한 국가의 개입은 정책적인 차원이며, 창작적인 부분에서는 그 어느 나라보다 창작의 자유를 인정하고 있다.

(3) 중앙집권적 문화정책

프랑스는 전통적으로 중앙집권적인 국가로서 문화분야에서도 국가의 역할이 절대적이다. 구체제(Ancien Régime) 절대왕정의 국왕들은 대부분 문화예술의 옹호자였고, 이들의 지원을 받으면서 문화예술이 발전할 수 있었다. 예를 들어 루이 13세는 아카데미 프랑세즈(Académie Française)라는 문화예술의 수호기관을 설립하였고, 루이 14세는 오늘날 문화부장관에 해당하는 건축, 예술 및 수공예 총감독관(Surintendant des Batiment, Arts et Manufactures) 직책을 만들어 콜베르(Colbert)[6]를 임명하였다. 그는 문화정책을 국가가 주도하는 시스템으로 확립했으며, 이러한 기조가 현대 프랑스 문화정책의 근간을 이루게 된다. 이러한 중앙집권적 추세는 1789년 프랑스 혁명 이후에도 변화되지 않고, 구체제하에서 만들어진 기구와 제도를 보완, 발전시키는 방향으로 지속성을 가지며, 두 차례의 세계대전을 겪으면서도 문화정책의 국가주의적 전통은 더욱 강화되었다. 제2차 세계대전 이후에도 프랑스 정부의 문화예술에 대한 개입은 더욱 확대되었다. 그리고 1959년에는 세계 최초로 중앙정부 조직에 문화부를 창설하고, 앙드레 말로가 초대 문화부장관으로 임명되어 제5공화국 문화정책의 기반을 마련하였다. 문화부의 창설을 통해 프랑스는 예술정책과 공동체의 문화보급 및 향유와 관련된 정책 수립과 집행을 목적으로 문화유산에 대한 국민의 의식을 확산시키고, 문화유산을 풍부하게 하는 예술적, 정신적 작품의 창작을 장려하고자 하였다. 1959년 이래 프랑스 중앙정부 구성을 보면 지속적으로 문화정책을 책임지는 중앙부처가 존재해 왔는데, 이는

6) 콜베르(1619~1683)는 프랑스의 정치가로서, 루이 14세 통치하에 재정총감으로서 중상주의정책을 추진하여 프랑스의 국부를 증대시키는 데 기여하였다.

후원자 겸 통제자로서의 중앙권력이 문화국가로서의 프랑스의 배후에 있었다는 것을 의미한다(Fumaroli, 1991).

프랑스는 왕정과 공화정의 대립, 좌파와 우파 정권의 대립, 중앙집권제와 지방분권화 등 급격한 정치적 변화 속에서도 지속적으로 문화예술 분야에 대한 국가의 지원이 이루어지고 있다. 즉, 만약 국가가 예술을 지원하는 정책을 포기한다면 이는 국가의 정체성을 포기하는 것과 같다는 인식하에 문화예술에 대한 국가와 지자체의 후원이 지속되고 있다. 또한 국가는 문화예술이 단기적이고 유형적인 성과보다는 장기적이고 무형적인 성과를 유발하는 경향이 있음을 인식하고 문화투자에 대한 성급한 기대보다는 장기적으로 지역발전과 국가 이미지 제고에 도움이 된다는 관점에서 문화 분야에 대한 아낌없는 투자를 하고 있다(주덕, 2005: 52-53).

Ⅲ. 교육 · 문화정책의 결정체계

1 교육정책의 결정체계

1) 중앙정부의 교육행정

프랑스의 교육행정제도는 일반행정 제도와 마찬가지로 중앙집권적 성격을 강하게 지니고 있었으나, 1982년 사회당 정부의 분권화 정책으로 인하여 교육에 관한 분권화가 시행되었다. 그러나 분권화 정책 실시 이전부터 프랑스의 교육은 일반행정으로부터 분리되어 교육전문가들에 의해 자주적으로 운영되어 왔다. 따라서 프랑스의 교육행정제도는 중앙집권화되어 있음에도 불구하고, 실제 운영면에서는 지방교육자치의 핵심 원리인 일반행정으로부터의 분리 · 독립과 교육의 자주성과 전문성을 보장받으며 실시되어 왔다. 교육부의 장관은 국가적 교육목표의 설정과

계획을 집행하며, 교육예산의 집행을 관장한다. 교육재정의 지출은 재무부의 통제를 받으며, 국가보조금의 지출도 재무부에서 맡고 있다. 또한 교육부 장관은 장학관과 교사들이 작성한 각급학교의 교육과정과 교수계획 결정의 최종 책임자가 된다. 프랑스 중앙교육행정의 특징은 장학실과 다수의 심의 · 자문기구를 설치하고 있는 점이다.

〈그림 4-5-1〉 교육부 조직도

2) 지방정부의 교육행정

(1) 교육감

프랑스는 일반지방행정단위와 지방교육행정단위가 다르게 되어 있다. 일반교육행정조직과는 별도로 지방단위의 교육행정조직은 교육부 장관의 전반적인 통제 아래 전국을 27개 교육구(academies) 단위로 나누어 실시해 오고 있다. 교육구의 최고 책임자인 교육감(recteur)은 관내 초 · 중등 및 고등교육을 모두 관할한다. 교육감은 각료회의를 거쳐 대통령이 임명하며 임기는 3년이다. 교육감은 대부분의 경우 대학교수 중에서 임명하는데 박사학위 소지자이어야 한다. 교육감은 관할 지역내 초 · 중등 및 대학 등의 모든 교육을 관장하는 교육부의 일선 국가교육행정기관이다. 즉, 교육부에 지역의 사정을 대변하며(하의상달) 동시에 교육부의 정책을 집행하는 역할을 담당한다. 교육감은 관내 도(Departement)마다 임명된 교육장(Directeur du Service Departemental d'education)을 통해 초등교육을 담당하게 한다. 교육구의 교육감은 국가박사학위를 소지한 교수 중에서 대통령이 임명하는데 임기는 3년이다. 교육감은 교육구 내 초 · 중등학교에 대한 지원, 교원의 배치

〈그림 4-5-2〉 프랑스 지역교육청 조직

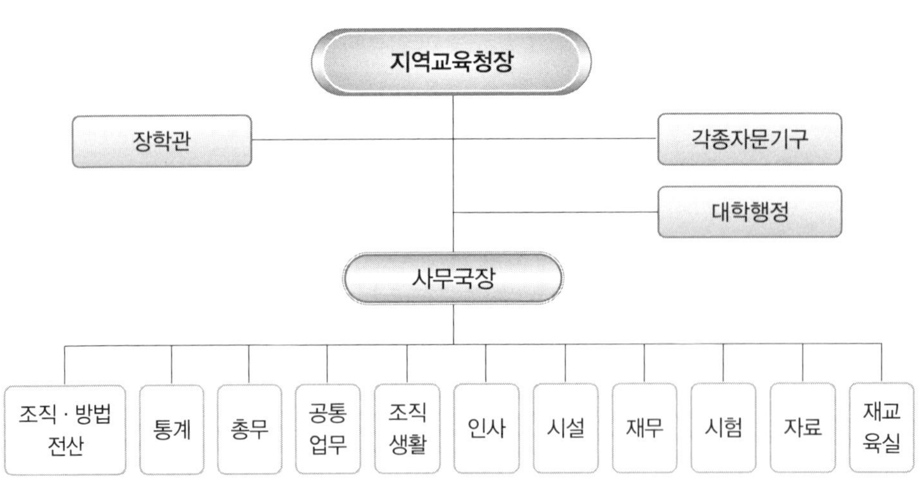

등 인사관리, 장학금 수여계획의 승인, 사립학교에 지원되는 정부보조금의 용도 감독 등의 직무를 수행한다. 분권화 정책의 실시 이후로 교육행정분야에 있어서 교육감의 권한은 확대되고 있는 추세이다. 지역교육청 조직은 〈그림 4-5-2〉에서와 같다.

교육감의 광범위한 업무를 직접적으로 보좌하는 중추적 기구로서 각 도(Département)의 장학관(Inspecteur d'academie)이 있다. 도는 교육구의 하위 지방교육행정 단위이다. 도의 장학관은 박사, 교수 또는 도 장학사 출신자 중에서 교육부 장관의 제청으로 대통령이 임명한다. 도 장학청의 관할 업무는 도내 대학을 제외한 모든 교육기관으로서 도내 교육기관의 행정적 측면과 교육적 측면을 감독하여 국가에서 추진하는 교육 목표를 원활하게 달성하도록 한다. 즉, 도 장학청은 지역내 교육행정의 실질적인 책임을 맡고 있어 예산의 편성, 교원의 임명 · 승진 · 전근 등에 관한 권한, 공사립중등교육기관의 운영감독, 교육과정과 교수법 지도, 사범학교 운영, 사립학교의 설립인가 등에 관한 업무를 장악하고 있다. 그러나 교육감의 권한이 강력하기 때문에 도 장학청은 이의 단순한 집행에 그치는 보조적 역할을 한다. 기초자치단체인 꼬뮌의 경우에도 유치원과 초등학교 교육활동이 초등교육장학관들에 의해서 수행된다.

(2) 교육위원회

통상적으로 교육위원회가 의결권을 가지느냐 아니면 심의권만을 가지느냐에 따라 교육위원회의 위상이 달라진다. 또 의결권을 부여한다면 그 범위를 어떻게 정의할 것인가도 문제가 된다. 교육위원회가 의결권을 가지고 있으나 이 의결권이 예산확보와 연결되지 않는다면 효력을 발휘하지 못할 수도 있다. 프랑스의 경우에는 교육위원회(광역 및 기초)가 의결권을 가지지 않는 의견수렴기관이다. 이는 지방교육행정기관이 교육부에 의해 배정되는 예산으로 운영되고 자체적으로 예산을 확보하는 기관이 아니기 때문이다. 교육부의 예산은 국회와 정부예산 담당부서에 의해 최종적으로 결정되며, 그에 대한 배분권은 교육부장관이 가진다. 반면에 지방의회는 자치단체의 권한에 속하는 교육문제에 대한 의결권을 가진다. 자치단체가 자체로 예산을 확보 및 배분하는 기능을 가지고 있기 때문이다. 교육위원회가 비록 의결권을 가지지 않는다고 하더라도 위원회의 의견수렴기능은 실질적으로 강력한 편이다. 이것은 위원회의 구성과 운영의 성실성에 기인하는 것으로 보인다. 교육위원회의 위원은 항상 동수의 교육수요자 집단, 노동조합, 산업체의 고용자 조합 등 세 그룹으로 구성되며 각 분야를 대표하는 사람들로 구성된다. 노동조합대표, 고용자대표 등이 포함되는 것은 학교교육을 산업현장에 보다 밀접하게 연결시키려는 의도를 보여준다.

지방교육행정조직에는 심의자문위원회가 설치되어 있다. 교육구에는 교육구 위원회(Conseil academique)가 설치되어 있는데, 교육감을 의장으로 하여 장학관, 교사, 지방의원, 그리고 대학의 대표 등으로 이루어진다. 여기서 지방의원이 포함되는 이유는 지방의회의 권한이 강화되면서 각 지방자치단체가 교육재원(특히 투자부문)을 부담하기 때문이다. 지역 교육위원회의 주요 권한은 지역 내 교육행정적인 측면과 인사, 그리고 장관이 요청하는 각종 사안에 대하여 의견을 제시한다. 또한 교육공무원에 관한 행정심판의 1심을 담당하며 교원들의 부정행위에 대하여 인사조치할 수 있다. 도에는 도 초등교육위원회(Conseil departemental de l'enseignement du premier degre)가 설치되어 있다. 초등교육위원회는 도지사를 의장으로, 도 장학관을 부의장으로 하여 초등교사, 사범학교장, 교육부 장관이 임명한 초등교육장학관, 사립학교 대표 등으로 구성된다. 이들은 학교설립 및 인가, 교사정원 등에 대한 권고와 학교보건 감독, 교사의 재교육 등을 다루며, 교육과정이나 교수법 등에 대해서는 관여하지 않는다.

(3) 지방교육행정의 이원화

프랑스 교육자치제의 특징은 교육행정이 이원화되어 있다는 점이다. 교과분야와 시설분야를 나누어 총괄적 감독은 교육부 장관의 책임 아래 집행되고 있으나 교육내용과 방법, 교원에 관한 사항은 교육행정체계를 통하여 독자적으로 수행되도록 하고 있고, 교육시설에 관한 사항은 일방행정체계를 통하여 지원하도록 하고 있다. 즉, 전문적인 교육의 시책은 교육부 장관으로부터 교육감, 도 장학관, 초등교육장학관을 거쳐 지방으로 확산되고, 교육시설과 교구 등의 지원사항은 일반행정체계를 거쳐 수행되도록 하고 있다. 그러므로 각급 지방자치단체는 초등, 중등학교 시설과 유지관리에 책임을 갖고 있다. 즉, 기초자치단체인 꼬뮌은 유치원과 초등학교를, 중간자치단체인 데팍트멍은 중등학교와 사범학교를 의무적으로 설치하도록 되어 있고, 비품이나 교구 등의 조건을 정비 관리하기 위해 지방자치단체의 자체 예산과 함께 국고보조금을 받는다.

2 문화정책의 결정체계

1) 문화행정 중앙조직: 문화통신부

지방자치제의 실시에도 불구하고 프랑스에서는 국가가 문화예술분야에서 전통적으로 결정적인 역할을 수행하면서 문화정책의 밑그림을 그리고 있다. 프랑스는 중앙집권적인 문화행정 체계를 갖추고 있는데, 현재 문화행정을 담당하는 주무부처는 문화통신부이다. 문화통신부가 관장하고 있는 핵심 분야는 문화산업, 문화미디어, 그리고 문화예술 분야이다. 여기서는 문화산업, 문화미디어, 문화예술 분야에 대한 프랑스 정책 및 행정의 주요 특징을 살펴본다.

(1) 주요 분야[7)]

① 문화산업 분야 문화산업 분야에 대한 프랑스의 정책 및 행정은 전통적으로 국가주도 및 지원 모델을 취하여 왔다. 예를 들면 영상산업 분야의 발전을 위해 프랑스 정부 주도하의 다양한 지원책을 마련하고 있다. 즉, 제작 · 배급 · 상영에 대한 정부의 직접적인 지원, 영화산업에 대한 TV 방송국의 지원의 의무, 영화수출촉진조합을 통한 지원, 조세지원 등을 통해 영상산업을 발전시키고 있다. 또한 방송행정도 미디어의 상업성을 부각시켜 방송용 소프트웨어 즉 컨텐츠 산업을 장려하

7) 주동범, 2003: 255-270 요약정리.

고 있다. 전향적인 국가지원 모델이던 프랑스 문화산업 행정은 점차 경제적 원리의 적극적 도입으로 말미암아 변모하고 있다. 즉 문화의 경제화를 꾀하고 있다. 그 변모를 다음과 같이 크게 3가지로 볼 수 있다.

- 프랑스 문화산업의 육성 및 보호: 영화 및 문화산업 재정지원 기구와 문화산업 지원기금이 창설 및 IT기술 육성을 위한 다양한 대책 마련
- 공공지출과의 균형 및 민간 자본 확충: 기업이나 개인의 기부금에 대해 법적 혜택이나 세금우대 등을 통해 문화활동을 후원하는 '메세나' 육성
- 민간 기업의 경영방식을 문화관련 기관에 적용: 문화관련 기관들의 현대적 경영 합리화

프랑스의 문화산업 정책에 대한 포괄적인 방향 및 그 특징을 모형화하면 다음 〈그림 4-5-3〉와 같다.

② **문화미디어 분야** 프랑스의 경우 1980년 이전까지는 문화유산, 예술창작진흥 및 지역확산에 초점을 두었으나, 이후 일상생활 속의 문화적 표현과 방송광고산업과 같은 문화미디어산업 및 문화정체성 확립 등의 영역으로 확대되었다. 또한 프랑스는 다른 국가들과는 달리 1990년대 초 방송과 통신의 통합된 규제기구를 분리하였으며, 국제화 경향 속에서 자국의 문화를 보호하려는 의도를 명백하게 표명하고 있다. 미디어부문 중에서 방송의 경우 공영방송 중심 체제로서 정책과 규제를 명백히 분리하여 규제의 성문화된 원칙을 결정하는 정책활동은 정부부처가 그리고 그러한 규제적 법적 근거를 바탕으로 방송영상 현실에 대한 질서정책은 규제기구에서 담당하고 있다. 즉 문화통신부에서는 대외적 차원에서 영상산업정책과 국가홍보정책 수립을 담당하고 있으며, 시청각커뮤니케이션위원회(CSA)에서는 면허행정, 소유집중규제, 방송사에 대한 감독 등의 업무를 수행하고 있다. 미디어발전지도기구(DDA)는 직제상으로는 총리직속 기구이지만 실질적으로는 문화부 장관의 지시에 따라 미디어 정책을 입안한다. 통신의 경우에는 재정경제산업부에서 통신분야의 기본적인 정책 수립 및 법 제 · 개정을 담당하고 인허가를 포함한 정책

〈그림 4-5-3〉 프랑스 문화산업 정책의 개념

"문화적 예외" 기반으로 한 문화 산업 보호 정책

- 자국 산업 지원 및 육성 정책
- 자국 산업 보호를 위한 다양한 투자 제한 및 쿼터 정책

GATT협정에서 '문화적 예외' 인정

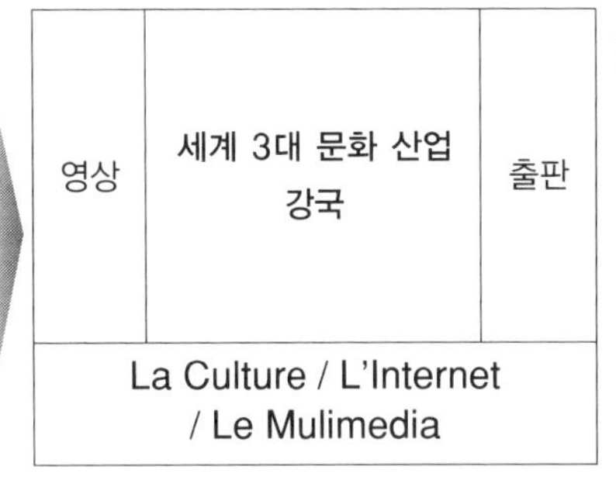

L'intrnet culturel

인터넷과 멀티미디어 중심으로 한 다양한 교육 프로그램과 산업 육성을 위한 정책을 추진 중임

eEurope 2002

유럽 문화의 전통과 다양성을 보호하기 위한 여러 정책을 추진 중임

WTO협상

'문화적 예외'를 고려한 문화산업보호정책의 정당함을 계속 주장하고 있으나 각국의 이해관계가 달라 어려움이 많음

보호의 문제점 노출

프랑스 최대 영화사인' 카닐플뤼스'의 연속된 적자누적 등 문화산업의 경쟁력이 약화되고 있음

내용 시행 및 규제는 통신규제위원회에서 담당하고 있다.

프랑스 미디어산업의 특성을 보면 첫째, 방송광고산업과 같은 미디어 산업이 영화산업과 밀접한 관계를 가지고 있다. 미디어산업, 특히 방송사업자에게 영화산업에 투자하게 요구하는 것은 매우 프랑스다운 사고방식으로 모든 경제분야에 적용되는 공정경쟁원칙을 영상분야에 적용한 결과이지만, 이것은 다른 국가에서 찾아보기 힘든 제도이고 텔레비전산업 측의 영상산업지원기금 참여율을 볼 때 텔레비전산업이 현재 프랑스의 영상산업진흥정책을 견인해야 한다는 것이다. 둘째, 모든 방송영상산업 지원창구의 일원화가 이루어지고 있다. 즉 지원제도의 내용은 복잡하지만 일단 국립영화센터(CNC)에 접속하면 방송영상분야 제작자, 연출자, 시나리오 작가에게 제공되는 모든 지원제도에 대한 정보를 얻을 수 있다.

프랑스는 미디어, 특히 방송의 문화적 · 사회적 기능을 중시하여 공영방송 체제

를 유지하고 있다. 이런 맥락에서 방송정책을 문화정책의 일환으로 수행하고 있으며, 방송정책의 입안, 법 제 · 개정 등을 산업관련부처가 아닌 문화 · 예술 담당 부처에서 주관하고 있다. 또한 방송을 문화정체성 확보의 핵심 분야로 간주하고 방송산업이 여타 문화산업 발전의 기반이 되도록 육성하고 있다. 이를 위해 방송사업자 매출의 15%를 영화 등 영상물 제작에 투자하도록 의무화하고 있다.

③ **문화예술 분야** 문화예술 분야에 대한 프랑스의 정책 및 행정은 전통적으로 국가의 주도로 이루어지는 중앙 집행적인 성격을 띠고 있었다. 그러나 이러한 행정시스템은 1982-1983년에 지방분권화를 위한 개혁이 단행된 이후 지방자치제의 성격으로 변모하고 있다. 즉 문화예술 분야는 점차 국가의 통제에서 벗어나 독립적인 모습을 띠고 있다. 공공 문화행정의 단계적 협력 원칙을 토대로 다양한 수준의 지방정부들은 행정을 위한 재원을 공동 부담하기 위해 노력하고 있다.

이처럼 문화통신부의 문화예술 분야에 대한 행정은 문화관련 업무를 담당하는 각 지역기구들에 의해 운영되고 있으며 이들은 지방자치제와 더불어 보다 협의적이고 신뢰로운 관계를 만들어 내고 있다.

(2) 행정조직

문화정책을 위해 무엇을 해야 할 것인가에 대한 논의에 따라 문화통신부는 1959년 문화부(Ministère des affaires culturelles)로 출발하여 1997년 이후 문화통신부(Ministère de la culture et de la communication)로 그 영역이 확대되었다. 이후 문화통신부 조직의 변화를 살펴보면 기본적으로 그 업무의 범위가 확대되고 있다. 특히, 지방자치제의 실시에도 불구하고 프랑스의 문화정책은 기본적으로 문화통신부가 중심이 되어 중앙정부 및 지방정부가 네트워크를 구축하고 있다(Saez, 2005).

① **조직** 프랑스의 문화통신부는 2005년 현재 1개의 사무총국(secrétariat général), 7개의 소속국(direction), 3개의 특별국(délégation)[8]이 있다. 소속국으로

8) 프랑스의 정부조직 관련 부서들은 매우 다양하고 복잡하여 이들간의 실제적인 위상이 분명치 않은 경우도 많다. 따라서 장관은 이러한 다양성을 활용하여 융통성 있는 조직개편을 할 수 있다(임도빈, 2002:

〈그림 4-5-4〉 프랑스 문화통신부 조직도

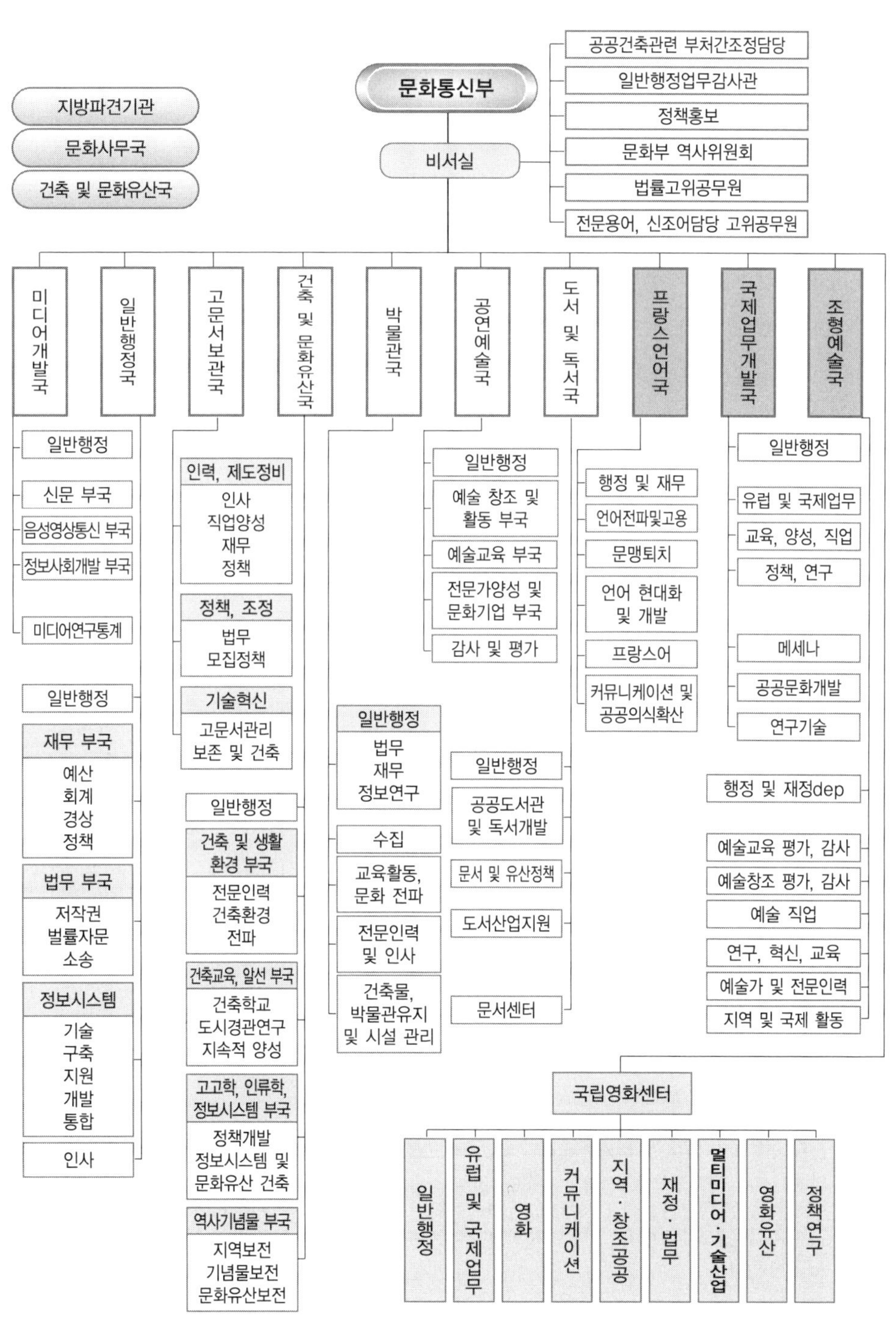

는 미디어개발국, 일반행정국, 기록보관국, 박물관국, 음악 · 무용 · 연극 · 공연예술국, 건축및문화유산국, 도서및독서국이 있으며, 특별국으로는 프랑스언어국, 국제업무 · 개발국, 조형예술추진국이 있다. 그 외에도 문화통신부는 지방파견기관, 특수영조물법인 등의 다양한 조직들을 포함한다. 지방파견사무소(services déconcentrés)로는 레지옹의 레지옹 문화사무국(DRAC)이 데팍트멍의 건축 및 문화유산국(SDAP) 등이 있다. 국가소속 공공기관(établissements publics d'Etat par spécialité)[9]으로는 각종 박물관, 극장, 예술 관련 학교, 관련 센터, 도서관이 있다. 국가의 과학적, 기술적, 교육적 통제를 받는 지자체 소속 기관(organes ou services relevant des collectivités territoriales et placés sous contr?le scientifique, technique ou pédagogique)으로는 각 지자체 기록보관소, 지방 박물관, 지방 예술 관련 학교, 지방 도서관이 있다.

② **인력 및 예산** 문화통신부 소속 인력은 정규직과 비정규직을 합쳐서 14,000명 수준을 꾸준히 유지하고 있다. 다만 2001년부터의 추세를 보면 미미하나마 인원이 감소하는 경향이 나타나고 있다. 이는 2003년 이후 문화통신부 소속 인력이 박물관 등의 공공기관(Etablissement public)으로 이관되는 과정에서 나타나는 추세이므로(Cardona & Lacroix, 2007: 205) 문화통신부 인원의 실질적인 감축을 의미하지는 않는다. 즉, 〈표 4-5-3〉에서 나타나듯이 문화통신부 소속 인원의 감소 추세와는 달리, 공공기관 소속 인원은 매년 증가하고 있다. 그리고 문화통신부의 예산 역시 점진적으로 증가하는 추세이다. 이는 문화통신부 소속 업무가 증가하는 것과 밀접한 관련이 있다. 아래 〈그림 4-5-5〉에서 문화통신부의 2005년 예산을 살펴보면 경상비와 인건비가 59%를 차지하고 있으며, 공공기관에 대한 이전 지출의 비율도 34%를 차지하고 있다.

---

146). 특별국(Délégation)은 특별임무 수행기구(administration de mission)의 하나로 행정에 적용되는 법적 엄격성과 예산상의 한계를 벗어나 공공서비스의 임무를 완수하기 위해서 적절하게 활용되는 기구의 하나이다. 문화통신부에서 3개의 특별국(délégation)은 일반국(direction)과 동일한 위상을 지닌다.

9) 영조물법인인 공공기관(Etablissement public)에는 '행정적 성격의 공공기관(Etablissements publics administratifs)' 과 '산업적 · 상업적 성격의 공공기관(Etablissement public industriels et commerciaux)' 이 있다.

〈표 4-5-3〉 문화통신부 인원 및 예산

(단위: *명, ** 백만 유로)

년도	2001	2002	2003	2004	2005	2006
문화통신부 소속 인원*	14,968	15,314	14,010	14,819	13,613	13,966
공공법인 소속 인원	8,398	10,057	11,494	11,742	12,044	15,845
예산**	2,549	2,610	2,497	2,639	2,805	2,947

출처: Cardona & Lacroix, 2007.

〈그림 4-5-5〉 2005년 문화통신부 예산배분

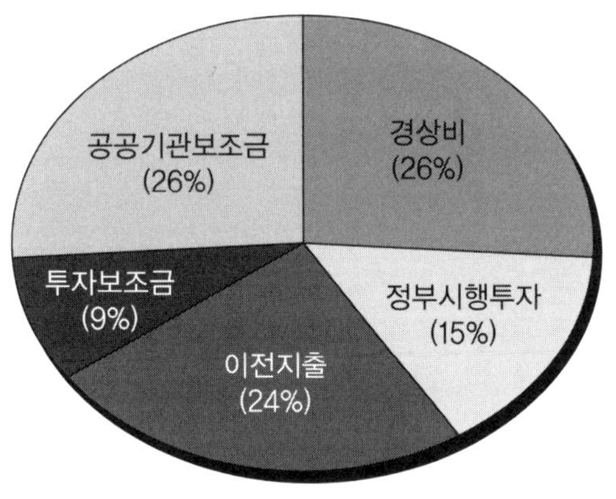

출처: Ministère de la culture et de la communication, 2006.

2) 문화행정 지방조직

프랑스 대혁명 이후 중앙정부는 지역문화의 특수성에 대해 부정적인 인식을 갖게 되어 지역주의와 분권화는 반혁명적으로 간주되는 경향이 있었다. 그래서 국가통합을 위한 거의 모든 정책을 국가가 통제하고 조정하는 형식을 취하였다. 이러한 중앙집권적 경향은 1982년에 사회당 정부가 집권하면서 실시한 지방분권화 정책으로 인해 약화되고 있다.[10] 지자체의 문화 관련 인원은 〈표 4-5-4〉와 같이 점차 증가하는 추세를 보이고 있다. 2004년의 경우 이들 중 정규직의 비율은 63.3%이며, 총 인원 71,616명 중 레지옹과 데팍트멍 소속 인원은 5,635명, 꼬뮌과 산업적 · 상업적 성격의 공공기관(EPCI) 소속 인원은 65,146, 기타 인원이 835명이다.

〈표 4-5-4〉 지자체 문화 관련 인원

년 도	1999	2000	2001	2002	2003	2004
인 원	58,700	61,426	63,133	65,381	68,703	71,616

출처: Cardona & Lacroix, 2007.

2002년 꼬뮌의 문화 관련 총 예산은 41억 유로이며, 평균적으로 꼬뮌 예산의 9%를 차지하고 있다. 데팍트멍과 레지옹의 문화 관련 예산은 각각 11억 3천 7백 유로, 3억5천9백 유로이며, 비율은 각각 2.8%, 2.4%를 차지한다. 2002년도 문화통신부의 예산이 26억 천만임을 감안하면, 지자체의 문화 관련 예산은 지방자치제 실시 이후에 중앙정부 예산의 2배 이상을 차지하고 있음을 알 수 있다. 특히 1996

〈표 4-5-5〉 자자체별 문화 예산

(단위: * 백만 유로)

지자체 수준	꼬뮌**	데팍트멍	레지옹
예산*	4,100	1,137	359
예산의 비율	9.1%	2.8%	2.4%

** 꼬뮌은 인구 만명 이상의 꼬뮌만 해당
출처: Ministère de la culture et de la communication, 2006a.

10) 프랑스의 지방분권정책은 1982년 3월 2일자 '코뮌, 데팍트멍, 레지옹의 자유와 권리에 관한 법'과 1983년 1월 7일자 '코뮌, 데팍트멍, 레지옹 그리고 국가 간의 기능배분에 관한 법'에 의해 실현되었다. 프랑스는 지방자치제는 기본적으로 광역자치단체인 레지옹(Région), 중간자치단체인 데팍트멍(Département), 기초자치단체인 코뮌(Commune)의 3층 구조를 지닌다.

년부터 2002년까지 꼬뮌의 문화예산은 14% 이상 증가하였는데, 이는 매년 평균 2.2% 이상의 증가를 의미한다. 이는 지자체 중에서 꼬뮌이 문화 정책에 있어 중심적인 역할을 하고 있음을 보여주는 것이다(Ministère de la culture et de la communication, 2006a: 7).

프랑스의 문화분권 체제를 이해하기 위해서는 먼저 지방자치법에서 규정하고 있는 지자체간 사무배분과 문화 관련 정책을 살펴볼 필요가 있는데, 지방자치법은 문화분야에 관한 중앙정부와 지자체간 권한배분에 관해서는 명확한 규정을 제시하고 있지 않다.

(1) 레지옹

레지옹(Région)은 1982년 지방분권화 개혁에 의해 광역자치단체로서의 법적 지위를 획득한다. 레지옹은 데팍트멍이나 코뮌에 비해 자치단체로서의 지위를 늦게 인정받았지만, 점차 그 영향력이 확대되고 있다. 지방자치법에서 규정하고 있는 레지옹의 문화부문 권한은 지역 박물관의 조성과 재정지원, 고문서 보전 사무이다. 일반적으로 레지옹은 지역의 언어와 문화를 보존하고 활용 및 홍보하는 역할을 수행한다. 또한 레지옹은 프랑스 문화의 다양성을 보여주고, 정체성을 확립하는데 많은 노력을 기울이고 있다. 특히 레지옹에는 국가 파견기관인 레지옹 문화사무국(DRAC)이 있어 지역문화계획의 전반과 문화예술교육, 문화행정을 포함한 전 분야에 대한 지역 행정을 지원받고 있다. 그 외에도 레지옹은 국가와 파트너십 관계를 형성하여 현대미술(FRAC)과 지역박물관 소장품 확대(FRAM)를 위한 기금을 조성하고 있다.

(2) 데팍트멍

지방자치법에서 규정하고 있는 데팍트멍의 문화부문 권한은 지역 도서관과 박물관의 조성 및 재정 지원, 고문서 보전과 관리, 고문서관리국에 대한 재정지원 사무이다. 그리고 데팍트멍은 예술활동을 조직 · 개최하며, 문화유산 보존 정책을 수립하고, 농촌지역의 문화활동을 장려하는 역할을 담당하고 있다. 문화통신부 파견

기관으로서 도와 연계된 레파르트망 건축및문화유산국(SDAP)은 건축물과 문화유산을 담당하는 기관으로서 문화재와 문화구역의 보전 및 보호업무를 수행하고 있다. 또한 문화통신부는 2001년부터 데팍트멍 의회 및 레지옹 의회와 문화분권협약을 체결하여 예술교육 및 유적관리에 관한 사항들을 3년간 계약의 형태로 위임하고 있다.

(3) 꼬뮌

꼬뮌은 문화정책 분야에 있어 매우 적극적인 역할을 수행하고 있다. 꼬뮌의회는 지역의 대부분 문화시설들을 관리하고, 문화통신부와 협력하여 지역축제 등의 문화이벤트를 조직한다. 지방자치법에서 규정하고 있는 꼬뮌의 문화부문 권한은 기초자치단체의 도서관 및 도서관 조성과 재정지원, 고문서 보전과 관리 사무이다. 꼬뮌은 또한 지역의 경제적, 사회적, 문화적 발전에 관한 전망을 담은 지역개발계획을 수립할 수 있다. 또한 기초자치단체인 꼬뮌은 공공 건축시 투자액의 1%를 문화 부문에 지출하도록 규정하고 있다. 다만 개별 꼬뮌들의 크기나 현황이 워낙 다양하므로, 각각의 상황에 맞추어 다양한 형태로 문화정책을 펼쳐 나가고 있다. 1983년 1월 7일자 지방분권화법은 보호구역[11] 중 ZPPAUP의 절차를 규정하였고, 특히 지역 내 문화유산의 보호 및 관리에 있어 꼬뮌이 적극적인 역할을 하도록 규정하고 있다.

11) 보호구역은 유적지, 역사적 기념물 구역, 보존구역, 건축 · 도시 · 경관 문화유산 보호구역(zones de protection du patrimoine architectural, urbain et paysager: ZPPAUP)으로 구분된다.

Ⅳ. 교육 · 문화정책의 주요 이슈

1 교육정책의 주요이슈

1) 2004년 텔로 보고서: 교육의 내실화 및 미래 경쟁력 강화

프랑스 정부는 유럽연합시대를 맞아 국가교육의 미래를 유럽 차원에서 제고하고 미래 사회 · 경제적 요구에 부응하여 지식기반사회의 기저를 형성하고, 평생교육을 증진시키는 방안을 모색해야 하는 시대적 요구에 직면하였다. 따라서 정부는 2003년 9월 15일부터 1년에 걸쳐 학교의 미래에 대한 전국적 토론을 주도하여 국민들의 여론을 대대적으로 수렴하였다. 2004년 10월 발간된 '모든 학생들의 성공을 위하여'라는 텔로 보고서를 통해 정부는 국가교육의 미래 청사진을 국민과 함께 그리고자 하였다.

텔로 보고서는 미래의 프랑스 학교교육은 교육, 지식전수, 사회화, 전문화의 4대 목표를 추구해야 하며, 특히 의무교육은 모든 학생의 학업 성공을 위해 노력해야 한다는 점을 강조하였다. 실천목표로는 기본공통교육의 강화, 고교 계열별 교육의 특성화 및 차별화, 중학교 단계의 진로지도교육의 강화, 학생 · 사회계층간의 융합 도모, 학교교육활동의 자율성과 책무성 강화, 21세기 교사의 임무와 역할의 재정의, 학부모의 교육 참여 신장, 교육협력자들과의 적극적인 교육협력 방안 도모 등을 제시하였다. 텔로 보고서는 교육개혁의 성공을 위해서는 정부가 확고한 실천의지와 책무성을 가지고 지속적으로 일관성 있는 교육개혁을 추진하고 미래에 대한 청소년들의 신뢰와 학생과 교사간의 상호신뢰, 교사들의 교육부에 대한 신뢰와 학부모들의 학교에 대한 신뢰가 필요함을 강조하였다. 비록 텔로 보고서가 교원노조와 학생들의 반대로 즉각적으로 실현되지는 못했지만, 이를 토대로 프랑스 정부는 2005년 4월 23일자 교육법을 개정하고 국가 의무교육은 개인적, 사회적, 직업적 생활을 영위할 수 있는 기본지식을 습득케 하여 학생으로 하여금 계속하여 교육을 받을 수 있는 자질을 심어 주어야 하며, 국가 공교육은 공화국 가치관을 공유하게 하여야 할 의무를 진다고 규정하였다. 또한 이 교육법을 토대로 2006년 11월에는 21세기 의무교육 기본공통교육과정을 수립하였다. 국가교육과정에 '학업성취도 국제평가(PISA)'의 평가결과를 고려하고, 지식의 급격한 변화에 대처함과 동시에 유럽의회의 '평생교육을 위한 핵심능력'을 반영하고자 한 것이 주요 목적이었다(이부련, 2007: 19-22).

2) 교육제도 표준화

현재 프랑스에서는 학위 체제를 단순화, 표준화하는 개혁이 진행중이다. 이러한 개혁의 배경에는 학위 체제의 복잡함으로 인해 외국 대학, 특히 유럽 대학들간 이동이 어렵기 때문이다. 즉, 프랑스 고등교육기관의 학위가 다른 유럽 국가의 대학들과 쉽게 연계될 수 있도록 고등교육과정을 학사(Licence)-석사(Master)-박사(Doctorat)로 단순화하는 LMD 체제로 전환하고자 한다. 이는 기존의 복잡한 프랑스 학위제도를 국제적으로 일반화된 3단계의 학위체제로 간소화하며, 학위를 '유럽 표준화'하는 것이다. 유럽 각국의 학위체계가 나라마다 복잡하고 혼란스러워서 유럽 국가간 상호협력과 교류가 어려워 국제 경쟁력이 떨어지므로 유럽 각국의 학위 체계를 통일하여 유럽 어느 대학에서나 쉽게 연계되고 상호 호환될 수 있도록 통일된 학위 체제를 만들고, 학위의 질을 보장할 수 있도록 인증제를 갖추고자 한다. 이러한 '유럽 고등교육 공간구축' 정책은 크게 두 가지 목적을 갖는다. 첫째, 학생, 교수, 연구자들이 자유로이 오가며 학점을 상호 인정해주는 광대한 유럽 대륙 공간을 구축하고자 한다. 둘째, LMD 체제를 토대로 'ETCS(European Credit Transfer System)'라 불리는 유럽 고등교육기관간 학점교류 체계를 개발하며, 유럽간 학생 및 교수 이동을 지원하며, 전 생애 차원에서 다양한 수준의 직업교육을 필요로 하는 사람에게 제공하고자 한다. '유럽 고등교육 공간구축' 정책을 통해 유럽 중심의 막강한 학문 공동체를 구축하여 국제 경쟁력을 높이고자 한다. 이 제도는 2007년부터 프랑스의 모든 대학에서 실시되고 있으며, 이후에는 그랑제꼴에서도 적용될 예정이다.

3) 2007년의 대학교개혁법: 대학 자율성 및 경쟁력 강화

프랑스 대학개혁의 배경으로는 첫째, 실력있는 학생과 교수의 유치 필요성, 둘째, 대학생들의 학업실패율 증가, 셋째, 총장이 리더십을 발휘하기 어려운 대학 행정체계, 넷째, 세계 유수 대학들과의 경쟁 등이다. 따라서 2007년의 대학교개혁법에서는 대학의 행정체제를 개혁하였다. 총장 선출권을 3개 위원회에서 행정위원회로 단일화했으며, 정원도 60명에서 20-30명으로 감축하였다. 그 구성도 기존에는 대학의 내부인사(교수, 연구원, 직원, 학생)로만 채워졌으나 대학총장이 경제사회계의 외부 인사 및 졸업생 대표 7-8명을 행정위원회 위원으로 지명할 수 있는 권한을 가지게 되었다. 또한 행정위원회에 학과 신설권을 부여함으로써 대학 자체에서 변화하는 학문경향에 탄력적으로 대응할 수 있는 자율권을 부여하였다. 총장의 권한은 예전에는 단임이었으나 1회에 한해 재임이 가능하도록 했다. 대학은 자체 프로젝트를 발주할 수 있으며, 결과도 평가받도록 하였으며, 매년 행정위원회에 대학경영결과를 보고하도록 규정하였다. 새 법은 교수 또는 연구원의 채용기간을 현재의 약 18개월에서 3개월로 단축하도록 하였으며, 대학에 전체적인 예산결정권, 계약직 직원의 채용권, 수당 결정권 등을 부여하였다.

4) 사르코지 정부의 교육정책 기조: 학업성취도 및 자율성 제고

현재 프랑스에서 제기되는 주요 교육문제의 핵심은 학생들의 학력저하 문제이다. 사르코지 정부의 교육개혁은 기존의 학생의 개성 존중의 자유주의적 노선에서 학생들의 학업성취도 향상, 수월성 증대를 위한 노선으로 방향을 잡았다. 사르코지 대통령은 2007년 5월 취임한 직후 좌파의 대표적 지식인인 자크 아탈리에게 프랑스 개혁의 청사진을 제시할 것을 요청하였다. 프랑스 대통령 직속으로 2007년 8월 44명의 전문가들(기업 CEO, 경제학자, 노조관계자, 사회단체종사자, 학계 인사 등)로 출범한 '아탈리위원회'는 각종 규제 철폐, 시장경제 요소 도입 등 개혁안을 제안한 최종보고서를 2008년 1월 제출하였다. 보고서의 핵심은 세계는 매우 빠른 속도로 변화하고 성장하는 데 반해 프랑스는 상대적으로 쇠퇴하고 있음을 지적하면서 20여 년 동안 프랑스 내 개혁부재를 주원인으로 지적하고 있다.

이 보고서의 제1의 목표(Ambition 1)로 제시된 것이 바로 교육 분야이다. '미래 위기와 경제 지식에 대해 청소년들을 준비시키도록 한다'는 취지로, '창조적이고 자신감 있는 세대를 육성할 수 있는 교육'을 이상적인 교육으로 제안하고 있다. 아탈리보고서는 프랑스 교육의 문제점을 해결할 수 있는 방안으로 교육방식의 개선과 변화를 제안하고 있다. 학교의 자율성 확대와 학부모와 학생의 학교 선택권 강화, 학군제 폐지, 초등학교와 중등학교에서 학생들의 학업 성취 향상 등이 주된 방향이다. 보고서에서 제시된 교육개혁의 주요 목표는 다음과 같다.

- 학생들에게 사회에서 필요한 성공수단을 모두 부여하라.
- 초등학교와 중등학교를 모든 학생들의 (학업의)성공에 참여시켜라.
- 고등교육기관에 더 한층 투자를 확대하라.
- 대학의 자율성을 강화하라.
- 고등교육기관의 설립과 운영 허용에 관한 평가를 강화하라.
- 세계적 수준의 연구가 가능한 10대 거점 대학을 선정하라.
- 학문간 연구와 수월성에 입각하여 세계적 연구를 수행할 수 있는 10대 대학을 구별하여 선정하라.
- 고등교육기관을 세계를 대상으로 개방하라.
- 외국어(아랍 어, 스페인 어, 중국어, 특히 영어)로 수업을 진행시킬 수 있도록 교육과정 운영을 향상시켜라.
- 보다 경쟁력있는 연구소를 설립하라.

2 문화정책의 주요 이슈

1) 문화예술교육의 강화

사회당 집권기인 1981년부터 1995년까지 프랑스의 문화정책이 그 범위나 역할에 있어 한층 확대되고 고급문화에 머물던 문화의 개념이 일반화되었다면, 우파

집권기인 1995년 이후 현재까지 프랑스 문화정책의 기조는 이전과 비교해서 큰 변화를 나타내지는 않는다. 다만 우파 정권하의 문화정책의 가장 큰 변화라면 문화정책의 무게중심이 예술문화교육쪽으로 이동했다는 점이다. 우파정권하의 문화통신부는 앙드레 말로 이후 단절되었던 교육부와의 관계를 재개함으로써 문화정책에서 교육이 중요시될 수 있는 초석을 마련하고, 전체 국민을 대상으로 하는 광범위한 문화예술교육의 필요성을 강조하였다. 즉 예술 및 문화 교육의 필수적인 역할이 강조되면서, 우선적으로 학교에서의 예술교육이 문화정책에 포함되도록 하였다. 이를 위해서 2000년 문화통신부와 교육부는 '모든 사람을 위한 예술문화교육협약'을 체결하고, 국가와 지방정부의 지원을 받는 모든 기존의 문화예술기관의 교육서비스 제공을 의무화하였다. 이 협약에 따라 문화예술교육과 관련한 5개년 계획이 수립되었다. 2001년에는 그동안 음악학교에 맡겨왔던 음악교육을 모든 학교에서 실시하고, 예술교육의 장을 영상, 건축, 도시, 컴퓨터 음악, 컴퓨터 그래픽, 애니메이션 등으로 확대하였다(www.culture.fr/culture/historique).

현재 프랑스의 문화예술교육을 담당하는 최고 기관은 2005년에 개정된 법안에 따라 설립된 '문화예술교육최고위원회'이다. 이 위원회의 설립 목적은 "다음 세대를 이어갈 어린이와 청소년이 앞으로 일생 동안 문화예술을 생활 속에서 접할 수 있도록 체계적으로 문화예술교육을 실시하는 것이다. 이를 통해 어린 시절에 문화유산에 대한 이해와 모든 형태의 창조활동을 두루 접하게 함으로써 청소년들이 개인적으로는 보다 성숙한 시민으로 성장할 수 있는 기회를 접하게 되고 창조적인 예술가들을 직접 만나볼 수 있는 특권을 누릴 수 있게 될 것이다. 문화예술교육은 한 사회를 구성하는 문화적 토대 전체, 즉 예술, 언어, 문화 등에 걸쳐 골고루 실시된다. 문화예술교육 대상자는 누구나 희망 분야를 선택하고 결정할 수 있으며, 교육을 통해 시민정신을 함양하고 누구나 교육을 받을 수 있도록 균등한 기회를 보장한다."

2008년 4월에 최고위원회가 제시한 문화예술교육 관련 정책의 주요 개선방향은 다음과 같다. 첫째, 현재 문화통신부, 교육부, 지자체 등 각 행정부서에서 분산, 담당하고 있는 예술문화교육을 하나로 규정하고 특화한다. 둘째, 대학, 예술가 후원단체, 문화기관, 지자체간에 상호 유기적인 체계를 갖춘다. 셋째, '담장없는' 유럽예술대학을 창설하여 고등예술교육기관을 국제적인 네트워크로 상호 연결할 수 있게 한다. 넷째, 예술 및 문화교육 프로그램 관련 문제를 보다 잘 파악할 수 있도록 문화통신부, 교육부 차원에서 시청각 전문가들과 협력을 공식화한다.

2) 시장성의 강화

2000년대 이후 프랑스는 문화예술기관의 운영과 재정에 있어서 효율성을 높이기 위한 제도 개선을 시도하고 있다. 2003년 6월 4일 국무회의에서 문화통신부 장관은 국립박물관의 개혁안을 제시하였다. 개혁의 방향은 주요 대형박물관의 자율성을 높이고, 국립박물관들의 수집품 획득에 관한 규정을 현대화하는 것이었다. 또한 오랫동안 재정적인 어려움에 처해 있는 '국립박물관협회(RMN)'의 재정적 능력을 개선하고자 하였다. 이를 위해서 문화통신부 박물관국의 '국립박물관협회'에 대한 감독을 완화하고, 루브르박물관, 베르사유박물관의 자율성을 강화하는 조치를 취하였다. 이러한 개혁을 통해 문화통신부는 흑자 상태인 루브르박물관, 베르사유박물관과 적자 상태인 '국립박물관협회'와의 불분명한 재정적 관계를 명확히 하고, 궁극적으로는 '국립박물관협회'에 대한 국가의 보조금 지급을 줄여나가기 위함이다(Ministère de la culture et de la communication, 2003).

프랑스는 역사적으로 문화예술분야에 대한 국가의 역할이 컸다. 이는 상대적으로 이 분야에 대한 민간의 역할이나 지원이 부족하였음을 의미한다. 프랑스는 전통적으로 문화예술분야에 대한 일반인들의 기부행위가 15% 수준에 거치고 있으며, 기업의 경우에도 2,000개 미만의 기업만이 참여하고 있으며, 재단의 수도 600여개에 불과하다. 이는 주변의 영국이나 독일에 비해 상대적으로 부족한 수준이다. 이는 문화예술지원에 대한 민간의 인식과 더불어 제도적 요인에 그 원인이 있다. 프랑스 정부는 2003년에 메세나, 재단, 협회에 관한 법률을 제정해 개인과 기업의 메세나활동에 대한 혜택을 증가시킴으로써 민간재원을 확보하고자 시도하였다. 이 법을 통해 개인 기부금 세금감면이 기부금의 50%에서 60%로 상승되었다. 또한 상한선도 소득의 10-20%로 확대되고 기업 기부금의 33.33%에서 60%

로 상승되었으며, 상한선은 총매출의 5%로 일괄 적용되었다. 또한 까다로운 재단법 때문에 재단이 활성화되지 못한 점을 개선하기 위해서 기부금 수령자격 부여, 세율완화 등의 조치를 실시하였다. 이러한 개혁을 통해 프랑스는 시민과 기업 또는 시민사회 전체가 국가가 추진하는 문화정책의 궁극적인 목적에 자유로이 참여하도록 유도하고 있다(Gentil & Poirrier, 2006: 164-165)

3) 문화다양성의 강화

프랑스에서 문화다양성 관련 논의의 시작은 1993년 GATT의 우루과이라운드 때 시작된 '문화적 예외' 논쟁이라 할 수 있다. 프랑스는 당시 영상분야에 대해 GATT의 원칙적용을 배제하는 '문화적 예외'는 유럽문화의 생존과 다원주의를 목적으로 한다고 주장하였다. 2001년 유네스코 총회에서도 시락 대통령이 세계화의 압박에 대한 대응책은 문화적 다양성이라고 선언함으로써, 문화적 다양성은 '문화적 예외'의 뒤를 이어 새로운 원칙이 되고, 오늘날 프랑스 문화정책의 주요 과제 중의 하나가 된다. 이를 위해서 프랑스는 유럽의 문화정체성을 구체화시키기 위해 다른 나라들에게 다섯 가지 협력단체를 제안하였다.

첫째, 문화유산과 관광을 담당하는 협력단체로서 유럽의 문화유산에 공동의 라벨을 만들어서 유럽 내의 예술작품의 순환을 용이하게 함.

둘째, 유럽 내에서 영화의 순환을 권장하고 격려하는 협력단체

셋째, 예술과 문화교육을 담당하는 단체

넷째, 유럽의 음악작품의 보급과 선양을 담당하는 협력단체

다섯째, 번역과 책의 보급을 담당하는 협력단체

4) 사르코지 정부의 문화정책 기조

2007년 집권한 사르코지 정부의 문화정책의 기조는 문화통신부 장관인 알바넬(Christine Albanel)에 의해 제시되고 있다. 현재 프랑스 문화계는 재정문제로 인한 경제적인 사안과 인터넷의 발달로 인한 예술작품의 복제와 보급으로 인한 문제, 예술가들의 노동과 삶에 관련된 사회적 사안들이 가장 심각하다. 문화부의 고유한

역할인 문화유산보존, 창작 활성화, 문화예술보급 중 문화유산보존의 경우 문화유산의 영속성과 지속성을 유지하기 위한 재정지원 확보와 문화유산과 건축 정책의 조화를 통한 지속가능한 개발이 중요한 과제이다. 창작 활성화의 경우에는 창작자들의 노동조건과 원활한 문화공급을 위한 문제점 개선이 주된 이슈이다. 이는 인터넷상의 표절과 비정규직 문제와 직결되며, 재정문제와도 관련된다. 문화예술의 보급을 위한 공공지원의 과제는 문화공급의 증가속에 작품의 질과 다양성을 보장하는 것이다. 또한 미래의 관객인 어린이와 청소년들을 위한 문화부와 교육부의 문화예술 교육의 활성화도 중요한 과제이다.

V. 결론 및 시사점

프랑스의 교육 · 문화정책 분야는 기본적으로 중앙집권적인 프랑스 행정의 특징을 그대로 지니고 있다. 프랑스의 문화 · 예술정책 분야가 세계적으로 그 경쟁력을 인정되고 있는 반면, 교육정책이 지속적으로 지향해 온 대중교육과 평등교육은 국가경쟁력 차원에서 심각한 도전에 직면해 있다. 그리고 교육정책 부문과 문화예술정책 부문이 공통적으로 추구하고 있는 개혁의 목표는 시장성과 경쟁력의 강화이다. 교육정책의 경우 최근의 개혁 추이는 학업성취도 향상 등의 교육의 내실화, 유럽연합의 기준에 부합하는 학제개편 및 표준화, 대학의 자율성 및 경쟁력 강화 등이 있다. 문화정책의 경우 최근의 개혁 추이는 학교에서의 문화예술교육의 강화, 문화예술기관의 경영에서의 시장성 강화, 세계화와 유럽통합에 대처하기 위한 문화다양성 강화 등이다.

프랑스의 교육정책의 개혁추이를 통해 다음과 같은 시사점을 얻을 수 있다. 첫째, 교육자치제도에 있어 중앙정부와 지방자치단체의 역할 구분이다. 지자체는 지역의 교육시설을 관장하고, 중앙정부는 교육감에 대한 통제를 통해 교과과정을 일관되고 통일된 교육을 실시하고 있다. 따라서 프랑스의 사례는 현재 우리나라에서 논란이 되고 있는 지자체와 지역교육청간의 위상정립에 관한 시사점을 줄 수 있다. 둘째, 2004년의 텔로 보고서와 프랑스 교육개혁 경험에 비추어 볼 때, 교육분야에서의 개혁이 성공하기 위해서는 국가정책의 지속성과 일관성, 학생 · 교사 · 학부모간의 상호신뢰, 교육부에 대한 신뢰구축이 선행되어야 한다. 이는 우리나라 교육정책의 지속성 및 교육거버넌스 구축이라는 측면에서 고려되어야 할 사항이다. 셋째, 프랑스는 2007년 대학개혁법을 통해 국립대학의 자율성과 총장의 책임성을 강화하였다. 국립대법인화 개혁에 대한 논의가 진행되고 있는 우리나라의 경우에도 프랑스의 대학개혁을 하나의 대안으로서의 검토할 필요가 있다. 국립대학의 법인화에 대한 현재의 찬반논쟁을 떠나서, 영미식 교육개혁에 대한 부정적 입장을 견지했던 프랑스에서조차 대학의 경쟁력 강화를 위한 교육개혁이 추진되고 있음은 그 의미가 크다고 할 수 있다.

문화정책의 경우 다음과 같은 시사점을 얻을 수 있다. 첫째, 미래 국가의 경쟁력은 창의성을 바탕으로 하는 창조산업에 달려 있다. 그런데 창조산업은 문화산업을 기반으로 한다. 따라서 창조산업이 경쟁력을 갖추기 위해서는 미래의 인재들을 대상으로 하는 문화예술교육이 매우 중요하다. 현재 프랑스에서 문화예술교육이 강화되는 것처럼, 우리나라에서도 문화와 교육을 융합하는 문화예술교육의 활성화 방안을 하루빨리 모색해야 한다. 둘째, 프랑스는 문화예술분야가 이미 세계적인 경쟁력을 갖추고 있음에도 불구하고, 루브르와 같은 공공박물관이나 미술관들을 법인화함으로써 이들의 자율성, 시장성, 대중성을 더욱 강화해나가고 있다. 따라서 우리나라의 경우에도 장기적으로 이들 기관들의 책임경영화를 통해 경쟁력을 확보해나가야 할 것이다. 셋째, 프랑스의 문화예술분야 지원이나 문화예술교육의 최근 방향은 과거의 보존뿐만 아니라 현재와의 소통, 미래의 경쟁력을 강화하는 방향으로 진행되고 있다. 따라서 우리나라 문화예술기금 지원기준의 선정 및 학교 문화예술교육 프로그램의 구성에 있어 프랑스의 경험을 고려할 필요가 있다.

[국내문헌]

강성남. (1999).「비교행정연구」. 장원출판사.

강성철 외. (2004).「공무원 보상체계 개편방안 연구」. 중앙인사위원회.

고봉만 역. (1999).「프랑스 혁명(La Révolution FranÇaise, Bluche, F. · Rials, S. · Tulard, J.)」. 한길사.

공병천. (2003). 한국과 프랑스의 정책평가제도 비교 연구.「한국정책학회춘계학술대회논문집」.

권영성. (2008).「헌법학원론」. 법문사.

김갑식 · 박진호. (2007). 최근 프랑스의 경제개혁 추진 방향,「해외경제정보」, 2007-62, 한국은행.

김도년 · 정상혁. (2002). 프랑스의 공동주택 재정비 정책: 리모델링 및 재건축,「서울도시연구」, 11.

김만기. (2002). 한국과 비교해 본 유럽의 행정문화 -영국, 프랑스, 독일 및 이태리의 경우를 중심으로-.「한국외국어대학교 논문집」, 34: 291-303.

김성태. (2003).「전자정부론: 이론과 전략」. 법문사.

김영성 · 정광조. (1988).「프랑스행정연구」. 법문사.

김영우. (2002). 프랑스 공무원제도의 경직성과 유연성: 주변국과의 비교연구.「한국행정학회보」, 36(1): 99-116.

김영우. (2005). 한국 공직분류체계에 대한 평가와 개선방안. 「한국행정연구」, 14(3): 273-294.

김응운. (2007). 프랑스 미테랑 대통령의 유럽통합정책. 「프랑스학연구」, 41.

김재광. (2001). 「디지털경제법제의 제문제(I): 전자정부법제를 중심으로」. 한국법제연구원.

김재협. (1999). 「프랑스의 동거정부에 관한 연구」, 법조.

김재훈 · 박재완 · 최진혁. (2004). 「주요국가의 정부예산회계제도개혁: 영국, 뉴질랜드, 프랑스」. 한국행정연구원.

김정렬 · 이도형. (2005). 「비교발전행정론」, 박영사.

김지은 외 역. (2004). 「프랑스 사회와 문화 I(La Société FranÇaise I, Charles Debbasch · Jean-Marie Pontier)」. 서울대학교출판부.

김지은 · 김정곤 · 김미현. (2004). 「프랑스 사회와 문화 Ⅰ, Ⅱ」. 서울대학교출판부.

김현권 외. (2002). 「오늘날의 프랑스」. 한국방송통신대학교.

다니엘 리비에르/최갑수 역. (2003). 「프랑스의 역사」. 까치글방.

로버트 라이시. (2008). 「슈퍼자본주의」. 김영사.

문경자. (2004). 「공존의 원리. 프랑스 하나 그리고 여섯(서울대학교 불어문화연구소)」. 도서출판 강.

문병주. (2004). 복지 NGO의 구조적 특징과 대정부관계 인식에 대한 경험적 연구. 「한국정치학회보」, 38(5): 55-83.

문순영. (2001). 민간 비영리 사회복지 부문 연구를 위한 이론적 고찰 -정부와 민간 사회복지 부문의 협조 관계 유형 모색, 「연세사회복지연구」, 제6 · 7권 통합본: 33-78.

박균성. (2001). 「프랑스의 전자정부법제」. 한국법제연구원.

박동서. (1994). 「한국행정의 연구」. 법문사.

박선영. (1997). 「프랑스의 혼합정부형태에 관한 소고」. 법조.

박재정 · 심창학. (2000). 프랑스 공기업의 민영화와 국가역할. 「국제정치논총」, 40(2): 241-271.

박정은. (2006). 「전자정부 추진조직과 정책 및 성과의 관계: 역사적 제도주의 관점의 국가간 비교」. 박사학위 논문, 이화여자대학교.

박천오 외. (1999). 「비교행정론」. 법문사.

배준구. (1998). 프랑스 국토 및 지역계획의 개혁과 새로운 계획기법. 「한국지방자치학회보」, 10(3): 301-313.

______. (2003). 프랑스의 지역정책. 유럽지역연구회 편, 「유럽의 지역발전 정책」, 한울 아카데미, 274-308.

______. (2004a). 「프랑스의 지방분권」. 도서출판 금정.

______. (2004b). 프랑스의 지방분권 이후 지역정책. 「국토계획」, 39(4): 283-305. 대한국토도시계획학회지.

______. (2004c). 프랑스의 지역발전 추진기구. 「지방정부연구」, 7(4): 93-114. 한국지방정부학회.

______. (2004d). 프랑스 계획계약의 운영메카니즘과 함의. 「사회과학연구」, 20(1): 35-77.

______. (2006a). 「프랑스의 지역계획과 계획계약」. 도서출판 금정.

______. (2006b). 프랑스 로렌지역의 지역혁신정책상의 거버넌스 구조: 혁신주체간 협력관계를 중심으로. 「한국경제지리학회지」, 9(1): 87-96. 한국경제지리학회.

______. (2007). 프랑스의 지역혁신정책. 「프랑스문화연구」, 15. 217-241. 한국프랑스문화학회.

백정기 · 김정욱. (1988). 「감사제도론」. 교보문고.

변해철. (1997). 대의제의 보완과 합리화 - 1995년 8월 4일 프랑스 헌법개정을 중심으로, 「한국외국어대학교 논문집」, 제30집.

서성원. (2000). 프랑스의 행정과 관료제. 「비교행정론」. 법문사.

______. (2002). 「리서치아카데미 2002년 제 3권 - 프랑스 정부관료제와 프랑스 행정의 특성」. 명지대학교 리서치아카데미.

선학태. (2006). 「사회협약정치의 역동성」. 한울 아카데미.

성낙인. (1995). 「프랑스 헌법학」. 법문사.

______. (1998). 프랑스 이원정부제(반대통령제)의 현실과 전망. 「헌법학연구」, 4(2).

______. (1999). 한국헌법과 이원정부제(반대통령제), 「헌법학연구」, 5(1).

심창학. (2001). 사회적 배제 개념의 의미와 정책적 함의: 비교관점에서의 프랑스를 중심으로. 「한국사회복지학」, 44: 178-208.

______. (2006). 한국의 지역복지동향과 선진 복지 국가의 지방화. 「2006년 경남 사회 복지 워크숍 발표 자료집」. 경상남도사회복지협의회.

안영훈. (1998). 「주요제국의 행정제도 동향분석 -프랑스의 정부조직-」. 한국행정연구원.
______. (1998). 「프랑스의 정부조직」. 한국행정연구원.
유럽지역연구회. (2003). 「유럽의 지역발전 정책」. 한울아카데미.
유재원 · 홍성만. (2005). 정부의 시대에서 꽃핀 Multi-level Governance. 「한국정치학회보」, 39(2): 171-194.
윤광재. (1999). 변화와 계속성: 프랑스 인사행정의 특성. 「국제지역연구」, 10(3): 107-129.
______. (1999). 선진국의 정부조직개편: 프랑스 「한국행정학회 1999년도 특별세미나 발표논문집」, 3월.
______. (2002). 「프랑스의 정치행정체제」, 법문사.
______. (2004). 프랑스의 국가재정운용과 재정개혁에 관한 연구. 「한국행정연구」, 13(1). 한국행정연구원.
______. (2005). 연방국가와 단일국가의 행정부에 대한 비교연구. -미국과 프랑스의 사례를 중심으로-. 「한국행정논집」, 17(3): 975-993.
______. (2006). 영국과 프랑스의 행정개혁에 관한 비교연구. 「한국행정학보」, 40(2): 243-266.
______. (2008). 니콜라 사르코지 정부의 행정개혁에 관한 연구. 「새시대, 정부정책의 실천과제」, 2008년도 하계공동학술대회 발표논문집(2).
윤은기. (2007). GAO(Government Accountability Office)의 행정통제의 기능에 관한 연구. 「한국행정학회동계학술대회논문집」.
은재호. (2008). "사르코지, 취임과 함께 장관 수 절반 줄여", 중앙SUNDAY, 중앙일보, 2008년 1월 20일.
이도형 · 김정렬. (2005). 「비교발전행정론」. 박영사.
이승종. (2000). 행정통제. 「2000년 한국행정학회추계학술대회논문집」.
이안 버지 외/정홍모 역. (2006). 「신유럽 정치입문」. 성균관대학교 출판부.
이원우. (2002). 시민과 NGO에 의한 행정통제 강화와 행정소송 -항고소송의 원고적격 문제를 중심으로-. 「한국행정학회동계학술대회논문집」.
이재승. (2004). 프랑스 정치경제의 구조와 흐름. 유럽정치연구회 편, 「유럽정치」. 백산서당.
이종수. (2005). 「정부혁신의 메커니즘과 전략」. 대영문화사.
이종수 · 윤영진 외. (2005). 「새행정학」. 대영문화사.

이종원. (2005). 거버넌스 논의의 이론과 실제, 참여 민주주의의 이상. 「2005년 한국행정학회 동계학술대회 발표 논문집」, 1-8.

이창훈 편. (2004). 「한국과 프랑스의 권력구조」. 아셈연구원 · 한국프랑스정치학회.

이혜은. (2004). 「프랑스 하나 그리고 여섯」 서울대학교 불어문화연구소 편. 도서출판 강.

임도빈. (1998). 프랑스와 한국 행정개혁 비교. 「한국행정학보」, 32(4): 67-80.

______. (2002). 「프랑스의 정치행정체제」. 법문사.

______. (2005). 「인터넷 시대의 비교행정강의」. 박영사.

임두택 외. (2001). 「주요 외국의 공무원 인사제도 비교연구」. 중앙인사위원회.

전동진. (1998). 프랑스의 외교정책: 제약속의 강대국정책. 「부산정치학회보」, 8(2).

전학선. (2006). 프랑스의 정부형태. 「세계헌법연구」, 12(1).

______. (2007). 유럽헌법과 프랑스 헌법개정. 「유럽헌법연구」, 유럽헌법학회 창간호.

______. (2008). 프랑스에서 국제법과 헌법재판. 「공법학연구」, 9(1).

정광조. (1999). 프랑스 환경정책의 성과와 과제. 「사회과학논문집」, 18(1): 411-426.

정재명 외. (2006). 「주요국의 공무원 인사제도에 관한 연구」. 한국행정연구원.

______. (2007). 「OECD 국가공무원 노사협의시스템에 관한 연구」. 한국행정연구원.

정재황. (1998). 프랑스에서의 동거정부에 대한 헌법적 일고찰. 「공법연구」, 27(1).

______. (1999). 프랑스 혼합정부제의 원리와 실제에 대한 고찰. 「공법연구」, 27(3).

______. (2000). 프랑스 1958년 (현행)헌법의 개정. 「법학연구」, 제2권, 홍익대학교 법학연구소.

정창화. (2002). 유럽연합(EU)의 공직제도와 인사행정. 「한국행정학회 2002년 동계학술대회발표논문집」.

정충식. (2007). 「전자정부론」. 서울경제경영.

채희율. (2000). 미테랑 대통령 재임 14년간 프랑스 경제정책의 평가. 「EU학 연구」.

최순영 외. (2008). 「공무원 보수체계의 개편방안」. 한국행정연구원.

프랑스문화연구회. (1998). 「프랑스 문화와 사회」. 어문학사.

한국정보사회진흥원. (2008). 「EU i2010 추진 성과 및 향후 추진 방향」. 한국정보사회진흥원.

한국정부회계학회. (2004). 「주요국가의 정부예산회계제도 개혁: 영국, 뉴질랜드, 프랑스」. 한국행정연구원.

한승준. (2007). 신거버넌스 논의의 이론적 · 실제적 한계에 관한 연구. 「한국행정학보」, 41(3): 95-116.

______. (2008). 동화주의모델 위기론과 다문화주의 대안론: 프랑스의 선택을 중심으로. 「한국행정학회 2008년도 하계학술대회 논문집」, 1-23.

홍재환 · 윤기석. (2003). 「주요국의 평가제도 연구」. 한국행정연구원.

홍재환 · 윤수재. (2005). 「정책평가제도에 대한 외국사례 연구: 영국, 프랑스, 호주, 일본을 중심으로」. 한국행정연구원.

홍재환 · 윤은기. (2003). 「주요국의 평가제도 연구」. 한국행정연구원.

환경부. (2002). 「프랑스 환경 정책 연구 귀국 보고」. 환경부.

황성돈 · 정충식. (2002). 「전자정부의 이해」. 다산출판사.

황윤원 외. (2003). 「정부개혁론」. 법문사.

Guy Baribant. (2000). 프랑스 행정에 대한 총람: An Overview of the French Administration. 중앙인사위원회 편, 「프랑스의 행정과 공무원 제도」, 2-14.

Jean Morange/변해철 역. (1999). 「1789년 인간과 시민의 권리선언」. 탐구당.

Tiery Rambaud/전학선 역. (2007). 2007년 프랑스에서 법치국가의 개념과 그 적용. 「공법연구」, 36(1).

[국외문헌]

Abate, Bernard. (2003). La réforme budgétaire: un modèle de rechange pour la gestion de l´Etat?. *RFFP* n82. Paris: L.G.D.J.

Acaud, D. and A. Lakel. (2003). Electronic government and the French state: A negotiated and gradual reform. *Information Polity*, 8: 117-131.

Archambault, E. (1997). *France*. In L.M. Salamon and H.K. Anheier(ed.), Defining the Nonprofit Sector: A Cross-National Analysis, Chapter 5, Manchester: Manchester Univ. Press.

Arkwright, Edward 외. (2007). *Les finances publiques et la réforme budgétaire*. Paris: La Documentation FranÇaise.

Arnaud, E. et al. (2007). *Le développement durable*. Paris: Nathan.

Assemblee Nationale. (2008). *Rapport Général, au nom de la commission des finances, de l´Economie générale et du plan sur le projrt de loi de finances pour 2008*.

Auby, J. M. et Auby, J. B. (1991). *Institutions Administratives*. Paris: Précis Dalloz.

______. (2003). *Droit de la fonction publique*. Paris: Dalloz.

Ayoub, Eliane. (1998). *La fonction publique en vingt principes*. Paris: Editions Frison-Roche.

B. Guy Peters. (2000). *Four Main Administrative Traditions*. Worldbank.

______. (2002). *Path Dependency and Public Sector Reform*.

Badie, B. and Birnbaum, P. (1982). *Sociologie de l´Etat*. Paris: Editions Grasset.

Baslé, Maurice. (2004). *Le budget de l´Etat*. Paris: La Découverte.

Bekke, Hans A.G.M. & van der Meer, Frits M. (2001). *Civil service system in Western Europe*. Northampton: Edward Elgar Pub.

Benard, V. and P. de La Caste. (2003). *L´Hyper-République. Bâtir l´administration en réseau autour du citoyen*. Paris: Ministere de la fonction publique, de la reforme de l´Etat de l´amenagement du territoire.

Bernard Chantebout. (2007). *Droit constitutionnel 24e éd.*, Dalloz.

Bertrand, F. (2005). Aménagement du territoire et développement durable. In CNFPT.

Les collectivités territoriales en France. Notice 21. Paris: La documentation FranÇaise.

Besson, D. (2002). L´investissement des administration publiques locales. *Insee premiere*, No. 867, oct.: 1-4.

Bezancon, Xavier. et al. (1995). *Le Guide de l´Elu local*. Monaco. Editions du Rocher.

Bezes, P. (2008). *Le tournant néomanagérial de l´administration franÇaise. Politiques publiques: La France dans la gouvernance européenne*. Paris: Presses de la Fondation Nationale des Sciences Politiques.

Blandine Bouniol and Catherine Laurent. (2005). *French Administrative Tradition*. Worldbank.

Bodiguel, Jean-Luc. (1994). *Les fonctions publiques de l´Europe des douze*. Paris: LGDJ.

BONDOUX Sarah et al. (2007). Les impacts des transferts de compétences sur l´organisation des départements et des régions, *CNFPT*, 10/2007.

Bossaert, Daniel. (2001). *Civil services in the Europe of fifteen: trends and new developments*. Maastricht: EIPA.

Bouvier, Michel, Esclassan Marie-Christine, Lassale, Jean-Pierre. (2002). *Finances publiques*. Paris: L.G.D.J.

Bozo, Frédéric. (1993). *La politique étrangère de la France*. Paris: La Découverte, coll. Repères.

Braconnier, J. (1989). Les contrats de plan de la première génération: exécution et propositions de réformes. *Les contrats de plan Etat-régions. Les Cahiers*, No. 29: 42-46. C.N.F.P.T.

BRISSON Jean-FranÇois. (2008). Les transferts de compétences de l´Etat aux collectivités locales, *DROIT ADMINISTRATIF*, n 4, 4/2008, p. 8-16.

C. Paul. (2001). *Du droit et des libertés sur Internetrapport au premier ministre*. La Documentation franÇaise.

Calame, Pierre. & Talmant, André. (1997). *L´Etat au coeur. Le meccano de la gouvernance*. Paris: Desclée de Brouwer.

Camby, Jean-Pierre. (2002). *La réforme du budget de l´Etat*. Paris: L.G.D.J.

Canet, Raphaël. (2004). Qu´est-ce que la gouvernance? Conférence prononcée dans le cadre du Séminaire. *Les nouveaux modes de gouvernance et la place de la société civile*, organisé par le Service aux collectivités de l´UQAM. Montréal, Écomusée du fiermonde-16 mars 2004.

Cette, Gilbert, (2005). Productivité: Les Etats-Unis distancent l´Europe dans les années 1990, *Problèmes économiques du 2 mars 2005*.

Chaffaut, G. du. (2005). Action sociale et éducation. in CNFPT. *Les collectivités territoriales en France. Notice 20.* Paris: La documentation FranÇaise.

Chain, P. (1995). Les contrats de plan Etat-régions. *Regards sur l´actualité*, Mensuel No. 213: 42-44. La documentation franÇaise.

Chapus, Réné. (1994). *Droit administratif général, Tome I.* Paris: Montchértien.

______. (2003). *Droit administratif général, Tome2.* Paris: Montchrestien.

Claisse, Alain & Meininger, Marie-Christine. (1994). *Fonctions publiques en Europe.* Paris: Montchrestien.

Claude Emeri et Jean-Louis Seurin. (1970). *Chronique constitutionnelle et parlementaire franÇaise.* R.D.P.

Cohen, Samy. (1982). Le Centre d´analyse et de prévision, in *Revue franÇaise de science politique*, n° 32.

______. (1990). Le processus de décision en politique extérieure: L´équivoque franÇaise, in de La Serre, Leruez, F. & Wallace, J. H. (1990). *Les politiques étrangères de la France et de la Grande-Bretagne depuis 1945*, Paris: Presses de Sciences Po.

______. (1998). *Mitterrand et la sortie de la guerre froide*, Paris: PUF.

Cole and John. (2001). *Local Governance in England and France.* London: Routledge.

Colombani, J.-M. & Portelli, H. (1995). *Le double septennat de FranÇois Mitterrand*, Paris, Grasset.

CPCA. (2008). Les structures associatifs et leurs relations avec l´Etat dans l´Europe des 27: Essai d´analyse comparée. *Etudes et documents*, 4: 1-72.

Daniel Gaxie. (1987). Article 89, in La Constitution de la République franÇaise,

Economica.

DATAR. (2002). *Rapport d´activité* 2001.

______. (2003a). 40 *ans d´aménagement du territoire.*

De Gaulle, J. (1994). *L´avenir du plan et la place de planification dans la société franÇaise.* Paris: La documentation franÇaise.

Decool, J.-P. (2005). Des Associations, en général... vers une éthique sociétale. *Rapport au premier ministre.*

Delhoume, B. (2004). L´aide sociale générale, in CNFPT. *La protection sociale en France.* Paris: La documentation franÇaise: 103-107.

Desforges, Corinne. (2008). *Rapport de la mission préparatoire au réexamen général du contenu des concours d´accès à la fonction publique de l´Etat.* Paris: La documentation franÇaise.

DIACT. (2007). *Rapport d´activité 2006.*

Direction géenéerale de l´administration et de la fonction publique(DGAFP). (2005). *Synthèse des plans ministériels de GPEEC.*

Direction Générale des Collectivités Locales. (2008). *Les Collectivités Locales en Chiffres 2008.* Paris: Ministère de l´intérieur, de l´outre-mer et des collectivités locales.

Dominique Rousseau. (2006). *Droit du contentieux constitutionnel*, 7e éd., Montchrestien.

Drago, Roland. (1985). *Science Administrative.* Paris: Les cours de droit.

Duby, Georges. (1987). *Histoire de la France: les temps nouveaux de 1852 à nos jours.* Paris: Larousse.

Dumortier, J. and H. G. Lawfort. (2007). *Preliminary Study on Mutual Recognistion of eSignatures for eGovernment applications; National Profile France.* iDABC European eGovernment Services, European Communities.

EIU, France, Country Report.

Ernsdorff, M. and A. Berber. (2007). Estonia: The short road to E-government and E-democracy. in Nixon, P.G. and V.N. Koutrakou, eds. *E-government in Europe: Re-booting the State.* New York: Routledge. 171-183.

Étude du service des collectivités territoriales. (2007–2008). *Bilan annuel 2007–2008 de la décentralisation: analyse de dispositions législatives et réglementaires intéressant les collectivités territoriales*. adoptées d´avril 2007 à janvier 2008.

European Communities. (2008). *eGovernment Practice: eGovernment Factsheets–France*. available at http://ec.europa.eu/idabc.

Eymeri, J.M. (2006). *La fonction publique franÇaise aux prises avec une double européanisation*. Pouvoirs. 117: 121–135.

Frémy, D. (2002). quid. Paris: Edition Robert Laffont.

FranÇois Luchaire. (1997). *Le Conseil constitutionnel tome I – Organisation et Attributions*, Economica.

Francis Hamon et Michel Troper. (2007). *Droit constitutionnel*, 30 éd., L.G.D.J.

Furet, Francois · Ozouf, Mona. (1988). *Dictionnaire Critique de la Révolution FranÇaise*. Paris: Flammarion.

Gaudin, Jean–Pierre. (1998). Modern governance, yesterday and today: some clarifications to be gained from French government policies. *International Social Science Journal*, Blackwell Publishers/UNESCO, 155: 47–56.

Gaudrat, J. Fraisse, L. and Buccolo, E. (2002). *Integrated approache to active welfare and employment policies*. France. Dublin: EFILWC.

Georges Dupuis et Marie–José Guédon, (1993). *Droit administratif*, 4e éd., Armand Colin.

GEST Alain. (2006). Rapport d´information de l´Assemblée nationale n 3199 sur la mise en application de la loi n° 2004–809 du 13 ao t relative aux libertés et responsabilités locales, 28/06/2006.

Gidron, B., Kramer, R. & Salamon, L.M. (1992). *Government and the Third Sector: Emerging Relationships in Welfare States*. San Francisco: Jossey–Bass Publishers.

Girardon, J. (2006). Politique *d´aménagement du territoire*. Paris: ellipses.

Goss, Sue. (2001). *Making Local Governance Work: Networks, Relationships and the Management of Change*. Palgrave, Basingstoke.

Gouttebrune, François. (2002). La France et l´Afrique: le crépuscule d´une ambition stratégique?, Politique Etrangère.

Gristi, Eric. (2007). *La réforme de l´Etat.* Paris: Vuibert.

Guglielmi, Gilles J. (1994). *Introduction au droit des services publics.* Paris, LGDJ.

Hély, Matthieu. (2006). De l´intéret général à l´utilité sociale: Transformations de l´Etat social et genèse du travailleur associatif. Papier présenté lors du colloque international Etat et Régulation sociale.

Hanet-Kania, N. (1996). L´Etat et les associations humanitaires en France. in Paugam, S. (dir.). *L´exclusion, l´état des savoirs.* Paris: Editions la découverte.

IBM Business Consulting Services. (2003). *How e-government are you?: e-government in France: State of play and perspectives.* IBM Public Sector in collaboration with IBM Institute for Business Value Europe Middle East Africa.

IMD. (2008). *IMD World Competitiveness Yearbook 2008.*

INSEE. (2002). *Enqu te Vie associative.*

Jacques Caillosse. (1996). Sous le droit administrtatif, quelle(s) administra-tion(s)? Reflexions sur l´enseignement actuel du droit administratif, in Mélanges G. Peiser, PUG.

Jacques Chevallier. (1994). *L´Etat de droit.* Montchrestien.

Jacques Robert. (1971). *Propos sur le sauvetage d´une liberté.* R.D.P.

Jamet, S. (2007). *Meeting the challenges of decentralisation in France.* ECO/WKP(2007)31, OECD.

Jean Gicquel et Jean-Eric Gicquel. (2007). *Droit constitutionnel et institutions politiques.* 21e éd., Montchrestien.

Jean Rivero. (1971). La garantie par le Conseil constitutionnel, à l´occasion du contr le de la Constitution, A.J.D.A.

Jean Rivero. (1972). Les principes fondamentaux reconnus par les lois de la République: Une nouvelle catégorie constitutionnelle?, D.

Kathryn A Baker. (2002). *Organizational Culture.*

Kazancigil, Ali. (2002). La gouvernance: itinéraire d´un concept, in J. Santiso (dir), *A la recherche de la démocratie: Mélanges offerts à Guy Hermet*, Paris: Karthala.

Kessler, Marie-Christine. (1989). *Les grands corps de l'Etat.* Paris: Presses de la FNSP.

______. (1999). *La politique étrangère de la France: Acteurs et processus.* Paris: Presses de Sciences Politiques.

Kirchheimer, Otto. (1966). The Transformation of the Western Europe Party System, in Joseph La Palombara & Myron Weiner (dir.), *Political Parties and Political Development.* Princeton: Princeton University Press.

Kolodziev, Edward A. (1984). *French International Policy under de Gaulle and Pompidou.* Ithaca: Cornell University Press.

Kooiman, Jan. (1993). *Modern governance.* London: Sage Publication.

______. (2003). *Governing as governance.* London: Sage Publication.

Léo Hamon. (1974). *Contr le de constitutionnalité et protection des droits individuels: à propos de trois décisions récentes du Conseil constitutionnel.* D., chr.

LAFON Michel. (2007). *La simplification de l'activité des collectivités territoriales.* 정부 보고서.

LAMBERT Alain. (2007). *Les relations entre l'Etat et les collectivités locales.* 11/2007.

Lavroff, Dimitri Georges. (1995). *La conduite de la politique sous la Cinquième République.* Bordeaux: Presses universitaire de Bordeaux.

Lefebvre, A. et Meyer, J. C. (1985). *Planification et aménagement.* Paris: Berger-Levrault.

Lemoyne de Forges, Jean-Michel. (2003). *L'adaptation de la fonction publique franÇaise au droit communautaire.* Paris: Dalloz.

Leroy, M. (2000). *La logique financière de l'action publique conventionnelle dans le contrat de plan Etat-région.* Paris: L'Harmattan.

Leroy, M. et Portal E. (2006). *Contrats, Finances, Territoires.* Paris: L'Harmattan.

Loïc Philip. (1979). La valeur juridique de la Déclaration des droits de l'homme et du citoyen du 26 ao t 1789 selon la jurisprudence du Conseil constitutionnel, in Mélanges Kayser.

______. (1980). La valeur juridique du préambule de la Constitution du 27 octobre 1946 selon la jurisprudence du Conseil constitutionnel, in Mélanges dédiés à Robert

PELLOUX, Editions L HERMES, Lyon.

Loïc Philip. (1983). Le développement du contr le de constitutionnalité et l accroissement des pouvoirs du juge constitutionnel, R.D.P.

Lois Favoreu et André Renoux. (1992). Le contentieux Constitutionnel des actes administratifs, *Economica.*

Louis Favoreu et Loïc Philip. (2007). G.D.C.C., 17e éd., Dalloz.

Louis Favoreu. (1974). Le principe de constitutionnalité; essai de définition d´après la jurisprudence du Conseil constitutionnel, in Mélanges Charles EISENMANN – Recueil d´études en hommage à Charles EISENMANN, Edition Cujas.

Louis, S–Merle. E. (1987). L´expérience des contrats de plan. *Annuaire des collectivités locales.* 7e éd. 47–48. Paris: Libraires Techniques.

Luchaire M. FranÇois. (1982). Les fondements constitutionnels de la décentralisation, Revue du droit public.

Macridis, Roy C. (1985). *Foreign Policy in World Politics,* Englewood Cliffs, Prentice Hall, 6 ed.

Madiot, Y. (1989). Les contrats de plan, une technique juridique. *Les contrats de plan Etat–régions. Les Cahiers,* 29: 11–15. C.N.F.P.T.

Madiot, Y., et Mestre, R. L. (2001). *Aménagement du territoire.* Paris: Armand Colin.

MAMONTOFF Catherine. (2007). Le transfert de compétences en matière aéroportuaire: le cas du Languedoc–Roussillon, GRALE – CNRS – AJDA, n° 38/2007, 5/12/2007, p. 2076–2082.

March, J.G. & Johan P. Olsen. (1989). *Rediscovering institutions: The organizational basis of politics.* New York: The Free Press.

Marie–Christine Rouault. (2007). *Droit administratif,* Gualino éditeur.

Martine Lombard et Gilles Dumont. (2007). *Droit administratif,* 7e éd., Dalloz.

Mekhantar, Joël. (2003). *Finances publiques/Le budget de l´Etat.* Paris: Hachette.

Melleray, Fabrice. (2005). *Droit de la fonction publique.* Paris: Economica.

Merlin, P. (2007). *L´aménagement du territoire en France.* Paris: PUF.

Ministère de l´économie des finances et de l´industrie. (2008). *le budget de l´Etat 2007.*

Ministère de l´économie et des finances, Banque de France. (1997). *Dictionnaire économique de l´anglais et du franÇais.* Paris: la documentation franÇaise.

Ministère de l´Intérieur/DGCL. (2008). *Les colectivités locales en chiffres* 2008.

Ministère de l´intérieur, *de l´outre-mer et des collectivités territoriales/DGCL.*

Ministère de la Défense. (2008). *Livre blanc sur la défense et la sécurité.*

Ministère de la fonction publique. (2008). *Rapport annuel: Faits et Chiffres* 2007. Paris: La documentation franÇaise.

Ministère de la Santé, de la jeunesse, des sports et de la vie associative. (2008). *2007 Les chiffres-clés de la Vie associative.* Paris: Ministère de la Santé, de la jeunesse, des sports et de la vie associative

Ministère du budget des comptes publics et de la fonction publique. (2008). *Dépenses et recettes de l´Etat en 2007.*

Monod, J et Castelebajac P. (2006). *L´aménagement du territoire.* Paris: PUF.

Montagner, Maxime. (2008). *La notion de gouvernance: Un paradigme pertinent pour étudier le système politique de l´UE.*

Moreau, J. (2004). *Administration régionale, départementale et municipale.* Paris: DALLOZ.

Moulin, O., Pinson G., et Chapelet M. (2002). *Les contrats de plan Etat-région.* Paris: La documentation franÇaise.

Muller, P. (2008). *Les politiques publiques.* Paris: PUF.

Oberdorff, H. (1998). *Les institutions administratives.* Paris: Armand Colin.

OECD. (2001). *Public Management Service.*

______. (2007). *OECD Factbook 2007 – Economic, Environmental Social Statistics.*

______. (2007). *Economic Outlook*, vol. 2007/2, No. 82, December.

______. (2007). *Economic Survey: France*, vol. 2007/13, OECD.

______. (2008). *Main Economic Indicators*, vol. 2008/5.

P. Tabatoni (sous la dir.). (2000). *La protection de la vie privée dans la société de l´information, 2 tomes.* PUF.

Palier, B. (2002). *Gouverner la Sécurité sociale.* Paris: puf.

Parsons, Wayne. (2001). Modernising policy–making for the twenty first century: the professional model'. *Public Policy and Administration,* 16(3): 93–110.

Perret, B. (2008). *L'évaluation des politiques publiques.* Paris: La Découverte.

Peters, Guy. (2001). *The Future of Governing.* Lawrence, Kansas: University of Kansas Press.

Pierre Pactet et Ferdinand Mélin–Soucramanien. (2005). *Droit constitutionnel* 24e éd., Armand Colin.

Pierre, Jon (ed.). (2000). *Debating governance: Authority, steering, and democracy.* Oxford University Press, Oxford.

Piketty Th. and Saez E. The Evolution of Top Income: A Historical and International Perspective, *AER* vol.96, No. 2, 2006.

Piketty Th., Income Inequality ij France, 1901–1998, JPE, 2003.

Politique étrangère de la France, Paris. *La Documentation franÇaise, mai–juin 1997.*

PONTIER Jean–Marie. (2008). La décentralisation culturelle, BULLETIN JURIDIQUE DES COLLECTIVITES LOCALES, n 1/08, 1/2008, p. 2–16.

Premier ministre. (2008). *Guide des réformes et des mesures 2007 2008.*

Pru'homme, R. (1994). Dangers of Decentralization. *Policy Research Working Papers 1252.* Washington, D.C.: the World Bank.

PUECH Jean. (2007). Une démocratie locale émancipée. Des élus disponibles, légitimes et respectés: rapport d'information n 74 fait au nom de l'observatoire de la décentralisation, 7/11/2007.

Raymond Carre de Malberg. (1928). La contribution à la théorie générale de l Etat, t. Ⅱ, Sirey.

René Chapus. (2001). *Droit administratif général tome 1,* 15e éd., Montchrestien.

Rhodes, Rod A. W. (1997), *Understanding Governance.* Buckingham: Open University Press.

Richards, David. & Smith, Martin. J. (2002). *Governance and Public Policy in the UK.* Oxford: Oxford University Press.

Robert, F. (2005). Les Finances locales. in CNFPT. *Les collectivités territoriales en France.*

Notice 17. Paris: La documentation FranÇaise.

Rosanvallon, Pierre. (1981). *La Crise De L´Etat Providence*, Paris: Seuil.

Rosenau, James N. & Czempiel, Ernst Otto. (1992). *Governance Without Government: Order and Change in World Politics.* Cambridge: Cambridge University Press.

Rouban, Luc. (2004). *La fonction publique.* Paris: La Découverte.

Sadran, Pierre. (1997). *Le système administratif franÇais.* Paris: Montchrestien.

Saint-Prot, Charles. (2007). La politique arabe de la France. *Etudes géopoli-tiques n° 7.*

Salamon, L.M. et al. (1999). Civil society in comparative perspective. in L.M. Salamon et al., *Global Civil society: Dimensions of the Nonprofit Sector.* Chapter I. Baltimore, MD: Johns Hopkins Centre for Civil Society Studies.

Salante B., *The Riots in France: An Economist´s View*, 2006.

Salon, Serge. (1998). La rémunération des fonctionnaires. *Cahiers de la fonction publique et de l´administration.* 165: 4-14.

Schein, E. H. (1985). *Organizational culture and leadership.*

Schmidt V. (1996). *From State to Market?*, Cambridge Univ. Press.

Schnapper, Dominique. (2002). *La démocratie providentielle. Essai sur l´égalité contemporaine.* Paris: Gallimard.

Shepsle, J. Alt, K. Eds, *Perspectives on Positive Political Economy*, Cambridge: Cambridge University Press.

Simon James and Michal Ben-Gera. (2004). *A comparative analysis of government offices in OECD countries.* OECD.

Stat-info. (2007). *Le paysage associatif franÇais.* Nov. 2007: 1-11.

Thoenig, Jean-Claude. (1987). *L´èere des technocrates. Le cas des Ponts et chausséees.* Paris: L´Harmattan.

Timsit, Gérard. (1987). *Administrations et Etats.* Paris: PUF.

United Nations. (2008). *United Nations e-Government Survey 2008: From e-Government to Connected Governance. Department of Economic and Social Affairs, Division for Public Administration and Development Management, United Nations.* New York: United Nations.

VALLETOUX Philippe. (2006). Fiscalité et finances publiques locales: à la recherche d´une nouvelle donne, Avis du Conseil Économique et social, 11/12/2006.

Ziller, Jacques. (1993). *Administrations comparées.* Paris: Montchrestien.

[기타문헌]

아시아투데이 2008/07/22.

주한프랑스대사관 인터넷 홈페이지(http://ambafrance-kr.ogr)

프랑스 방위부 인터넷 홈페이지(http://www.defense.gouv.fr)

프랑스 외무부 인터넷 홈페이지(http://www.diplomatie.gouv.fr

http://100.naver.com/100.nhn?docid=129801

http://budget.gouv.fr(2008.8.30)

http://france.www.mofat.go.kr

http://moderfie.fr(2004)

http://www.associations.gouv.fr/

http://www.fonction-publique.gouv.f

http://www.fonction-publique.gouv.fr

http://www.institut-gouvernance.org/fr/analyse/fiche-analyse-52.html

http://www.interieur.gouv.fr

http://www.premier-ministre.gouv.fr

http://www.service-public.fr/

http://www.uniopss.asso.fr/section/unio_unio_cont_html_qusn_hist.html

http://fr.encarta.msn.com/encyclopedia_941505465_3/France.html

http://fr.wikipedia.org/wiki/Portail:Cliop%C3%A9dia

http://fra.mofat.go.kr/kor/eu/fra/affair/relation/index.jsp

http://kin.naver.com/knowhow/entry.php?d1id=10&dir_id=10&eid=cBTihcMwH2/jGPekBOxtBIBgZqkEhpCg&qb=x8G2+726v6q75w==&pid=f5a8Ploi5UdsssB9dFRsss--260421&sid=SJF8eh5VkUgAAAj9PtU

http://www.acepp.asso.fr/article.php3?id_article=29

http://www.ambafrance-kr.org/spip.php?article414

http://www.cia.gov.factbook

http://www.diact.gouv.fr

http://www.legifrance.gouv.fr/html/constitution/constitution2.htm#titre2()

http://www.mofat.go.kr

http://www.petitfrance.com/history-1.htm

http://www.premier-ministre.gouv.fr

http://www.quid.fr/2007/Syndicats/Principaux_Syndicats_Francais/1

www.jhn.edu/cnp(The Johns Hopkins Comparative Nonprofit Sector Project)

"La Vème République sans De Gaulle", http://rabac.com/demo/Relinter/ 5eRep2.htm

찾아보기

ㄱ

ㄴ

ㄷ

ㅈ

ㅊ

ㅋ

ㅌ

ㅍ

ㅎ

집필진 약력

■ **오 시 영**

>>> 현재소속

한국행정연구원 연구위원

>>> 학 위

서울대학교 행정학 박사

■ **윤 광 재**

>>> 현재소속

영남대학교 행정학과 교수

>>> 학 위

프랑스 파리제2대학 공법학 박사

■ **전 학 선**

>>> 현재소속

한국외국어대학교 법학과 교수

>>> 학 위

프랑스 파리제11대학 법학 박사

■ **은 재 호**

>>> 현재소속

한국행정연구원 수석연구위원

>>> 학 위

프랑스 고등사범학교 정치학 박사

■ **임 도 빈**

>>> 현재소속

서울대학교 행정대학원 교수

>>> 학 위

프랑스 파리정치대학 사회학 박사

■ **김 영 우**

>>> 현재소속

서울시립대학교 행정학과 교수

>>> 학 위

프랑스 파리제2대학 법학 박사

■ **최 진 혁**

>>> 현재소속

충남대학교 자치행정학과 교수

>>> 학 위

프랑스 파리제1대학 법학 박사

■ **안 영 훈**

>>> 현재소속

한국지방행정연구원 연구위원

>>> 학 위

프랑스 파리제2대학 공법학 박사

■ **류 현 숙**

>>> 현재소속

한국행정연구원 연구위원

>>> 학 위

영국 맨체스터대학교 정책학 박사

■ **박 명 호**

>>> 현재소속

한국외국어대학교 경제학부 교수

>>> 학 위

프랑스 파리제1대학 경제학 박사

■ **정 진 우**

>>> 현재소속

인제대학교 행정학과 교수

>>> 학 위

서울대학교 행정학 박사

■ **심 창 학**

>>> 현재소속

경상대학교 사회복지학과 교수

>>> 학 위

프랑스 파리제4대학 사회학 박사

■ **배 준 구**

>>> 현재소속

경성대학교 행정학과 교수

>>> 학 위

프랑스 파리제2대학 법학 박사

■ **한 승 준**

>>> 현재소속

서울여자대학교 행정학과 교수

>>> 학 위

프랑스 파리제1대학 법학 박사

■ **김 응 운**

>>> 현재소속

한국외국어대학교 프랑스어학과 교수

>>> 학 위

프랑스 파리제2대학 정치학 박사

프랑스의 행정과 공공정책

2008년 12월 26일 초판 인쇄
2008년 12월 31일 초판1쇄 발행

편저자 오 시 영
발행인 배 효 선
발행처 도서출판 法 文 社

413-756 경기도 파주시 교하읍 문발리 526-3
등 록 1957. 12. 12 / 제2-76호(윤)
TEL 031)955-6500~6 FAX 031)955-6525
e-mail (영업): bms@bobmunsa.co.kr
(편집): edit66@bobmunsa.co.kr
홈페이지 http://www.bobmunsa.co.kr
조 판 성 지 이 디 피

정가 37,000원 ISBN 978-89-18-02324-3